DICIONÁRIO DOS SÍMBOLOS

Dados Internacionais de Catalogação na Publicação (CIP)
(Câmara Brasileira do Livro, SP, Brasil)

Dicionário dos Símbolos / Mircea Eliade, Ioan Petru Couliano (orgs.) ;
tradução de Silvana Cobucci, Leonardo A.R.T. dos Santos. – Petrópolis, RJ : Vozes, 2024.

Vários autores.

Título original: Dizionario dei simboli

ISBN 978-85-326-6714-4

1. Sinais e símbolos – Dicionários I. Eliade, Mircea. II. Couliano, Ioan Petru.

24-197918 CDD-302.2

Índices para catálogo sistemático:

1. Símbolos : Dicionários 302.2

Aline Graziele Benitez – Bibliotecária – CRB-1/3129

MIRCEA ELIADE
IOAN PETRU COULIANO
(orgs.)

DICIONÁRIO DOS SÍMBOLOS

Tradução de Silvana Cobucci e Leonardo A.R.T. dos Santos

EDITORA VOZES
Petrópolis

Tradução do original em italiano intitulado *Dizionario dei Simboli*

Direitos de publicação em língua portuguesa – Brasil:
2024, Editora Vozes Ltda.
Rua Frei Luís, 100
25689-900 Petrópolis, RJ
www.vozes.com.br
Brasil

Editoração: Rafaella Nóbrega Esch de Andrade
Diagramação: Editora Vozes
Revisão: Fernando Sergio Olivetti da Rocha
Capa: Rafael Nicolaevsky

ISBN 978-85-326-6714-4 (Brasil)
ISBN 978-88-16-41386-3 (Itália)

Este livro foi composto e impresso pela Editora Vozes Ltda.

Textos de:

Gerard Béhague, Jean Rhys Bram, Mario Bussagli, David Carpenter, Peter C. Chemery, Wallace B. Clift, Allison Coudert, Ioan Petru Couliano, Frederick Mathewson Denny, Ann Dunnigan, Diana L. Eck, Carl-Martin Edsman, Mircea Eliade, Lima de Freitas, Pamela R. Frese, LeeEllen Friedland, Marija Gimbutas, S.J.M. Gray, Tamara M. Green, Ronald L. Grimes, Cristiano Grottanelli, Christopher R. Hallpike, Joseph Henninger, Doris Heyden, Kathryn Hutton, Diana Lee James, Elmar Klinger, James E. Latham, Bruce Lincoln, B.A. Litvinskii, J. Bruce Long, Manfred Lurker, John MacAloon, Elaine Magalis, William K. Mahony, Richard C. Martin, Ernest G. McClain, Michel Meslin, Beverly Moon, Venetia Newall, Wendy Doniger O'Flaherty, Xavier de Planhol, John Prest, Kathryn Allen Rabuzzi, Habibeh Rahim, Julien Ries, Annmari Ronnberg, Jean Rudhardt, Annemarie Schimmel, Jonathan Z. Smith, Lawrence E. Sullivan, Richard W. Thurn, Edith Turner, Victor Turner, John E. Vollmer, Roy Wagner, Manabu Waida, Stanley Walens, Charles S.J. White, Serenity Young, Michiko Yusa, R.J. Zwi Werblowsky

Traduções para o italiano de:

Maria Teresa Bianchi, Maria Gabriella Bianco, Alessandra Borgia, Giacomo Deambrogio, Simonetta Focardi, Maurizio Giannattasio, Giuliana Iacopino, Alberto Pelissero, Marzia Pierluigi, Riziana Ripepi, Luigi Saibene, Maria Giulia Telaro, Antonio Tombolini, sob a orientação de Dario M. Cosi, Luigi Saibene, Roberto Scagno

SUMÁRIO

DESCOBRINDO O SÍMBOLO

Jacques Vidal

Mensagem do símbolo

Para descobrir o símbolo vamos tentar perceber sua mensagem. Podemos dizer que a experiência simbólica toca profundamente o ser humano; ela lhe permite abrir-se, contrair uma aliança, descobrir o mistério e a contemplação.

Símbolo e abertura

André Lalande escreveu o *Dicionário crítico de filosofia*. No verbete "Símbolo" afirma: "O símbolo é qualquer signo concreto que evoca, numa relação natural, algo ausente ou impossível de perceber".

A eficácia dessa definição está no fato de ser clara, sóbria, e enfatizar antes de tudo a palavra "signo". Todo símbolo é um signo. Se um símbolo é vivo, é precisamente porque serve de signo; mas também há uma abundância de signos na vida. André Lalande indica imediatamente as propriedades do símbolo: é concreto: "todo signo [é] concreto". É um signo concreto, não é um signo abstrato, não é uma alegoria, é uma realidade. O céu, o sol, a lua, a terra, a árvore, o animal, o homem, a mulher são símbolos. São signos concretos com toda a força da concretude.

"Qualquer signo concreto que evoca." Trata-se, portanto, de um signo que se abre, um signo que conduz a outra coisa; que evoca, ou seja, chama com a própria voz. O que o verbo evocar significa nas nossas línguas latinas? *Ex vocare*, *ex vox*; *vox* em latim é a voz, e *ex* é o movimento de saída. Ele, portanto, faz sair de si mesmo como que uma voz imperceptível para os ouvidos físicos, mas perceptível para nosso espírito. Tem uma voz que leva ou que chama a outra coisa: evoca. "Numa relação natural." Esta também é uma indicação preciosa. O símbolo não é artificial, o símbolo não é convencional. Vocês e eu, na vida moderna, estamos cercados de signos artificiais e convencionais. Um manifesto indica-me algo que, no entanto, não é o manifesto, mostra-me outra coisa. Os semáforos vermelhos ou verdes nos nossos cruzamentos são signos convencionais. Somos alvo de signos na vida urbana, mas esses signos não são símbolos pelo motivo a que já aludimos: o símbolo conduz de modo natural, e aquilo para que conduz já está presente nele.

O símbolo já fornece aquilo que indica, ainda que não totalmente. Em outras palavras, há uma ligação intrínseca entre o signo e o que tal signo indica, entre o significante e o significado, adotando, desta vez, a linguagem da linguística.

Em contrapartida, nos signos convencionais, artificiais, arbitrários, não existem ligações intrínsecas. Por exemplo, não há nenhuma relação natural entre o manifesto e as eleições. A maioria dos cartazes que "poluem" as nossas ruas indicam acontecimentos como as eleições, mas não há neles nenhum dom das eleições. Trata-se de uma simples indicação, como um dedo indicador. Com o indicador, posso indicar, mas não sou o que indico, não existe nenhuma ligação natural que percebemos, ao contrário, quando o signo se torna doação. Essa distinção é importante, trata-se de uma questão de vocabulário que encontraremos provavelmente em alguns lugares.

No primeiro capítulo de *L'imagination symbolique* [A imaginação simbólica], Gilbert Durand estabelece uma ordem entre os signos, as alegorias, os emblemas e os símbolos, ressaltando tal conaturalidade do símbolo com o que nele é significado: "algo ausente ou impossível de perceber".

Uma vez mais a definição é boa. André Lalande elaborava de modo decisivamente rigoroso a própria linguagem. Se é percebida a ausência, é porque a presença já existiu. Como posso saber que meu amigo está ausente, se não sei que ele está sempre presente como meu amigo? Assim, o signo indica uma ausência, mas que conota uma experiência de presença. Só posso perceber a ausência daqueles cuja presença já senti, ou simplesmente: não existem. Por outro lado, aqui, passamos a saber que se sente uma ausência, porque o símbolo já é portador de uma qualidade de presença.

O símbolo urânico – para adentrar já nos grandes símbolos – é uma experiência de vazio e uma experiência de ausência. É a maior experiência de ausência comparável ao céu imenso e, ao mesmo tempo, anuncia uma formidável presença através da ausência. A categoria da ausência, quando o signo é um símbolo, é inseparável, indissociável da categoria do amor. Se posso dizer que se trata de algo ausente é porque já conheço o gosto da presença.

Seria possível acrescentar – mas estes autores laicos, que frequentemente são filósofos de profissão, não podem fazê-lo – que tal dimensão de presença-ausência ou de ausência-presença é uma dimensão religiosa. É já o aspecto religioso do símbolo, desde que o termo "religião" seja considerado no sentido mais amplo. O símbolo seria um componente religioso da condição humana que se uniria ao essencial.

Trata-se de uma experiência religiosa, e é nesse sentido que uma primeira vez, e em especial a respeito do símbolo urânico, enfrentamos o componente religioso do símbolo. Não existe nenhum símbolo que de algum modo não seja religioso, mas esclareçamos desde logo: não porque as religiões requeiram o símbolo, mas porque o símbolo é portador de um anseio religioso muitas vezes mais amplo que o modo como as religiões põem em prática a própria religião. Uma prova disso está sobretudo no fato de que as grandes religiões se abrem para místicos que, afinal, não podem fazer outra coisa além de se expressar por meio de uma linguagem simbólica.

Isso equivale a dizer que o símbolo, por ser religioso, é também a superação das religiões. E é neste ponto que desejo evocar um nível de reflexão que está numa relação natural com o que estamos esboçando, ainda que brevemente, em relação a esta primeira noção de símbolo, clara, vigorosa, sóbria, dinâmica, discreta. Existe uma dimensão religiosa, não está excluída, e não é precisada simplesmente como tal. Se o pensamento de vocês é capaz de simbolizar, nunca é fechado. É sempre penetrado por uma presença, quando vocês não estão em silêncio.

Georges Morel dá outra definição do que André Lalande afirma. Ele escreveu três magníficos volumes sobre *Le sens de l'existence selon Saint Jean de la Croix* [O sentido da existência segundo São João da Cruz], que são: *Problématique* [Problemática], *Logique* [Lógica], *Symbolique* [Simbólica]. Inspiro-me no terceiro volume, no qual encontro esta breve fórmula: "O símbolo traz em si tanto o significado como o caminho" (p. 40).

O símbolo não é apenas um significado, do contrário seria um signo artificial, convencional. O símbolo é mais do que um signo, porque por si só já é um caminho para aquilo que indica. É o que chamamos a ligação intrínseca.

Símbolo e aliança

Tomo de empréstimo a seguinte definição de Edmond Ortigues, de sua obra *Le discours et le symbole* [O discurso e o símbolo]: "O símbolo é um objeto cortado em dois e dividido entre dois parceiros aliados que conservam cada qual a própria parte e a transmitem a seus descendentes, de modo que tais elementos complementares, novamente aproximados, permitem o reconhecimento de seus portadores e constituem a prova de sua aliança" (p. 60).

A história de Tobias ilustra essa definição: "O símbolo é um objeto cortado em dois". Tem-se uma ruptura. O símbolo não economiza no trágico. Estamos num mundo despedaçado, erodido, em que há fissuras por toda parte. É um mundo destruído. O símbolo leva isso em conta, considera a ruptura. Compreendê-la será difícil, será uma prova.

A ruptura seria intolerável se, além disso, não soubesse que a aliança é possível. Corretamente mensurada, a ruptura só pode ser superada com a aliança com o universo, com os homens, com o Divino, último grande componente dessa aliança. A lógica racional insiste na distinção e faz o balanço de uma ruptura, de uma fratura. Distingo para separar, é a análise; distingo para unir, é a síntese. A capacidade da razão é a de avaliar as fraturas e superá-las na síntese. A síntese requer uma antítese; então é preciso buscar outra síntese e assim sucessivamente. Vamos de síntese em síntese com base na ruptura que é a oposição entre tese e antítese.

A lógica dos símbolos é diferente. O símbolo celebra alianças. Descobrimos nos horizontes da nossa condição humana a certeza de que, se quisermos, todos podemos nos reconciliar. O ser humano está ligado ao todo para fazer a unidade enquanto o espírito tem condições de compreender. Uma voz vem do sagrado, do Totalmente Outro; este Totalmente Outro do qual sei que o outro provém me deu o poder de retomar o mundo na unidade. O símbolo nos diz: "Se você quiser, pode promover a unidade do mundo... As religiões lhe mostrarão o caminho". O símbolo nos faz compreender uma lição de trágico, retomada numa lição de otimismo. Tobias, o filho, pôs-se a caminho com a sua metade do documento; este pôr-se a caminho é o caminho do símbolo. Um anjo (consistência do invisível) chamado Rafael (que significa "curador") o acompanha. A experiência do símbolo é curativa. Sara, sua futura esposa, será o símbolo da aliança (símbolo nupcial).

Símbolo e mistério

Gilbert Durand escreveu em *L'imagination symbolique* [A imaginação simbólica]: "O símbolo é uma representação simbólica que faz emergir um significado secreto, é a epifania de um mistério" (p. 13). Aqui a capacidade expressiva de uma língua é levada a seu limite. Ela contém, mas num além. Seja como for, ela contém o símbolo porque ele faz pensar, mas não é tratado da maneira habitual.

"O símbolo encerra um conteúdo, no além" (p. 17), na categoria do horizonte que está sempre além. Quando vejo o horizonte, talvez também o horizonte de Paris, o contenho, mas ainda assim ele está sempre além. Não deixará de se afastar à medida que eu avançar rumo a ele. Assim, o conteúdo do símbolo está sempre além. Talvez vocês possam ver o que o autor quer dizer: ele descobre uma mensagem imanente de transcendência.

Símbolo e contemplação

Paul Tillich, um protestante de origem alemã que migrou para os Estados Unidos, publicou em 1970 uma série de artigos reunidos no livro *Aux frontières de la religion et de la Science* [Nas fronteiras da religião e da ciência]. O título deve-se ao fato de que Paul Tillich gostava de se definir como um homem de fronteiras, expressão com a qual queria indicar aquilo que designamos com o termo horizonte. Para transpor oportunamente as fronteiras entre a religião e a ciência, que antes precisam ser identificadas, ele teve de recorrer ao símbolo; eis a sua fórmula: "O verdadeiro símbolo não é um signo escolhido arbitrariamente; ele remete além de si mesmo, se oferece à contemplação, tem uma força intrínseca e uma dimensão comunitária. É essencial à vida religiosa da qual é o instrumento indispensável de expressão".

O que há de novo na fórmula desse teólogo é a introdução do termo "contemplação". Atualmente, tal dimensão da "contemplação" interpela sobretudo a nós, cristãos.

João Paulo II convidou os cristãos a serem contemplativos especialistas em humanidade, o que significa que eles precisam fazer o esforço de conhecer bem as profundezas do ser humano.

Trata-se, portanto, de algo semelhante a uma democratização da contemplação do povo de Deus. Nas décadas precedentes, talvez tenhamos nos acostumado a restringir a contemplação aos contemplativos. No povo de Deus, a contemplação é, para cada um de nós, uma espécie de realização essencial do nosso ato de fé. Não conseguimos dar conta dela se não sabemos fazer uso do símbolo, uma vez que o pensamento e a vida contemplativa se comunicam e se desenvolvem por meio do uso do símbolo.

É, portanto, um aspecto original, e totalmente atual, o da reflexão de Paul Tillich: os símbolos educam para a vida contemplativa, e ela parece indispensável para os cristãos no mundo de hoje.

Também Michel de Certeau concentrou a própria pesquisa na mística, pesquisa decisivamente interessante. Ele queria captar no mundo contemporâneo: as formas marginalizadas da mística; as periferias da mística.

Aliás, ele não demorou a descobrir que a mística não podia viver sem uma linguagem que superasse a linguagem racional: a linguagem simbólica. Ele dirigiu-se primeiramente para as fábulas e publicou um livro intitulado *A fábula mística*. Depois se dedicou a uma análise mais precisa do símbolo.

Para homenageá-lo, pois ele nos deixou em 1986, memorizei esta fórmula excelente, da qual, contudo, não tenho as referências bibliográficas: "O símbolo, o impensável entre dois termos". É excelente! É um impensável, se por pensamento se entende o pensamento racional, mas é um impensável totalmente contido, uma vez que está entre dois termos. E, se está entre dois termos, é também pensado de outro modo, que é precisamente o modo do símbolo. O símbolo permite pensar melhor o que é impensável para o ser humano, o que entendemos com a palavra "Deus". Deus é um impensável entre dois termos; se estes se tornam ocasião de uma aliança, eles formam um encontro vivo com esse impensável.

A dinâmica do símbolo

Examinemos agora a dinâmica do símbolo e diferenciemos as suas funções biológicas, psicogênicas, antropofânicas.

Símbolo e imagem

Vitalizante, o símbolo gera desejo, vida. O psicólogo C.G. Jung escreve que todo símbolo é, em última análise, um "corpo vivo" que traz um suplemento de vida em favor da experiência simbólica, mas que está ligado a um suplemento de corpo.

O símbolo torna vivo em virtude de sua ligação com uma imagem. Mircea Eliade, em *Imagens e símbolos*, lembra que "o símbolo não opera com objetos, mas com imagens". Em outras palavras, começamos a abrir os espaços da existência simbólica quando as realidades que nos cercam ou aquelas que nos habitam deixam de ser objetos e tornam-se imagens. Há uma passagem do objeto à imagem, a partir do momento em que se acena para a experiência simbólica.

Qual é a vantagem de tal obra dinâmica que começaria, portanto, com a passagem do objeto à imagem? Em que ganhamos vitalidade quando deixamos de considerar as realidades externas ou as realidades internas como objetos e começamos a considerá-las como imagens? Esse foi um dos temas estudados particularmente por Gaston Bachelard. Ele observou que a imagem introduz um tema de unidade e um tema de totalidade.

Isso significa que, quando uma realidade, considerada objeto, é captada como imagem, adquire uma forma de ductilidade e de dinamismo. O objeto se torna, ao mesmo tempo, princípio de unidade e de totalidade. Pode remeter a qualquer coisa ao seu redor: a imagem resplandece, o objeto é fixo.

Foi isso que desempenhou um papel tão importante em nossa cultura ocidental, sobretudo durante o que chamamos período do positivismo, em que o objeto se tornou fixador, refrigerante: esfriou. Os objetos dos nossos pensamentos supõem, bem entendido, um pensamento lúcido – é a vantagem da lógica racional –, mas também um pensamento frio no projeto determinado por sua autonomia sintética.

Se aquelas mesmas realidades que chamamos objetos começam a funcionar como imagens, adquirem ductilidade e abertura. São dotadas de certa liberdade, liberdade que percebemos também porque a imagem não é mais fixa como era o objeto. A imagem remete a outra coisa, não é apenas objeto, segundo o significado etimológico: o que é projetado diante de nós. Ela constitui uma realidade convidativa, convida, é uma forma de convite. Posso olhar o sol como um objeto e então logo me esquecerei dele. A partir do momento em que começo a olhá-lo e a vivê-lo como uma imagem, é um convite a ir além. Esse convite tem dois eixos dinâmicos: chegar ao centro da luz do sol e, a partir desse centro de luz, obter benefício da luz para todos os objetos olhados. É um tema de unidade e de totalidade, ou então se trata de uma função de expansão.

É um vocabulário que Gaston Bachelard utiliza igualmente para nos indicar a importância dessa disposição da consciência ou do espírito, quando estamos atentos em transformar os objetos em imagens. Realiza-se no mesmo instante uma espécie de revitalização preparatória: o símbolo revitaliza em função de sua ligação com as imagens correntes, com as imagens primordiais, e, seja como for, suscita um significado.

Imagens correntes

Poderíamos ilustrar isso com a imagem da estrela. Tomei a do sol. O sol é uma estrela; está perto de nós, passa a ser a nossa estrela. Consideremos as estrelas mais distantes, pois elas servem tanto como objetos quanto como imagens, e se tornam mais eloquentes a esse respeito. Elas nos anunciam que, de algum lugar, há uma fonte, uma luz e a obra dessa luz. Elas nos fazem sentir que a luz é uma conquista, não é o simples fato de uma passividade. Nós não recebemos apenas a luz da estrela ou a luz do sol; em ambos os casos, temos de transformar a luz recebida em energia, e esta deve nos levar à ação. Nesse aspecto, o símbolo tem um papel revitalizador.

Alguns autores (Jean Chevalier, *Dicionário de símbolos*, verbete "Sol") ilustram tal função vitalizante, biologizante, do símbolo do sol com a expressão: "psicopompo": "O sol é aquele que pode guiar as almas pelas regiões infernais e trazê-las de volta à luz no dia seguinte. Função ambivalente de psicopompo sanguinário e hierofania iniciática [...]. O sol gera e devora os próprios filhos, dizem os Upanixades" (p. 893). O sol mata e ativa as energias do ser humano.

No fim das contas, o símbolo desperta em nós a energia no sentido de que, deixando de considerar os objetos, começamos a vivê-los como imagens.

Na minha infância fiquei muito impressionado com o livro de Guy de Larigaudie intitulado *Étoile au grand large* [Estrela em alto-mar], que evoca o tema da totalidade, mas ao mesmo tempo o da unidade. Ele nos diz que: "Não atingiremos a totalidade se não soubermos nos unificar profundamente". Aqui se explicita um conflito dinâmico, e percebemos que assumirá um papel importante na elaboração do símbolo.

Esse conflito é idêntico ao vivido pela lógica da razão. Mas a lógica da razão o vive de outro modo. É a força dos conceitos do espírito que procura reconciliar a unidade e a totalidade: ser eu mesmo e, ao mesmo tempo, ser outro. Não é talvez isso que no fundo une todo coração humano, e o que as imagens começam a anunciar quando permitimos que esse dinamismo conjugado de exigência de unidade e de totalidade atue?

Nesse sentido, muitos autores acrescentaram – e são metáforas esclarecedoras – que a imagem "respira". Ela tem um "inspiro", ou seja, uma inspiração, enquanto lembra esta unidade, e tem um "expiro", ou seja, uma expiração, enquanto remete à totalidade. Viver uma imagem é respirar o universo e é respirar o ser humano. É um além da respiração física do nosso corpo, mas um além ligado dinamicamente. Existe uma correlação, desde que a imagem viva verdadeiramente e que viva como símbolo.

Assim, se quiserem, poderíamos já ilustrar e talvez compreender melhor este propósito do Apóstolo Paulo: "A criação espera a revelação dos filhos de Deus" (Rm 8,19). Esta libertação começa enquanto as realidades que nos cercam já não são objetos como na lógica racional. Começamos então a fazer correlativamente imagens desses objetos e a descobrir que essas imagens respiram como o corpo humano respira.

Assim, pode-se tentar fazer com que algumas imagens vivam. Pensei em retomar com vocês a passagem de um dos mais belos livros de Nietzsche: *Assim falou Zaratustra*. Esse livro começa com uma transposição de símbolos em imagens. É muito claro. Desde o início, Zaratustra se apresenta com duas imagens animais: a águia e a serpente. Essas imagens são prodigiosas, elas já não são objetos, não é possível! E se me perguntassem o porquê, eu responderia: porque o ser humano já se encontra colocado entre as imagens animais da serpente e da águia. Os três objetos tornam-se três imagens no princípio de libertação ou de funcionamento fundamental. Então a águia e a serpente têm significado apenas para o ser humano. Depois, no prólogo nos é dito: "Quando Zaratustra completou 30 anos, deixou sua pátria e o lago de sua pátria e fugiu para a montanha" (p. 53).

Que imagens e que simbolismos! O que é a pátria, se não o lugar da minha tranquilidade como a superfície calma do lago? Mas Nietzsche acrescenta a sua pátria e o lago da sua pátria, é um "a mais", ou seja, é aquilo que me é familiar. Portanto, temos uma primeira afirmação que se pode dizer de tipo objetivo. As mesmas palavras se tornam imagens e símbolos, uma lógica simbólica começa a se organizar e ela não é exclusiva da lógica racional. Baseia-se nela, mas acrescenta-lhe este tipo de experiência que evocaremos e que poderia acompanhar dizendo--lhes – mais explícita e simplesmente – que esse lago é o da minha consciência quando está tranquila. Está em casa quando não realizo aventuras. O dia em que começo uma aventura, então deixo o lago da minha consciência, ou seja, a maneira como me relaciono com meus objetos interiores e as ligações que estabeleço com toda a realidade que me cerca! Portanto, a imagem e o símbolo já são – e teremos a oportunidade de dizê-lo – "pregnantes", ou seja, repletos de força. A força é grande e a linguagem se abre. Somos "biologizados" ou "vitalizados" pela implementação desses símbolos. "E fugiu para a montanha." Eis outro objeto, a montanha, que se torna símbolo de princípio ascensional. Ele parte para a montanha. Concebemos cada aventura que buscamos como uma vinda para nós mesmos. Quero suceder ao homem que sou buscando aventuras. Compreendo que isso acontecerá à custa de esforço! A montanha anuncia esforço. É preciso fazer a subida, e fisicamente o esforço sentido ainda significa esforço no caminho. A palavra "montanha" anuncia o cume. Deve existir lá em cima um ponto de equilíbrio a partir do qual verei as coisas que me são familiares de uma nova maneira, sob outra luz. Deve existir outra maneira de ver no cume da montanha, se eu chegar até lá. Zaratustra quer renovar o seu olhar e, por meio do seu olhar, a qualidade da sua presença nas coisas da sua pátria. Essa primeira passagem já resplandece de imagens, é vitalizante enquanto essas imagens põem em ação a experiência do símbolo. "Ele viveu lá, nutrindo-se da sua sabedoria e da sua solidão, e passaram-se dez anos sem que se cansasse" (p. 53).

São belas imagens, mas já surge uma ambiguidade. Vocês provavelmente sabem que o drama de Nietzsche diz respeito sobretudo ao fato de que ele soube libertar os grandes símbolos, mas não soube gerenciá-los. Poderíamos dizer que ele foi "devorado" pelos grandes símbolos que libertou. Os símbolos não são indiferentes, sobretudo os símbolos fortes. Quando nos vitalizam, é preciso prestar atenção à maneira como eles nos vitalizam. Falei anteriormente da pregnância do símbolo ou da imagem que prepara o símbolo. É uma força que pode ser benéfica ou maléfica dependendo da maneira como a empregamos. Já anunciamos, de modo muito discreto, a perda da implementação do símbolo.

Quando Nietzsche afirma: "Ele viveu lá, nutrindo-se da sua sabedoria e da sua solidão, e passaram-se dez anos sem que se cansasse": a sua sabedoria, a sua solidão, há muitos possessivos, eis o início de um processo de fusão. Zaratustra busca a sabedoria e se dá espaços de ascensão e de solidão. Mas ele tem uma relação de posse com a sabedoria e a solidão, e daí nascerão as vertigens.

Teria sido totalmente diferente se nos tivesse dito: "nutrindo-se de sabedoria e de solidão". Não haveria mais o possessivo ou o reflexivo da sua sabedoria e da sua solidão. Poderíamos imaginar então que ele recebesse de outro em relação a si mesmo o que lhe serve de vínculo e de nutrição para uma sabedoria ou para uma solidão.

Nietzsche continua: "Mas aconteceu que seu coração mudou, e certa manhã, tendo-se levantado com o alvorecer, apresentou-se diante do sol e lhe falou assim: 'Ó grande astro! O que seria a tua felicidade se não existisse aquilo para o qual brilhas? Pois são dez anos que sobes até minha caverna; estarias desgostoso com tua luz e com esse trajeto se não estivéssemos lá, eu, minha águia e minha serpente. Mas nós te esperamos a cada manhã, para tomar o teu supérfluo, e dar-te graças por ele. Vê, eu estou saturado da minha sabedoria, como a abelha que saqueou muito mel; necessito de mãos postulantes'" (p. 53).

Passaram-se dez anos; o coração de Zaratustra muda, é novamente uma linguagem que pode ser definida como poética e ao mesmo tempo simbólica. Ele se levanta de manhã e se dirige ao sol. Ele se identifica com o sol, toma o lugar do sol.

Como o sol que ilumina os homens, ele desce novamente à planície, volta à sua pátria, e pretende iluminar os outros.

Evoquei essas frases do início do prólogo, do livro *Assim falou Zaratustra*, para indicar esse processo de vitalização, de biologização, que intervém quando os objetos úteis à ciência e ao comportamento cotidiano se tornam imagens favoráveis ao exercício do símbolo.

Imagens primordiais: os arquétipos

Quando as imagens começam a viver e realizam essa dinâmica de unidade e de totalidade, esses movimentos de centramento e de expansão, despertam a consciência. O que acontece para os objetos externos acontece também para os objetos internos. Também eles se tornam imagens, ou seja, adquirem uma amplitude, que faz com que percam aquela fixidez que pode lhes dar uma qualidade racional de reflexão. Eles se tornam móveis e se tornam estrelas interiores.

O mundo exterior evoca na consciência outros tantos apoiadores. Descobrimos que a estrela que olhamos também habita em nós. Descobrimos que até o céu noturno no qual brilha essa estrela habita em nós. E que também o sol que contemplamos habita em nós. Temos estrelas interiores. Temos um céu noturno no fundo da consciência. Temos um sol, ou seja, uma estrela mais próxima, com uma luz mais precisa; em suma, se desenvolve, se realiza uma interioridade.

Chamo a atenção de vocês para algumas reflexões quanto à função do símbolo. Estamos diante de uma biologização ou de uma vitalização totalmente análoga à que acontece para os objetos externos. Tudo o que habita em nós na verdade nos habita frequentemente como um amontoado de seixos, de pedras, de muros, de peso: são objetos de pensamento, projetos. Os projetos são um pouco mais dinâmicos, mas apresentam igualmente um fechamento sobre si mesmos.

Em favor da experiência simbólica que articulamos considerando primeiro o exterior, desenvolve-se um convite. Dizemos que a imagem é um convite, esse convite consiste em descobrir que tudo o que nos habita como peso, de amálgamas, de nós, de forças obscuras, pode se tornar móvel, pode se tornar imagem. Em vez de viver em objetos de pensamentos, vivemos das imagens de pensamentos. Em vez de viver um projeto demasiado pragmático, vivemos uma aspiração mais dinâmica. Procuramos, portanto, as correlações com o projeto que não abandonamos. Em poucas palavras, introduz-se uma vitalização da consciência quando fazemos o esforço de viver o que existe em nós. Temos de nos dar conta, porque se trata de consciência, de que existe uma realidade viva, móvel, anunciadora de uma luz escondida alhures. Isso seria o reflexo de uma luz de que provavelmente somos portadores, de uma força que deve ter fontes.

Nossa consciência humana é força. De onde provém essa força? Na vida cotidiana percebemos impulsos, conflitos que nos agitam. Tudo isso constitui uma estrutura presente em nós, e não raro uma forma de escravidão no exercício da nossa vida cotidiana. Não poderíamos deslindar esse conjunto interior? Não poderíamos organizar as energias presentes em nós para nos encaminhar para a luz?

As imagens conduzem ao que chamamos imagens primordiais ou ainda arquétipos. É a linguagem que a psicologia do profundo de Jung consolidou. Com arquétipo deseja-se indicar uma marca primordial e por marca primordial se entende um impulso; este termo é fundamentalmente dinâmico. Portanto, em favor de uma função biologizante, o símbolo seria capaz de relacionar tudo o que diz respeito a um "nós", a uma verdadeira atração universal interior. Não haveria apenas uma atração universal externa, aquela que Newton nos fez conhecer e cujo efeito em nossa terra é a gravidade. Haveria algo de análogo também no ser humano, ou seja, uma atração universal. Todos os objetos, transformados em imagens da consciência, seriam atraídos por alguma fonte fundamental em nós, por alguma marca, por algum arquétipo. Um conhecimento preciso desses impulsos ou marcas primordiais nos permitiria uma reorganização em nosso mundo interior.

Desse modo, seria possível aproximar o nosso mundo interior e a imagem desse universo astronômico ou astral que consideramos com certa admiração. Que admirável ordem de coisas: quanto espaço, quanta profundidade, quanta luz no fundo da noite, quanta regularidade entre as estrelas, e na terra! Será que não existe uma aspiração a algo análogo nas profundezas do ser humano? E qual é aquela força que nos permitiria reencontrar o princípio de equilíbrio e ao mesmo tempo de fecundidade para tudo o que nos habita? Seria a nossa atração universal interna. Ela não apenas garante a atração universal externa, mas é também uma forma de cumprimento de tal atração. Compreendemos então que podemos realizar em nós mesmos a ordem que vemos no universo astral e que consideramos mais elevada. Ocorre uma espécie de cumprimento simbólico, análogo ao que dissemos quando citamos Zaratustra, entre a águia e a serpente. Eu lhes disse que a águia e a serpente não têm significado, exceto pelo fato de que percebemos que a chave está no ser humano que se encontra justamente no meio. A serpente só é verdadeiramente serpente quando o ser humano compreendeu isso.

Assim, poderemos dizer que o universo cósmico só se cumpre quando o ser humano encontra a sua verdadeira fonte de força. O ser humano, em vez de ter certo caos interior, seria um cosmos, ou seja, uma ordem interior. E essa força, neste nosso percurso nós certamente já a nomeamos – e vamos considerá-la com um pouco mais de detalhes –, a chamamos: "o sagrado". É a presença de um Outro, irredutível a todos os outros. É uma força que se mostra misteriosa aos nossos olhos, e o é, mas se revela fundamental.

O significado das imagens

Vamos tentar apresentar um "sentido" o mais simples possível sobre o funcionamento das imagens.

Eu poderia usar o termo significado, mas prefiro usar "sentido". À medida que expusemos o que foi dito anteriormente, organizou-se um sentido. Certamente vocês começarão a vislumbrar a possível correlação entre esse mundo externo e o mundo interior. Esses dois mundos se conjugam numa espécie de correlação que revela um sentido criador do ser humano.

Esse sentido criador do ser humano é o que realizam os grandes místicos e os grandes homens religiosos. Procuramos fazê-lo elevar às imagens correlativas do mundo externo e do interno ao seu ponto de encontro. Esse sentido ilumina com mais precisão o que procuramos organizar simplesmente, um pouco como fazemos ao olhar para uma paisagem ou uma pintura. Uma paisagem, uma pintura, têm um sentido. Temos primeiramente alguns objetos dessa paisagem, aquilo do qual ela é feita, e pouco a pouco descobrimos o sentido criador. O que o pintor quis comunicar estava além da árvore, da casa, do lago, da serpente, da águia ou do homem traçados na tela. Se ele é um pintor criador, é portador de um sentido novo e esse sentido novo passa, por exemplo, através dos objetos. Para compreender o sentido que o pintor quer expressar, temos de educar o nosso senso estético, a nossa maneira de perceber o quadro, e então veremos surgir um sentido. Mas esse sentido é tão tímido que em poucos instantes desaparecerá. Vocês terão de reconstruí-lo, uma vez que essas coisas são ao mesmo tempo fortes e frágeis. O mesmo vale para o ser humano: ele é realizador e criador de unidade entre o universo e as profundezas de si mesmo, lá onde ele é habitado pelo divino enigmático como o princípio da atração universal.

Como penetrar ainda mais no sentido criador do ser humano? Tomemos o exemplo da flor: a unidade é o centro da flor, a sua corola; a totalidade é a abertura da flor desabrochada, da qual se percebe claramente que é portadora do projeto de preencher tudo. Foi o que a Ásia compreendeu de maneira admirável. O hinduísmo e o budismo tomaram como imagem da experiência simbólica libertadora da experiência religiosa a flor de lótus.

O que é a flor de lótus, se não a flor que é feita para preencher, para cobrir todo o lago? Ela não consegue fazer isso, mas é portadora de tal projeto. É a sua abertura que não chega à totalidade, mas ainda assim é a sua aspiração à totalidade.

Sob tais aspectos se articula o que chamamos o biológico da experiência do símbolo: como dado imediato da consciência total, como dinâmica de abertura.

Se essa unidade e essa totalidade se conjugam, realizam uma experiência de transcendência, uma transcendência de criação.

Poderíamos dizer que se trata da linguagem religiosa com uma força nova, que é uma força criadora. Poderíamos dizer que, entregando-se validamente à lógica das imagens, agindo com elas, o ser humano descobre de modo empírico, e não ainda reflexivo, que está arraigado a uma força criadora. Percebe que ele mesmo é a flor das flores, a árvore das árvores, a planta das plantas. Em outros termos, a experiência simbólica, no âmbito em que evocamos o seu aspecto biológico, quando nos leva a um significado já antropofânico, nos leva a compreender que o ser humano faz a experiência daquilo que ele é: aquele em que todo o universo pode se abrir.

Cada um de nós é aquele ou aquela em que todo o universo pode abrir-se numa unidade singular. É a unidade de cada um de nós, tomados individualmente, irredutível e totalmente nova, mas com um propósito e uma abertura totalmente escancarados. Trata-se precisamente de todo o universo. Temos, portanto, um funcionamento biológico prodigioso. A experiência simbólica é uma função biológica que parece ser a luz da criação, a força da criação. É preciso entregar-se naturalmente a essa força criadora, para que esta se abra o mais possível, chegando longe, em cada ser humano, em todos os seres humanos.

O símbolo tem uma função biológica e é provavelmente a fundamental quanto à atuação. É também a mais original na medida em que se trata do biológico das imagens. Todo símbolo começa por uma imagem.

Algumas técnicas inspiradas no *yoga* e, de modo mais amplo, no hinduísmo sugerem como se pode fugir do pensamento racional ou da lógica racional quando os objetos são transformados em imagens. Essas técnicas referem-se aos objetos do nosso ambiente como os objetos da nossa interioridade. De fato, existem imagens do exterior e imagens da interioridade.

Para a vida do corpo e do espírito, nós precisamos de dois registros de experiência: precisamos do *fechamento* do objeto, da sua resistência. E é a esse respeito que o objeto é fundamental para a lógica racional; precisamos da *abertura*; a lógica do símbolo se organiza sobre a abertura combinada quando chegamos a fazer de um objeto uma imagem.

Enfim, quando as imagens funcionam verdadeiramente, vimos como acontece o sentido criador do ser humano: o ser humano é criador na Criação e faz com que ela se abra.

Bibliografia

CERTEAU, M. de. *La fable mystique*: la spiritualité religieuse entre le XVIe-XVIIe siècles. Paris, 1979 [trad. bras.: *A fábula mística*: séculos XVI e XVII. São Paulo: Forense Universitária, 2015. vol. II].

CHEVALIER, J.; GHEERBRANT, A. *Dictionnaire des Symboles*. Paris, 1962 [trad. bras.: *Dicionário de símbolos*: mitos, sonhos, costumes, gestos, formas, figuras, cores, números. 35. Ed. Rio de Janeiro: José Olympio, 2021].

DURAND, G. *Les structures anthropologiques de l'imaginaire*. Paris, 1969 [trad. bras.: *As estruturas antropológicas do imaginário*. São Paulo: WMF Martins Fontes, 2012].

DURAND, G. *L'imagination symbolique*. Paris, 1984 [trad. bras.: *A imaginação simbólica*. São Paulo: Cultrix, 1988].

ELIADE, M. *Images et symboles*. Paris, 1952 [trad. bras.: *Imagens e símbolos*: ensaios sobre o simbolismo mágico-religioso. São Paulo: Martins Fontes, 1991].

ELIADE, M. *Religions australiennes*. Paris, 1972.

ELIADE, M. *Briser le toit de la maison*. Paris, 1985.

JUNG, C.G. *Aion*: estudo sobre o simbolismo do si-mesmo. Petrópolis: Vozes, 2012.

JUNG, C.G. *Tipos psicológicos*. Petrópolis: Vozes, 2012.

JUNG, C.G. *L'uomo e i suoi simboli* [trad. bras.: *O homem e seus símbolos*. São Paulo: HarperCollins Brasil, 2016].

LALANDE, A. *Le vocabulaire critique et technique de la philosophie*. 10. ed. Paris, 1976 [trad. bras.: *Vocabulário técnico e crítico da filosofia*. São Paulo: Martins Fontes, 1999].

LARIGAUDIE, G. de. *L'étoile au grand large*. Paris, 1943 [trad. bras.: *Estrela de alto mar*. São Paulo: Agir, 1962].

MOREL, G. *Le sens de l'existence selon saint Jean de la Croix*, I-III. Paris, 1960-1961, reed. 1969 (I, *Problématique*; II, *Logique*; III, *Symbolique*).

NIETZSCHE, F. *Ainsi parlait Zarathoustra*. Paris, 1969 (O texto cita a tradução italiana: Milão, 1973).

ORTIGUES, E. *Le discours et le symbole*. Paris, 1962.

POUPARD, P. (dir.); VIDAL, J.; RIES, J.; COTHENET, E.; DELAHOUTRE, M. *Dictionnaire des religions*. Paris, 1984.

RICOEUR, P. *Finitude et culpabilité*. vol. II de *La symbolique du mal*. Paris, 1960.

RICOEUR, P. *Le conflit des interprétations*. Paris, 1969 [trad. bras.: *O conflito das interpretações*: ensaios de hermenêutica. Rio de Janeiro: Imago, 1978].

RIES, J. *L'expression du sacré dans les grandes religions*. Louvain-la-Neuve, 1978-1986.

RIES, J. *Le symbolisme dans le culte des grandes religions*. Louvain-la-Neuve, 1985.

TILLICH, P. *Aux frontières de la religion et de la Science*. Paris, 1970 (ed. ingl. *The boundaries of our being* – a collection of His sermons. Londres, 1973).

VIDAL, J. *Symboles et religions*. Louvain-la-Neuve, 1989.

A

ÁGUA

A imagem da água assume muitos aspectos diferentes nas narrativas míticas em que é frequentemente empregada. Este verbete procurará classificar as suas ocorrências e tentará compreender como são organizadas as diversas funções que ela desempenha.

No tempo das origens

Muitos povos narram como o mundo, já criado em tempos antigos, foi transformado e tornou-se o que é agora. De acordo com certas tradições australianas, a terra era originariamente cercada pela água e nela havia muitos espíritos. Pela ação de um desses espíritos, a terra se aqueceu e os seres humanos surgiram dela. Segundo os Zuni, uma complexa rede de cursos d'água escorre circularmente sob a superfície terrestre; os primeiros Zuni nasceram aqui, no nível mais baixo. Posteriormente, um casal de gêmeos criados pelo sol os fez subir à superfície. Um lago indica o lugar onde eles finalmente viram a luz do sol. Um mito do norte da Austrália narra a história de uma divindade *dema* (originária). Depois que um de seus filhos a atingiu com uma lança, ela mergulhou no mar; ali outro de seus filhos extraiu a lança da carne em que ela ficara presa. Durante a viagem que o deus realizou depois, surgiu uma fonte em todos os lugares em que ele se deteve. Por fim, ele mergulhou no Rio Vitória, cujas águas continuou a agitar até que elas formaram afluentes na floresta; em seguida desapareceu sob uma rocha. De tempos em tempos o deus volta à superfície e causa tempestades. De acordo com esses relatos, ele ocupa também a região do arco-íris, quando se forma a chuva.

Mitos desse tipo nos indicam que a água está presente no mundo desde os tempos mais antigos, ainda que a situem em muitas circunstâncias diferentes. Embora seja periférica em relação à terra firme ou subterrânea, a água é em primeiro lugar um elemento significativo na ordem universal. Às vezes aparece simplesmente como uma característica geográfica – o mar ou um rio que definem a forma de uma região. Contudo, há algo mais a observar. A água pode ser passiva diante de um espírito independente dela que toma a iniciativa exclusiva no ato da transformação. Além disso, a água é misteriosamente ligada ao nascimento dos primeiros homens ou ao destino de um deus que, depois de ter desaparecido nas suas profundezas, fica vinculado às tempestades ou à chuva. A extensão dessas diferenças torna-se clara quando consideramos relatos mais longos.

Em busca das origens de todas as coisas, muitos povos narram que a água surgiu no decorrer de eventos cosmogônicos. Essas explicações se situam em três principais sistemas míticos. Segundo o primeiro sistema, o mundo é criado por um deus que, em grande medida, permanece transcendente em relação a ele. Neste caso, a água, assim como o mundo inteiro, é um produto da ação divina. De acordo com os Desana da América do Sul, "o sol criou o universo [...] criou a terra, as suas florestas e os seus rios [...]. Criou também os espíritos e os demônios da água" (REICHEL-DOLMATOFF, G. *Desana*: Simbolismo de los Indios Tukano del Vaùpès. Bogotá, 1968. p. 48s.). Um lamento africano evoca "o único deus eterno, o criador do oceano e da terra seca, dos peixes no mar e dos animais nas florestas" (THOMAS, L.V. *Les religions d'Afrique noire*. Paris, 1969. p. 218).

No segundo contexto mítico, a cosmogonia assume o aspecto de uma genealogia. O primeiro antepassado é uma entidade cujos atributos ao mesmo tempo cósmicos e divinos aparecem na proliferação da sua descendência. Assim, as águas que depois nasceram por todas as gerações são elas mesmas criadoras. No sistema grego, a Terra primordial dá à luz o Céu e o Ponto, o reino do mar, constituído por água salgada.

A Terra depois se une com esses dois princípios masculinos. O primeiro dos filhos que ela concebe com o Céu é Oceano, um rio de água doce, com profundos redemoinhos; ele se torna o pai de todas as fontes e dos rios. Desse modo, a divindade que ultrapassa o mundo permanece imanente nele: de certa maneira, está presente nas águas.

Por fim, o espírito pode ser apresentado como um dos agentes principais da formação do mundo. Tomemos como exemplo este mito dos Bambara: do vazio e do movimento originários provêm uma força e depois um espírito. Enquanto os princípios das coisas estão se organizando, cai uma massa e faz nascer a terra. No entanto, uma parte de espírito se eleva: é Faro, que constitui o céu. Faro depois cai na terra em forma de água, dando-lhe assim vida. Dispensadora de vida, a água é uma manifestação do próprio espírito divino.

No entanto, é em outro tipo de cosmogonia que a amplitude e a diversidade das funções da água se tornam mais compreensíveis. Aqui a água simboliza aquilo que existia antes da realização do processo cosmogônico, ou então o estado do mundo nas primeiras fases da sua história. Encontramos inúmeras variações desse tema.

1. Na sua fluidez e inapreensibilidade, a água pode sugerir a ausência de forma, a incorporeidade e a desordem da qual surgirá o mundo. Inerte, a água não tem poder; um deus ou outros seres independentes da água serão os únicos agentes da criação. Por exemplo, nas Ilhas do Almirantado narrava-se o seguinte relato. No início, existia apenas um imenso mar; nele nadava uma grande serpente. Buscando um lugar para se apoiar, ela disse: "Emerja uma rocha". Então, uma rocha emergiu da água e se tornou terra firme.

A cosmogonia bíblica ilustra o significado da água em mitos desse tipo. A Bíblia correlaciona vários símbolos, entre os quais o deserto, o vazio e a escuridão, o abismo e a massa de água que o abismo contém e sobre o qual paira o hálito de Deus. Só esse sopro divino tem um significado real. As outras imagens têm um significado negativo, que evoca a ideia da não existência; os teólogos verão nelas um símbolo do nada. A linguagem védica pode ir além:

> Nem o não ser nem o ser existiam então.
> Nem o ar nem o firmamento lá em cima existiam.
> O que se movia com tal força? Onde? Por causa de quem?
> Era a água profunda e impenetrável?
> (*Ṛgveda 10,121,1*).

Nessa pergunta, a imagem da água alude ao estado das coisas precedente à distinção entre ser e não ser. Ainda estamos antes do próprio nada.

2. A água não tem forma por si só, mas os rios têm um leito e o mar um fundo. Eis um exemplo siberiano:

> No início, a água estava por toda a parte. Doh, o primeiro xamã, voava sobre o oceano primordial em companhia de alguns pássaros. Não encontrando nenhum lugar para pousar, pediu ao mergulhão que imergisse no oceano e trouxesse à superfície um pouco de terra do fundo. O pássaro obedeceu e, à terceira tentativa, conseguiu trazer com o bico um pouco de lodo. Com ele, Doh fez uma ilha sobre o oceano originário, que se tornou a terra.

Encontramos relatos semelhantes em numerosas regiões. Em duas tradições hindus, o próprio Viṣṇu desceu ao fundo das águas primordiais na forma de um javali, com o objetivo de trazer terra à superfície. Assim, o oceano originário pode cobrir alguns elementos sólidos. Além disso, a despeito da sua fluidez, a própria água tem uma substância; ela mesma é matéria, e pode conter matéria em suspensão. Em alguns mitos, os deuses capturam essa matéria ou a condensam. Assim, no *Atharvaveda* (12,1) lemos: "A Terra era originariamente uma onda no meio do oceano; os sábios foram buscá-la com sua magia". Um mito da Guiné nos narra que Ha fez um imenso mar de lama e depois, solidificando o lodo, criou a terra.

Segundo o japonês *Kojiki*, Izanagi e Izanami fincaram uma lança no mar que se estendia abaixo deles. Quando a retiraram, as gotas salgadas que caíram dela solidificaram-se e formaram a primeira terra: a Ilha de Onogoro. Um comentador grego do mito de Proteu se expressa em termos mais abstratos:

> Houve um tempo em que tudo o que existia era sem forma e obscuro [...] não havia nada, exceto a matéria que tinha sido espalhada. Reinou uma inércia informe até que o artífice de todas as coisas, tendo atraído ordem com ordem para proteger a vida, impôs a sua marca no mundo. Ele separou os céus da terra, separou o continente do mar, e cada um dos quatro elementos [...] assumiu a própria forma (Heráclito, *Alegorias homéricas* 64ss.).

Nesse tipo de mito, a água já não significa o nada; tem uma verdadeira existência. Os deuses a usam, mas ela permanece inerte; só eles são ativos.

3. Muitos relatos semelhantes, ou até variantes do mesmo mito, contudo, conferem à água certa espontaneidade. É o caso de uma história narrada pelos Muskogee da América do Norte. Antes da criação, dizem, uma vasta extensão de água era a única coisa visível, e duas pombas sobrevoavam as ondas. A certa altura elas notaram uma folha de grama crescendo na superfície das ondas. Dessa grama gradualmente tomou forma a terra e, por fim, as ilhas e os continentes adquiriram seu aspecto atual. Podemos também fazer referência a uma cosmogonia órfico-grega, segundo a qual a água primordial parecia ter sido viscosa. A matéria que continha foi condensada para se tornar terra, e depois da água e da terra finalmente nasceu o deus misterioso que teria gerado o ovo cósmico. Não obstante seus estilos muito diferentes, esses dois mitos compartilham uma característica: acontece algo nas águas primordiais, sem a intervenção externa de nenhum poder alheio às próprias águas. Elas têm certo poder intrínseco, portanto. Outros mitos tratam de explicar a natureza desse poder.

4. Nas cosmogonias hindus, as águas muitas vezes são apresentadas como um receptáculo do ovo ou do sêmen divino, que cresce nas águas, carregando o deus cheio de atividade. Mas elas não dão vida ao que trazem em si. "No início, ele criou apenas as águas e depois depositou nelas o seu sêmen. E este se tornou um ovo de ouro [...]. Nesse ovo nasceu Brahmā, o antepassado de todas as coisas vivas" (*Mānava Dharmaśāstra* 1,8-9). Propícias para o desenvolvimento do embrião divino, tais águas desempenham uma função quase amniótica. A mitologia egípcia tem um personagem semelhante feito de água, conhecido como Nun. A água primordial é considerada divina. Ela escolhe o seu próprio nome e assume atributos humanos. Pode falar, e pode formar um casal com seu duplo feminino, a deusa Naunet. Na tradição heliopolitana é em Nun que o deus solar autogerado nasce e depois permanece. Aqui ele começa a sua atividade criadora e geradora, e aqui, talvez, os primeiros deuses iniciam a sua existência.

5. De fato, a imagem de uma água vivificante que favorece o nascimento de um deus ou o crescimento de um embrião está muito ligada à de uma água fecunda e procriadora. Alguns textos egípcios dão a impressão de que o próprio Nun gerou o deus solar, que ele chamou "meu filho". Assim, Nun foi chamado o "pai dos deuses". Para um exemplo mais claro e específico de uma imagem de

água procriadora, contudo, podemos mencionar os babilônios. Os babilônios reconheciam dois seres, Apsu e Tiamat, que existiam antes da formação do céu e da terra. Eles eram das águas, cujas correntes, nos primórdios, se misturaram numa única massa, e ao mesmo tempo eram duas divindades personificadas, uma masculina e uma feminina. Sua união produz outro casal divino, que por sua vez terá sua própria descendência, de modo que Apsu e Tiamat se tornam os antepassados de todas as criaturas e, neste sentido, os primeiros autores do processo cosmogônico. A Grécia tinha um sistema semelhante, que Homero conservou. Simultaneamente correntes de água e divindades antropomórficas, Oceano e Tétis se unem e dão à luz; seus descendentes incluirão todos os seres que constituirão, dominarão ou povoarão o universo.

Essencial para a vida das plantas, dos animais e igualmente dos homens, a água pode ser identificada com as forças que dão a vida e com a própria fecundidade. A natureza regeneradora pode se manifestar de maneira menos biológica. Lemos no *Śatapatha Brāhmaṇa* (11,1,6,1): "No início, só existiam as águas e os oceanos. As águas tiveram um desejo: 'Como procriaremos?'. Elas fizeram um esforço. Colocaram em ação um calor ascético (*tapas*) e assim surgiu um ovo de ouro". Esse ovo continha Prajāpati. Desse modo, não apenas se atribui à água o desejo de procriação (*kāma*), mas ela é também capaz de um esforço realmente criador e de um calor ascético (*tapas*).

Quando consideramos o papel que a água desempenha nas últimas fases da criação do mundo, vemos confirmadas estas observações. No interior desse mesmo sistema cosmogônico, as águas podem sucessivamente assumir alguns atributos que nos permitem distinguir diferentes sistemas nas fases mais antigas. Por exemplo, vimos que o embrião de Prajāpati se desenvolveu nas águas primordiais. Mas depois o próprio Prajāpati criou as águas. No *Śatapatha Brāhmaṇa* (11,1,6,16-19), Paramestin, filho e hipóstase de Prajāpati, quer se tornar todas as coisas sobre a terra. Assim, torna-se ***água.*** Igualmente Prajāpati se tornará a respiração e Indra o mundo. Essas noções não são contraditórias. Elas representam diferentes fases da criação. Sejam quais forem suas qualidades amnióticas, as águas primordiais são informes e não particularmente dotadas de realidade, de modo que Prajāpati continua a ser um embrião no interior delas. Depois de seu nascimento, contudo, o deus cria águas mais definidas e concretas fora dele. Desse modo, o texto mostra que a divindade se difunde nas águas precisamente como se difunde em todo o universo.

Outras narrativas fazem distinções mais simples entre os sucessivos estados da água. Se as águas primordiais são uma massa inerte, seria lógico que elas, no decorrer da criação, fossem influenciadas pela ação dos deuses que as governam. Na Bíblia, Deus cria um espaço no centro das águas originárias, dividindo-as em duas massas, as águas superiores e as inferiores. Depois de ter criado uma massa sólida, porém, ele separa esta última das águas inferiores, formando com isso o mar e a terra firme. As águas também se submetem à ação demiúrgica em relatos mais ambíguos. Eis um mito fali (africano): um dos primeiros animais, a tartaruga, deu ao mundo sua primeira estrutura desenhando nas águas um sulco. Depois da primeira crise, quando a chuva ameaçou submergir todas as coisas, um sapo – outro dos primeiros animais – completou a estrutura. Ele separou a água parada da água corrente e abriu um segundo caminho para as águas fazendo um corte através do primitivo sulco. Assim dividiu o mundo em quatro partes.

As águas passivas podem ser também simples instrumentos nas mãos dos que se enfrentam no decurso das grandes batalhas cosmogônicas. Na mitologia hindu, o demônio Vṛtrá detém as águas e as impede de irrigar a terra. Indra, que está combatendo uma difícil guerra contra ele, finalmente sai vitorioso e dá vida ao mundo libertando as águas. Os mitos mesopotâmicos são mais complexos. Quando o deus Enlil decide destruir a humanidade, ele primeiro detém as chuvas e impede que as águas subterrâneas cheguem à superfície. Depois, com um segundo esforço, liberta as águas, causando uma inundação.

Embora as águas se mostrem assim temporariamente dominadas pelos deuses que as usam, elas não são completamente inertes. Não apenas parecem ajudar Indra em seu combate, mas são usadas pelos deuses em primeiro lugar porque têm um poder que lhes é próprio. Os deuses as detêm porque são fertilizantes; as libertam porque são destrutivas.

As qualidades vivificantes e criadoras que reconhecemos em algumas das águas primordiais tornam-se manifestas nas últimas fases da cosmogonia. Assim, na última fase da cosmogonia dos sumérios, Enki, o deus sumério da água, engravida Nintur, uma deusa próxima da terra, espalhando seu sêmen nas margens de um rio; depois ele se torna o pai da deusa Nimu. Com Nimu gera Ninkurra e com Ninkurra Ottu. Igualmente na Grécia, sejam eles o casal primordial (como em Homero) ou tenham nascido do Céu e da Terra (como em Hesíodo), o rio Oceano e sua esposa Tétis têm uma numerosa progenitura na forma de fontes e de rios; estes últimos também procriam. Desse modo, as águas contribuem para o crescimento e o enriquecimento do universo. Elas fazem isso também de outro modo: Enki enche de água valas, canais e terras incultas, participando assim da organização do mundo.

Também Amma, o deus criador dos Dogon, tem estreitas afinidades com o céu e com a água. Seus filhos em forma de serpente, os Nommo, que são associados tanto à água quanto à palavra primitiva, são os mais ativos e eficazes agentes do impulso cosmogônico. Eles contribuem para o surgimento da sexualidade e permitem o nascimento dos primeiros antepassados. Estes últimos, que por sua vez adquirem a dignidade de Nommo, estabelecem ligações estreitas com a água. Depois de comer a primeira pessoa morta, um deles fornece à sociedade os princípios da sua estrutura, vomitando água sobre ela – uma prefiguração de torrentes e lagos, da fonte dos cinco rios e das águas do parto.

Por fim, a água está ligada mais especificamente ao nascimento da humanidade. Uma truta saída da água se une com um homem proveniente dos lagos subterrâneos para gerar os primeiros clãs dos Desana. De acordo com algumas tradições da Nova Guiné, as divindades *dema* viviam outrora sob a terra, com exceção de uma delas que escavou um buraco no solo. As outras saíram pelo buraco; em seguida, ele se encheu de água e os peixes começaram a nadar dentro dele. Depois de uma complicada sequência de eventos, os peixes se tornaram homens. Enfim, na mitologia grega os homens frequentemente aparecem nascendo de um rio.

Podemos agora considerar casos em que as águas são descritas como destrutivas. Há muitos exemplos no antigo Oriente Próximo. O ugarítico Baal, deus da tempestade e da chuva, simboliza a força da vida. Ele periodicamente combate contra Mot, a encarnação da seca e da morte. Deve também combater e derrotar o Príncipe Yamm, ou seja, o príncipe do mar. Em virtude das lacunas em nosso conhecimento, é difícil situar esse conflito na história mítica do mundo. No entanto, ao menos isto é certo: Yamm representa uma ameaça e a vitória de Baal é necessária para a sobrevivência do universo.

As coisas são mais claras no *Enuma elish* babilônico. Preocupados com a proliferação e a atividade de sua descendência, Apsu e Tiamat, cujas águas misturadas tinham dado vida aos mais antigos seres do mito babilônico, um dia tentaram destruir seus descendentes. Apsu, que foi o primeiro nessa tentativa, logo foi derrotado pela magia de Ea. Depois Ea construiu seu templo sobre as águas de Apsu, que desde então permaneceu sob a terra. Tiamat, que tentou em seguida, foi mais terrível; mas por fim foi derrotado por Marduk. Soprando no corpo monstruoso de Tiamat e inflando-o, o jovem deus separou as águas do céu da terra; abriu caminho para os rios da montanha, assim como impôs a sua ordem sobre todo o universo. Desse modo, os seres primordiais mostram que desejam abolir o tumulto que acompanha o surgimento do mundo, com o objetivo de resgatar a paz que eles conheciam no estado indiferenciado dos primórdios. Sua inércia se mostra destrutiva. Tiamat aparece como um monstro no exército dos monstros que ela suscitou. As divinas águas originárias devem ser vencidas antes que os deuses que organizam o mundo possam levar a termo sua obra, impelindo-as para seus limites extremos.

A água no mundo presente

Quando consideramos a posição que a água ocupa no mundo já realizado, ainda encontramos suas diferentes qualidades, funções e poderes. As águas são um dos grandes domínios do universo organizado. Evocando a totalidade do mundo, um relato egípcio elenca o céu, a terra, o domínio da noite, as montanhas e as águas. O *Ṛgveda* se refere mais simplesmente ao céu, à água e à terra. Mas, a despeito de tais classificações aparentemente simples, a água ainda assim não é reduzida ao seu aspecto tangível; ela continua a ocupar lugares que nos são inacessíveis; possui qualidades e poderes insuspeitados.

As águas cósmicas

Para muitos povos, as águas constituem os limites do universo. Elas representam um vasto espaço, no meio do qual se encontra a terra, como uma ilha. Elas podem ser divididas em dois oceanos em ambos os lados do mundo, ou então podem escorrer num rio que circunda o mundo como o Oceano grego. Frequentemente também ocupam as regiões inferiores do mundo numa rede mais ou menos complicada de cursos d'água subterrâneos. Ou ainda, às vezes se acredita que toda a terra repouse sobre a água. Enfim, a água se encontra também nas regiões superiores, acima dos céus. Por isso a água pode circundar o mundo em cada uma das três dimensões do espaço. Para os indígenas Desana, uma região banhada de água se estende sob a terra; a água circula até nos filamentos da Via Láctea. Em textos mesopotâmicos, a terra é construída sobre a água de Apsu, enquanto as águas de Tiamat ocupam o espaço no alto dos céus.

As águas também podem ajudar a definir o centro do mundo. De acordo com o mito fali já citado, esse centro está situado na intersecção de dois sulcos escavados nas águas. Um personagem extraído de um mito iroquês corre ao redor de um lago para fazer a terra crescer; a terra depois se desenvolve em todos os lados sob os seus passos. O grande deus ugarítico El habita a fonte dos rios, no meio do curso dos dois oceanos. Os Guarani chamam a morada originária de seus antepassados de "fonte fervente". Ela é o verdadeiro centro da terra, o verdadeiro centro da terra de seu primeiro progenitor.

Por ocuparem partes altamente significativas do universo, as águas ajudam a definir toda a ordem cósmica. O *Śatapatha Brāhmaṇa* afirma categoricamente: "As águas são a ordem do mundo" (11,1,6,24). Particularmente, quantidades de água muitas vezes estabelecem fronteiras importantes. De acordo com uma imagem difusa, um lago ou um rio separam a região dos vivos do mundo dos mortos. Exemplos de tal quantidade de água incluem o rio que é preciso atravessar para chegar à região babilônica do Não Retorno e o Aqueronte dos gregos.

Além disso, precisamente como é preciso atravessar as águas para entrar no reino da morte, deve-se passar também pelas águas para entrar no mundo dos vivos; segundo o povo Ewe, uma criança atravessa um rio quando nasce. Nem todos os povos estabelecem uma relação explícita entre as águas cósmicas e as águas que se encontram mais próximas deles. No entanto, muitos o fazem. Assim, às vezes se acredita que as chuvas provêm das águas celestiais e os rios das águas subterrâneas, se não das águas que circundam a terra. Alguns textos oferecem imagens muito mais complicadas. Num poema babilônico, as fontes e os rios surgem da cabeça do cadáver de Tiamat; no entanto, elas parecem provir das águas que ocupam as regiões superiores do mundo, ainda que estejam próximas da terra, dos limites do horizonte. Na antiga Índia pensava-se que o Ganges descia dos céus.

As águas e o divino

Onde quer que se encontrem, as águas frequentemente são vinculadas a poderes divinos. O mundo hindu geralmente considera que elas são divindades femininas. Mais explicitamente, em outros casos, o mar, certos rios e certas fontes é que são considerados deuses. O povo da Índia védica, por exemplo, fazia sacrifícios para os rios. O Tigre e o Eufrates aparecem num elenco de divindades hititas. Os rios são invocados no juramento homérico. A propósito dessas divindades aquáticas é preciso observar que elas são algo mais que representações de um elemento puramente natural.

Assim, o egípcio Nun é um curso d'água no qual o barco do sol navega à noite, mas é também um personagem que pode falar. Igualmente, o nome do deus ugarítico Yamm se refere como significado ao próprio mar; outro de seus nomes evoca a imagem de um rio, mas ele aparece também com as características de um príncipe ou de um juiz que envia embaixadores à assembleia divina. O Ponto grego é a extensão salgada do mar; é também um ser masculino que se une à Terra e gera uma descendência. No Egito, o Nilo (com suas inundações) é honrado como Hapi, um deus antropomórfico. Assim, a água é a manifestação de um poder divino que não coincide exatamente com a aparência tangível do elemento líquido. Não obstante, a água tem tal imanência nesse elemento que pode ser percebida como a própria divindade.

Em outros casos, contudo, as águas servem simplesmente como a residência de espíritos ou forças sagradas. Tais espíritos podem morar num lago, num rio ou nas ondas do mar; ou então, como outros, podem viver num pequeno bosque, numa rocha ou numa montanha. Inúmeros deuses que exercem uma autoridade mais extensa deveriam ser mencionados separadamente. Antes de tudo, há os senhores da chuva, que de algum modo se acredita serem a causa dela. No entanto, a chuva também depende de seres cujos poderes não estão submetidos ao seu controle. Por isso, para obter chuva, podem ser invocados inúmeros deuses ao mesmo tempo, ou certos antepassados que se tornaram espíritos poderosos. A chuva às vezes é considerada um dom proveniente do Ser supremo, ou o deus da chuva pode ser identificado no próprio Ser supremo.

Muitos povos antigos do Mediterrâneo e do Oriente Próximo tinham um deus da tempestade. Ele guia ou reúne as nuvens, causa trovões, lança raios e faz a chuva cair. Esse deus da tempestade ocupa uma posição preeminente entre os deuses; pode reinar sobre eles, proteger as cidades ou seus reis, e estende o seu poder sobre todo o universo. Menos relevante no panteão hindu, o deus da tempestade Parjanya é um destruidor de demônios; em alguns textos parece estar no comando do mundo inteiro.

O poder dos deuses que reinam de modo mais geral sobre as águas é igualmente amplo. O deus sumério Enki, que chega através do mar de uma região longínqua, estabeleceu a sua morada ou templo sobre as águas subterrâneas de Apsu, que ele tinha subjugado. Enki é o senhor das águas. Depois de ter sido o maior organizador do mundo e um dos criadores da humanidade, ele permaneceu o senhor de fato. Em companhia de An e Enlil, ele pertence à suprema tríade. O mesmo pode ser dito de Ea, seu homólogo acádio. Rei dos abismos, rei do vasto mar, senhor das águas da terra, Ea tem seu lugar no mundo celeste, e o seu conselho é tido em grande consideração pelos deuses. Assim, o poder do deus da água costuma transcender o domínio da água. Ocorre também o fenômeno inverso. A autoridade de um deus mais universal é exercida de modo privilegiado sobre o mundo aquático. Nos Vedas, por exemplo, Varuṇa é o deus mais importante que governa sobre a natureza, os deuses e os homens; é o guardião do *ṛta*, a ordem religiosa das coisas. Muitas vezes ele é intimamente ligado à água.

Com Mitra, pode causar a chuva; com Indra, pode declarar: "Fui eu que inflei as águas que escorrem impetuosamente" (*Ṛgveda*, 4,42). Ele é colocado sobre as águas, e sua casa de ouro é construída sobre elas. Os dois oceanos são suas vísceras; ele está escondido em cada gota d'água.

A situação é mais claramente definida na Grécia. Poseidon, o deus do mar, não é essencialmente uma divindade aquática. Seu nome e numerosos mitos provam que ele tem estreitas afinidades com a terra. Filho do antigo Rei Kronos, ele recebeu a soberania sobre os mares quando foi dividida a herança paterna; um de seus irmãos obteve o mundo inferior e o outro os céus. Assim, ele comanda as águas e suscita as tempestades, mas não é imanente a elas. Outros deuses – Ponto, Nereu e Proteu – estão mais intimamente ligados à água. Mas, no caso de Poseidon, sua soberania origina-se de uma região ulterior em relação ao domínio em que ela é exercida. Seja qual for sua abundância e sua potência, as águas não são a fonte de um tipo de poder político. O poder político está vinculado aos céus; esse é o motivo pelo qual não pode ser detido por um deus da tempestade.

As qualidades e os poderes da água

Em suas várias manifestações, os deuses da água e as próprias águas no mundo presente têm qualidades ou traços comparáveis aos que vimos nas cosmogonias primordiais. Em alguns casos, as águas que se estendem além do mundo e o delimitam podem ser um símbolo do vazio, como o eram outrora do nada; mas isso não é inquestionável. Essas águas longínquas às vezes alimentam águas terrestres: estas devem ter a mesma densidade. A fluidez e a inapreensibilidade da água, contudo, são manifestadas nas faculdades de metamorfose presentes em certos espíritos ou divindades aquáticas. Num relato vietnamita, um espírito da água assume a forma de um rapaz sedutor. As ninfas hindus se transformam em pássaros, e os deuses gregos do mar, Proteu, Nereu e sua filha Tétis, assumem numerosas formas sucessivas para fugir dos que tentam detê-los. Essa capacidade pode ser compartilhada. Em narrativas birmanesas, a água de certo lago transforma o homem ou o animal que a bebe, o primeiro num macaco e o segundo num homem.

A água é essencial para a vida do ser humano; garante o seu sustento fertilizando a terra. É mais do que alimento, uma vez que é a fonte deste último. Portanto, pode ser comparada não apenas ao leite, porém mais especificamente à vaca. Por causa de sua utilidade, ela é vista como um suporte privilegiado das forças vitais. Os Venda, por exemplo, equiparam a água ao sangue, enquanto os Desana veem os rios como cordões umbilicais que unem os seres humanos às águas amnióticas subterrâneas. Em textos tanto hindus como africanos é comum falar das águas que dão vida e geram a humanidade. Por esse motivo encontramos a água associada à sexualidade. Os Diola cantam: "Os órgãos sexuais das mulheres são cheios de água [...]; se Ata Sembe dorme com uma mulher, sempre a engravidará" (THOMAS, L.V. *Les religions d'Afrique noire*. Paris, 1969. p. 202). Em relação a isso, as águas muitas vezes assumem um caráter feminino. Os Apsarasa da Índia e as náiades e as nereidas gregas são jovens mulheres, envolvidas em aventuras eróticas. Mas as águas também podem ser masculinas. "Seu fundamento é o sêmen, como as águas o são de Varuṇa", diz a *Bṛhadāraṇyaka Upaniṣad* 3,9,22. Para os poetas gregos, os céus enviam chuva, como sêmen, à terra, num impulso amoroso. O deus egípcio das inundações do Nilo – Hapi, o dispensador de vida – é andrógino, e o Nilo é imaginado como metade homem e metade mulher. Suas águas são masculinas, e sua terra arável é feminina. Juntas, elas são pai e mãe. Na Grécia, os rios são decisivamente masculinos e, como os deuses da tempestade e da chuva, têm os atributos de um touro. Como princípio vital, a água permite que os homens fujam da doença e mantenham a morte distante. Como a água faz crescer as plantas medicinais, ou em virtude dos efeitos de suas qualidades intrínsecas, os Vedas a associam à origem da medicina. Em especial, acredita-se que a água é altamente eficaz contra o veneno das serpentes. Num sentido mais positivo, afirma-se que a água dá vigor, torna jovens os velhos e prolonga a vida. A água também é capaz de conferir a imortalidade. Gilgamesh encontra a planta da vida, que torna os homens capazes de fugir da morte, no fundo das águas. Inúmeros povos falam de uma "água da vida", que concede a imortalidade. Igualmente, para dar a vida eterna a seu filho Aquiles, Tétis quer imergi-lo nas águas do Rio Estige. Os gregos geralmente estabelecem uma relação entre Oceano e ambrosia, como os hindus fazem entre água e *soma*.

Há um aspecto mais enigmático da água: ela tem sabedoria e conhecimento. A água busca a verdade, lemos nos Vedas. O deus mesopotâmico da água, Ea, rico de sabedoria, dispensa o seu conselho aos deuses. Como um sábio, protege os míticos velhos homens sábios, que tinham nascido nos abismos na forma de peixe.

Os mais antigos deuses gregos da água geram filhas cujos nomes denotam boas qualidades e inteligência. Entre as oceânides, estão Métis ("prudência") e Idia ("aquela que sabe"); entre as nereidas, Panopeia ("aquela que tudo vê") e Nemertes ("aquela que diz a verdade). A última, diz Hesíodo, tem a mesma qualidade de espírito de seu pai. De fato, Nereu é franco, leal e gentil, qualidades sempre vinculadas à justiça. Ele se assemelha a Proteu, que conhece o presente, o passado e o futuro.

De onde provém esta sabedoria da água? Uma narrativa dos Guarani estabelece uma relação entre o vigor da água e o da alma, acompanhado de moderação. Num texto védico, as ondas, que afastam todos os males, também mantêm distantes as mentiras. Um texto grego associa os limites do conhecimento com a imensidão das profundezas marinhas. Mas talvez a sabedoria dos deuses da água seja decorrente de sua idade. No mundo helênico, os deuses mais sábios eram chamados "os velhos homens do mar".

As águas, que ao mesmo tempo são sábias e são forças criadoras – a ponto de às vezes simbolizarem o próprio poder criador –, são próximas da palavra. Para os Dogon, água e palavra estão conjugadas na pessoa de Nommo, cuja atividade civilizadora liga simultaneamente as artes da civilização com a palavra e com a umidade; encontram-se associações semelhantes entre os Bambara. Em *Ṛgveda* 10,125, a própria palavra ritual, cuja eficácia é cósmica, diz de si mesma: "Minha origem está nas águas, no oceano".

No entanto, a água nem sempre é benéfica. No mundo presente, a água pode ser hostil para o ser humano, precisamente como podia ser destrutiva nos tempos remotos do mito. Há chuvas e dilúvios catastróficos, homens afogados em rios e mares. Esses não são simplesmente incidentes, e sim a manifestação de poderes malignos ligados ao elemento líquido. Um exemplo por si só ilustra isso: os povos indígenas do norte da Austrália têm um espírito em forma de serpente que vive nas nuvens durante a estação seca e nos pântanos durante a estação chuvosa. É ele que afoga alguns homens durante as inundações, que os devora quando eles se aventuram pelos pântanos.

A negatividade das águas pode assumir outras formas. Para os Desana, a água é o símbolo da doença. Num texto mesopotâmico, as tosses violentas são causadas por Apsu. Um relato do Gabão vai além: o espírito da água personifica chuva, frio e morte. Também a Mesopotâmia tem águas de morte assim como tem águas de vida.

Esse poder hostil às vezes se encarna em criaturas monstruosas. Os Desana acreditam que uma centopeia assustadora vive no mar; eles falam também de criaturas malignas em forma de serpente, algumas das quais comem crianças. Os descendentes de Ponto, o deus grego do mar, incluem numerosos seres híbridos dotados de poderes destrutivos, como as Górgonas, que vivem próximas das águas de Oceano, e a Hidra, que habita no pântano de Lerna. Lembramos que Tiamat assumiu o aspecto de um monstro. Tais monstros sobrevivem nas crenças do antigo Israel; eles são o leviatã Rahab e o dragão Tannin.

Nas Escrituras hebraicas, o próprio oceano é frequentemente representado como um adversário de Javé. Naturalmente, impondo a sua ordem ao mundo, Javé conquistou as águas e submeteu os monstros que elas abrigavam; desde então ele é o senhor delas. No entanto, elas continuam a ser ameaçadoras; o monstro do mar poderia despertar, e, se o fizer, Deus, que o vigia, o matará.

Às vezes benévola e às vezes malévola, ligada aos princípios da vida e ao poder criativo, mas também capaz de destruição, parente de deuses e de monstros, a água tolera em si todas as ambiguidades do sagrado. É um agente de purificação não apenas porque banha, dissolve e elimina a sujeira material; o seu poder catártico é ainda mais misterioso. De acordo com um texto babilônico, a água expulsa todos os males, até aqueles que ainda não se realizaram, mas que foram prenunciados por maus presságios. Num hino védico, a água liberta um homem das consequências de um juramento falso e de todos os pecados que cometeu.

A pureza obtida com a água é uma característica positiva. A água transmite ao ser humano algumas das suas virtudes. Causa visões, segundo um texto védico. Numa lenda grega, Ferécides prevê um terremoto depois de beber água de um poço. Quando Oceano e Tétis purificam Glauco, eles o tornam capaz de suportar o processo de deificação ao qual é submetido. Assim as águas conferem a purificação na medida em que conferem também, em certo grau, sacralidade.

Inúmeras qualidades das águas que acabamos de recordar são manifestas no mundo dos mortos. Para certas sociedades zuni, os antepassados habitam uma aldeia no fundo de um lago. Os membros da sociedade acreditam que, quando morrerem, irão dormir e despertarão recém-nascidos nessa aldeia, no fundo das "águas murmurantes". Essas águas parecem ser o símbolo da condição bem-aventurada em que a vida primordial e a infância se confundem. As crenças dos Desana vão ainda além. Uma região banhada pela água, Axpicon-dia, estende-se sob a terra; daí vem o primeiro organizador do mundo. É um domínio uterino, a fonte de toda a vida, à qual os homens, depois de nascer, ainda estão ligados por uma espécie de cordão umbilical. Os melhores dos Desana irão para lá depois da morte. Assim, uma morte feliz é concebida como um retorno às águas amnióticas. Entre os polinésios, os mortos habitam uma região triste, situada sob os mares; os chefes, contudo, vão para um lugar diferente, onde o deus Tanes lhes dá uma água vivificadora que lhes devolve a vida.

Nun, a água primordial, escorre através da região egípcia dos mortos. À noite, o barco do sol navega sobre suas ondas rumo ao leste. Em alguns textos, os mortos sobem a bordo desse barco e com ele fazem sua viagem. Em outros textos, eles se banham em Nun, no qual mergulha também o deus sol. Depois de se fundir com ele, os mortos ressurgem, regenerados. Mas as águas infernais nem sempre são benéficas e doadoras de vida. Elas contêm escolhos que o barco do barqueiro deve evitar; contêm perigos e são perturbadoras. Supõe-se que Nun é o lugar de misteriosos afogamentos.

Entre os gregos, Hades contém rios e lagos. Os nomes de dois desses rios revelam sua natureza: Piriflegetonte (*Pyriphlegethon*) significa "ardente e flamejante como fogo"; Cócito (*Kokytos*) significa "gemido, lamento". Os rios desembocam nos abismos do Tártaro onde, segundo Platão, as almas malvadas sofrem uma punição temporária. Outras almas, contudo, purificam-se às margens do Lago Aquerúsio, onde passam antes da reencarnação. Proclos afirma mais claramente que as almas purificadas no Aqueronte obtêm um destino melhor.

Uma ideia frequentemente recorrente é que os mortos têm sede. Beber os faz reviver; graças a isso, eles recuperam alguma forma de vida, como sugerido pelos textos egípcios. Nem todas as águas, contudo, são igualmente benéficas para os mortos. Em certas tradições gregas há duas fontes nos Infernos; o iniciado sabe que deve beber daquela que vem do lago da memória. Platão menciona uma planície do esquecimento onde se localiza o lago da indiferença. Assim, uma das águas dos Infernos suprime a memória, enquanto a outra a mantém e a reafirma, agindo como as águas da sabedoria e do conhecimento já mencionadas. A importância dessa oposição se manifesta no privilégio concedido a Pitágoras e a Empédocles, aos quais se diz ter sido permitido conservar as lembranças de sua existência precedente. A leitura de Empédocles leva a supor que esse privilégio era concedido às almas que por pouco evitam a reencarnação.

Conclusão

Em conclusão, o amplo panorama de significados dado à imagem da água não é ilimitado, e até significados opostos dados por mitos diferentes não são incoerentes. Esses diversos significados são, em grande parte, sugeridos pela diversidade da nossa experiência da água como fenômeno natural.

A água pode ser ambígua. Enquanto fluida, pode simbolizar uma mera ausência ou um material ainda amorfo que será usado pelos deuses. Pode desempenhar uma função positiva. Banha, dissolve e purifica. Essencial para a vida humana e necessária para o crescimento das plantas, simboliza uma qualidade geradora ou doadora de vida, muito semelhante ao poder criador. Assim, é divina e sacralizante. Além disso, é também capaz de desempenhar um papel negativo. Os deuses podem utilizar o poder destruidor das suas ondas. Ativa em si mesma, seja divina, seja monstruosa, a água corrói todas as coisas que têm forma e tende a eliminar todas as distinções na própria inconsistência. Enfim, precisamente como rios e mares contribuem para definir os contornos de uma região, assim a divisão das águas ajuda a definir a ordem cósmica. A imagem da água, portanto, não é unívoca. Jamais pode ser interpretada sem considerar a totalidade dos mitos na qual está presente. Mas não é indiferente, definida apenas pela posição que ocupa no sistema mítico de dada sociedade. Capaz de evocar a memória de várias experiências concretas e inúmeras emoções, traz em seu interior muitos significados específicos num estado potencial. Toda narrativa explicita alguns desses significados.

Nenhuma norma lógica garante que o significado que a água assume na evocação do tempo das origens deva permanecer inalterado no decorrer do processo cosmogônico ou no mundo presente. Por outro lado, no pequeno número de sistemas míticos que estudei com alguma profundidade, impressiona o fato de que os usos da imagem da água, muitas vezes bem diferentes, ainda assim permanecem coerentes, em virtude da intenção teológica que inspira o conjunto de dado sistema. [Para o simbolismo associado à água, cf. os verbetes Chuva, Cuspe, Fonte e Lágrimas.]

Bibliografia

BACHELARD, G. *L'eau et les rêves*. 4. ed. Paris, 1978 [trad. bras.: *Á água e os sonhos*: ensaio sobre a imaginação da matéria. Rio de Janeiro: WMF Martins Fontes, 2018].

ELIADE, M. Baptême, déluge et symbolismes aquatiques. *In*: ELIADE, M. *Images et symboles*: essais sur le symbolisme magico-religieux. Paris, 1952. p. 199-211 [trad. bras.: *Imagens e símbolos*: ensaios sobre o simbolismo mágico-religioso. São Paulo: Martins Fontes, 1991].

KAISER, O. *Die mythische Bedeutung des Meeres in Ägypten, Ugarit und Israel*. 2. ed. Berlim, 1962.

LÜDERS, H. *Varuṇa*. Göttingen, 1951-1959. vols. I-II.

LÜDERS, H. *Varuṇa und die Wasser*. Göttingen, 1951. vol. I.

NINCK, M. *Die Bedeutung des Wasser im Kult und Leben der Alten*. Leipzig, 1921.

NOLA, A. Acqua. *In*: *Enciclopedia delle religioni*, vols. I-VI. Florença, 1970-1976. vol. 1, p. 22-31.

RAYMOND, P. *L'eau, sa vie, et sa signification dans l'Ancien Testament*. Leiden, 1958.

RUDHARDT, J. *Le thème de l'eau primordiale dans la mythologie greque*. Berna, 1971.

Jean Rudhardt

ÁGUIAS E FALCÕES

Os termos "águia" e "falcão" se referem aos pássaros predadores em geral, embora exista confusão na definição das espécies particulares (águia, falcão, abutre etc.) no que diz respeito ao simbolismo dos pássaros e à sua descrição. As águias e os falcões obtêm seu valor simbólico da velocidade, habilidade de voo e altivez; por essas qualidades eles são comparados e associados a vários princípios religiosos e a todos os tipos de divindades.

Os papéis sagrados atribuídos à águia e ao falcão em muitas religiões originam-se da associação com os poderes que dão e sustentam a vida próprios das divindades que representam as forças da natureza. O deus asteca do sol e da guerra Huitzilopochtli é simbolizado por uma águia. O trabalho do sol para alcançar de novo o céu no seu surgimento diário no Leste simboliza a luta entre os princípios das esferas celestiais, ou espirituais, e os do mundo inferior. Os deuses do sol Ra e Hórus do antigo Egito, que compartilham atributos semelhantes, são representados como falcões ou homens com cabeça de falcão.

Um mito dos iroqueses descreve Oshadage, a Grande Águia do Orvalho, que carrega nos ombros um lago de orvalho e traz água e vida à terra depois que as forças do fogo secaram toda a vida vegetal. A religião assírio-babilônica fornece um exemplo semelhante: Imdugud, a águia divina com cabeça de leão, abre as suas asas depois de uma seca, envolvendo o céu com nuvens carregadas de chuva. Uma divindade olmeca, o monstro dragão, é um animal composto por crocodilo, águia, jaguar, serpente e homem, uma figura que une em si o sol, a água, a terra e o simbolismo da fertilidade.

O simbolismo da águia e do falcão é associado também com a morte, pois esses pássaros frequentemente atuam como portadores das almas "para o céu". Isso é verdadeiro tanto para o falcão nas religiões indígenas da Califórnia quanto no sistema religioso do antigo Egito, em que o falcão era o próprio emblema da alma. Na antiga Roma, uma águia era libertada nas proximidades da pira funerária de um imperador para significar a partida da alma para a vida futura.

Por sua rapidez, as águias e os falcões são considerados os mensageiros e os portadores dos deuses. A *Ilíada* e a *Odisseia* da antiga cultura grega mencionam o uso de águias como mensageiros por parte dos deuses. Na mitologia escandinava, tanto Freya como Odin tinham uma plumagem de falcão que os tornava capazes de voar rapidamente. A rapidez da águia Garuḍa é mencionada no *Mahābhārata* hindu. Foi Garuḍa quem roubou o *soma* para Viṣṇu e assim se tornou sua montaria. No cristianismo, a rapidez do voo da águia associa o pássaro à oração que ascende ao Senhor e à Graça que desce sobre o homem.

Como pássaros predadores, a águia e o falcão frequentemente são identificados com os deuses da guerra e com a malícia sobrenatural em geral. A águia era a portadora da arma dos deuses romanos e muitas vezes era representada com um raio entre suas garras. De acordo com o *Mahābhārata*, os falcões são presságios de azar, exceto quando precedem um guerreiro em batalha. Na religião romana, a águia, pássaro de Júpiter, era também um "pássaro de tempestade", precisamente como o era o falcão entre os antigos gregos; ambos eram identificados com os ventos violentos associados às forças malignas da terra.

Águias e falcões representam a majestade divina, a superioridade do intelecto sobre a corporeidade e da força espiritual sobre a material. Desse modo, a oposição de águia (ou falcão) e serpente representa a supremacia das forças espirituais mais elevadas sobre as forças inferiores; assim, mais geralmente, se comporta também a simbólica equação de águia e raio. Esse princípio também se encontra naquelas criaturas mitológicas como o grifo cristão, as divindades monstro-jaguares olmecas, o deus assírio-babilônico Imdugud, as imagens gregas que retratam um falcão dilacerando uma lebre, as imagens hindus da águia Garuḍa e da serpente. [Cf. o verbete Serpente.]

Bibliografia

Um primeiro trabalho que compara temas e símbolos frequentes nos mitos e nas práticas de muitas religiões em todo o mundo é o de EMERSON, E.R. *Indians myths, or legends, traditions and symbols of the aborigines of America compared with those of other countries, including Hindostan, Egypt, Persia, Assyria, and China* de 1884 (com uma edição de 1965). Um estudo mais detalhado do simbolismo semítico é o de FARBRIDGE, M.H. *Studies in biblical and Semitic symbolism*. Nova York, 1970, que contém uma rica discussão histórica dos símbolos religiosos e culturais semíticos e inclui uma breve, mas interessante análise do uso do simbolismo animal. Uma coletânea muito útil (com índice) dos mitos que representam culturas e tradições religiosas em todo o mundo encontra-se na obra em 13 volumes organizada por GRAY, L.H. *The mythology of all races*. Boston, 1916-1932. No trabalho de 1915 de HOPKINS, E.W. *Epic mythology*. Nova York, 1969, e no de WILKINS, W.J. *Hindu mythology:* Vedic and Purānic. Londres, 1973, encontram-se amplas análises das épicas hindus com listas detalhadas dos vários papéis desempenhados por águias e falcões. Um estudo excelente sobre o uso do simbolismo animal em contextos culturais e religiosos é o de TOYNBEE, J. *Animals in Roman life and art*. Londres, 1973, em que se encontram registros históricos e descrições do comportamento dos animais em relação a seus papéis simbólicos.

S.J.M. Gray

ALIMENTAÇÃO

Historiadores da religião e antropólogos culturais se defrontam com uma tarefa extraordinariamente difícil quando tentam analisar os hábitos alimentares em âmbito mundial. Isso ocorre porque as leis alimentares, os tabus relativos à comida e os ambientes religiosos e sociais que os moldaram são tão diversificados quanto a própria espécie humana.

Embora não existam hábitos ou tabus alimentares universais, eles fazem parte da vida cotidiana de toda sociedade. [Cf. o verbete Tabu.] Tanto as sociedades sem escrita como as altamente avançadas impuseram restrições a respeito do que seus membros podem ou não podem comer e sobre as circunstâncias nas quais certos tipos de alimentos podem ser consumidos. Alimentos que são escolhidos desse modo passam a assumir um significado simbólico que de outro modo não teriam. Em muitos casos, as observâncias religiosas são a tal ponto parte integrante da vida cotidiana que não podem ser diferenciadas das conveniências meramente sociais.

Tabus alimentares

Muitas características relevantes das crenças religiosas de um grupo tornam-se mais evidentes quando se estudam determinados tabus alimentares.

Judaísmo

A religião judaica tem um conjunto de leis alimentares bem-definido e estabelecido há muito tempo. A maioria se encontra no Pentateuco, em Levítico, Deuteronômio, Gênesis e Êxodo. Outras provêm de ensinamentos rabínicos que, por certo período, adquiriram a força de lei religiosa.

Quando os judeus foram definitivamente exilados da Palestina pelos romanos no século I d.C., sua identidade foi imediatamente ameaçada de extinção. Assim, foi inevitável que os judeus respondessem a esse perigo enrijecendo a interpretação de suas leis alimentares distintivas. Foi a essa altura de sua história que o abate ritual de animais se tornou obrigatório; a carne dos animais devia ser primeiramente macerada e depois salgada para eliminar todo o sangue remanescente, uma vez que o sangue era um símbolo da vida, e a vida pertencia a Deus.

Os produtos da carne e do leite foram diferenciados, tanto na maneira de prepará-los como de comê-los. O judaísmo rabínico estabeleceu que esses dois tipos de alimento fossem preparados e ingeridos com um conjunto de utensílios totalmente separados. Para garantir que também o vinho fosse *kosher*, ele devia ser feito por judeus. Não havia restrições sobre frutas, verduras e legumes. Especificamente, as leis alimentares judaicas, entre muitas outras coisas, permitem comer peixe tanto com espinhos como de escamas. Podem também ser consumidos animais que ruminam e que têm o casco fendido. O porco é excluído das dietas judaicas porque, embora tenha esse tipo de casco, não é ruminante.

No esforço de defender essas proibições da carne de porco com fundamentos racionais, deu-se grande importância à higiene e ao conhecido risco de contrair triquinose da carne de porco malcozida. O que parece ser negligenciado ou ignorado é o fato de que as doenças derivadas de parasitas só foram identificadas no século XIX e, por mais de dois milênios, as leis alimentares integraram as observâncias judaicas como núcleo homogêneo. Às vezes o ato de evitar ritualmente certos alimentos naturalmente pode ser benéfico para a saúde. Mas benefícios acidentais não explicam a existência de tabus em si. Além disso, se a higiene e a saúde efetivamente fossem a causa das leis alimentares judaicas, por que alimentos perfeitamente saudáveis são incluídos na categoria dos alimentos proibidos? Para muitos judeus observantes, não há necessidade de nenhuma justificativa racional para as próprias leis alimentares. O simples fato de Javé ter estabelecido isso é uma razão totalmente suficiente em si mesma. É preciso observar que os seguidores do judaísmo reformado (um movimento religioso que começou no início do século XIX) abandonaram muitas práticas judaicas tradicionais, incluindo a observância das leis alimentares. Declarando que a fé religiosa e a moral são os únicos critérios do judaísmo autêntico, eles eliminaram as leis alimentares por considerá-las anacrônicas. Os judeus hassídicos, por outro lado, adotaram leis alimentares que em muitos aspectos são mais restritivas do que as observadas pelos judeus ortodoxos. Ao fazer isso, eles confirmam com mais evidência que os costumes alimentares servem para distinguir e separar até os membros do mesmo grupo religioso. Assim, os hábitos alimentares hassídicos simbolizam algo mais do que a simples judaicidade. Eles chamam a atenção para o caráter especial dos judeus hassídicos, ou seja, "os piedosos".

A noção de puro e impuro também é fundamental para as leis alimentares judaicas. Antes de se aproximar do altar para realizar os sacrifícios do templo, os sacerdotes se purificavam por meio de abluções rituais e frequentemente eram os únicos a terem permissão para consumir as ofertas sacrificais.

A pureza baseada nas regras alimentares os separava do resto; isso criou também classes entre outros segmentos da comunidade judaica que incluíam os levitas, os nazireus e os soldados.

Islamismo

As leis alimentares islâmicas, como codificadas no Alcorão, refletem claramente muitos elementos da lei mosaica. Os muçulmanos são proibidos, por exemplo, de se alimentar de sangue e comer carne de porco. Eles não podem consumir alimento que tenha sido oferecido a ídolos ou carne de animais encontrados mortos. Os animais devem ser abatidos de acordo com um ritual que requer o corte da traqueia, da carótida e do esôfago; enquanto observa esses deveres, o açougueiro invoca o nome de Deus. Nenhum muçulmano pode consumir bebidas alcoólicas, mas fica livre de pecado se é obrigado a comer alimentos proibidos. Embora as leis alimentares islâmicas sejam válidas para todos os muçulmanos, elas não distinguem classes sociais, como fazem as normas em algumas outras religiões.

Hinduísmo

Para uma discussão dos tabus ligados à alimentação, o sistema das castas da Índia oferece o melhor exemplo da relação entre os hábitos alimentares e os sistemas sociais. Na Índia existem tantas normas relativas à contaminação e à pureza que qualquer busca de coerência deve ser incluída numa pesquisa completa da vida social, econômica e religiosa indiana. No que diz respeito à contaminação, o alimento deve ser considerado em relação a sua produção, preparação e consumo; tudo desempenha um papel importante para proteger os limites do sistema de castas.

Um dos elementos mais importantes do ritual hindu é a manteiga refinada, semifluida. Durante uma cerimônia de casamento, por exemplo, os protagonistas – esposa, marido, sacerdotes – estão diante de um fogo ritual que é periodicamente alimentado com manteiga derramada sobre as chamas. A manteiga, como símbolo de pureza, é usada pelos hindus também para banhar as estátuas religiosas.

O alimento preparado com manteiga semifluida é reservado à classe superior, os brâmanes. O alimento não deve ser experimentado pelo cozinheiro em virtude do perigo de tocar os lábios com os dedos, levando-o assim a perder a sua condição de pureza. A saliva, mesmo a própria, é extremamente contaminante.

Cristianismo

Quando nos voltamos para a cultura cristã, uma das características mais sugestivas das leis alimentares é sua virtual inexistência. Esse fato curioso leva-nos a um breve exame da história do cristianismo primitivo. Como os primeiros discípulos de Jesus eram judeus observantes, eles respeitavam as leis alimentares mosaicas. Mas, quando Paulo começou sua missão entre os gentios, abriram-se novas fronteiras étnicas. O universalismo do cristianismo privou-o de identidade cultural; e isso, por sua vez, não deixou nenhuma estrutura cultural de referência para dar forma a leis alimentares, como aconteceu com o judaísmo e com outras religiões. Marcos atribui a Jesus as seguintes palavras: "Nada que vem de fora do homem pode contaminá-lo" (Mc 7,15). Marcos continua a reiterar o mesmo conceito quando ressalta que Jesus afirmava que todos os alimentos são puros.

Esse também parece ser o significado da visão de Pedro a propósito do abate e consumo de animais impuros (At 10,9-16). Embora seja verdade que os Atos dos Apóstolos (15,20) reafirmem certas restrições sobre o alimento, muitos exegetas defendem que a afirmação não passava de um desejo de evitar escandalizar os judeu-cristãos. Com exceção do rito copta, todas as leis alimentares cristãs praticamente se extinguiram no fim do século II. Na Igreja Católica, a abstenção da carne às sextas-feiras foi apenas uma lei disciplinar.

A pesquisa moderna

Na tentativa de extrair um sentido do desconcertante conjunto de hábitos alimentares que foi documentado tanto nas sociedades antigas como nas modernas em todos os momentos de seu desenvolvimento, os estudiosos percorreram muitos caminhos diferentes, com o objetivo de descobrir elementos comuns que justificassem a organização dos hábitos alimentares em categorias inteligíveis capazes de ser discutidas como unidades distintas.

Uma pesquisa dos hábitos alimentares, contudo, pode revelar que muitos tabus não parecem racionais. Certamente existe uma razão para cada tabu específico, mas o motivo muitas vezes tem pouco ou nada a ver com considerações intelectuais. Em toda pesquisa desse tipo, é importante não pretender aplicar do mesmo modo as conclusões obtidas a todos os povos em circunstâncias semelhantes, uma vez que os hábitos alimentares envolvem muitos fatores que entram em jogo em certas sociedades, mas não em outras. Muitos antropólogos consideram que a identidade social é um fator forte na preservação das leis alimentares de dada sociedade. Tais costumes distinguem os povos; alimentam a unidade do grupo, protegem a sua identidade. Enquanto isso é verdade para certos casos, as perguntas mais difíceis continuam a ser estas: o desejo de permanecer separados e distintos, especialmente no caso de um grupo minoritário que deve lutar para se opor à assimilação num grupo maior, é uma explicação adequada para a existência dos tabus alimentares? Ou o desejo de manter a própria identidade é simplesmente um motivo forte para observar hábitos que têm origens mais antigas? Ou talvez a preservação da identidade de um grupo é apenas um subproduto de tal observância? Essas e outras questões semelhantes ainda aguardam respostas definitivas.

Em *Purity and danger* (1966), Mary Douglas concentra-se na contaminação espiritual numa estimulante análise dos tabus alimentares. As religiões, diz ela, têm interesse em fornecer a seus adeptos um sentido de identidade. Isso é realizado através de atividades simbólicas correlacionadas com aspectos concretos do comportamento social. Um desses aspectos mais fundamentais e importantes é a comida – a produção, a preparação e o consumo do alimento. Douglas sugere que os tabus alimentares são mais bem compreendidos no contexto da contaminação espiritual. O fato de determinado alimento poder ter uma qualidade de contaminação espiritual independentemente do contexto cultural não parece basear-se em dados objetivos. Isso significa que a contaminação espiritual não pode ser compreendida separadamente do sistema de ideias que, de fato, cria um universo específico para cada sociedade. A limpeza, nesse contexto, torna-se um atributo de tudo o que contribui para a ordem daquele universo. Em seguida, Douglas introduz a palavra "sujo" para significar tudo o que se contrapõe àquela ordem e a suas relações estabelecidas. Tudo o que desagrega aquela ordem cria caos; é espiritualmente contaminante e impuro. É "sujo" e, portanto, tabu. Quando essa hipótese é aplicada ao judaísmo, observa-se que a lei de Moisés divide o universo dos judeus em três categorias de criaturas: aquelas cujo ambiente natural é a terra, o mar ou o céu (cf. Lv 12). Criaturas que não respeitam os requisitos previstos por suas respectivas categorias são tabus.

Embora seja fácil aceitar as linhas gerais dessa teoria, a hipótese deveria ser verificada aplicando suas categorias a cada elemento das várias leis alimentares. A teoria se sustenta ou cai com base na validade de sua aplicação. Tabus específicos se adaptam a seus modelos ou suscitam dúvidas sobre sua legitimidade.

"Santidade" é outro termo que assume grande importância no vocabulário de Douglas. Ela observa que cada injunção para observar a lei mosaica é precedida por uma ordem de ser santo. O significado originário da palavra hebraica para "santidade", um atributo de Javé, é "distinguir".

A bênção de Deus, explica Douglas, cria e preserva uma ordem, e isso garante que os negócios de uma pessoa prosperem. Se um homem observa a Lei de Deus, é fiel a seus mandamentos e observa a aliança, os perigos se afastam e daí deriva a prosperidade. Quando a bênção de Deus é retirada, o homem é submetido a um anátema e reina a confusão. Por isso, um homem deve alimentar a santidade na própria vida para se tornar semelhante a Deus – inteiro, completo, perfeito.

A Lei exigia que os sacerdotes do templo fossem santos e recomendassem aos fiéis que apresentassem ofertas sem imperfeições – cordeiros, pombas, rolinhas ou cereais. Assim, as leis alimentares dão substância à noção de santidade, designando pessoas, lugares e coisas como sagrados, distintos, íntegros e sem imperfeições. Tudo o que não atinge plenamente a perfeição é defeituoso e, portanto, impuro. É, na expressão de Douglas, "sujo". Como a consciência das imperfeições implica uma concomitante consciência da perfeição e da pureza de Javé, as leis alimentares servem como constantes referências à sua santidade. Cada refeição se torna um encontro indireto com Deus. Uma das implicações da teoria de Douglas é que cada grupo ou sociedade deve ser estudado separadamente. Em primeiro lugar, é preciso determinar como cada grupo constituiu seu universo e de acordo com quais normas e princípios. Desse modo, uma confirmação da teoria dependeria do grau e da maneira como hábitos alimentares, trabalho, sexo e outras atividades humanas refletem aquele universo.

Alguns antropólogos vincularam os tabus alimentares à ecologia. O argumento deles é extremamente convincente se aplicado a povos que vivem em regiões onde o alimento é escasso e a vida selvagem é perigosa. Para garantir uma oferta adequada dos alimentos que escasseiam, as sociedades de caçadores-coletores carregaram esses alimentos de um significado simbólico que os diferencia e restringe seu uso. Embora essa teoria possa ser aplicada a certas sociedades nômades, não se pode fazer isso para a grande maioria dos povos e de seus tabus alimentares. A noção de identidade social também foi considerada um instrumento para evitar a contaminação em relação aos próprios "vizinhos pagãos". Essa interpretação foi inspirada por estudos sobre grupos minoritários receosos de perder sua identidade e sobre comunidades religiosas que viviam em ambientes onde numerosos cultos competiam uns com os outros para um consenso mais amplo. Em tais situações, as observâncias religiosas, incluindo as práticas alimentares, eram equivalentes a uma confissão pública de fé.

Os judeus se incluem precisamente nessa categoria. Por esse motivo, alguns estudiosos afirmam que os judeus consideram a carne de porco impura e a ser evitada porque os porcos eram adorados por seus "vizinhos pagãos", os egípcios e os cananeus. Na realidade, a história confirma que os judeus evitavam com convicção certas práticas dos cananeus, mas oferece também testemunhos do fato de que eles tinham uma consideração favorável de outros rituais dos cananeus e aparentemente não tinham nenhum escrúpulo em adotá-los. Será que os judeus instintivamente se afastaram de algumas práticas de seus vizinhos e adotaram outras, com base num pensamento judaico estabelecido? Se assim fosse, a tese de Mary Douglas seria fortalecida.

Os tabus alimentares também foram analisados em termos psicológicos. Autores que abordam esse objeto de estudo de acordo com essa linha argumentam que o alimento é um símbolo de sexualidade e de identidade porque o ato de alimentar leva o recém-nascido e a mãe ao seu primeiro contato íntimo. Esse ponto de vista afirma que uma criança obtém de sua mãe não apenas a própria atitude em relação ao alimento, mas também, como consequência direta, atitudes ulteriores, como as relativas ao dinheiro e à riqueza e a propensão ou a relutância a dividir essas coisas com outros. Deu-se muita importância à relação mãe-criança. É a mais íntima de todas as relações humanas e existe em toda sociedade em qualquer fase de desenvolvimento. Precisamente por esse motivo ela não pode explicar a imensa variedade e seletividade dos tabus alimentares que surgiu em toda sociedade desde tempos imemoriais. É também correto questionar o que moldou, em primeiro lugar, a visão de mundo da mãe.

Claude Lévi-Strauss observou as estruturas do pensamento humano e as correlacionou às estruturas da sociedade humana. Usando como modelo a análise linguística, ele afirmou que cozinhar o alimento pode ser considerado um tipo de linguagem, porque expressa pensamentos e ideias que podem ser claramente compreendidos por aqueles que prestam atenção ao que se está "dizendo". As categorias representadas nos tabus alimentares ajudam os homens a perceberem seus mundos nos termos de polaridades que existem na estrutura da mente. Assim, as categorias ajudam a manter tais dicotomias como natureza/cultura e animal/ser humano. Lévi-Strauss não considera necessário examinar detalhadamente cada tabu alimentar, concentrando-se, ao contrário, na relação fundamental que ele afirma existir entre os seus elementos constituintes. No decorrer do tempo, observa, todas as culturas terão estruturas semelhantes.

Dois eminentes e influentes estudiosos que enfatizaram a importância do trabalho de campo durante a primeira metade do século XX foram A.R. Radcliffe-Brown e Bronislaw Malinowski. Representando o que se tornou conhecido como abordagem funcional à antropologia social, eles se interessaram sobretudo pelas conexões que a seu ver ligavam as várias instituições sociais umas as outras. Para eles, o alimento desempenha uma função social e indica o lugar de uma pessoa na sua comunidade. Radcliffe-Brown cita o exemplo dos habitantes das Ilhas Andaman, cuja atividade social mais importante é a obtenção de alimento. Para esse povo, o alimento é também o instrumento que une sua sociedade, preserva suas tradições e infunde nos jovens o sistema dos valores sociais.

A importância social do alimento é transmitida a rapazes e moças suscetíveis através de ritos de iniciação e tabus alimentares, que se tornam menos restritivos quando as crianças crescem. Assim, essas crianças são incorporadas a uma sociedade com fortes tradições alimentares que refletem os valores sociais. A África oferece mais uma prova do papel funcional do alimento em certas sociedades. Em Gana, por exemplo, as mulheres da aldeia geralmente comem com as crianças e não com seus maridos. Nos casos em que os dotes são substanciosos e as normas hereditárias bem-definidas, contudo, as mulheres de alta condição social tendem a comer com homens de igual *status* e a participar da mesma culinária. Audrey I. Richards observa que até o cozimento do mingau de aveia pode ter significado funcional, uma vez que pode ser uma maneira normal de expressar a correta relação entre uma mulher e vários parentes do sexo masculino.

A abordagem funcional enfatiza mais os significados sociais que os significados religiosos das regras alimentares. As trocas de alimento são consideradas expressões de relações sociais, do mesmo modo que a transferência matrimonial. Esse ponto de vista funcional é aplicado não apenas aos hábitos alimentares, mas também à produção e à distribuição de alimento.

Outra forma de abordar os hábitos alimentares foi oferecida por A.E. Crawley. Como estudioso de religiões e casamentos primitivos, ele desenvolveu um interesse especial pela relação entre hábitos alimentares e sexo e encontrou "perigos espirituais" nas relações sexuais. A ligação entre sexo e hábitos alimentares é exemplificada na África pelos Lele de língua banto. Durante o período menstrual de uma mulher lele, ela não pode nem cozinhar para seu marido nem atiçar os carvões do fogo por medo de que ele fique doente. Depois de uma relação sexual, a mulher deve limpar o marido e depois se lavar antes de cozinhar. Agir de outro modo colocaria em perigo a virilidade de seu marido.

Entre os Bemba da África Central, as crianças são protegidas pela morte que, acredita-se, poderia derivar do contato com um fogo de cozinhar contaminado por uma pessoa que teria deixado de realizar a purificação ritual depois de um ato sexual. Por outro lado, uma lei alimentar judaica afirma: "Não deves cozinhar um cabrito no leite de sua mãe". Essa injunção também levou certos estudiosos a desenvolverem a relação entre tabus alimentares e sexo. Como lembramos acima, em algumas culturas parecem precisamente surgir alusões a tal relação. É quase como se, na citação acima reproduzida, a lei estivesse proibindo um incesto culinário.

Há outros paralelismos interessantes entre sexo e hábitos alimentares, mas uma explicação realmente satisfatória destes últimos exigiria a inclusão de considerações socioculturais muito amplas.

Os antropólogos também estudaram sociedades em vários níveis de desenvolvimento social e tecnológico. A análise horizontal serve para fins práticos, embora as categorias assim criadas sejam um pouco arbitrárias e nem sempre reflitam a complexidade do mundo real. Não obstante isso, foi profícuo comparar grupos diferentes na mesma fase relativa de desenvolvimento ou estudar o mesmo grupo em momentos sucessivos do próprio desenvolvimento. Algumas pesquisas revelaram, por exemplo, que as sociedades de caçadores-coletores têm muito em comum, quer vivam em regiões desérticas, no Ártico, na Índia ou na África. Os antropólogos situam tais nômades no nível mais baixo da escala de complexidade social. Poderíamos pensar que essas pequenas comunidades instáveis, que muitas vezes vivem uma vida precária entre escassez e perigo, utilizam ao máximo todo o alimento disponível. Mas tais povos também têm tabus alimentares que excluem ou restringem o uso de certos alimentos. Os Inuit do Alasca (esquimós), por exemplo, estabelecem uma distinção entre alimentos terrestres e marinhos que lembra as leis alimentares judaicas relativas aos produtos da carne e do leite. Os Inuit ensinaram que essas proibições não podem ser violadas impunemente, porque fazer isso significa ir ao encontro do infortúnio. Um grau mais elevado de desenvolvimento é obtido quando um grupo fixa uma residência permanente numa região sobre a qual exerce direitos exclusivos. Nessa fase, os ritos de iniciação que introduzem as crianças nas comunidades dos adultos se tornam mais elaborados e são celebrados com banquetes e com a troca de presentes alimentares. A aquisição e a distribuição do alimento se tornam um dos vínculos mais sólidos que unem essas comunidades.

Quando um indivíduo ou um grupo começa a exercer um controle político ou econômico sobre numerosas comunidades, a dignidade ou a autoridade suprema evoluem. Durante essa fase da história de uma comunidade, o alimento é recolhido e conservado para ser consumido durante festas, celebrações religiosas e períodos de escassez.

Para garantir reservas adequadas de alimento, os chefes recorrem significativamente à intimidação, advertindo que consequências terríveis aguardam os que violam os tabus alimentares. Um pescador, por exemplo, poderia muito bem acreditar que seu futuro bem-estar depende da transferência de uma parte de sua pesca entre os dominantes da comunidade.

Alimento e sacrifício

Há um amplo número de estudos sobre as origens e o significado do sacrifício e sobre o papel que ele desempenhou na história humana. Os objetos de sacrifício foram quase tudo o que parecesse adequado, sobretudo os primeiros frutos da terra. As ofertas de cereais eram comuns a muitas culturas por serem o elemento principal da dieta e, portanto, símbolos aptos a expressar a gratidão do ser humano em relação aos deuses por sua benevolência. Assim, não é de admirar que povos de todas as raças tenham sentido a necessidade de oferecer sacrifícios a suas respectivas divindades enquanto fornecedoras de alimentos essenciais para a vida.

Animais de todos os tipos também foram sacrificados segundo os ritos indicados pelas culturas específicas. A preparação correta do sacrifício geralmente era uma parte integrante do ritual prescrito. Embora de uma maneira um pouco diferente, o cristianismo perpetuou a antiga tradição de celebrar o sacrifício. A refeição eucarística é constituída por pão e vinho. Esses elementos comemoram a Última Ceia, que precedeu a morte e ressurreição de Jesus. No contexto de uma refeição pascal, Jesus declarou que o pão e o vinho eram o seu corpo e o seu sangue. Jesus disse: "Este é o meu sangue. Bebei dele todos vós". Essas palavras estavam em contraste direto com a Antiga Aliança, que proibia rigidamente o consumo de sangue. Outro exemplo de alimento usado nos rituais cristãos é o sal, que era colocado sob a língua de quem recebia o batismo para significar sabedoria.

Em algumas religiões era impensável que os deuses pudessem ter necessidade de ofertas de alimento. Esse dogma fundamental de fé era confirmado pela queima das ofertas. Como nada, exceto as cinzas, permanecia depois que a oferta tinha sido consumida pelo fogo, o sacrifício se tornava invisível e simbólico.

Esse ritual talvez tenha levado à refeição sacrifical, durante a qual a comunidade de culto consumia o alimento na presença da divindade. Admitindo um homem à sua mesa, o deus estabelecia uma relação especial com a comunidade. O consumo de alimentos sacrificados pelos membros de um culto diferente era uma abominação indescritível. Nas religiões antigas, a maior parte das funções comuns do culto era resumida na refeição sacrifical. Uma parte da refeição significava a unidade, de modo que cortar o pão juntos ou dividir o sal passou a ser sinônimo de fraternidade e aliança. Desse modo, as refeições comuns passaram a ter uma dimensão tanto religiosa como humana.

As ofertas funerárias constituíam outra categoria fundamental de sacrifícios. Oferecer alimentos aos mortos é uma prática muito antiga, seguida por uma enorme variedade de povos até nas áreas remotas do mundo. O cuidado pelo bem-estar dos mortos baseia-se na crença de que a alma necessita de alimentação enquanto não chega a seu lugar final de descanso. A obrigação de fazer tais ofertas cabe especialmente aos herdeiros do falecido, mas se estende também a outros parentes. Podia-se deixar alimentos no alto de um túmulo, enterrados no solo ou até na boca dos falecidos. Os gregos e os romanos faziam muitas libações e usavam varas para levar vinho da superfície da terra para o solo subjacente. De acordo com uma tradição estabelecida há muito tempo, o alimento tem um papel-chave naqueles ritos de passagem como nascimento, casamento e iniciação à comunidade dos adultos. A identidade e o papel de cada membro da comunidade são confirmados por tais cerimônias, que, por sua própria natureza, unem o grupo e contribuem para sua continuidade e conservação.

Jejum

Assim como a refeição sacrifical expressa agradecimento e união com a divindade, jejuar indica coisas como arrependimento, súplica e passagem para um novo estado de vida. Uma das práticas religiosas mais universais, mesmo na época moderna, o jejum é comumente associado ao ascetismo. Em muitos lugares é considerado um meio para obter graça. Os xamãs jejuam para ter visões. Por séculos, os católicos jejuaram durante o período penitencial da Quaresma e em outros períodos mais breves durante o ano litúrgico.

Sob a influência das grandes religiões da Índia, a abstinência se tornou um modo de vida para muitas pessoas, e a total abstenção da carne uma prática altamente louvável. A completa abstenção das bebidas fermentadas é um dogma fundamental de muitas crenças religiosas e é aplicada, em muitos casos, a todos os adeptos; em outros, apenas aos padres e aos religiosos.

Para os muçulmanos, jejuar durante o Ramadã é tão importante que constitui o quarto dos cinco pilares do islamismo. Os muçulmanos não podem comer ou beber do nascer ao pôr do sol durante todo o mês do Ramadã. Supõe-se que os que estão doentes ou estão viajando jejuem um igual número de dias em alguns outros períodos.

Mitos sobre a origem e o papel dos alimentos

Os antropólogos sociais também reuniram abundantes testemunhos de mitos que, de maneiras às vezes diferentes, explicam as origens de certos alimentos, sobretudo tubérculos e cereais, vinculando sua existência a divindades ancestrais conhecidas no seu conjunto como *dema*. Por exemplo, os habitantes da Ilha de Ceram, no arquipélago indonésio, narram a história de uma moça semidivina cujo corpo produziu tubérculos depois de ter sido feito em pedaços e queimado. Acredita-se que esses tubérculos contêm uma substância divina que é transmitida aos que os comem.

Uma crença dos indígenas Ojibwa da América do Norte tem uma sugestiva semelhança com o que acabamos de mencionar. O Grande Espírito, segundo os Ojibwa, enviou à terra um ser celeste. Depois de ter combatido com um índio empobrecido, o hóspede do céu morreu e foi sepultado. O milho, um produto fundamental na dieta indígena, começou em seguida a crescer no lugar de seu túmulo. Por esse motivo, os indígenas veneram o milho como um dom divino. Na mitologia de Tonga, Eel foi condenado à morte por ter causado a gravidez de uma virgem que, nas Ilhas Samoa, dividia o lugar onde ele se banhava. Os habitantes da aldeia que plantaram a cabeça cortada de Eel, como ele pedira, testemunharam que o coqueiro surgiu no mesmo lugar. Outro mito polinésio afirma que a árvore-do-pão nasceu do lugar onde uma mulher sepultara a cabeça de seu marido.

Variações sobre esse tema da morte que produz alimento foram encontradas em inúmeras mitologias. Algumas falam de uma criança ou de um homem que concordou em ser imolado para que seu corpo pudesse produzir plantas alimentícias de todos os tipos. Numa linha semelhante, os peruanos acreditam que uma força divina garante o crescimento e a fertilidade de todas as plantas alimentícias. Por esse motivo, eles usam sabugos de milho para dar forma a efígies em homenagem à Mãe do Milho.

Em muitos desses mitos, a morte se torna uma fonte de nova vida e dos alimentos que nutrem a vida. Mitos centrados em divindades servem também para estabelecer uma continuidade entre o mundo primordial e o mundo presente dos seres humanos.

Acredita-se também que as mortes de seres divinos criaram uma necessidade de alimento. Um homem pode tanto satisfazer uma necessidade humana fundamental quanto participar da existência das divindades, comendo alimentos proporcionados pelas próprias divindades.

Hsi Wang Mu, a Rainha Mãe do Ocidente chinesa, aparece em mitos que associam a imortalidade a certos alimentos. De acordo com crenças taoistas, Hsi Wang Mu governa uma região encantada de mulheres, chamada Hsi Hua. Nesse reino há um jardim famoso por suas flores raras e pássaros exóticos, que produz *p'an t'ao*, o suave pêssego da imortalidade. Conta-se que durante a dinastia Ming um caroço de *p'an t'ao* foi descoberto no tesouro conquistado pelos primeiros dominadores da dinastia Yüan. Dez características identificaram o caroço como proveniente da *p'an t'ao* que Hsi Wang Mu dera a um imperador da dinastia Han cerca de 15 séculos antes.

A *Epopeia de Gilgamesh* descreve a famosa e incansável busca da imortalidade do herói mesopotâmico. Com a ajuda de Utanapishtim, ele conseguiu encontrar uma planta que supostamente impedia a morte, rejuvenescendo os que a ingerissem. No entanto, as esperanças de Gilgamesh foram destruídas quando uma serpente roubou a preciosa planta. A prática do canibalismo, que em uma época ou outra potencialmente existiu em todas as partes do mundo, mais comumente se referia a órgãos específicos humanos e não ao consumo indiscriminado de carne humana. Em muitos casos, o canibalismo era o ato conclusivo de assassinatos rituais ou um elemento essencial de bruxaria. (Esta última prática sugere outro vasto campo de pesquisa: o papel do alimento no contexto da magia.) Os que consumiam a carne dos inimigos trucidados geralmente acreditavam que assim poderiam assimilar as qualidades viris de suas vítimas. Sabe-se que os aborígenes australianos se alimentavam dos corpos dos parentes falecidos em sinal de respeito. Seria preciso observar, contudo, que, embora alguns grupos étnicos com parentesco estreito às vezes praticassem o canibalismo, outros o consideravam uma abominação. O alimento desempenha um papel importante nos mitos do além. Na mitologia grega, por exemplo, Hades tentou induzir sua mulher Perséfone a comer uma romã para que lhe fosse sempre impossível deixar o seu reino. Ele não teve sucesso, mas, como Perséfone comera uma única semente de romã, foi destinada a viver no subsolo por uma parte de cada ano. Mitos semelhantes documentados em Nova Caledônia, Nova Guiné e em outras regiões evocam o conflito entre Mot, o deus semítico dos mortos e da esterilidade, e seu acérrimo adversário Baal, o deus das fontes, do céu e da fertilidade.

O sentido do paladar parece desempenhar um papel relativamente menor em muitos mitos relativos ao alimento, mas se torna uma poderosa metáfora religiosa durante a festa judaica da Páscoa. Comem-se ervas amargas durante a refeição de Seder para lembrar aos judeus que seus antepassados suportaram "vidas amargas" enquanto eram escravos dos faraós egípcios. Os Salmos do Antigo Testamento também usam essa metáfora ao recomendar: "Provem e vejam como o Senhor é bom" (34,8) e depois ao ressaltar que as palavras do Senhor têm o sabor e a doçura do mel (119,103).

De tudo o que dissemos, um fato se destaca com grande relevo: o alimento na vida religiosa é um tema de imensas proporções. O estudo do alimento apenas na Índia, por exemplo, colocaria à prova a resistência de qualquer estudioso normal, uma vez que os costumes e os tabus alimentares nesse lugar estão inextricavelmente ligados a noções de pureza e contaminação, ao sistema de castas, à religião, ao sexo e até à economia. As sociedades dos povos originários e as regiões do sul da Ásia também são campos férteis que aguardam mais pesquisas.

[Para uma discussão da relação entre o consumo de alimentos e o simbolismo religioso, cf. tb. Bebidas, Fermento e Sal.]

Bibliografia

ANDRÉ, J. *L'alimentation et la cuisine à Rome*. Paris, 1961. Sobre os hábitos alimentares na antiga Roma.

CAMPBELL, J. *The masks of god*. Vol. I: *Primitive mythology*. Nova York, 1959 [trad. bras.: *As máscaras de deus*. Vol I: *Mitologia primitiva*. São Paulo: Palas Athena, 2010]. Nesta importante obra são discutidos os mitos alimentares de plantadores e caçadores.

CHANG, K.C. (org.). *Food in Chinese culture* – anthropological and historical perspectives. New Haven, 1977. Indispensável para compreender a importante complexidade dos hábitos alimentares da China.

DARBY, W.; GHALIOUNGUI, P.; GRIVETTI, L. *Food*: the gift of Osiris. Londres, 1977. vols. I-II. Contém ilustrações do antigo Egito e listas de diversos alimentos da época.

DOUGLAS, M. *Purity and danger*: an analysis of concepts of pollution and taboo. Nova York, 1966 [trad. bras.: *Pureza e perigo*. São Paulo: Perspectiva, 2010]. Um excelente estudo de como os hábitos alimentares refletem a estrutura ordenadora de uma sociedade. Mary Douglas se ocupa em igual medida da vida secular e religiosa, tanto dos primitivos como dos modernos.

ELIADE, M. *Traité d'histoire des religions*. Paris, 1949 [trad. bras.: *Tratado de história das religiões*. São Paulo: WMF Martins Fontes, 2016]. O capítulo 8 deste clássico trata de *Vegetação – Símbolos e ritos de renovação*, e o capítulo 9 de *Agricultura e os cultos da fertilidade*.

GOODY, J. *Cooking, cuisine and class*: a study in comparative sociology. Cambridge, 1982. Começa com uma síntese dos progressos feitos por antropólogos e sociólogos em seus estudos sobre os hábitos alimentares. Compara as diferenças entre a culinária africana e a euroasiática como reflexos das diferentes estruturas sociais das duas áreas continentais.

KILGALLEN, J.J. All food is clean. *The Bible Today*, 19, p. 259-263, 1981. Uma discussão dos textos do Novo Testamento que levaram à revogação cristã das leis alimentares mosaicas.

LÉVI-STRAUSS, C. *Tristes tropiques*. Paris, 1955 [trad. bras.: *Tristes trópicos*. São Paulo: Companhia das Letras, 1996].

LÉVI-STRAUSS, C. *Mythologiques*. Paris, 1964-1972. vols. I-IV [trad. bras.: *Mitológicas*. São Paulo: Cosac&Naif, 2010. vols. I-IV]. Cf. particularmente os volumes I, II e IV, respectivamente: *Le cru et le cuit*. Paris, 1964 [trad. bras.: *O cru e o cozido*]; *Du miel aux cendres*. Paris, 1966 [trad. bras.: *Do mel às cinzas*]; e *L'homme nu*. Paris, 1972 [trad. bras.: *O homem nu*]. Lévi-Strauss oferece complexas análises de mitos tribais, muitos dos quais ligados à alimentação.

PRAKASH, O. *Food and drinks in ancient India*: from earliest times to c. 1200 A.D. Delhi, 1961. Contém listas de alimentos de diferentes épocas com notas de comentários sobre as modalidades de preparação. As fontes primárias são citadas em sânscrito.

SIMOONS, F. *Eat not this flesh:* food avoidances in the old world. Madison/Wisconsin, 1961. Uma abordagem divulgativa do tema.

SOLER, J. "Semiotics of Food in the Bible". *In*: FORSTER, R.; RANUM, O. (orgs.). *Food and drink in history*. Baltimore, 1979. p. 126-138. Uma consideração estruturalista das leis alimentares na Bíblia judaica. Um ensaio claro e convincente, semelhante ao de Mary Douglas.

TANNAHILL, R. *Food in history*. Nova York, 1973. Uma abordagem divulgativa do tema, útil, contudo, por sua bibliografia.

James E. Latham

ÂNCORA

Enquanto a âncora como símbolo relativo ao mar e a virtudes como constância e esperança teve certa difusão em diversas culturas, sua significatividade do ponto de vista religioso alcançou a máxima importância apenas com o desenvolvimento do cristianismo. Na realidade, a âncora assim como nós a conhecemos, o objeto físico que os primeiros cristãos transformaram em símbolo, só surgiu na época romana. Os gregos utilizavam como âncora um dispositivo constituído por pequenos sacos de areia. Tanto o surgimento como a finalidade da âncora desempenharam um papel relevante no desenvolvimento do simbolismo religioso ligado a ela. Os primeiros cristãos viram nela uma forma alegórica e disfarçada da cruz. Sua função assumiu valor metafórico no Novo Testamento (em Hb 6,19s.): "Temos [a esperança] como âncora da nossa vida, segura e sólida, a qual penetra até o interior o nosso santuário, onde Jesus entrou por nós como precursor".

A âncora, significando firmeza e esperança, tornou-se um dos símbolos mais comuns na arte das catacumbas, na ourivesaria e na escultura em gemas protocristãs. Costumava ser associada a outros emblemas, como, por exemplo, a cruz em âncora, que combinava as duas formas num único símbolo que mostrava a esperança cristã firmemente unida a Cristo.

A âncora também aparecia junto com as letras alfa e ômega para representar a esperança eterna e junto com o peixe para significar novamente a esperança em Cristo. Juntamente com o golfinho, a âncora passou a indicar a alma cristã, ou seja, a Igreja guiada por Cristo. A velocidade do golfinho representado juntamente com a âncora ilustrava o lema de Agostinho: "Festina lente" ("Apressa-te lentamente").

Outro emprego antigo e singular do símbolo consistia no seu uso para representar Clemente de Roma, Padre da Igreja que foi um dos primeiros bispos da Urbe. Segundo a lenda, os perseguidores de Clemente prenderam uma âncora em seu pescoço e o lançaram ao mar. As orações de seus seguidores obrigaram as águas a recuar, revelando um pequeno templo onde foram encontrados os seus despojos. Clemente era frequentemente representado com uma âncora ao redor do pescoço ou nas costas.

A âncora continuou a constituir um símbolo muito popular até a época medieval, quando desapareceu quase totalmente. Ressurgiu para simbolizar, por exemplo, a figura de Nicolau de Mira, padroeiro dos marinheiros, e como atributo da esperança, uma das sete virtudes segundo a arte renascentista.

Outras ideias, de inspiração mais exótica, se desenvolveram em torno desse símbolo em algumas formas de magia e de misticismo. Evelyn Jobes (1961) considera o fundo da âncora semelhante a uma meia-lua (arca, embarcação, nave, vulva, *yoni*, ou seja, princípio feminino), acima da qual é colocada a árvore (*liṅga*, falo, ou seja, princípio masculino), em torno do qual se enrola a serpente (fertilidade, vida). Se acrescentamos a trave cruzada, as partes formam o número místico 4, e a âncora passa assim a simbolizar os quatro pontos cardeais do universo, e ao mesmo tempo o sol e o centro do mundo. O símbolo em seu todo veicula o conceito de androginia e da união que dá como resultado a nova vida. Para concluir, Ad de Vries (1978) atribui a Freud a ideia de que a âncora é uma combinação da cruz (o corpo de Cristo que surge) e da meia-lua (Maria), e que, no seu conjunto, representa a vida.

Bibliografia

Quase todos os livros sobre o simbolismo cristão se ocupam do tema da âncora:

FERGUSON, G.W. *Signs and symbols in Christian art*. Oxford, 1954.

Interpretações mais extensas podem ser encontradas nos títulos a seguir:

JOBES, E. *Dictionary of mythology, folklore and symbols*. Nova York, 1961.

DE VRIES, A. *Dictionary of symbols and imagery*. Londres, 1974. ed. rev. Nova York, 1978.

CHEVALIER, J.; GHEERBRANT, A. *Dictonnaire des symboles* – mythes, rêves, coutumes, gestes, formes, figures, couleurs, nombres. Paris, 1982 [trad. bras.: *Dicionário de símbolos*: mitos, sonhos, costumes, gestos, formas, figuras, cores, números. 35. ed. Rio de Janeiro: José Olympio, 2021].

Elaine Magalis

ANIMAIS

Em todas as culturas, o uso da simbologia animal é um aspecto essencial nas reflexões sobre a natureza do ser humano, das características dos indivíduos e de suas sociedades, do mundo circunstante e de suas forças, e do cosmos como um todo. Os seres humanos definem a si mesmos e o seu lugar no mundo integrando-se ou contrapondo-se aos outros habitantes do universo. Também nas sociedades com uma tradição consolidada de divindades antropomórficas, os animais são um elemento essencial no pensamento religioso e social.

Muitas vezes os animais são colocados numa relação especial com o divino; passam, assim, a ter uma função importante nos mitos e nas sagas e um papel essencial (direto ou simbólico) nos ritos, além de assumir um significado emblemático de grupos sociais e categorias, manifestação metafórica de desejos e experiências humanas e concretização dos processos abstratos que governam o universo. A variedade de ideias sobre os animais e seu papel nas religiões do mundo parece infinita e continua a ser um fascinante objeto de estudo e de pesquisa. Onde quer que apareçam, os símbolos animais são usados para expressar as mais profundas e recônditas dimensões da existência humana. São símbolos de valores e categorias centrais, representações das ideias e imagens mais fundamentais de uma cultura. Como símbolos centrais, são polivalentes, complexos, antinômicos, usados ao mesmo tempo para atrair a atenção e expor imagens e significados muito diferentes em inúmeros níveis distintos. Como símbolos centrais, servem também para ligar outros âmbitos do discurso simbólico, criando justaposições e contrastes de imagens, dos quais se pode deduzir um significado e criar formas narrativas. O reino natural dos animais é uma parte importante da maneira como os homens projetam seu conhecimento e sua experiência através do discurso simbólico.

A simbologia animal frequentemente é usada para exprimir as ideias fundamentais do eu e do outro, que estão na base do pensamento moral e religioso. Sendo semelhantes aos homens em alguns aspectos e diferentes deles em outros, os animais oferecem a base para muitos outros aspectos dialéticos do pensamento humano e podem representar as categorias do sagrado e do profano, do selvagem e do civilizado, do natural e do cultural, do imoral e do moral, do inicial e do completo, do material e do essencial, do mundano e do divino. Os símbolos animais representam as antinomias do viver, a existência do sagrado no profano, do mundo selvagem no mundo civilizado, do moral no imoral, do passado no presente, e assim por diante. Desse modo, podemos usar símbolos animais para criar analogias aplicáveis à relação entre os homens e o divino. No significado mais simplista, essas analogias podem representar a afirmação de que os animais estão para os homens assim como os homens estão para os deuses, mas as equações com as quais uma cultura expressa as próprias ideias sobre a natureza do ser humano e da divindade podem ser extremamente complexas. Tal complexidade pode ser dada ou pelas próprias imagens dos animais, de modo que animais diferentes são representados juntos em configurações "não naturais" - centauros, esfinges, grifos, hipocampos ou pela estrutura dos princípios hermenêuticos de determinada cultura, de modo que simples iconografias podem ter múltiplas interconexões.

O caráter antinômico dos símbolos animais os torna particularmente aptos a intermediar âmbitos de outros contrastes simbólicos. Criaturas isentas das limitações da sociedade humana, os animais podem ter liberdade, poderes e capacidades negadas aos humanos; ou então, como manifestações materiais da essência divina do universo, podem ser a conexão entre o cotidiano da vida e a divindade subjacente ao cosmos.

Os símbolos animais frequentemente são expressão de qualidades abstratas de pensamentos, sentimentos e ações ou manifestações dos processos do ser e do devir. Assim, por exemplo, a águia pode representar perspicácia e desapego do mundo material; as serpentes, a independência; e as aranhas, a autocriação e a regularidade. A tendência de estudiosos ocidentais a atribuir a símbolos animais específicos o significado que têm em sua cultura é um erro fundamental da teologia comparada ocidental. Os significados não são universais, podem ser depreendidos apenas do conjunto dos símbolos de determinada cultura. Animais fantásticos podem representar a combinação de inúmeros processos e de suas contaminações, como no caso do centauro, que tem a racionalidade do ser humano, mas a socialidade de um animal. Os estudiosos ocidentais, interpretando o caráter simbólico de um animal, concentram-se predominantemente em sua forma física: muitas vezes, porém, a base da simbologia animal é dada por seu estado ecológico e, mais frequentemente ainda, pela natureza de seus movimentos, de modo que as ações do animal são vistas como uma objetivação microcósmica do processo cósmico. Por exemplo, para os indígenas da costa noroeste, a imagem de uma baleia que emerge das profundezas tenebrosas do oceano à luz do mundo humano é um importante símbolo de algum tipo de acontecimento em preparação ou iminente, quer se trate de nascimento, do poder dos seres sobrenaturais de entrar no âmbito humano, ou da força da intuição que ilumina repentinamente sobre o significado do mundo.

Mesmo que não sejam sagrados, os animais têm um importante papel na representação das emoções e das ideias dos homens. Por serem animados, constituem um campo que permite projetar neles as emoções e as ideias humanas. Apesar das longas discussões sobre as diferenças religiosas entre os povos que matam animais para a sobrevivência e os que os criam ou que, simplesmente, os mantêm por prazer, pode haver bem pouca diferença intercultural na estrutura morfológica, psicológica e simbólica na base das relações homem-animal.

À sacralidade e aos poderes atribuídos aos animais se contrapõem imagens de domesticação, domínio e materialidade. Existe uma tensão dinâmica no interior do paradoxo do animal como controlável, indefeso, subordinado às necessidades humanas e do animal fora do âmbito da sociedade, sujeito a forças que controlam, dominam e padronizam os seres humanos. Embora tais imagens tenham surgido mais claramente nos rituais dos caçadores das sociedades primitivas, no entanto, parecem presentes em todos ou em quase todos os rituais relativos aos animais, independentemente da base econômica da sociedade. Muitas sociedades dedicadas à caça domesticam os animais até imaginando-os como seres humanos em forma de animal, criaturas que vivem segundo as mesmas regras e formas do *Homo sapiens*. Esta imagem do homem no animal e do animal no homem é uma das mais difundidas na simbologia animal.

Com muita frequência, os símbolos animais servem para expressar a ideia de antecedência, de originalidade, do estado primordial do mundo. Em todas as culturas o homem se dá conta da diferença entre humano e não humano e joga com as metáforas da natureza humana, com as imagens do moral e do pré-moral. O mundo dos animais, quer enquanto esfera do selvagem (como para o metaforismo ocidental), quer enquanto esfera do incoativo (como para as religiões dos indígenas norte-americanos), é visto como um mundo livre das restrições e limitações impostas aos homens. Os animais são imaginados dotados de poderes extraordinários, intuição e habilidade, precisamente por não estarem presos às correntes das convenções humanas. Além disso, são também imaginados moralmente puros, observantes das regras de seu lugar no mundo e incapazes de ações imorais. Por isso, a imitação ritual do animal põe os homens – que são motivados por desejos e conflitos – num estado de liberdade, fazendo com que se tornem parte do processo cósmico mais amplo do qual os animais são a expressão. Os estudiosos ocidentais – pertencentes àquelas culturas que enfatizam a agressão – muitas vezes observaram erroneamente que nas religiões primitivas é frequente a identificação da pessoa com um animal predador. Os historiadores da religião não tiveram o cuidado de explicar o que entendem por identificação com um animal, e não raro supuseram, erroneamente, que o ritualista primitivo se considerava igual ou idêntico ao animal. Esse erro de análise é indicativo dos sérios problemas teóricos que caracterizam os estudos atuais sobre as religiões não ocidentais. Nos rituais primitivos se usam também muitas criaturas não predadoras, mas raramente são registradas, não tendo muita importância para os estudiosos ocidentais. Hoje as análises antropológicas dos rituais dos povos originários documentam claramente a natureza teatral, literária e representativa dessas cerimônias e mostram que os atores são bem conscientes da natureza da imagem e das incongruências e contradições daquela mesma imagem. Têm consciência do fato de que eles não são animais, mas simplesmente os representam. Assim, um ritual em que uma pessoa finge ser um animal serve apenas para reafirmar a distância essencial entre os dois. Os métodos de pesquisa e os conceitos psicológicos dos pesquisadores não eram suficientemente refinados para conseguir apreender a natureza desses rituais. A pretensa natureza simplista e emocional dos primitivos é apenas o resultado dos padrões psicológicos simplistas e emocionais dos pesquisadores.

Bibliografia

Embora a bibliografia relativa às crenças sobre os animais e aos temas semelhantes seja infinita, não existe uma única obra que forneça um apanhado geral autorizado sobre o papel dos animais na história das religiões. A pesquisa evolucionista de CAMPBELL, J. *The way of the animal powers*. Nova York, 1983, é útil apenas pela bibliografia e pelas ilustrações. KLINGENDER, F.D. *Animals in art and thought to the end of the middle ages*. Cambridge/Mass., 1971, usa as imagens da arte como meio para discutir os processos evolutivos. Entre os muitos trabalhos de M. Eliade sobre o tema, *Le chamanisme et les techniques de l'extase*. Paris, 1951 [trad. bras.: *O xamanismo e as técnicas arcaicas do êxtase*. São Paulo: Martins Fontes, 1998], é o mais pertinente. LÉVI-STRAUSS, C. *Le totémisme aujourd'hui*. Paris, 1962 [trad. bras.: *Totemismo hoje*. Petrópolis: Vozes, 1978]), e sua tetralogia *Mythologiques*. Paris, 1964-1972. vols. I-IV [trad. bras.: *Mitológicas*. São Paulo: Cosa-Naif, 2010. vols. I-IV.], resumem a abordagem estruturalista do simbolismo. Além disso, há outros estudos etnográficos (clássicos e contemporâneos) relativos às crenças sobre os animais nas religiões das várias culturas; muitos são fortemente etnocêntricos e, portanto, inadequados do ponto de vista epistemológico.

Stanley Walens

ÁRVORE

As árvores são uma forma da natureza que representa a vida e a continuidade sagrada dos mundos espirituais, cósmicos e físicos. Muitas vezes se usa uma árvore para simbolizar uma divindade ou outro ser sagrado, ou então para representar o que é sagrado em geral. As crenças religiosas que se referem a uma árvore podem considerar como sagrada alguma ou todas as partes físicas da árvore: seu tronco, seus ramos, folhas, flores, seiva ou raízes. Objetos sagrados construídos com a madeira de determinadas árvores também são usados para finalidades religiosas.

As propriedades físicas das árvores são associadas a ideias sobrenaturais ou sagradas, às crenças referentes à relação de uma árvore com o que constitui uma religião em diferentes culturas. As árvores são sagradas não apenas nas maiores religiões orientais e ocidentais, mas também em outras tradições em que a crença no sagrado é combinada com as crenças no poder dos antepassados, na criação da vida ao nascimento e com aquelas em torno da morte e do além, bem como em torno da saúde e da doença. As árvores representam certas divindades ou antepassados, servem como mediadoras ou colocam em relação com o âmbito religioso e são associadas a crenças culturais no paraíso ou no além. As árvores podem ser vistas como portadoras espirituais e físicas de vida, porque fornecem líquidos considerados como bebidas sagradas nos ritos ou como remédios para curar uma grande variedade de doenças. Através da associação com certo evento religioso ou histórico, determinada árvore ou espécie de árvore adquire o sentido simbólico do evento como parte do seu significado. O carvalho, a tamareira e o salgueiro foram usados para construir o Templo de Salomão e as tendas de Sucot (Lv 23,40). O cedro-do-himalaia é usado na construção dos templos hindus. Comumente se considera que a árvore sob a qual Josué erigiu uma estela em Siquém para comemorar a aliança do povo com Deus (Js 24,26) é o carvalho. Os judeus prisioneiros na Babilônia em 597 a.C. penduraram harpas nos salgueiros ao longo das margens do Eufrates (Sl 137). O significado religioso desse ato estabeleceu que o salgueiro era um símbolo de luto, morte e renascimento. Os ramos da árvore da palmeira querem significar a entrada triunfal de Cristo em Jerusalém no Domingo de Ramos, assim como a sua ressurreição. Essas associações ainda são predominantes na tradição cristã.

As crenças religiosas de uma sociedade sobre quais tipos de árvore são sagradas geralmente dependem da natureza e do número de árvores presentes em seu território. Se as árvores são muito abundantes, a floresta no seu conjunto também será uma parte importante da crença e dos rituais religiosos. Os indígenas Kwakiutl da Costa do Pacífico da América do Norte, como muitas outras sociedades que vivem num ambiente coberto de árvores, acreditam que sua região interna densamente florestada é a casa de seres sobrenaturais.

O poder inato das árvores

Um poder religioso ou espiritual pode ser vinculado a uma árvore ou aos elementos que a constituem. Por exemplo, no pensamento taoista, as árvores e todas as formas da natureza contêm as energias *yin* e *yang*, ou seja, as forças opostas do universo. Toda árvore tem poder espiritual na medida em que contém e equilibra essas desigualdades: as cores claras e escuras das folhas e da casca, e a contraposição entre luz e sombra. Na China sul-ocidental, *feng shui* significa a interação entre *yin* e *yang* e representa um poder que diz respeito ao mundo e a todas as coisas que ele contém. Pode-se encontrar *feng shui* especialmente nas árvores estranhas e imponentes e nas pedras.

A contemplação desses poderes ou o cultivo ativo de árvores para aumentar sua força espiritual, como na arte japonesa do bonsai, constitui gentileza de caráter, espírito religioso e respeito pela humanidade.

Os indígenas das Ilhas Andaman usam as qualidades intrínsecas das árvores de hibisco para ter uma ajuda em seus esforços para capturar grandes tartarugas e peixes. É através das qualidades espirituais dessas árvores que os indígenas são capazes de ter sucesso para dominar suas presas e proteger-se do mal. As qualidades especiais da árvore representam os elementos essenciais da vida física e espiritual e evitam os perigos derivados das tartarugas e do mar.

Os indígenas Haida, da América do Norte, usavam um poder ligado aos ramos do abeto vermelho para se purificar, esfregando-os no corpo em banhos rituais. A árvore tinha o poder de purificar e de proteger os indígenas e lhes permitia obter o grau de pureza exigido durante seus ritos e assim preservar as boas relações com seus seres sobrenaturais.

O poder de evitar a doença e o mal

As árvores oferecem proteção da doença, tanto física como espiritual, por meio de sua associação com o divino. Para os Ainu do Japão, *ramat* (literalmente: "coração", traduzido como "espírito" ou "alma") é um poder que reside em todas as coisas em graus variáveis. A madeira é especialmente rica de *ramat*, que é fornecido pelo espírito de Shiramba Kamuy, o protetor do mundo e o deus masculino da vegetação. Os Ainu acreditam que nada é mais eficaz que os *inaw* (oferendas de madeira entalhada para protegê-los do mal e dos problemas espirituais. A madeira de outros 15 tipos de árvores, inclusive carvalho, salgueiro, lilás, corniso e magnólia, pode ser usada para entalhar *inaw*, que frequentemente são oferecidos a bons *kamuy* (espíritos). Do mesmo modo, três tipos de árvores – o sabugueiro, o pilriteiro e o amieiro – são geralmente usados para entalhar *inaw* para os maus *kamuy*. *Inaw* são também pendurados nas casas para oferecer uma proteção comum a casa e a seus moradores.

No distrito de Konkan, no oeste da Índia, acredita-se que a esterilidade pode ser curada plantando uma árvore para os espíritos inquietos que vagam e habitam nas mulheres impedindo a concepção. Em circunstâncias favoráveis, o espírito maligno deixará uma mulher que sofre de esterilidade para passar a residir na árvore recém-plantada, permitindo que a mulher engravide. Acredita-se que a planta de mimosa indiana oferece proteção espiritual contra os feitiços e o mau-olhado. A doença provocada por Sītalā-Māyā, a deusa indiana da varíola, pode ser evitada levantando um ramo da árvore neem, assim como os budistas invocam certas árvores sagradas para obter a saúde.

As árvores podem representar uma cura espiritual e uma proteção contra o mal. O azeite era tradicionalmente usado para aliviar a dor e assim a oliveira ou um de seus galhos tornou-se um símbolo da graça de Jesus Cristo, por meio da qual o pecador que sofre encontra a paz eterna.

A árvore cósmica

Em muitas religiões, o universo é representado como tendo múltiplas camadas, mantidas distintas e em seu lugar por uma árvore-mundo que passa exatamente pelo centro do cosmos. [Cf. o verbete *Axis mundi*.] Os indígenas Salish, da América do Norte, consideravam que sua divindade criara três mundos, um sobre o outro: o mundo do céu, a terra e o mundo subterrâneo. Todos são ligados por uma única árvore que passa pelo centro de cada um. Os babilônios acreditavam que sua árvore cósmica, Kiskanu, era a casa do deus da fertilidade e de Bau, mãe de Ea e deusa da abundância. Os povos altaicos acreditavam que os céus ou a morada de Bai Ülgen ficavam no topo de um gigantesco abeto que cresce do centro da terra. Os Ostiaki Vasyugan (Khanty) acreditavam que os ramos da árvore cósmica tocavam o céu e que suas raízes se estendiam no subsolo. Há uma cópia da árvore celeste dos tártaros siberianos diante do palácio de Erlik Khan, o senhor dos mortos. Do mesmo modo, na mitologia escandinava, o cosmos é unido por um freixo sagrado, Yggdrasill. Suas raízes chegam a Niflheimr, a região mais baixa de Hel; seu tronco, envolto pela serpente do oceano, fica em Miðgarðr, o reino dos humanos; seus ramos chegam até Ásgarðr, a morada dos deuses. Outras versões do mito descrevem o grande freixo com três raízes: Niflheimr, o Hel, sob a primeira, Utgarðr, o reino dos gigantes e dos demônios, sob a segunda, e Miðgarðr sob a terceira. No topo de Yggdrasill, mora a águia de Óðinn (Odin), chefe dos deuses; nas proximidades fica a fonte de Urð ("destino"), onde os deuses fazem justiça e determinam o destino do mundo. Em Ragnarök, o dia do juízo dos deuses, Yggdrasill agitará suas raízes, libertando os monstros das regiões inferiores.

A tradição indiana oferece muitas variantes da árvore cósmica. Nos Upanixades a árvore está invertida, com as raízes no céu enquanto os ramos cobrem a terra. O eterno *aśvattha* ("figueira"; *Ficus religiosus*) é uma manifestação de Brahmā no universo. Esta floresta de árvores é também representada como se se elevasse do umbigo de Varuṇa ou de Nārāyaṇa, enquanto ele flutua nas águas.

Os antigos egípcios acreditavam que o céu era uma árvore enorme que cobria a terra com uma abóbada. As estrelas eram frutos ou folhas na árvore e os deuses ficavam empoleirados em seus ramos. Essa árvore separava o oceano do céu, o mundo superior do inferior. Osíris, senhor dos mortos, era identificado com a árvore celeste. O sol nascia da árvore todos os dias, enquanto a árvore celeste desaparecia a cada manhã, dividindo assim os períodos da noite e do dia. O ano também era simbolizado por 365 árvores que representavam os dias e seu calendário anual.

O espaço cósmico é definido também horizontalmente por árvores. Ao centro da terra e à árvore sagrada, com suas raízes mergulhadas no mundo subterrâneo e seu tronco e seus ramos que delimitam o mundo do ser humano e dos deuses, muitas religiões dos indígenas norte-americanos acrescentam outras árvores sagradas, e suas respectivas cores, pássaros ou outros animais, e deuses, em cada um dos quatro pontos cardeais. Os maias, os astecas e as culturas indígenas que em seguida participaram de sua herança cultural acreditavam que cinco árvores sagradas (os quatro cantos do mundo e seu centro) eram responsáveis pela organização do universo; eles designavam períodos específicos do ano, ou anos inteiros em alguns casos, de modo que fossem submetidos à influência de cada ponto cardeal.

A árvore da vida

Muitas religiões acreditam que a árvore cósmica significa a sacralidade do mundo, a sua criação, continuação e fertilidade. Assim, em muitos casos, a árvore do mundo é também simultaneamente uma árvore da vida e da imortalidade. Para os Warao da América do Sul, as padroeiras da árvore cósmica são as Ancestrais, divindades que são também associadas à mudança das estações e ao solstício de inverno. As árvores dos pontos cardeais e as divindades dos Warao assumem uma forma particularmente interessante. O Sudeste representa a alma da Mãe da Floresta, uma divindade do mundo da luz, enquanto o Sudoeste é o corpo da Mãe da Floresta. Para os Warao, as divindades do Nordeste e do Noroeste representam a árvore da vida, a palmeira, e simbolizam os meios de subsistência e a fertilidade. O ensinamento judaico e a tradição islâmica descrevem a árvore da vida com suas raízes no céu e seus ramos que cobrem a terra com uma abóbada. O zoroastrismo ensina que a Árvore de Todas as Sementes, ou a Árvore de Todas as Curas, que cresce no mar cósmico Vourukaša, é responsável pela vida na terra.

No antigo Egito a árvore celeste era também uma árvore da vida. Seus frutos mantinham os deuses e as almas dos mortos eternamente jovens e sábios. Dessa árvore da vida surgem braços divinos, alguns dos quais trazem dons, enquanto outros derramam a água da vida por uma urna. Nos Vedas, Varuṇa elevou a árvore celeste e espremendo seus frutos entre duas pedras obteve *soma*, ou *amṛta*, a bebida da imortalidade. A antiga religião egípcia também associava essa árvore com o destino. Sekhait, a deusa que se ocupa da escrita do destino, senta-se aos pés de uma árvore cósmica onde escreve, na própria árvore ou em suas folhas, todos os eventos futuros, assim como todos os eventos importantes do presente em benefício das gerações futuras.

A árvore do conhecimento

Para os budistas, a árvore Bodhi, ou árvore Bo, é tanto a fonte da vida para todos os seres como a árvore da iluminação. O Buda Śākyamuni tomou uma decisão especial aos pés dessa árvore do conhecimento, ou seja, de permanecer sob seus ramos até obter a iluminação suprema. Foi à sombra dessa árvore que ele a obteve, depois de ter sido tentado e ameaçado por Māra e por suas três filhas Tānha, Rati e Rāga, que eram como ramos oscilantes de uma jovem árvore frondosa que cantam canções na primavera.

Os babilônios acreditavam que duas árvores presidiam a entrada oriental do céu: a árvore da verdade e a da vida. Igualmente, no Jardim do Éden descrito no Gênesis havia a árvore da vida e a árvore do conhecimento do bem e do mal. Depois que Adão comeu o fruto da árvore do conhecimento do bem e do mal oferecido por Eva, Deus disse: "Agora o homem se tornou como um de nós, conhecendo o bem e o mal. Não se deve, pois, permitir que ele tome também do fruto da árvore da vida e o coma, e viva para sempre" (Gn 3,22). Adão e Eva foram expulsos do jardim, marcando o início dos sofrimentos do gênero humano na terra.

Árvores como alimento

Em muitas religiões, acredita-se que as árvores são responsáveis pela nutrição espiritual e pelo alimento sagrado. Os polinésios de Futuna acreditam que em Polotu, a residência dos deuses, nasce uma árvore sagrada, o Puka-tala. As folhas dessa árvore se transformarão numa ampla variedade de alimentos quando forem cozidas e assim poderão satisfazer a todas as necessidades. Para os povos originários do Gran Chaco sul-americano, o deus Cotaa teria criado uma árvore maravilhosa que ofereceria alimentos e bebidas para os povos famintos. Os indígenas Karok, que vivem às margens do Rio Klamath, no noroeste da América do Norte, consideravam que a casca do amieiro lhes proporcionava o salmão, uma importante fonte de alimento. O criador do mundo, Kareya, tinha construído um dique na foz do Rio Klamath, que impedia os salmões de vir contra a correnteza até os Karok. A casca do amieiro assemelha-se ao salmão quando é retirada da árvore e molhada. Um mito dos Karok conta como essa casca foi usada por Coiote para enganar as mulheres que vigiavam o dique para permitir que os salmões viessem do oceano, fornecendo alimento para sempre aos Karok. Entre esses indígenas, o salmão desempenha um papel tanto religioso como de sustento vital, assim como a árvore do amieiro.

Criação do gênero humano

Em muitas religiões, o mito de origem de um povo conta que uma árvore cósmica desempenhou um papel importante ou na efetiva criação do povo ou então no surgimento repentino da humanidade neste mundo, proveniente de algum outro mundo. Essas crenças estão intimamente ligadas ao que se acredita ser sagrado. Por exemplo, entre os Ainu, a espinha dorsal humana é considerada a sede da vida e outrora era feita como um ramo de salgueiro. Mais frequentemente, porém, a árvore cósmica ou árvore da vida é responsável pela criação do povo de uma sociedade. A religião dos Kiowa atribui um papel importante a uma menina, Pekeahaidei, levada por uma árvore que se tornava cada vez mais alta ao céu, onde ela se casa e dá à luz um menino. Enquanto carrega seu filho, cai por um buraco em seu mundo. O menino sobrevive à queda e é criado pela Velha Mulher Aranha, um ser sagrado. Em seguida o menino cria a cultura kiowa.

Os Yuracaré da Bolívia acreditam que seu deus Tiri arrancou uma árvore e da abertura surgiu todo o povo na terra. Os Zuni, em sua história da criação, são elevados do nível mais baixo do mundo, onde tudo é escuridão, com a ajuda dos dois filhos do sol. Antes que pudessem deixar o mundo da Escuridão, tiveram de recolher ramos do pinheiro-do--norte, do abeto vermelho do Oeste, do abeto prateado do Sul e do choupo-tremedor do Leste. Os Zuni subiram no longo bastão da oração, feito de pinheiro-do-norte, até o terceiro mundo, escalaram o bastão de pastor feito de abeto vermelho, até o segundo, subiram no bastão da oração do abeto prateado do Sul para chegar ao mundo subjacente a ele e por fim reemergiram no Mundo da Luz do Dia (este mundo) subindo pelo bastão da oração feito de choupo-trêmulo. A história dessa emersão reúne a árvore cósmica, as árvores dos quatro pontos cardeais e a árvore da vida como elementos sagrados que conduzem os Zuni ao seu mundo presente e que servem como elementos importantes de sua crença religiosa.

Também os indígenas Seneca do nordeste da América do Norte oferecem um relato da descoberta do mundo que tem origem no povo sagrado do céu. No centro da aldeia deste último havia uma árvore coberta de flores brancas que dava luz ao povo quando estava florescendo. Quando as flores caíram, surgiu a escuridão. Uma mulher dos Seneca sonhou três vezes que a árvore deveria ser arrancada por suas raízes. Depois do terceiro sonho, o povo arrancou a árvore. Ao saber dessas ações, o chefe se enfureceu e ordenou que a mulher que tivera o sonho fosse jogada no buraco onde ficava a árvore. A mulher, depois de cair, descobriu então este mundo, um acontecimento que marca o início da cultura dos Seneca.

Árvores como antepassados

Uma extensão comum da noção da árvore cósmica como fonte de toda a vida é a crença numa árvore como antepassado e criador: essa crença pode assumir muitas formas. Os Warramunga do norte da Austrália, por exemplo, acreditam que a nova vida presente no útero de uma mãe recebe o seu espírito ou sua alma de certas árvores, entrando em seu ventre pelo umbigo. Os Lakota do alto curso do Rio Missouri dizem que o primeiro homem e a primeira mulher eram duas árvores e que uma serpente roeu e arrancou suas raízes para permitir que o casal saísse andando.

Os Saura da Índia honram a figueira do Banyan, pois acreditam que ela é "a nossa mãe". A figueira do Banyan socorreu duas crianças órfãs de pai, que a mãe abandonara sob seus galhos. Os bebês teriam morrido se não fosse o leite da árvore, que gotejou em suas bocas e os alimentou.

A "árvore do leite" (*mudyi*) é um símbolo dominante da cultura e da crença religiosa dos Ndembu. Acredita-se que a seiva de látex branco da árvore representa o leite materno e o esperma, reevocando a criação e a nutrição da vida. A árvore significa o que é bom na sociedade ndembu e é usada nos ritos para se contrapor às forças do mal. A árvore evoca também os ancestrais em linha materna, a importante linhagem de descendência, e representa assim o costume e a estrutura social.

Em outras vertentes culturais, as árvores podem ser associadas a um altar dedicado a um parente falecido que, com o tempo, torna-se um ancestral. Entre os Nuer do Sudão, o *colwic* é o espírito daquelas pessoas que foram atingidas por um raio. Acredita-se que elas foram escolhidas para se unir num estreito parentesco com o deus Kwoth. Diz-se que uma pessoa morta por um raio se torna um filho de Kwoth, um espírito do ar. Os parentes próximos do falecido, sua descendência masculina, erguem um *riek*, ou seja, um altar, em seu túmulo e plantam ao lado dele uma muda de *nyuot*. A árvore de *nyuot* é associada ao espírito *colwic* e à chuva e ao céu, para os quais a alma da pessoa morta foi transportada. Quando a muda é plantada durante as chuvas (quando há maior número de raios), a árvore cria raízes. Se morresse, outra seria plantada em seu lugar. Essa árvore se torna um santuário para a linhagem do falecido. É através desse santuário que o espírito do falecido pode participar dos assuntos cotidianos de seus parentes.

Essa ideia de uma árvore sagrada que representa a linhagem ou o clã é bastante antiga. Para muitas culturas, os antepassados são as divindades e são responsáveis pela vida, pela morte e pela felicidade espiritual. O totem de madeira usado particularmente pelas culturas da costa pacífica da América do Norte não é simplesmente um nome ou um emblema de diferentes grupos familiares. O totem é um sinal distintivo coletivo, mas tem também um caráter religioso: as origens do totem têm uma relação especial com os ancestrais e o mundo sagrado. Os *inaw* dos Ainu acima mencionados eram originariamente os receptáculos do *ramat* primordial; em seguida os *inaw* alados (*shutu inaw*) passaram a representar os ancestrais. Alguns desses *inaw* alados se tornam *kamuy* de importância secundária por causa de seu *ramat* concentrado, e eram eficazes para afastar os feitiços prejudiciais. [Cf. o verbete Totem.]

Divindades simbolizadas por árvores

Guirlandas e coroas de folhas, geralmente de louro, oliveira, murta, hera ou carvalho, eram sagradas para Apolo e assim simbolizavam algumas de suas personificações particulares. A murta era também um símbolo tanto de Vênus como de Netuno, as divindades masculina e feminina dos poderes produtivos e portadores de fertilidade das águas. Inúmeras espécies de carvalhos eram símbolos de Zeus.

Frequentemente uma árvore é considerada sagrada porque uma divindade vive entre seus ramos. Alguns dizem que o *aśvattha* é a morada de Brahmā, além de incorporar a sua essência e servir como árvore do conhecimento e da vida. Outras fontes dizem que nessa árvore sagrada residem Brahmā, Viṣṇu e Shiva, e também Viṣṇu na sua encarnação como Krishna. Entre os antigos semitas, a deusa Al-Ozza tinha a sua morada numa acácia sagrada em Nakhla.

Algumas árvores são consideradas símbolos de uma pessoa sagrada devido às qualidades religiosas particulares da árvore. Acredita-se que a murta é o símbolo da pureza virginal no cristianismo e assim é atribuída à Virgem, em virtude de sua vida pura e de seu caráter sagrado. Também a palmeira, o cipreste e a oliveira são símbolos da Virgem durante a Anunciação. Essas árvores significam paz, paraíso e esperança.

As crenças gregas muitas vezes descrevem as ações dos deuses ao transformar os seres humanos ou divinos em árvores. A virgem Dafne, fugindo do abraço de Apolo, é transformada numa árvore de louro por sua mãe Gaia, a terra. Apolo quebra um ramo dessa árvore e com ele se coroa. Em outro mito, Afrodite fica com pena de Esmirna, mãe do escravo Adônis, e a transforma numa planta de mirra.

Bibliografia

Uma discussão abrangente das diferentes crenças e práticas que incluem árvores sagradas é oferecida por M. Eliade, em *Traité d'histoire des religions*. Paris, 1949 [trad. bras.: *Tratado de história das religiões*. São Paulo: WMF Martins Fontes, 2016]. Eliade classifica a crença religiosa associada com as árvores em sete categorias. GEERTZ, C. *The religion of Java*. Nova York, 1960 descreve o sincretismo de crenças hinduístas, muçulmanas e populares que constituem a religião de Java. O livro de Geertz é notável por sua abordagem dos objetos rituais feitos de madeira. TURNER. *The forest of symbols*: aspects of Ndembu Ritual. Ithaca, 1967 [trad. bras.: *Floresta de símbolos*: aspectos do ritual Ndembu. Niterói: EdUFF, 2005] apresenta uma exposição original da árvore do leite na África, com uma penetrante e extensa consideração de um símbolo dominante na cultura ndembu, o *mudyi*, ou árvore sagrada. Turner explora o uso ritual da árvore nos ritos de passagem do ciclo da vida.

Uma importante contribuição para a compreensão das crenças hinduístas acerca das árvores sagradas, especialmente de seu papel nos rituais do ciclo da vida, é oferecida por SRINIVAS, M.N. *Religion and society among the Coorgs of South India*. Londres, 1952. Um relato das crenças religiosas sobre os poderes das árvores e sobre os rituais associados a elas, como se encontram entre os povos que vivem numa cadeia de ilhas que se estendem entre a Birmânia e Sumatra, é oferecido por RADCLIFFE-BROWN, A.R. *The Andaman islanders*. 3. ed. Glencoe, 1948. MALINOWSKI, B. *Argonauts of the Western Pacific*. Nova York, 1953 [trad. bras.: *Argonautas do Pacífico Ocidental*: um relato do empreendimento e da aventura dos nativos nos arquipélagos da Nova Guiné melanésia. São Paulo: Abril Cultural, 1978] apresenta um relato fascinante das crenças e dos ritos que cercam o uso das árvores entre os habitantes das Ilhas Trobriand.

O uso das árvores como é discutido nos escritos budistas é apresentado por COOMARASWAMY, A.K. (*Elements of buddhist iconography*. Nova Delhi, 1972. A mistura de crenças católicas e maias é explorada por VOGT, E.Z. *Zinacantan:* a Maya community in the highlands of Chiapas. Cambridge, 1969. Esse é um extenso estudo dos indígenas de língua tzotzil da Guatemala e inclui um relato completo de suas crenças religiosas e da importância das árvores sagradas. SHARON, D. *Wizard of the four winds:* a shaman's story. Nova York, 1978 explica as cosmologias da América do Norte e América Central que incluem crenças relativas a árvores sagradas. A abordagem de Sharon sobre o uso, por parte dos xamãs da América Central, das árvores como fonte de poder é notável. Também ELIADE, M. *Le Chamanisme et les techniques de l'extase*. Paris, 1951 [trad. bras.: *O xamanismo e as técnicas arcaicas do êxtase*. São Paulo: Martins Fontes, 1998] oferece uma sugestiva discussão sobre a relação entre os xamãs e a árvore cósmica.

Um dos melhores estudos da relação intercorrente entre espírito, alma, Deus e elementos naturais encontra-se na obra de EVANS-PRITCHARD, E.E. *Nuer religion*. Nova York, 1977 [trad. bras.: *Os Nuer*. São Paulo: Perspectiva, 2011]. MUNRO, N.G. *Ainu creed and cult*. Londres, 1962 descreve acuradamente a crença dos Ainu relativa a *ramat* (espírito ou alma), que habita as árvores, e as qualidades sagradas e mágicas que *ramat* transfere para os objetos rituais feitos de madeira.

Pamela R. Frese
S.J.M. Gray

ASTROLOGIA

Quando a astrologia, um produto típico da civilização helenística, se difundiu, no fim do século III a.C., suas origens foram atribuídas à revelação do deus egípcio Hermes (Thoth). Os que a praticavam, contudo, geralmente eram chamados "caldeus", uma denominação desprovida de qualquer referência histórica real à Mesopotâmia. Na verdade, a astrologia helenística era uma combinação entre a religião astral egípcia e caldaica e a astronomia e os sistemas de cálculo gregos. [Cf. o verbete Céu (hierofanias celestes).] Embora a astrologia helenística e a da Antiguidade Tardia, ao ser introduzidas na Índia, na China e nos países islâmicos, tenham assumido diversas características locais, seus elementos essenciais continuaram a ser a ciência grega e a sabedoria astral dos egípcios e dos caldeus. Mas a efetiva contribuição fornecida à astrologia grega por essa antiga sabedoria astral na realidade é discutível, uma vez que a tradição caldaica e a egípcia são radicalmente diferentes em alguns pontos. Não obstante, a ideia de dois planetas maléficos (Marte e Saturno) é realmente caldaica; assim como é egípcia (mas não anterior ao século III a.C., apesar de baseada numa doutrina mais antiga, a dos *crhonokratores*, os "senhores do tempo") a descoberta dos 36 decanos do Zodíaco. Este último é chamado *zoidiakos* (de *zoidion*, "figura esculpida") pelos gregos do século V, que veem nas constelações celestes algumas formas figuradas. Um dos mais antigos tratados de astrologia, uma coletânea helenística do século II a.C., é considerado de origem egípcia. De fato, esse tratado era atribuído ao mítico faraó egípcio Nekepsos e Petosiris: poderia tratar-se do mesmo Petosiris cuja múmia foi encontrada num túmulo do século IV a.C., descoberta em Eshumen, no Alto Egito.

Eudoxo de Cnido (408-355 a.C.), o pai da astronomia grega, já conhecia os fundamentos da astrologia universal e da meteorológica. O grande astrônomo Hiparco (que viveu entre 146 e 127 a.C.) estudou as relações de correspondência que ligam os signos planetários com cada indivíduo e com as características dos lugares geográficos; ele conhecia também a "melotésia" astral (o estudo das correspondências entre o corpo humano e os planetas, os signos zodiacais e os decanos e a astrologia hermética. A astrologia popular hermética ocupava-se do estudo da astrologia universal (*genika*), das eras e dos ciclos do mundo (*apokatastaseis*), dos destinos planetários (*kleroi*) e do horóscopo do mundo, determinado com base na posição dos planetas nos signos zodiacais no momento que a terra foi formada (*thema mundi*). Ocupava-se também da interpretação dos signos através dos presságios manifestados pelo trovão (*brontologia*) e das previsões para o Ano-novo (*apotelesmata*). Além disso, a astrologia hermética compreendia o estudo das correspondências entre os fenômenos astrais e o corpo humano ou os objetos materiais, como, por exemplo, no estudo da astrologia individual ou médica (iatrológica); a medicina astrológica (*iatromathematike*), baseada numa complexa melotésia astral; e por fim o estudo das correspondências entre as estrelas, as pedras preciosas, as plantas e os metais. A maioria dos textos astrológicos herméticos não chegou até nós, mas, nos escritores da Antiguidade Tardia e do Renascimento, encontramos frequentes citações deles.

O desenvolvimento da astrologia é influenciado de maneira decisiva pelo grande astrônomo Ptolomeu (Claudius Ptolemaeus, cerca de 100-178 d.C.), autor dos *Apotelesmatika* (uma obra conhecida também como *Tetrabiblos* ou *Quadripartitum*), que parafraseava, tornando-a popular, a obra pseudoepígrafa *Karpos* ou *Centiloquium*. Outros astrólogos importantes da Antiguidade Tardia foram Vécio Valente, autor dos *Anthologeion biblia* (escritos entre 152 e 188 a.C.), e Fírmico Materno, que escreveu *Matheseos libri VIII* por volta do ano 335, antes de se converter ao cristianismo.

Após o fechamento da escola filosófica de Atenas, em 529 d.C., muitos estudiosos gregos emigraram para a Pérsia, onde encontraram asilo junto ao Imperador Cosroes I (531-579). Aqui traduziram para o pálavi (um dialeto do persa médio) diversos textos gregos, entre os quais em especial alguns tratados astrológicos. Em seguida esses textos pálavi foram traduzidos para o árabe por Abu Ma'shar (787-886), também conhecido como Albumasar, um erudito que trabalhava em Bagdá, na corte do califa al-Ma'mūn. Assim, numerosos textos passaram a integrar a astrologia árabe por meio da mediação persa: o árabe Masala (cerca de 780-820), que compilou um catálogo de obras astrológicas, elencou 46 títulos de proveniência persa. Por volta do ano 750 d.C. os árabes já tinham desenvolvido um notável interesse pela astrologia. As traduções árabes de textos astrológicos influenciaram notavelmente o pensamento do fim da Idade Média e do Renascimento.

A astrologia grega chegou à Índia entre o século I e o século III d.C., talvez introduzida por monges budistas. O mais importante astrólogo indiano foi, no século VI, o filósofo Varāhamihira, autor de vários tratados astrológicos e em especial do *Pañca-siddhāntikā*, uma obra que reunia todas as noções astronômicas conhecidas até aquele momento pelas tradições indiana, egípcia, grega e romana. Apesar de seus desenvolvimentos subsequentes e da influência que exerceu mais tarde, a astrologia indiana não apresentava nenhuma originalidade. A astrologia chinesa talvez tenha derivado da indiana, mas parece basear-se essencialmente num sistema local, extremamente complexo, de correspondências entre microcosmo e macrocosmo.

O papel da astrologia na vida cultural e política da Europa do século XV ao século XVIII é apenas parcialmente conhecido. A astrologia ocupou um lugar de destaque na ciência renascentista, mas pouco a pouco perdeu sua importância quando a Igreja se afastou dela, por volta do fim do século XVI, na época da Reforma. Apenas muitos poucos dos grandes astrólogos do Renascimento ainda hoje são famosos: Johann Müller (mais conhecido como Regiomontanus), Guido Bonato de Forlì e Luca Gaurico, bispo de Civitate (Nápoles), que atuou a serviço de Catarina de Médici.

No entanto, houve uma época em que alguns astrólogos, cujos nomes são hoje quase totalmente desconhecidos, foram famosos por terem profeticamente previsto acontecimentos de interesse público. Suas previsões estavam ligadas à teoria da influência universal das Grandes Conjunções dos planetas e dos signos zodiacais sobre os acontecimentos religiosos e políticos. Essa teoria remonta aos tempos antigos e foi particularmente estudada pelos pensadores árabes al-Kindi e Abu Ma'shar. Uma das profecias mais célebres afirmava que Lutero e a Reforma eram as consequências da conjunção de Júpiter e de Saturno no signo de Escorpião, um fenômeno ocorrido em novembro de 1484. Interpretando essa conjunção, Johann Lichtenberger previu a vinda de um reformador alemão, que se tornaria monge e teria como conselheiro outro monge. Mais tarde essa previsão foi redescoberta e associada imediatamente a Lutero (nascido em 1483) e a Melâncton.

Durante o século XVI, a teoria das conjunções assumiu grande importância nas obras de Cyprianus von Leowitz e do inglês Richard Harvey. No início do século XVII, essa teoria foi utilizada por Kepler para seus cálculos astrológicos relativos a uma estrela que apareceu no céu em 1604. Partindo do aparecimento dessa estrela, Kepler afirmou ser capaz de calcular a data precisa do nascimento de Jesus Cristo: este, sendo um grande profeta, devia ter nascido por ocasião de uma Grande Conjunção. Além disso, seu nascimento certamente tinha sido anunciado pelo aparecimento de uma nova estrela, a estrela dos magos. Esses cálculos, entre outras coisas, alimentaram a esperança de uma reforma radical, que modificaria as deploráveis condições em que vivia a humanidade da época. A mesma esperança era expressa também pelos seguidores de Johann Valentin Andreae (1586-1654), o autor dos manifestos dos Rosacruzes. De fato, as datas das duas últimas Grandes Conjunções assumem notável importância na história apócrifa do fundador da Ordem Rosacruz.

As previsões astrológicas geralmente eram temidas pelas autoridades em virtude de suas possíveis consequências políticas. Por isso, a astrologia foi condenada e reprimida várias vezes, tanto na época antiga quanto na renascentista. Para neutralizar o efeito da profecia relativa ao reformador nascido por ocasião da conjunção de 1484, por exemplo, Inocêncio VIII promulgou a bula pontifícia *Summis desiderantes affectibus*, que, entre outras coisas, combateu o grande modismo da bruxaria em voga nos séculos XVI e XVII. Por fim, a astrologia foi oficialmente condenada pela Igreja no fim do século XVI, em decorrência de outras previsões de desastres. As tendências liberais, contudo, que se manifestaram no início do século XVII, decorrem em grande medida precisamente das previsões astrológicas. Parece que a astrologia continua a exercer alguma influência sobre a vida política e cultural da Europa moderna, embora em medida bastante inferior ao que acontecia durante os séculos XV e XVI.

Todas as refutações da astrologia apresentam um mesmo esquema comum, que geralmente consiste em negar a possibilidade de que as estrelas possam influenciar os assuntos humanos. Algumas dessas refutações são famosas, como por exemplo a de Girolamo Savonarola, de Giovanni Pico della Mirandola e de João Calvino. Ainda que as *Disputationes adversus astrologiam divinatricem* de Pico della Mirandola não tenham sido publicados em virtude de sua morte repentina, em 1494, é muito provável que esse tratado semioficial visasse divulgar a política antiastrológica de Inocêncio VIII e de seu sucessor, proporcionando a Pico o perdão por seus erros anteriores e abrindo caminho para sua carreira eclesiástica.

Os métodos da astrologia

A astrologia grega baseava-se na astronomia, complicada e difícil de praticar. Esse é um dos motivos pelos quais muitos autores de tratados astrológicos da Antiguidade e do final da Antiguidade não perceberam que cometeram graves erros em suas formulações astrológicas, que por isso se mostravam quase totalmente inaplicáveis. Outra causa da incerteza e das contradições dos sistemas astrológicos do fim da Antiguidade foi o peso da tradição. De fato, os sistemas numéricos da astrologia, tradicionalmente bastante complexos, eram inevitavelmente alterados ao ser transmitidos, e raramente dois autores os interpretavam do mesmo modo. Os sistemas numéricos das várias tabelas astrológicas, por exemplo, podiam dar lugar a interpretações diferentes: os *horia* (*fines, termini*), ou seja, as porções dos signos zodiacais atribuídas aos cinco planetas; as tabelas dos *hypsomata*, as "exaltações" dos planetas nos diversos signos; as tabelas do *tapeinomata* (*deiectiones*) ou "quedas" dos planetas; as tabelas das chamadas *partes vacuae* ou *vacantes*, os "espaços vazios" do Zodíaco; e assim por diante. Ptolomeu procurou eliminar as diferenças entre as várias tradições, substituindo as tradições agora deturpadas e incompreensíveis por algumas séries numéricas ligadas entre si por operações lógicas e aritméticas.

A astrologia sobrepõe dois diferentes sistemas complexos: o celeste e o terreno dos destinos dos homens, individuais e coletivos. Através da observação dos céus (e através da interpretação de tais observações com base numa série de postulados teóricos e não empíricos), tais sistemas tentam explicar as mudanças que ocorrem no mundo humano, que de outro modo seriam imprevisíveis, inobserváveis e casuais. De um ponto de vista científico, naturalmente, não existe nenhuma conexão efetiva entre os dois sistemas; por isso, a astrologia grega pode ser considerada uma tentativa de dar uma justificação matemática a postulados teóricos totalmente absurdos. No entanto, ao invés de enfatizar a natureza arbitrária e a base teórica incorreta da astrologia, seria possível considerar suas contribuições de um ponto de vista psicológico. A escolha de um sistema como esse para explicar o destino humano na verdade reflete a profunda intuição da fugacidade e da singularidade das existências e dos eventos humanos.

Os sistemas astrológicos são sistemas de múltiplas escolhas, que se baseiam em numerosos operadores de informação, capazes de explicar um número quase ilimitado de operações. Essa espécie de "programa de computador" astrológico era usada para acumular informações na memória por meio de vários sistemas de mnemotécnica.

O primeiro operador "informático" é o Zodíaco, o círculo formado pelas 12 constelações (compostas de maneira mais ou menos arbitrária por grupos de estrelas), ao longo do qual se movem os planetas em círculo. [Cf. o verbete Círculo.] Além dessas constelações, há muitas outras, que não se encontram na órbita dos planetas: trata-se de signos extrazodiacais (*paranatellonta*), que surgem junto com os signos do Zodíaco e que também figuram em cálculos e análises astrológicas. A partir do signo que surge no equinócio da primavera, as 12 constelações são: Áries (*Krios*, *Aries*), Touro (*Tauros*, *Taurus*), Gêmeos (*Didymoi*, *Gemini*), Câncer (*Karkinos*, *Cancer*), Leão (*Leon*, *Leo*), Virgem (*Parthenos*, *Virgo*), Libra (*Zygos*, *Libra*), Escorpião (*Skorpios*, *Scorpio*), Sagitário (*Toxotes*, *Sagittarius*), Capricórnio (*Aigokeros*, *Capricornus*), Aquário (*Hydrocboos*, *Aquarius*) e Peixes (*Ichthyes*, *Pisces*). Os 12 signos do Zodíaco são agrupados em triângulos, dependendo de sua forma, de seu sexo, de suas qualidades (frio, quente, úmido ou seco) e do elemento ao qual pertencem. Assim, Áries, Leão e Sagitário constituem o triângulo do fogo; Touro, Virgem e Capricórnio, o triângulo da terra; Gêmeos, Libra e Aquário, o triângulo do ar; Câncer, Escorpião e Peixes, o triângulo da água.

Cada um dos 12 signos ocupa 30 graus de um círculo de 360. Cada signo é depois subdividido em três decanos (*dekanoi*), cada qual com 10 graus; às vezes os decanos são, por sua vez, subdivididos em graus individuais (*monomoiriai*). A cada signo são atribuídas características constantes, dependendo do seu elemento, da sua qualidade, da sua forma e da sua posição. O Zodíaco gira apoiando-se num plano ideal dividido em *topoi* ("locais" ou "casas"). Há dois sistemas de *topoi*: 1) um sistema de oito casas (*oktotopos*), descrito apenas por Marco Manílio ou por Fírmico Materno; e 2) um sistema, mais difundido, de 12 casas (*dodekatopos*). As 12 casas são: vida (*vita*), riqueza (*lucrum*), irmãos e irmãs (*fratres*), pais (*parentes*), filhos (*filii*), saúde (*valetudo*), casamento (*nuptiae*), morte (*mors*), viagens (*peregrinationes*), honras (*honores*), amigos (*amici*) e inimigos (*inimici*). Como sintetiza um dístico medieval:

> Vita, lucrum, fratres, genitor, nati, valetudo,
> Uxor, mors, pietas, regnum benefactaque, carcer.

A revolução do Zodíaco no interior das casas torna possíveis inúmeras combinações significativas, mas a variabilidade do sistema deve-se sobretudo aos movimentos dos planetas. De acordo com o sistema geocêntrico, os "planetas" são sete, dispostos com base em sua distância da Terra e da duração de suas respectivas revoluções: a Lua, Mercúrio, Vênus, o Sol, Marte, Júpiter e Saturno. Esses planetas eram depois classificados em função de seu sexo e de suas qualidades. Marte e Saturno, em especial, eram julgados "maléficos", uma característica herdada da astrologia babilônica.

Ptolomeu atribuía aos planetas dois tipos de "aspectos": 1) o aspecto determinado por sua posição no Zodíaco e ao mesmo tempo por suas posições recíprocas; e 2) o aspecto determinado apenas por suas posições recíprocas. A posição mais importante do primeiro aspecto é o chamado *idioprosopos*, a posição de um planeta que se encontre na mesma distância circular do Sol e da Lua (desde que seu domicílio esteja distante dos domicílios do Sol e da Lua). Os domicílios (*oikoi*) são os signos governados por cada planeta. O Sol e a Lua governam um só signo cada um, respectivamente Leão e Câncer, enquanto os outros planetas governam dois signos. Mercúrio rege Gêmeos e Virgem; Vênus: Touro e Libra; Marte: Áries e Escorpião; Júpiter: Sagitário e Peixes; Saturno: Capricórnio e Aquário. Além do domicílio, cada planeta tem a sua "exaltação" (num ponto particular de cada signo) e a sua "queda" (ou "exílio") em outro signo.

Do segundo tipo de aspecto, Ptolomeu cita apenas duas posições: a *synaphe*, "contato", ou *kollesis*, "aderência" (latim *contactus*, *coniunctio*, *applicatio* ou *glutinatio*), que é a posição que ocorre quando dois planetas se encontram no mesmo meridiano. No entanto, a conjunção é seguida por uma disjunção, ou *aporrhoia* (latim *defluxio*). Numerosas outras posições foram acrescentadas subsequentemente, mas não se baseavam nas posições relativas dos planetas, e sim em sua *aktinobolia* (*emissio radiorum*), ou seja, em seu poder de emitir raios. Quando esses raios se encontram, em determinadas condições, eles formam "figuras" (*schemata*), chamadas em latima *adspectus*, dependendo da forma como os planetas "se olham" (*adspicio*) um ao outro. O mesmo termo *aktinobolia* muitas vezes era usado para indicar o aspecto negativo em que um planeta podia ser "bloqueado" ou "sitiado" (grego *perischesis* ou *emperischesis*; latim *detentio* ou *obsidio*). Enquanto a conjunção com os planetas maléficos geralmente é maléfica, há dois aspectos que são sempre benéficos (120 e 60 graus) e outros dois aspectos (a oposição, a 180 graus, e a quadratura, a 90 graus), que são sempre negativos.

Os signos, os decanos e os planetas governam as diversas partes da Terra e os membros do corpo humano. As correspondências que ligam o universo ao indivíduo são classificadas com base nos movimentos astrológicos, na distribuição das influências siderais sobre a *oikoumene*, e por fim com base na "melotésia", a doutrina das correspondências entre as estrelas e o corpo humano. Há três tipos de melotésia, que se baseiam respectivamente na influência dos signos do Zodíaco, dos decanos ou dos planetas. Por fim, aos sete planetas são atribuídas correspondências particulares com os metais, com as pedras preciosas, com as plantas e com os animais. Tais correspondências são utilizadas pela medicina astrológica, ou *iatromathematike*, uma complicada ciência que trata da prescrição de medicamentos e de outros remédios com base na posição e na influência dos planetas e sobretudo da Lua.

As previsões astrológicas são de dois tipos: 1) gerais, ou "católicas" (*katholikos*, "universal"), que se baseiam em eventos excepcionais como eclipses, cometas, meteoros, Grandes Conjunções, auroras boreais e assim por diante; ou então 2) particulares, ou genetlíacas, ligadas à posição e à influência das estrelas no momento do nascimento de cada pessoa. O astrólogo traça um "mapa astral" (grego *thema*, ou *diathema tes geneseos*; latim *constellatio*), determinando em primeiro lugar o *horoskopos* (latim *ascendens*), ou "indicador" do signo ou do planeta que surge a leste no horizonte no momento exato do nascimento de seu cliente. Depois do ascendente, outros três pontos são fixados no Zodíaco: o zênite (grego *mesouranema*; latim *medium coelum*), o nadir (grego *antimesouranema* ou *hypogeion*; latim *imum coelum*) e o horizonte ocidental (grego *Dysis*; latim *occasus*).

A linha meridiana não é perpendicular à linha do horizonte e por isso o problema das "ascensões" (*anaphorai*) de cada signo não é de fácil solução; sua ascensão oblíqua, com base na real inclinação do Zodíaco, deve ser transferida para o plano equatorial, e sua velocidade angular depende da latitude do lugar de onde é efetuado o cálculo. Durante a Antiguidade foram preparadas tabelas válidas para "sete climas", ou latitudes. O astrólogo provavelmente calculava com exatidão apenas as ascensões dos signos e dos planetas e esgotava no mapa astral todas as possíveis combinações dos diversos elementos que constituem todo o sistema.

Bibliografia

A melhor obra sobre a astrologia grega e romana continua a ser BOUCHÉ-LECLERCQ, A. *L'astrologie grecque*. Paris, 1899. Agora deve ser completada por GUNDEL, W.; e GUNDEL, H.G. *Astrologoumena*: die astrologische Literatur in der Antike und ihre Geschichte. Wiesbaden, 1966. Este texto também contém preciosas informações sobre a história da astrologia fora da Grécia e de Roma. Um excelente trabalho divulgativo sobre a astrologia é GUNDEL, W. *Sternglaube, Sternreligion und Sternorake*: aus der Geschichte der Astrologie. 2. ed. Heidelberg, 1959. Outro importante trabalho divulgativo é BOLL, F.J.; BEZOLD, C. *Sternglaube und Sterndeutung*: die Geschichte und das Wesen der Astrologie (org. W. GUNDEL). Leipzig, 1926. Inúmeros textos gregos de astrologia estão reunidos no *Catalogus codicum astrologorum graecorum* (orgs. F. Cumont e F.J. Boll). Bruxelas, 1898.

Por outro lado, não existe um catálogo das obras astrológicas do Renascimento. Algumas informações gerais encontram-se em SHUMAKER, W. *The occult sciences in the Renaissance*. Berkeley, 1972. Alguns detalhes sobre a astrologia renascentista encontram-se também em PEUCKERT, W.E. *Astrologie*. Stuttgart, 1960. Informações sobre a astrologia renascentista também estão presentes nos escritos de alguns astrólogos pouco conhecidos como Richard Argentine, Lucio Bellanti, Petrus Buccius, Joachim Camerarius, Johann Clario, A. Couillard, Claude Dariot, L. Digges, John Eschuid, Oger Ferrier de Toulouse, Thomas Finck, Oronce Fine, Giovanni Maria Fiornovelli, Jacques Fontaine, Marcus Frytschius, Alonso de Fuentes, W. Fulke, Giovanni Paolo Gallucci, Jean Ganivet, J. Garcaeus, A.P. Gasser, Francesco Giuntini, Bernardo de Granollachs de Barcelona, Joseph Grünbeck, J. Guido, A. Guffiermin, Richard Harvey, Jacob Koebel, Edmond Le Maistre, Cyprianus von Leowitz, Johann Lichtenberger, R. Lindenberg, G. Marstallerus, Giacomo Marzari, Antoine Mizauld, Sebastian Münster, V. Nabod, Paolo Nicoletto de Veneza, Augustinus Niphus, Caspar Peucer, Alessandro Piccolomini, Annibale Raimondo, Henricus Rantzovius (governador do Holstein, proprietário de uma biblioteca de 7 mil volumes), Gregorius Reisch, J.F. Ringelbergius de Antuérpia, Cornelius Scepperus, Johann Schöner, Jac. Schonheintsz, Joh. Stadius, Joh. Taisnier, Georg Taunstetter-Collimitus, Johannes Virdung di Hasfurt, e muitos outros.

No que diz respeito às obras que tratam das teorias das Grandes Conjunções, cf. MA'SHAR, A. *De Magnis Conjunctionibus Annorum revolutionibus ac eorum perfectionibus octo continens tractatus*. Veneza, 1515; LICHTENBERGER, J. *Prognosticatio Latina Anno LXXXIII/1483 ad magnam coniunctionem Saturni et Jovis quae fuit anno LXXXIII/1484 ac eclipsis solis anni sequentis sc. LXXXV/1485 confecta ac nunc de nono emendata*. Moguntiae, 1492; LEOWITZ, C. von. *De Conjunctionibus magnis insignibus superiorum planetarum, Solis defectionibus et Cometis*. 1564; HARVEY, R. *An astrological discourse upon the great and notable conjunction of the two superior planets, Saturn and Jupiter, which shall happen the 28th day of April 1583*. Londres, 1583.

Ioan Petru Couliano

AXIS MUNDI

O *axis mundi*, "centro" ou "eixo" do universo, é termo técnico usado no estudo da história das religiões. Compreende ao menos três níveis de referência: as próprias imagens, sua função e seu significado, e as experiências a elas associadas. As vívidas imagens do eixo do universo variam amplamente em relação à visão de mundo particular própria de cada cultura específica.

Entre as representações indicadas pelo termo *axis mundi* predomina a montanha cósmica, lugar sagrado, considerado o ponto mais alto do universo e identificado com o centro do mundo e com o lugar em que teve início a criação. Exemplos famosos de montanha cósmica são o Monte Meru da cosmologia sul-asiática, o Haraberazaiti da tradição iraniana e o Himinbjörg da mitologia escandinava. A árvore cósmica, em cujo topo reside a divindade celeste, é outra representação frequente do eixo do mundo. Suas raízes podem afundar no submundo, enquanto seus ramos atravessam os múltiplos níveis do mundo. No centro da visão clássica do mundo maia está Yaxche, a "primeira árvore", que se ergue no centro das mais importantes direções e das principais cores do universo.

O *axis mundi* pode ser também uma coluna cósmica, como para os indígenas Delaware (Lenape) e outras populações das áreas florestais orientais da América do Norte. O pilar central da casa, para as cerimônias de seu culto, sustenta o céu e entra na própria mão da divindade celeste. Outra forma de coluna cósmica é a Via Láctea, que sustenta os céus e os une à terra.

Muitas outras imagens recebem a designação de *axis mundi* porque participam do significado simbólico inerente à montanha cósmica, à árvore ou ao pilar que une céu, terra e mundo subterrâneo. Essa categoria inclui cidades, especialmente capitais imperiais, consideradas lugares "paradisíacos" em virtude de sua proximidade com o reino divino; palácios e tempos, que continuam a imagem da montanha cósmica (p. ex., o zigurate babilônico); parreiras ou cordas que passam do céu à terra e escadas sagradas, como a escada de sete degraus descrita por Orígenes, que, no culto de Mitra, leva o aspirante através dos sete céus.

Nenhuma dessas imagens tem função estática. Todas implicam passagem ativa e transição. As imagens do *axis mundi*, como lugares de união dinâmica, onde seres de natureza completamente diferente se unem ou entram um no outro, podem ser assimiladas à coincidência dos opostos – ou seja, a resolução de contradições em seu progresso em direção a um nível mais espiritual. Como o *axis mundi* é o ponto exato onde as regiões cósmicas se cruzam e onde o universo do ser é acessível em cada uma de suas dimensões, o centro do universo (o *axis mundi*) é considerado lugar sagrado acima de todos os outros: define a realidade, pois assinala o lugar onde a existência se manifesta mais plenamente.

Essa relação do *axis mundi* com a plena manifestação da existência muitas vezes é expressa como união com o Ser supremo ao qual o *axis* conduz. O *axis mundi* pode ser percorrido, e é possível chegar a seu topo graças a um estado de êxtase induzido por técnicas espirituais. Por isso o termo *axis mundi* denota uma intersecção de níveis através dos quais é possível atingir a transcendência para outros tipos de existência.

Existe a tendência a repetir a imagem do *axis mundi* em múltiplas formas, como no caso da cruz – a árvore cósmica do cristianismo. Recriando a imagem do *axis mundi* em forma de aldeia, planta de casa, objeto ritual, ornamento pessoal e até utensílio de cozinha, tende-se a identificar o universo como um todo com a plenitude do ser característica da ação naquele lugar sagrado; garante-se, assim, a possibilidade do contato com a plenitude da realidade em todos os lugares. O significado e a função do *axis mundi*, portanto, não se fundamentam apenas em conceitos abstratos e geométricos, mas também em gestos cotidianos que podem levar à mesma transcendência.

Todos esses símbolos implicam um tipo de experiência particular. Os símbolos do *axis mundi* são ambivalentes: de um lado, unem os âmbitos do ser, mas, de outro, enfatizam a distância entre tais realidades. Em suma, revelam a necessidade de uma ruptura dos níveis da existência e a necessidade de experimentar uma ordem totalmente diferente da ordem do mundo comum. [Cf. tb. os verbetes Árvore, Caverna, Cruz, Montanha e Totem.]

Bibliografia

Para uma ampla abordagem do conceito geral de *axis mundi*, cf. ELIADE, M. *Traité d'histoire des religions*. Paris, 1949 [trad. bras.: *Tratado de história das religiões*. São Paulo: WMF Martins Fontes, 2016]. Cf. tb. *Das Heilige und das Profane* – Vom Wesen des Religiösen. Munique, 1957 [trad. bras.: *O sagrado e o profano*: a essência das religiões. São Paulo: WMF Martins Fontes, 2018], com ampla bibliografia que acompanha a história desse conceito nos vários ensaios de estudiosos da religião.

Para os estudos contemporâneos sobre aspectos específicos do *axis mundi*, os seguintes títulos podem ser úteis:

Para a imagem da montanha, MABBETT, I.W. The symbolism of mount Meru. *History of Religions*, vol. 23, p. 64-83, 1983.

Para a árvore cósmica, HOSOI, Y.T. The sacred tree in Japanese Prehistory. *History of Religions*, vol. 16, p. 95-119, 1976.

Como cidade, MÜLLER, W. *Die heilige Stadt*, Stuttgart, 1961. WHEATLEY, P. *The pivot of the four quarters: a preliminary enquiry into the origins and character of the ancient Chinese city*. Chicago, 1971. p. 411-476.

Para um exame do templo como lugar de união de seres e manifestação da presença sagrada, cf. SHULMAN, D.D. *Tamil temple myths*. Princeton, 1980.

Para uma consideração da utilização litúrgica da geografia sagrada e das imagens espaciais como expressões do ser, cf. BOLLE, K.W. Speaking of a place. *In*: KITAGAWA, J.M.; LONG, C.H. (orgs.). *Myths and symbols*. Chicago, 1969. p. 127-140.

Lawrence E. Sullivan

B

BARULHO E PERCUSSÕES

Muitos sistemas de crenças e muitas práticas religiosas de todas as partes do mundo comportam o uso geral e específico de sons de percussão e de ruídos, com diversas funções. Neste verbete escolhemos alguns exemplos de funções desempenhadas por tais elementos em determinadas tradições rituais sagradas e profanas. Aludiremos também à experiência do barulho e do som de percussão como parte integrante da expressão ritual em vários contextos, e faremos algumas reflexões sobre os possíveis efeitos psicológicos desse tipo de som.

Por *som de percussão* entendemos aquele cujo tom e cuja duração geralmente são definíveis em termos precisos e que é produzido por instrumentos convencionais criados pelo homem e pertencentes às famílias dos membranófonos e dos idiófonos. *Barulho*, por sua vez, se refere a sons não especificáveis quanto a tom e duração precisos, e praticamente produzidos por qualquer fonte, dos rojões aos gritos humanos, aos sons que imitam os sons da natureza. A principal diferença entre o som de percussão e o barulho está obviamente no fato de que o tom da percussão pertence por si mesmo a um sistema musical, ao passo que o barulho é geralmente produzido ou emitido fora de um sistema musical sonoro (ou seja, fora de uma sequência periódica de vibrações e de uma teoria musical bem-definida e organizada). Tal distinção não implica de modo algum um juízo de valor estético, uma vez que barulho e som de percussão podem ter uma capacidade expressiva semelhante, ainda que totalmente diferente.

Percussões

O uso das percussões para ressaltar determinados momentos de solenidade e intensidade do ritual é uma prática amplamente difundida no mundo. Produzidos pelo gongo, por sinos, tambores ou outros idiófonos ou membranófonos, sons percussivos de todos os tipos provavelmente fizeram parte do ritual religioso organizado desde sua origem. O valor específico atribuído pelo ser humano a tais sons nos contextos rituais é refletido na importância que as religiões reconhecem a todos os instrumentos musicais e particularmente aos de percussão. Por exemplo, em muitas religiões tradicionais da África Ocidental e naquelas correspondentes afro-brasileiras e afro-cubanas, o tambor tem uma função tão importante na vida ritual dessas comunidades a ponto de ser sacralizado mediante cerimônias quase batismais. Esses "batismos" frequentemente incluem sacrifícios animais e oferendas de alimentos consagrados para conferir força espiritual aos instrumentos, colocando-os assim em condições de cumprir suas funções essenciais, ou seja, as de invocar e chamar os deuses e determinar, portanto, a posse espiritual dos iniciados. Contudo, é claro que toda associação ritual particular dos tambores é característica de culturas específicas.

A hipótese, amplamente difundida entre os etnólogos, de que desencadear o transe ou a possessão seria um poder intrínseco dos instrumentos de percussão, e particularmente dos tambores, é bastante dúbia. Os neurofisiologistas tentaram, com experimentos de laboratório, estabelecer os efeitos orgânicos e neurológicos de certos tipos de ondas sonoras, prescindindo dos fatores culturais. Observou-se que o rufar do tambor, em especial, é uma fonte sonora capaz de atingir o ouvido interno. No entanto, os etnomusicologistas tendem a rejeitar as várias teorias neurofisiológicas sobre o efeito dos tambores, porque as condições de laboratório não podem corresponder ao contexto da execução real; além disso, porque a identificação de certas frequências, que causariam alterações na onda telepática, é indiferentemente aplicável à música que induz e à que não induz transes; enfim, porque o nível de abstração de teorias como essas ignora o condicionamento psicológico inerente ao sistema cultural das crenças e das práticas religiosas. Gilbert Rouget (1985), entre outros, demonstrou que a questão das relações entre a possessão espiritual e a música e os instrumentos musicais não pode ser colocada em termos universais, uma vez que a natureza de tais relações geralmente é ditada por dogmas religiosos individuais.

Nos rituais das culturas indígenas americanas o tambor ocupa um lugar central. Para os Araucano do Chile e do sudoeste da Argentina, o tambor sagrado chamado *kultrún* é um claro exemplo do significado simbólico ritual atribuído a um instrumento. O tambor acompanha as exibições vocais do *machi* (médica ou xamã) nos ritos de fertilidade, nos ritos iniciáticos, fúnebres, de grandes ou pequenos tratamentos e de diagnóstico. O *kultrún*, tambor de madeira de uma só membrana e tocado com a marreta, é decorado com desenhos que simbolizam a cosmogonia dos Araucano. Como relata Maria Ester Grebe (1973), esses desenhos representam o dualismo estrutural da cultura daquele povo: de fato, ali estão desenhados o mundo sobrenatural e as várias divisões da Terra, bem como as conotações espaciais do bem (Leste, Sul) e do mal (Oeste, Norte). A forma de "vaso" do tambor e a madeira de loureiro de que é constituído implicam outras associações míticas. Antes de fixar a membrana no corpo do instrumento, depositam-se em seu interior vários objetos rituais (moedas, sementes de plantas oficinais, peles de animal, trigo e cereais): os produtos naturais da Mãe Terra representam a fertilidade de seu ventre. Além disso, o loureiro é a árvore cósmica dos Araucano que, como o *kultrún* feito de sua madeira, tem o poder de "projetar o possuidor rumo ao céu" (Grebe). Algo muito semelhante acontece com os xamãs siberianos e do interior da Ásia que, em seu transe mágico, acreditam viajar no ar sentados sobre seus tambores.

Além de suas várias funções de comunicação com o sobrenatural, poderes terapêuticos especiais são atribuídos ao *kultrún*, por meio de sua associação com o canto do xamã e de sua luta eficaz contra o espírito do mal (*wekufi*). Sem isso, seriam impossíveis as funções diagnóstica, profilática e curativa do xamã.

Tais funções atribuídas aos instrumentos musicais são comuns nas culturas indígenas sul-americanas. De acordo com Alfred Métraux (1963), o poder medicinal dos instrumentos musicais xamânicos está em sua capacidade de descrever com seu som as vozes dos espíritos. Por outro lado, a maioria das mitologias indígenas concorda em atribuir a esses instrumentos uma origem tão antiga quanto o mundo. As altas culturas pré-colombianas da América Central e do Sul atribuem um papel particularmente importante aos instrumentos de percussão nos rituais sagrados. Exemplares arqueológicos de *teponaztle*, estreitos tambores astecas, e de *huehuetl*, tambores cilíndricos verticais, revelam, através da extraordinária meticulosidade dos entalhes, as funções rituais que desempenhavam. Os numerosos códigos mexicanos fornecem também informações iconográficas sobre a importância desses instrumentos em cenas rituais específicas. Do mesmo modo, as famosas pinturas murais do templo de Bonampak (cerca do século VIII d.C.), no Estado do Chiapas, provam a importância dos tambores e dos grandes chocalhos nas procissões rituais maias. Entre os incas, um pequeno tambor de duas membranas, denominado *tinya*, conferia um poder mágico de valor ritual, ainda vivo na memória das comunidades indígenas atuais. No Peru contemporâneo (em Ayacucho e Huancavelica), nas cerimônias de carnaval e em certos rituais específicos da marcação do gado, toca-se o *tinya* com uma marreta zoomórfica. A exata natureza do poder mágico desse tambor não é verbalizada pelos percussionistas indígenas, mas é prontamente reconhecida. Na atual Cajamarca, sempre no Peru, antes de se fixar solidamente a membrana do tambor, um antigo costume determina que se insiram no corpo do instrumento dentes de alho e pimenta vermelha para reforçar o poder mágico do som. No Peru antigo, a sacralidade de numerosos instrumentos de percussão é confirmada por algumas crônicas espanholas do século XVI, que descrevem as vestes longas e luxuosas usadas pelos tocadores de tambor nas ocasiões solenes. Hoje em dia, em Puno, por ocasião de eventos festivos especiais, os tocadores usam uma vestimenta que remete ao condor mítico.

As percussões têm um papel importante também nos rituais sagrados e laicos de muitas outras culturas. Na Índia, por exemplo, o tambor popular *ḍholak* (de madeira, com duas membranas e em forma de barril) acompanha o canto das cerimônias do nascimento e do casamento. Seu som transmite as notícias nas aldeias, prenuncia a boa sorte e se une ao dos címbalos na execução dos cantos devocionais. No sul da Índia, a instrução religiosa popular inclui a representação da história religiosa, conhecida como *Harikathā*. O recitante representa uma espécie de monodrama com o auxílio de um músico e o acompanhamento musical de pelo menos um *mṛdaṇga*, outro tambor de duas membranas e em forma de barril. No norte da Índia, o canto devocional conhecido como *kīrtana* (usado no canto em nome e em louvor a Krishna) foi popularizado pelo místico vishnuísta Caitanya (1486-1533), considerado o inventor de instrumentos como o *mṛdaṇga* e os címbalos. Desejando tornar o *kīrtana* acessível para todos, diz-se que introduziu nessa música o *khola* (tambor feito de argila) e o *karatāla* (címbalo de latão) não apenas porque esses instrumentos estavam ao alcance dos pobres, mas também por serem apropriados para a expressão desse tipo de culto revivalista e para o misticismo devocional inerente ao *kīrtana*.

Muitas tradições religiosas têm implicações óbvias em relação aos atributos conferidos aos instrumentos de percussão. Os dogmas dessas religiões muitas vezes atribuem aos instrumentos musicais significados simbólicos especiais, a ponto de ser considerados não meros artefatos, mas um reflexo especial, por associação, das características dos espíritos ou das divindades. No candomblé afro-brasileiro, por exemplo, o ciclo ritual fúnebre, conhecido como Axexê no culto nagô, ou como Azeri no culto jeje (ambos derivados dos Yorubá-Fon da África Ocidental), é realizado pouco depois do enterro de um iniciado e requer uma cabaça (tocada com varetas) entre os Nagô, e um pote de cerâmica (percutindo a abertura com um leque de palha) entre os Jeje. A cerimônia Axexê garante a acolhida do iniciado falecido no culto dos primeiros ancestrais da criação. Sua função prática é expulsar o espírito de Iku (a Morte). Por fim, todos os artefatos utilizados na cerimônia são quebrados e se tornam parte do *carrego* ("carga da morte"). Como as cabaças e os potes servem para evocar o espírito dos mortos, são quebrados depois do rito e abandonados num lugar particular revelado por adivinhação. O *carrego* simboliza a ruptura final dos laços entre o falecido e o centro do culto; como no decorrer do rito os tambores são personificados, devem ser destruídos depois com o objetivo de aperfeiçoar tal separação.

A compreensão exata da experiência do som da percussão e dos seus efeitos sobre os membros de certo grupo cultural só é possível com o conhecimento das crenças específicas vinculadas ao som e aos objetos que o produzem. A esse respeito é exemplar a família dos tambores *batá* (de duas membranas, tocados horizontalmente) na religião afro-cubana dos Lucumi, pertencentes à linhagem yorubá. Naquele país, os tambores *batá* são usados principalmente para o culto de Xangô, deus do trovão e do fogo. Tanto na África como em Cuba, essa família de tambores compreende três instrumentos de diferentes grandezas e, embora na África possam ter funções separadas, em Cuba devem ser tocados em trio, uma vez que eles (chamados, do maior para o menor, *iyā*, *itótele* e *okónkolo*) são considerados os órgãos de expressão sonora do deus Aña. De acordo com a tradição ortodoxa, os três tambores devem ser obtidos de um único tronco de certa árvore sagrada: isso ressalta a unidade do trio mediante o qual a divindade fala e se manifesta. O trio detém o *afóuobó*, um segredo particular conhecido apenas pelos sacerdotes de Aña. O poder sagrado e mágico dos tambores deriva desse segredo, materialmente simbolizado por algumas sementes sagradas, por conchas e outras substâncias colocadas num saquinho de couro animal que é inserido no corpo do tambor *iyá*. Além disso, durante a confecção do instrumento, inserem-se em sua cavidade certas plantas sagradas (denominadas *éggüe* em Cuba), que com o tempo se transformarão em pó: esse pó confere ao instrumento o seu poder espiritual definitivo. É o *diloggún* (oráculo revelado pela adivinhação) que estabelece os objetos específicos a serem utilizados. Teoricamente, uma oferenda de alimento sacrifical e de sangue animal deve ser feita todos os anos para garantir a continuidade do poder e da eficácia do tambor. A natureza sobrenatural do *batá* é evidenciada pela crença de certos tocadores de tambor de que, em algumas ocasiões, seu instrumento toca sozinho misteriosos sons ou ritmos. Quando isso acontece, o tocador invariavelmente consulta o adivinho (*babalawo*), que por sua vez consulta o oráculo.

Apesar do grande cuidado dedicado à construção e à consagração dos tambores, às vezes o tambor não produz o som pleno e claro previsto, ou então sua sonoridade se altera com o tempo. Nesses casos, se dá uma explicação litúrgica e o tambor é retirado do trio (mas nunca destruído). Há apenas suposições sobre os fundamentos desse juízo estético; seja como for, com toda probabilidade, os tocadores aprendem dos mestres e da própria experiência prática qual deve ser o som específico ideal de um tambor chamado a cumprir funções musicais transcendentais e litúrgicas. Nesse caso, o som é equiparado a uma verdadeira manifestação do sobrenatural.

Muitos idiófonos parecem atributos diretos das numerosas divindades do panteão da África Ocidental. Entre os Yorubá, por exemplo, a dupla sineta *adjá* é a personificação de alguns atributos de Ogum, deus do ferro e da guerra. Os sacerdotes de Ogum, antes de seus sermões à comunidade, agitam sempre um *adjá*, como se o instrumento representasse a voz do deus. Na Bahia, no Brasil, o *adjá*, ou *xerê*, agitado pelo oficiante do culto ou por um de seus assistentes sobre a cabeça dos iniciados, simboliza a invocação explícita a todos os deuses (orixás), de modo que os devotos possam responder (mediante a possessão do espírito) à "voz" de seu deus, ouvida através do tambor. Sempre na Bahia, o desejo de sinetas e chocalhos ao fim da possessão do espírito é claramente indicado pelo fato de que inúmeros *ogan* (protetores civis) do centro cultual dispõem de tais instrumentos naquela parte do ritual em que ocorre a invocação dos deuses.

Barulho

Em comparação, pouco se sabe e há poucos testemunhos sobre o uso e a função do barulho nos rituais religiosos. Geralmente, os barulhos de vários tipos servem para chamar a atenção da comunidade para momentos específicos de um ritual. Seu efeito psicológico provavelmente se baseia tanto na espera como na associação. Em muitas culturas, as passagens solenes do ritual são destacadas por fogos de artifício, como nos Estados mexicanos de Puebla e Veracruz, onde se realiza a *danza de los voladores*, pré-colombiana. No momento em que todos os seis ou oito "voadores" atingem o topo do tronco sagrado (ou "árvore da vida") e começam a voar para baixo (trazendo metaforicamente as mensagens dos deuses para a terra e descendo, como pássaros simbólicos, para fertilizá-la), estouram no céu fragorosos rojões. Analogamente, na Bahia, na cerimônia pública denominada Xirê, o momento mais solene, com os iniciados em estado de possessão, quando todos os deuses ingressam no salão principal das danças do centro cultual, é anunciado a toda a comunidade com o estouro de rojões: momento de plenitude religiosa que provoca uma sensação de exultação, de impressionante grandiosidade e de temor sagrado.

Talvez um dos mais antigos produtores de barulho associado aos ritos religiosos é o *semantron* ou *simandron* (também conhecido como *klepalo* nas línguas eslavas), que produz uma espécie de estrondo sagrado e consiste num eixo de madeira ou num prato metálico suspensos e percutidos com uma vara ou um martelo. Largamente utilizado no Ocidente até o advento do sino nas Igrejas ocidentais (por volta do século VII), o *simandron* era utilizado para chamar as pessoas para a oração, e ainda tem essa função em algumas Igrejas ortodoxas e cristãs orientais, particularmente em mosteiros, como o de São João na ilha grega de Patmos e o de São Gregório no Monte Athos. Pode-se apenas fazer suposições sobre seu efeito psicológico. Sem dúvida, seu estrondo era e ainda é considerado apropriado não apenas para chamar imediatamente a atenção, mas também para transmitir aquela sensação de urgência, de obrigação, de mistério e de temível solenidade que é inerente ao ato de rezar.

Os gritos também têm um papel notável em vários sistemas religiosos de todas as partes do mundo. Nos ritos de possessão africanos e afro-americanos, os deuses emitem um grito particular, chamado *ilá* no Brasil e no território yorubá, grito que identifica a personalidade do deus e o momento preciso da possessão do espírito. Certamente esses gritos e berros devem ser classificados como "barulhos" (diferentemente do canto no sentido usual). Nos cultos jamaicanos afro-cristãos, como o culto Pukkumina, ou nas religiões afro-cubanas não cristãs, gritos especiais frequentemente acompanham o transe ou a possessão. Os gemidos e as emissões vocais semelhantes a sons de trombeta que ocorrem durante a Pukkumina para expressar o "sofrimento do espírito" consistem sobretudo numa inspiração e expiração rítmica e ruidosa que provoca hiperventilação e induz o estado de possessão. Analogamente, o *Ronconeo* afro-cubano, realizado nos ritos sagrados, consiste na mesma inspiração e expiração de ar que acompanha o movimento dos braços para cima e para baixo por parte dos fiéis. Na respiração rítmica percebem-se claramente dois graus alternados de tonalidade, alta para a inspiração, baixa para a expiração, que, de acordo com Fernando Ortiz (1952), soam como um rouco rufar de tambor bitonal. Trata-se de barulhos provocados pelo mecanismo da respiração, sem a intervenção das cordas vocais.

Nos rituais religiosos, a confiança nas palmas é relativamente difusa. Além da frequente função de reforçar ou aumentar os ritmos que acompanham, em muitas culturas, as palmas constituem uma linguagem altamente simbólica, por meio da qual se expressam as emoções coletivas. Alguns povos da África Central, por exemplo, concebem o bater rítmico das mãos como expressão de religiosidade empolgante: ou seja, considera-se que os sons emitidos pelo corpo humano chegam diretamente aos deuses, como íntima emanação do espírito. Na África Ocidental e nas áreas culturais do Brasil e de Cuba em que se pratica a adivinhação Ifá, a leitura dos sinais positivos por parte do *babalawo* (adivinho) é acompanhada por palmas, sinal de aprovação e de alegria. A função do som nesses contextos rituais parece substancialmente a de um símbolo de transição.

Bibliografia

BÉHAGUE, G. "Patterns of Candomblé music performance: an Afro-Brazilian religious Setting". In: BÉHAGUE, G. (org.). *Performance practice* – Ethnomusicological perspectives. Westport/Conn., 1984. p. 222-254. É ilustrada a função dos tambores e de outros instrumentos de percussão numa religião africana, com informações detalhadas sobre a sacralização dos tambores e sobre o *status* social dos respectivos tocadores do grupo.

CHAITANYA DEVA, F. *Musical instruments of India*: their history and development. Calcutá, 1978. Estudo bastante amplo sobre a organologia indiana, que une a história dos instrumentos musicais a muitas outras fontes notáveis.

GREBE, M.E. El Kultrún mapuche. Un microcosmo simbólico. *Revista Musical Chilena*, v. 27, p. 3-42, 1973. Estudo que oferece um excelente modelo de análise integrada dos sistemas de crenças e do simbolismo inerente ao objeto ritual.

LÉVI-STRAUSS, C. *Mythologiques*. Paris, 1964-1972. vols. I-IV [trad. bras.: *Mitológicas*. São Paulo: Cosac&Naif, 2010. vols. I.IV]. Trata do significado simbólico do *din*.

Mapa de los instrumentos musicales de uso popular en el Perú. Lima, 1978. Útil descrição geral dos instrumentos tradicionais e populares peruanos, subdivididos por tipo e por distribuição geográfica.

MÉTRAUX, A. *Religion and shamanism*. *In*: STEWARD, J.H. (org.). The comparative ethnology of South American indians. Nova York: Cooper Square, 1963 (*Handbook of South American Indians*, vol. V). Fornece ótimos exemplos e aprofundamentos.

NEEDHAM, R. Percussion and Transition. *Man*, vol. 2, n. 4, p. 606-614, 1967. Clássico exemplo da tentativa de associar o som do tambor, ou seja, a própria percussão, a fenômenos de transe do Vudu haitiano em termos estritamente fisiológicos.

ORTIZ, F. *Los instrumentos de la música afro-cubana*. Havana, 1952-1954. vols. I e IV. O estudo mais completo da organologia afro-cubana.

ROUGET, G. *Music and trance*: a theory of the relations between music and possession. Chicago, 1985. Estudo rigoroso que, buscando a formulação de uma teoria, recorre a imagens amplamente comparativas.

Gerard Béhague

BEBIDAS

Além de sua função nutritiva natural, com o tempo as bebidas também assumiram certo conteúdo simbólico e afetivo. Aliás, parece não haver nenhuma a qual não tenha sido atribuído, em alguma parte do mundo, um profundo significado religioso. As substâncias tóxicas e alucinógenas são as que melhor se prestam a uma interpretação como essa, uma vez que abrem aos que as consomem novos e extraordinários campos de experiência: êxtases, exaltação, alucinações etc. Mas não apenas as bebidas de efeitos mais estranhos são celebradas nos mitos, nos rituais e nas especulações sagradas: muitas vezes também as mais comuns, ou seja, usadas correntemente numa refeição normal e mais irrelevantes quanto aos efeitos neuropsíquicos, são investidas de significado religioso. Assim, por exemplo, entre os Maasai e outros povos criadores do sul da África, o leite de vaca, fundamental e, portanto, comum em sua dieta, é tido em grande consideração, uma vez que, diferentemente de todos os outros alimentos, pode ser obtido sem causar a morte de nenhum ser vivo, seja ele animal ou vegetal. Por esse motivo, o leite é claramente contraposto à carne, alimento que, mesmo tendo a mesma origem, envolve a morte violenta de um animal. A equação é clara: o leite está para a carne assim como a vida está para a morte, e um e outro não podem coexistir na mesma refeição. Encontramos a mesma proibição na lei rabínica (por sua vez extensão da proibição bíblica, estabelecida no Livro do Êxodo, de cozinhar o cabrito no leite da mãe), talvez devido a um conceito análogo. [Cf. o verbete Alimentação.] Na realidade, o leite é entendido como um fluido perfeito e paradisíaco em várias passagens das Escrituras hebraicas, por exemplo onde se fala de Israel como "país onde escorre leite e mel" (Ex 3,8 et al.), sendo o mel, precisamente como o leite, alimento nutriente e saboroso, obtido sem usar violência contra nenhum ser vivo. Também nos rituais gregos e romanos encontramos esse simbolismo, embora em forma diferente, pois a oferta de uma libação composta de leite e mel, denominada *melikraton*, tinha o poder de reanimar os mortos (*Odisseia* 10,519), enquanto uma poção conhecida como *hermesias*, bebida pelas mulheres antes da concepção e durante o aleitamento para que os filhos fossem "excelentes de espírito e belos no corpo", era uma mistura repleta de simbolismo, composta de leite, mel, *pinoli*, mirra, açafrão e vinho de palma (Plínio, *História Natural* 24,166).

Essa espécie de infusão chamada *hermesias* está bem distante da simplicidade e familiaridade do leite, mas as ideias associadas ao leite – alimento materno e dom de vida – são igualmente o ponto de partida para uma ampla elaboração simbólica. Outra bebida simples investida de um profundo significado religioso é o chá. No Japão, sua preparação, distribuição e consumo são considerados nada menos que uma arte superior e um meio de conhecimento e de libertação, como expressa o termo corrente *chadō* ("o caminho do chá"), em que o segundo elemento *dō* é o equivalente japonês do termo chinês *tao*, reservado a uma série de refinadas atividades estético-religiosas: pintura, poesia, caligrafia, tiro com arco, composição floral e sobretudo, precisamente, preparação do chá. Originalmente usado na China para fins medicinais, o chá acabou se tornando uma bebida comum, cuja preparação altamente ritualística – com 24 utensílios cuidadosamente especificados – já havia sido sistematizada por Lu Yu (falecido em 804) em seu *Chajing* (Clássico do chá). Apesar de haver indicações de que o chá possa ter chegado ao Japão desde o século IX, sua verdadeira introdução ocorreu com Eisai (1141-1215), fundador da seita Rinzai do zen-budismo no Japão, o qual, com as sementes da planta, levou também o conhecimento do cerimonial do chá, depois de um período de estudo na China.

Embora o título da obra de Eisai sobre a arte do chá – *Kissayōjoki* (Como beber chá e prolongar a vida) – evidencie o interesse pelos efeitos médico-fisiológicos da bebida, esse jamais se tornou o aspecto principal da celebração do chá no Japão. Ao contrário, como foi desenvolvido e explicado por famosos mestres do chá, como Daito (1236-1308), Noami (1397-1471), Ikkyu (1394-1481), Shuku (1422-1502) e sobretudo Rikyu (1521-1591), as preocupações preeminentes foram a absoluta simplicidade e serenidade e a austera beleza do rito do chá (*cha-no-yu*). De fato, nas pequenas salas de chá, meticulosamente limpas de toda impureza e equipadas com utensílios e decorações cuidadosamente escolhidos, os mestres do chá procuravam criar até um microcosmo perfeito, um ambiente totalmente harmonioso, no qual era possível encontrar refúgio dos sofrimentos e da desordem do mundo externo e encontrar a natureza do Buda para além dos conflitos e da instabilidade da vida material. Nesse sentido, o mestre do chá Takuan observava:

> O princípio de cha-no-yu é o espírito da união harmoniosa do Céu e da Terra e provê os meios para estabelecer a paz universal... Portanto, o método cha-no-yu é o de compreender o espírito de uma fusão naturalmente harmoniosa entre Céu e Terra, de ver no próprio canto a presença penetrante dos cinco elementos, em que montanhas, rios, rochas e árvores se encontram como são na natureza, de beber a água refrescante na fonte da natureza, de saborear com a própria boca a fragrância da natureza. Como é grande o prazer de uma harmoniosa fusão do Céu e da Terra! (Suzuki, 1959, p. 278).

Por tudo isso, o rito do chá tem uma dimensão cósmica e pode ser até mesmo um veículo para a completa iluminação; mas, não obstante esses significados tão elevados, ele ainda continua a ser o rito do simples prazer de beber chá. Uma famosa poesia de Rikyu, o maior de todos os mestres do chá, ressalta este ponto:

> A essência do rito do chá
> é apenas a de ferver a água,
> preparar o chá,
> e bebê-lo – nada mais!
> Não se esqueça disso.
> (Ludwig, 1974, p. 41).

Ao contrário, as substâncias tóxicas raramente são vistas com uma serenidade e simplicidade tão perfeitas, em virtude do drama, da força e até da violência de seus efeitos degenerativos. "A cerveja", nota um texto islandês, "é um outro homem" (*Jómsvikingsaga* 27). Consideremos, por exemplo, a infusão alucinógena de vinhos chamada *yagé*, usada em toda a alta Amazônia; Gerardo Reichel-Dolmatoff (1975, 1978) descreveu amplamente seu uso. O *yagé* é consumido ritualmente: produz náusea, vômito e diarreia, mas, com o auxílio de outros estímulos, como tochas e ritmos musicais, produz também alucinações que assumem formas regulares e previsíveis, às quais são ligadas interpretações baseadas em referências míticas.

De acordo com Reichel-Dolmatoff, as alucinações produzidas pelo *yagé* apresentam-se em diversos estágios: uma fase inicial de formas fosfênicas (apenas cores e formas geométricas, p. ex.), acompanhadas por uma ou várias imagens coerentes de natureza alucinógena.

A interpretação indígena da primeira fase atribui significados iconográficos específicos às formas – um diamante com um ponto no meio representaria um embrião no útero, por exemplo – e também utiliza o simbolismo das cores. Assim, o amarelo e o branco são considerados cores frias, e, algo mais relevante, encarnação da energia fecundante embrionária e solar. O vermelho é considerado quente, sendo associado sobretudo ao fogo, ao útero e ao sangue menstrual. Por fim, o azul é uma cor assexual, sendo também moralmente ambíguo. Uma "boa" alucinação na primeira fase depende de um correto equilíbrio de vermelho e de amarelo, que é o mesmo que dizer de masculino e de feminino, de princípios do quente e do frio.

A interpretação das visões na fase alucinatória é um pouco mais complexa, e Reichel-Dolmatoff (1975) destaca a natureza social dessas visões e dos significados atribuídos a elas: "As alucinações individuais não constituem um mundo privado, uma experiência íntima e quase secreta; elas são livremente discutidas, e cada um pode fazer perguntas e pedir respostas". Há, portanto, um processo de *feedback*, ou de reinterpretação e elaboração, que remete incessantemente as visões aos mitos da criação para lhes dar um sentido, mitos que narram o incesto primordial do Sol e de sua filha. Através das próprias visões, a pessoa sente que volta ao tempo e ao lugar da criação, tornando-se testemunha e participante de tais eventos. Além disso, o consumo ritual de *yagé* é por si mesmo considerado uma experiência sexual de natureza incestuosa e criativa, pois o recipiente que o contém é visto como o corpo da mãe, a sua abertura como a vagina e o seu interior como o útero. Assim, beber *yagé* significa manter uma relação sexual com a própria mãe, mas também entrar em seu ventre, voltar a ser um embrião. Por fim, ao acordar do transe induzido pela droga, a pessoa se sente renascida, recriada, renovada.

O mito da criação do *yagé* é interessante também por mostrar um tipo diferente de *feedback*, no qual os detalhes dos efeitos fisiológicos da droga servem para construir um relato mítico. Narra-se a entrada de uma Mulher Yagé primordial na primeira maloca (cabana), onde estavam reunidos os primeiros ancestrais de todos os povos da Amazônia. A Mulher Yagé deu à luz um menino fora da maloca e depois o levou para dentro. Ali o recém-nascido – que é a personificação do *yagé* – brilhou radiante de branco, de amarelo, de vermelho, as primeiras cores que se veem na fase fosfênica das visões *yagé*. Ao ver o menino, todos os espectadores sentiram as várias sensações provocadas pelo *yagé*: náusea, desmaio e a sensação de "afogamento". Segundo os informantes de Reichel-Dolmatoff, a entrada da Mulher Yagé e do filho na maloca é o ponto central do mito, mas aqui acontece um episódio curioso. Quando a Mulher Yagé perguntou quem era o pai do menino, todos os homens presentes reivindicaram essa honra e lutaram pelo direito ao filho. No fim, repentinamente o agrediram e o desmembraram e cada um tomou para si uma parte diferente do corpo. Depois esses membros se transformaram nos vários cipós dos quais os diversos povos amazônicos obtêm o próprio tipo especial de *yagé*.

Esse mesmo motivo – a derivação de um estimulante do corpo de um ser divino primordial – encontra-se em muitas outras tradições religiosas, não por último o instituto da Eucaristia cristã. No fim da Última Ceia, segundo os Sinóticos, Jesus deu o vinho aos discípulos dizendo: "Bebam todos, porque este é o meu sangue, o sangue da aliança, derramado por muitos, em remissão dos pecados. E digo-vos que desde agora não beberei mais deste fruto da videira até o dia em que eu beber o vinho novo convosco no reino do meu Pai" (Mt 26,27-29 e paralelos). A interpretação literal dessa passagem foi controversa ao longo de toda a história da Igreja, e essa controvérsia está no centro do debate teológico sobre a transubstanciação na missa.

Outra história que faz derivar os entorpecentes de uma vítima quase sacrifical é a persa da origem do vinho, em que se narra como a videira foi gerada do sangue do primeiro bovino sacrificado. Portanto, a pisa da uva constitui uma reprodução da morte do touro, e o vinho assim produzido é considerado nem mais nem menos que o sangue do animal sacrificado, sangue que infunde em quem o bebe o poder, a energia e a força vital do touro (*Zādspram* 3,46), precisamente como quem bebe o vinho sacramental assume, no próprio corpo, a natureza substancial e o próprio sangue de Cristo, segundo uma teoria radical da transubstanciação.

Outro mito de entorpecentes originados do sangue de um ser primordial sacrificado encontra-se no relato norueguês da origem do hidromel, narrado pelo deus da poesia, Bragi, em resposta à pergunta: "De onde provém a arte da poesia?" (*Skáldskaparmál* 2).

O relato começa no ponto em que os dois principais grupos de deuses, os Æsir e os Vanir, concluíram um tratado de paz cuspindo no mesmo barril e deixando a saliva se misturar. Dessa mistura surgiu um homem chamado Kvasir – o mesmo que personifica um entorpecente conhecido na Rússia como *kvas*, se o nome pode nos dar alguma indicação –, indivíduo dotado de sabedoria excepcional, até onisciente. Kvasir foi posteriormente morto por dois anões, que misturaram o seu sangue com o mel e dali obtiveram o primeiro hidromel, bebida dotada de tal poder que, dizia-se: "Quem dela beber se torna um poeta ou um erudito".

Outras histórias acompanham esse "hidromel da poesia" e narram como caiu primeiro nas mãos dos anões, depois de gigantes e finalmente foi resgatado pelo mais sábio dos deuses, o próprio Odin, que, para conquistar a preciosa bebida, assumiu primeiro a forma de uma serpente, depois de uma águia. Essa lenda do hidromel raptado tem notáveis semelhanças com mitos de outros lugares do mundo indo-europeu (p. ex., o texto indiano *Ṛgveda* 4,26); mas é a parte da história que narra a origem do hidromel que fornece um princípio justificativo religioso e uma legitimação de seus efeitos milagrosos: ou seja, o hidromel pode infundir conhecimento e iluminação, pois na origem e em essência não é outra coisa senão o sangue dos homens mais sábios, além de ser a saliva dos deuses.

O consumo altamente ritualizado, até solene, de bebidas como hidromel, cerveja e vinho, na Europa, foi um costume característico dos banquetes desde a Antiguidade: pode-se até dizer que teve uma origem e um significado rituais. Como vimos, muitas vezes se considerava que bebidas como essas participavam da divindade e também tornavam os que as ingeriam capazes de transcender claramente os limites da condição humana normal, infundindo-lhes poderes extraordinários de eloquência, de inteligência, de força física e de bem-estar. Normalmente, fluidos tão poderosos eram também ofertados como libações sacrificais, com as quais se conferiam os mesmos dons aos deuses, aos semideuses, aos espíritos dos mortos ou à própria ordem natural.

No entanto, em nenhum lugar as poções alucinógenas foram alçadas a significados religiosos tão elevados como entre os povos indo-iranianos, os quais conheciam tanto um entorpecente profano chamado *surā* na Índia e *hurā* no Irã, como uma bebida sagrada (indiano *soma*, iraniano *haoma*). Esta última era investida de uma condição divina e de uma série extraordinariamente complexa de elaborações simbólicas. Mais concretamente, essa bebida – preparada espremendo a seiva de uma planta específica e obtendo um suco a ser misturado com água, leite ou mel, segundo os vários contextos rituais – tinha potentes efeitos alucinógenos, mas, além disso, era considerada estimulante para qualquer finalidade, ou seja, capaz de aumentar todas as capacidades humanas, proporcionando saúde aos doentes, filhos aos estéreis, eloquência aos poetas, intuição e perspicácia aos sacerdotes, força aos guerreiros, e longa vida a quem pudesse ingeri-la. Indo além, afirmava-se que *soma* e *haoma* garantiam a libertação da morte (sânscrito *amṛta*, literalmente "não morte", muitas vezes traduzida impropriamente como "imortalidade") tanto aos deuses como aos homens, como no exultante *Ṛgveda* 8,48,3:

> Bebemos soma; libertamo-nos da morte. Fomos além da luz; encontramos os deuses! Ora, o que poderá nos entristecer? Na verdade, o que pode vos fazer o mal da mortalidade, ó vós que fostes libertados da morte?

Indo ainda mais além, *soma* e *haoma* eram até considerados a essência universal da vida, o fluido que vivifica e revigora todo ser vivo. Além disso, a oferta sacrifical desse elixir foi considerada um meio que provoca a circulação da energia vital por todo o cosmos. Pois, na essência, *soma* e *haoma* não eram simplesmente bebidas, nem as plantas das quais eram obtidas: eram antes, apenas momentaneamente, uma das tantas formas e encarnações da essência da vida. Seguindo uma única interpretação da análise contida nos textos indianos de especulação esotérica sobre o ritual sacrifical, vemos que o sumo extraído de algumas plantas, uma vez derramado sobre o fogo sacrifical, ascende ao céu em forma de fumaça. Essa fumaça se reúne em forma de nuvens, das quais as chuvas caem sobre a terra. Fumaça, nuvens e chuva – como o sumo de *soma* – são todas as formas do fluido energético universal, e quando a chuva cai na terra faz crescer as plantas (entre as quais o próprio *soma*, "rei das plantas", mas do mesmo modo todas as outras). Essas plantas, por sua vez, são consumidas pelos animais no pasto. Passando pela chuva e pelas plantas, o elixir se torna esperma no corpo dos animais machos e leite nas fêmeas: ambos não passam de outras transformações do *soma*. Também os seres humanos, comendo os vegetais, bebendo água e leite, absorvem o *soma* no próprio corpo, obtendo com isso vida e energia. Mas, sob todas as suas várias formas, no fim o *soma* está inevitavelmente destinado ao fogo sacrifical, pois não se oferecem apenas plantas, água e leite com líquido de *soma*, mas também o fogo da cremação é um fogo sacrifical que repõe no ciclo cósmico os fluidos vitais que permaneceram no cadáver.

Esse é apenas um aspecto da especulação simbólica baseada no *soma*; muitos outros também tiveram alguma difusão, como o que assimila a lua crescente a um recipiente repleto do fluido sagrado e a lua minguante a uma libação benéfica para todas as águas e as plantas (cf., p. ex., *Śatapatha Brāhmaṇa* 11,1,5,3). Por fim, a importância simbólica do *soma* acabou ofuscando seu uso como inebriante, tanto que não houve muitas preocupações quando veio a faltar o abastecimento da planta original e até mesmo quando se acabou perdendo a própria noção de sua verdadeira identidade. Por séculos o sacrifício do *soma* foi celebrado com um substituto, a *Efedra*, planta que não tem efeitos alucinógenos e que ainda assim é tratada com o mesmo respeito que seu poderoso antecessor. Não obstante as inúmeras tentativas de identificar a planta original – o candidato mais recente é o fungo alucinógeno *Amanita muscaria* –, a maioria dos indianistas considera improvável que se possa identificá-la.

No Irã, o culto do *haoma* se desenvolveu de maneira um tanto diferente, mas lá, como na Índia, os dados confirmam a mesma conclusão geral: com o passar do tempo, as potencialidades simbólicas da bebida se tornaram bem mais importantes que seus efeitos psicológicos. Em todos os textos iranianos, as primeiras menções ao *haoma* refletem condenações da bebida entorpecente. Há dois versos da parte mais antiga e prestigiada da Avesta, atribuída ao próprio Zaratustra tanto pela tradição zoroastriana quanto pela maior parte dos estudiosos modernos (*Yasna* 32,4; 48,10); no último, quem fala se dirige diretamente a Ahura Mazdā, o Senhor Sábio, invocando: "Quando dispersarás este mijo de veneno, com o qual os sacerdotes e os perversos senhores das terras causam cruéis sofrimentos?"

Não sabemos se isso implica uma condenação generalizada do *haoma* ou apenas a rejeição de certos abusos: a opinião dos especialistas é dividida a esse respeito. O certo é que, com o período dos aquemênidas, o *haoma* ainda está no centro do culto iraniano, como atestam centenas de inscrições em Persépolis. Os textos zoroastrianos mais tardios, contudo, garantem ao *haoma* um lugar privilegiado como bebida sagrada, elixir de longa vida e divindade celebrada com seu próprio hino, o famoso *Hōm Yasht* (*Yasna* 9-11), texto que mereceria um estudo muito mais atento e minucioso do que lhe foi dedicado até agora. Esse hino representa uma feliz tentativa de reabilitar o culto do *haoma*, purificando-o dos elementos indecorosos que levaram à denúncia por parte de Zaratustra, mesmo conservando muitos aspectos de seu significado simbólico e reintegrando-o no culto zoroastriano. E, até hoje, a solene preparação, consumo e oferta de *haoma* – bebida agora desprovida de efeitos tóxicos – está no centro do ritual zoroastriano.

A esses poucos exemplos poderiam ser acrescentados inúmeros outros, entre os quais, não por último, o claro simbolismo mágico-religioso presente na publicidade comercial das bebidas sem álcool, por exemplo, "Ressuscite com Pepsi-Cola", *slogan* maltraduzido para o mercado de Taiwan por "Pepsi ressuscita os teus antepassados". [Cf. o verbete Elixir.]

Bibliografia

Até o momento, não existe um resumo geral exaustivo dos vários usos e significados religiosos das bebidas. Há apenas uma literatura esporádica a esse respeito.

Sobre o valor simbólico do leite entre os Maasai, cf. GALATY, J.G. Ceremony and society: the poetics of Maasai ritual. *Man*, vol. 18, n. 2, p. 361-382, 1983. Sobre o leite na Antiguidade, cf. WYSS, K. *Die Milch im Kultus der Griechen und Römer*. Giessen, 1914; e, especificamente para o leite e o mel, o artigo ainda útil de USENER, H. Milch und Honig. *Rheinisches Museum für Philologie*, vol. 57, p. 177-195, 1902. Sobre o vinho, cf.

KIRCHNER, K. *Die sakrale Bedeutung des Weines im Altertum*. Giessen, 1910.

Sobre o cerimonial japonês do chá, dispomos de muitos bons escritos. SADLER, A.L. *Cha-no-yu, the Japanese tea ceremony*. Rutland/Vt., 1962, faz uma descrição detalhada, mas exígua em relação a análise e interpretação. Para isso, cf. SUZUKI, D.T. *Zen and Japanese Culture*. 1959. 2. ed. rev. e ampl., reimpressão, Princeton, 1970, p. 269-328; e LUDWIG, T.M. The way of tea: a religio-aesthetic mode of life. *History of Religions*, vol. 14, p. 28-50, 1974. Outro ótimo exemplo de valorização religiosa de uma bebida comum é MANTOVANI, G., Acqua magica e acqua di luce in due testi gnostici. *In*: RIES, J. (org.). *Gnosticisme et monde hellénistique*. Louvaina, 1982. p. 429-439.

Sobre o uso de entorpecentes na Amazônia, as melhores fontes até o momento são os escritos de REICHEL-DOLMATOFF, G., em especial *The shaman and the jaguar*. Filadélfia, 1975; e *Beyond the Milky Way:* hallucinatory imagery of the Tukano Indians. Los Angeles, 1978. Sobre o uso e a mitologia do hidromel entre os germanos, cf. o esplêndido trabalho de DOHT, R. *Der Rauschtrank im germanischen Mythos*. Viena, 1974.

Sobre os mitos do furto de um "fluido da imortalidade", cf. as interpretações contrastantes de KUHN, A. *Die Herabkunft des Feuers und des Göttertranks*. Berlim, 1859; de DUMÉZIL, G. *Le festin d'immortalité*. Paris, 1924; e de KNIPE, D.M. The heroic theft: myths from Ṛgveda IV and the Ancient Near East. *History of Religions*, vol. 6, p. 328-360, 1967. Sobre os fluidos de imortalidade em geral, mas com especial ênfase no mundo greco-romano, continua válido o antigo trabalho de ROSCHER, W.H. *Nektar und Ambrosia*. Leipzig, 1883.

Sobre *soma* e *kaoma* existem numerosos estudos: o mais precioso, por sua atenção ao rico simbolismo dessas bebidas cultuais, é LOMMEL, H. König Soma. *Numen*, vol. 2, p. 196-205, 1955. A tentativa de identificar o *soma* com o *Amanita muscaria* se deve a WASSON, R.G. *Soma*: divine mushroom of immortality. Nova York, 1968; por outro lado, bem refutada por BROUGH, J. Soma and Amanita Muscaria. *Bulletin of the School of Oriental and African Studies*, vol. 34, p. 331-362, 1971.

Bruce Lincoln

BÊNÇÃO

O termo *bênção* tem dois significados fundamentais. No primeiro, é uma forma de oração; é a adoração e o louvor a Deus por parte do ser humano. No segundo significado, aqui tratado, é um dom divino que desce sobre o ser humano, sobre a natureza ou sobre as coisas; é um benefício material ou espiritual que deriva do favor divino; é a emanação de um poder sagrado e benéfico, um poder proveniente do mundo sobrenatural para conferir ao objeto da bênção uma nova qualidade.

A bênção faz parte da vida do *homo religiosus*, que busca e espera dons e favores da divindade. Por esse motivo, este estudo focalizará primeiramente a fenomenologia da bênção, como se manifesta no comportamento do *homo religiosus* – comportamento determinado pela fé no sagrado como realidade que transcende este mundo, mas que se manifesta no próprio mundo. Posteriormente, elaboraremos uma tipologia da bênção segundo as diversas religiões.

Fenomenologia da bênção

O ser humano, como *homo religiosus*, "acredita sempre que existe uma realidade absoluta, o sagrado, que transcende este mundo, neste mundo se manifesta e por isso mesmo o santifica e o torna real" (ELIADE, M. *Il sacro e il profano*. Turim, 1984. p. 128). A bênção é um meio para permanecer em contato com esta realidade absoluta e receber sua influência benéfica. O sagrado se torna manifesto por meio da bênção, que é, portanto, uma forma de hierofania. É um daqueles atos misteriosos através dos quais um poder transcendente se torna imanente (neste mundo). Por esse motivo, em toda bênção intervém um poder para conferir benefícios de origem divina a um ser ou a um objeto.

Toda bênção, considerada como ação, comporta três elementos: a instauração de uma relação com o reino do "Totalmente Outro", fonte do desejado efeito benéfico; a transferência a um ser ou a um objeto de uma qualidade eficaz proveniente daquele reino, através de alguma forma de mediação; enfim, a valorização do ser ou do objeto que recebe essa qualidade. Assim, a bênção não é simplesmente a expressão de um voto ou de um desejo em favor de uma pessoa ou coisa particular, mas implica também o pensamento, a vontade e a ação necessários para determinar a transferência de uma qualidade do reino transcendente.

Poder

Dependendo das épocas e dos lugares, o ser humano deu nomes diferentes ao poder ou à realidade transcendente, fonte de toda bênção. Um dos mais conhecidos é o *mana*: de origem melanésia, indica uma qualidade sobrenatural inerente a seres ou a objetos – uma qualidade dotada de poder, autoridade e força incorporados à vida e à verdade, todos verificados como reais e eficazes. [Cf. o verbete Tabu.] Na verdade, a ideia de um poder real e eficaz encontra-se com frequência em todas as partes do mundo, nas tradições iletradas, com nomes como *orenda* (iroqueses), *manitou* (algonquinos), *wakan* (Lakota) e *uxbe* (Pueblo). Nas civilizações superiores da Antiguidade encontra-se como *brahman* (Índia), *tao* (China), *kami* (Japão), *khvarenah* (antigo Irã), *me* (sumérios) e *melammu* (Mesopotâmia). Esse poder muitas vezes foi expresso mais claramente em termos de teofania celeste e é frequentemente personificado, como é evidente no caso do judaísmo, do cristianismo e do islamismo.

Transferência

Independentemente do modo como é concebido, este poder transcendental se transfere no reino humano por intermédio da bênção. A vontade divina pode realizar esta passagem *motu proprio*, sem a ajuda de um intermediário. Apesar disso, em geral a bênção implica alguma forma de mediação. O intermediário, que recorre tanto ao ritual como aos símbolos, pode ser um rei ou um sacerdote, um santo, um profeta ou um chefe de família. Com o ritual, ele anima as forças misteriosas que tornam possível a comunicação com o poder transcendente, criando assim uma relação especial com a divindade. Essa mediação ritual exige gestos especiais, uma vez que o corpo é o instrumento com o qual o intermediário expressa inteligência, vontade ou emoção. Gestos e atitudes desse tipo estão repletos de significado por serem entendidos no contexto de símbolos reconhecidos. A posição da mão direita tem um significado especial. A mão, na realidade, tem a capacidade de criar uma linguagem própria, e permanece ativa durante todo o ritual.

A palavra ocupa um lugar especial no simbolismo da mediação – tão especial, de fato, que F. Max Müller pôde afirmar que *nomina sunt numina*. O poder místico da palavra é particularmente importante entre os povos arcaicos. Na Austrália, vozes que imitam o mugido do touro, para simbolizar a presença do Grande Espírito, acompanham toda a cerimônia da iniciação. No vedismo, *vāc* é a palavra celeste, um aspecto do *brahman*, e acreditava-se que a sílaba *oṃ* continha o universo, o *brahman*, o som que dá plenitude ao sacrifício. A palavra é também instrumento do poder divino, que pode ser impetrado com a linguagem evoluída, com a profética ou com a evocação dos nomes santos. A presença de nomes teofóricos e de muitas formas de magia em todas as civilizações antigas demonstra a fé humana no poder da palavra. De fato, a acádica *amatu* e a hebraica *davar* fazem referência à palavra entendida como coincidente com a própria realidade.

Precisamente como sinal da presença divina e instrumento do poder divino, a palavra também é criadora. No Egito e na Mesopotâmia, a criação acontece proferindo o santo nome. A crença na criação por meio da palavra de Deus permeia tanto a Bíblia quanto o Alcorão.

Nas cerimônias de iniciação, ensinam-se aos neófitos palavras repletas de poder, que devem ser usadas criteriosamente, segundo a fórmula ritual. Aquela fórmula, associada ao ritmo e à tonalidade das palavras, constitui o segredo da eficácia do rito. Por fim, a palavra é criadora como aspecto da automanifestação do sagrado, ou hierofania.

Dons e favores

O terceiro elemento da bênção é o efetivo benefício que uma pessoa ou um objeto recebem por intermédio do contato com o poder transcendente, que é dinâmico. O sânscrito *ojas*, o avéstico *aojō* e o latim *augustus* têm o significado de poder habilitador, que literalmente dá ao seu possuidor as condições para cumprir a função religiosa que lhe foi atribuída. Nesse sentido, o ritual da bênção determina uma participação do próprio sagrado, do sagrado real, ou seja, poderoso, eficaz e duradouro. Por isso, na Índia védica, o estabelecimento num novo território é confirmado pela construção de um altar a Agni, o deus do fogo e mensageiro dos deuses. Com esse ato, o território é separado do profano e é colocado numa dimensão nova e sagrada. Em Gn 9,1, Deus abençoa Noé e seus filhos de modo direto, dizendo a eles: "Crescei e multiplicai-vos". Em Nm 6,22-27, a bênção sacerdotal destina-se a garantir a proteção divina, a benevolência e a paz do crente, mas pode produzir também resultados menos espirituais, como fertilidade, saúde e vida longa para seres humanos ou animais, colheitas abundantes e prosperidade material. Seja qual for a natureza dos dons ou dos favores que recebe, o ser humano tem sempre consciência da sua origem divina, reconhecendo o poder transcendente que está na base da eficácia da bênção.

Tipologia da bênção

Esta parte apresenta uma seleção das numerosas variedades de formas de bênção praticadas pelo *homo religiosus* em tempos e lugares diferentes. Essa tipologia não leva em conta as diversas concepções do próprio poder divino e os diferentes tipos de benefícios que ele confere (o primeiro e o terceiro dos elementos tratados mais acima). Ao invés disso, serão classificados os tipos de bênção, segundo os métodos de transferência usados para colocá-la em ação. Em particular, focalizaremos três aspectos essenciais desses métodos: linguagem, gestualidade e ritual.

Religiões de povos com tradições orais

Entre os povos sem escrita, a bênção está intimamente ligada ao mito. Efetivamente, na vida desses povos, o mito constitui a história sagrada, que põe o ser humano em contato com o mundo sobrenatural, unindo entre si o presente e o tempo primordial, a ação atual e os atos iniciais da criação e fornecendo ao homem arcaico os modelos de vida. Além disso, ele apreende o significado do arquétipo divino através da linguagem simbólica do mito; a bênção constitui uma das formas rituais arcaicas, uma das suas várias tentativas de se orientar em referência àquele arquétipo. No interior do imenso contexto mágico-religioso do rito arcaico, palavra e gesto estão inseparavelmente ligados.

Em grande número de tradições religiosas, a palavra sagrada, a palavra pronunciada por Deus, aparece no primeiro momento da criação. Entre os Dogon de Mali, por exemplo, o Nommo falou três vezes, pronunciando palavras de luz, de umidade e de música. Na crença arcaica, a palavra expressa pelo ser humano, e dirigida ao "Totalmente Outro", torna-o partícipe do poder divino ou, no mínimo, dele obtém benefício. Tal crença, admiravelmente documentada pelas inscrições rupestres no Vale Camônica, está na base da oração e é expressa nas fórmulas mágicas, patrimônio de todo povo, que tentam forçar o poder divino com a repetição oral das palavras. Na África ao sul do Saara, a palavra se aproxima ao máximo da expressividade, quando é acompanhada pelo ritmo e pela imagem, seus mediadores mais eficazes. A mão também transmite significados: para os Dogon, os Bambara e os Fali, o polegar é símbolo de poder. Palavra, ritmo e gesto são plenamente integrados nos rituais dos mitos de fertilidade e iniciação; de fato, usados na celebração de mitos, através da reatualização do evento arquetípico, restabelecem a harmonia absoluta que devia existir no princípio. Os africanos extraíram do mito, da palavra e do ritual uma verdadeira unidade simbólica para restabelecer a harmonia original. Nesses rituais, também os antepassados são importantes, porque existiam no tempo primordial, e têm um papel essencial na transmissão de favores aos vivos.

Igualmente, o intermediário humano tem um papel importante no ritual da bênção. Na Austrália, o médico aborígine, uma vez iniciado, tem acesso ao universo sagrado primordial; como intermediário entre o grupo tribal e seus antepassados míticos, efetua uma transferência do poder divino que o sustenta no seu papel de curador e feiticeiro da chuva. Além disso, para colaborar com o médico aborígine há um grupo de iniciados, os quais também tiveram contato efetivo com o sagrado. De fato, o homem arcaico usufrui do poder divino como resultado da iniciação, que estabelece uma ligação com a história primordial.

Para os grupos étnicos afins do Burundi e de Ruanda, na África Central, toda a vida religiosa fundamenta-se na crença no Imana, o Ser supremo, criador onipotente, benéfico e onisciente protetor do ser humano e da natureza. Todo recém-nascido é posto sob a sua bênção e, no oitavo dia, o pai lhe impõe um nome relacionado ao deus. A importância de Imana na vida dos Rundi do grupo étnico Nyarwanda evidencia-se pela impressionante lista de nomes teofóricos transmitidos pela tradição oral: Haremimana ("Deus cria"), Hategekirnana ("Deus comanda"), Hakizimana ("Deus traz felicidade"), Hagenimana ("Deus predestina"), Ndagijimana ("Deus é meu protetor"). De fato, os nomes teofóricos representam a contínua bênção e guia de Imana para aqueles que os têm. Os intermediários humanos, especialmente os chefes de família, têm um papel importante na obtenção dos efeitos da bênção. Durante o Kurya Umwaka, a festividade para o Ano-novo, celebrado em maio no Burundi, o pai preside um almoço que consiste em "comer o ano velho"; servindo ao mesmo tempo de chefe da família e de intermediário do deus, distribui alimentos, dom de Imana, e expressa votos de felicidade para o Ano-novo. Outro intermediário no Burundi é *mupmufu*, profeta, feiticeiro e curador, encarregado de transmitir a palavra de Imana. Na cerimônia para a edificação de uma cabana, a abençoa com água lustral. Quando a doença ocorre na cabana, é chamado, como emissário de Imana, para benzer seus habitantes.

Símbolos da mão direita

Os textos bíblicos estão repletos de referências à mão de Deus, que toca o homem e o torna partícipe do poder divino, mas não são os únicos escritos religiosos que atribuem um papel importante e benéfico à mão. Algumas religiões mediterrâneas e orientais enfatizaram particularmente o papel simbólico da mão direita. No culto sírio de Júpiter Doliqueno, de Atargatis e de Hadad, bem como no culto frígio do deus Sabácio, mãos votivas indicam a presença divina e simbolizam seu poder. Na África, a mão elevada, substituto da divindade, aparece no tímpano da parte superior da estela púnica (Leglay, 1978). Esculturas orientais, e sobretudo ocidentais, apresentam numerosos exemplos de divindades que estendem a mão em gesto de bênção e proteção; de fato, Zeus às vezes é chamado *Hyperdexios*, o protetor com a mão elevada. Esse gesto também é representado nas efígies de Asclépio, o deus da cura. Em todos os artefatos que evocam o amplo sistema simbólico da bênção, a mão direita é ao mesmo tempo símbolo de poder e expressão de benevolência dos deuses, ou seja, da transmissão de parte de sua força e poder.

O simbolismo da mão aparece sob outra forma na *dexiōsis*, o aperto de mão – sempre a direita – que cria misteriosos vínculos de união. Um bom número de testemunhos, relativos à *dexiōsis*, provém do mundo romano, onde o gesto era associado à *fides*, um pacto de aliança e de obrigação recíproca voluntária. Algumas representações de *dexiōsis* mostram um aperto de mão com espigas de trigo, símbolos da prosperidade derivada da concórdia, devida à bênção divina da deusa Fides; aqui a *dexiōsis* acrescenta noções de concórdia e obrigação ao âmbito religioso da bênção. A *dexiōsis* encontra-se na liturgia do culto de Dioniso, de Sabácio e de Ísis; em todos esses cultos, o ritual significa tanto a apoteose celeste do deus como a entrada do crente na elite de iniciados que receberam os dons divinos. A *dextrarum iunctio* é um gesto que garante ao iniciado o poder do deus, como escreviam os autores latinos: "Felix dextra, salutis humanae pignus".

Dexiōsis e bênção no mitraísmo e no maniqueísmo

A *dexiōsis* tem um papel notável no mito e no ritual que se entrelaçam na liturgia mitraísta. Inúmeros documentos ilustrados provenientes de Roma, de Dura-Europos (a atual Salhiyeh, na Síria) e das regiões do Danúbio representam a *dexiōsis* de Mitra e Hélio sentados juntos no carro celeste; a cena evoca a apoteose do jovem Mitra, vencedor do mal e das trevas, e ao mesmo tempo apresenta o arquétipo mítico ao qual alude a ritual *dexiōsis* da iniciação mitraísta. Ao fim da cerimônia de iniciação, o *pater*, o *magister sacrorum* ("chefe dos sacerdotes") da comunidade mitraísta, dá as boas-vindas ao iniciado estendendo-lhe a mão direita; com esse gesto, o iniciado se torna um dos participantes do rito; estes últimos, realizando o mesmo ato, são introduzidos nos mistérios do culto da salvação. Essa *dexiōsis* sela o pacto entre Mitra e o iniciado, e cria um vínculo que garante a sua salvação. Unindo a mão direita, os iniciados participam da *dexiōsis* mística de Mitra e de Hélio e, ao mesmo tempo, mediante este autêntico ritual de bênção, garantem a transferência dos benefícios da salvação prometidos por Mitra aos que são introduzidos nos seus mistérios.

Os rituais da *dexiōsis* nos mistérios mitraístas do Império Romano foram esclarecidos por testemunhos recentemente descobertos em Nimrud-Dagh e em Arsameia Nymphaios na antiga província de Comagena, entre a Cilícia e o Rio Eufrates, onde o mitraísmo foi culto real nos séculos imediatamente anteriores à Era Cristã. Numerosas representações mostram os deuses Mitra, Héracles, Zeus e Apolo que levantam a mão direita para o Rei Antíoco I, filho de Mitrídates I Calínico, fundador do culto. Uma inscrição diz que o rei acredita ser o instrumento da "piedade religiosa" (*eusebeia*) e cumprir a vontade dos deuses; põe sob a proteção divina o santuário que acabou de construir e confia a guarda do culto a um colégio sacerdotal. Esse testemunho reflete o sincretismo dos cultos helenísticos, resultantes do encontro entre as ideias religiosas gregas e as orientais; segundo o exemplo de Arsameia, a *dexiōsis* tornou-se um rito por meio do qual o poder divino era transferido à pessoa do rei.

O tema que une mito, ritual e *dexiōsis* está presente também no maniqueísmo, no grande mito de Manes da luta entre a Luz e as Trevas. O Espírito Vivente, segundo mensageiro do Pai de Grandeza, caminha até os limites do Reino das Trevas para salvar o Homem Primordial, prisioneiro delas; emite um alto grito: "Tōchme", ouvido pelo Homem Primordial, que responde: "Sōtme". Em seguida, o Espírito Vivente estende a mão direita; agarrando-a, o Homem Primordial, o salvador salvo, reconquista o Paraíso da Luz. Usado de maneira semelhante pela comunidade maniqueísta, o gesto salvífico da *dexiōsis* se tornou o gesto gnóstico por excelência, porque simbolizava e ao mesmo tempo realizava a comunicação dos mistérios dualistas, fontes de salvação.

Poder da palavra

A energia da palavra é fundamental no pensamento religioso hindu; de fato, já em si mesma é considerada um poder. O sânscrito contém um bom número de palavras que se aproximam do significado de "bênção": āśis (desejo, bênção), āśirvāda (bênção), *kuśala* (próspero), *dhanya* (que traz boa sorte), *kalyāṇa* (excelente). A palavra *kuśalavāda* denota "benefícios" e *kuśalam* significa "benefício recebido, coisa desejável, bênção". *Maṅgala* quer dizer "bênção oral, palavra de boa sorte"; *maṅgalācāra* é "rito que garante felicidade" e *maṅgalāyana*, "caminho da felicidade". O termo *brahman* significa "palavra sagrada"; na origem significava "a palavra que traz crescimento".

Brahmanaspati, ou Bṛhaspati, é o mediador divino encarregado de recitar as fórmulas sagradas. "Ó Bṛhaspati" – começa o hino védico "A palavra" (*Ṛgveda* 10,71,1) –, "e então teve início a palavra, e cada coisa teve um nome". Como *purohita*, ou sumo sacerdote dos deuses, é encarregado de recitar as fórmulas sagradas, que por seu intermédio se tornam benéficas. De fato, para ser eficazes, as fórmulas devem ser pronunciadas, mas, uma vez ditas, tornam-se reais, benéficas e eficazes por si mesmas, não por intermédio da mediação do sacerdote. O sacerdote védico, o *brāhmaṇa*, algumas vezes pede a ajuda de Brahmanaspati, que pode lhe sugerir palavras eficazes. "Ponho em tua boca uma esplêndida palavra" – diz o *purohita* ao *brāhmaṇa* (*Ṛgveda* 10,98,2). Palavras de bênção são pronunciadas também pelo pai ao nascimento de um filho: "Sejas ouro indestrutível. Na verdade, és Aquele chamado filho. Possas viver 100 outonos".

Bênção nas Escrituras judaicas

A raiz semítica *brk*, "abençoar", era comum às línguas de todas as populações do antigo Oriente Próximo. Analogamente, o termo assírio *karabu* era muitas vezes usado para representar as fórmulas de bênção proferidas pelos deuses. Mas o testemunho mais significativo da importância da bênção vem do antigo Israel. A raiz *brk* e o substantivo *berakhah* (bênção) aparecem 398 vezes no Antigo Testamento. *Barukh*, particípio passado qualificativo, designa a condição de posse da *berakhah*; assim, Deus é *barukh*, pois possui e dispensa as verdades da salvação. Na forma plural, *brk* é usado para indicar o ato da bênção, que pode ser dada por Deus, pelos anjos ou pelos homens. Além de designar a passagem de benefícios de Deus para os homens, *brk* significa também "louvor elevado a Deus pelo homem", mas este significado, relativo a uma forma de oração, não será tratado aqui.

Na tipologia da bênção extraída das Escrituras judaicas, a tendência principal é primeiramente a referência a Deus como dispensador de benefícios aos homens e às coisas criadas em geral. Depois da criação, abençoa as suas criaturas (Gn 1,22-28); depois do dilúvio, abençoa Noé e seus filhos (Gn 9,1). Do mesmo modo, abençoa os patriarcas Abraão, Isaac e Jacó e, por fim, todos os filhos de Israel (Gn 12,2-3; 27,16; 35,9; Dt 1,11), que se tornam todos *barukh*, ou seja, beneficiários da bênção divina. Essa é válida também para as coisas inanimadas utilizadas na execução do desígnio divino: o sábado (Gn 2,3), o pão e a água (Ex 23,25), a casa do justo (Pr 3,33). A fé no valor da bênção de Deus está na base de muitos votos de boa sorte presentes nas Escrituras judaicas: "Bendito seja Abrão pelo Altíssimo" (Gn 14,19). Essa fé, juntamente com o valor dos benefícios e dos favores divinos, integrava também as saudações dirigidas aos visitantes, os votos trocados entre hóspede e convidado e no auspício de paz – porque a paz é considerada um dom de Deus (cf. 2Rs 4,29). Embora alguns desses conteúdos fossem patrimônio comum do antigo povo semítico, só o Antigo Testamento é categórico: somente Deus é a fonte e o árbitro absoluto de toda bênção.

Além das fórmulas mencionadas, a bênção aparece no Antigo Testamento de modo verdadeiramente original, que vai bem além do significado semítico convencional de *brk*. Para os antigos judeus, ela era também a expressão do favor divino, da escolha de um povo específico que Deus assistia com sua solicitude. Esse favor foi manifestado pela primeira vez na vocação de Abrão (Gn 12,2-3); as copiosas bênçãos de Deus a Abrão serão derramadas sobre as pessoas eleitas; enfim, sobre todos os povos. Esse conceito espiritual e universal da bênção divina encontra o seu mais completo desenvolvimento na Sagrada Aliança e no ensinamento dos profetas, em que a bênção a Abrão se torna programa de salvação no qual Deus insiste (Gn 18,18-19; 22,16-18; 26,4-5; 28,13-15). A missão de Israel, ou seja, a Sagrada Aliança, e o movimento profético têm origem nessa bênção de Deus a Abrão, que é, portanto, parte da história da salvação.

A segunda tendência importante na tipologia do Antigo Testamento diz respeito à bênção enviada por Deus por um intermediário, chefe de família, rei ou sacerdote, encarregado de uma missão. Anteriormente, essa tendência refletia algumas influências culturais e religiosas semíticas. Entre os fenícios e os arameus, o intermediário era o pai de família, que se dirigia a Deus em nome da esposa e dos filhos; entre os povos nômades sírios e cananeus, o culto ancestral e a autoridade hereditária do chefe influenciavam fortemente a vida e eram, de fato, importantes tanto na maldição como na bênção. Contudo, enquanto esta herança semítica está presente em certos costumes do povo eleito, as Escrituras judaicas são marcadas principalmente pela presença de Deus em meio ao povo que escolheu para si e que guia mediante intermediários escolhidos. Os efeitos da bênção dos patriarcas continuam a se fazer sentir (Gn 27,27-29; 48,15); a bênção nupcial torna-se parte da vida do povo eleito (Rt 4,11; Tb 10,11). As palavras de bênção pronunciadas pelo rei, ou para o rei, têm origem na escolha que Deus fez de Davi e da sua dinastia (2Sm 7,29; 1Cr 17,27). O pai de família dá a sua bênção tanto com a palavra quanto com a imposição de mãos, prática que parece característica do povo eleito. Rito arquetípico que remonta ao período patriarcal, a imposição das mãos é descrita difusamente em Gn 48,1-20 e encontra-se tanto no Antigo como no Novo Testamento.

Uma vez consolidadas as instituições religiosas e aperfeiçoada a organização litúrgica do povo eleito, que se tornou a nação curada de Deus, os sacerdotes, sucessores de Aarão, assumiram gradualmente a tarefa de abençoar os filhos de Israel, de conceder bênçãos oficiais em nome de Deus. A bênção sacerdotal, cujo arquétipo se encontra em Nm 6,22-27, compreende três súplicas, cada uma das quais invoca o nome de Deus. Os preciosos benefícios a ser garantidos aos fiéis são: a proteção de Deus, a sua benevolência e a sua paz, epítome de tudo o que é bom na terra. Essa visão da bênção está muito distante dos simples votos de felicidades e das saudações de boas-vindas, encontrados nos cultos pagãos do mundo semítico arcaico. No pacto com seu povo, Deus garante como sua a bênção dada pelos sacerdotes, os quais, na sua missão de intermediários de Deus, transformam o poder sacerdotal da bênção numa instituição das Escrituras judaicas. A imposição das mãos, considerada desde os tempos antigos um ritual privado de bênção, passa agora a fazer parte da liturgia oficial. Do mesmo modo, a elevação ritual das mãos integra a prática sacerdotal judaica; ao fim da cerimônia do serviço religioso, o sacerdote abençoa a assembleia, que responde "Amém".

Baraka *entre os árabes e no Islã*

No mundo árabe, a raiz semítica *brk* parece significar originariamente tanto "bênção" como "agachar-se". O verbo *baraka* foi usado para descrever a posição de um camelo agachado; *bark* significava uma cáfila de camelos ajoelhados. De acordo com Joseph Chelhod (1955), um deslocamento de significado para a ideia de acasalamento deu a *baraka* o sentido de procriação ou de força. Por isso, no mundo árabe pré-islâmico, *baraka* assumiu o significado de "ter muitos descendentes"; sugeria também a transmissão de força e de fertilidade do pai para os filhos. Além disso, *baraka* significava "prosperar, ter numerosas cáfilas, abundantes rebanhos e ricas colheitas"; denotava, nos seres e nas coisas, uma qualidade portadora de prosperidade e sucesso. Parece que os árabes transferiam essa qualidade *barakah* (substantivo com plural *barakāt*) a atos como beijar a mão e o contato com um objeto sagrado. No Islã popular permanecem vestígios dessa noção nômade de *barakah* com referência a localidades, personagens históricos e objetos sagrados.

Para o intransigente monoteísmo do Islã, a onipresença e a onipotência de Deus estão no centro da vida do crente e da comunidade. Deus está na origem de tudo o que é sagrado; o sagrado diz respeito somente à vontade de Alá, o Deus santo, Al-Quddūs, termo que implica poder, força e supremacia, atributos exclusivamente divinos. No Alcorão, as *barakāt* são concedidas por Deus ao povo; *barakah* é bênção divina, é o dom feito por ele aos mortais do poder de dispensar os seus benefícios, todos provenientes dele. *Barakah* é uma influência ligada à santidade divina e originada de tudo o que diz respeito a Deus de perto: o Alcorão, o Profeta, os Cinco Pilares do Islã, as mesquitas e os santos. Mas, como o Islã não tem nem clero, nem ministério, *barakah* não tem intermediários humanos: todas as bênçãos vêm diretamente de Deus.

A bênção cristã

A Septuaginta traduz *berekh* com a palavra *eulogein*, *benedicere* na Vulgata. *Berakhah* é traduzida por *eulogia*, vocábulo que pode denotar o louvor elevado a Deus por suas criaturas ou então os dons de Deus a suas criaturas. Trataremos aqui desta última acepção. *Eulogia* é decorrente de um ato de bênção; é a própria bênção; o dom feito a um ser. *Eulogēsis* indica o ato através do qual a bênção é conferida, a ação do ministro da Igreja, que concede a bênção. De acordo com a Vulgata, *benedictio* tem ambos os significados de *eulogia* e de *eulogēsis*; na Septuaginta, *eulogētos* corresponde ao hebraico *barukh*.

Os evangelhos trazem algumas bênçãos de Jesus a pessoas e coisas: abençoa as crianças (Mc 10,16) e o pão que multiplicará (Mt 14,19); pouco antes da ascensão, abençoa os discípulos (Lc 24,50). E, como ressaltam os comentadores, Marcos e Lucas especificam também os gestos de Jesus: abençoou as crianças impondo as mãos, enquanto para os discípulos apenas elevou as mãos. Tais gestos já eram familiares aos judeus. De acordo com o Talmude, os sacerdotes, em pé e com os braços elevados, abençoavam no templo, durante o sacrifício cotidiano da manhã. Os rabinos também costumam abençoar as crianças, o que explica o comportamento das mães que apresentavam seus filhos a Jesus. Mas os gestos de Cristo não se limitavam aos costumes da época. A descrição da cerimônia da bênção segundo Mt 14,19 enfatiza o fato de que Jesus "elevava o olhar ao céu", seu gesto característico, destinado a indicar a transcendência de Deus.

A expressão "*Pax Vobis*", usada por Jesus ao falar aos discípulos, é uma autêntica forma de bênção (Lc 24,36; Jo 20,19; 20,21); Paulo a emprega reiteradamente em suas cartas (Rm 1,7; Fl 4,7; Cl 3,15); João de Patmos a coloca no início do Apocalipse (1,4). Como atestam as epístolas de Inácio de Antioquia, a Igreja logo adotou essa fórmula, estabelecendo assim uma longa tradição eclesiástica. O "*Pax Vobis*" não é de modo algum entendido como simples voto formal: é antes uma bênção que traz a paz messiânica, com tudo o que implica. As palavras *charis* ("graça") e *eirene* ("paz"), usadas pelos apóstolos, deveriam ser interpretadas no contexto desta bênção (Rm 1,7; 1Cor 1,7; 1Pd 1,2).

As palavras e os gestos de Jesus passaram às várias comunidades cristãs. No *Pedagogo*, referindo-se à bênção de Jesus às crianças, Clemente de Alexandria usa uma expressão concisa, *cheirothesia eulogias*, bênção por imposição da mão, testemunho do cerimonial em sua época (*Pedagogo* 2,5). Em outro lugar escreve que esse ritual era usado também no círculo gnóstico de Basílides como convite à fraternidade (*Stromata* 3,1,2-5). As *Homilias clementinas* e os *Atos de Tomás* demonstram claramente que o ritual da bênção estava difundido nos círculos cristãos. A bênção logo aparece em regras litúrgicas como a *Tradição apostólica*.

Nas *Constituições apostólicas* o direito de abençoar é reservado a sacerdotes e bispos, uma vez que, segundo o pensamento dos Padres da Igreja, o poder de abençoar era inseparável do mandato da Igreja de santificar o mundo. Aos olhos da Igreja, a bênção sacerdotal é eficaz enquanto provém de Deus por intermédio de seus sacerdotes, que são também os seus ministros. Por esse motivo, o Concílio de Laodiceia (cerca de 363) proibiu os hereges de receberem a bênção e, mais tarde, os teólogos definiram a bênção como um rito sagrado com o qual a Igreja confere às pessoas e às coisas favores divinos, sobretudo espirituais.

Há inúmeros testemunhos sobre os ritos de bênção: pinturas nas catacumbas e alusões na literatura mostram que, no século II, o gesto habitual da bênção cristã era a imposição da mão; durante o século III, esse gesto pouco a pouco é substituído pela *sphragis tou Christou* ("sinal da cruz"). De fato, os *Oráculos sibilinos*, os escritos de Tertuliano e de Cirilo de Jerusalém, as pinturas murais, bem como os sarcófagos dos primeiros cristãos, evidenciam que o sinal da cruz se impôs nas práticas cristãs a partir do século III. A passagem da imposição das mãos ao sinal da cruz, como gesto característico de bênção, unido a um crescente uso de fórmulas de oração, mostra que os cristãos percebiam a transcendência desse ritual e que, portanto, eram indiferentes ao real contato físico da mão e à posição das mãos no próprio rito. Assim, não tiveram dificuldade em adotar alguns gestos dos dedos, derivados dos oradores do mundo greco-romano, depois do desaparecimento do paganismo. Além disso, documentos das Igrejas orientais, ocidentais e africanas, com seus tratados explícitos dos gestos e das orações ligados à bênção, esclarecem a importância do rito e do efeito que lhe era atribuído; a invocação do nome de Jesus e de outras pessoas da divindade garantia a eficácia do rito episcopal ou sacerdotal. Com o tempo, as bênçãos se multiplicaram e assumiram formas diversas nos diferentes países; até a Idade Média, foram combinadas a outros ritos da

Igreja com o nome genérico de sacramentos. No século XII, contudo, sob a influência de Hugo de São Vítor (morto em 1141), de Abelardo (morto em 1142) e de Algério de Liège (morto em 1131), a bênção passa a ser denominada rito sagrado e, no rito, deu-se mais destaque à formulação que aos gestos, destaque acentuado a seguir pela Reforma luterana. De fato, para os reformadores, a presença e a ação de Deus são conhecidas e realizadas com a palavra, na qual está a verdadeira eficácia da bênção.

Conclusão

Esta breve exposição mostrou a importância e o papel da bênção na vida do *homo religiosus*. Consciente da existência de uma realidade absoluta que transcende este mundo, o homem religioso procura atrair para si os favores dessa realidade, para dar a sua vida uma dimensão de perfeição. A bênção é uma das tentativas de provocar a passagem do poder divino para o homem e as coisas; para o *homo religiosus*, essa tentativa atinge a sua máxima eficácia na correta combinação de palavra e gesto. No cristianismo, por intermédio do arquétipo de Jesus, a tipologia da bênção alcança o seu pleno desenvolvimento. O próprio Cristo, o Verbo divino que se manifesta na condição humana, realiza os gestos da bênção, que a Igreja continuará no ministério de seus bispos, dos seus sacerdotes e pastores.

Bibliografia

BIANCHI, U. (org.). *Mysteria mithrae* – atti del Colloquio Internazionale di Storia delle Religioni. Roma e Ostia, 28-31 mar. 1978, Leiden, 1979. Inclui inúmeros documentos; verdadeiro compêndio do mitraísmo.

CHELHOD, J. La *baraka* chez les Arabes. *Revue de L'histoire des Religions*, vol. 148, p. 68-88, 1955.

COPPENS, J. *L'imposition des mains et les rites connexes dans le Nouveau Testament et dans l'Eglise ancienne*. Paris, 1925.

ELIADE, M. *Traité d'histoire des religions*. Paris, 1949 [trad. bras.: *Tratado de história das religiões*. São Paulo: WMF Martins Fontes, 2016].

JUNKER, H. Segen als heilsgeschichtliches Motivwort im Alten Testament, *Sacra Pagina*, I. Paris, 1959, p. 548-558.

KELLER, C.Q.; WEHMEIER, G. *Brk*, segnen. *In*: *Theologisches Handwörterbuch zum Alten Testament*. Munique, 1971. vol. I, p. 359-376.

LEEUW, G. van der. *Phänomenologie der Religion*, 1933, Tübingen, 1956.

LEGLAY, M. La *dexiōsis* dans les mystères de Mithra. *In*: DUCHESNE-GUILLEMIN, J. (org.). *Études mithriaques*. Teerã, 1978. p. 279-303. Um estudo completo da *dexiōsis* nas religiões helenística e romana.

SCHARBERT, J. *Solidarität in Segen und Fluch im Alten Testament und in seiner Umwelt*. Bonn, 1958.

THOMAS, L.V.; LUNEAU, R. *La terre africaine et ses religions*. Paris, 1974.

WALMANN, H. *Die kommagenischen Kultreformen unter* König Mithradates I *Kallinikos und seinem Sohne Antiochos I*. Leiden, 1973. Estudo preciso dos testemunhos arqueológicos e das inscrições mitraístas de Comagena.

WETERMANN, C. *Blessing* – In the Bible and the Life of the Church. Filadélfia, 1978.

Julien Ries

C

CABELOS

As palavras estão ligadas às coisas que indicam apenas por convenção de linguagem, mas os símbolos, diferentemente das palavras, estão intimamente ligados àquilo que significam. Assim, como a maioria dos animais é muito mais coberta de pelos do que os seres humanos, algumas culturas podem utilizar essa diferença para expressar a distinção entre os reinos da natureza e da cultura, como os mitos que descrevem os primeiros homens como seres bastante peludos, além de desconhecedores do fogo e das normas do comportamento correto para com o próximo. No entanto, os significados simbólicos não são o simples reflexo de fenômenos naturais. Assim, em outras sociedades, a oposição simbólica entre quem "tem cabelos" e quem não tem pode não estar relacionada à distinção entre natureza e cultura, e sim às categorias de juventude e de velhice: neste caso, "com cabelos" simbolizará a saúde e a vitalidade dos jovens, enquanto "sem cabelos" significará a calvície e a enfermidade da velhice. Além disso, podemos encontrar o fato de que os cabelos longos são considerados apropriados para o sexo feminino porque parecem macios e sedosos, enquanto os cabelos raspados são associados aos homens porque permitem tornar visível a forma do crânio, dando um aspecto convenientemente forte e anguloso. Ou ainda, os cabelos curtos podem expressar valores puritanos, e os cabelos longos o oposto deles. Assim, a oposição entre "com cabelos" e "sem cabelos" pode simbolizar essas diversas relações entre categorias como animal e ser humano, jovem e velho, masculino e feminino e puritano e hedonista. Também é possível que um único uso simbólico dos cabelos tenha simultaneamente numerosos significados diferentes.

Todo simbolismo concilia propriedades naturais e associações de objetos, mas assimila também essas propriedades e associações em sistemas culturais de significados de uma forma seletiva, criativa e coerente. Como os símbolos são derivados da interação entre o ser humano e o mundo físico, também devemos estar atentos à possibilidade de que um costume aparentemente simbólico na realidade seja apenas um expediente prático. Em algumas sociedades africanas, por exemplo, raspar as cabeças das crianças não tem um significado simbólico e sua função é simplesmente prevenir os piolhos. Por outro lado, não devemos ter como certo que explicações de caráter prático como a higiene sejam sempre adequadas para justificar os usos simbólicos dos cabelos.

Na tentativa de esclarecer os diferentes usos simbólicos dos cabelos, então, devemos ter em mente suas propriedades e associações fundamentais, especialmente suas associações com os animais, com o nascimento e com a vitalidade, bem como com a juventude e a puberdade em oposição à velhice. É igualmente muito importante que cabelos e pelos oferecem notáveis possibilidades de manipulação, podem ser cortados sem dor e estão intimamente associados a duas regiões do corpo socialmente significativas – a cabeça e os órgãos genitais. Em virtude dessa variedade de propriedades e associações, nenhuma teoria única pode dar conta de todos os usos simbólicos dos cabelos. Não obstante, há um número limitado de temas no simbolismo ligado aos cabelos que se encontra em todas as partes do mundo.

O simbolismo dos cabelos na teoria freudiana

A teoria freudiana afirma que a cabeça é um símbolo fálico, que os cabelos simbolizam o esperma e que o ato de cortá-los é uma castração simbólica. Em alguns casos, a cabeça e os cabelos expressam claramente associações sexuais. Os antigos gregos e romanos acreditavam que a cabeça era a fonte do esperma sob a forma de fluido cerebrospinal e que os cabelos eram uma indicação de vigor sexual. A mesma crença é compartilhada pelos habitantes do Punjab, na Índia, que consideram que os verdadeiros ascetas são capazes de acumular seu esperma e de concentrá-lo na forma de poder espiritual no topo de suas cabeças. De modo bastante distante dessas convicções de caráter fisiológico, a cabeça remete à região gênito-anal porque estas são as duas únicas partes do corpo com orifícios, e cada uma delas desempenha funções radicalmente opostas: relações sociais de um lado e funções físicas do outro. Como nessas duas regiões o reino da natureza se confronta tão visivelmente com o social e intelectual, não é de admirar que uma possa substituir a outra no humorismo, nos contextos mágicos e religiosos e no saber sexual popular e pré-científico. Assim, o nariz e a língua se tornam analogias do pênis; os olhos representam os testículos, a boca e a orelha correspondem à vagina e ao ânus, e os cabelos aos pelos pubianos. Pode ser por esse motivo que entre os Xikrin do Brasil central uma mulher pode usar cabelos compridos apenas após o nascimento do primeiro filho e que na sociedade tradicional dos Dobuan do Pacífico ocidental um adúltero cortaria publicamente os cabelos da mulher que seduziu, caso quisesse provocar seu marido. Naquela sociedade o cuidado dos cabelos é uma tarefa recíproca entre esposos e é associada às relações sexuais.

A potência sexual, contudo, geralmente é apenas um aspecto de vitalidade, força física e animalidade. A força de Sansão era colocada na sua cabeleira, mas não temos provas para atribuir um significado puramente sexual à associação, nem tampouco relativamente ao corte dos seus cabelos como castração. Além disso, há numerosos atos simbólicos de corte de cabelos que são interpretados também menos plausivelmente como castração: é o caso do corte dos cabelos das mulheres no momento do casamento e da raspagem dos cabelos das crianças pequenas, dos escravizados, dos recrutas militares, dos peregrinos e dos viajantes que retornam de sua viagem. Do mesmo modo, encontramos certas categorias de pessoas, como os ascetas religiosos, que não cortam os cabelos, mas se abstêm convencionalmente de todas as relações sexuais, enquanto o estereótipo do intelectual de cabelos longos na nossa cultura atual é desprovido de qualquer associação erótica. Por isso, a hipótese freudiana não pode ser corroborada pelos fatos, a não ser em poucos casos.

Os cabelos como símbolo de animalidade, de força e do sobrenatural

Como já observamos, os pelos são uma característica importante dos animais e seu crescimento persistente, de maneira mais notável na cabeça, é análogo ao crescimento da vegetação. Por isso, não é surpreendente que os cabelos sejam um símbolo comum de vitalidade, força física, natureza e de seres ou forças sobrenaturais estreitamente associados. O herói cultural Dribidu do povo Lugbara de Uganda é um bom exemplo dessa associação. Os heróis culturais não eram membros de clãs, como os modernos Lugbara, mas viviam em isolamento num mundo sem clãs. *Dribidu* significa "aquele que tem pelos", porque esse herói cultural tinha longas crinas na maior parte do corpo. Ele era também conhecido como Banyale ("comedor de homens"), desde que comera os próprios filhos. Num mito dos Kukukuku de Papua, antigamente os homens tinham longos pelos no corpo e desconheciam o fogo, esquentando seus alimentos sobre os órgãos genitais das mulheres. Quando lhes mostraram como acender o fogo e como cozinhar seu alimento de maneira normal, os longos pelos caíram do corpo e eles se tornaram plenamente humanos. Na obra de Stith Thompson, *Motif-Index of folk-literature* (Copenhague, 1955), há 20 tipos de pilosidade associados a seres sobrenaturais ou semi-humanos como fadas, anões, gigantes, espíritos da água e da madeira, demônios e sereias; sete associações com relações animal-humano, três com relações vegetal-humano; três com bruxas; sete com a alma ou com a vitalidade; e seis com o ascetismo. O asceta, particularmente o solitário anacoreta do Egito e da Síria do século IV ou o *samnyāsin* hinduísta, abandona a sociedade comum e também a companhia de outros ascetas como ele para levar uma vida completamente solitária, muitas vezes nu e desgrenhado. Em *The Decline and fall of the Roman Empire* (1776-1788 [trad. bras.: *Declínio e queda do Império Romano*. São Paulo: Companhia das Letras, 2005]), o historiador Edward Gibbon escreveu a propósito dos anacoretas do deserto egípcio:

> Desfaziam-se com desprezo de todo entrave supérfluo de vestiário, e foram admirados aqueles santos selvagens de ambos os sexos, cujos corpos nus eram cobertos apenas por seus longos cabelos. Aspiravam a se reduzir àquele estado bruto e miserável em que o animal homem mal se diferencia dos animais seus semelhantes... Frequentemente usurpavam a toca de algum animal feroz, com o qual procuravam se parecer (cap. 37).

Muitas vezes se acreditou que os pelos, sobretudo da cabeça e da barba, eram a fonte da força física e do poder sobrenatural, que não podiam ser claramente diferenciados.

Os primeiros reis francos, que eram sobretudo guerreiros, foram celebrados por seus longos cabelos, um sinal distintivo de sua condição régia, de modo que cortar os cabelos excluía um membro da família real da sucessão ao trono. Também os chefes maoris eram proibidos de cortar seus cabelos, assim como os padres de muitas sociedades, como entre os astecas e os dois grupos dos Borana Galla, na Etiópia. Do mesmo modo, os seres divinos podem ser representados com longas cabeleiras. Os indo-europeus representavam assim o sol, que descreviam também como flamejante ou dos cabelos de ouro. Os egípcios se referiam ao deus-sol Ra como adorno de cachos dourados. Durante os séculos XVI e XVII, quando a perseguição às bruxas atingiu o ápice na Europa, acreditava-se que o poder de fazer bruxarias se situava especialmente nos cabelos. Consequentemente, foi prática comum não apenas raspar a cabeça das bruxas, mas também depilar todo o corpo delas com o objetivo de torná-las inofensivas antes do suplício. Durante séculos também foi costume raspar a cabeça e o corpo dos loucos.

Corte dos cabelos, controle social e iniciação

Assim como os cabelos são uma expressão de vida, força e poder mágico e religioso ou são associados à animalidade ou à condição de seres de algum modo fora da sociedade, cortar ou raspar os cabelos é um símbolo apropriado para a imposição de alguma forma de disciplina ou de controle social e é também um meio para significar a passagem de uma pessoa de um estado social a outro. Nesse contexto, o corte dos cabelos, como o ato de cozinhar os alimentos, é uma metáfora conveniente para a imposição de um controle social sobre a natureza, e também para a mudança e para os ritos de passagem em geral.

Orlando Patterson, em sua obra *Slavery and social death* (Cambridge, 1983, p. 60 [trad. bras.: *Escravidão e morte social*: um estudo comparativo. São Paulo: Edusp, 2008]), nota a ubiquidade da cabeça raspada como sinal distintivo do escravo:

Na África encontramos a cabeça raspada associada aos escravos entre povos tão diversos como os Ila e os Somali. Na China, na região montanhosa da Birmânia, entre os antigos povos germânicos, os russos do século XIX, os indianos da costa noroeste, e numerosos povos sul-americanos e caribenhos, as cabeças dos escravizados eram raspadas (no antigo Oriente Próximo o mesmo era feito com os pelos pubianos das mulheres escravizadas). Na Índia e no Egito faraônico, os escravizados tinham os cabelos raspados, deixando-se apenas um rabicho pendente no alto da cabeça.

Na América, contudo, os escravizados não tinham os cabelos raspados, porque o tipo característico dos cabelos dos africanos era um indicador mais eficaz do estado do escravizado. A raspagem da cabeça foi também materialmente associada à punição dos criminosos, como o pelourinho e como o sinal distintivo da condição de condenado a trabalhos forçados. Na época moderna, foi estritamente associada à disciplina militar, especialmente como rito de iniciação dos recrutas, e, nas sociedades dos povos originários, os rapazes frequentemente têm os cabelos cortados como parte de sua iniciação ao estado adulto.

O corte dos cabelos pode também ser uma iniciação em sociedade. De acordo com Julian Morgenstern, no nascimento de um filho, um muçulmano tem sete obrigações: dar ao recém-nascido um nome; cortar-lhe os cabelos; dar como esmola o peso dos cabelos em prata ou mesmo em ouro; sacrificar um animal; manchar a cabeça do bebê com açafrão; circuncidá-lo e distribuir aos vizinhos porções do animal sacrificado (Morgenstern, 1966, p. 41). Quem deixa uma religião profana e se converte ao islamismo, além de ser lavado ou consagrado com água, poderia também ser obrigado a cortar seus cabelos. Os muçulmanos que retornam de longas e perigosas viagens, bem como os peregrinos, cortam seus cabelos. Em algumas sociedades, considera-se a participação em eventos sagrados como algo que acontece fora da vida social normal. Assim, era proibido cortar os cabelos até o fim da Páscoa judaica ou da Festa de Sucot, e uma tradicional superstição inglesa considerava que dava azar cortar os cabelos aos domingos.

A Bíblia fornece muitos casos de simbolismo relativo aos pelos, nos quais a vilosidade é associada à vida do caçador, aos animais selvagens, à força física, à rebelião ou a uma santidade especial, enquanto cortar os cabelos ou raspar a cabeça são associados à união a uma sociedade, à submissão a alguma autoridade específica no interior da sociedade, ou a um rito de passagem. Esaú, o caçador de animais selvagens, era um homem hirsuto, enquanto seu irmão Jacó, um pastor que morava em tendas, era um homem calvo (Gn 25,23-27). No Levítico é prescrito que, quando um leproso, por definição um proscrito, é curado e está pronto para ser reinserido na sociedade, terá todos os cabelos raspados (Lv 14,8-9). Os nazarenos, que se consagravam ao Senhor com um voto, permitiam que seus cabelos crescessem até o fim de seu voto, quando eram raspados com uma cerimônia no Templo (Nm 6,1-18). Exigia-se que as prisioneiras de guerra, se desposadas, cortassem as unhas e raspassem os cabelos (Dt 21,10-14); a força de Sansão era colocada em seus cabelos; quando esses foram cortados, tornou-se fraco como qualquer outro homem (Jz 16,17-19). Absalão, que se rebelou contra Davi, seu pai e soberano, foi extraordinário por seus longos cabelos (2Sm 14,26). Quando Nabucodonosor foi derrotado e enviado para o exílio, "ele foi expulso do convívio humano; comeu grama como boi, seu corpo ficou molhado com o orvalho do céu; seus cabelos chegaram a crescer-lhe como as penas das águias, e suas unhas tornaram-se como as das aves" (Dn 4,30). Para as mulheres, os cabelos descobertos indicavam simbolicamente a virgindade, ao passo que cobrir os cabelos era símbolo do casamento e da aceitação da autoridade do marido; era também um antigo costume hebraico cortar os cabelos de uma mulher no momento do casamento.

No entanto, a imposição de uma autoridade não é necessariamente simbolizada pelo corte dos cabelos. Na Ilha de Tikopia, no Pacífico, os habitantes soltam os cabelos para expressar a submissão a um chefe, porque assim fazendo querem tornar manifesta sua disponibilidade a ser controlados e condicionados (na mesma ilha, as mulheres mantêm seus cabelos curtos, e os homens usam cabelos longos).

O uso dos cabelos na magia, no sacrifício e no luto

Os usos mágicos e sacrificais dos cabelos parecem formar uma categoria de algum modo separada das consideradas até aqui, uma vez que implicam a essência de algo separado do corpo. Um dos usos mais comuns dos cabelos acontece na magia maléfica, quando cabelos cortados de uma vítima predestinada são subtraídos e enfeitiçados, juntamente ou em alternativa a pedaços de unhas, sangue, saliva, esperma ou outras secreções corpóreas. No pensamento primitivo encontra-se frequentemente a crença de que um indivíduo tem "extensões" que podem incluir não apenas os cabelos e outras secreções corpóreas, mas também os nomes da pessoa e coisas que lhe pertencem, como roupas, sombras e até pegadas, cada uma das quais pode ser usada para lançar feitiços sobre uma vítima. Em algumas sociedades, um feiticeiro pode lançar um feitiço colocando um de seus cabelos em algo que é dado à vítima predestinada. Assim, em Papua, um homem pode colocar um de seus pelos pubianos num cigarro e dá-lo a uma mulher que, acredita-se, depois se apaixonará por ele.

Em muitas sociedades, o medo de um feitiço leva a queimar, enterrar ou esconder os cabelos cortados. Os Konso da Etiópia têm todo o cuidado em enterrar estes últimos: eles não podem queimá-los porque, segundo sua crença, fazer isso lhes causaria doença e morte. Em alternativa, em algumas culturas, as crianças e outros indivíduos que, conforme se pensa, são particularmente vulneráveis aos perigos da magia, são proibidos de cortar os cabelos ou as unhas.

Os cabelos também podem ser usados para transferir uma enfermidade a outra pessoa, animal ou coisa. Nas Ilhas Hébridas era costume curar a epilepsia enterrando um galo preto com alguns cabelos cortados ou pedaços de unhas do doente. No Devon e no Yorkshire, os cabelos de uma criança com coqueluche eram colocados entre duas fatias de pão e dadas a um cachorro: quando o cachorro tossia, era um sinal de que a doença lhe tinha sido transferida com sucesso. Ao contrário, os cabelos de uma pessoa doente podiam ser colocados num buraco ou pendurados nos troncos de uma árvore sadia, de modo que o doente podia obter saúde da árvore. Há um uso semelhante dos cabelos no sacrifício. Os sacrifícios eram muito comuns outrora, particularmente entre os antigos gregos e os antigos romanos, que estabeleciam relações com várias divindades colocando cachos de cabelos em seus altares. Ao chegar à idade viril, os jovens ofereciam sua primeira barba a Apolo, uma de cujas funções era favorecer a fertilidade das colheitas, ou davam seus cabelos ao deus local do rio. Nero ofereceu sua primeira barba a Júpiter e as mulheres fenícias sacrificavam seus cabelos a Adônis nas festas anuais da primavera. As mulheres gregas ofereciam seus cabelos às divindades antes de se casar, enquanto antes de dar à luz ou logo depois do parto ofereciam seus cabelos a Higeia, deusa da saúde.

Os cabelos são usados também em várias culturas para manter uma relação com os mortos; eles podem ser colocados nos caixões ou sobre o túmulo. Na sociedade islâmica, os meninos que ao nascer tinham sido dedicados a um santo às vezes tinham a cabeça raspada entre os 8 e os 12 anos, e seus cabelos eram colocados sobre o túmulo do santo. Por outro lado, entre os iroqueses, um cacho de cabelo do morto era dado ao seu parente mais próximo, enquanto os Zuni acreditavam que queimar os cabelos de um amigo morto e inalar a fumaça proporcionava boa saúde. Entre os árabes, os cabelos ou a barba são considerados a sede da vitalidade, e por isso são usados especialmente para servir como símbolo da vida. Como parte de uma cerimônia de reconciliação, cortam-se um pouco dos cabelos e da barba de um homicida, enquanto símbolo da vida que poderia ter sido exigida em lugar deles.

Cortar ou arrancar os cabelos durante o luto é um dos usos destes últimos mais comumente atestado. Como isso é quase invariavelmente associado a outras formas de mutilação, como arranhar a pele ou até torcer as articulações dos dedos, é simplesmente interpretado como uma autoagressão produzida pelo sofrimento. O luto também pode se manifestar desgrenhando os cabelos ou cobrindo-os de sujeira, cinzas, lama e assim por diante. Em todos esses casos, os cabelos são também um símbolo conveniente, que indica como os que estão de luto encontram-se temporariamente numa condição especial.

No simbolismo dos cabelos, portanto, um número relativamente pequeno de temas fundamentais aparece constantemente na mitologia, nos ritos e nas relações sociais dos povos de todas as partes do mundo. Mas esses temas são apenas um guia geral; cada caso deve ser analisado no interior de cada contexto cultural.

Bibliografia

BERG, C. *The unconscious significance of hair*. Londres, 1951. Talvez a mais ampla discussão do significado simbólico dos cabelos segundo uma perspectiva freudiana. O reconhecimento da sua validade naturalmente dependerá da consideração pessoal do ponto de vista de Freud.

COOPER, W. *Hair* – Sex, society, symbolism. Nova York, 1971. Um estudo detalhado e indispensável sobre a moda e o simbolismo relativo aos cabelos em muitas sociedades, da Antiguidade à época moderna. No entanto, como deve ser considerado uma introdução geral, a maioria dos elementos de informação é dada sem nenhuma indicação de suas fontes.

FIRTH, R. *Symbols* – Public and private. Ithaca, 1973. O capítulo 8 constitui uma boa pesquisa geral sobre o simbolismo dos cabelos, realizada por um ilustre antropólogo.

HALLPIKE, C.R. Social Hair. *In*: POLHEMUS, T. (org.). *The body render* – Social aspects of the human body. Nova York, 1978. p. 134-146. Este ensaio critica a interpretação freudiana do simbolismo dos cabelos e esclarece por que em muitos casos deveríamos preferir uma explicação sociológica.

HALLPIKE, C.R. *The foundations of primitive thought*. Oxford, 1979. As p. 152-157 contêm material adicional sobre o simbolismo dos cabelos e uma discussão mais ampla sobre a validade da aplicação do conceito de repressão aos símbolos sociais em geral.

HERSHMAN, P. Hair, sex and dirt. *Man*, vol. 9, p. 274-298, 1974. Uma discussão de alguns problemas gerais sobre o simbolismo dos cabelos com referência específica aos habitantes do Punjab, na Índia. Contém uma boa bibliografia de fontes indianas.

LEACH, E.R. Magical hair. *Journal of the Royal Anthropological Institute*, vol. 88, p. 147-164, 1958. Este trabalho, que utiliza a psicologia freudiana como suporte da explicação antropológica do simbolismo dos cabelos, foi uma importante contribuição para o estudo do tema e é citado com frequência.

MORGENSTERN, J. *Rites of birth, marriage, death and kindred occasions among the Semites*. Chicago, 1966. Contém material detalhado e precioso sobre os usos rituais dos cabelos nas sociedades tradicionais judaica e islâmica.

RIVIÈRE, P.G. Myth and material culture – Some symbolic interrelation. *In*: SPENCER, R.F. (org.). *Forms of symbolic action*. Seattle, 1969. p. 151-166. Uma tentativa de corrigir e desenvolver os argumentos apresentados por Leach (1958), e que insere os cabelos no contexto de outros ornamentos simbólicos do corpo.

SIKES, E.E.; GRAY, L.H. Hair and Nails. *In*: HASTINGS, J. (org.). *Encyclopaedia of religion and ethics*. Edimburgo, 1913. vol. VI. Este artigo, em duas partes, contém uma grande quantidade de referências a fontes etnográficas clássicas e recentes relativas aos cabelos, que representam um material ainda precioso para o estudioso.

Christopher R. Hallpike

CÃO

Nas crenças de vários povos, o papel desempenhado por aquele que provavelmente é o mais antigo dos animais domésticos costuma ser um papel ambivalente. Companheiro de caçadores e pastores, o cão se tornou símbolo de fidelidade e vigilância. Por outro lado, como predador e animal que se alimenta de restos, foi considerado um animal voraz, perigoso e impuro. Por esse motivo, o *flamen dialis* romano, o sacerdote de Júpiter, era proibido de tocar os cães, enquanto os judeus e os muçulmanos tradicionalmente os consideraram animais impuros. Para muitos povos – os incas dos Andes e os Daomé do norte da África, por exemplo – era proibido comer carne de cachorro, enquanto outros povos – os polinésios e alguns povos indígenas da América (entre os quais os Tsimshian do Canadá) – consideraram essa prática como um ato ritual.

O simbolismo ambivalente do cão é claramente visível na tradição islâmica. De um lado, os cães pretos são os símbolos do diabo ou da alma carnal e afirma-se que "os anjos não entram numa casa onde há um cão". De outro, o cão dos Sete Adormecidos, chamado *qitmīr*, é santificado pelo contato fiel e constante com os santos, como a alma humana que se purifica pela companhia de pessoas santas.

No mito, o cão é associado tanto ao sol como à lua. A ideia de um cão na lua, às vezes junto com um homem, se encontra, por exemplo, entre os Inuit Centrais (esquimós) do Ártico e em Bengala, na Índia. Na época da conquista espanhola, os muiscas do altiplano da Colômbia central acreditavam que a "filha da lua" era um cão. Por outro lado, o cão é o animal que acompanha Lugh, a antiga divindade irlandesa considerada um deus solar. Entre os astecas, o deus-cão Xolotl guia o sol com segurança através do mundo inferior. Também os "dias do cão" associados à ascensão de Sirius – na constelação do Cão Maior – são ligados ao sol. O cão é útil porque protege contra os maus espíritos (como no antigo Irã), mas ele mesmo pode ser demoníaco por natureza. Num antigo texto mesopotâmico, narra-se a súplica ao demônio feminino Lamashtu para que coloque a focinheira em seu cão. Muitas sagas europeias, algumas das quais levadas pelos colonos aos Estados Unidos, falam de almas possuídas, de feiticeiros, ou até do próprio diabo, que aparecem na forma de cães. Os demoníacos *rākṣasa* da mitologia indiana também assumem a forma de cães.

As várias funções atribuídas ao cão o associam a muitas divindades. Uma inscrição cuneiforme dá nome aos quatro cães pertencentes a Marduk, a divindade suprema babilônica. O cão servia o deus védico Indra como cão de guarda, e os cães acompanhavam a deusa grega Ártemis à caça, e o chinês Erh-lang na sua luta contra os demônios; no Daomé o cão é considerado um animal sagrado, e é o mensageiro do semideus Legbá, um *trickster* ou trapaceiro divino.

Entre os noruegueses, os lobos Geri e Freki eram chamados os "cães de Odin". Em Roma, os *lares*, os deuses que protegiam a casa, tinham um cão como companheiro ou eram representados vestidos de peles de cães. O cão foi frequentemente associado à criação: entre os indígenas Kato (Califórnia), era o companheiro do criador e, segundo a tradição dos Songe (Congo), foi um cão que trouxe à terra o primeiro casal humano numa abóbora. No mito dos Pima (Arizona), no início do mundo existiam a lua e o cão. No mundo iraniano, a origem da vegetação é ligada ao sacrifício de um touro por parte de Mitra, assistido por um cão. De acordo com um mito grego, foi uma cadela que fez nascer a primeira videira.

Em algumas sociedades o cão é um herói cultural: nos manuscritos maias, traz o milho para a humanidade; nas histórias do sul da China, os seres humanos recebem do cão o arroz; em vastas áreas da África, dá à população o conhecimento das plantas comestíveis. Uma cadela ensina aos pigmeus Bambuti a arte da caça. Na Indonésia e na Nova Guiné, na África (os Kuba) e entre alguns povos indígenas da América do Norte (Achomawi, Shoshoni), o cão – ou o coiote – é o portador mítico do fogo. É bastante difundida a crença do cão como antepassado do ser humano. Na Indonésia, na Indochina e no sul da China (entre os Yao), há uma tradição segundo a qual o casamento entre uma princesa e um cão deu origem a determinado povo ou a uma dinastia. Entre os mongóis, um cão amarelo, que representa a lua, era considerado o primeiro antepassado de Temujin. Das costas do sudoeste do Pacífico até a América do Norte existem mitos em que as ancestrais de um povo desposaram um cão. Os Aleut acreditam-se descendentes de um cão que caiu do céu.

Os cães foram sacrificados por muitos motivos. Na Antiguidade, os sacrifícios estavam ligados à ideia da purificação: por isso os guerreiros macedônios eram conduzidos entre as duas partes desmembradas de um cão para obter pureza ritual. Na antiga civilização romana os cães eram frequentemente sacrificados para assinalar a entrada num ministério especial. Os povos da África também estão familiarizados com o sacrifício do cão, que tem como finalidade a expiação do adultério (Yorubá), do incesto (Fang), ou da responsabilidade pela morte de um ser humano (Senufo). Mas o sacrifício de um cão pode ser oferecido a uma divindade também para poupar a vida de um ser humano (como no norte do Togo) ou para evitar alguns desastres. Durante a festividade de Robigalia, na antiga Roma, era sacrificado um cão, como responsável simbólico pelo amadurecimento do trigo. Na festa do Ano-novo dos iroqueses, os cães sacrificados eram considerados mensageiros dos deuses.

Na Europa, desde a idade megalítica, se encontra com frequência o costume de colocar um cão no túmulo de um homem. Um paralelo é encontrado no relato do sepultamento de Pátroclo (*Ilíada* 23,174). Entre os astecas e os maias, os cães eram cerimonialmente sacrificados e sepultados com os mortos para acompanhá-los na viagem pelo rio até o além-túmulo. Entre os Chamba (norte da Nigéria), um cão preto é sacrificado para conduzir o chefe morto até seus antepassados. Na Ásia Central, entre os Tungusi e os Manchu, encontra-se uma crença de acordo com a qual é um cão que conduz as almas dos mortos aos túmulos de montanha dos antepassados. Nos tempos de outrora, os chineses forneciam a seus mortos cães de papel como protetores. A crença de que o cão é o guia dos mortos encontra-se também naqueles mitos em que o cão aparece como o companheiro de um deus da guerra, como o mongol Dayichin Tengri e o tibetano Begtse; o cão muitas vezes é representado sobre o elmo de Ares, o deus grego da guerra. Caronte, o barqueiro grego do Mundo Inferior, às vezes é representado como um cão, e durante o período helenístico o cão é o companheiro de Hermes no seu papel de *psychopompos* (aquele que conduz as almas no além). Entre os parses conservou-se até hoje o costume de levar um cão à presença de uma pessoa que acabou de morrer; esse costume zoroastriano é chamado *sag-did* ou "vista do cão".

O cão não é apenas o guia no mundo dos mortos, mas é também seu guardião. Entre os gregos era costume colocar um doce de mel no túmulo: a pessoa morta devia jogá-lo para Cérbero, o cão do Mundo Inferior, para passar ileso no Hades. Na Índia, as mãos da pessoa falecida apertavam dois rins, para jogá-los para os cães de Yama, o deus da morte, e assim evitar sua ferocidade. A literatura indonésia fala de Asu Gamplong, o cão do inferno. De acordo com a tradição dos Rama (Nicarágua), Tausun Tara, o cão do mundo ultraterreno, come as almas más, mas permite a passagem das boas. Em alguns povos indígenas da América do Norte (Ojibwa, iroqueses) é familiar a lenda do cão que guarda o reino dos mortos ou a ponte que leva ao além. Numa tradição indo-europeia amplamente difundida, a alma pode assumir a forma de um cão antes que lhe seja permitido entrar no outro mundo; as almas dos criminosos e dos suicidas, em especial, vagam sem descanso. Na antiga Grécia, essas almas eram identificadas com os cães que acompanhavam Hécate, a deusa da feitiçaria, enquanto entre os germanos tanto os cães como os lobos faziam parte do séquito de Wodan e, como caçadores selvagens, percorriam os campos no solstício de inverno.

Os deuses e os demônios da morte assumem frequentemente a forma dos membros da família dos cães. Anúbis, o deus egípcio dos mortos, costuma ser representado com a cabeça de um cão ou de um chacal; sob a forma de um animal preto agachado, ele protege a múmia contra os poderes do mal. O deus maia Hunhau governa o mundo subterrâneo e é associado ao cão. No hinduísmo, Shiva, o grande destruidor, é o "senhor dos cães"; na literatura mais antiga, sua mulher, Durgā, sedenta de sangue, é chamada "aquela com cara de lobo". Nas pinturas dos túmulos etruscos, Aita, o demônio do Mundo Inferior, usa um chapéu de pele de lobo. De acordo com o *Kalevala*, a epopeia nacional finlandesa, Ilmarinen, o ferreiro de poderes mágicos, deve acorrentar o lobo no mundo dos mortos antes de obter a moça desejada. Entre os Mansi e os Khanty (Sibéria), o demônio da morte é um cão, e, na Península de Kamchatka, há um ditado de acordo com o qual "é mais certo alguém entrar no paraíso se foi devorado por bons cães". Os cães que comem cadáveres (como nos costumes funerários dos tibetanos e parses) tornam-se um símbolo de morte; ao mesmo tempo, porém, os animais que lambem as feridas são uma imagem de cura e de vida. O cão é uma das formas assumida por Gula, a deusa babilônica da cura, e está ligado também a Asclépio, o deus grego da cura. Anúbis, o deus egípcio dos mortos, presta sua assistência durante a abertura ritual da boca, para que os sentidos da pessoa morta possam ser, mais uma vez, canais de vida. Entre os celtas, o cão não apenas está ligado à morte, mas desempenha também um papel nos cultos de cura e de fertilidade. Enfim, nos mistérios helenísticos de Ísis, o cão da deusa era aquele que mostrava o caminho da vida eterna.

Bibliografia

Entre os estudos não recentes deve ser mencionado especialmente BLOOMFIELD, M. *Cerberus, the dog of Hades* – The history of an idea. Chicago, 1905. Material importante e fundamental para avaliar a importância do cão no culto e nas tradições populares na Ásia, América, Europa e África encontra-se no trabalho de KRETSCHMAR, F. *Hundestammvater und Kerberos*. Stuttgart, 1938, Nova York, 1968. vols. I-II. FRANK, B. *Die Rolle des Hundes in den afrikanischen Kulturen unter besonderer Berücksichtigung seiner religiösen Bedeutung*. Wiesbaden, 1965, analisa o papel do cão na vida intelectual da África subsaariana. Para estudos específicos sobre as culturas indo-europeias é importante consultar: JENKINS, F. The role of the dog in the Romano-Gaulish religion. *Latomus*, vol. 16, p. 60-76, 1957; e SCHLERATH, B.Der Hund bei den Indogermanen. *Paideuma*, vol. 6, p. 25-40, 1954-1958. WOOD, B.A. *The devil in dog form*: a partial type-index of devil legends. Berkeley, 1959, analisa os cães considerados demônios. As múltiplas conexões entre o cão e a morte são analisadas em meu artigo: LURKER, M. Der Hund als Symboltier für den Übergang vom Diesseits in das Jenseits. *Zeitschrift für Religions und Geistesgeschichte*. vol. 35, p. 132-144, 1983). O melhor estudo referente ao cão na mitologia e nas tradições populares, que compreende também uma ampla bibliografia, é o de LEACH, M. *God had a dog*: folklore of the dog. New Brunswick, 1961. Também HOWEY, M.O. *The cults of the dog*. Rochford, 1972, fornece muitos exemplos extraídos de diversas culturas e religiões.

Manfred Lurker

CASA

A casa é um conceito universal fundamental no pensamento religioso. Como outros símbolos gerais como o sol e a terra, o símbolo da casa está presente desde os tempos pré-históricos em todas as culturas, ao contrário de outros signos que pertencem apenas a culturas particulares, como a cruz e a Caaba. Além de sua importância simbólica, a casa, em muitas tradições, é o lugar significativo em que se desenvolve o ritual. Como os símbolos mais sagrados, a casa é tanto uma abstração como um objeto concreto (quando é representada por uma habitação). A origem da casa como local de residência pode ser encontrada primeiro nos *habitats* animais e depois nos humanos: da toca, do quebra-vento e da caverna da natureza passa-se à tenda, à cabana e à casa. A equação entre habitação e casa é uma simplificação, uma vez que na realidade a casa transcende o conceito de habitação; no entanto, convém aplicar cautelosamente essa distinção, pois a separação profana entre símbolo e referente é alheia ao pensamento pré-letrado.

As qualidades que tornam a casa um símbolo sagrado compreendem a maneira como ela tradicionalmente serve de símbolo de ordenamento. Como tal, ela é uma espécie de *maṇḍala*, o símbolo de inteireza, que contém em si todos os opostos. Entre os Tiv da Nigéria, esses opostos são principalmente de caráter social. Em sentido espacial, a casa (o recinto de cabanas e de celeiros) representa o grupo doméstico e consanguíneo. A genealogia governa de modo típico tanto a cabana como a posição das cabanas. Consequentemente, uma morte na família provoca uma reacomodação das posições das cabanas, para que elas possam refletir a nova ordem social resultante. Quando morre o pai, o filho se apropria da cabana de acolhida do pai e deixa ao abandono as casas das esposas do pai. Ele constrói as novas cabanas das viúvas entre as dos herdeiros do falecido, geralmente os irmãos, que agora se tornam os novos maridos das mulheres pela prática conhecida como levirato. Nesse meio-tempo, adjacentes à cabana de acolhida são construídas novas cabanas para as esposas do filho. Com a morte do chefe de um recinto, frequentemente o grupo se divide: os irmãos e suas famílias seguem um novo chefe e abandonam o recinto.

A casa simboliza a ordem cósmica, como exemplificado pelas tendas dos Buriate da Mongólia, antes da revolução. Os Buriate dividiam suas habitações em quatro seções: a porção sul, da porta à lareira, era reservada à categoria humilde; a da lareira ao fundo era a metade reservada à categoria elevada. Depois cada metade era ulteriormente dividida: a parte oeste era masculina e ritualmente pura, a parte leste era feminina e ritualmente impura. Por esse motivo, os visitantes homens se detinham no quadrante sudoeste, as mulheres no sudeste. O lugar de honra para o hóspede e os visitantes de categoria elevada geralmente ficava no setor noroeste. Até os objetos eram diferenciados dessa maneira; o equipamento para a caça e as coisas de valor, por exemplo, eram masculinos, ao passo que os utensílios para a casa eram femininos.

A maioria das culturas indígenas da América conhecia correlações cósmicas semelhantes: suas habitações eram caracterizadas quer como templos quer como moradias. Para os indígenas das Pradarias, o pavimento do *tipi* representava a terra, as paredes, o céu e as estacas representavam os caminhos que uniam a terra e a humanidade ao céu e a Wakan Tanka ("o grande mistério"). Um pequeno altar de terra batida atrás da lareira, depois de ter removido grama e raízes e varrido a terra, representava a Mãe Terra. Aqui a erva-doce americana, o cedro ou a sálvia eram queimados como incenso aos espíritos.

Na África, a disposição das aldeias e das casas dos Dogon estabelece uma relação entre o cosmos, a aldeia, a casa e o indivíduo. Tanto a aldeia como a casa representam partes do corpo humano, masculinas e femininas. A porta externa da casa representa o falo, a porta da cozinha, a vagina e todo o pavimento, uma mulher deitada de costas, pronta para uma relação sexual. O teto é o seu parceiro masculino. Tais correlações cósmicas entre casa e universo são comuns no folclore de muitas culturas arcaicas.

Secularização

Nas culturas tradicionais, a casa é um símbolo sagrado capaz de transformar o caos no cosmos e de gerar a integridade pessoal. Mas para muitas culturas industriais e pós-industriais a casa se tornou uma instituição puramente secular, em especial naquelas sociedades em que a esfera privada associada a casa assumiu um valor negativo (retomando o pensamento de Platão), enquanto a esfera pública associada à política foi exaltada. De acordo com essa concepção, duas ordens totalmente opostas governam a existência. Uma, à qual pertencem todos os seres humanos, é a ordem natural das coisas determinada pela biologia, em que a mulher gera os filhos e o homem mantém a vida da família. O centro dessa existência, governada pela necessidade (*anagke*), é a família ordenada hierarquicamente (*oikia*) e dominada pelo homem mais velho. Essa ordem é contraposta e transcendida pela cidade-Estado, a *polis*, em que cada membro é igual. Nesse reino "superior" da *polis*, os membros são realmente ativos, ou seja, empenhados nas duas formas "superiores" da atividade humana, a ação (*práxis*) e o discurso (*lexis*). Mas apenas os cidadãos do sexo masculino podem ser membros dele: as mulheres, as crianças, os escravizados, os forasteiros são excluídos automaticamente.

Tanto implícita como explicitamente, a exaltação do público e a depreciação do privado elevam os homens a uma existência que exclui as mulheres por causa de sua anatomia. Historicamente, a esfera pública dos homens foi exaltada, ao passo que a esfera doméstica das mulheres, a casa, foi desprezada e considerada insignificante (com exceção do período vitoriano, no Ocidente, em que o papel feminino assumiu uma conotação sentimental). Assim, por mais que, em *Totem e tabu*, Freud ironize abertamente o conceito de Deus como a imagem interiorizada do pai, em tempos recentes, muitas feministas ocidentais contemporâneas, muitos marxistas e muitos pensadores utópicos ignoraram ou desprezaram a instituição da casa. Para eles, a casa se tornou a imagem desagradável da vida privada e não mais o símbolo da ordem cósmica e da integridade pessoal.

Bibliografia

Um trabalho contemporâneo que trata do significado religioso da casa e dos seus aspectos correlatos é RABUZZI, K.A. *The sacred and the feminine* – Toward a theology of housework. Nova York, 1982. No contexto da doutrina americana do século XIX relativa ao "culto da verdadeira condição da mulher", o livro de BEECHER, C.E. *A Treatise on domestic economy*. Nova York, 1855, examina muitos aspectos da habitação de uma perspectiva popular. Uma das melhores análises sobre o significado psicológico da casa é BACHELARD, G. *La poétique de l'espace*. Paris, 1957 [trad. bras.: *A poética do espaço*. São Paulo: Martins Fontes, 1993]. Para um estudo comparado sobre as arquiteturas domésticas aborígenes em todo o mundo, DULY, C. *The House of Mankind*. Londres, 1979, apresenta uma importante coletânea de análises e de fotografias. Uma interessante discussão referente ao significado religioso da volta para casa é WINQUIST, C.E. *Homecoming*: interpretation, transformation and individuation. Missoula/Mont., 1978. Um estudo ainda não superado que analisa o ritual centrado na casa no judaísmo é SIEGEL, R.; STRASSFELD, M.; STRASSFELD, S. (orgs.). *The jewish catalog*. Filadélfia, 1973. Duas fontes excelentes sobre os rituais domésticos no mundo clássico são COULANGES, N.D.F. de. *La cité antique*. Paris, 1864, 1901 [trad. bras.: *A cidade antiga*. São Paulo: Revista dos Tribunais, 2011] e DUMÉZIL, G. *La religion romaine archaïque*, 1966. 2. ed. rev. Paris, 1974. A análise clássica da persistente divergência entre a esfera pública e a esfera privada encontra-se em ARENDT, H. *The human condition*. Chicago, 1958, capítulo "The Polis and the Household". Os seguintes volumes analisam brevemente e de modo útil os numerosos aspectos simbólicos e rituais da casa nas culturas específicas: GOLDMAN, I. *The mouth of heaven: an introduction to Kwakiutl religious thought*. Nova York, 1981; BOHANNAN, P.; BOHANNAN, L. *Tiv economy*. Evanston/Ill., 1968; JAGCHID, S.; HYER, P. *Mongolian culture and society*. Boulder, 1979; LEE, J.Y. *Korean shamanistic rituals*. Nova York, 1981. Um excelente estudo geral sobre o tema da casa como imagem cósmica é ELIADE, M. *Das Heilige und das Profane*. Hamburgo, 1957 [trad. bras.: *O sagrado e o profano*. São Paulo: WMF Martins Fontes, 2018].

Kathryn Allen Rabuzzi

CAVALO

Os cavalos desempenharam um papel essencial na vida, e, portanto, na religião, de todos os povos com os quais tiveram um contato direto, em especial os indo-europeus, os povos da antiga Mesopotâmia e do Egito, os árabes, os chineses e os indígenas da América do Norte. É correto dizer que desde sempre os cavalos estimularam a imaginação mítica, por serem capazes de simbolizar inúmeros fenômenos: poder, riqueza, divindade, sexualidade, voo e a tensão entre a domesticação e a liberdade.

Entre os testemunhos mais antigos referentes à importância do cavalo para a cultura humana há magníficas pinturas murais das grutas de Lascaux, no sul da França, que remontam a cerca de 30000 a.C. Aqui os cavalos são representados junto com outros animais selvagens, como cervos e bisões; provavelmente o homem caçava os cavalos, ao invés de cavalgá-los ou domá-los. Mas algumas estruturas pintadas nas paredes de Lascaux representam provavelmente cercados: é possível, portanto, supor também o início da domesticação. De acordo com André Leroi-Gourhan, em Lascaux o cavalo representa a metade masculina de uma bipartição sexual geral no simbolismo animal. Se é assim, estamos diante de um testemunho muito antigo referente ao cavalo associado tanto à domesticação como à sexualidade, talvez até ao conceito combinado da domesticação da sexualidade, tema dominante no simbolismo religioso indo-europeu do cavalo.

Mas a verdadeira história do cavalo na conceitualização religiosa do ser humano começa com a primeira prova certa da sua domesticação, ou seja, com o uso da carroça, que, muitos séculos antes de os cavalos serem cavalgados, era empregada nos transportes, na agricultura e nas batalhas. A partir de 2000 a.C., de uma localidade em algum ponto da área em torno do Mar Cáspio e do Mediterrâneo, a utilização do cavalo para puxar uma carroça se difundiu para o leste, através da Pérsia até a Índia, para o sul, através da Síria e do Egito, para o oeste, na Anatólia e na Grécia, depois para o norte, na Europa Oriental. Entre os hititas, um mitânio chamado Kikkulis, empregado como mestre dos cavalos pelo rei hitita Sepululiumas, escreveu o livro mais antigo que se conhece referente aos cavalos, por volta de 1360 a.C. A reprodução egípcia mais antiga de um cavalo aparece num machado de bronze da XVIII dinastia (cerca de 1450 a.C.), que mostra um cavalo conduzido pela mão, de uma maneira que parece mais a de um auriga do que a de um cavaleiro. Carruagens de cavalo foram encontradas também no túmulo de Tutancâmon e representadas numa pintura mural de Tebas que remonta a aproximadamente 1400 a.C.

Uma descrição particularmente realista das carruagens egípcias, que, além disso, coloca o cavalo e o cavaleiro num contexto narrativo religioso, é encontrada no capítulo 15 do Êxodo das Escrituras judaicas, um capítulo que alguns estudiosos fizeram remontar ao século XII a.C. O trecho, que narra a divisão do Mar Vermelho e o sucessivo afogamento dos homens do faraó, dos cavalos e das carruagens, começa deste modo: "Cantarei em honra do Senhor: porque se exaltou soberanamente, precipitando no mar a cavalos e cavaleiros". O termo cavaleiro pode não se referir necessariamente a um homem que monta um cavalo; é um termo genérico que poderia ser aplicado também a um auriga. Mas é importante notar aqui a associação entre o cavalo e os numerosos temas que aparecem frequentemente na mitologia do cavalo: exércitos, mal, morte e, surpreendentemente, o fundo do mar.

Os antigos sacrifícios indo-europeus do cavalo

Com os gregos e os indianos védicos, e mais tarde com os romanos, o cavalo se torna verdadeiramente um símbolo religioso, presente tanto no mito como no ritual. Os rituais que compreendem os cavalos, mais particularmente os rituais que incluem o sacrifício de um garanhão branco, são atestados em todo o mundo indo-europeu. Entre os antigos noruegueses, um cavalo branco, simbolizando o sol e acompanhado de mulheres, era sacrificado durante um ritual que compreendia referências obscenas ao falo do cavalo, a castração ritual e o consumo de uma bebida inebriante. Na antiga festa romana do October Equus, um cavalo dedicado a Marte era sacrificado durante um ritual, e acontecia uma corrida de carros; na Parília de Roma, um cavalo era mutilado, talvez castrado. Entre os gregos, os cavalos brancos eram o sacrifício oferecido a Poseidon e ao sol; costumava-se sacrificar uma égua branca junto ao túmulo de uma moça violentada e morta por suicídio; os cavalos negros, ao contrário, eram de mau agouro. As fontes romanas e gregas indicam um culto da fertilidade associado ao cavalo, culto que muitas vezes surpreendentemente se assemelha nos detalhes com o culto védico do cavalo. Os persas falam de uma batalha entre um cavalo preto mau e um cavalo branco bom, cuja vitória tornava possível a liberação das chuvas fecundantes; para os iranianos, os cavalos brancos simbolizavam o sol (Pausânias 3,4,20; Xenofonte, *Cyropaedia* 8,3,11). Entre os indo-europeus, em geral, provavelmente o cavalo branco era considerado sagrado.

Depois examinaremos os ritos indianos e irlandeses com mais detalhes, mas nesta análise introdutória é interessante observar a ligação linguística entre os cultos indo-europeus referentes ao cavalo. O nome próprio gaulês *Epomeduos* pode ser afim ao sânscrito *aśvamedha*; ambos os nomes reais são compostos possessivos que designam os reis que realizaram sacrifícios de cavalos. O primeiro elemento do composto significa simplesmente "cavalo"; o segundo elemento é mais difícil de determinar, mas tem as conotações de uma bebida ritual (como o hidromel) ou inebriante. Assim, o termo no conjunto pode significar "embriaguez com o cavalo"; de acordo com Jaan Puhvel, que foi o primeiro a ressaltar essas implicações linguísticas, "os antigos indo-europeus eram indubitavelmente 'entusiastas dos cavalos', como os gauleses" (Puhvel, 1955). Seja como for, o termo pode significar "aquele que celebrou um ritual que inclui um cavalo e uma bebida sagrada" ou até – como testemunham os sacrifícios indianos e irlandeses do cavalo – um ritual em que o próprio cavalo é a substância ou o alimento e a bebida sacrifical para o rei, ou seja, uma cerimônia em que se consumia ritualmente a carne de um cavalo. Consumidos ou não, os cavalos eram sacrificados pelos gregos (Heródoto 7,113; Ovídio, *Fastos* 1,385), pelos armênios e pelos masságetas (Xenofonte, *Anábase* 4,5; Heródoto 1,216), bem como pelos citas, cujos sepultamentos reais espetaculares e assustadores são descritos por Heródoto (4,71s.).

Os sacrifícios védicos, romanos e irlandeses com a presença do cavalo constituem o triângulo em que se baseia o testemunho indo-europeu, embora de modo bem fraco. A congruência das fontes existentes é impressionante, ainda que o peso e o conteúdo da documentação difiram muito. A cerimônia védica é de longe a mais bem documentada, quer porque o ritual e o texto que o descreve são contemporâneos (ambos datados de 900 a.C., mas, no que diz respeito aos hinos ao cavalo no *Ṛgveda*, talvez de 300 anos antes), quer porque os dados são muito numerosos: centenas e centenas de páginas de textos em sânscrito. O ritual romano, ao contrário, é descrito apressadamente por Políbio (12,4b), Plutarco (*Quaestiones Romanae* 97) e Festo (ed. Lindsay, p. 178ss.), com muitas discrepâncias e lacunas. O ritual irlandês chega a ser mais problemático: foi descrito apenas no século XII d.C. por um monge cristão, o qual provavelmente ficou muito consternado com a obscenidade do rito (Giraldus Cambrensis, *Topographia Hibernica*, ed. Brewer, p. 169).

No entanto, os paralelos são realmente surpreendentes. Na Índia, um garanhão consagrado ritualmente era sacrificado depois de uma corrida de carros; sucessivamente, a rainha suprema simulava a cópula com o garanhão, acompanhada por versos (recitados por sacerdotes) considerados obscenos até pelos textos contemporâneos (que prescreviam um verso "perfumado" a ser recitado ao fim do rito para purificar a boca dos participantes). Em Roma, depois de uma corrida, o cavalo situado ao lado direito do carro vencedor era sacrificado a Marte; sua cauda era levada à Régia e seu sangue aspergido sobre o altar (Plutarco) ou sobre a pedra central (Festo). Os homens provenientes da Sacra Via e da Suburra combatiam entre si para obter a cabeça do cavalo; estes últimos (se vencedores) levavam a cabeça até a Turris Mamilia, os primeiros até os muros da Régia. Na Irlanda, o rei simulava (ou representava) a cópula com uma égua viva, que depois era desmembrada e cozida; o rei se banhava em seu caldo e o bebia, e depois o caldo era distribuído ao povo.

Nos três rituais, o fio condutor é o sacrifício de um cavalo. Em dois rituais (Índia e Roma) o cavalo é um garanhão; em dois rituais (Índia e Irlanda) há uma união sexual e uma morte. De acordo com as análises de Georges Dumézil e de outros, o ritual, em cada uma das três culturas em que aparece, ressalta a cada vez uma das três funções indo-europeias: os romanos acentuam a função marcial, os indianos a real e sagrada, os irlandeses a da fertilidade e da alimentação. Mas os três rituais compreendem os três níveis do simbolismo. Uma cerimônia que exalta a soberania e o poder do rei não apenas pode, mas, em certo sentido, deve também incluir a sexualidade e a alimentação; para os antigos indo-europeus o garanhão simbolizava ao mesmo tempo os poderes do guerreiro, do rei e do macho viril.

Os antigos mitos indo-europeus relativos ao cavalo

Comprovada a primazia do garanhão nas culturas indo-europeias agressivamente viris, como se explica o papel central da égua no rito irlandês? Poderíamos recorrer ao argumento de que a variante irlandesa na realidade é gaulesa, e não indo-europeia, citando o caso (cf. Robert Graves, *The white goddess*, 1948) de uma antiga deusa gaulesa do cavalo, cujo culto foi substituído pelo do deus do cavalo indo-europeu. Para corroborar essa opinião temos o testemunho do culto gaulês da deusa Epona, quase a única deusa adorada do mesmo modo tanto pelos celtas continentais como pelos insulares. Intimamente ligada à galesa Rhiannon e à irlandesa Macha, que logo encontraremos, e tematicamente vinculada à deusa grega Deméter pela cabeça de cavalo, Epona é representada frequentemente como uma mulher que cavalga uma égua, ou como uma égua, ou com cabeça de égua; ela é também associada a Rudiobus, o deus do cavalo. Epona, cujo nome deriva do protoindo-europeu **ékwo-s*, "cavalo" (latim: *equus*; sânscrito: *Aśva*), é encontrada em conexão com as éguas prenhes e com os potros. O Pseudo-Plutarco (29 apud Le Roux, 1963, p. 133) menciona aquele que pode ser o único documento antigo de uma hierogamia celta como semelhante ao rito descrito por Giraldus Cambrensis muitos anos mais tarde: "um certo Phoulouios Stellos, que odiava as mulheres, tinha relações com uma égua. Em seu tempo, ela deu à luz uma bela menina de nome Epona, a deusa dos cavalos".

A mitologia celta oferece muitos testemunhos do mito referente a uma antiga deusa dos cavalos. O irlandês *Táin Bó Cuailnge* narra o mito de Macha, uma deusa equina trifuncional que, grávida, é obrigada a correr numa corrida de carros e morre dando à luz gêmeos, ou então, em outra encarnação, dá à luz um filho precisamente no momento que, no estábulo, uma égua tem dois potros gêmeos (Gricourt, 1954; Kinsella, 1970). O galês *Mabinogion* conta a história de Rhiannon, que aparece para o Rei Pwyll cavalgando um cavalo branco, casa-se com ele e lhe dá um filho no mesmo momento em que uma égua dá à luz um potro; acusada (falsamente) da morte do menino, Rhiannon é condenada a carregar os hóspedes nas costas do estribo até a corte.

O mito da deusa égua tem também uma difusão indo-europeia mais ampla. Na Índia, no *Ṛgveda* aparecem algumas referências relativas ao mito da esposa e da falsa esposa do sol, mito posteriormente narrado em detalhe nos *Brāhmaṇa* e nos *Purāṇa*: Vivasvant, o sol, casou-se com Saranyu, que fugiu dele e colocou em seu lugar outra mulher, Chaya ("sombra negra"), com quem Vivasvant gerou um filho, Manu, o ancestral da raça humana. Nesse meio-tempo, Saranyu tinha se transformado em égua para fugir de Vivasvant; no entanto, ele, assumindo a aparência de um garanhão, a seguiu e se acasalou com ela; ela gerou dois gêmeos divindades-cavalos, os Aśvin, e os abandonou. Os paralelos com os mitos celtas são surpreendentes: uma deusa com aparência de uma égua branca assume a forma humana e copula com um velho rei do sol; grávida dele, dá à luz gêmeos hipomorfos, os antepassados da raça humana, que depois abandona ou a quem faz mal; sucessivamente abandona o rei para retornar a sua casa celeste. As inversões e os disfarces que ocorrem na ampla área indo-europeia através dos séculos são bastante complexos, mas se trata claramente de um núcleo mítico proteiforme.

A mitologia grega fornece outros testemunhos para confirmar essa teoria. Deméter, frequentemente representada com uma cabeça de égua, copula com Poseidon (o deus do mar, chamado Hippios, "equino", a quem eram sacrificados os cavalos; Apolodoro 3,6,8; Pausânias 8,25 e 8,42); na Arcádia, Deméter é retratada como a Negra Deméter, com a cabeça e a crina de um cavalo e o corpo de uma mulher (Ovídio, *Metamorfoses* 6,406b). Poseidon está presente também em numerosos mitos em que uma mulher é violentada por um deus em forma de garanhão; dessa relação nascem potros que a mulher depois tenta matar; Poseidon está igualmente envolvido num ciclo de mitos gregos que têm por tema os pais superprotetores das divindades equinas, capazes de destruir os cortejadores das próprias filhas (os mitos de Hipodâmia, Hipomene e Alcipe). Segundo as lendas, Glauco e Diomedes da Trácia possuíam éguas selvagens, tornadas ainda mais selvagens pela castidade forçada, as quais devoravam homens, enquanto Hipólito (bem conhecido pela tragédia de Eurípedes), que adorava Ártemis e difamava Afrodite, morreu arrastado por cavalos de uma biga, assustados por um monstro marinho enviado por Poseidon.

Mitos europeus referentes a éguas malignas

O modelo dos mitos das éguas malignas é quase exclusivamente de origem indo-europeia, e não é de admirar, visto o lugar especial ocupado pelos cavalos na cultura indo-europeia. O simbolismo negativo da égua indo-europeia é sintetizado pelo mito, amplamente documentado na Índia, em que uma mulher demoníaca cheia de ira e de ambição destrutiva é induzida com o engano a assumir a forma de uma égua, de cuja boca saem chamas. Ela habita no fundo do mar, as chamas que saem de sua boca impedem o mar de transbordar, enquanto o mar, por sua vez, controla as chamas da égua, para que não destruam o mundo. No dia do juízo final, ela emergirá do mar; suas chamas destruirão o universo e as águas descontroladas do mar submergirão o mundo. Assim, a égua submarina é o símbolo da tensão entre os poderes incontrolados e os perigos decorrentes de sua brutal supressão; é um símbolo do paradoxo do selvagem e do submisso, nas três esferas indo-europeias: a esfera sagrada, a marcial e a sexual.

A égua submarina aparece, em numerosas transformações, em toda a mitologia europeia posterior. A mitologia celta fala de monstros aquáticos conhecidos como Goborchinn ("cabeças de cavalo"), de enguias-cavalo e cavalos do mar, os predecessores das serpentes marinhas e dos dragões como o monstro de Loch Ness, cujas cabeças frequentemente têm surpreendentes traços equinos. Esse simbolismo encontra-se na cena central da obra de Richard Wagner, *Götterdämmerung* (O crepúsculo dos deuses). Brunilde é uma das valquírias, os espíritos guerreiros femininos que cavalgam os cavalos alados através dos céus para levar os guerreiros mortos no Valhalla; ao fim da obra, Brunilde monta em seu cavalo branco e cavalga através de uma parede de fogo em direção à morte; depois, as águas do Reno subirão e submergirão o mundo.

No folclore, os aspectos antropomórficos do mito são acentuados, em especial as implicações da relação entre a égua e seus filhos. O índice de Antti Aarne e Stith Thompson dos modelos e dos motivos dos relatos folclóricos fornece muitos exemplos de mitos em que uma rainha é acusada falsamente do assassinato de seus filhos e condenada à morte, mitos em que os cavalos desempenham um papel especial. A mulher acusada parte montada numa égua, e a bruxa má que a caluniava é despedaçada por um cavalo (TT 451); a mulher infiel é transformada numa égua, como as adúlteras em *As mil e uma noites* e como nos relatos finlandeses, russos e italianos (TT 449). As bruxas são estritamente associadas às éguas: uma bruxa pode ser acompanhada por um cavalo, pode assumir a aparência de um cavalo, pode transformar um homem em cavalo e cavalgá-lo, ou se transformar numa égua que devora os homens. No folclore indo-europeu, a bruxa-cavalo aparece constantemente como a personagem má: é o demônio mulher que come as crianças e cavalga suas vítimas (uma imagem dotada de matizes psicológicos de medo e sexualidade); é a moça negra do inferno que cavalga o seu cavalo branco; ou é a líder das bruxas selvagens sobre seus fálicos cabos de vassoura, cavalos de morte. A imagem da mulher erótica sobre o cavalo branco não é necessariamente negativa – há sempre Lady Godiva, para não citar as mulheres nuas montadas em cavalos na pornografia *soft* contemporânea –, mas o seu erotismo é um valor negativo no antigo sistema conceitual indo-europeu, em que as mulheres não deviam ser eróticas, e sim castas.

O termo inglês *nightmare* ("íncubo", "pesadelo"), embora etimologicamente não seja correlato à fêmea do cavalo (inglês: *mare*), assume, contudo, explícitas nuanças relativas precisamente ao cavalo, que remontam a um antigo período da mitologia indo-europeia, em parte em virtude da assonância, em parte pela influência de uma mitologia já desenvolvida. A verdadeira etimologia vem do inglês antigo *mare* ("bruxa"); um íncubo, segundo o *Shorter Oxford English dictionary*, é um "monstro feminino [...] que se põe sobre as pessoas e os animais durante o sono, produzindo uma sensação de sufocamento". O protótipo do íncubo que oprime a pessoa adormecida ou que tem relações com ela enquanto está sobre ela é a égua, que cavalga perversamente o marido ou a vítima. Nas modernas reinterpretações da imagem do íncubo, na literatura e na arte (o cavalo na representação de caça de Füssli intitulada *The nightmare*, ou em *Death on a pale horse* de Blake, ou os cavalos torturados em *Guernica* de Picasso), os muitos significados não raro se fundem: mãe (francês: *mère*), a fêmea do cavalo (inglês: *mare*), mar (latim: *mare*, francês: *mer*), morte (indo-europeu: **mer*, **mor*), juntamente com o significado etimológico subjacente do antigo inglês *hag*.

Podem-se postular diversos níveis cronológicos na história da degradação do simbolismo da égua. No início, provavelmente, estamos na presença de uma deusa égua, uma criatura sagrada, terrível e perigosa (sagrada no sentido de Rudolf Otto: *mysterium fascinans et tremendum*), perseguida pelo rei, capturada e pedida em casamento. Ela é fonte de poder, capaz de revigorar o velho rei com o rito anual da cópula; ela morre sacrificando a própria imortalidade à mortalidade do rei. Nesse período a égua é ao mesmo tempo materna, sororal e erótica. Nos mitos semíticos e babilônicos, ela aparece nas figuras de Inanna e Ishtar, as quais, segundo os relatos, copulavam com cavalos. Mas na mitologia europeia posterior, a deusa égua é dividida em duas partes, a mãe boa e a prostituta má, e à bondosa égua branca se acrescentou um *alter ego* negro e malévolo.

Essa transição é marcada de maneira mais estrita na mitologia da donzela-cisne, estritamente ligada à mulher-cavalo. As éguas, nos inúmeros mitos indo-europeus relativos às mulheres más, são associadas aos pássaros: elas assumem a forma de pássaros ou aparecem como cavalos alados. Nas variantes que compreendem as donzela-cisne, uma mulher do outro mundo, ao invés de se tornar um cavalo branco, assume a forma mais feminina e mais delicada de um pássaro branco; ela vive com um príncipe por um período e o abandona quando o homem viola a condição que ela impôs para sua coabitação (não lhe perguntar o nome, ou não a ver nua). Provavelmente aqui estamos na presença de um motivo indo-europeu muito antigo, a julgar pelos testemunhos arqueológicos da Europa antes de 3500 a.C., representando a deusa-pássaro. Essa mitologia começa com o mito védico de Purūravas e Urvaśī e se estende até os personagens do balé do *Pássaro de fogo* (o pássaro de fogo é a versão russa do mágico pássaro do sol) e do *Lago dos cisnes*, em que Odete, o cisne branco bom e casto, é combatida por Odile, o cisne negro, sedutor e malvado. Também as valquírias, quando não cavalgam cavalos, tornam-se cisnes.

O rebaixamento de cavalo a cisne não é o último degrau na degradação do símbolo. O cisne se torna macho. No mito grego, Zeus assume a forma de um cisne branco para seduzir Leda enquanto está tomando banho no rio (os dois filhos de Leda, Castor e Pólux, são conhecidos como os Dióscuros, ou gêmeos equinos, o paralelo grego dos védicos Aśvin). Na lenda de Lohengrin, é ele, não ela, quem conduz o barco em forma de cisne. Na história de Lohengrin, o mito mais antigo da mulher imortal que visita o homem mortal ou o rei é substituído pelo mito do homem imortal que salva a mulher mortal. No barco puxado por um cisne branco (um macho), Lohengrin avança, como se montasse um cavalo branco, para salvar Elsa; a mulher indefesa espera o grande deus cavalo/cisne, que se digna a visitá-la e a quem fará prometer não lhe perguntar jamais o nome ou a linhagem. Leda espera Zeus, espera o momento em que ela poderá, com as palavras de Yeats, "tomar o seu conhecimento com a sua força antes que o bico indiferente a deixe cair". [Cf. o verbete Cisne.]

O cavaleiro sobre o cavalo branco

Desse modo, num período muito antigo, o garanhão branco substituiu a égua branca na mitologia indo-europeia. A mitologia relativa ao garanhão, como a relativa à égua, era uma mitologia da ambivalência, da coincidência de opostos, ainda que os poderes em questão fossem diferentes. O garanhão simbolizou não apenas a morte (como a égua), mas também o renascimento, não apenas o ato de domesticar o que é selvagem, mas também a liberdade completa de todas as restrições sociais.

Platão comparava a alma humana a um auriga que tinha preso ao seu carro dois cavalos, um que o impelia para a sensualidade bruta, o outro para o espiritualismo mais elevado; antes de Platão, os Upanixades indianos tinham comparado os sentidos aos cavalos que devem ser controlados para que não permaneçam viciosos e selvagens. O lugar da domesticação é a boca do cavalo, da qual derivam algumas metáforas, como "domar", "refrear", "quebrar a boca" etc. Assim, a boca do cavalo era considerada perigosa, ainda que esse conceito seja errôneo, uma vez que, como todo especialista em cavalos bem sabe, os cavalos podem morder, é claro, mas são os cascos que constituem o perigo real, e, em qualquer caso, os cavalos são rigorosamente vegetarianos. No entanto, essa ideia é a origem de muitos mitos em que os cavalos devoram as pessoas, mitos em que as chamas do Juízo Universal saem da boca (ou das narinas) do cavalo. A convicção de que a boca do cavalo é perigosa é, na realidade, uma projeção da agressividade humana: o cavalo pode ferir o homem por meio do órgão com que o homem faz mal ao cavalo, por meio da mordida.

Na mitologia cristã, o Juízo Universal surgirá com os quatro cavaleiros do Apocalipse, ou com o cavaleiro montado no cavalo branco; na Índia, a morte se encarna no centauro ou no cavalo branco chamado Kalki, uma manifestação de Viṣṇu que inaugurará a era final Kali e o fim do mundo. Essa é a imagem apresentada na obra de Peter Schaffer *Equus*, em que um adolescente, nas suas fantasias, confunde a boca martirizada do deus-cavalo que ele cavalga nu num êxtase sexual, com a cabeça martirizada de Cristo, "presa" na coroa de espinhos. Com a mesma imagem começa o famoso poema de James Joyce:

> Ouço um exército que avança na terra
> e o rugido dos cavalos lançando-se à frente,
> com a espuma nos joelhos.
> Arrogantes, nas negras armaduras,
> quebrando os rins com os chicotes ondulantes,
> mantêm-se de pé atrás deles os aurigas.
> (De Chamber Music, 1907).

Mas o outro aspecto, positivo, do cavalo nunca perdeu seu poder simbólico. Séculos antes das invasões romanas, alguém esculpiu nas paredes calcáreas das colinas nas Dows inglesas diversas figuras colossais de um cavalo branco. O cavalo, sem arreios e sem rédeas, não cavalgado, habitava as montanhas, próximo da sua morada divina e distante das correntes dos homens. O cavalo sempre representou um símbolo de liberdade. No antigo sacrifício indiano do cavalo, antes da cerimônia sacrifical, o garanhão podia vagar livremente por um ano, aos cuidados de tropeiros e acompanhado pelos homens do rei, que reivindicavam em nome do rei qualquer prado que o cavalo quisesse percorrer. Essa imagem de liberdade era de algum modo mais conservada do que anulada na imagem mais recente do cavalo branco e do seu nobre cavaleiro, pensados quase como uma única criatura, idealmente uma espécie de centauro. O cavalo transferia suas qualidades de nobreza e liberdade para o cavaleiro, assim como o antigo garanhão indiano transferia essas qualidades para o rei, durante o sacrifício. Assim, São Jorge, sempre montado num cavalo branco, mata o dragão que é, como vimos, uma variante da égua demoníaca que habitava os abismos do mar, o lado obscuro do próprio garanhão; o imaginário equestre medieval não colocava no dorso do cavalo apenas os cavaleiros e o rei, mas também os príncipes da Igreja, para simbolizar não apenas o que é nobre, mas também o que é divino.

O cavalo transportava o homem da terra para o céu. Na Índia e na Grécia, assim como na Europa medieval, lemos sobre príncipes atraídos por cervos brancos (ou cisnes brancos, ou cavalos brancos, ou unicórnios) do território seguro dos parques reais para dentro da floresta, no outro mundo, onde encontram a princesa ou o dragão (ou ambos, ou ambos num só). As muitas histórias que falam de cavalos alados, fusão de cavalo e pássaro, geralmente transformam essa viagem horizontal num voo vertical. Só com o advento da fotografia, no fim do século XIX, chegou-se a compreender que um cavalo a galope propriamente não voava, com as patas anteriores alongadas à frente e as posteriores para trás; mas mesmo então o galopar continuou a "ser sentido" como um voo. Em muitos mitos xamânicos da Ásia Central, da China e da Índia, o iniciado monta num cavalo branco e é imediatamente transportado, sem controle, para o mundo dos deuses, onde acontece a sua iniciação. Dessa maneira, o cavalo conduz o homem do mundo da domesticação para o mundo do selvagem, o mundo mágico e sobrenatural dos deuses.

Esse simbolismo encontra expressão exemplar na mitologia do faroeste norte-americano, em que aparece a imagem do magnífico mustangue branco que nunca pode ser capturado e percorre as montanhas com o vento levantando sua crina, símbolo de tudo o que é selvagem e livre. Mas o garanhão é capturado, para se tornar o *alter ego* (na Índia se diria o veículo, o *vahana*) do caubói, o qual, desse modo, passa a representar o último baluarte da liberdade masculina – liberdade da sexualidade (o caubói cavalga sozinho, como Lancelote, cuja castidade era a sua potência), da lei (até os homens da lei tendem a ser pessoas independentes, e os fora da lei são fora da lei bons), mas sobretudo do ser domesticado ou "preso".

Nunca se pode ter certeza de se ter domado completamente um cavalo. Esse é o fascínio e o desafio de qualquer associação íntima com um animal selvagem que em alguma medida conserve o seu ser selvagem. Mas o cavalo torna o homem indômito, transferindo para ele – ou, poderíamos dizer, sacrificando por ele – um pouco da sua liberdade e do seu estado selvagem.

Bibliografia

Um bom panorama geral sobre a história do cavalo na cultura humana é fornecido por DENT, A.A. *The horse through fifty centuries of civilization*. Nova York, 1974. Grande parte do material utilizado para a elaboração deste verbete e referente aos mitos e rituais do cavalo na Índia, Grécia e Irlanda provém de O'FLAHERTY, W.D. *Women, androgynes, and other mythical beasts*. Chicago, 1980. p. 149-282, que, por sua vez, se baseia em inúmeros estudos fundamentais sobre o simbolismo equino indo-europeu (em acréscimo às fontes reproduzidas e analisadas em seu interior): as obras de DUMÉZIL, G., em especial Derniers soubresauts du Cheval d'Octobre. *In*: *Fêtes romaines d'été et d'automne*. Paris, 1975. p. 111-168, 177-219; DUMONT, P.E. *L'aśvamedha*. Paris, 1927; GRICOURT, J. Epona-Rhiannon-Macha. *Ogam*, vol. 6, p. 22-188, 1954; KOPPER, W. Pferdeopfer und Pferdekult der Indogermanen. *Wiener Beiträge zur Kulturgeschichte und Linguistik*, vol. 4, p. 279-411, 1936; F. Le Recherches sur les éléments rituels de l'élection royale irlandaise et celtique. *Ogam*, vol. 15, p. 123-137, 1963; e dois artigos de PUHVEL, J. Vedic aśvamedha and Gaulish IIPOMIIDVOS, *Language*, vol. 3, p. 353s., 1955 e Aspects of equine functionality. *In*: *Myth and law among the Indo-Europeans*. Berkeley, 1970. No que diz respeito às imagens pré-históricas do cavalo, cf. o artigo de LEROI-GOURHAN, A. Préhistoire. *In*: BONNEFOY, Y. (org.). *Dictionnaire des mythologies*. Paris, 1981; para os cavalos na Bretanha, cf. DENT, A.A.; e GOODALL, D.M. *The foals of Epona*. Londres, 1965; para o Táin irlandês, cf. a tradução de KINSELLA, T. *The Tain. translated from the irish epic "Tain bo Cuailnge"*. Oxford, 1970.

Wendy Doniger O'Flaherty

CAVERNA

Em todas as culturas e em quase todas as épocas, a caverna foi o símbolo da criação, o lugar de origem de corpos celestes, de grupos étnicos e de indivíduos. Ela é o grande ventre da terra e do céu, símbolo da vida, mas também da morte. É um lugar sagrado que constitui uma ruptura na homogeneidade do espaço, uma abertura que é uma passagem de uma região cósmica a outra, do céu à terra ou, ao contrário, da terra ao Mundo Inferior (Eliade, 1957, p. 37).

Todas as cavernas são sagradas, mas algumas, à semelhança das montanhas cósmicas ou de santuários importantes, são consideradas o centro do universo: lá onde o sagrado se manifesta o mundo vem à existência (Eliade, 1957, p. 57). Todo homem religioso situa a si mesmo no centro do mundo, "o mais próximo possível da abertura que lhe permite se comunicar com os deuses" (Eliade, 1957, p. 58). As divindades da terra vivem nas cavernas, que frequentemente são chamadas "o umbigo da terra". Enquanto centro do mundo, *axis mundi*, no simbolismo religioso, a caverna às vezes se funde com a montanha. Na geomancia asiática, as montanhas são consideradas o elemento mais importante para determinar a qualidade de um lugar para um assentamento, uma moradia, um túmulo. [Cf. o verbete Montanha.] As montanhas recebem o nome de "dragão" em virtude de sua energia vital. Essa energia mágica flui na caverna, a qual nem sempre é uma abertura propriamente dita, mas representa um lugar propício. As cavernas geomânticas são aquelas cercadas por montanhas, que armazenam o vento e se encontram nas proximidades da água, que mantém a energia espiritual. [Cf. o verbete Água.] Acredita-se que as montanhas foram criadas com a finalidade de formar cavernas geomânticas (Yoon, 1976, p. 28-34). A tradição que associa montanha, caverna, água e energia é semelhante à antiga crença asteca de que a água estava contida no interior das montanhas, o ventre da deusa da água Chalchiuhtlicue, e que dela fluía em forma de rios e lagos necessários para os assentamentos humanos.

A caverna como *axis mundi*

A caverna como ponto sagrado que identifica o lugar de uma estrutura religiosa de maiores proporções ou até de uma grande cidade, que serve de *axis mundi* de sua época, é bem ilustrada em Teotihuacán, no México. Nessa cidade (fundada por volta de 100 a.C. e destruída por volta de 750 d.C.), o monumento mais imponente é a Pirâmide do Sol, erigida pouco antes do início da Era Cristã sobre um templo primitivo, o qual, por sua vez, tinha sido construído sobre uma caverna subterrânea. Essa caverna tem a forma de uma flor de quatro pétalas, um dos motivos decorativos mais difundidos em Teotihuacán, que provavelmente simboliza as quatro direções do mundo. A grande Pirâmide do Sol foi construída de tal maneira que seu centro se encontrava quase exatamente sobre a caverna de quatro pétalas. Embora a caverna tenha sido saqueada na Antiguidade, os poucos restos no seu interior sugerem a sua provável função como centro de um culto das divindades da água. Ou então, como um documento do século XVI rotula o lugar diante da pirâmide como "o oráculo de Montezuma", poderia ter sido a morada de um oráculo. Seja qual for a resposta, a sacralidade dessa caverna era tal que ela teve de ser conservada construindo sobre ela um templo e em seguida erigindo uma imensa pirâmide sobre este último. Assim, o espaço sagrado foi conservado para sempre. [Cf. os verbetes *Axis mundi* e Centro do mundo.]

Nascimento e criação

Em virtude de sua origem vulcânica, a América Central é repleta de cavernas, todas elas objeto de veneração, muitas das quais são associadas a mitos de origem. Chicomoztoc ("as sete cavernas") era o lugar da criação de muitos grupos étnicos, em especial dos astecas. Suas sete cavernas são representadas em antigos manuscritos ilustrados e aparecem na tradição oral. Mas ainda antes da criação dos homens, o sol e a lua foram criados numa gruta. A propósito do mito da criação do Quinto Sol (o nome dado à presente era pelos astecas), algumas crônicas afirmam que, depois que uma divindade foi lançada no fogo, transformando-se no sol, uma segunda divindade entrou numa gruta e saiu dela como lua. Numa lenda de Española (Hispaniola), todos os homens eram criados numa caverna e todas as mulheres numa outra (Frei Ramon Pané. *In*: Heyden, 1975). Segundo a crença popular, a alimentação também teve origem nas cavernas: em algumas delas, chamadas *cincalco*, "casa do milho", os deuses conservam o milho. Uma crônica mexicana do século XVI, a *Historia de México*, conta que Centeotl, uma divindade do milho, nasceu numa caverna e que das diversas partes do seu corpo cresceram o algodão e muitas outras plantas comestíveis. De acordo com outro dos primeiros escritores de crônicas, Frei Geronimo de Mendieta, uma faca de sílica caiu do céu atingindo Chicomoztoc, onde se quebrou em mil e seiscentos pedaços dos quais foram criadas outras tantas divindades. Assim, a caverna é o símbolo do útero: a *Historia general de las cosas de la Nueva España* (o chamado *Codex Florentinus*), de Frei Bernardino de Sahagún, atribui às mulheres astecas do século XVI o seguinte ditado: "Dentro de nós há uma caverna, uma garganta... cuja única função é receber".

O lugar das origens

A caverna como centro do mundo e lugar das origens está presente em muitas tradições. A mitologia dos Hopi da América do Norte fala de três mundos subterrâneos onde os Hopi viviam junto com o Povo das Formigas antes de emergir no quarto mundo, o atual. Os Zuni, que têm as mesmas tradições dos Hopi, chamam o lugar das origens de *hepatina* ("o lugar do meio") e chamam de "quarto ventre" o último mundo, que eles consideram ainda subterrâneo. As modernas *kiva* desses e de outros grupos de indígenas Pueblo são uma caverna artificial, que constitui o centro ritual da aldeia, no interior da qual se encontra um pequeno buraco no terreno que simboliza o lugar das origens. O ritual da *kiva* acompanha o homem do nascimento até a morte. Assim que um menino vem à luz, é iniciado simbolicamente à vida ritual e prometido ao *kiva* paterno. A sociedade dos Zuni tem seis divisões, associadas às quatro direções do espaço, ao zênite e ao nadir, cada uma das quais tem sua própria *kiva*, em torno da qual gira a vida religiosa (Leighton; Adair, 1966). É evidente que, por muitos séculos, a *kiva* foi fundamental para o ritual. Durante o período clássico dos Pueblo (1050-1300) os *kiva* subterrâneos tinham dimensões notáveis, como se pode ver bem nas ruínas da Mesa Verde e do Chaco Canyon. Tratava-se de cavernas nas cavernas, em parte grutas naturais, em parte escavadas na rocha. No Arizona, o desenho do labirinto entalhado na pedra – totalmente semelhante ao labirinto minoico – representa o mito das origens. O labirinto, símbolo da Terra Mãe segundo os Hopi modernos, representa os caminhos que o indivíduo percorrerá na estrada da vida (Grant, 1967, p. 65). [Cf. o verbete Labirinto.]

Arte rupestre religiosa

As gravuras nas paredes de antigas cavernas ou as esculturas escavadas na rocha em seu interior foram definidas como "arte invisível" e comparadas à "música do silêncio" (Carpenter, 1978, p. 90-99), no sentido de que essa arte foi criada para poucos iniciados e que não necessitava de um público externo. Trata-se de uma forma de arte esotérica que se acreditava dotada de magia simpática: por exemplo, pintar um cervo atingido por uma lança garantiria o sucesso na caça. Sem dúvida, esse é um dos significados possíveis, mas certamente não é o único. De fato, algumas imagens representadas nas cavernas podem constituir uma maneira de conservar um testemunho dos ritos; elas podem também se referir à cópia animal de cada indivíduo. Entre os indígenas da América do Norte, como parte integrante da busca de um espírito, um jovem costumava agradecer ao próprio espírito guardião pintando ou esculpindo algumas figuras nas paredes de um penhasco ou numa caverna escura. Essas imagens eram reservadas ao espírito guardião e não deviam ser vistas por olhos humanos: o fato de ser expostas à vista diminuiria seu poder. Carpenter sugere que muitas das figuras antropomórficas representadas, às vezes no ato do coito, nas paredes de cavernas ou esculpidas na terra no topo das montanhas ou nas planícies desérticas provavelmente representam os antepassados que deram origem ao povo e, por extensão, o início do mundo.

As pinturas rupestres que se encontram na Europa, por exemplo, em Altamira, na Espanha, e em Lascaux, Cap Blanc, Les Troix Frères, Cougnac e Rouffignac, na França, e que remontam ao Paleolítico Superior (de 35 mil a 19 mil anos atrás, aproximadamente), representam sobretudo animais. Embora Henri Breuil tenha interpretado essas representações no âmbito da magia pertinente à caça e à colheita, estudos recentes lançam a hipótese de que essa arte integra a cosmologia do Paleolítico. André Leroi-Gourhan (1965) vê nela uma concepção do mundo baseada na divisão entre masculino e feminino, que comporta a divisão com base no sexo tanto das partes das cavernas como dos animais e dos símbolos. Alexander Marshack interpreta algumas formas de arte rupestre como relativas ao calendário, e as gravuras em ossos e chifres como um sistema de notações; além disso, ele pressupõe que algumas representações têm um significado ecológico e sazonal, traduzido simbolicamente, por exemplo, pela presença de fauna e flora pertencente a determinadas estações ou regiões (*apud* Conkey, 1981, p. 23). Assim, a arte ritual é frequentemente uma chave de acesso tanto à economia e à vida cotidiana de um povo como à sua religião.

Em El Castillo, na Espanha cantábrica, cerca de 50 marcas de mãos foram pintadas em negativo numa parede, soprando ocre vermelho em torno da mão pressionada na rocha. Embora tal símbolo ainda não tenha sido interpretado com clareza pelos estudiosos que se ocupam desse período, ele nos lembra as marcas de mãos vermelhas encontradas nas paredes na região maia do México, marcas que, de acordo com a tradição popular, eram deixadas pelos escravizados destinados ao sacrifício. No entanto, poderia tratar-se de uma interpretação fantástica, uma vez que na crença dos Pueblo (que muitas vezes apresenta uma influência mexicana) a marca da mão é uma "assinatura" que atrai bênçãos sobrenaturais ou assinala o cumprimento de um rito. Algumas representações animais, que com toda evidência desenham homens vestidos com peles e chifres de animais, foram interpretadas como representações de feiticeiros. Os rebanhos de bisões no teto de Altamira poderiam indicar simbolicamente os diversos grupos humanos que foram para a caverna por vários motivos e para ali celebrar ritos, e assim ela pode ter constituído um lugar de reunião sazonal para indivíduos que se encontravam dispersos em toda a região (Conkey, 1981, p. 24). Poderíamos nos perguntar se Altamira não era um centro de peregrinação do antigo período magdaleniano.

René Huyghe, discutindo a arte rupestre do Paleolítico, ressalta que o fac-símile é considerado mais eficaz pelos povos que criam essas imagens mágicas. Ele também explora a função do fac-símile, citando as gravuras nas paredes das tumbas egípcias, nas quais as representações dos alimentos e dos móveis às vezes substituíam os objetos verdadeiros necessários para a vida no além-túmulo. Huyghe afirmou que a refinada técnica de execução das gravuras rupestres indica um provável ensinamento ministrado por feiticeiros-sacerdotes (1962, p. 16-18). Com a transição do Paleolítico para o Mesolítico e o Neolítico, a arte rupestre se torna mais realista e representa os seres humanos empenhados em atividades comunitárias. Gravuras desse tipo encontram-se na entrada das cavernas, acessível para grandes grupos, mais do que nas cavernas escuras, nas quais anteriormente deviam ser realizados os ritos esotéricos. Essa arte de diferentes conteúdos religiosos e sociais é típica da costa ibérica que faz fronteira com a África e sua tradição sobreviveu até os tempos presentes entre os San africanos. As gravuras transmitem um grande movimento, que se expressa em poucos traços, quase abstratos (os guerreiros correndo em Teruel, p. ex.), em paralelo aos primórdios da arquitetura (o menir, provavelmente entendido como um receptáculo da alma do falecido). Ambas as expressões refletem as atividades mais sedentárias dos povos do Neolítico, pastoreio e agricultura, que estimulavam novas ideias e novos costumes (Huyghe, 1962, p. 21-24).

As Américas apresentam uma grande quantidade de cavernas e uma arte rupestre muito diversificada, do Alasca à América do Sul. A maioria de suas manifestações remonta ao período do século XI ao fim do século XIX d.C.; seus temas são animais, seres humanos, seres sobrenaturais e desenhos abstratos. Essa arte tem um caráter predominantemente religioso, não obstante a presença de algumas cenas de tipo histórico ou narrativo (representando, p. ex., cavaleiros espanhóis). A magia para favorecer a caça é representada por uma linha do coração traçada no interior do animal, às vezes traspassada por uma flecha. O mítico Pássaro do Trovão, que tinha a função de controlar os temporais, mas que era também um símbolo do clã e um antepassado sagrado com o papel de guardião entre os Hopi, é um tema recorrente. Nas regiões do Sudoeste, a serpente emplumada, conhecida no antigo México como o deus Quetzalcoatl, era a guardiã das nascentes e dos riachos e aparece nas pinturas murais dos *kiva* e em relevos rupestres. Nas San Francisco Mountains na Baixa Califórnia, uma serpente emplumada de quase 5 metros de comprimento está no centro de uma cerimônia que envolve homens vermelhos e negros e cervos. Por outro lado, Maria Teresa Uriarte vê nesta grande figura uma serpente-cervo, que une a força natural de ambas as criaturas (1981, p. 151). Os homens que a cercam usam penteados de serpente-cervo e, portanto, devem pertencer a um grupo cultual. Uriarte também sugere que o animal bipartido pode representar um mito relativo à criação dos dois sexos. As centenas de marcas de mãos descobertas no Arizona, Utah e no norte da Califórnia devem ter um significado ritual. Os Chumash da Califórnia pintavam em remotas áreas montanhosas figuras sobrenaturais que acreditavam ligadas aos sonhos e às visões. Os próprios Chumash e outros grupos consumiam ritualmente um licor obtido de uma planta alucinógena, o *jimsonweed*, que poderia ter estimulado esse tipo de arte ritual. As gravuras realizadas sobre a pedra pelos Navajo assinalavam os lugares sagrados que tinham sido palco de eventos míticos; eles representavam com frequência o *yei*, equivalente ao *kachina* dos

Pueblo, um personagem divino geralmente associado ao cultivo do milho. Campbell Grant (1967) sugere uma função importante de alguns símbolos da arte rupestre: eles constituiriam sistemas mnemônicos para os ritos e para o registro de determinados eventos. Os Ojibwa contemporâneos depositam tabaco, bastões de oração e roupas aos pés das pinturas rupestres como oferendas para os seres sobrenaturais nelas representados. Os Ojibwa acreditam que o xamã pode penetrar na rocha e negociar com o espírito em questão, oferecendo-lhe tabaco em troca de um medicamento especial (Grant, 1967, p. 32, 147).

Na Baixa Califórnia central, Uriarte (1981) assinala 72 cavernas pintadas com 488 figuras ou grupos figurativos, muitas das quais tinham o corpo ornado de pinturas de várias cores.

Cores semelhantes são características também das gravuras que se encontram nas cavernas do noroeste da Austrália, onde, entre os Kulin, Bunjil, o mítico Ser supremo, se transformou com todo o seu povo em estrelas e teve como filho o arco-íris. O lugar preferido de Bunjil era a Caverna do Anjo, criada por ele quando ele falou às rochas e em seguida as abriu (Massola, 1968, p. 59, 106).

As cavernas artificiais

Algumas das mais famosas cavernas pintadas encontram-se na Índia. Em Ajantā, o estilo Gupa dos séculos V e VI representa o apogeu da era clássica, embora as cavernas em si existissem desde o século II a.C. e a atividade pictórica continuasse até o século VIII d.C. Nas paredes são representadas cenas das vidas de Gautama Buda, dos *bodhisattva* e de outros seres divinos, concebidos segundo o estilo da vida de corte da época; são ilustrados os relatos extraídos dos Jātaka, que narram as experiências terrenas precedentes do Buda. A representação ocasional de *mudrā* (posição das mãos) evidencia que alguns personagens estão envolvidos em conversas de tema religioso. No entanto, a característica mais extraordinária dessas cavernas, assim como as que se encontram em Ellora e em outras ainda, é o fato de terem sido escavadas em arenito: montanhas inteiras foram transformadas em santuários e monastérios por devotos, bem como por arquitetos e escultores anônimos. As 30 grutas de Ajantā, escavadas na parede semicircular de uma montanha do planalto de Decã, nas proximidades de Aurangabad, têm a função de *caitya* (capela) ou de *vihāra* (monastério). O *caitya* é constituído por uma abside, duas naves laterais e uma nave central na qual se encontra um *stūpa*, todo escavado na rocha viva. No *vihāra* se encontram uma sala de reunião e as celas dos monges. Nas grutas mais antigas, o Buda não é representado por uma figura antropomórfica, mas por símbolos como a árvore da iluminação ou as marcas dos pés. Mais tarde as grutas se encheram em seu interior e na entrada de esculturas em relevo ou completas que representam em proporções majestosas o Buda e os *bodhisattva* e uma exuberante variedade de outros temas, como elefantes, búfalos, personagens masculinos e femininos em diversas atitudes, medalhões em forma de flor de lótus e outros motivos florais. Em Ajantā, a síntese perfeita de arquitetura, pintura e escultura produziu um monumento insuperável da fé budista.

Sempre escavadas na montanha, entre os séculos IV e IX d.C., as grutas de Ellora são uma obra-prima escultural. Diferentemente das grutas de Ajantā, dedicadas ao budismo, estas envolvem três crenças religiosas: as grutas mais antigas, que remontam ao período anterior a 800 d.C., são budistas, ao passo que as jainistas abarcam o período de 800 a 1000 d.C. e as hinduístas se distribuem de 600 a 900 d.C. Em Ellora, o grande tempo hinduísta dedicado a Shiva, chamado o Kailāśa, representa precisamente o Monte Kailāśa, a morada dos deuses. Nas grutas budistas mais antigas, o grande número de budas, *bodhisattva* e *shakti* inspira-se na filosofia do Vajrayāna, segundo a qual o estado de Buda é obtido com a autodisciplina e a meditação. As grutas hinduístas são dedicadas a Shiva, que recebe culto no símbolo fálico chamado *liṅga*, encontrado no interior de todos os seus templos. Shiva também é tema de muitas representações esculturais, concentradas nas suas diversas manifestações: ele é representado como personificação da morte e do tempo, como criador e destruidor do universo, como amante divino e como senhor da dança. A esposa de Shiva, Parvati, deusa do amor e da beleza, e o filho do casal divino, Ganesha, com cabeça de elefante, deus da sabedoria, estão ao lado do deus. Este último às vezes é representado na sua forma metade masculina e metade feminina e também Brahmā e Viṣṇu são retratados em várias formas. O estilo das gravuras de Ajantā lembra a estrutura do *maṇḍala*, o diagrama cósmico, enquanto a escultura jainista de Ellora inspira-se livremente nos temas do hinduísmo e representa as divindades hinduístas.

Entre as numerosas grutas escavadas na rocha que se encontram na China, as mais espetaculares são, sem dúvida, as conhecidas como as Grutas de Longmen, em Luoyang, na província do Henan. Trata-se de um conjunto cuja construção começou no século V d.C. e continuou pelos quatro séculos seguintes; ele é composto por 2.100 grutas e nichos e mais de 40 pagodes, que contêm mais de 100 mil estátuas, a maior das quais tem 16 metros e 40 centímetros de altura, enquanto a menor mede apenas 12 centímetros.

A maioria das estátuas contidas nas grutas retrata Buda, mas são também representados assistentes, guerreiros, os discípulos de Buda, os *bodhisattva* e, na abóbada, uma flor de lótus gigante, símbolo do nascimento divino, da pureza, da força criadora e das marcas dos pés de Buda.

As paredes da Gruta dos Dez Mil Budas são recobertas por uma infinidade de figuras em relevo que representam Buda, criando uma visão de efeito que incute no observador um reverencial sentido do sagrado.

Templos rupestres e tumbas

As tumbas subterrâneas e escavadas na rocha do antigo Egito atestam o uso de materiais de construção naturais e encontrados no local. A pedra, disponível em abundância no Egito, era usada para a construção de grandes monumentos. A partir do Reino Médio, as tumbas para os oficiais do Alto Egito eram escavadas nas paredes rochosas que ladeavam as margens do Nilo e, durante o Novo Reino, o Vale dos Reis, na margem oeste do Nilo, diante de Luxor, era então a necrópole dos faraós, sepultados nos templos escavados na rocha das duas vertentes do vale. O templo fúnebre da Rainha Hatshepsut, em Deir al-Bahri, foi escavado na montanha em vários níveis e, durante o reinado de Ramsés II, pertencente à décima nona dinastia, de uma montanha do Alto Egito foi escavado o templo espetacular de Abu Simbel. Na Pérsia, as tumbas reais escavadas na rocha em Naksh-i-Rustam, nas proximidades de Persépolis, remontam ao período entre os séculos VI e IV a.C. O rei é ali representado diante de um altar do fogo, acima do qual é retratado o deus Ahura Mazdā, cujo rosto é circundado por uma aura circular, símbolo de eternidade. Em Petra, na moderna Jordânia, os nabateus, há mais de 2 mil anos, escavaram sua capital na rocha. Não apenas os templos e os edifícios de uso civil, mas também os túmulos dos reis se encontram em grutas artificiais.

No México, os túmulos em poço – em que o poço, escavado no solo, terminava numa câmara lateral que abrigava o defunto – eram, sem dúvida, representações de cavernas, nas quais o falecido voltava à terra que lhe dera a vida. O *temazcal*, o banho de suor purificante, usado por milênios nesta região, era, no período pré-colombiano, "a casa das flores", em que a flor é o símbolo do útero e da caverna.

Um exemplo significativo de cavernas funerárias, ainda que artificiais neste caso, é o das catacumbas de Roma. Trata-se de cemitérios construídos pelos cristãos no século I d.C. Eles foram confiscados duas vezes, durante o século III e no começo do século IV. Após a perseguição sangrenta ordenada por Diocleciano, quando em 313, graças a Constantino, os cristãos conseguiram viver em paz, as catacumbas foram ampliadas, embelezadas com afrescos e inscrições relativas aos mártires cristãos e por fim se tornaram meta de peregrinação.

Na região subsaariana do Mali, os povos dos Tellem, que prosperaram do século XI ao XVI, sepultavam os mortos em cavernas especiais, juntamente com móveis funerários e roupas para o além-túmulo. Os objetos eram ritualmente destruídos com o objetivo de libertar o espírito do defunto. Numa dessas cavernas foram encontrados 3 mil esqueletos. Entre as oferendas deixadas em algumas cavernas, situadas em altas paredes rochosas, havia os restos dos ossos de um grou-coroado-oriental e de uma tartaruga, animais que aparecem na mitologia dos Dogon, que ocuparam a região depois dos Tellem (Bedaux, 1982, p. 28-34).

Na região de planícies do México que pertenceu aos maias e na América Central, o solo, de natureza calcárea, está repleto de cenotes. Talvez por constituírem as únicas reservas de água na Península de Yucatán, pobre de cursos d'água, os cenotes foram venerados como lugares sagrados e uma de suas funções era servir de câmara funerária. O grande cenote de Chichén Itzá é bem conhecido, assim como as histórias sobre belas moças lançadas nas águas desse poço-caverna. Na realidade, ele era um lugar em que adolescentes de ambos os sexos eram oferecidos em sacrifício às divindades das águas. Um relato do século XVI, redigido por Frei Diego de Landa, fala de crianças das quais se extraía o coração e cujos corpos eram depois depostos no cenote. Propiciar as divindades das águas por intermédio do sacrifício de crianças era um rito comum: as vítimas eram acompanhadas de incenso, joias de ouro e de jade, ainda mais caro que o ouro e símbolo da água e de tudo o que é precioso. [Cf. o verbete Jade.] Esses ritos sacrificais estavam ligados ao cultivo do milho, mas também tinham finalidades proféticas e divinatórias. Os sacrifícios de crianças se intensificavam antes da estação das chuvas ou durante períodos de seca. Alguns relatos afirmam que se desciam as vítimas ainda vivas no poço-caverna para que se comunicassem com a divindade e depois elas eram deixadas ali para morrer afogadas. Do templo principal partia uma procissão que chegava ao templo próximo do cenote; ali os sacerdotes instruíam a vítima sobre a mensagem a ser transmitida à divindade e em seguida era realizado o sacrifício. As paredes da espetacular caverna de Naj Tunich, na Guatemala, são cobertas por gravuras do século VIII, que representam cenas do jogo da pelota (um jogo ritual cujo simbolismo está ligado ao céu e à relação entre vida e morte), cenas de sangria ritual, anões (associados tanto ao céu como ao Mundo Inferior), conchas (símbolo de nascimento e de morte) e longas colunas de hieróglifos, a maioria relativos ao calendário. George Stuart (1981, p. 220-235) observa que os maias do período clássico consideravam os números e os dias de seu calendário como uma procissão de figuras divinas que marchavam ao longo de um percurso eterno e infinito. Os maias acreditavam que as cavernas, assim como as raízes da árvore sagrada de *ceiba* que mantém o céu e a terra unidos, chegavam às profundezas do além-túmulo. As cavernas constituíam a entrada deste mundo, chamado Xibalba, no qual habitavam as divindades do Mundo Inferior. Stuart lança a hipótese de que a grande caverna de Naj Tunich era a representação tangível de Xibalba, o lugar da morte.

Bibliografia

ANDREWS, E.W. *Balankanché, throne of the Tiger Priest*. Nova Orleans, 1970.

BEDAUX, R.M.A. Rediscovering the Tellem of Mali. *Archaeology*, vol. 35, p. 28-34, 1982.

CARPENTER, E. Silent music and invisible art. *Natural History*, vol. 87, p. 90-99, 1978.

CONKEY, M.W. A century of palaeolithic cave art. *Archaeology*, vol. 34, p. 20-28, 1981.

ELIADE, M. *Le Chamanisme et les techniques de l'extase*. Paris, 1951 [trad. bras.: *O xamanismo e as técnicas arcaicas do êxtase*. São Paulo: Martins Fontes, 1998].

ELIADE, M. *Das Heilige und das Profane*. Hamburgo, 1957 [trad. bras.: *O sagrado e o profano*. São Paulo: WMF Martins Fontes, 2018]).

GRANT, C. *Rock art of the American indians*. Nova York, 1967.

HEYDEN, D. An interpretation of the cave underneath the Pyramid of the Sun in Teotihuacán, México. *American Antiquity*, vol. 40, p. 131-147, 1975.

HEYDEN, D. Los ritos de paso en las cuevas. *Boletín Instituto Nacional de Antropología e Historia* (México), vol. 2, p. 17-26, 1976.

HUYGHE, R. (org.). "Prehistoric Art. Art Forms and Society", e "Primitive Art. Art Forms and Society". *Art and Mankind*, vols. I-IV. Londres, 1962-1965. vol. I, p. 16-25, 72-77; trad. ingl. de *L'art et l'homme*, vols. I-III. Paris, 1957-1961.

LEIGHTON, D.C.; ADAIR, J. *People of the Middle Place:* a study of the Zuni Indians. New Haven, 1966.

LEROI-GOURHAN, A. *Préhistoire de l'art occidental*. Paris, 1965.

MASSOLA, A. *Bunjil's cave* – Myths, legends and superstitions of the Aborigines of South-East Australia. Melbourne, 1968.

STUART, G.E. Maya Art Treasures Discovered in a Cave. *National Geographic*, vol. 160, p. 220-235, 1981.

URIARTE, M.T. *Pintura rupestre en Baja California*. México, 1981.

YOON, H. *Geomantic relationships between culture and nature in Korea*. Taipei, 1976.

Doris Heyden

CENTRO DO MUNDO

É difícil subestimar a importância do simbolismo do centro do mundo, pois ele estabelece a ordem do universo, unindo o destino espiritual da humanidade ao de cada indivíduo. A expressão *centro do mundo* se refere àquele lugar onde as diversas modalidades do ser se encontram; o lugar onde se torna possível a comunicação e a passagem. O centro do mundo é o coração da realidade, o lugar onde o real se manifesta plenamente. A natureza dessa manifestação pode variar muito de uma cultura para outra, assumindo a forma de um poder indistinto e indefinido ou o aspecto direto de uma divindade. Como o centro se apresenta sempre separado, enquanto lugar extraordinário em que a realidade se mantém íntegra, ele é sempre um lugar sagrado, qualitativamente diferente do espaço profano. Na concepção religiosa do mundo, toda área habitável e ordenada tem um centro, um espaço sagrado por excelência. Por esse motivo o centro do mundo não pode ser definido em termos ou formas puramente geométricas.

Podem existir diversos centros do mundo em cada cosmos ou microcosmos apenas porque o centro mantém uma relação especial com o sagrado. As tradições religiosas da Mesopotâmia, da China e da Índia não viram nenhuma incoerência em reconhecer um grande número de lugares sagrados, cada um deles chamado "centro do mundo". O centro do mundo é mais um lugar da geografia mítica, um retrato simbólico do real conhecido e dos aspectos essenciais do mundo, que um cálculo distanciado e objetivo do espaço abstrato.

Para as culturas que subdividem o universo em reino dos céus, reino inferior e lugares intermediários povoados por vários tipos de seres, o centro do mundo é o lugar onde todas essas realidades se entrecruzam e onde o contato com o sagrado é imediato. A existência de um centro sagrado é a condição para a construção sistemática do mundo com o seu corpo de realidades representadas e correlacionadas entre si: um ponto sagrado isolado do resto do espaço homogêneo; uma abertura simbólica de um nível da realidade para outro; um *axis mundi* (árvore, montanha, escada, videira ou coluna) que simboliza a comunicação entre regiões cósmicas; e a abertura de um mundo habitável e organizado que se estende a partir do centro. O cosmos que surge em torno de um centro sagrado se opõe ao espaço caótico que se estende além dele e que nunca recebeu uma organização por parte das divindades, nem foi consagrado por rituais inspirados nos atos criadores das divindades. O espaço indeterminado além do cosmos é inabitável porque ali não há possibilidade de comunicação com o mundo sobrenatural. No "outro mundo" residem seres demoníacos, espectros, monstros, almas dos mortos ou estrangeiros.

Formas simbólicas

Para ilustrar a difusão do conceito de centro do mundo e a persistência do seu significado básico, podemos observar algumas das suas representações simbólicas mais comuns: a montanha sagrada, a árvore cósmica, a ponte ou a escada que liga os reinos cósmicos; os santuários, os tempos, os sepulcros; as cidades sagradas, os espaços domésticos, os espaços pessoais; as músicas sacras.

Na Ásia encontramos o elaborado simbolismo religioso do Monte Meru, a montanha cósmica, cujos significados simbólicos complexos se encontram por toda parte na literatura indiana pós-védica e sobretudo nos *Purāṇa* do hinduísmo e em alguns textos budistas. Em seu topo se encontram as cidades dos deuses. Existe desde o início dos tempos. Por suas encostas escorrem as águas imortais que preenchem o Lago Anavatapta. O Ganges, rio sagrado, brota do Monte Meru. A montanha é o ponto fixo em torno do qual giram o sol e as estrelas. Próximo a ela estão reunidas outras montanhas sagradas. Ao subir as encostas do Monte Meru se atravessam todos os estados espirituais do ser até transcender, uma vez atingido o topo, qualquer modo de ser determinado. De maneira análoga, no primeiro taoismo, Kunlun é uma montanha cósmica paradisíaca que conecta céu e terra. Nas narrativas referentes a P'anku, o homem primordial, Kunlun surge das águas caóticas do dilúvio que submergira a terra. Somente nesse lugar, no centro do universo, pode ser criada a vida humana e recriado o mundo.

No *Zhuangzi* e no *Liezi*, Kunlun é lugar onde o Imperador Amarelo "morre" para o mundo profano para voar ao céu sob as vestes imortais do homem-pássaro. No *Liezi* há também uma descrição da Montanha Hu-ling, lugar paradisíaco, em que os habitantes vivem uma eterna juventude devido à água borbulhante da fonte sagrada em seu topo. O espírito é o único veículo capaz de transportar aqueles que querem empreender uma viagem ao longo das encostas da montanha cósmica. Encontrar o caminho para chegar a essa montanha equivale a retornar aos primórdios do tempo, onde, depois de deixar as roupas do corpo adulto, readquire-se o aspecto virginal, e onde a mente obtém um conhecimento indiferenciado e sem limites, como uma fonte sem fim. A ascensão transcende todos os estados particulares e atinge o modo de ser da preexistência, a condição do "homem-espírito" (*shen-jen*) considerado o ideal taoista do homem santo no *Liezi*, no *Huainanzi* e no *Zhuangzi*.

Poderíamos citar uma longa lista de montanhas cósmicas colocadas no centro do mundo. A montanha mais importante da cosmologia uralo-altaica, Sumbur, Sumur ou Semeru, está situada diretamente sob a Estrela Polar, que representa o ponto central do céu. Na mitologia norueguesa, Himinbjörg, "a montanha celeste", encontra-se no centro da terra, onde o arco-íris toca a abóbada celeste. Na Bíblia (Jz 9,37) o Monte Gerizim é chamado *ṭabur ha-arets*, "o umbigo da terra". De fato, algumas tradições relatam que a Palestina, por estar situada muito próximo da montanha cósmica, era a única terra que não foi submersa pelo dilúvio universal. Já em seu nome o Monte Tabor suscita associações com o umbigo, *ṭabur*, da terra. Uma tradição islâmica do século IX, citada por Al-Kisā'ī de Kufa, considera que a sagrada Caaba é o lugar mais elevado do mundo, situado diretamente sob a Estrela Polar (ou seja, no centro do mundo). Segundo uma tradição cristã tomada do siríaco *Livro da Gruta dos Tesouros*, o Gólgota é o centro do mundo, o cume da montanha cósmica e o ápice da história da salvação. Adão foi criado e sepultado nesse lugar, o mesmo em que o sangue de Cristo foi derramado para a redenção do mundo. A imagem da montanha cósmica nos introduz imediatamente no conceito de *axis mundi*, "o eixo do mundo", que simboliza a comunicação entre os diversos planos do ser. Ao mesmo tempo, o *axis mundi* entra em relação com o simbolismo da ascensão, uma vez que se podem transcender os planos da existência ao longo de um eixo vertical. [Cf. o verbete Montanha.]

Outro símbolo do centro do mundo muito conhecido é o da árvore cósmica que atravessa os níveis do mundo, tornando possível a comunicação e a passagem entre eles. Na tradição religiosa báltica, no centro do mundo se encontra o Saules Koks, "a árvore do sol". Cresce no topo da montanha celeste, o domínio do Ser supremo celeste Dievs. Representa a fonte da vida. A árvore do sol permanece única e inacessível, ainda que muitas espécies terrestres de árvores possam ser usadas para representá-la. É feita de metais preciosos, ouro e prata. Uma esfera sobrenatural desce entre seus ramos, provavelmente associada com Saule, o sol, mãe de toda a vida. Igualmente, durante o período clássico (300-900 d.C.), entre os maias da América Central, o universo surgia a partir de Yaxche, "a primeira árvore ou a árvore verde" que se estendia para cima em direção ao zênite (o intervalo branco entre Leste e Oeste) e para baixo em direção ao nadir (o intervalo amarelo entre Oeste e Leste).

Algumas inscrições babilônicas falam de uma árvore negra chamada Kiskanu que cresce em Eridu, um lugar no centro do mundo. A árvore sagrada é descrita em termos cósmicos: brilha com o celeste fulgor das noites estreladas e estende seus ramos rumo ao oceano cósmico que circunda o mundo. É o lugar onde está presente Ea (Enki), o deus da fertilidade e das invenções culturais, e é o lugar de descanso de Bau, mãe de Ea, a divindade dos rebanhos abundantes e da agricultura. O relato escandinavo da criação, o *Völuspá*, fala da árvore cósmica Yggdrasill, cujas raízes chegam ao centro da terra. Odin deixa um de seus olhos na fonte de Mímir ("memória" ou "meditação"), situada perto de Yggdrasill, em troca do privilégio de revigorar a sua sabedoria todas as vezes que voltasse à fonte. Aos pés de Yggdrasill, na fonte de Urd, as divindades proferem suas sentenças. A água da fonte é obtida das três Nornas, as virgens que governam o destino humano. Entre os ramos de Yggdrasill, que se estendem entre o céu e a terra, vivem animais sobrenaturais. Aos pés da árvore se encontra a enorme serpente cósmica Nidhogg, que ameaça a própria existência da árvore roendo-a continuamente. Na copa da árvore está empoleirada uma águia que luta diariamente com a serpente. O *Völuspá* não descreve apenas a criação do mundo, mas também o seu fim, quando surgirá uma era paradisíaca. Também naquele tempo Yggdrasill resistirá. [Cf. o verbete Árvore.]

O simbolismo do centro do mundo também pode ser expresso por uma série de outros símbolos – uma escada, uma videira, uma corda, uma ponte – cada um dos quais é um *axis mundi* que põe em relação céu e terra ou os diversos planos cósmicos da realidade. [Cf., p. ex., o verbete Ponte.] Para os Desana, um grupo de dialeto tukano da área do Rio Vaupés no sul da Colômbia, o centro do mundo é ocupado por Go'a-mëe, que atravessa o centro de todas as áreas do universo. Go'a-mëe é comparado ao pênis do criador Pai-Sol. Sob a forma de um osso tubular (*ve'e go'á*), reúne todos os níveis cósmicos numa troca contínua. Esse imenso falo no centro do mundo desempenha um papel fundamental na criação, uma vez que transporta "a intenção amarela", o sêmen solar do criador, para o útero cósmico Ahpikondía ("rio de leite"), do qual deriva toda a vida.

A imagem do centro como origem de todo poder e lugar de toda passagem torna claro o significado religioso de uma série de lugares sagrados, dos santuários não oficiais aos templos e às catedrais até chegar a cidades inteiras. Os Mandan, povo indígena das Grandes Planícies que agora vive em Dakota do Norte, colocavam um santuário circular no centro de toda aldeia. Construído com painéis de madeira de cerca de 2 metros de altura, em seu centro se encontrava um poste de cedro, imagem do ser sobrenatural Homem que vivia nos tempos do mito. Homem era irmão do primeiro homem. Os Achilpa, um povo dos Aranda (Arunta) australianos, colocam em seus assentamentos Kauwa-auwa, o poste sagrado formado pelo tronco de uma árvore-da-goma. É a coluna construída pelo lendário antepassado Numbakula, consagrada com sangue e utilizada para a ascensão ao céu durante o período mítico. É o meio de comunicação entre este mundo e o mundo superior: entre este tempo e o tempo mítico dos antepassados. Todas as vezes que os Achilpa viajam, levam Kauwa-auwa com eles e seguem a direção indicada pela inclinação do poste sagrado. Dessa maneira a comunicação com o sobrenatural será sempre possível.

O templo, sendo colocado no centro do mundo, também atravessa todos os níveis da realidade. O rochedo de Jerusalém se estende até as águas subterrâneas (hebraico: *tehom*). A Mishná localiza o templo diretamente sobre as águas do caos. Assim, o rochedo do Templo de Jerusalém fecha "a boca do *tehom*". Os santuários babilônicos de Nippur e Larsa foram denominados *duranki*, "ligação entre o céu e a terra". Na antiga Babilônia o templo servia para conectar o céu e a terra: era construído sobre o *babapsu*, "porta de *apsu*", as águas do caos que existiam antes da criação. O *stūpa* de Borobudur em Java foi construído tomando como exemplo a forma de uma montanha que ocupava o centro do cosmos. Só aqui no centro do universo é possível ter contatos diretos com a budidade. Subindo as escadas do *stūpa*, o peregrino atravessa todos os planos da realidade.

Em alguns casos, a cidade se torna o lugar sagrado onde céu e terra se unem. Ao projetar as capitais sagradas, os arquitetos orientavam as áreas edificáveis para as forças cósmicas, para que as preenchessem com seu poder sagrado e as tornassem habitáveis. Por intermédio de atos rituais, concentrava-se o poder sobrenatural de um reino dentro dos limites da cidade. Na Tailândia o novo rei realizava uma volta ritual (*liap mo'na*) em torno da capital. No Egito celebrava-se uma cerimônia chamada Circuito da Muralha Branca todas as vezes que um novo faraó chegava a Mênfis. O rito era inspirado nas ações de Menés, que projetara a cidade sagrada. Quando Rômulo delineou a circunferência de Roma, traçou um sulco de modo a projetar a cidade segundo o modelo de um cosmos perfeito. Essa linha, o *pomerium*, foi depois marcada com pedras e considerada sagrada. A capital não apenas era tornada habitável ao ser consagrada como lugar sagrado, mas ela mesma se tornava o ponto de irradiação de forças sagradas para todo o reino. O poder sagrado, gerado no centro da capital durante os ritos, saía das portas da cidade para se estender ao mundo inteiro. Desse modo, a cidade, muitas vezes construída seguindo modelos celestes, se tornava uma fonte de nova santificação e de renovação sagrada do mundo agora corrompido. Essa era a função da cidade sagrada de Cuzco, a capital inca nos Andes sul-americanos, e de Tenochtitlán, capital asteca e centro de forças vitais na América Central nos primeiros anos do século XVI d.C. Tenochtitlán era chamada a "raiz", o "umbigo" e o "coração" da camada terrestre no cosmos. Era considerada o lugar "supremo", onde o mundo humano entrava em união com o Doador da vida, enquanto regia as múltiplas camadas do reino celeste e se comunicava com o Mundo Inferior. Como recita um adágio asteca: "Quem ousaria conquistar Tenochtitlán? Quem poderia abalar os alicerces do céu?" (*apud* LEÓN-PORTILLA, M. *Pre-Columbian literatures of Mexico*. Norman/Oklahoma, 1968. p. 879).

O simbolismo do centro do mundo não se limita de modo algum a casos excepcionais. A casa frequentemente contém o centro do mundo. [Cf. o verbete Casa.] Os Barasana do noroeste da Amazônia concebem sua maloca, a longa casa onde vivem grupos familiares inteiros, como uma imagem do universo, sobretudo durante a Festa de Jurupari. Durante os ritos conhecidos como He, a casa se torna o centro do universo, onde teve início a vida quando a mítica ancestral Anaconda nadava naqueles lugares, desintegrando-se depois nas diversas partes que iniciariam as várias linhagens do povo. De seus longos ossos nasceram as flautas sagradas e as trombetas tocadas durante as festas. Tais instrumentos eram colocados lado a lado para reconstruir – literalmente para reunir os membros – o antepassado assim como era nos primórdios do tempo, íntegro e inteiro, no centro da casa-universo. Na tradição dos Barasana, toda a casa é "cosmicizada" nas ocasiões rituais. Em outras culturas, algumas estruturas da casa servem de imagens do centro do mundo: a trave central, o pilar central, a chaminé, a lareira etc.

A tendência a localizar o centro do universo nos mais variados lugares chega ao ponto de encontrá-lo até no interior do próprio corpo. É o caso de algumas escolas tântricas, que rejeitam a validade de um *maṇḍala* externo preferindo localizar o centro do *maṇḍala* no próprio iogue. O *maṇḍala* interior, imagem do universo, torna o iogue capaz de identificar o seu "corpo místico" com um microcosmos inteiro. Todas as vezes que o chacra interior, a "roda" que permite a inserção da vida cósmica na vida psíquica, é ativado, o praticante progressivamente penetra no centro do *maṇḍala* interior, imagem do universo.

Há uma tendência a replicar a imagem do centro do universo sob múltiplas formas. Em determinado momento do processo da criação do mundo, nos relatos míticos dos Dogon de Mali, um ser sobrenatural conseguiu unir o céu e a terra com um fio feito de fibras, tecendo os símbolos das palavras criadoras pronunciadas por Amma, o Ser Supremo. O simbolismo reproduzido pelas fibras, que incessantemente passam do céu à terra e da terra ao céu, se repete na imagem de um tambor especial, cujas duas faces são unidas por um intrincado tecido de fibras. O mesmo significado simbólico está presente numa brincadeira infantil na qual as mãos da criança são identificadas com as mãos do ser sobrenatural e a trama do fio estendido entre os dedos da criança imita as palavras-fibras criadoras que põem em comunicação o céu e a terra. O tear e a tecelagem têm o mesmo valor simbólico. A chuva é imaginada como o úmido sopro-fio que se enrola no céu ao longo dos raios de sol por meio das espirais avermelhadas da umidade que circundam o próprio sol. Essas réplicas da imagem do *axis mundi* sob várias formas – regiões da aldeia, desenho da casa, móveis rituais, ornamentos pessoais, jogos, utensílios de cozinha – tendem a identificar a plenitude do ser característica do centro do mundo com o universo inteiro. Embora o centro do mundo seja considerado o ponto de contato com o mundo celeste e consequentemente associado com o simbolismo da ascensão, também deveria ser claro que ele se comunica com os reinos subterrâneos do ser. Como esses reinos subterrâneos estão ligados à morte e à descida da alma ao Mundo Inferior, os rituais que se servem da morte simbólica (como as iniciações) muitas vezes são celebrados no centro do mundo. A morte é uma passagem de um modo de ser a outro. Na costa noroeste da América do Norte, o candidato kwakiutl, que experimenta uma morte simbólica durante sua iniciação no âmbito de uma irmandade de dançarinos, declara: "Eu estou no centro do mundo!" Ele está aos pés do "poste canibal" de cedro, recoberto de cortiça vermelha, que o preenche de poder sobrenatural: *nawalak*. Por outro lado, o tipo de morte associado com o centro do mundo pode ser compreendido ainda mais literalmente. Nesses casos, o túmulo se torna o centro do mundo.

Igualmente interessante é a crença de que no centro do mundo se encontram um ou mais sons, em geral música sacra, que permitem a passagem entre os vários níveis do mundo. Já mencionamos a imagem do tambor entre os Dogon, o instrumento de percussão que permite a transição e encarna a imagem do *axis mundi* em sua própria estrutura. No universo espiritual dos indígenas Warao do Delta do Orinoco, na Venezuela, a passagem de um reino do cosmos a outro é obtida atravessando uma serpente que serve de ponte. A serpente tem sininhos em seus chifres. O xamã aprende a passar de uma zona cósmica a outra entoando os sons (emitidos pelas flores, pelos insetos e pelos seres sobrenaturais) ouvidos durante sua primeira viagem. Os xamãs chiripá do sul do Paraguai cantam uma canção sagrada chamada "semelhante a uma ponte" na medida em que torna possível a comunicação entre o mundo celeste e o mundo terreno. Nas visões religiosas do mundo onde todo ser tem um som que o caracteriza individualmente, as combinações dos sons rituais da música sacra "dizem juntos", ou convocam, diferentes planos do ser ao mesmo tempo. As imagens espaciais, acima citadas, reúnem vários planos do ser no mesmo lugar; o som e a música sacra podem reunir diversos planos do ser no mesmo tempo.

Ações e comportamentos ligados

Até mesmo estes poucos exemplos ilustram uma série de ações coerentemente apropriadas no âmbito de ideias e de símbolos vinculados ao centro do mundo. Para começar, o lugar sagrado, o lugar do centro do mundo, é um lugar separado, deliberadamente tornado sagrado; um lugar onde, não obstante o aspecto comum e profano, é possível se comunicar com seres extraordinários. O lugar pode ser tornado sagrado por uma aparição arbitrária e espontânea de um poder sobrenatural (cratofania) ou então o evento sacralizante pode ser a aparição de um deus (teofania). Falando em geral, podemos dizer que um lugar pode ser isolado do restante do espaço profano graças à aparição do sagrado (hierofania). Uma segunda maneira de separar um lugar do espaço profano é a consagração mediante atos rituais. Os exemplos citados mostram a estreita ligação entre centro do mundo e criação, levando-nos assim a compreender o motivo pelo qual os rituais da constituição de espaços sagrados repetem de forma simbólica e estilizada as ações da cosmogonia. Do mesmo modo que o instante primordial da criação está na base de toda ação criadora, o lugar originário é o ponto para onde convergem todos os outros espaços que contêm a vida.

Por exemplo, nos ritos sacrificais védicos "o oficiante faz para si uma escada e uma ponte para alcançar o mundo celeste" (*Taittirīya Saṃhitā* 6,6,4,2). Antes de iniciar a ascensão para o mundo superior (às vezes na companhia da esposa), deve preparar e consagrar o poste sacrifical, o *yūpa*, moldando uma árvore que se assemelhe à árvore cósmica. Depois que o *yūpa* é preparado, é instalado como se fosse um pilar cósmico que sustenta e une os vários planos do ser: "Eleva-te, ó Senhor da Floresta, até o cume da terra" (*Ṛgveda* 3,8,3). A ideia é mais explicitada no *Śatapatha Brāhmaṇa* (3,7,1,4): "Com teu cume sustentas o céu, com teus ramos preenches o ar, com teus pés tornas firme a terra". Na ascensão do poste, o oficiante pode estender seus braços como o pássaro abre suas asas e exclamar: "Alcancei o céu e os deuses: tornei-me imortal!" (*Taittirīya Saṃhitā* 1,7,9).

A consagração de um espaço sagrado cria o mundo, em termos simbólicos, tornando-o habitável e assim possibilita a comunicação com os poderosos seres detentores da criatividade. A consagração comporta a implementação das estruturas do cosmos. A tenda sagrada dos algonquinos da América do Norte contém em si as estruturas essenciais do universo. A própria construção representa a cosmogonia: as portas e as janelas são os quatro pontos cardeais, cada um com sua cor. O teto é a abóbada celeste, o pavimento é a terra. No centro desse microcosmos se desenvolve a vida cultual dos seres humanos.

Os ritos do centro não incluem apenas construções que repetem a cosmogonia, mas também ritos de subida, descida e passagem entre os vários planos do ser. Os ritos sacrificais se realizam num centro, onde o espírito da vítima é capaz de passar de um plano a outro. Os sacrifícios oferecidos para a construção das habitações consagram os alicerces e infundem a vida às casas e às pontes usando a cosmogonia como modelo. Os ritos de cura se realizam num centro, onde a vida pode ser regenerada, fresca e poderosa, como foi gerada pela primeira vez no momento da criação.

Todo simbolismo do centro reflete a necessidade espiritual do homem de se orientar para o que é sagrado. Só a proximidade com o sagrado torna possível a vida humana enquanto atende à necessidade espiritual do que é real e repleto de significado.

Os exemplos citados acima mostram uma ambivalência fundamental do simbolismo do centro. As imagens espaciais sugerem duas coisas diferentes ao mesmo tempo: proximidade e distância. A mesma árvore ou monte cósmico que une o céu e a terra simultaneamente separa um do outro. Essa ambivalência do centro descreve bem uma qualidade primordial da experiência religiosa. De um lado, a viagem para o centro pode ser árdua e perigosa. Ninguém pode ter acesso ao centro, aos diversos planos do ser, sem uma atenta preparação e uma grande força espiritual. A viagem para o centro pode exigir uma completa transformação do próprio ser espiritual. De outro, a imagem do centro do mundo é multiplicada ao infinito. Isso nos garante que a comunicação com a plenitude da realidade é possível em todos os lugares. O fácil acesso a outros modos de ser é uma reminiscência do estado paradisíaco em que o universo se encontrava no momento da criação. A dificuldade da passagem, por sua vez, parece fundada na experiência de que toda comunicação ou aquisição de novos modos de ser comporta uma cessação ou "morte" do modo de ser profano. No entanto, a facilidade com que se pode chegar ao centro do mundo traz em si um profundo conhecimento da natureza do simbolismo religioso (neste caso, o simbolismo do centro): o seu caráter polivalente permite a ampliação do seu significado a níveis diferentes de sentido e a diversos planos de referência. Por exemplo, o simbolismo do centro em toda a sua plenitude de sentido se aplica ao centro do universo, ao centro da aldeia, a casa, ao espaço ritual, à fisiologia humana misticamente concebida e ao ato de concentração espiritual. Em cada plano, o significado do simbolismo do centro do mundo ressalta o fato de que no centro da existência se encontram uma experiência e um modo de ser completamente diferentes do mundo comum centrado nele. Paradoxalmente, a realidade do mundo deriva da conjunção desses dois modos de ser. [Cf. tb. o verbete *Axis mundi.*]

Bibliografia

Uma ampla bibliografia acompanhada de um lúcido exame do simbolismo do centro do mundo encontra-se em ELIADE, M. *Traité d'histoire des religions*. Paris, 1949. p. 315-331 [trad. bras.: *Tratado de história das religiões*. São Paulo: WMF Martins Fontes, 2016]. De ELIADE, cf. tb. *Le sacré et le profane*. Paris, 1965, p. 21-59 [trad. bras.: *O sagrado e o profano*. São Paulo: Martins Fontes, 1992] e *Images et symboles*: essais sur le symbolisme magico-religieux. Paris, 1952. p. 33-72 [trad. bras.: *Imagens e símbolos*: ensaios sobre o simbolismo mágico-religioso. São Paulo: Martins Fontes, 1991].

Estudos mais recentes, acompanhados de uma boa bibliografia, analisam imagens específicas e exemplos do centro do mundo. Sobre a montanha cósmica, cf. BASTIEN, J.W. *Mountain of the Condor*: metaphor and ritual in an Andean Ayllu. Saint Paul/Minnesota, 1978, e MABBETT, I.W. The symbolism of Mount Meru. *History of Religions*, vol. 23, p. 64-83, 1983. Sobre a árvore cósmica, cf. HOSOI, Y.T. The Sacred Tree in Japanese prehistory. *History of Religions*, vol. 16, p. 95-119, 1976. Para uma análise em que o simbolismo do centro abarca e unifica os simbolismos da montanha, da árvore cósmica, da cidade, da caverna e do templo, cf. os ensaios em BENSON, E.P. (org.). *Mesoamerican sites and world-views*. Washington/D.C., 1981. No que diz respeito à personalização do espaço cósmico, cf. ALBANESE, C.L. The multi-dimensional mandala: a study in the interiorization of sacred space. *Numen*, vol. 24, p. 1-25, 1977. Sobre a imagem da cidade, cf. MÜLLER, W. *Die heilige Stadt*: Roma quadrata, himlisches Jerusalem und die Mythe vom Weltnabel. Stuttgart, 1961; WHEATLEY, P. *The pivot of the four quarters*: a preliminary enquiry into the origins and character of the ancient chinese city. Chicago, 1971; e WHEATLEY, P.; SEE, T, *From court to capital*: a tentative interpretation of the origins of the Japanese urban tradition. Chicago, 1978. Cf. tb. CARRASCO, D. City as symbol in Aztec thought: the clues from the Codex Mendoza. *History of Religions*, vol. 20, p. 199-223, 1981. Para um estudo comparativo do papel das cidades como centros do mundo na literatura religiosa e na poesia, cf. DOUGHERTY, J. *The fivesquare city* – The city in the religious imagination. Notre Dame/Indiana, 1980. Para um exame do centro do mundo como lugar onde o ato criativo impõe a ordem sobre as forças do caos, cf. GIRARDOT, N.J. *Myth and meaning in early taoism* – The themes of chaos. Berkeley, 1983. Para a cosmografia budista e para a descrição do simbolismo do Monte Meru como centro do mundo, cf. COEDÈS, G. *Les trois mondes*. Paris, 1973. Para o exame do simbolismo cósmico aplicado aos espaços habitáveis, cf. MÜLLER, W. *Die blaue Hütte*. Wiesbaden, 1954. No que concerne ao "paraíso" que se encontra sobre uma montanha sagrada no centro do universo, cf. SOYMIÉ, M. Le Lo-feou chan: etude de géographie réligieuse. *Bulletin de l'Ecole Française d'Extrême-Orient*, vol. 48, p. 1-139, 1956. Sobre a concepção da casa como um microcosmos, com a lareira e com a praça para a dança como centro do ritual, cf. JACKSON, A. *Na-khi religion*: an analytical appraisal of Na-khi ritual texts. Haia, 1979; e HUGH-JONES, C. *From the Milk Rive*: spatial and temporal processes in Northwest Amazonia. Cambridge, 1979. p. 40-49, 235-282. Para uma análise do som sagrado como imagem do *axis mundi*, cf. SULLIVAN, L.E. Sacred music and sacred time. *World of Music* (Berlim), vol. 26, n. 3, p. 33-51, 1984; e NEEDHAM, R. Percussion and transition. *Man*, vol. 2, p. 606-614, 1967. Para um exame de como os ventos cósmicos das quatro direções se tornam concentrados e "santos" nos sons sagrados dos rituais da palavra, cf. MCNELEY, J.K. *Holy wind in Navajo philosophy*. Tucson, 1982, e WITHERSPOON, G. The central concepts of Navajo world view. *Linguistic*, vol. 119, p. 41-59, 1974. Sobre o templo como lugar de união dos seres, cf. SHULMAN, D.D. *Tamil temple myths*: sacrifice and divine marriage in the South Indian Saiva tradition. Princeton, 1980.

Para uma consideração sobre a maneira como a sacralidade do centro se une, paradoxalmente, aos confins do espaço, cf. TURNER,V. The center out there – Pilgrim's goal. *History of Religions*, vol. 12, p. 191-230, 1973; e REICHEL-DOLMATOFF, G. *Amazonian cosmo*: the sexual and religions symbolism of the Tukano Indians. Chicago, 1971, sobretudo p. 47-55, 116s.

Mircea Eliade
Lawrence E. Sullivan

CÉU (HIEROFANIAS CELESTES)

[Cf. tb. O verbete Céu (mitos e símbolos).]

A ideia de que existe uma estreita ligação entre os seres humanos e o céu estrelado é bastante antiga, diversificada e difusa. As cores mutáveis do céu, a alternância do dia e da noite, os diversos tipos de tempo atmosférico e as estações, os eclipses, o nascer e o pôr do sol, da lua e das estrelas: tudo isso contribui para suscitar aquele interesse, aquele sentido de reverência e de mistério que toma conta do ser humano diante do céu e dos fenômenos ligados a ele. Ao longo de toda a história da humanidade, este profundo fascínio que emana do mundo celeste deu origem a uma grande quantidade de mitos, ritos e monumentos. Para fins de pesquisa, essa ligação que une o cosmos com o ser humano pode ser oportunamente dividida em duas categorias distintas: uma constituída por representações tecnomórficas, a outra por representações antropomórficas (por sua vez classificáveis em divindades celestes consideradas personificações do céu e/ou dos corpos celestes, de um lado, e seres humanos de natureza celeste ou então que subiram ao céu, de outro).

Representações tecnomórficas

Desde épocas muito antigas, os homens tenderam a elaborar cosmologias baseadas na analogia que eles faziam entre a estrutura celeste e a atividade humana. As cosmologias desse tipo às vezes são chamadas, com um termo derivado do grego, "tecnomórficas": nestes casos, o céu é interpretado como um objeto (uma cúpula ou uma bacia) de ferro, de madeira, de pedra ou de qualquer outro material; as estrelas como simples buracos ou janelas, abertas na estrutura sólida do céu, ou então como tochas, chamas, pontos, flores, plantas ou animais. Não são raras fantasias ingênuas, como aquela segundo a qual as estrelas seriam fragmentos do velho sol ou da lua, despedaçados pelos espíritos, mas ainda continuamente polidos por eles.

As figuras que parecem se formar no céu, a partir de uma seleção arbitrária de algumas estrelas, deram origem às constelações. O livre-jogo da imaginação reuniu na Via Láctea um grande número de estrelas e juntou outro grupo em forma animal (a Ursa Maior) ou em forma de carro: o primeiro construído pelo homem, o carro de Odin, de Ícaro, de Jasão, de Abraão, de Davi, de Elias, de Pedro, de Maria, de Jesus, o carro cujas rodas rangem no coração da noite e cujos solavancos fazem cair a neve.

Muitas vezes, nessas ingênuas cosmologias, a Estrela Polar desempenha um papel fundamental, encontrando-se na extremidade do *axis mundi*, em torno do qual gira a abóbada celeste. [Cf. o verbete Estrelas.] Os estonianos, por exemplo, chamam a Estrela Polar de "eixo do firmamento" (*põhja nael*), em torno do qual gira a cúpula do céu. Também os Sami da Lapônia conhecem representações análogas: acreditam que se o eixo sair do lugar, então o céu cairá sobre a terra. Isso ocorrerá realmente no fim do mundo, quando todas as coisas serão consumidas pelo fogo. Os finlandeses dizem que o céu é a tampa da terra; os Buriate o veem como uma grande tigela giratória. Os Iacuto pensam que ele é formado por muitas peles de animais estendidas uma sobre a outra; a tradição dos Buriate esclarece que a Via Láctea é o ponto em que essas peles estão costuradas entre si. Inúmeras representações relativas ao "manto cósmico" e ao "pavilhão celeste" foram analisadas por Robert Eisler, em seu estudo *Weltenmantel und Himmelszelt*, de 1910. Influenciado pela Religionsgeschichtliche Schule, Eisler buscava os protótipos orientais que deviam estar na base de todas as crenças astrais do antigo Mediterrâneo. Além disso, ele vinculava a realeza sagrada à concepção de um Senhor cósmico, cujo emblema seria precisamente o manto estrelado. De acordo com Eisler, essa temática teria sido conservada na tradição cristã até os nossos dias.

A ideia de que as estrelas são os caracteres de uma misteriosa escrita celeste está ligada à forma das constelações. Essa espécie de "livro celeste", coincidente com toda a abóbada do céu, às vezes pode ser concebida como o registro expressivo especial escolhido por uma divindade específica (como, p. ex., o deus babilônico Nabu), um registro em que estão descritos o passado, o presente e o futuro de todo o universo. Com toda probabilidade, essa concepção deu origem à astrologia. [Cf. o verbete Astrologia.]

O sol, a lua e os principais corpos celestes muitas vezes também foram objeto de representações tecnomórficas. No maniqueísmo, por exemplo, o sol e a lua são dois barcos que navegam no céu: sua função é contribuir para o transporte da luz, que é mantida em cativeiro no mundo da materialidade.

Representações antropomórficas

Em todas as épocas e nas mais diferentes culturas, a personificação dos objetos e dos fenômenos naturais permitiu que o homem explicasse e compreendesse o mundo circunstante. A personificação do céu, em especial, projetada na forma de mitos, lendas e reflexões teológicas, foi um elemento essencial do pensamento humano. Tal personificação se expressa numa série de divindades, ou então na imagem de homens que, uma vez purificados, são transferidos para o céu.

As divindades celestes

Em muitas civilizações, o céu, o sol, a lua e os planetas são concebidos como divindades pessoais, responsáveis pelos vários aspectos da existência e por isso destinatários de orações e objeto de consultas, através das práticas divinatórias, sobre questões de grande importância. Sabemos que muitas mitologias – incluindo algumas das consideradas as mais antigas de um ponto de vista histórico e cultural – diferenciam entre uma divindade primordial do céu (como o Urano grego) e uma divindade ativa (como Zeus), posta na liderança do panteão divino. De fato, as divindades do céu geralmente tendem a se tornar divindades distantes e ociosas. E.O. James demonstrou que muitos povos, indo-europeus e também semíticos, originalmente veneravam um deus celeste. Esse deus do céu era o resultado do desenvolvimento de um antiquíssimo Ser supremo, distante e ineficaz, e agora se tornara o criador ativo e o senhor do universo.

Entre os deuses astrais, o principal é certamente o deus do sol. [Cf. o verbete Sol.] Trata-se da divindade suprema no Vale do Nilo (Rá-Atum), enquanto na Mesopotâmia (Shamash ou Utu) e entre os indo-europeus o deus do sol tinha uma posição subordinada. Seja como for, a divindade solar tem gênero feminino.

Outra presença importante em numerosas culturas é a da deusa lunar (ou do deus lunar, quando a divindade solar tem gênero feminino). [Cf. o verbete Lua.] Nas religiões do Mediterrâneo antigo, a deusa lunar frequentemente era representada como uma Grande Mãe, responsável pela fertilidade. A deusa iraniana Anahita, por exemplo, tinha entre os próprios atributos a lua crescente; também a Ártemis de Éfeso era vinculada à lua. Em seguida, tanto a Ártemis grega como a Diana romana foram definitiva e plenamente identificadas com a lua. O nome de Anahita também pode ser vinculado ao Planeta Vênus; de fato, na língua pálavi Anahid é o nome de Vênus. Outras "Vênus" eram a babilônica Ishtar, a fenícia Astarte, a aramaica 'Attar'at-teh e a árabe 'Attar o Astar. Às vezes, Vênus, a estrela da manhã e do anoitecer, é representada como uma divindade masculina. Na última fase da religião babilônica, os deuses planetários tinham identidades precisas e constituíam dois grupos distintos: o dos deuses benéficos (Marduk, Ishtar-Sarpanitu e Nabu) e o dos maléficos (Ninib e Nergal). Marduk correspondia ao Planeta Júpiter e, juntamente com Ishtar/Vênus, representava o início da criação: do amor entre os dois nascera Nabu/Mercúrio, o destino feliz do homem. Ao contrário, Nergal, que como deus da guerra corresponde a Marte e como deus dos mortos a Saturno, é uma força destruidora. Entre os babilônios o deus da lua (Enzu de Lagash, Sin de Akkad ou Nanna de Ur) era mais importante que o do sol, que se chamava Shamash, Babbar ou Ningirsu.

A relação entre o ser humano e as estrelas

O catasterismo, ou seja, a transferência dos seres humanos para o céu, geralmente na forma de constelações, está ligado a algumas crenças muito antigas: de que as crianças mortas se tornavam estrelas, por exemplo, que uma estrela cadente prenunciava a morte, ou que a própria alma humana era uma estrela. Esta última ideia, expressa naturalmente de modo menos ingênuo, é atribuída a Heráclito pelo neoplatônico Macróbio, no século IV: *anima scintilla stellaris essentiae*.

No século V a.C., Aristófanes ironizava o catasterismo. O físico Alcmeon de Crotona, ao contrário, pensava que a alma era imortal, precisamente como o movimento ininterrupto das estrelas. Eurípedes narrava que Helena de Troia tinha sido transferida para o "palácio de Zeus", situado além do céu estrelado. Também para "materialistas" como Leucipo e Demócrito os espíritos ardentes demonstram certa afinidade com o sol e com a lua.

O catasterismo é documentado também no Egito. De acordo com os *Textos das pirâmides*, o faraó segue no céu as estrelas Sirius e Órion: durante a sua ascensão, Sothis (correspondente a Sirius) age como sua irmã. Segundo Wilhelm Gundel, a ideia de que o homem, após a sua morte, continue a viver nas estrelas (ou que seja uma estrela já antes do nascimento) é de origem egípcia. Mas Walter Burkert ressaltou mais as diferenças entre a religião astral babilônica e a egípcia: enquanto em Babilônia é fundamental a divindade dos corpos astrais, os egípcios desenvolvem a ideia da correspondência entre o homem e as estrelas. A fé numa imortalidade de tipo astral, já proposta como eventual recompensa póstuma por Platão, depois se torna doutrina comum entre seus discípulos Crantor e Heráclides Pôntico. Em seguida, a mitologia e a ciência encontram um acordo, dando origem à representação de mitos escatológicos como os presentes na obra de Plutarco (46-119 d.C. aproximadamente). No entanto, tais representações não podem ser atribuídas à tradição pitagórica, como pensava Delatte. Entre os adeptos de Delatte, o principal defensor da tese pitagórica é L. Rougier, em polêmica com Franz Cumont, defensor, ao contrário, da tese da proveniência oriental, segundo as linhas da Religionsgeschichtliche Schule. Durante o período helenístico e no fim da Antiguidade, o Mundo Inferior subterrâneo dos mitos platônicos foi finalmente transferido para uma das regiões celestes.

Os deuses astrais, contudo, se transformam em demônios malignos apenas no gnosticismo, no qual, aliás, está implícita uma forte polêmica contra a astrologia. Esta última, originada no século III a partir de materiais babilônicos e egípcios, expressava a sensação da existência de uma relação particular entre os corpos celestes e o destino humano. Essa relação assumiu formas bastante complexas, talvez vinculadas a representações muito antigas como o "livro celeste", as figuras estelares e as constelações. Além disso, a astrologia expressou numa linguagem matemática certos métodos divinatórios baseados provavelmente na ideia da influência planetária sobre a história, individual e coletiva.

Bibliografia

Analisa as antigas crenças astrais EISLER, R. *Weltenmantel und Himmelszelt*: Religionsgeschichtliche Untersuchungen zur Urgeskichte des antiken Weltbildes. Munique, 1910. vols. I-II. Boas informações também em HOLMBERG, U.H. *Der Baum des Lebens*. Helsinque, 1923; e em GUNDEL, W. *Sternglaube, Sternreligion und Sternorakel*: Aus der Geschichte der Astrologie. Heidelberg, 1959. vols. I-II. Sobre a religião astral em Babilônia, cf. o volume II de KUGLER, F.X. *Sternkunde und Sterndienst in Babel* – Assyriologische, astronomische und astralmythologische Untersuchungen. Münster, 1907-1935.vols. I-VII.

Sobre o deus celeste dos semitas e dos indo-europeus, cf. James, E.O. *The worship of the Sky-God*: a comparative study in Semitic and Indo-european religión. Londres, 1936. Eu mesmo discuti algumas teorias sobre a religião astral: *Psychanodia I*: a survey of the evidence conceming the ascension of the soul and his relevance. Leiden, 1983.

Ioan Petru Couliano

CÉU (MITOS E SÍMBOLOS)

[Cf. o verbete Céu (hierofanias celestes).]

Antes de analisar o simbolismo do céu na grande variedade de formas em que se apresenta, parece oportuno relembrar aqui uma verdade simples sobre os seres humanos, ou seja, nós não podemos viver sem dar um significado à nossa vida, o que fazemos valendo-nos amplamente dos símbolos. De fato, muitos afirmam que o pensamento e o comportamento simbólico são as nossas características mais específicas enquanto seres humanos. Também a experiência religiosa, por ocorrer no interior da estrutura espaço-temporal, embora de vez em quando pareça transcender as limitações comuns, só pode ser expressa por meio de analogias com o que já nos é familiar. Assim, o simbolismo religioso frequentemente formula um paradoxo na medida em que representa a tentativa, por parte de homens e mulheres, de expressar o que jamais poderá ser completamente expresso recorrendo a analogias com o universo físico que conhecemos, constituído pelo céu, pelos corpos celestes, pelas plantas, pelos animais e assim por diante. E a universalidade do simbolismo celeste na história das religiões parece indicar que o céu expressou mais plenamente do que qualquer outro símbolo ao menos uma parte da experiência religiosa da vida.

A vida como a conhecemos hoje parece tender constantemente para direções diferentes, sem um plano ou um ponto de orientação. No entanto, as populações contemporâneas que vivem nas chamadas sociedades tradicionais, assim como os nossos antepassados religiosos, conheceram mundos muito diferentes, em que a interconexão das coisas é diretamente evidente ou até considerada óbvia. A diferença entre o nosso mundo fragmentado e um mundo especificamente religioso no seu significado deriva de uma propriedade específica dos símbolos que opõe às tendências divergentes da vida a tendência, própria deles, a unificar o máximo possível os múltiplos níveis de realidade, por meio de uma infinita série de analogias. Em outras palavras, o pensamento simbólico permite perceber a vida como um todo dotado de um sentido; além disso, faz do próprio indivíduo um símbolo, "aberto" assim às forças que atuam no mundo e capaz de superar a condição existencial humana, fragmentada e alienada, de uma maneira que escapa à maioria de nós.

O presente verbete tenta reconstruir alguma coisa daquela visão unificada da vida da qual o simbolismo celeste é parte integrante. Em primeiro lugar, procurarei esclarecer o que os filósofos e os historiadores das religiões entendem por lógica dos símbolos ou sistema de símbolos e, em especial, qual o sentido de falar de "estrutura" do simbolismo celeste em si. Depois tentarei fundamentar essa estrutura com exemplos extraídos das tradições religiosas do mundo e relativas aos mitos referentes ao céu.

O simbolismo celeste enquanto sistema

Nas culturas tradicionais e naqueles que não se expressam por meio da escrita, o céu sempre foi ao mesmo tempo um fenômeno natural e uma concepção religiosa. Se fosse preciso representar num esquema todas as ideias que as pessoas religiosas comumente associaram ao céu, o resultado poderia se aproximar de um sistema bipolar que apresenta as concepções do céu como realidade física num extremo, as puramente religiosas no outro extremo e uma área cinzenta entre os dois. Tal sistema incluiria, por exemplo, pares de opostos, como céu-terra ou paraíso-inferno e, se o esquema fosse tão amplo a ponto de compreender as religiões da Ásia, incluiria também noções como vacuidade ou vazio universal.

As Escrituras judaicas e cristãs podem ajudar a ilustrar toda a esfera semântica do céu. Os povos semíticos do antigo Oriente Próximo subdividiam em âmbito conceitual o universo em diversas camadas cujo número exato varia dependendo dos lugares e dos períodos históricos. O texto de Ex 20,4 apresenta a divisão do universo hebraico em três partes: o céu, a terra e o abismo constituído pelas águas abaixo da terra; ou então, segundo os Sl 115,16, o céu, a terra e o Sheol. A expressão "o céu e a terra", em Gn 1,1, indica simplesmente o universo visível no seu todo. Normalmente, a Bíblia imagina o céu físico como uma vasta calota hemisférica, às vezes, como em Sl 104,2, estendida sobre a terra como uma tenda. Em Gn 1,6, o céu é também o firmamento, no sentido de uma fina folha de metal batido; no Livro de Jó é um edifício sustentado por colunas (26,1), um depósito para neve e granizo (38,22). Em Gn 7,11, o céu tem janelas das quais a chuva cai na terra.

A reflexão cosmológica, contudo, não se esgota nas especulações sobre o mundo enquanto entidade física e sobre a composição das suas partes, mas tenta também dar uma resposta às eternas perguntas sobre a origem do universo, o significado do tempo e da história, a escatologia, o lugar dos seres humanos na ordem cósmica e o destino do homem.

Em Gn 1,7, é o próprio Deus quem separa as águas de cima e de baixo e quem chama o firmamento de céu. Gn 11,5 se refere ao céu como casa de Deus, embora em 1Rs 8,27 se afirme que até o céu mais alto não poderia contê-lo. Quando Elias é elevado ao céu do mundo dos vivos, ele recebe uma recompensa exclusiva no Antigo Testamento, ao passo que no Novo Testamento o céu se torna lugar de morada e recompensa de todo crente. O fim dos tempos consistirá na derrocada dos céus (Is 34,4), mas depois "os novos céus e a nova terra" surgirão das mãos de Deus (Is 65,17). Em todos os quatro evangelhos, os céus se abrem por ocasião do batismo de Jesus, que é elevado ao céu depois de ter ressuscitado da morte. De acordo com São Paulo, todo crente, após a ressurreição, obterá um corpo celeste glorioso, incorruptível e luminoso como o céu (1Cor 15,3ss.), o que implica que toda pessoa deve sofrer uma transformação para adquirir as qualidades apropriadas à existência celeste à qual toda a humanidade está destinada.

Os relatórios etnográficos dos primeiros viajantes, as pesquisas acuradas e sistemáticas realizadas no século XX pelos antropólogos e os testemunhos, como a Bíblia, produzidos pelas religiões documentadas por escrito oferecem uma série de exemplificações de figuras divinas que compartilham a sacralidade desde sempre atribuída ao céu, bem como os mitos relativos ao céu e os ritos ligados ao seu culto. No conjunto, os significados que tais exemplos de pensamento e comportamento simbólico transmitem poderiam ser colocados num esquema com base naquele mesmo sistema bipolar a que se aludiu mais acima. O fato de eles poderem ser ordenados dessa forma sugere que o simbolismo celeste no seu todo tem certa estrutura inerente e o objetivo principal do presente verbete é explicar tal estrutura, ao menos sucintamente.

Neste caso, "explicar" comporta um método semelhante ao empregado em botânica ou anatomia, disciplinas para as quais as estruturas são categorias de relação. Se, ao tratar de um tema como o simbolismo do céu, se coletasse simplesmente certo número de mitos relativos a ele ou se elencassem algumas das inúmeras divindades do céu, sem tentar compreender as semelhanças e as diferenças entre elas, com toda a probabilidade se obteria pouco mais que um catálogo de meros fatos. Ao contrário, o chamado método morfológico "explica", traçando os padrões das relações – em outras palavras, a estrutura – que ligam um fenômeno isolado a um sistema mais amplo do qual ele constitui uma parte significativa. E o simbolismo do céu, assim como o simbolismo da terra, das pedras, da vegetação, da imersão nas águas e assim por diante, é um dos muitos "sistemas" distintos, mas necessariamente sobrepostos que aparecem na história das religiões.

As pedras sagradas, por exemplo, geralmente obtêm seus significados mágico-religiosos de uma pretensa conexão com o céu, independentemente do que sua dureza, sua forma ou sua permanência possam significar por si sós aos olhos das pessoas religiosas. [Cf. o verbete Pedras.]

Assim, o simbolismo das pedras pode nos dizer muito, ainda que de modo indireto, sobre os significados que o céu expressou no decurso do tempo e no âmbito das diversas culturas. Os meteoritos e os temporais apresentam o caso mais óbvio a esse respeito: por caírem do céu, eles têm certo poder que pode ser utilizado e transmitido, formando na terra, por assim dizer, centros múltiplos do que na origem era a sacralidade típica do céu. Um dos meteoritos mais famosos é a Caaba de Meca. Um texto islâmico do século IX, atribuído a Al-Kisā'ī de Kufa, descreve a Caaba como o ponto mais alto da terra, na medida em que se encontra imediatamente abaixo da Estrela Polar, a qual é o "centro" ou a "porta" do céu, bem como a abertura da abóbada celeste através da qual a "pedra celeste" deve ter caído. Desse modo, a Caaba assinala um ponto visível do *axis mundi*, ao longo do qual a comunicação entre o mundo divino e o humano acontece de forma particularmente forte e significativa.

Em inúmeros lugares os meteoritos são considerados emblemas da fertilidade. Os Buriate da Sibéria estão convencidos de que algumas pedras, provenientes do céu, ajudem a trazer a chuva e, em tempos de seca, oferecem a elas sacrifícios. A maioria das crenças relativas à fertilidade das "pedras da chuva" nasce de sua origem meteórica ou do fato de que se intui uma conexão delas com uma força ou um ser que regula a chuva: junto com o trovão que traz consigo a chuva, elas caem do céu, um lugar sumamente sagrado e fecundo. Por razões análogas, algumas variedades de cristal se destacam na religião e na magia australianas e sua importância é bem documentada em toda a Oceania e nas duas Américas. Na crença dos Euahlayi, o deus do céu Baiarne lança na terra fragmentos de cristal de rocha retirados de seu trono celeste; diz-se também que o deus em pessoa conduz a iniciação dos jovens *medicine men* aspergindo-os com a "poderosa água sagrada", julgada quartzo liquefeito, que torna os iniciados misticamente semelhantes ao céu e, entre outras coisas, capazes de voar. Os xamãs do mar de Dayak de Sarawak, em Bornéus, possuem "pedras de luz" que refletem tudo o que acontece na alma do paciente, mostrando assim quando e como ela se desviou.

Entre os Desana e outros indígenas da Colômbia, as formas e os contornos hexagonais constituem o princípio fundamental da ordem. Tais formas são observadas antes de tudo na estrutura dos cristais de rocha, objetos usuais do poder xamânico, mas também nos favos das abelhas, nos ninhos de vespas, no útero, nos recintos rituais, no casco da tartaruga e em inúmeros outros lugares. A forma hexagonal indica a concentração e a atividade das energias criadoras e transformadoras da vida; portanto, todos os lugares e os objetos nos quais ocorrem transformações são concebidos como hexágonos ou recipientes hexagonais para os quais existe um protótipo celeste: algumas estrelas concentradas na Epsilon Orionis descrevem um hexágono celeste que, projetado sobre a terra, define os limites do mundo dos Desana. O hexágono celeste, por sua vez, sugere a imagem de um enorme cristal de rocha transparente equilibrado sobre uma ponta, os seis ângulos dos quais são seis estrelas, enquanto seis cascatas assinalam os ângulos correspondentes na terra. Acredita-se que o próprio cérebro humano tem como modelo a abóbada celeste e a séria reflexão dos especialistas do sagrado sobre as implicações dessa conexão entre a vida humana e o céu produziu algumas formas de "espiritualidade" ricas e complexas. Os xamãs, por exemplo, insistem no valor moral da observação do céu e falam de um caminho ou estrada que os homens e as mulheres devem seguir no decorrer da vida.

Até considerações sobre as pedras sagradas tão breves como as expostas acima deveriam ser suficientes para indicar alguns dos poderes e qualidades mais importantes das quais os seres humanos se tornaram conscientes por meio do simbolismo das pedras e do céu: clarividência, sabedoria, guia, força moral, poder de adivinhação, capacidade de ascender ao céu (ou de mudar o próprio *status* ontológico), criatividade, fecundidade e sacralidade suprema –, todas qualidades implícitas no simbolismo celeste ou inerentes à sua estrutura, mas, não obstante, acessíveis a nós por meio do simbolismo das pedras relacionado a ele. Assim, ao falar do simbolismo do céu ou das pedras, referimo-nos a sistemas que têm certa coerência em si, mas que, em virtude da própria natureza dos símbolos religiosos, buscam constantemente se expandir para expressões mais vastas e integradas: o simbolismo do céu incluindo o das pedras e vice-versa. Em outras palavras, há uma lógica dos símbolos e uma tendência do pensamento simbólico a fazer da aparente multiplicidade e diversidade da vida um todo integrado.

O mito: o céu *in illo tempore*

Simplificando, os mitos são relatos que têm o objetivo de explicar com amplitude o que os símbolos expressam exclusivamente de forma condensada. Eles tentam dar uma resposta a questões perenes: de onde viemos, por que nos comportamos de certa maneira, por que envelhecemos e por fim morremos. Como dissemos acima, as concepções míticas do céu são muitas e diferem nos detalhes. Os Barasana da Colômbia comparam o céu a uma das cabaças semiesféricas com o interior pintado de preto nas quais conservam o pó de coca. Em outros lugares, o céu aparece como uma copa invertida, uma tampa, uma tenda ou como a parte superior de uma esfera ovoide, por exemplo, no mito da criação das Ilhas da Sociedade, que conta como Ta'aroa (Tangaroa), o ancestral dos deuses e o criador de todas as coisas, que morava sozinho em sua concha por toda a eternidade, a certa altura emergiu dela, rompendo-a. As duas metades da concha de Ta'aroa formaram assim o céu e a terra, enquanto os fragmentos menores se tornaram as ilhas. No antigo Egito, o céu era a deusa Nut, representada em forma humana ou bovina, deitada sobre seu consorte, a terra.

O céu como abóbada aparente de altura infinita em que se movem os corpos celestes e se verificam dramaticamente eventos meteorológicos sempre constituiu um grande mistério para os observadores humanos. Altura e extensão infinita sugerem naturalmente o que é transcendente, enquanto a luz, o calor e a umidade indicam a fonte de toda fecundidade e nutrição. A simples reflexão sobre a misteriosa alteridade do céu constantemente impeliu as pessoas religiosas a imaginarem um mundo acima da terra, uma versão alterada, onírica, do mundo em que vivemos, com flora, fauna, características topográficas e habitantes próprios. A Via Láctea, por exemplo, muitas vezes é concebida no mito como um grande rio de água, de leite ou de esperma que atravessa o céu, ou então como o tronco de uma imensa árvore ramificada (como entre os Dinka do Sudão e os Tlingit do norte do Canadá); ou ainda ela é a trilha das pegadas deixadas na neve pelo herói ancestral (para os Inuit [esquimós] e para os Tlingit) ou é constituída por duas enormes serpentes, a luminosa jiboia do arco-íris, que representa o princípio masculino, e a sucuri gigante, o escuro princípio feminino (no caso dos Desana). Para alguns chineses da dinastia Tang, a Via Láctea era uma espécie de água cristalizada, uma contraparte dos grandes rios do Império Médio, que escorria em silêncio ao longo da curvatura da cúpula celeste, passando abaixo dos dois horizontes e lançando-se por fim nas fontes ocultas do oceano.

A elaborada geografia fúnebre presente em muitas religiões do mundo fala frequentemente de um outro mundo que se encontra no céu ou em algum reino espiritual no alto, acima da terra, no qual os mortos fazem a viagem rumo ao lugar do descanso ou do juízo final. As almas dos mortos devem percorrer íngremes trilhas de montanha, subir numa árvore ou ascender ao céu por meio de uma corda, uma planta trepadeira, uma teia de aranha ou o arco-íris. Os textos fúnebres egípcios descrevem uma escada oferecida a Ra e gravuras representando escadas e escadarias foram encontradas em numerosos túmulos egípcios. É impossível traçar as origens de tais concepções geográficas, embora muitos atribuam sua extraordinária riqueza de detalhes aos sonhos e às experiências extáticas dos xamãs, os quais, como é seu costume, contavam detalhadamente suas viagens para algum lugar fantástico e os encontros com várias figuras divinas ocorridos naquele lugar ou ao longo do caminho. Desse modo, os relatos do xamã tinham, por assim dizer, o efeito de "humanizar" a morte, tornando-a objeto de uma história e essencialmente um tipo de viagem ou de rito de passagem para uma modalidade de existência diferente, espiritual.

Os mitos fúnebres que representam a ascensão ao céu ou a um paraíso têm como modelo outro antigo *corpus* de mitos que falam de uma era primordial em que céu e terra eram muito próximos e a comunicação entre os dois era considerada natural. Essa época primordial termina quando o céu deixa bruscamente o seu lugar, quando os seres sobrenaturais se retiram para o mundo celeste ou quando os heróis divinos ou os ancestrais míticos retornam para ele ao fim de sua atividade cultural (como criadores ou fundadores). Os Dieri da Austrália, por exemplo, recordam um tempo em que o céu era como uma cortina de nuvens tão densas que pareciam sólidas e quase apoiadas nas copas das árvores. As nuvens formavam uma vasta planície, habitada por estranhos monstros que desciam frequentemente à terra. Um dia, os monstros caíram, furando a planície de nuvens e, à medida que a abertura se alargava, a abóbada celeste tomava forma, até se tornar o céu que vemos hoje: por isso o céu se chama Puriwilpanina, "a grande abertura". Outros povos australianos lembram a atividade de dois heróis, os quais no princípio capturaram um canguru, tiraram seu couro, o fixaram no solo com quatro estacas e, elevando-o no centro, formaram a abóbada celeste.

O tema da elevação do céu, que no início quase toca a terra, destaca-se especialmente nas cosmogonias da Polinésia e da Micronésia. Em Mangaia, as pessoas dizem que no princípio o céu se apoiava sobre as largas folhas da planta de *teve*, estendidas como mãos abertas. Nas Ilhas de Onoatoa e Nui, foi a serpente que mantinha o céu e a terra separados que, encurvando-se, elevou o primeiro. Os Ewe da Nigéria relembram um tempo em que o céu estava tão próximo da terra que, quando seus antepassados acendiam o fogo para cozinhar, a fumaça chegava aos olhos dos deuses, os quais, precisamente por esse motivo, se retiraram. Os Mantra, que habitam a Península da Malásia, concebem o céu, na sua forma atual, como um recipiente suspenso acima da terra por uma corda. No passado distante, o céu chegava muito mais abaixo e estava tão próximo da terra que Blo, um dos primeiros seres humanos, esbarrou nele ao levantar o seu pilão para moer o arroz e por isso o ergueu com as mãos. De acordo com uma versão mais difusa, uma mulher que batia o arroz é a responsável direta ou indireta pelo afastamento do céu. Os Akwapim da África dizem que houve um tempo em que, se alguém queria pescar, bastava furar o céu com uma vara para fazer o peixe cair como se fosse chuva. Um dia uma mulher que batia o *fufu* num pilão, encontrando no céu um obstáculo para os próprios movimentos, ordenou-lhe que se elevasse e o céu obedeceu.

Nos mitos, a origem da morte costuma ser atribuída a um incidente ou a um erro dos antepassados; ela traz consigo um rearranjo estrutural de todo o cosmos: a árvore, o cipó ou a escada que ligam a terra ao céu se quebram ou então a montanha cósmica se achata. Se, em decorrência do erro primordial, os deuses se retiraram para o céu mais alto, agora apenas poucos privilegiados ou aqueles que, como os xamãs, aprimoraram as técnicas espirituais necessárias podem alcançá-los. Assim, todas as viagens para a terra dos mortos têm como protótipo a partida dos seres sobrenaturais ou dos ancestrais míticos ao fim dos primórdios, que marca o início do tempo dos homens.

Os mitos que narram de que maneira e por qual motivo o céu e a terra se separaram atribuem valores diferentes ao estado de união ou de proximidade que precede a separação. Segundo alguns deles, os primórdios continham apenas potencialmente a vida como nós a conhecemos. No Japão, uma coletânea de mitos do século VIII intitulada *Nihongi* representa o céu e a terra antes da separação como uma única massa caótica semelhante a um ovo, "cujos limites não eram claramente definidos e que continha sementes em seu interior". Sua parte mais pura e mais leve se expandiu para formar o céu, enquanto o elemento mais pesado e bruto se depositou, formando a terra.

Alguns mitos descrevem os primórdios como um paraíso antes da queda de um estado de graça. Os Khasi, a maioria dos quais vive no Estado do Meghalaya no nordeste da Índia, acreditam que, nos tempos antigos, quando não existia o pecado nem o crime, o céu se encontrava perto da terra e que os seres humanos e os deuses se frequentavam livremente. De acordo com os Khasi, em seguida o céu se afastou por causa das ações maldosas cometidas pela humanidade, e o estado paradisíaco terminou.

Outros mitos consideram a proximidade do céu e da terra como uma condição destrutiva, estéril ou perigosa ao menos no que diz respeito aos seres humanos. De acordo com certos subgrupos dos Tai que vivem no sudeste da Ásia não peninsular, no princípio o céu estava suspenso tão baixo que as mulheres não podiam agitar livremente os pilões quando trabalhavam o arroz nem girar os fusos do tear quando teciam; além disso, os animais domésticos (quase sempre vacas e porcos) não conseguiam se mover porque suas costas tocavam o céu.

Todos os exemplos precedentes que narram a origem do céu a partir do caos primordial ou sua separação da terra revelam certa inimizade entre os seres humanos e o céu (ou os seus cidadãos). Muitas vezes a partida do céu é acompanhada por ira e violência: uma mulher pega uma faca e corta o laço que liga o céu e a terra ou então o atinge com o pilão ou ainda os filhos do casal divino separam os pais à força para afastar os efeitos destrutivos ou inibitórios da excessiva proximidade. De fato, esta impede os movimentos necessários à vida cotidiana ou a escuridão torna o mundo inóspito para qualquer forma de vida. Os Maori da Nova Zelândia lembram que Rangi e Papa, o céu e a terra, no início estavam unidos num abraço cósmico e que foram separados à força pelos próprios filhos, cansados de viver em contínua escuridão e que, além disso, se viam presos no espaço estreito entre os pais enquanto estes últimos continuavam a se reproduzir. O mito, narrado por Hesíodo, da castração de Urano por parte de seus filhos (em conluio com a mãe) é uma variante desse tema, enquanto outras variantes da história se encontram na China, na Índia, na América do Norte, na África e no antigo Egito.

Mitos como a história clássica de Rangi e Papa expressam, em maior ou menor medida, uma ambivalência relativa ao céu que é inerente ao seu simbolismo em geral. Trata-se de uma ambivalência característica da atitude da humanidade diante do sagrado, que atrai e repele, pois implica, ao mesmo tempo, a morte e a imortalidade. O desejo de viver em estreita comunhão com o divino encontra-se sempre em aparente conflito com as exigências da vida humana que, de acordo com o mito, só é possível a extrema distância dos poderes criadores que atuam nos primórdios do mundo.

Por outro lado, a nova estrutura do cosmos, aquela modificada de modo a tornar possível a vida humana na forma atual, ainda permite a comunicação entre a terra e o céu por intermédio dos especialistas do sagrado, os "eleitos", as almas dos mortos – em suma, todos aqueles que "ascendem" ao céu – ou graças a figuras divinas que descem na terra provenientes do alto. Assim, os mitos que narram a separação e o banimento do céu têm como complemento mitos, ritos e símbolos de ascensão. A árvore cósmica, a montanha sagrada, o arco-íris, a corrente de arcos, a escada, a ponte, a planta trepadeira ou o raio de sol representam o *axis mundi*, que define um plano vertical ao longo do qual as várias regiões do cosmos se comunicam depois da catástrofe primordial. De não menor importância é o simbolismo do centro do mundo, implícito em toda ascensão ao céu, uma vez que em torno do eixo cósmico, orientado para o ponto de contato com o mundo celeste, se encontra o mundo dos homens.

A imediata proximidade do céu, sua elevação ou seu banimento, a separação forçada da terra e sua origem ou expansão a partir do caos são os motivos mais comuns presentes nos mitos relativos ao céu. Existe uma tendência difusa a considerar tais histórias não tanto como produtos do pensamento simbólico quanto como tentativas pré-científicas de explicar a origem do mundo e, em especial, do céu enquanto realidade material. No entanto, se é verdade que os mitos da criação que narram como o céu começou a existir, ou como foi criado, têm certo valor explicativo para as pessoas que acreditam neles, não podemos nos esquecer de que sua finalidade é essencialmente religiosa, pois os mitos são antes de tudo histórias verdadeiras que, de um lado, descrevem o que acontece *in illo tempore* e, de outro, estabelecem modelos para todas as atividades e as aspirações humanas significativas. A "história verdadeira" que os mitos do céu querem contar parece ser esta: a separação violenta entre o céu e a terra ou, pelo menos, uma mudança substancial na estrutura do cosmos eram necessárias para dar lugar à vida humana. E, de modo paradoxal, os mitos do céu contêm, em forma embrionária, a solução do dilema que eles propõem, uma vez que a retirada dos deuses e dos ancestrais míticos se torna o modelo para mitos, ritos e símbolos de ascensão e queda do céu.

Às vezes pode ser útil pensar no céu nos mitos de criação como um análogo espacial daquilo que, de um ponto de vista temporal, é a era mítica em relação ao presente. Quando se recitam os mitos relativos ao céu, proclama-se o próprio conhecimento dos eventos que ocorreram no princípio e, de fato, se reatualiza aquele tempo em que os seres sobrenaturais, os antepassados e os heróis culturais estavam empenhados em várias atividades criadoras na terra. Na medida em que o ser humano consegue imitar os modelos divinos produzidos por eles, ele vive no tempo das origens, aproximando-se dos deuses e tornando-se partícipe daquela "superabundância de ser" a partir da qual, antes de tudo, eles criaram. A recitação do mito expressa simultaneamente o desejo daquilo que é sumamente real (o sagrado) e, se quisermos, a nostalgia daquela plenitude do ser perdida num tempo imemorial. Portanto, os mitos sobre a origem do céu, mais do que o conhecimento do mundo próprio, no Ocidente, das ciências naturais, referem-se a uma espécie de soteriologia pragmática que é suficiente para explicar seu caráter principalmente religioso.

Bibliografia

A única apresentação satisfatória do simbolismo celeste no seu conjunto está em ELIADE, M. *Traité d'histoire des religions*. Paris, 1949 [trad. bras.: *Tratado de história das religiões*. São Paulo: WMF Martins Fontes, 2016], em especial no capítulo 2, dedicado ao céu e às divindades celestes, que tem como apêndice uma substanciosa bibliografia. O tema é tratado de maneira mais concisa também em ELIADE, M. *Das Heilige und das Profane*. Hamburgo, 1957 [trad. bras.: *O sagrado e o profano*. São Paulo: WMF Martins Fontes, 2018], enquanto o simbolismo do centro e os arquétipos celestes do espaço humano são analisados em ELIADE, M. *Le mythe de l'éternel retour*. Paris, 1949, cap. 1 [trad. port.: *O mito do eterno retorno*. Lisboa: Edições 70, 2019].

Para uma abordagem diferente da proposta por Eliade, cf. KRISTENSEN, W.B. *The meaning of religion* – Lectures in the phenomenology of religion. Haia, 1960, especialmente o capítulo 3. Uma contribuição igualmente boa encontra-se em FOUCART, G.B. Sky and Sky Gods. *In*: HASTINGS, J. et al. (org.). *The encyclopaedia of religion and ethics*, vols. I-XIII. Edimburgo, 1908-1926. vol. XI.

No que diz respeito às fontes, cf. ELIADE, M. (org.). *From primitives to zen*: a thematic sourcebook of the history of religions. Nova York, 1967; FRAZER, J.G. *The worship of nature*. Londres, 1926. vol. I, que trata do "culto do céu"; e LONG, C.H. *Alpha*: the myths of creation. Nova York, 1963.

Peter C. Chemery

CHAVE

Muito antes de fechaduras e chaves se tornarem de uso comum, as portas eram fechadas por barras e travas, como testemunham alguns dos mitos mais antigos. Na mitologia babilônica, por exemplo, Marduk fecha os céus com portas e as protege com travas. No mundo antigo, muitas divindades posteriores representam tanto os guardiães das portas fechadas como os depositários das chaves. Geralmente, a posse das chaves simbolizava o poder sobre os lugares protegidos pelas fechaduras que as chaves podiam abrir ou fechar. Os lugares em questão eram frequentemente o Mundo Inferior ou as regiões do além, por exemplo o reino de Hades, o Abismo do Apocalipse, e os "mundos sombrios" mandianos, que tinham fechaduras e chaves diferentes de todas as outras. Quem possuía as chaves tinha a incumbência não apenas de guardar a passagem deste mundo para o outro, no momento em que os seres humanos a transpunham, mas também de manter os mortos no lugar a que eles pertenciam. Um canto funerário babilônico narra a súplica ao guardião da porta do Mundo Inferior para que vigie os mortos, temendo que eles retornem.

O reino que é fechado à chave pode ser também esta terra, os mares ou até o próprio cosmo. Na mitologia grega, Cibele detém as chaves da terra, fechando-a no inverno e abrindo-a novamente na primavera. De maneira semelhante, Jano abre a porta do céu e liberta o nascer do sol. No mito mesopotâmico, Ninib guarda a fechadura do céu e da terra e abre os abismos, enquanto Ea abre as fontes. O egípcio Serápis possui as chaves da terra e do mar. No folclore bretão, os menires representam as chaves do mar e as chaves do inferno: se as fechaduras se abrissem, o mar irromperia repentinamente.

No mundo antigo muitas divindades tinham como atributo a chave; como sinal distintivo, também suas sacerdotisas tinham as chaves, para simbolizar a posse dos mesmos poderes divinos e seu papel de guardiãs dos santuários divinos. As imagens das sacerdotisas muitas vezes as representavam com grandes chaves retangulares sobre os ombros. Uma chave pintada numa pedra tumular indicava o lugar de sepultura de uma sacerdotisa.

Existe uma relação morfológica entre a chave e o símbolo *nem ankh* egípcio, porque a cruz dos deuses egípcios, pela forma de sua parte superior, era considerada uma chave, especialmente nas cerimônias pelos mortos. Desse modo, a cruz, no papel de chave, abria as portas da morte para a imortalidade. [Cf. o verbete Cruz.]

As chaves simbolizam também a tarefa que deve ser cumprida e os meios para consegui-lo. Nas Escrituras judaicas, o acesso ao poder soberano era obtido através do símbolo da chave: "coloco a chave da casa de Davi sobre seus ombros" (Is 22,22). Para a antiga soberania judaica e também para algumas não judaicas, a transmissão das chaves era o símbolo natural para expressar a passagem do cargo monárquico e do poder de realizá-la.

A chave simboliza a iniciação aos mistérios do culto. Nos ritos de Mitra, o personagem com cabeça de leão que é central na cerimônia tem duas chaves nas mãos. É possível que elas tenham a mesma função das duas "chaves do reino" que São Pedro possui segundo a tradição cristã: uma chave representa a excomunhão, por meio da qual a porta é fechada diante da alma indigna; a outra chave, ao contrário, representa a absolvição, que abre diante do iniciado a porta da salvação.

Bibliografia

MACCULLOCH, J.A. Locks and Keys. *In*: HASTINGS, J. (org.). *Encyclopaedia of religion and ethics*. Edimburgo, 1915. vol. VIII, contém material sobre o desenvolvimento de fechaduras, ferrolhos e chaves como engenhos mecânicos e como símbolos.

CUMONT, F. *The mysteries of Mithra*. 2. ed. Nova York, 1910.

ZAEHNER, R.C. *Zurvan*: a zoroastrian dilema. Oxford, 1955.

Estas últimas obras tratam amplamente dos ritos de iniciação do mitraísmo e analisam o tema das chaves do deus com cabeça de leão.

Elaine Magalis

CHIFRES

O poder físico e a potência reprodutiva dos animais dotados de chifres, tão importantes para a economia das antigas sociedades agrícolas e caçadoras, os tornaram símbolos ideais de força e fertilidade. O emprego primitivo dos chifres como arado e o valor simbólico do ato de arar como o momento da fecundação da Mãe Terra originaram a crença de que os chifres eram plenos de poder sexual. A associação dos chifres com a fertilidade foi ulteriormente reforçada pela forma fálica e pela identificação simbólica tanto com os raios do sol como com a lua crescente.

A associação dos chifres com o poder e a fertilidade explica a proliferação das divindades dotadas de chifres, tanto no Ocidente como no Oriente. Os deuses sumérios Anu, Enlil e Marduk usavam chapéus em forma de chifres, como as divindades egípcias Hathor, Ísis, Nut, Seth e Amon. O deus hindu Shiva e o deus grego Poseidon têm o mesmo emblema, um tridente, ou seja, uma representação simbólica dos chifres. Na mitologia grega, Dioniso, Pã, os sátiros, as divindades do rio, Hera, Io e Afrodite têm os chifres como atributos. A cerimônia cretense do salto do touro compreendia o ato de agarrar os chifres, fontes de fertilidade e de poder; também o símbolo cretense do machado duplo representava originariamente dois chifres estilizados.

Os deuses cananeus Baal e El eram divindades-touro dotadas de chifres, como o foi, na origem, Javé, cujo altar era decorado com chifres, como descrito em Ex 27. Moisés também foi associado aos chifres. Em Ex 34,29-35, o verbo hebraico *qaran*, que significa tanto "lançar raios" como "ter chifres", aparece três vezes na locução *qaran 'or panav*, que descreve o rosto radiante de Moisés após a descida do Monte Sinai. Na Vulgata, essa frase foi traduzida como *facies cornuta* e o simbolismo dessa tradução incorreta permaneceu ao longo dos séculos. Os chifres na cabeça do *Moisés* de Michelangelo, esculpido por volta de 1515, são um exemplo bastante conhecido disso.

Na iconografia cristã, os chifres são associados principalmente aos diabos e aos demônios, ainda que a Virgem Maria às vezes seja representada com os "chifres" da lua. A divindade védica e budista Yama é dotada de chifres. Na antiga China, Shennong, um dos três legendários imperadores divinos, é pintado tradicionalmente com dois chifres na cabeça, símbolos da sua conexão com a alimentação e a vida animal. Os deuses e as deusas celtas frequentemente têm chifres.

Os homens se apropriaram do chapéu em forma de chifre dos deuses para assinalar assim seu mandato e poder divino. Os reis babilônicos e assírios usavam chapéus redondos com chifres. Alexandre Magno identificava a si mesmo com o deus Amon, dotado de chifres, e por isso aparece nas moedas com chifres de carneiro.

Os etruscos, os celtas, os vikings e os anglo-saxões usavam chapéus com chifres, e assim faziam os chefes indígenas e os xamãs norte-americanos. As coroas medievais e até as mitras dos bispos cristãos devem sua forma aos antigos chapéus dotados de chifres.

A associação dos chifres com a fertilidade explica o uso metafórico de *chifre* por "falo" (Sl 132,17; Jr 48,25) e o emprego em todo o mundo de chifres triturados como afrodisíaco. A imagem da cornucópia, o chifre da abundância, é um símbolo bem conhecido de riqueza. Amuletos compostos de chifres são encontrados em todos os continentes. Uma das propriedades mais importantes atribuída aos chifres consistia na capacidade de descobrir o veneno, pois se pensava que os animais dotados de chifres, em particular os unicórnios, eram os inimigos naturais das serpentes venenosas. Os chineses ainda usam o marfim para essa finalidade, e usam como decoração chifres entalhados de rinoceronte para simbolizar prosperidade e força. As propriedades profiláticas dos chifres também se estendem ao som obtido com instrumentos feitos com chifre, apreciados em todo o mundo por sua capacidade de afastar os espíritos do mal, os fantasmas, os demônios e os diabos.

Mas nem todas as associações com os chifres têm um valor positivo. Os animais com chifres são perigosos. Desde a Idade da Pedra, os chifres foram usados como armas (a forma curva das espadas e dos punhais reflete esse uso primitivo). As poções feitas com chifres triturados podem ser venenosas. A associação dos chifres com a fertilidade faz deles os símbolos ideais da traição. Até o simbolismo que liga os chifres com a lua tem implicações negativas e positivas.

Enquanto a lua crescente é um símbolo de renascimento, a lua minguante simboliza a morte, a escuridão e o mundo subterrâneo. Além disso, os chifres são os atributos ideais do mal e dos demônios, diabos e monstros libidinosos. Além do diabo do folclore cristão, conhecido como "Old Hornie", ou seja, velho chifrudo, o demônio babilônico Pazzuzu já era dotado de chifres, assim como os sátiros libidinosos da antiga Grécia. Os japoneses *oni* são espíritos do mal representados como seres humanos com chifres de touro. A maior parte dos monstros tem chifres ou escamas com chifres.

Bibliografia

Uma compreensão completa do simbolismo dos chifres requer um olhar para a mitologia e para a religião através do mundo. Um bom ponto de partida é a consulta de CONRAD, J.R. *The horn and the sword*: the history of the bull as symbol of power and fertility. Nova York, 1957; e de ELWORTHY, F.T. *Horns of honour*. Londres, 1900.

Allison Coudert

CHUVA

O simbolismo da chuva deriva da sua correlação com a essência sagrada da água, metáfora universal da origem e da renovação da vida. [Cf. o verbete Água.] Para o homem primitivo, cuja vida dependia estritamente das manifestações meteorológicas, a supremacia e o mistério grandioso dos fenômenos naturais se refletem na exaltação da chuva como poder criador supremo, intermediário entre o céu e a terra. Na renovação sazonal da natureza, por meio da infusão de nova vida, a chuva era considerada a dispensadora da graça divina e da abundância, promessa da sobrevivência; por outro lado, na destruição periódica realizada pelas tempestades e inundações, a chuva era o agente da punição divina e do desastre, ou seja, indicava a ameaça da aniquilação. A chuva representava a descida das influências celestes sobre a terra; às vezes os próprios deuses desciam na forma de chuva ou falavam através do trovão. Como os raios do sol, "a chuva do céu" (Gn 8,2) era semelhante à luz, à iluminação.

A sacralidade do céu e a supremacia das divindades da chuva constituem os elementos fundamentais na estrutura dos mitos e das religiões das populações arcaicas. Como "altíssimos", os deuses do céu eram assimilados à transcendência: frequentemente o significado de seus nomes próprios equivalia ao termo "altura", "elevação". O hieróglifo mesopotâmico para "altura" ou "transcendência do espaço" significava também "céu chuvoso", unindo, portanto, linguisticamente a chuva à divindade. Baal, o deus mais importante dos nômades sírio-palestinos, era chamado "cavaleiro das nuvens" e era adorado como dispensador de fertilidade. Quando os israelitas chegaram a Canaã e seus profetas condenaram o culto, bastante difundido, dos deuses da fertilidade, houve um conflito entre os adoradores de Baal e os fiéis de Javé. Os antigos hebreus concebiam a chuva como um tesouro no céu, uma bênção concedida aos homens em troca do amor a Deus e da obediência à sua lei, ou negada como punição pelos pecados. Nos períodos de abundância, os israelitas eram novamente atraídos pelos deuses da fertilidade, esquecendo a promessa do Senhor a Moisés: "Eu lhes farei chover pão do céu" (Ex 16,4). No Novo Testamento, a chuva é símbolo de alegria e júbilo, a resposta às orações por parte de um Pai amoroso no céu, que faz cair a chuva do mesmo modo sobre o justo e sobre o injusto.

Os poderes da chuva, capazes de renovar e manter a vida, foram personificados no panteão das religiões tanto primitivas como complexas. O culto das divindades da chuva como símbolos de fertilidade prevaleceu no Oriente, na Europa primitiva entre os muitos ramos da linhagem indo-europeia e em algumas regiões da África, da Oceania e das Américas; entre esses deuses, muitos eram considerados também criadores de todas as coisas, como o deus maia Chac. Na Mesoamérica, o deus da lua, cujo nome significava "eu sou o orvalho dos céus, eu sou o orvalho das nuvens", era o pai dos deuses e dos homens, e representava a morte e a ressurreição.

Em todas as tradições, a aspiração perene e universal à chuva se reflete nas promessas divinas transmitidas pelos textos sagrados. Cada deus egípcio estava de algum modo em relação com a água. No *Ṛgveda*, o deus Varuṇa proclama: "Eu faço escorrer as águas que emitem vapor"; no *Vendidade*, Ahura Mazdā se compromete a fazer "chover na terra para levar alimento ao fiel e alimentar a vaca benéfica"; no Alcorão, Alá é descrito como "aquele que criou os céus e a terra e faz descer a água dos céus para vós". Para os persas, a árvore da vida surgia de um lago de chuva, e suas sementes, misturadas com a água, mantinham a fertilidade da terra. Entre os antigos gregos, quando chovia, havia um ditado comum: "O Pai [céu] está esmagando a uva". Entre os birmaneses era costume propiciar tanto os deuses da chuva tribais como o espírito da chuva nacional.

Um tema dominante na mitologia universal é o casamento celeste entre céu e terra, ou entre o deus do céu que fertiliza e a fecunda deusa da terra. Os ritos e as festividades da fecundação sazonal da terra realizada pelas chuvas foram celebrados desde o período neolítico, quando as correlações entre chuva e serpente, mulher e vegetação, morte e renascimento foram integradas no conjunto do simbolismo lunar. A união do casal divino era a imagem arquetípica da fecundidade.

Falando na tempestade, o deus elevado sumério se define "o sêmen fecundo". Em Homero, o leito nupcial em que Zeus está deitado com sua esposa no Monte Ida é coberto por uma nuvem, da qual desce a chuva, enquanto Ésquilo escreve: "A chuva impregna a terra, para que ela possa dar à luz plantas e trigo". Na *Eneida* de Virgílio, o nascimento e os perigos que o acompanham são simbolizados por um grande temporal. Em muitas orações e mitos dos indígenas da América do Norte a chuva leve é chamada "feminina", a violenta "masculina".

A chuva acompanhada de um raio simboliza poder ou energia. Na forma de um duplo tridente, o raio tem um papel importante nas representações dos deuses sumérios e da Babilônia, Assíria e Acádia. A doutrina etrusca dos raios correlaciona 11 diferentes tipos de raios com os poderes de 11 deuses. A síntese de um deus do sol e de um deus da tempestade denota a energia dos pares de contrários. Num painel mural de alabastro do palácio de Ashurnasirpal II (cerca de 850 a.C.), atualmente no British Museum, está representado um deus assírio do sol com um raio, provavelmente a divindade nacional Assur. O deus judaico Javé une os traços do deus solar e do deus da tempestade, como Zeus, que destruiu os titãs com seu raio. Acreditava-se que Júpiter, o equivalente romano de Zeus, descia na forma de raio, e é representado na Coluna Antonina como Juppiter Pluvius, o deus da chuva, que paira sobre as legiões romanas com asas abertas, fazendo chover seu poder sobre elas. Essa mesma síntese pertence à divindade pré-histórica peruana Viracocha, pai universal e criador de todas as coisas, que, como deus da chuva, é representado com um raio em cada mão, enquanto a cabeça é circundada por um disco solar com raios e os olhos derramam lágrimas de chuva, capaz de renovar a vida. Todos os nomes das divindades guerreiras teutônicas e escandinavas (Odin, Thor, Donar etc.) significam "trovão".

O raio simboliza a ação do reino superior sobre o inferior, e em todas as culturas foi assimilado à arma de um deus, ou à manifestação da sua soberania. Às vezes, o raio foi considerado a lança benéfica de um deus, capaz de levar à humanidade libertação ou iluminação, como no caso de Mitra, o deus persa da luz, que, perfurando uma rocha com seu dardo, libertou as águas, encerrando assim um período de seca; outras vezes, ao contrário, o raio é o presságio da ira e do castigo do deus. O raio do deus védico Indra quebra a cabeça do dragão Vṛtrá, o demônio da seca, para libertar as águas por ele obstruídas e recriar assim o mundo, que então se tornara um deserto. O deus do temporal Rudra e seus filhos, os Marut, que compartilhavam os duplos poderes de seu pai bondoso e destrutivo, usavam os raios tanto para matar como para curar. O deus do trovão dos indonésios era venerado como divindade suprema. Na concepção hinduísta-budista das formas da manifestação divina, o *vajra*, raio ou seta, simboliza a divina energia mística e a arma adamantina da verdade. Como força invencível na esfera da realidade transcendental, o *vajra* é a luz da iluminação espiritual, capaz de despedaçar as ilusões, unindo a graça que flui do sol no mundo com a energia da seta. Na iconografia budista, o *vajra* é o emblema do poder espiritual da budidade, cuja imagem é o Buda solar, Vairocana, circundado pela auréola de suas emanações. O cajado com tridente duplo que os monges budistas costumam usar é uma imagem do *vajra*. No tantrismo antigo, em que a magia e a ciência eram inseparáveis, a doutrina Vajrayāna do "caminho do raio" se referia a uma forma de energia elétrica.

Na antiga China, as nuvens de chuva e os temporais simbolizavam a atividade celeste, e o raio era considerado com o respeito que em outras culturas era devido às flechas dos deuses da chuva. *Shen*, o ideograma para raio, significa divindade e a ação das forças expansivas. A finalidade do raio e da chuva, por sua vez, é obra dos demônios e das forças contrativas. Essas forças que se opõem simbolizam as duas facetas do espírito humano, uma que ascende na vida, a outra que desce na morte. No *Livro das mutações*, o trigrama *chen*, o Despertado, é a imagem do raio e quer representar a tensão que se resolve após a queda da chuva, a natureza revigorada, a libertação. De acordo com o *Li-Chi*, só quando as duas forças opostas do *yin* e do *yang* estão em correta harmonia, cairão as chuvas benéficas; quando as chuvas não caem, então o *yin* deve ser ativado. Nenhum outro fenômeno natural foi universalmente associado ao Espírito Santo como o arco-íris, que, em todos os continentes, representa o emblema de alguns aspectos da vida espiritual do homem, ou de alguns estados no desenvolvimento da consciência humana. Dos mitos das populações do Paleolítico e do Neolítico aos aborígenes da Oceania e das Américas, o arco-íris foi comparado à serpente celeste, ao Grande Pai, ao criador, ao deus da fertilidade. Nut, a mãe egípcia do céu, é representada nos sarcófagos e papiros numa posição arqueada sobre a terra como um arco-íris, para simbolizar a criação do mundo. Uma representação semelhante encontra-se no Museu Egípcio em Turim. Uma deusa do arco-íris na mesma posição aparece nas gravuras de areia dos Navajo, realizadas com o objetivo de obter curas.

Como todos os fenômenos celestes, o arco-íris tem um aspecto sinistro, embora quase sempre tenha sido considerado um presságio favorável. Arco de luz entre o céu e a terra, o arco-íris é o símbolo perene da ponte que une o mundo material ao paraíso, tornando possível a comunicação entre eles. De acordo com os mesopotâmios, os indianos, os japoneses e os judeus, o arco-íris era o caminho que levava aos deuses; para os povos nórdicos era o Bifrost, o "caminho tremulante" para Asgard; no mundo greco-romano, era um símbolo de Zeus. Para os pigmeus da África Equatorial, o arco-íris era o sinal do desejo do deus de se comunicar com eles; para os indígenas norte-americanos era a escada que tornava possível o acesso ao outro mundo. Os heróis dos mitos polinésios e havaianos sobem o arco-íris para entregar as almas dos mortos ao paraíso. Muitas vezes considerado um sinal profético ou um presságio de bênçãos quando aparece no céu após uma tempestade ou um dilúvio, o arco-íris indica a pacificação de Deus e sua reconciliação com a humanidade. Selando o seu pacto com Noé, Deus declarou: "O meu arco coloco nas nuvens e ele será um sinal da aliança entre mim e a terra" (Gn 9,13). Como símbolo de transfiguração e glória celeste, o arco-íris é associado com a auréola, o halo ou a amêndoa, que circundam o corpo de um deus ou de um santo. No budismo, o arco-íris simboliza a condição mais elevada que pode ser alcançada no reino do *samsara*, antes de chegar à clara luz do nirvana; no hinduísmo, o "corpo arco-íris" é a condição mais elevada do *yoga*. Na arte cristã, o arco-íris é representado como o trono do Senhor; e nas cenas do juízo universal, Cristo aparece frequentemente sentado num arco-íris. No Apocalipse do Novo Testamento, quando se abria a porta do paraíso, "um arco-íris semelhante à esmeralda envolvia o trono" (Ap 4,3).

Bibliografia

ALLEN, D.C. *Mysteriously meant*: the rediscovery of pagan symbolism and allegorical interpretation in the Renaissance. Baltimore, 1970. Um amplo compêndio das interpretações dos autores renascentistas sobre símbolo, mito e alegoria no antigo Egito e nos escritores pagãos da Antiguidade clássica. Contém uma ampla bibliografia.

MORLEY, S.G. *The Ancient Maya*. Stanford/Califórnia, 1956 (3. ed. rev. por G.W. Brainerd). Os deuses da chuva benévolos e malévolos e sua personificação da luta entre o bem e o mal na religião dualista maia.

NEEDHAM, J. *Science and civilisation in China*. Cambridge, 1956. vols. I-II. Um relato bem documentado das correlações no pensamento chinês entre as formas simbólicas do taoismo e do tantrismo, em referência aos aspectos positivos e negativos da chuva e ao equilíbrio da energia no interior do sistema *yin-yang*.

PETTAZZONI, R. *Dio* – L'essere celeste nelle credenze dei popoli primitivi. Roma, 1922. História do simbolismo da chuva e dos deuses do céu e da tempestade nas crenças dos povos primitivos da África e da Austrália.

REICHARD, G.A. *Navajo religion*: a study of symbolism. Nova York, 1950. vols. I-II. Ambos os volumes são importantes: I. *An investigation of symbolism in Navajo rain ceremonies*; II. *Symbols in the sandpaintings of rainbow guardians*.

SÉBILLOT, P. *Le folk-lore de France*. Paris, 1905. vol. II Preciosa pesquisa sobre os ritos da chuva no sul da França, desde os tempos pagãos aos modernos.

Ann Dunnigan

CINZAS

São o irredutível resíduo seco do fogo. Podem ser o resultado de holocaustos, como a cremação de um corpo humano, a queima sacrifical de um animal ou a combustão ritual de uma planta. As cinzas têm significado religioso enquanto substância remanescente depois que a divina energia vital do fogo sagrado se afastou de um ser vivo ou agiu para purgar, purificar, destruir, volatilizar, punir, consumir, sublimar ou extrair a essência de algo criado. As cinzas revelam e representam de diversas maneiras o resíduo ou o efeito do fogo sagrado nas suas múltiplas funções criativas ou destrutivas. Como hierofanias do poder e como símbolos sagrados, as cinzas estão ligadas a ritos de penitência, luto, sacrifício, fertilidade, purificação, cura e adivinhação.

Em certos mitos que tratam das origens, as cinzas são o material de que são feitas as coisas. Por exemplo, os San representam a Via Láctea como feita de cinzas, assim como os Macoví, para os quais a Via Láctea é formada pelas cinzas da árvore celeste. Num mito asteca, o próprio gênero humano é feito de cinzas. Do mesmo modo, os participantes do rito com funções penitenciais da Quarta-feira de Cinzas da Igreja Católica são lembrados de que substancialmente não passam de cinzas: "*Memento homo, quia cinis es; in cinerem reverteris*".

As cinzas, juntamente com qualquer outro resíduo deixado depois que o fogo sagrado extraiu a essência viva de uma oferenda, são a manifestação de uma renúncia sagrada. Em certas disciplinas espirituais, o ato de espalhar cinzas no corpo representa o repúdio ou a total extinção das pulsões e das paixões vitais em favor do desenvolvimento da iluminação espiritual. Na mitologia hinduísta, por exemplo, o deus Shiva, o modelo divino dos iogues, incinera todos os outros deuses com um clarão proveniente de seu terceiro olho, que tem a capacidade visual de penetrar na nulidade essencial de todas as formas. Depois Shiva esfrega no corpo as cinzas dos deuses. Os iogues esfregam as cinzas do fogo sagrado no corpo como símbolo de ter sublimado a força ardente da procriação e da concupiscência (*Kāma*). A brancura e o brilho das cinzas são correlacionados com os do esperma dos iogues.

As cinzas, em conexão com a força purificadora da energia divina do fogo, têm o poder de purificar. Por exemplo, no ritual judaico da Novilha Ruiva, as cinzas do corpo do animal sacrificado são misturadas com água e aspergidas sobre uma pessoa que é ritualmente impura em virtude do contato com um cadáver.

A purificação ritual é realizada também pelos brâmanes na Índia, esfregando o corpo com cinzas ou mergulhando-o nas cinzas antes de cumprir ritos religiosos.

Cobrir de cinzas as vestes ou o corpo de alguém faz parte de vários rituais de luto, humilhação e expiação. Usar cinzas no corpo externa ou manifesta estados espirituais de perda, dor, vazio ou indignidade diante do poder divino. Entre os Arunta, por exemplo, durante os ritos fúnebres, a viúva do falecido se cobria com as cinzas do marido. Na Bíblia, Jó se humilha diante de Javé, dizendo: "Eu te conhecei por ouvir dizer, mas agora meus olhos te veem. Por isso me abomino e me arrependo no pó e na cinza" (Jó 42,5s.).

O tipo ou a tendência das divinas forças vitais do fogo são interpretados por meio do tipo de cinzas que se forma durante os ritos divinatórios. Os indígenas Maya do Yucatán, por exemplo, usam esse tipo de oráculo para determinar a divindade particular responsável pela vida de uma criança. Talvez a concepção subjacente a essa prática seja semelhante à de vários povos indígenas da América do Norte, que avaliam os tipos de vida pela palma da mão e pelas pontas dos dedos de uma pessoa, considerados como vestígios da energia divina, que geralmente se manifesta na forma de vento ou de brisa.

Enfim, as cinzas enquanto resíduo da vida revelam a mesma força vital divina do fogo e são usadas em ritos da fertilidade para estimular a energia vital dos cultivos e dos rebanhos. Assim, em muitos ritos europeus, como os celebrados na Páscoa ou no dia de São João, é queimada uma figura humana de palha representando o espírito da vegetação, e as cinzas são espalhadas nos campos para estimular o crescimento dos cultivos. Do mesmo modo, na antiga Roma, as cinzas provenientes das fogueiras sagradas de sacrifícios de animais eram dadas como alimento aos rebanhos com o objetivo de estimular sua fertilidade e sua produção de leite.

Bibliografia

Pode-se encontrar uma análise ulterior em KRISTENSEN, W.B. *The meaning of religion* – Lectures in the phenomenology of religion. Haia, 1960.

Richard W. Thurn

CÍRCULO

O temor dos céus e a gratidão por seus ciclos, que regulam e mantêm a vida, dão ao círculo um *status* simbólico especial. Os discos solar e lunar, em muitas culturas considerados divindades, são as representações naturais mais óbvias inspiradoras do simbolismo do círculo. A rotação das estrelas circumpolares em torno do ponto central do polo – que para muitas populações define o centro do céu e o trono da divindade – é a imagem em que se inspirou a roda, a personificação do movimento circular. Desde os tempos antigos, não obstante os escassos conhecimentos astronômicos, esses círculos traçados no céu logo despertaram uma sensibilidade para com o sagrado, quando nem se podia prever que no futuro a ciência descobriria que o sol, a lua e os planetas realmente se movem em órbitas circulares.

A partir do III milênio a.C., o torno do oleiro representou um instrumento de criação, e o carro com rodas, inventado quase simultaneamente com a escrita (por volta de 4000 a.C.), tornou-se um temível meio de conquista. Com a linguagem de nossos textos sagrados mais antigos, formou-se um simbolismo complexo, que associava o tempo, os céus, o poder, a ordem, a visão interior e o temor com o círculo e a roda. Ainda hoje essa síntese antiga entre sagrado e profano resiste firmemente a uma análise lógica.

Antiga cultura egípcia

A natureza pictográfica dos hieróglifos egípcios permite-nos observar como a imaginação transformou o disco solar num símbolo comunicativo repleto de significados. No contexto de uma terra predominantemente desértica, o círculo perfeito do sol ardente, que alternava o dia com a noite e garantia a coleta da qual dependia a comunidade agrícola localizada ao longo do Nilo, era o objeto natural mais importante presente na consciência egípcia. No fim do III milênio a.C., o politeísmo egípcio mostrou claramente a tendência a considerar o espírito divino que permeia o universo "de uma forma mais abstrata" (Clark, 1959, p. 74). Num texto sobre um sarcófago do período heracleopolitano, a divindade elevada – "espírito das Águas Primordiais que se move pelos céus na sua nave solar – descreve a si mesma como aquela "que bem à existência na forma de um círculo" (Clark, 1959, p. 74).

O hieróglifo que representa o sol, como reproduzido na figura, é um círculo (1). Os numerosos conceitos que se originam do conceito do disco solar podem ser estudados diretamente nos outros hieróglifos que contêm círculos. Tais combinações fornecem os significados suplementares de "dia", "agora", "ontem", "período", e geralmente designam o tempo, incluindo a eternidade. O círculo solar tornou-se o corpo do ureu, a áspide sagrada (2); a áspide, colocada sobre o desenho de um homem sentado, foi por muito tempo o símbolo do deus sol, Ra (3). O círculo acompanhado de três raios pendentes (4) significa "luz solar", "esplendor", e "o ato do surgir". Uma forma combinada (5) é a abreviatura para "dia" e para o que pertence ao dia. Um círculo que representa a pupila redonda faz parte do ideograma egípcio que significa "olho" (6), que por extensão adquire os significados suplementares relativos às ações do olho: "ver", "olhar", "chorar", "ser cego", "estar acordado"; ou seja, correlaciona a luz, a visão e o conhecimento.

O círculo que circunda uma estrela de cinco pontas (7) identifica o inferno, a terra dos mortos (originariamente a região circumpolar) governada por Osíris. Com uma cruz (8) o círculo significa "aldeia ou cidade". Com uma série de linhas paralelas (9) o círculo provavelmente designava a placenta humana. Preenchido de grãos de trigo (10) o círculo designa a "moenda", enquanto o mesmo símbolo, transposto para a escrita fonética, amplia o próprio significado para "período" e "ocasião". Como um pergaminho em torno de uma inscrição (11), ele se refere à região circundada pelo sol (ou seja, o reino do rei). Colocado no interior dos chifres de um boi (12), o círculo identifica o Ano-novo.

As variantes incluindo o disco solar aparecem em muitos outros contextos, cujos significados se afastam dos examinados até agora. O uso egípcio evidencia claramente a profunda complexidade das implicações intelectuais referentes às atividades sazonais tanto do tempo como do lugar, tanto da luz como da visão interior, que o círculo possuía desde os tempos antigos.

As antigas culturas romana, grega, indiana e judaica

A raiz latina de *circulus* (forma diminutiva de *circus*, significando uma "figura circular" ou um "anel", mas também um "circuito", o mais famoso dos quais era o Circo Máximo) é também o termo que indica a órbita de um planeta.

A raiz grega *kirkos* (relativa a *krikos*, que significa "anel" ou "círculo") é o nome de um falcão que voa ou gira em círculos. Outras relações por meio do termo *kyklos* estendem o significado para tudo o que é redondo, um lugar de assembleia, a abóbada celeste, as muralhas que cercam uma cidade, o escudo, as pupilas dos olhos, um tambor, os Ciclopes ("olho redondo"), as Cíclades (as ilhas que circundam a ilha sagrada de Delos) etc. A palavra sânscrita *maṇḍala* tem inúmeros significados: "circular, redondo; círculo, globo, esfera, anel; a órbita do sol, o halo que circunda o sol ou a lua; multidão, grupo, bando, coleção". Os 1.028 hinos do *Ṛgveda* associam o sol a Indra; numa classificação eles são ordenados em dez *maṇḍala*. *Cakra*, que significa "roda" (da raiz védica *car*), é a roda do carro solar, a roda do oleiro, uma arma circular ou em disco afiada, o círculo do zodíaco. Nos Tantra, o termo se refere a um círculo ou diagrama místico. O carro foi o meio da conquista indo-europeia da Índia no III e II milênio a.C., e o carro solar é uma das imagens mais fortes do *Ṛgveda*. No grande hino da criação (1,164), a roda é "formada por 12 raios [os meses]... 720 filhos unidos em pares" (ou seja, os dias e as noites de um ano). Esse significado está de acordo com o antigo esquema do ano babilônico de 360 dias. O sentido opressivo dos ciclos temporais que se repetem inexoravelmente, característico das religiões originárias da Índia, deve muito a uma concepção simples dos céus, mas o conteúdo numérico explícito dos *yuga* (as "eras do mundo"), épocas de duração fantástica, fundamenta-se na primitiva teoria dos números, não na astronomia. Os mais importantes desses ciclos numéricos são o *kaliyuga* de 432.000 "anos", o *mahayuga*, de 4.320.000, os períodos *kalpa* e Brahmā, de 4.20.000.000 e 8.640.000.000, e a "duração do universo", ou "vida de Brahmā", de 155.520.000.000.000, todos múltiplos de 360 (McClain, 1976).

A astronomia desenvolveu-se só a partir de uma época posterior, baseando-se num fundamento grego (Neugebauer, 1983). O familiar mito cosmogônico da "ebulição do mar de leite" (os deuses e os demônios agarram as extremidades opostas da serpente cósmica, enrolada em torno da montanha sagrada em forma de tambor, Meru, para torcê-la como um ramo para acender o fogo) provavelmente é inspirado no antigo compromisso *a priori* com a reciprocidade e num feitiço védico com bastões rotativos para o fogo, com as referências criativas que a fricção contém em si.

A língua hebraica da Bíblia utiliza um vocabulário especializado para o que diz respeito ao círculo. O verbo e substantivo *ḥug*, que se refere à abóbada ou círculo do céu e da terra, significa também "descrever ou inscrever um círculo" (Jo 22,14; 26,10; Pr 8,27); *savav* significa "completar um circuito" (1Sm 7,16); *naqaf*, "girar em círculos" (Is 29,1). A palavra *tequfah* se refere especificamente às órbitas astronômicas (Sl 19,6); *shanah* (o termo também egípcio para "globo"), ao ano recorrente (repetição do calendário ou retorno). *Galgal*, o termo usado para "roda", pode ser relativo ao Gilgal ("círculo de pedras", Js 4,1-9). As quatro rodas da visão de Ezequiel, cada uma com uma estrutura de "roda no meio de outra roda", são obviamente inspiradas no carro; além disso, há numerosas referências ao moinho, como aplicação do movimento rotatório. Nem as Escrituras judaicas nem o Novo Testamento mostram muito interesse pelo modo como os céus se movem; ambos indicam uma clara preferência pelas medidas retilíneas, de inspiração numérica, não geométrica. O círculo bíblico mais significativo é a "bacia de metal fundido" no Templo de Salomão; feito de latão, mede 30 côvados de circunferência e 10 de diâmetro e contém a água lustral para as abluções dos sacerdotes. A tomada de Jericó depois de sete voltas em torno da cidade sugere a influência de alguns rituais antigos, agora esquecidos, mas presentes ainda na prática muçulmana de circum-ambular em torno da Caaba, embora tanto o judaísmo como o islamismo neguem tais influências. O Novo Testamento contradiz claramente a antiga concepção cíclica do tempo: para a escatologia cristã, o tempo é linear, e tem um fim.

As antigas culturas mesopotâmica e chinesa

A "terrível luminosidade" era o principal aspecto da divindade na Mesopotâmia, e a luminosidade era compartilhada por todas as coisas divinas (Oppenheim, 1964). Na Assíria e no Irã, o disco solar alado tornou-se o símbolo da divindade suprema, Ahura Mazdā. De 500 a 400 a.C. ele apareceu também nos selos cilíndricos fenícios. Desde o período sumério (III milênio a.C.) havia sido identificada uma ampla zona de 12 constelações ao longo da elíptica, ou seja, a órbita percorrida pelo sol, pela lua e pelos planetas, num ângulo de cerca de 24 graus do equador. No centro (situado mais ou menos no terço central da faixa) ficava o caminho de Anu, o deus supremo; os caminhos de Enlil e Ea, as divindades associadas a Anu, situavam-se nos lados. A ideia de 12 constelações, cada uma com o cumprimento de 30 unidades – o precursor do nosso Zodíaco –, acrescentou à figura do círculo uma característica mais perspicaz em relação ao disco solar ou ao movimento de revolução em torno do polo. As tabuletas circulares astronômicas encontradas podem ser datadas a partir de 700 a.C., mas os conteúdos das tabulações mais antigas (cerca de 1000 a.C.) fazem referência a protótipos circulares ainda mais antigos. Não sabemos quais conceitos físicos acompanhavam essas noções (Neugebauer, 1983).

O Zodíaco (círculo de animais) na sua forma atual amplamente difundida é um conjunto de ideias sumérias, babilônicas, gregas e egípcias; sua possível relação com os zodíacos do Extremo Oriente não é clara (Gleadow, 1968). O pensamento astronômico grego transformou um céu de puras "aparências" cíclicas num céu que fisicamente se move em círculos. Concebidas originariamente como indicadores para os meses, as constelações zodiacais adquiriram nova importância com o desenvolvimento da astrologia horária babilônica e da teoria planetária homocêntrica grega, ambas de cerca de 600 a.C. O *Almagesto* de Ptolomeu (por volta de 150 d.C.), o ápice do pensamento especulativo "cinemático" grego, é uma autêntica sinfonia de "epiciclos" imaginados, todos colocados no interior do grande ciclo de uma "precessão" lenta (26.000-36.000 anos), descoberta por Hiparco apenas no século II a.C. Não se sabe ao certo se as alusões do Alcorão aos "sete céus, um acima do outro" (67,3; 17,44; 71,15), aos "sete firmamentos" (2,29; 65,12) e aos "sete períodos" ou "órbitas" (23,17) se referem à teoria planetária ptolemaica (século II d.C.), talvez por intermédio da astrologia. Em geral, a primeira versão aristotélica (século IV a.C.) das órbitas planetárias dominou o pensamento dos filósofos e teólogos até a Idade Média (Neugebauer, 1983). Seja como for, na imaginação popular, a astrologia, mais do que a astronomia matemática, constitui o momento perene à antiga concepção cíclica do tempo.

Na China, a partir do início do II milênio a.C., como mais antigamente no Egito, a atenção concentrava-se na rotação noturna das estrelas circumpolares. Sentando-se de frente para o sul, o imperador representava o Céu, e seus súditos estavam em relação com ele como as estrelas com o polo celeste. "O céu é redondo, a terra é quadrada"; essa afirmação, presente em numerosos documentos a partir do século II a.C., provavelmente deve seu significado a essa rotação celeste noturna, unida à divisão do horizonte em quatro partes através do polo e do sol. O Altar do Céu em Pequim, de mármore branco, construído no século XV d.C., com a altura de 27 pés, é formado por três terraços circulares com 210, 150 e 90 pés de diâmetro, respectivamente. Um Templo do Céu circular, com 99 pés de altura, construído no mesmo período, assenta-se sobre uma base tripla semelhante, de forma circular.

Culturas neolíticas

Não sabemos por que as culturas neolíticas da Europa Ocidental, desde 5000 a.C., investiram uma energia enorme na construção de monumentos sepulcrais megalíticos, alguns dos quais circulares e documentados por centenas de exemplos. A prática parece ter se difundido para o leste a partir da costa atlântica. O grande túmulo sepulcral irlandês em Newgrange (cerca de 4300 a.C.) é um túmulo artificial, com 40 pés de altura e com um diâmetro de 260, formado por cerca de 200 mil toneladas de pedras. O mais famoso desses monumentos circulares – o de Stonehenge na Inglaterra, cuja forma mais antiga precede as pirâmides do Egito – foi construído originariamente sobre um túmulo circular artificial de cerca de 100 metros de diâmetro e 2 metros de altura. Ossos humanos cremados foram encontrados na maioria dos 56 buracos de Aubrey, que formam dois círculos concêntricos no interior dessa elevação. Transportar para o lugar cada uma das grandes pedras de Sarsen, algumas das quais com mais de 50 toneladas, e elevá-las num círculo interno parece ter exigido os esforços de 1.100 homens por cerca de sete semanas. Visto do centro, durante o solstício de verão, o sol surge sobre uma enorme pedra colocada precisamente fora do círculo, que remonta à fase mais antiga da construção. As origens de Stonehenge devem ser buscadas, portanto, no culto solar, mas as elaboradas construções circulares que exigiram um trabalho tão grande não são fáceis de explicar. Para construir um fosso e uma elevação circular semelhantes, em Durrington Walls, provavelmente foram empregadas cerca de 900 mil horas de trabalho. Um enorme cone de terra em Silbury, com 40 metros de altura e que remonta a 2500 a.C., exigiu por volta de 18 milhões de horas de trabalho (Renfrew, 1973).

A interpretação desses monumentos de arqueoastronomia é muito controversa; seu enorme custo, porém, nos leva a compreender a dimensão da dedicação dos construtores à forma do círculo. Alguns dos alinhamentos testemunham a capacidade dos construtores de fazer ângulos retos e elipses perfeitas, implicando assim o domínio da geometria elementar e talvez a habilidade de calcular os triplos pitagóricos (Waerden, 1980).

Ligações entre a cultura antiga e a moderna

Os projetos de planta circular empregados nas "casas-colmeia" do antigo Egito e hoje em outras partes do mundo são tão antigos quanto os de Jericó, que remontam ao VIII milênio a.C. Platão imaginou um projeto circular para a mítica cidade de Atlântida (no *Crítias*) e para uma cidade ideal em Creta (nas *Leis*). A antiga cidade de Ecbátana na Média foi construída por Deioces mais ou menos por volta de 700 a.C. em sete círculos concêntricos. As aldeias circulares dos Xavante do Brasil têm provavelmente uma origem ritual (Seidenberg, 1981). As estradas radiais de Paris e Washington – cidades capitais e, como tais, centros espirituais – formam uma roda. As grandes rosetas circulares das catedrais ocidentais constituem um centro de orgulho e de interesse. Uma pedra de calendário asteca de forma circular, que mede mais de 11 pés de diâmetro e que foi entalhada no século XV d.C., é um projeto feito por uma cultura que não conhecia a roda. Mas a forma circular contém mais de uma implicação simbólica; ela representa também um encontro humano direto. Como acontece no anfiteatro em menor escala, do mesmo modo a cidade circular fornece uma experiência psicológica inusitada do espaço. A participação de uma dança circular – associada em todo o mundo à aproximação das estações – é uma experiência psíquica especial. A visão e a locomoção evidentemente contribuem para tornar o movimento linear mais conveniente para o homem; desse modo as sensações experimentadas no movimento circular são mais intensas em virtude de sua raridade. Os acampamentos circulares dos exércitos assírios e os círculos defensivos dos comboios dos carros americanos representam os exemplos seculares da força particular do círculo de diminuir o perímetro de determinada área e de elevar ao máximo grau a paridade das distâncias do centro. O ponto de interesse aqui é a associação entre a forma do círculo e a estratégia defensiva e, portanto, o poder, um dos aspectos principais da divindade.

No interior do círculo do horizonte humano, em qualquer lugar que ele esteja, o sol e a Estrela Polar são, hoje como no passado, os pontos necessários para a orientação, que é vital para a sobrevivência. Os "quatro cantos da terra" representam uma concepção antiga e quase universal; as simetrias infinitas do círculo do horizonte, por outro lado, causam desorientação. Assim, desde o início, na arquitetura do templo, o quadrado e o círculo foram intimamente unidos numa associação "dupla" (Seidenberg, 1981). Colocar uma cúpula redonda que representa o céu sobre uma base quadrada que representa a terra constitui um interessante problema tecnológico (diferentemente, os Dogon de Mali concebem o céu quadrado e a terra redonda). O Panteão romano de forma circular, concluído em 125 d.C. com um diâmetro de 43,2 metros e iluminado apenas através de uma abertura circular no alto da cúpula, no século XVI inspirou Michelangelo para o projeto da cúpula da Basílica de São Pedro, que se apoia sobre quatro pilares maciços. A arte dos templos hinduístas, budistas e muçulmanos, tão rica e abundante, ilustra de modo celebrativo e virtuosista as soluções para o problema tridimensional da união entre círculo e quadrado. Com a lenta ascensão da ciência da astronomia e com o desenvolvimento das outras artes e ciências, as implicações relativas ao círculo e à roda se multiplicaram. Os famosos gráficos em forma de *pizza* utilizados pela estatística moderna explicam não apenas relações cíclicas, mas também divisões proporcionais relativas a qualquer campo. A turbina hidráulica, o moinho, o relógio e o motor alternativo (que une o movimento circular e o linear) transformaram a vida inserindo nela novas noções de força e, desse modo, novos conceitos referentes à divindade. Num interessante capítulo intitulado "A Virgem e o dínamo", Henry Adams, escrevendo da Exposição Universal de Paris de 1900, comparava os dínamos de 40 pés expostos na mostra – para ele símbolos do infinito, de "energia última" – à força da Virgem, que até então tinha sido "a maior força do mundo ocidental", e sob cuja inspiração tinha surgido a alta magnificência das catedrais góticas. Em todos esses exemplos de circularidade, mesclam-se nuanças de sagrado e de profano.

Bibliografia

O ensaio de SEIDENBERG, A. The ritual origin of the circle and square. *Archive for History of the Exact Sciences*, vol. 25, p. 1-327, 1981, contém numerosas informações. Mais especializado é o ensaio de VATSYAYAN, K. *The square and the circle of the Indian arts*. Nova Delhi, 1983. Para informações específicas referentes ao papel do círculo na teoria planetária e ao extremo conservadorismo da religião, tão atrasada em relação aos progressos da astronomia científica, cf. NEUGEBAUER, O. *Astronomy and History* – Selected essays. Nova York, 1983. Grande historiador da ciência, Neugebauer apresenta perspectivas originais de maneira concisa, refreando o entusiasmo pelas antigas ciências secretas e esclarecendo os limites de nosso conhecimento atual. WAERDEN, B.L. van der. On pre-babylonian mathematics. *Archive for History of the Exact Sciences*, vol. 23, p. 1-46, 1980, teoriza um profundo conhecimento matemático por parte dos construtores dos grandes monumentos megalíticos e a possível difusão de um corpo comum de conceitos por intermédio das línguas indo-europeias num período histórico muito antigo. A história neolítica é resumida atentamente por RENFREW, C. *Before civilization*. Nova York, 1973. OPPENHEIM, A.L. *Ancient Mesopotamia*: portrait of a dead civilization. 2. ed. rev. e ampl. Chicago, 1977, e RUNDLE CLARK, R.T. *Myth and symbol in ancient Egypt*. Londres, 1959, constituem uma preciosa introdução ao tema. GLEADOW, R. *The origin of the Zodiac*. Nova York, 1968, quer ser "um relato realista do nascimento e do crescimento da astrologia". FRAZER, J.G. *The golden bough*, 3. ed. rev. e ampl. Londres, 1911-1915. vols. I-XII, continua a ser uma fonte preciosa no que diz respeito ao simbolismo primitivo do círculo nos ritos populares de muitas culturas. MCCLAIN, E.G. *The myth of invariance*. Nova York. 1976, desenvolve a inspiração especificamente "harmônica" da numerologia antiga associada aos ciclos do tempo. ADAMS, H. *The education of Henry Adams*. Boston, 1918, continua a ser um grande clássico norte-americano.

Ernest G. McClain

CISNE

Em relação aos elementos do ar e da água, o cisne é símbolo de alento, de espírito, de transcendência e de liberdade. Em muitas tradições religiosas, o cisne (ou o ganso ou o pato) simboliza a alma. Os cisnes significam tanto a morte sob a água, como o renascimento, ou a vitória sobre a morte no ar. A complexidade do símbolo está refletida na sua representação alquímica como união de opostos, o centro místico. Um motivo preponderante nos mitos de origem é a imersão cosmogônica, em que um cisne ou outro pássaro aquático é enviado por Deus às profundezas das águas primordiais para trazer de volta o "sêmen da terra", do qual Deus cria o mundo. Esse motivo existia em múltiplas versões entre as populações pré-históricas no norte e do sul da Europa e desde o III milênio a.C entre as populações da América.

Na iconografia hinduísta, o cisne personifica o *brahman-ātman*, a base transcendente e também imanente do ser, o Eu. Brahmā é frequentemente retratado como nascido de um cisne, o pássaro divino que depositou nas águas o ovo cósmico do qual surgiu o deus. Essa imagem, com muitas variantes, é comum também em Bali e no Sri Lanka. O *Paramahamsa* ("cisne supremo" ou "pato supremo") representa a liberdade da escravidão na esfera fenomênica e é um apelativo de reverência com o qual as pessoas se dirigem aos ascetas mendicantes. O pássaro *hamsa* foi esculpido nas faixas ornamentais do Templo Kesava em Somnathpur, construído em 1268 e dedicado a Viṣṇu.

No antigo Egito e nas religiões xamânicas do norte da Ásia, os cisnes eram associados à viagem mística ao além-túmulo. Na Grécia antiga, os sacerdotes dos mistérios eleusinos eram considerados os descendentes dos pássaros; depois de sua imersão nas águas purificantes, eles eram chamados cisnes. Nas decorações dos vasos do século V a.C. o cisne é representado como o atributo deles. Sob o aspecto amoroso, o cisne era sagrado para Afrodite e Vênus e foi a forma que Zeus assumiu para amar Leda. Como símbolo solar, o cisne era o veículo do deus sol na Grécia; era assimilado ao princípio *yang* na China e inscrito sobre uma das asas de Mitra, o deus persa da luz. Nos mitos celtas, as divindades-cisne representam o poder benéfico e curador do sol. Na antiga religião dos indígenas Sioux das Pradarias norte-americanas, os pássaros são os reflexos dos princípios divinos e o cisne branco sagrado simboliza o Grande Espírito que controla todas as atividades e ao qual são dirigidas as orações.

No judaísmo, o cisne (ou o pato ou o ganso) é um símbolo ambivalente: ele tem um lugar de honra entre os objetos cerimoniais, embora seja inserido na Bíblia na categoria dos pássaros impuros. Na tradição cristã simboliza a pureza e a graça e é um emblema da Virgem. A crença de que os cisnes cantam no momento da morte os associou aos mártires.

O folclore está repleto de lendas sobre donzelas e cavaleiros-cisnes. Acreditava-se que esses seres metade humanos e metade sobrenaturais que se transformavam em cisnes eram as figuras totêmicas e os fundadores originários dos clãs, e eles se tornaram os símbolos do poder espiritual. O barco que transportava o cavaleiro do Graal, Lohengrin, salvador enviado por Deus para derrotar o mal, era puxado por um cisne. O motivo da donzela ou do cavaleiro-cisne é amplamente difundido na mitologia e nos rituais da Europa, Índia, Pérsia, Japão, Oceania, África e América do Sul. [Para mais aprofundamentos sobre esse tema, cf. o verbete Cavalo.]

O doce canto do cisne fez dele uma metáfora bastante usada no simbolismo artístico. Os egípcios o associaram à harpa, os gregos ao deus da música, enquanto os celtas consideravam o seu canto mágico. Shakespeare ficou conhecido como o Cisne de Avon, Homero como o Cisne do Meandro, Virgílio como o Cisne de Mântua. Segundo uma afirmação de Sócrates citada por Platão, os cisnes "cantam mais alegremente com a proximidade da morte pela alegria que sentem por ir ao encontro do deus a quem servem". Desde então o termo *canto do cisne* em geral se refere à última obra de um artista.

Bibliografia

BACHELARD, G. *L'eau et les rêves*: essai sur l'imagination de la matière. 4. ed. Paris, 1978. Uma meditação poética e psicológica sobre o significado simbólico do cisne na literatura e na poesia. As considerações do autor baseiam-se essencialmente na poesia e nos sonhos, associados aos mitos sagrados e arcaicos.

BROWN, J.E. (org.). *The Sacred Pipe*: Black Elk's account of the seven rites of the Oglala Sioux. Norman/Oklahoma, 1953, Baltimore, 1971. O cisne como símbolo do Grande Espírito; os pássaros como reflexos dos princípios divinos.

CAMPBELL, J. *The flight of the wild gander*. Nova York, 1969. Uma análise do conjunto de motivos em que o cisne, intercambiável com o ganso, está ligado ao voo do xamã em êxtase e ao *brahman-ātman* com quem o iogue procura se identificar.

ELIADE, M. *De Zalmoxis à Gengis-Khan*. Paris, 1979. A relação do cisne com os mitos pré-históricos da imersão cosmogônica.

Ann Dunnigan

CORAÇÃO

Uma análise dos valores simbólicos atribuídos ao coração mostra uma distância indiscutível entre o coração como fonte de vida biológica e seus diversos significados no âmbito da vida emocional, moral e religiosa. A palavra *coração* pode ser específica, mas o símbolo é tão multiforme quanto a polissemia do termo é rica. De fato, o leque de significados de *coração* baseia-se ao mesmo tempo numa realidade fisiológica (que implica certa concepção animista do indivíduo) e em reflexões espirituais e místicas – duas origens que estão intimamente ligadas na maioria das culturas.

Parece certo que a concepção vitalista do coração como sede de coragem, força e vida é representada pela presença num grande número de sociedades antigas do hábito de comer o coração do próprio inimigo para adquirir força. Do mesmo modo, a noção do coração como origem da vida está na base do sacrifício comumente praticado pelos astecas e mais antigamente pelos maias. No Império Inca, por exemplo, o coração era arrancado enquanto ainda batia, com a consequência de uma abundante hemorragia. O sangue que escorria era alimento para o Sol (simbolizado pela águia) e uma bebida regeneradora para Tlaltecutli, o senhor da terra. O coração era considerado a parte mais preciosa da pessoa; por isso, a oferta da própria vida, um dom dos deuses, era realizada com a retirada de um coração vivo e o derramamento de sangue humano.

Os grandes temas simbólicos correlatos ao coração foram ressaltados pelos antigos egípcios. É o órgão principal da vida física e é bem descrito nos papiros de medicina. É também o centro da vida emocional, da coragem e da vida espiritual. Pensamento, vontade e conhecimento ali residem. Desse modo o coração se torna o próprio lugar da personalidade, capaz de oração e de amor pelos deuses. Mas o coração é também a memória de um homem, a testemunha das ações que ele realizou durante sua vida. É por esse motivo que, depois da morte, os corações são pesados, com Maat, a deusa da verdade e da justiça, como contrapeso. O coração tem o papel mais importante no julgamento dos mortos, em que se examina a fidelidade de um homem às prescrições morais e às normas sociais.

É o lugar de residência de Sia, o deus da inteligência, do conhecimento do passado e da imaginação criadora. Se o morto é "justificado por seu coração", se o juízo é favorável a ele, então ele experimenta a união com deus: "O teu coração é o coração de Rá", diz o *Livro da respiração* (2,10), pois no coração de um homem habita "o deus que vive" nele, uma espécie de gênio pessoal que determina a existência e o comportamento de todo indivíduo. O coração é ao mesmo tempo alma, vida, pensamento, testemunha das ações, e o lugar em que reside o deus com o objetivo de guiar o homem nesta terra e de dar conta de suas ações na vida futura. No coração humano, necessário tanto para a vida na terra quanto para a sobrevivência após a morte, o homem pode encontrar o divino. De acordo com os egípcios, os deuses também têm um coração. As estelas de Ra Shabaka, que resume uma antiga teologia de Mênfis, mostra que o coração de Ptah é a sede da atividade criativa e o centro da sua imaginação. Tudo o que foi criado por Ptah (o demiurgo cósmico) foi concebido em seu coração e passou a existir graças à intermediação da sua palavra criadora.

O coração ocupa um lugar importante nos textos sagrados do hinduísmo, assim como nas suas técnicas de meditação espiritual. O simbolismo ingênuo do coração como centro da vida e das faculdades psicológicas aparece no *Bṛhadāraṇyaka Upaniṣad* (3,20-25). O coração é aqui descrito como o lugar onde cada coisa que existe assume forma: fé, conhecimento supraintelectual, verdade ontológica, linguagem e vida biológica (pois "o esperma está situado no coração"). Embora o coração seja pouco citado nos Vedas, que ressaltam o ritual sacrifical e a glorificação do divino, os elementos de uma "liturgia do coração" podem ser encontrados nos mais antigos Upanixades. Aqui ele é considerado central nas atividades dos *ṛṣi*, aqueles videntes que percebem intuitivamente o divino e o expressam com hinos. O coração é o lugar secreto de sua inspiração, em que são preparados os hinos a ser oferecidos aos deuses, mas é também a autoridade crítica que avalia o valor do hino. Assim, o coração se torna o lugar da visão divina, que é concedida apenas por graça àqueles que praticam a renúncia de si mesmos. Compreende-se que o conhecimento do coração é *satya*, verdadeira e real, uma vez que só ele pode tornar alguém capaz de passar do irreal e ilusório ao real. Tal conhecimento é capaz de transformar quem o alcança, pois este descobre, por meio do coração, a divina imanência no interior do homem. Na *bhakti*, o coração é a sede de uma aspiração à união com deus e o centro de um desejo que "conecta o homem ao nível do seu coração". Também se deveria rejeitar o desejo de realidades naturais e ilusórias para desfrutar a bem-aventurança e a união com *brahman*. É necessário purificar o coração por meio da renúncia com o objetivo de se tornar um "límpido espelho" no qual o deus pode se refletir. "Quando todos os desejos que ele alimenta em seu coração foram abandonados, então o mortal se torna imortal, e a partir daquele momento ele sente prazer em *brahman*", diz a *Bṛhadāraṇyaka Upaniṣad* (4,4,7).

O coração é, assim, o símbolo da residência divina no homem. Quatro termos definem frequentemente esse coração, cidadela do divino, de *brahman*: a gruta (*Mahānāryaṇa Upaniṣad* 201,469), o ninho do pássaro (*Haṃsa Upaniṣad* 13), a lareira ritual, e especialmente o lótus, um antigo símbolo cosmogônico ao qual são ligados os valores moralizadores do puro e do impuro, do emocional e do intelectual (*Dhyanabindu Upaniṣad* 33-35 e 93). Mas o que vive neste lugar? Um princípio impessoal, transcendente, o *ātman* (*Chāndogya Upaniṣad* 8,3,3), que existe e experimenta sensações; a autoridade que percebe por meio dos sentidos e que é a luz interior em todo ser humano; ou então a própria imagem do poder de um deus pessoal como Shiva, Hari, Indra, o Imortal, o Supremo (*Mahānāryaṇa Upaniṣad* 269). Assim, pela graça divina, o coração pode se tornar o lugar da visão de Deus: "o homem que é livre do desejo, que eliminou todas as penas pela graça do criador, vê o Senhor e sua majestade" (*Śvetāśvatata Upaniṣad* 3,20). Desse modo, o coração é o lugar da passagem da dualidade à unidade, do informe à forma, do irreal ao real (*Chāndogya Upaniṣad* 8,l,2s., 8,3,1s.). O caminho do coração, ao mesmo tempo caminho da meditação e da renúncia, da anulação das paixões e do desejo da união, é assim o caminho do carnal ao imaterial, do mortal ao imortal (*Śvetāśvatata Upaniṣad* 4,16,20).

O mundo dos antigos gregos tinha um conhecimento psicológico mais indiferenciado do coração. Nos escritos de Homero, de Hesíodo e dos trágicos, *kardia* designava o lugar da vida da alma, dos afetos, das emoções e dos sentimentos. É o lugar dos pensamentos secretos e da inteligência operativa. Por um processo de metonímia, a palavra *stethos* (peito) é usada no sentido de coração; *thymos* (a respiração contida no peito) designa o calor que anima os sentimentos presentes no coração e os pensamentos que aqui se formam. É este termo, *thymos*, menos concreto e mais sutil, que predomina na época clássica, embora os filósofos tenham introduzido uma importante distinção. De acordo com os médicos e com alguns filósofos como Empédocles (século V a.C.), que definiu o coração como sede do pensamento, os epicuristas e depois os estoicos colocaram ali a inteligência. Crisipo afirmou que o coração é a sede da *dianoia*, a origem da linguagem (*Stoicorum veterum fragmenta* 837, 838, 879). Em correspondência, Platão desenvolveu a teoria de uma alma tripartida: sobre o diafragma fica a alma mortal, o *thymos* que inspira as boas ações; abaixo estão as paixões, e o princípio imortal da alma está na cabeça. Por isso apenas o calor das ações generosas se encontra na zona do coração (*República* 4). Aristóteles, contudo, situou sensações, conhecimento sensível, memória e imaginação no coração, mas não o *nous*, a inteligência. Impossível de ser localizado, o *nous* não está ligado a nenhum órgão físico (*Metafísica* 12,3,1070a). Com Plotino todos os usos metafóricos de *kardia* e *thymos* desaparecem, transformando-se claramente rumo a uma intelectualização que compense, nas intenções, toda influência judeu-cristã.

Na Bíblia, a palavra *lev* (coração) aparece 1.024 vezes, uma frequência que testemunha a polivalência de um termo comum aos judeus e aos antigos semitas, para os quais o coração era um órgão indispensável à vida, o lugar de reunião de todas as forças vitais. Se batia mais ou menos rapidamente em relação às emoções sentidas, isso ocorria porque, como centro do conhecimento, era um órgão tanto receptivo como ativo. O coração é o lugar não apenas de toda a vida psicológica e intelectual, mas também da vida moral. É a interioridade de um homem, o *qerev*: "Porei a minha lei no seu interior, e a escreverei no seu coração", diz Javé (Jr 31,33). Esse coração que permite a compreensão das coisas divinas é sobretudo memória e recordação da bondade de Javé. A expressão "retorne ao coração" designa a memória irrenunciável: "De longe lembrai-vos do Senhor, e suba Jerusalém ao vosso coração" (Jr 51,50). O coração é, portanto, um centro ativo onde as ideias e as impressões recebidas são transformadas em ações; o coração concebe os projetos humanos e é a sede do poder criativo de um indivíduo em forma de consciência. O coração não é apenas o centro da vida moral, mas no fundo é também o centro da vida religiosa. É o coração que sente o temor a Deus e alimenta a fé na aliança com Javé: o coração crente pertence inteiramente a Deus, para quem ele se dirige (1Cr 29,18).

Durante a época helenística, quando a Bíblia era difundida na tradução grega, a palavra *kardia*, usada para traduzir *lev*, foi carregada de todos os valores semitas do coração e assumiu um novo significado, a ponto de a associação entre coração, pensamento e memória se tornar comum. Nos escritos do Novo Testamento efetua-se uma síntese entre os valores gregos e bíblicos do "coração". A famosa fórmula que define a comunidade ideal dos primeiros cristãos, "um só coração e uma só alma" (At 4,32), associa o novo coração prometido por Javé (Ez 11,19) a um provérbio grego citado por Aristóteles (*Ética a Nicômaco* 98,2) e usado novamente por Cícero para definir a amizade (*De amicitia* 21,81). O *coração* é assim considerado no seu sentido metafórico com o objetivo de designar a personalidade íntima de um homem, o lugar onde sua vida espiritual nasce e se desenvolve. Mas a tricentenária helenização de uma expressão derivada da fé cristã torna mais específico o uso de *coração*, que perde seu significado de "intelecto". Comentando a bem-aventurança dos corações puros (Mt 5,8), Orígenes explica que ver Deus com o coração significa compreendê-lo com o espírito (*De principiis* 1,1,9). Para Orígenes, o coração equipara-se ao intelecto; quando as Escrituras dizem "coração", esta é apenas uma metáfora para ressaltar "a passagem de uma ordem visível para uma invisível".

Um platonismo semelhante será depois desenvolvido mais claramente no século IV por Gregório de Nissa, que explica a famosa passagem do Cântico dos Cânticos – "eu durmo, mas meu coração vigia" (5,2) – chamando a atenção para a *psyche* e a *dianoia*, para a alma e a inteligência, para explicar a palavra *coração*.

No Ocidente o termo *cor* assume o sentido do hebraico *lev*, mas Agostinho o enriquece com suas análises psicológicas nas *Confissões*. Para ele, o coração é o lugar da interioridade e da experiência religiosa que define a individualidade: "O meu coração, onde eu sou aquele homem que sou" (*Confissões* 10,3,4). Pouco a pouco, contudo, no Ocidente cristão a palavra *coração* se torna uma simples metáfora para toda a vida emocional, enquanto no

Oriente mantém o significado de espírito liberto das paixões e das emoções e de lugar do conhecimento das coisas divinas e do amor de Deus.

Uma corrente fundamental do misticismo cristão é aquela em que o coração divino e o coração humano se unem numa troca de amor. Essa visão mística do coração, que aparece no Ocidente por volta do começo do século XI, está ligada a uma espiritualidade centrada no sofrimento humano de Jesus Cristo, como se a devoção pelo coração divino não pudesse existir sem uma referência emotiva ao coração de carne de Jesus e ao derramamento de seu sangue, que constitui prova tangível do amor de um Deus sofredor e crucificado. Nesse coração de carne, desnudado pela ferida infligida sobre a cruz, o místico cristão contempla o próprio mistério do amor de Deus, tentando especificar o seu significado no coração, que foi traspassado embora já tivesse deixado de bater (Jo 19,34). Indubitavelmente, Anselmo (1033-1109) foi o primeiro que, meditando sobre a paixão de Cristo, vislumbrou nesse coração traspassado uma revelação do amor de Deus (*Patrologia latina* 158, 761s.).

A mesma ideia está presente nos escritos dos cistercienses Guilherme de Saint-Thierry e Bernardo de Claraval (*Patrologia latina* 182, 1072). O indivíduo devoto considera com emoção as feridas no coração divino e, comparando-as com a sua prova do amor de Deus, deseja penetrar nelas e nelas se perder. Tal desejo de unidade, um desejo de corresponder ao amor de Deus, deu origem a inúmeras experiências míticas: a de Lutgarda de Aywières no início do século XIII, que foi participante "simpatética" dos sofrimentos da Paixão e que "descobriu no próprio coração de Jesus uma sensibilidade tão forte que foi para sempre fortificada por Ele", ou as experiências místicas das monjas enclausuradas de Hefta, na Saxônia. Matilde de Magdeburgo (1207-1282) descreve detalhadamente como Deus pôs o seu coração no próprio coração divino que ardia de amor, fazendo dos dois um único e só coração "como a água perde a si mesma no vinho". Assim, o coração de Deus é o lugar da participação e da alegria enquanto o místico, como o Apóstolo João, se recosta no próprio peito de Jesus (*Das fliessende Licht der Gottheit* 2,38).

Desse mosteiro de Hefta, onde outras monjas compartilharam a devoção ao coração de Jesus mostrada por Santa Gertrudes (1256-1334), o costume passou aos franciscanos. A memória dos estigmas de seu fundador e sua emotiva oração popular desenvolveram uma devoção baseada na contemplação dos sofrimentos do crucificado e do seu coração ferido. Na sua *Vitis mystica*, São Boaventura (1221-1274) celebra "o coração do bom Jesus" e destaca o amor, revelado por Cristo na sua encarnação, que é sensível à natureza humana. Esse coração ferido é a expressão vital e tangível da bênção de Deus. Mas é também o lugar em que a alma humana deve penetrar "como numa terra prometida onde encontrará doçura, pureza e também o amor de Deus, diz Ubertino de Casale (*Arbor vitae crucifixae Iesu*, cerca de 1320). Esse desejo de união com o coração de Jesus é tão grande que, através de muitas repetições no decorrer dessas experiências unificadoras, se efetua uma troca de corações entre Cristo e o místico, como no caso de Lutgarda, Catarina de Siena, Doroteia de Montau e, em seguida, Margarida Maria Alacoque. É uma troca simbólica, naturalmente, na qual um ser humano substitui espontaneamente a própria vontade pela vontade de Deus e que é o sinal de uma união que transforma, nascida daquele "novo espírito e novo coração" profetizados por Ezequiel (36,26s.). Este símbolo do coração de Cristo que assume o lugar do coração do místico representa "a união do espírito incriado e do espírito criado que é realizada pela preeminência da graça", explica Tomás de Cantimpré na *Vida* de Lutgarda (*Acta sanctorum*, junho,

IV, p. 193). O coração é todo o ser humano, que deseja sempre se unir mais plenamente com a própria presença da palavra encarnada sentida num coração, que é o sinal do seu amor e o centro "onde está encerrada toda a virtude da divindade". No Oriente cristão, a "oração do coração", desde o tempo dos Padres do Deserto até o nosso, combinou uma antiga técnica do controle da respiração com a invocação do nome de Jesus, para fazer com que "o espírito desça no coração". Fixando o olhar na interioridade do próprio coração, descobre-se que ele é o lugar da vida emocional, dos desejos e do amor. Depois podem-se fundir aqui os próprios pensamentos perceptivos e intelectuais como num braseiro, e deixá-los aquecer e arder até um grito irromper no coração, um chamado a Jesus, a única fonte daquele amor. Assim, o coração é o espaço em que o corpo e a alma penetram um no outro e coexistem, precisamente como o ar inalado se mistura com o próprio alento de vida. Por isso, a descoberta do coração restabelece a natureza humana no seu estado original, antes da queda, redescobrindo a energia do Espírito Santo recebida no batismo, e tornando-se mais uma vez o templo de Deus. A expressão "oração do coração" é, portanto, metonímica, embora o método de oração descrito pareça passível de vincular a uma técnica respiratória específica. A espiritualidade hesicasta insiste na necessidade de uma ascese para purificar o coração do homem, para que este possa depois retornar à razão pela qual foi criado e descobrir a verdade. Depois o homem recebe a iluminação do sol da justiça, cuja luz brilha no seu coração, que assim se torna o lugar em que Deus revela a si mesmo e o lugar do desejo de Deus, onde os seres criados fazem viver o Senhor, e enfim conhece a *hesychia*, a alegria de estar unido com Ele para sempre (Mt 17,4).

Exatamente essa concepção do coração como o lugar do desejo de Deus e o órgão de oração e conhecimento das coisas divinas encontra-se novamente em Pascal na França do século XVII, onde se difundiu a devoção do Sagrado Coração de Jesus, com devotos como Marie des Vallées, Jean Eudes e Margarida Maria Alacoque. Na verdade, o coração de Pascal não é o centro nem das emoções nem das faculdades da alma; é o lugar da decisão e da adesão. É vontade, e por meio dela o indivíduo é definido e expresso. Mas, além disso, é o órgão que conhece uma ordem superior à da razão: "É o coração que sente Deus e não a razão: esta é a fé, sentir Deus com o coração e não com a razão" (*Pensamentos* 278). Pascal não quer dizer que a razão é inútil, mas que permanece insuficiente, porque pertence à ordem natural, em que "o coração tem razões que a razão desconhece" (*Pensamentos* 277). O conhecimento de Deus não é um pensamento abstrato; emerge da própria existência do homem, e reside no desejo de enriquecimento: "todo o meu coração se abre para saber onde está o verdadeiro bem com o objetivo de segui-lo". Por isso, como Pascal escreveu em 1685 na sua *Arte da persuasão*, "o homem descobre a verdade de que fala dentro de si". Assim, em diversas culturas e tradições religiosas, o coração tem o valor profundo de simbolizar e estruturar toda a vida humana, tanto a espiritual quanto a física.

Bibliografia

ANCELET-HUSTACHE, J. *Mechtilde de Magdebourg, 1207-1282* – Étude de psychologie religieuse. Paris, 1926.

CLAUDEL, P. et al. *Le cœur*. Bruges, 1950. Um volume da série "Études carmélitaines".

MEYENDORFF, J. *St. Grégoire Palamas et la mystique orthodoxe*. Paris, 1959.

ONIANS, R.B. *The origins of European thought*. Cambridge, 1951. 2. ed., 1954.

VARENNE, J. (org. e trad.). *Upanishads du yoga*. Paris, 1971.

Michel Meslin

CORES

O simbolismo religioso das cores baseia-se na experiência humana imediata e universal da cor como qualidade essencial dos objetos presentes na experiência cotidiana. De um ponto de vista estritamente científico, essa experiência natural da cor pode parecer de algum modo ingênua, uma vez que a visão aparentemente simples da cor é na verdade o produto de muitos fatores. De fato, a sensação subjetiva da própria cor pode ser produzida por uma variedade quase infinita de combinações de luz. Contudo, até a experiência imediata e ingênua da cor, que não conhece a análise do espectro e as sutis variações de comprimento de onda, pode dar origem a considerações bastante complexas. Começando com a distinção fundamental entre cores "primárias" e "secundárias", logo se chega à noção de cores "quentes" e "frias", ou aos sistemas como a escala de luminosidade de Goethe em *Zur Farbenlehre* (A teoria das cores), de 1810, de acordo com a qual o amarelo tem o valor de nove (o máximo) e o roxo o valor de três (o mínimo).

O pintor abstracionista Paul Klee (1879-1940) elaborou uma teoria segundo a qual as cores primárias podem ser associadas a sons, formas geométricas e experiências subjetivas. Assim, por exemplo, o azul se associa ao círculo e à experiência de estabilidade, o amarelo ao triângulo e à sensação de velocidade, o vermelho ao quadrado e ao poder. Na verdade, as intuições de Klee são bem fundamentadas, embora não representem o único esquema possível a esse respeito. De acordo com as observações de Wassily Kandinsky (1866-1944), um dos maiores pintores abstracionistas, um círculo amarelo parece se desenvolver para fora num movimento expansivo, aproximando-se do observador, enquanto um círculo azul parece se contrair e se distanciar. Os dois exemplos demonstram que a cor produz efeitos psicológicos muito mais complexos e elaborados do que os já conhecidos e utilizados na moda, segundo a qual o branco "amplia" e o preto "diminui". Além disso, de acordo com os dados disponíveis, parece que as constantes das percepções cromáticas sofreram variações no decorrer da história.

Inicialmente, a sensibilidade humana à cor parece ter sido atraída sobretudo pela extremidade longa do espectro, pelos comprimentos de onda incluídos entre os 800 e os 500 nanômetros, correspondentes às cores vermelho, laranja e amarelo. Nas pinturas pré-históricas não aparecem nem o azul nem o verde, embora provavelmente a preparação dos pigmentos azuis e verdes não apresentasse nenhuma dificuldade. No mundo clássico os adjetivos *glaucus* e *coeruleus* compreendiam todos os matizes entre o verde e o azul, o que leva a deduzir que essas cores não eram claramente diferenciadas. A palavra grega *chloros* ("verde") às vezes era usada para indicar tinturas de amarelo. A palavra latina *viridis* ("verde"), vinculada à fertilidade, é uma palavra cunhada no fim do século I a.C. O estudioso latino Aulo Gélio (*Noctes Atticae* 2,26), na sua tentativa de formular uma lista básica de cores, usa o grego *xanthos* ("amarelo-ouro" e *kirros* ("amarelo-alaranjado") e o latim *flavus* ("louro") e *fulvus* ("fulvo", relacionado ao leão) para designar os vários matizes de vermelho. Na enorme obra de Aulo (século II d.C.), a variedade cromática que se encontra na extremidade longa do espectro parece ser o resultado de uma confusa redistribuição de valores perceptivos e linguísticos que originariamente expressavam uma maior sensibilidade à cor vermelha.

De fato, o vermelho é a única cor que teve uma sólida tradição lexical nas linguagens indo-europeias, por meio da raiz **rudhro*. Em contrapartida, o termo *hāri* no sânscrito védico podia referir-se ao vermelho, ao amarelo-ouro ou até ao amarelo-esverdeado. O chinês e o japonês usam a mesma palavra tanto para o verde como para o azul, embora na pintura (p. ex., nas pinturas murais de Dunhuang, na China) fossem muito usados tanto o verde extraído da malaquita quanto o azul extraído da azurita e mais tarde dos lápis-lazúli (como na Índia e no Ocidente). O verde malaquita é particularmente comum nas representações dos paraísos ou das "terras puras" de Amitābha.

As expressões linguísticas que traduzem a experiência humana fundamental da cor são, portanto, complexas e ambíguas. A mesma complexidade e ambiguidade está presente também no uso das cores como símbolos. As cores assumiram uma ampla variedade de significados, diferentes de uma cultura para outra. A descoberta da púrpura por parte dos fenícios, por exemplo, tornou disponível uma nova cor particularmente adequada, precisamente por sua raridade e por seu custo, para simbolizar valores particulares e distintivos. Em Roma, a partir do período da República, a cor púrpura tornou-se o símbolo do poder político; o símbolo do reconhecimento dos senadores era a larga faixa púrpura que ornamentava suas togas. Mais tarde, ela se tornou o símbolo da divindade e da autoridade do imperador (a "púrpura imperial"). Ainda mais tarde, no cristianismo, a cor púrpura foi associada à dignidade preeminente do sacerdócio e se tornou a "púrpura cardinalícia" (escarlate). No fim do período romano e bizantino, o pórfiro vermelho tornou-se o símbolo do poder imperial, talvez por sua semelhança com a cor púrpura e por sua dureza como mineral. A coluna de Constantinopla (situada no Fórum Elíptico) é feita de pórfiro e no passado sustentava a efígie do Imperador Constantino (cerca de 280-337).

Particularmente interessante é o uso da cor nas roupas: ela expressa posições hierárquicas ou simboliza atitudes e valores espirituais, como é demonstrado de maneira particularmente evidente nos rituais da Igreja Católica. Aqui, as cores das roupas dos oficiantes, dos paramentos dos altares e das vestes dos coroinhas exprimem uma simbologia particular no ano litúrgico cristão. Em relação à tradição helenística e sobretudo à romana, o simbolismo cristão da cor se baseava geralmente no branco, a cor da alegria, da inocência e da pureza. O branco era a cor dos mártires, o *candidatus exercitus* ("exército vestido de branco"). O negro, por contraste, era considerado a cor da tristeza (embora só mais tarde tenha sido introduzido nas liturgias fúnebres). O azul-cobalto era a cor da escuridão e do diabo, enquanto o vermelho era a cor do céu empíreo e dos anjos. A púrpura, a cor imperial, tornou-se a cor do hábito cardinalício, como já mencionado.

A partir do século IX, as cores passaram a ser um elemento constante do ritual cristão; sua simbologia, contudo, ainda estava sujeita a algumas variações, não obstante as primeiras tentativas de padronizar seu uso eclesiástico. Na Grécia, por exemplo, o vermelho era a cor do luto (talvez com referência às lágrimas de sangue), enquanto em Milão, onde vigorava o rito ambrosiano local, o vermelho era dedicado ao Santo Sacramento. Na França, o vermelho era a cor litúrgica do dia de Todos os Santos (1º de novembro), com clara referência ao sangue dos mártires, enquanto em Roma, para a mesma festividade, era usado o branco, o símbolo do triunfo.

A primeira codificação propriamente dita das cores litúrgicas começou com Inocêncio III (1198-1216) e alcançou sua forma definitiva com Pio V (1566-1572) depois do Concílio de Trento (1545-1563). De acordo com essa codificação final, nas vestes sagradas o branco é usado durante as grandes festividades do ano litúrgico e é considerado um símbolo de triunfo, inocência e pureza. O vermelho é reservado às festas dos mártires, simbolizando assim o sangue do sacrifício e a vida eterna. Nos outros dias a cor usada é o verde, símbolo de esperança, considerado uma via intermediária entre vermelho e branco. O roxo (uma espécie de "preto atenuado") é usado durante os períodos de penitência, como na Quaresma, por exemplo, e nos serviços fúnebres. O preto caiu em desuso por ser considerado a cor do diabo pelos Padres da Igreja e durante o fim da Idade Média. Ocasionalmente o prateado pode substituir o branco, enquanto o dourado pode ser usado no lugar do branco, do verde ou do vermelho. Entre todas as cores, é interessante notar a polivalência da cor dourada. Os fundos dourados dos mosaicos bizantinos, dos ícones e das pinturas medievais exprimem um misticismo particular a esse respeito. O filósofo ortodoxo russo Evgeni Trubetskoy (1863-1920), na sua obra *Umozrenie v kraskakh* (1915-1918), destacou a influência de um misticismo cristológico de tipo solar nos fundos dourados dos ícones, uma vez que só a cor do ouro pode refletir a suprema luz solar do mundo paradisíaco. Por esse motivo os artistas utilizaram o chamado "assist", uma inclusão de linhas douradas brilhantes nas roupas das figuras divinas. O "assist" é comum nas representações do Cristo, em especial nas representações das cenas da Transfiguração, da Ressurreição, da Ascensão e dos outros eventos posteriores à Ressurreição. Por trás dessa simbologia é bem reconhecível a metafísica especulativa da luz ilustrada nas obras de Dionísio o Areopagita (cerca de 500 d.C.), para quem as palavras *photoeideis* ("de aspecto luminoso") e *chrysoeides* ("de aspecto dourado") são sinônimas. Os fundos dourados dos mosaicos bizantinos das igrejas de Ravena e de Bizâncio (a moderna Istambul) têm como objetivo transformar o "espaço interno" das basílicas romanas em "espaço-luz" e suavizar o peso do material arquitetônico. O fundo dourado produz uma atmosfera permeada de "luz imaterial" (*phos to aulon*), e atrai os fiéis para a contemplação dos mistérios divinos.

Os fundos dourados de mosaicos, ícones e pinturas em madeira eram criados aplicando finíssimas camadas de ouro sobre uma superfície previamente preparada. Como esse método não podia ser utilizado nas grandes dimensões dos afrescos, alguns pintores, em especial Giotto (1267-1337), cobriram os fundos dos afrescos com um pigmento azul feito de pó de lápis-lazúli, a cor mais preciosa da época. Nos afrescos de Giotto o azul do lápis-lazúli pode ser comparado aos fundos dourados da tradição bizantina e sienense: desse modo, a obra assume uma conotação mística, que a afasta do realismo essencial das pinturas. No entanto, na antiga tradição cristã, o azul-escuro e o azul-celeste tinham um valor negativo, embora nos mosaicos de Ravena e de Bizâncio se possa ver o azul brilhar ao lado do verde. O azul do lápis-lazúli era amplamente usado também na área da Ásia Central que tinha como centro Kucha, a cidade das caravanas. Em inúmeras pinturas budistas encontradas nessa área, o azul aparece ao lado do verde. Mas aqui também o azul tem um valor ambíguo. Por um lado, era usado na arte budista tibetana para representar os deuses malignos e as potências do mal. Na única pintura mural conservada em Tumshuq, e em numerosas outras presentes na área de Kucha, os personagens demoníacos e infaustos são pintados de azul ou então têm a barba azul. Por outro lado, também os monges e os ascetas são representados com a barba azul. Curiosamente, o mesmo azul é a cor de um personagem chinês que aparece num afresco sienense de inspiração oriental, uma obra de Ambrogio Lorenzetti (falecido em 1348) que ilustra o martírio dos franciscanos em Tana (Índia). A presença dessa mesma cor tanto no Oriente como no Ocidente sugere uma origem comum, provavelmente iraniana. Podemos também observar que o deus hindu Shiva é chamado "pescoço azul", um título que adquiriu quando, depois de ter bebido um veneno que ameaçava destruir o universo, seu pescoço se tingiu de azul.

O ouro, comparado ao azul, não tem essa ambiguidade. Como metal precioso, tem um valor simbólico universal e natural. [Cf. o verbete Ouro e prata.] Considerado um símbolo do Absoluto, pode também ser símbolo de incorruptibilidade e soberania, tanto humana como divina. Seu uso como símbolo da realidade absoluta é evidente no *Suvarṇaprabhāsottama Sūtra* (Sutra Supremo do Esplendor Dourado), em que o corpo imaterial do Buda é apresentado como ouro resplandecente, idêntico ao *dharmakāya*, o "corpo da Lei". Assim, a essência do universo é comparada a uma luz dourada, resplandecente como a luz do sol. Em inúmeras tradições do Gandhāra (provenientes da área dos atuais Afeganistão e Paquistão, do século I ao século V d.C.), até a sombra do Buda é dourada e brilhante, pois reflete o brilho sobre-humano do próprio Buda.

A cor desempenha um papel importante na tradição alquímica ocidental. De acordo com essa tradição, o processo alquímico passa por quatro fases, cada uma das quais é associada a uma cor: o *nigredo* (preto) ou morte iniciática, o *albedo* (branco) ou início do renascimento, o *rubedo* (vermelho) ou sublimação, o *auredo* (ouro), a fase final quase inatingível que representa a perfeição espiritual. Essa série parece coincidir com o sistema elementar de cores que os filósofos gregos Pitágoras (571-497 a.C.) e Empédocles (492-432 a.C.) consideravam as únicas admissíveis numa paleta, ou seja, o preto, o branco, o vermelho e o amarelo. Neste caso, o ouro pode corresponder ao amarelo (de fato é uma gradação dele), embora o amarelo em si tenha um valor ambíguo. O simbolismo das cores é importante também no budismo tântrico. No *Guhyasamāja Tantra* (Livro do encontro com o secreto), o universo originou-se de uma luz branca imóvel (fria?). Com o passar do tempo, no interior dessa luz branca desenvolveu-se uma vibração que se refrata em cinco centros de cor: vermelho, amarelo, azul e verde, com o branco no centro. Cada um desses centros corresponde a um Buda "supremo". De acordo com as disposições tibetanas, a Leste fica Akṣobhya ("inquebrantável"), que é azul e é o símbolo de todas as vitórias do Buda histórico. A Oeste fica Amitābha ("luz infinita"), vermelho como o sol que se põe. Ao Norte está Amoghasiddhi ("incorruptível"), verde, e ao Sul Ratnasambhava ("nascido da joia"), amarelo, provavelmente identificado com o ouro. Vairocana fica no centro, branco de luz ofuscante: é a essência do universo e reúne em si todos os outros budas supremos.

Atribuir uma cor a uma divindade significa atribuir a ela a emanação de luz daquela cor. É provável que as técnicas de meditação tenham influenciado a escolha das cores atribuídas aos diversos budas, uma vez que a cor do próprio Buda pode variar de uma pintura para outra. No entanto, alguns princípios essenciais parecem ser respeitados. Por exemplo, uma divindade terrífica jamais pode ser branca ou verde, mas deve ser vermelha ou, mais frequentemente, preta ou azul. Além disso, aqui, como em outros lugares, de um modo ou de outro as diversas cores estão subordinadas à luz branca, ou ao esplendor do ouro, a única cor realmente adequada para simbolizar a realidade suprema.

Bibliografia

CORBIN, H. *The man of light in Iranian sufism*. Boulder, 1978. O texto examina as imagens das cores.

FISCHER, W. *Farb- und Formbezeichnungen in der Sprache der altarabischen Dichtung*. Wiesbaden, 1965.

JACOBI, J. *Farbgestaltungen der unbewussten Psyche*. Basileia, 1963.

PORTMANN, A.; RITSEMA, R. (orgs.). *The realms of colour*. Leiden, 1974. Um número especial de *Eranos Jahrbuch*, vol. 41.

THORNDIKE, L. Some medieval texts on colours. *Ambix. The Journal of the Society for the Study of Alchemy and Early Chemistry*, vol. 7, p. 1-24, 1959.

THORNDIKE, L.Other texts on colours. *Ambix. The Journal of the Society for the Study of Alchemy and Early Chemistry*, vol. 8, p. 53-70, 1960.

TURNER, V. Colour classification in ndembu ritual. *In*: BANTON, M. (org.). *Anthropological approaches to the study of religion*. Londres, 1966. p. 47-84.

WILSON, M. *What is colour? The Goethean approach to a fundamental problem*. Clent, 1949.

Mario Bussagli

COROA

A coroa é colocada na cabeça e aqui reside principalmente o seu significado. Desse modo, ela indica a relação entre quem usa a coroa e o que está acima, aquilo que o transcende. A coroa representa a união entre o imanente e o transcendente, entre o divino e o humano, entre o celeste e o terrestre, simboliza o acesso a um nível e a uma força superiores, à dignidade, à realeza e ao poder. Desde tempos muito antigos as coroas foram associadas ao sol, especialmente aos raios solares. Um baixo-relevo do século III da cidade romana de Virunum representa o sol enquanto recebe a sua coroa radiante de Mitra, que o derrotou numa competição de luta. Na alquimia, os espíritos dos planetas recebem a luz sob forma de coroas de seu rei, o sol. Nas antigas religiões do México e do Egito, o rei no seu aspecto divino é o sol.

Pode-se buscar o significado da coroa também na sua forma circular, que significa perfeição e eternidade. O material da coroa representa a divindade à qual é assimilado ou associado aquele que a usa: a guirlanda de louro era o símbolo de Apolo, enquanto as folhas de carvalho eram os emblemas de Zeus. Na Europa, ao fim da colheita, os celebrantes tradicionalmente usam na cabeça coroas de espigas de trigo.

Durante uma cerimônia tibetana que tinha o objetivo de eliminar os espíritos dos mortos, o sacerdote usava na cabeça uma coroa especial, capaz de garantir o valor cósmico do sacrifício porque reunia simbolicamente os cinco budas e o universo material, assim como os quatro pontos cardeais e o centro. No Ocidente, a coroa de Carlos Magno – feita por Oto I – fundador do Sacro Império Romano, tem a forma octogonal para simbolizar as muralhas de Roma e os bastiões do paraíso. Na guerra ou nas competições, as coroas, frequentemente em forma de guirlandas, eram atribuídas aos vencedores; com elas se homenageava o herói, que era identificado assim com o patrono divino da competição ou com o deus guerreiro. No mitraísmo e no cristianismo as almas dos eleitos, que derrotaram a morte, são coroadas como atletas ou como soldados, acrescentando assim uma dimensão religiosa ao simbolismo da coroa.

Em alguns sacrifícios religiosos o sacrificante usa uma coroa; em outros, são as vítimas, até animais, que a usam. Até o morto pode ser coroado: no Egito, a múmia e a estátua que representava o falecido eram coroadas para a entrada triunfal na vida futura. No cristianismo, uma representação recorrente é a da coroação dos mártires: quem usa a coroa é, por meio dela, colocado em relação com um poder transcendente maior.

Os objetos, assim como as pessoas, também podem ser coroados, como no caso de escrituras sagradas, ícones, pinturas e estátuas, em que a coroa é sinal de amor e veneração. A coroa às vezes tem um significado por si só, independentemente de quem a usa. Entre os Yorubá do norte da África era costume sacrificar as ovelhas à coroa, a qual possuía poderes mágicos. No antigo Egito uma coroa ou diadema, que representava a mais elevada soberania, podia atender ao desejo secreto do rei ou infligir vingança. Numa versão da lenda de Ariadne e Teseu, uma coroa de luz guia Teseu através do labirinto depois que ele matou o Minotauro.

Bibliografia

A imagem da coroa aparece na maior parte da literatura religiosa, mas nenhuma análise explora todo o conjunto dos materiais com exemplos e interpretações. HILL, G.F. Crowns. *In*: HASTINGS, J. (org.). *Encyclopaedia of religion and ethics*. Edimburgo, 1911. vol. IV, descreve grande parte da história e da tradição ocidental, mas diz relativamente pouco sobre o simbolismo religioso da coroa. Apesar disso, o artigo fornece material fundamental. Os verbetes específicos em CIRLOT, J.E. *A dictionary of symbols*. 2. ed.. Nova York, 1971, e CHEVALIER, J.; GHEERBRANT, A. *Dictionnaire des symboles*. Paris, 1982 [trad. bras.: *Dicionário de símbolos*: mitos, sonhos, costumes, gestos, formas, figuras, cores, números. 35. ed. Rio de Janeiro: José Olympio, 2021], são estudos interessantes que não pretendem esgotar o assunto.

Elaine Magalis

CORPO HUMANO

Este verbete apresenta um panorama amplamente comparativo de mitos e simbolismos sobre a origem e sobre a natureza do corpo humano. Um dos grandes problemas espirituais e intelectuais que atormentou a humanidade é representado pela observação e pela descoberta de que algumas substâncias naturais, que hoje definimos como "orgânicas", são dotadas de vida, enquanto o restante da matéria é desprovido dela. Observar que algumas coisas comem, bebem, crescem e se reproduzem por determinado período e depois deixam de fazê-lo impele o homem a fazer pesquisas fundamentais sobre a natureza da vida e a da morte, do tempo e do devir, do sentido e da falta de sentido e dá origem a especulações sobre a natureza das substâncias vivas – e de maneira mais específica, em relação ao que as diferencia das coisas inertes e sem vida. Até um passado recente, tais especulações não pertenciam ao domínio da bioquímica e da biofísica e dificilmente podiam ser inseridas em seus limites. Era a fisiologia que se ocupava do estudo da vida, da humanidade e do universo: por esse motivo, tal investigação assumia sempre uma profunda dimensão religiosa. Apesar das diversidades históricas e geográficas dos vários sistemas especulativos religioso-fisiológicos, podemos distinguir dois modelos gerais, dignos de atenção pela maneira como conseguem resolver o problema da matéria orgânica. O primeiro modelo é o dualismo alma-corpo (que separa radicalmente o princípio da vida do resto), o segundo é a homologação microcosmos-macrocosmos (que põe sistematicamente em relação o corpo com o mundo externo).

No que diz respeito ao primeiro modelo, a fisiologia dualista estabelece uma nítida separação entre a matéria comum e um princípio vital não material inerente apenas a determinados agregados de matéria, por uma duração limitada. A implantação desse princípio vital – seja ele chamado alma, espírito, sopro, calor ou similares – vivifica e dá energia à matéria em que ele se insere; o resultado do seu afastamento é a morte.

Essa forma de dualismo está implícita no relato da criação do primeiro ser humano em Gn 2,7, em que o corpo é cuidadosamente diferenciado do princípio vital que deriva diretamente do próprio Javé: "Então o Senhor formou o homem do pó da terra e soprou em suas narinas o hálito da vida: e o homem se tornou um ser vivo".

Esse dualismo comporta inevitavelmente uma desvalorização do corpo em relação ao princípio vital. Os dois princípios estão em contraste a ponto de se poder dizer que a alma está para o corpo assim como o sagrado está para o profano. No entanto, a lógica dessa analogia requer uma mitologia, uma cosmologia e uma metafísica capazes de resolver o problema de como e por que um princípio vital, divino e imaterial, pode habitar um corpo material e profano, e qual pode ser o seu destino final. Já vimos como Gênesis situa a origem do corpo do primeiro ser humano na terra (o próprio nome *Adão*, "argila", sublinha esse fato) e a origem do princípio vital no divino, insuflado por um criador benévolo. A análise da morte na Bíblia judaica parece ser um corolário de tudo isso: o corpo volta ao pó do qual veio, enquanto a força vital é impulsionada para Deus com a última (literalmente) expiração (Ecl 12,7; Sl 104,29).

Uma compreensão rigorosamente dualista da condição humana, sustentada por uma mitologia e uma cosmologia muito elaboradas, é a do maniqueísmo. Não obstante alguma diversidade entre as várias fontes escritas, é possível encontrar uma notável coerência nas linhas da doutrina de Manes. Na origem do universo de Manes há dois reinos contrapostos, caracterizados como o reino da luz e o reino da escuridão, do bem e do mal, de Deus e da matéria, da verdade e da mentira. Narra-se que um filho de Deus, conhecido como o Primeiro Homem, Ohrmazd (avéstico: Ahura Mazdā), partiu em viagem do reino da luz. Ele levou consigo seus cinco filhos, os benéficos elementos do ar, do vento, da luz, da água e do fogo (observe-se a ausência da terra!), prendendo-os ao seu corpo de modo a formar uma armadura de proteção. No entanto, sua aventura terminou com uma derrota e teve como resultado a mistura de partículas de luz com a matéria terrestre obscura e vulgar. De acordo com a tradição de um hino maniqueísta:

> Encolerizou-se āz ["Desejo"]
> a mãe malvada dos demônios
> e provocou um violento tumulto
> para buscar ajuda.
> E da sujidade dos demônios
> e da imundície das diabas
> fez o corpo,
> e entrou nele.
> Depois, dos cinco elementos da Luz,
> armadura do Senhor Ohrmazd,
> formou a nobre alma
> e a acorrentou ao corpo.
> O fez cego e surdo,
> inconsciente e enganado,
> para que não pudesse reconhecer
> sua verdadeira origem celeste.
> Criou o corpo e a prisão
> e acorrentou a alma aflita.

Os problemas com que os maniqueístas se defrontavam a esta altura eram três: 1) como poder readquirir o conhecimento da origem e da natureza divina da luz presente em cada um; 2) como separá-la da repugnante matéria corpórea com a qual está misturada; e 3) como libertá-la – juntamente com o maior número possível de partículas luminosas – para fazê-la voltar ao reino celeste da luz. Para obter a salvação, os eleitos entre os maniqueístas eram convidados a se purificar com a meditação, a abstinência sexual, a renúncia ao trabalho físico e uma série de desafiantes práticas dietéticas. Tais práticas prescreviam sobretudo alimentos com cores muito claras, como melões e pepinos, por serem portadores de muitas partículas de luz. Uma ingestão adequada era concebida como uma absorção de luz, enquanto a defecação ajudava a se libertar da matéria escura. Às vezes os eleitos eram instados a modificar a mistura de escuridão e luz no próprio corpo em favor desta última, para preparar a ascensão da luz à sua casa celeste primordial. Por ironia, os processos corporais representavam o mecanismo de salvação da prisão do corpo.

Passando ao segundo tipo de especulação fisiológico-religiosa, pode-se tomar como exemplo da homologação entre microcosmos e macrocosmos o sistema mitológico de criação indo-europeu. O sistema baseia-se em dois mitos simétricos: uma cosmogonia que descreve a criação do universo a partir do corpo do Primeiro Homem; e uma antropogonia que descreve a criação do Primeiro Homem a partir das partes do universo. As fontes germânicas de que dispomos oferecem ótimos exemplos de ambos os mitos. Considere-se, por exemplo, esta narração cosmogônica:

> Da carne de Ymir foi feita a terra
> e do seu suor o mar.
> As montanhas de seus ossos; as árvores de seus cabelos
> e o céu do seu crânio.
> As gentis divindades fizeram de suas sobrancelhas
> Midgard para os filhos dos homens.
> E do seu cérebro tomaram forma todas as nuvens.
>
> (*Grímnismál* 40-41)

O relato antropogônico reproduzido a seguir, não obstante a presença de uma contaminação cristã superficial (a composição é do século XV d.C.), deriva a maior parte de seu conteúdo da tradição pré-cristã, como se pode ver bem pela maneira como conserva o mesmo modelo da cosmogonia pagã examinado anteriormente:

> Deus fez o primeiro homem – Adão – com oito transformações: os seus ossos da pedra, a sua carne da terra, o seu sangue da água, o seu coração do vento, os seus pensamentos das nuvens, o seu suor do orva-

lho, os cachos de seus cabelos da grama e os seus olhos do sol (*Código de Emsig*).

O que é estabelecido nesses textos – encontram-se paralelos em textos indianos, iranianos, bálticos, eslavos, gregos, romanos e celtas – é a consubstancialidade essencial entre corpo humano e universo.

O objetivo desses mitos é demonstrar de modo detalhado que o cosmos é composto pela mesma matéria do corpo e vice-versa, e que a única diferença diz respeito à escala de grandeza. A carne, por exemplo, é a versão em miniatura da terra; e a pedra, a versão ampliada dos ossos, e as duas últimas são apenas a espessa e dura matéria colocada respectivamente na terra e na carne. Uma homologia menos evidente é a entre cérebro e nuvens, que, ao contrário, parece repousar na percepção de três semelhanças: 1) posição na parte superior do corpo e do mundo; 2) forma similar a uma construção ameada; e 3) uma semi-incorporeidade (embora esta última atribuição seja mais adequada ao pensamento do que ao cérebro).

Carne e terra, ossos e pedras, cérebro e nuvens eram considerados alomorfismos – ou seja, encarnações alternativas – uns dos outros. Ao todo, nove pares de homologias alomórficas, além da mais geral de corpo/universo, podem ser tomadas em consideração para reconstruir o sistema indo-europeu: carne/terra, osso/pedra, cabelos/grama, sangue/água, olhos/sol, espírito/lua, cérebro/nuvem, crânio/bordas do céu, respiração/vento. Essas homologias detalhadas davam expressão concreta a uma visão religiosa em que a unidade da humanidade e do cosmos, de matéria e espírito era resolutamente afirmada: tais pares também fundamentavam muitas ações rituais.

Uma das mais importantes dessas ações rituais era o sacrifício. Não se tratava de uma simples troca de oferendas, mas de uma verdadeira cerimônia em que o próprio cosmos era sustentado enquanto matéria extraída das partes do corpo da vítima, que era transformada no seu alomorfo macrocósmico, abastecendo e renovando o universo com a repetição da cosmogonia: os ossos transformavam-se em pedras, a carne se transformava em terra e assim por diante. Os rituais de cura também se baseavam no conhecimento das relações de homologia entre o corpo e o cosmos. Assim, os ossos fraturados podiam ser soldados com a introdução de matéria extraída da pedra, os ferimentos curados com aplicação de terra, a perda de cabelos detida friccionando ervas no couro cabeludo – como é atestado num feitiço indiano, em que o sacerdote se dirige primeiro à planta a ser usada e depois ao paciente:

> És uma divindade nascida da terra divina,
> ó planta!
> Nós te arrancamos, tu que cresces para
> baixo, para fortalecer nossos cabelos.
> Torna firmes os velhos cabelos; faz crescer
> os que ainda não nasceram, e faz com que
> os novos fiquem longos.
> Teus cabelos que caem e os arrancados
> pela raiz –
> Estes banharei com a erva que tudo cura!
>
> (*Atharvaveda* 6,136)

A eficácia garantida desse tratamento baseia-se na relação alomórfica entre os cabelos e as plantas. As plantas eram consideradas uma forma alternativa da mesma matéria presente nos cabelos, e o sacerdote bem-informado podia transformar ritualmente tal matéria em cabelos quando necessário. Remanescentes dessa ideologia e desse ritual podem ser encontrados hoje na persistente popularidade dos xampus à base de ervas, dos bálsamos e dos tônicos capilares.

As mesmas considerações fisiológicas que levavam a tais tratamentos para a calvície caracterizam questões muito mais sérias sobre a vida e a morte, porque, com a morte, considerava-se que a matéria corpórea se transformava novamente na sua contraparte macrocósmica, em repetição das histórias cosmogônicas. É o que testemunha o seguinte texto medo-persa:

> Há cinco coletores, receptáculos da substância corpórea dos que morreram: o primeiro é a terra, guardiã da carne, dos ossos e dos tendões; o segundo é a água, guardiã do sangue; o terceiro é a planta, protetora dos pelos e dos cabelos; o quarto é a luz, o recipiente do fogo; o último é o vento, que é o sopro vital das criaturas no tempo da renovação (*Zadspram* 34,3-7).

A renovação (*frashōkereti*) de que se fala na última linha é o *eschaton*, o momento da renovação do mundo e da purificação final. A referência é específica, porque entre os eventos culminantes desse tempo final está a ressurreição (pálavi: *ristāxēz*) dos mortos, processo inverso ao da morte na medida em que subtrai a matéria do macrocosmos para devolvê-la à existência corpórea: isso está escrito em outro documento de fonte medo-persa em que, para obter a ressurreição, "Ohrmazd [o Sábio Senhor] chama os ossos da terra, o sangue da água, os cabelos das plantas e o sopro vital do vento" (*Rivāyat* 48,55).

Se a morte repete a cosmogonia é evidente que a ressurreição repete a antropogonia. A existência corpórea é apenas uma fase da existência eterna em que a mesma substância material passa do corpo ao cosmos e deste ao corpo num processo infinito, sendo morte e (re)nascimento momentos de transição. O conhecimento do corpo é idêntico ao conhecimento do universo, do qual é inseparável e do qual é a cópia. Além disso, venerar o primeiro é como venerar o segundo.

Ao apresentar esses dois sistemas – o dualismo corpo-alma e a homologia de microcosmos e macrocosmos – procuramos focalizar uma análise sobre a origem, a natureza e o destino do corpo: sobre o corpo (material) como tema de especulação. Mas temos de considerar o corpo também como uma metáfora e um meio de comunicação, porque, além de ser tema de especulação, ele é um meio de expressão. Visível para os outros em grau máximo, o corpo, além de ser algo material, é também algo social, não mera existência, mas centro de ação e de palavra. Mostrado, considerado, descrito, criticado e interpretado, o corpo é um grande veículo para a análise das normas culturais e dos valores.

Por exemplo, entre os Navajo da América do Norte, os valores culturais fundamentais são resumidos elegantemente no termo *hózhǫ́*, cuja área semântica abarca normas sociais e etiqueta, saúde e cura, ética, religião e estética. Normalmente traduzido por "beleza", *hózhǫ́* denota algo muito mais amplo que o termo em nossa língua, na medida em que se refere a um estado de ordem, harmonia, equilíbrio dinâmico e bem-estar – em outras palavras, a tudo o que é desejável e torna a vida prazerosa, estável, interessante e digna de ser vivida. No entanto, a tradução por "beleza" é mais uma condensação que uma simplificação, pois indica a posse daquelas qualidades que, segundo os Navajo, tornam uma coisa "bela".

Por isso a beleza física é muito valorizada: por ser entendida como o aspecto visível de um estado interior, precisamente aquele estado que torna uma pessoa aberta à colaboração, confiante, produtiva e benéfica para os outros. Além disso, essa beleza é contagiosa e pode ser transmitida de uma pessoa para outra. Isso equivale a dizer: uma pessoa em paz consigo mesmo, dotada de um estado mental e emocional equilibrado e bem-ordenado (*hózhǫ́*), capaz de transmiti-lo aos outros e de levá-los assim a desfrutar do mesmo bem-estar, que por sua vez pode ser transmitido a outros ainda.

Segundo essa maneira de pensar, pode-se transmitir a própria beleza física. Uma característica habitual das cerimônias de iniciação ritual das mulheres navajo é a "formação" de uma iniciada por parte de uma mulher mais velha reconhecida como a mais bela no sentido pleno da palavra. Por meio da pressão do seu corpo – com vigorosas massagens – e mediante o carisma de sua personalidade, a mulher idosa deve formar o corpo e a vida da mais jovem para que também ela possa desfrutar e manifestar *hózhó*. Vestidos e joias podem ser dotados de *hózhó* e transmiti-lo, como é bem visível pelas joias de prata. Esses objetos só poderão ser belos se feitos por artesãos que se encontram num estado de *hózhó*, na medida em que a beleza deles é a expressão da beleza interior do criador. Usados com orgulho, transmitem equilíbrio, ritmo, energia, ordem e estabilidade a seus donos e a todos aqueles que os observam, modificando suas vidas e tornando-as mais belas.

Na Nova Guiné a decoração do corpo é importante tanto como meio de comunicação dos valores culturais quanto como meio de transformação da experiência vital. Isso é evidente, por exemplo, na área do Monte Hagen, onde tais práticas foram intensamente estudadas por Andrew e Marilyn Strathern (1971). Em todas as ocasiões importantes os habitantes do Monte Hagen enfeitam o rosto com desenhos de cores brilhantes e o corpo com óleos, conchas, penas, couro, perucas e aventais. A maioria adquire esses objetos no comércio ou os toma emprestados, inserindo assim quem os usa num complexo sistema de ligações socioeconômicas, cuja manutenção é indispensável para obter uma vestimenta imponente. Além disso, o uso de tais ornamentos é a ocasião pública para mostrar o próprio sucesso em estabelecer e preservar amizades, laços de sangue, ligações maritais e relações de comércio necessários para os costumes e para a vida. A decoração do corpo não é apenas a orgulhosa exibição dos sucessos obtidos no passado em criar relações; é também um meio para garantir sucessos futuros, sobretudo no casamento e no comércio, pois considera-se eficaz uma roupa atraente, no sentido de que atrai literalmente as futuras esposas e os parceiros comerciais.

Deve-se ressaltar que, entre os habitantes do Monte Hagen, a decoração do corpo não é uma ostentação individualista de ambição ou vaidade. Trata-se mais do esforço de uma corporação, mais frequentemente de um clã, que pinta o rosto e prepara seus ornamentos para determinada ocasião, de acordo com uma série de modelos instituídos por um "Grande Homem". No clã, os vários membros estão tanto em competição entre si para preparar o traje mais bonito, mesmo permanecendo no âmbito de um modelo comum, quanto em competição, como grupo, com clãs rivais pelo prestígio de ter decorações melhores. Nesse tipo de competição, só se pode ter sucesso se o clã tiver a ajuda dos espíritos dos antepassados, e isso pode ocorrer de duas formas. Em primeiro lugar, são oferecidos sacrifícios aos antepassados antes de qualquer evento público, de modo a fortalecer boas relações entre os vivos e os mortos. Em segundo lugar, devem ser mantidas boas relações entre os homens do clã, porque os antepassados ficariam ofendidos com os comportamentos imorais e os atritos no interior do clã e retirariam sua proteção sempre que isso acontecesse.

Portanto, na área do Monte Hagen, não apenas a decoração do corpo é um meio para revelar e para julgar os valores sociais, mas a série dos rituais e das crenças associadas a ela serve para sustentar esses valores. Como explicam de maneira convincente os Strathern:

> Os dois valores centrais são a solidariedade e o prestígio do clã e a saúde e o bem-estar individual. Assim, podemos compreender as decorações dos habitantes do Monte Hagen como reveladoras do valor da pessoa, centro de referência de todos os valores. No entanto, isso não significa negar a possibilidade de que o valor da solidariedade do grupo possa se expressar de muitas outras maneiras, como, por exemplo, através dos edifícios de culto ou das estátuas. As decorações e as danças fornecem um excelente meio para expressar ambos os valores ao mesmo tempo. Além disso, tais valores, mais que estar em oposição, encontram-se numa relação de complementaridade... De fato, os habitantes do Monte Hagen consideram que, nesse contexto, o prestígio do clã coincide com o dos seus membros. Enfeitam-se porque é apenas pelo sucesso pessoal que a fama chega ao clã (Strathern; Strathern, 1971, p. 172s.).

Os exemplos dos Navajo, dos habitantes do Monte Hagen e de muitos outros semelhantes a eles são particularmente importantes porque mostram a riqueza e a diversidade de maneiras com que o corpo pode ser usado para articular e ativar sistemas de valor e de pensamento muito complexos.

Num âmbito mais geral – e, portanto, necessariamente mais superficial – foram identificados e analisados determinados modelos recorrentes do simbolismo do corpo. Raymond Firth, por exemplo, distinguiu quatro classes gerais do simbolismo do corpo, que podemos indicar como o simbolismo "gestual", dos "membros", das "relíquias" e do "corpo como um todo orgânico", embora o próprio Firth não utilize esses (ou outros) termos específicos de identificação.

O simbolismo "gestual", por sua vez, implica o emprego do corpo por parte de um agente individual, que faz uso de um gesto ou de uma posição, escolhidos deliberadamente, para expressar uma atitude ou uma ideia, como, por exemplo, quando nos ajoelhamos na oração ou na submissão com o objetivo de reconhecer o poder e a condição superior de qualquer outro ser, manifestando ao mesmo tempo a humildade diante desse ser. Em contrapartida, o simbolismo dos "membros" é usado mais na fala do que na ação, na medida em que faz referência a partes específicas do corpo com o objetivo de construir frases que aludem a qualidades pessoais abstratas, como nas metáforas usuais "de grande coração" (generoso) ou "boca de ouro" (eloquente). O simbolismo das "relíquias" está em relação tanto com o simbolismo gestual quanto com o dos membros. Como o segundo, refere-se mais a partes do corpo que à sua totalidade, mas, assim como o primeiro, utiliza o corpo real e não sua imagem ou sua metáfora. Mais precisamente, no simbolismo das relíquias uma parte do corpo de uma pessoa venerada – santo, profeta, antepassado ou amante, para citar apenas alguns casos – torna-se o objeto do envolvimento emocional: por exemplo, um cacho de cabelos usado num colar ou as relíquias de um santo.

O modelo do "corpo como um todo orgânico" tem maior interesse e importância. Nele o corpo humano inteiro é representado como o modelo ou a réplica do "corpo social", com todas as detalhadas semelhanças entre as unidades constitutivas da sociedade e as partes do corpo. O líder político ou qualquer outra pessoa que ocupe uma posição elevada podem ser descritos como a "cabeça", o "coração", a "espinha dorsal" da sociedade, na medida em que dirigem, vivificam ou sustentam o grupo social. Por outro lado, é mais insólita a maneira como uma lenda romana, o chamado Apólogo de Menênio Agripa, utiliza a imagem do "corpo como um todo orgânico". A história, narrada por Lívio e outros, conta que, em determinado período da história romana, as classes mais humildes da sociedade (a plebe) saíram de Roma, ofendidas pela exploração que sofriam da classe patrícia. Os patrícios, não querendo enfrentá-los em batalha – porque tanto a vitória como a derrota teriam consequências igualmente desastrosas –, enviaram um embaixador, Menênio Agripa, que narrou aos rebeldes a seguinte parábola:

> Houve um tempo em que as partes do corpo humano não estavam de acordo, como fazem agora, e cada membro tinha suas opiniões e sua faculdade de palavra. Naquele tempo, as outras partes do corpo estavam ofendidas pelo fato de terem de trabalhar para a barriga enquanto esta descansava preguiçosamente saboreando seus dons deliciosos. Por esse motivo, combinaram que as mãos não deviam mais levar o alimento à boca, que a boca não devia mais engolir e os dentes mastigar. O resultado foi que a barriga morreu de fome e com ela o restante do corpo. É evidente, então, que a barriga não é preguiçosa, pois ela alimenta o resto do corpo, do mesmo modo que as outras partem do corpo alimentam a barriga.
>
> (Lívio 2,32,9-11)

O problema, discutido através do simbolismo do corpo, é se as classes superiores devem ou não ser consideradas parasitárias: a parábola se pergunta como deve ser considerada a barriga, mas é evidente, pela estrutura da história, que o verdadeiro problema é a ordem da sociedade.

Frequentemente o simbolismo do "corpo como um todo orgânico" é utilizado para instituir e legitimar as estratificações sociais, como no famoso hino de criação védico, *Ṛgveda* 10,90 (cf. sobretudo os versos 11-12), em que se narra que a casta sacerdotal foi criada da boca do primeiro homem; os guerreiros e o rei, de seus braços; a classe dos produtores de alimento e dos mercadores, dos fêmures; e os escravizados, dos pés. Sistemas semelhantes encontram-se em textos eslavos e gregos (o *Poema do Rei Pombo*, o *Timeu* 69d-70a e a *República* 431a-d de Platão), embora se diferenciem nos detalhes. Em todos os casos, a posição da classe social dominante - numericamente inferior, mas superior por poder e prestígio - é justificada com a comparação com uma parte do corpo (em geral a cabeça, às vezes um órgão da cabeça, como a boca ou o cérebro) menor que as outras partes, representantes das outras classes sociais, mas colocada acima e em posição de controle de todo o resto. Com o uso da imagem do "corpo como um todo orgânico", a ordem social é representada como se fosse uma ordem natural e, portanto, inviolável.

A imagem do "corpo como um todo orgânico" tanto no plano horizontal como no plano vertical é normalmente utilizada para representar e fortalecer as hierarquias sociais. A polaridade de direita e esquerda (destro e canhoto) é um símbolo dominante, por meio do qual pode ser convenientemente codificada a subordinação da mulher ao homem ou dos progressistas aos reacionários (para citar dois exemplos). A força dessa imagem deriva em grande medida das numerosas polaridades às quais a oposição direita-esquerda é associada: luz/escuridão, par/ímpar, mão usada para comer/mão usada depois de defecar, cultura/natureza, pureza/impureza e sacro/profano. [Cf. o verbete Direita e esquerda.]

Para muitos sistemas sociais que utilizam o simbolismo do "corpo como um todo orgânico" é crucial a distinção entre o que é interno ao corpo e o que é externo, na medida em que tal simbolismo evidencia a diferença entre o eu e o outro, entre o que é contido e o que não é, entre a ordem e o caos. A reflexão sobre as imagens corpóreas do dentro e do fora dá lugar a uma série de difíceis mediações, uma vez que em certas partes do corpo – como os orifícios – o interno e o externo se encontram, e determinadas substâncias – como o alimento e os produtos corporais de todos os tipos (urina, fezes, lágrimas, fluidos sexuais, saliva, catarro, pus) – passam do externo para o interno e vice-versa. As atitudes e os comportamentos vetados (*tabu*) em relação a esses produtos e a esses lugares intersticiais podem servir como meio para expressar e elaborar atitudes em relação a outras áreas de fronteira – sociais, políticas, étnicas, taxonômicas ou mais amplamente cognoscitivas – como bem demonstrou Mary Douglas (1966). [Cf. o verbete Tabu.]

Seria relativamente fácil multiplicar os exemplos destes e de outros modelos de simbolismo do corpo e de especulação sobre a natureza do corpo diante de sua enorme difusão. Todo estudo aprofundado do significado religioso do corpo deveria incluir uma discussão sobre os sistemas de disciplina física e sobre a superação da existência corpórea, como acontece no *yoga*, no jainismo e em certas correntes do monasticismo cristão; sobre os esforços para se obter a imortalidade do corpo, como no taoismo e na alquimia ocidental; sobre os sistemas de decoração e de expressão do corpo, como tatuagens, escarificações, danças e máscaras. É importante ressaltar que um elevado número de exemplos poderia ser facilmente extraído da nossa cultura não menos que das exóticas, como fez deliciosamente Horace Miner em seu ensaio "Body ritual among the Nacirema" (1956), em que descreve o significado cultual dos costumes dos Nacirema (a palavra lida ao contrário nos dá a identidade deste povo: American [Americanos]), como escovar os dentes ou usar desodorantes. Não se trata de simples sátira: os rituais e a ideologia dos cultores europeus e americanos do *bodybuilding*, dos bailarinos, dos adeptos de dietas, dos que praticam corrida, dos neuróticos por saúde e dos estilistas de moda podem ser facilmente comparados com os rituais e as ideologias dos maniqueístas, dos Navajo e dos habitantes do Monte Hagen. [Cf. tb. o verbete Sinais e alterações corporais.]

Bibliografia

Sobre o tema geral do simbolismo do corpo e sobre as ideias acerca da natureza do corpo, cf. os numerosos ensaios contidos nos dois volumes a seguir: BENTHALL, J.; POLHEMUS, T. (orgs.). *The body as a medium of expression*. Nova York, 1975. BLACKING, J. (org.). *The anthropology of the body*. Nova York, 1977.

No que diz respeito ao dualismo de alma e corpo, continua fundamental o estudo de BIANCHI, U. *Il dualismo religioso*: saggio storico ed etnologico. 2. ed. Roma, 1983. De notável valor também: BIANCHI, U. *Prometeo, Orfeo, Adamo*. Roma, 1976. *Le dualisme chez Platon, les gnostiques, et les manichéens*. Paris, 1946. CULIANU, I.P. Demonisation du cosmos et dualisme gnostique. *Revue de L'histoire des Religions*, vol. 196, p. 3-40, 1979. Sobre a homologia entre microcosmos e macrocosmos, cf. o meu *Myth, cosmos, and society* – Indo-European themes of creation and destruction. Cambridge/Mass., 1986. *Pai Wen P'ien, or the hundred questions*: a dialogue between two taoist on the macrocosmic and microcosmic system of correspondences. Leiden, 1976. BARKAN, L. *Nature's work of art* – The human body as image of the world. New Haven, 1975. Este último trata da popularidade desse tema na Inglaterra do século XVI ao século XVII.

Sobre a ideia de beleza dos Navajo, cf. WITHERSPOON, G., *Language and art in the Navajo universe*. Ann Arbor, 1977; e LINCOLN, L. Navajo silver, Navajo aesthetics. *In*: LINCOLN, L. (org.). *Southwest Indian silver from the Doneghy Collection*. Austin, 1982. Sobre as decorações do corpo na Nova Guiné, cf. STRATHERN, A.; STRATHERN, M. *Self-secoration in Mount Hagen*. Londres, 1971. Estudos mais gerais sobre a decoração do corpo, como o de BRAIN, R. *The decorated body*. Londres, 1979, ou de VIREL, A. *Decorated man* – The human body as art. Nova York, 1980, tendem a ter fotografias esplêndidas, mas textos banais. Sobre as fantasias, o texto organizado por CORDWELL, J. *The fabrics of culture* – Anthropology of clothing and adornment. Haia, 1979, contém ensaios excelentes. Os estudos sobre a dança, sobre os movimentos e as expressões faciais, embora ainda em sua fase inicial, são discutidos brilhantemente em alguns ensaios do volume organizado por BENTHALL; POLHEMUS. *The body as a medium of expression* (citado acima).

O exame de R. Firth dos modelos do simbolismo do corpo encontra-se no seu volume FIRTH, R. *Symbols* – Public and private. Ithaca/Nova York, 1973, sobretudo p. 226-230. A estratificação vertical sugerida pela estrutura do corpo humano é analisada no meu volume *Myth, Cosmos, and Society* (acima citado), sobretudo no capítulo 7. A polaridade de direita e esquerda é o tema central dos ensaios em NEEDHAM, R. (org.). *Right and left*: essays on dual symbolic classification. Chicago, 1973; e em TCHERKÉZOFF, S. *Le roi Nyamwezi, la droite et la gauche*. Nova York, 1983. Sobre as bordas e os orifícios do corpo, o principal estudo ainda é o de DOUGLAS, M. *Purity and danger*: an analysis of concepts of pollution and taboo. Londres, 1966 [trad. bras.: *Pureza e perigo*. São Paulo: Perspectiva, 2010]. O ensaio de MINER, H. Body Ritual among the Nacirema foi publicado pela primeira vez em *American Anthropologist*, vol. 58, p. 503-507, 1956, e foi frequentemente reimpresso. Uma série de dados originais sobre a ideologia americana do corpo podem ser encontrados nos volumes populares de GAINES, C.; BUTLER, G. *Pumping iron*: the art and sport of bodybuilding. Nova York, 1982; e de MOLLOY, J.T. *Dress for success*. Nova York, 1975.

No que diz respeito ao estudo do conceito de corpo no maniqueísmo, no jainismo, no *yoga*, no monasticismo cristão e no taoismo, a bibliografia é muito extensa. Seja como for, no que se refere ao taoismo é de notável importância o ensaio de SCHIPPER, K. The Taoist Body. *History of Religions*, vol. 17, p. 355-387, 1978.

Bruce Lincoln

CRIANÇA

A criança é um símbolo universal de potencialidades futuras e ao mesmo tempo uma manifestação concreta da herança do passado. Representa o passado porque é gerada pelas forças que a precederam; o futuro, ao contrário, é para ela apenas uma possibilidade aberta. Károly Kerényi, nos seus *Ensaios sobre a ciência do mito* (1949), demonstrou que a figura da criança primordial representa a infância do mundo, até mesmo a origem da vida. Paira em torno da criança um mistério, a ponto de torná-la desconhecida e diferente; ela é como um adulto não pode ser. A criança representa a inocência, a pureza, o assombro, a disponibilidade, o frescor, a ausência de cálculo, de ambição e de objetivos mesquinhos. Colocada ainda numa condição de absoluta pureza de vida, a criança representa o início, a origem de tudo: ela remete à unidade primordial que precede o advento de toda diferenciação. Nela, de fato, as diferenças sexuais só existem em estado potencial, a consciência ainda não se separou do inconsciente e a escolha ainda não é um peso e uma responsabilidade.

Na tradição alquímica da Europa medieval, uma criança com coroa e com roupas régias simbolizava a pedra filosofal, ou seja, a plenitude de vida capaz de realizar a união mística entre o espírito interior e o eterno. Alguns elementos dessa crença talvez estejam presentes na devoção tributada ao Menino Jesus de Praga; sua estátua, conservada desde 1628 na Igreja de Nossa Senhora da Vitória, o representa como Cristo Rei, com a mão esquerda segurando um globo terrestre em miniatura encimado por uma cruz e a mão direita em atitude de bênção. Uma vez que ainda necessita de cuidados e de alimentação, a criança representa as expectativas e as exigências típicas de uma situação de dependência absoluta. Sua proximidade com a natureza se manifesta nas numerosas narrativas que tratam de uma criança criada por animais. Por outro lado, às vezes as crianças são associadas à Grande Mãe ou de algum modo vinculadas aos elementos maternos, como a água, por exemplo. Por isso é comum encontrar nas tradições e nas lendas o motivo da criança criada por cegonhas ou por outros habitantes das águas (como as rãs), ou então nascida da Mãe Terra sob um arbusto ou dentro de uma caverna. Às vezes a criança simboliza as estações: a primavera na exuberância das flores, o verão com as espigas de trigo, o outono com seus frutos típicos e o inverno envolto no manto. Nessa imagem infantil estão implícitos o desenvolvimento e o crescimento, precisamente porque a infância é uma condição transitória. A criança manifesta o seu crescimento com incrível força, vitalidade e continuidade: o crescimento físico é absolutamente inevitável e deve ser recebido sempre com alegria, independentemente do encantamento que acompanha o estado infantil. Sofre-se pela morte de uma criança, mas não pela "perda" de uma criança que passa à idade adulta.

As crianças e os idosos geralmente se dão bem uns com os outros porque têm algo em comum: a necessidade de aceitar seu estado de dependência. A criança simboliza aquela fase da vida em que o velho, agora transformado, adquire uma simplicidade renovada: ambos representam a continuidade e o fluxo da existência. A criança representa a mais profunda transformação da individualidade, a transformação de si mesmo e o renascimento na perfeição. Assim, não é de admirar que o motivo da criança seja tão amplamente difundido em todas as partes do mundo. No cristianismo, por exemplo, o menino na manjedoura e o adulto na cruz constituem os dois polos entre os quais transcorre o ano litúrgico. Tais extremos, cada qual à sua maneira, assinalam as provas de uma existência voltada para seu desenvolvimento espiritual.

A criança na mitologia

A simbologia da criança está ligada com a mitologia do herói. A potencialidade da criança está implícita em muitos mitos que apresentam a natureza heroica como de algum modo predestinada a ser tal, mais do que como já plenamente alcançada. De fato, quase sempre são atribuídos ao herói poderes extraordinários desde o momento do nascimento ou até desde a concepção. Em sua obra *O mito do nascimento dos heróis* (1922), Otto Rank elenca os motivos principais que acompanham a figura da criança divina. Quase sempre os pais da criança são de linhagem régia, ou ao menos nobre. Em algumas versões, o pai é um deus que se uniu a uma mulher mortal; em outros casos, o nascimento da criança é acompanhado por algum traço milagroso. Como dificuldades extraordinárias marcam o nascimento do herói, a criança logo se encontra numa situação de perigo; a ameaça pode provir precisamente do pai, ou de outro soberano, advertido que a criança o matará ou o destituirá. Por isso a criança é abandonada, exposta ou até banida. Em todos esses mitos da infância triunfante a criança por fim é salva da realidade circunstante: de fato, embora repudiada, ela tem a sorte de ser acolhida pela natureza ou por homens (pastores, camponeses) que vivem em estreita relação com ela. Enfim, quando seu pleno desenvolvimento está prestes a se completar, a criança, menino ou menina, descobre sua verdadeira identidade e institui uma nova ordem, corrigindo todos os erros precedentes.

Nem sempre os mitos heroicos contêm informações sobre a infância dos protagonistas, mas quando tais notícias são relatadas observa-se a repetição e a difusão dos mesmos motivos, como mostrou, por exemplo, Joseph Campbell em seu *O herói de mil faces* (1968). No poema épico hindu *Mahābhārata*, por exemplo, o herói Karna nasce de uma menina e do deus solar Sūrya. De acordo com uma tradição difundida, o *bodhisattva* Gautama Buda entrou no ventre de sua mãe pelo lado direito e, dez meses depois, nasceu saindo do lado esquerdo já plenamente consciente. Entre os algonquinos (indígenas da América do Norte), uma das versões do mito que narra o nascimento milagroso de Michabo o apresenta como neto da Lua, filho do Vento do Oeste e de uma menina fecundada pelo sopro da brisa. A mãe morre ao dá-lo à luz, mas isso não prejudica nem um pouco a existência do menino, que não necessita de nenhum cuidado, tendo nascido "forte de membros e com todos os conhecimentos possíveis". Também a mãe do herói asteca Quetzalcoatl morre ao dar à luz o menino, mas o recém-nascido já possui a palavra, a razão e a sabedoria.

Nos mitos heroicos dos indígenas norte-americanos é frequente o crescimento quase instantâneo dos protagonistas, da primeira infância até a idade adulta: é o caso do Jovem Coelho dos Sioux, do Menino Coágulo de Sangue dos Blackfeet e dos Gêmeos Divinos dos Pueblo. Na mitologia romana, Rômulo e Remo nascem de Marte, o deus da guerra, e de uma princesa. Na mitologia grega, Acrísio, rei de Argos, avisado por um oráculo contra eventuais descendentes do sexo masculino, encerra a própria filha Dânae numa câmara de bronze. Mas Zeus penetra do teto sob forma de chuva de ouro e Dânae gera Perseu. Na tradição cristã, por fim, Jesus nasce da Virgem Maria que se torna mãe por obra do Espírito Santo.

As graves dificuldades que acompanham o nascimento do herói podem assumir as mais diversas formas. Às vezes o inimigo da criança é seu próprio pai, como no caso de Cronos que devorava seus filhos para evitar que se realizasse a profecia que previa que ele seria deposto por um de seus descendentes. Em outros casos, o pai é simplesmente ausente, como Zeus quando Dionísio é feito em pedaços pelos Titãs. Jesus correu um grave perigo por causa do decreto de Herodes: informado sobre o nascimento de um rei, este tinha ordenado matar todos os meninos com menos de 2 anos de idade. O pequeno Moisés também se encontrou numa situação análoga de perigo com o faraó do Egito: ele foi colocado num cesto e confiado às águas do Nilo. A tradição hinduísta narra algo semelhante a propósito de Karna, que também foi colocado no rio dentro de um cesto. Na saga nórdica, por sua vez, Siegfried é escondido num pequeno barco de vidro e é transportado pelo rio até o mar. Rômulo e Remo, por fim, para fugir do banimento do rei, foram também depositados num cesto e confiados à corrente do Rio Tibre. Assim, com muita frequência, a libertação do herói do perigo que paira sobre ele é realizada pelas águas, de um rio ou do mar. Num mito da Oceania, por exemplo, o herói Maui é lançado ao mar no momento do nascimento, quando a mãe, vendo-o pequeno e frágil, pensou que ele estava morto. O pai de Édipo, por sua vez, tinha decidido expor o menino por ter sido advertido por um oráculo que seria morto precisamente por seu filho.

O menino rejeitado, como dissemos, é quase sempre acolhido e criado por animais ou por simples habitantes do campo. Os gregos contavam que Ciro, o rei dos medos, foi abandonado ainda bebê pelo pai, mas foi recolhido por um guardião de gado: este, contrariando o decreto régio, substituiu seu filho que acabara de nascer morto pelo pequeno príncipe. Um mito grego narra que Páris, filho de Príamo, rei de Troia, foi abandonado no topo de uma montanha; por cinco dias foi alimentado por uma ursa e, por fim, o servo que o abandonara lá em cima, encontrando-o ainda com vida, o acolheu em sua casa e o criou como se fosse seu filho. Krishna, uma das encarnações do deus Viṣṇu, cresceu entre as vacas e se tornou famoso por suas relações com as *gopī*, as guardiãs do gado. Uma criança abandonada na natureza e depois salva e arrancada dela evidentemente não pode compartilhar a experiência comum da humanidade. Como observa Mircea Eliade (no *Tratado de história das religiões*), a criança abandonada reatualiza o momento cosmológico das origens e cresce não no interior de seu núcleo familiar, mas no meio dos elementos. Por isso é destinado a um futuro excepcional, bem diferente do das pessoas comuns.

As tradições míticas frequentemente apresentam o protagonista como um exilado, um ser desprezado, em dificuldades, desfavorecido, ou então escolhem como herói um menino ou uma menina ultrajados, um órfão ou uma criança de baixa condição social. De fato, no início a criança do destino deve enfrentar um longo período de obscuridade, marcado por riscos extremos e por infinitos obstáculos. Os mitos concordam em assinalar as capacidades extraordinárias que o herói deve possuir para superar experiências tão difíceis e para poder sobreviver: as descrições da infância do herói estão repletas de episódios que ilustram a sua força precoce, a sua habilidade e a sua sabedoria.

Frequentemente, depois de crescer, o herói volta à própria casa para destronar o pai e tomar o lugar dele: é o que acontece nos mitos de Édipo e de Perseu. Jesus proclamava ter vindo não para abolir a Lei, mas para levá-la a termo; e, no entanto, os discípulos entendiam os seus ensinamentos como o início de um novo pacto, baseado numa relação diferente com Deus. Gautama Buda, rejeitando os textos sagrados do hinduísmo e o sistema das castas, apresentava um novo caminho para enfrentar os problemas da vida, o Caminho Óctuplo.

Interpretações psicológicas

Muitos estudiosos de mitologia, como Károly Kerényi e Joseph Campbell, recorreram ao conceito junguiano de "arquétipo" para interpretar a ampla difusão do motivo da criança divina. De acordo com Jung, o arquétipo é um modelo no qual a natureza humana exprime continuamente a si mesma, através de imagens que podem variar dependendo das várias culturas, mas que refletem sempre uma forma reconhecível e comum a toda a humanidade. Em seu ensaio "A psicologia do arquétipo da criança" (1940), Jung afirma que a função do motivo da criança é compensar e corrigir, na psique adulta, a unilateralidade e as extravagâncias da consciência, fornecendo antecipações sobre o desenvolvimento futuro.

Naturalmente, o simbolismo da criança não tem um significado único; no entanto, tampouco se pode afirmar que tenha significados ilimitados. Muitos consideram que a psique, precisamente como o corpo, tem uma espécie de mecanismo interno de autorregulação e de cura: como o organismo produz os anticorpos para combater os invasores externos, assim a psique produziria imagens e fantasias para estimular e para corrigir o próprio equilíbrio. Assim, se o motivo da criança retorna com frequência no inconsciente de um indivíduo (em seus sonhos, em suas obsessões ou fantasias), ou se ocupa amplo espaço na mitologia e nas tradições de uma cultura, talvez possa ter a função de indicar, àquele indivíduo ou àquela cultura, a direção de um possível desenvolvimento futuro.

A criança simboliza o movimento para a maturidade. Por outro lado, sendo o resultado da união de dois opostos, o masculino e o feminino, constitui, por sua vez, um símbolo de totalidade e plenitude. Na mitologia da criança divina se manifesta a união do divino e do humano; o espírito e o corpo se tornam uma só coisa, aquela unidade que é a essência da experiência humana. O elemento miraculista que aparece nessas narrativas mostra que uma manifestação particular do princípio divino se encarna no mundo. Desse modo, a criança é um símbolo da completude à qual tende a existência. As tradições míticas do herói criança e da criança divina são ilustrações dos problemas que se encontram durante o desenvolvimento psíquico e durante o percurso rumo à completude. Numa concepção "miraculista", a potencialidade futura é uma posse certa, mas ao mesmo tempo precária: a criança sempre é abandonada e infinitos obstáculos devem ser superados para que a psique possa progredir rumo à sua plenitude.

O motivo da criança também pode se mostrar uma solução corretiva em relação a uma atitude consciente demasiado rígida ou fossilizada. De fato, a criança representa um desenvolvimento rumo à independência, que requer necessariamente o distanciamento das próprias origens. Nesse sentido, o abandono, embora doloroso, é necessário para a realização de todas as potencialidades futuras.

A criança geralmente tem uma atitude de candura diante da existência e está muito interessada em conhecer o máximo possível sobre ela, dispondo de muita energia para gastar nessa tarefa. Por isso representa um dos mais fortes impulsos presentes em cada homem: aquele voltado para a autorrealização. Há na criança, portanto, uma vitalidade de fundo misturada a uma sensação de invulnerabilidade, que as tradições míticas descrevem das mais variadas formas. A obscuridade na qual a criança frequentemente é criada remete, por exemplo, à típica situação psicológica das primeiras fases da existência, quando ainda não ocorreu a separação entre consciência e inconsciente. Assim, a criança representa a meta do desenvolvimento humano, que só se conquista quando acontece a reintegração da esfera consciente no inconsciente ou na natureza. A sabedoria da idade avançada é a condição em que as tensões e os conflitos típicos do crescimento e de toda a existência agora se conciliaram e se instaurou uma condição de mais ou menos perfeito equilíbrio. Jesus disse: "Deveis tornar-vos como crianças"; e realmente a maturidade pode ser considerada o estado de serenidade total do menino (ou da menina) que brinca, certo de que está em harmonia e em acordo com seus colegas de brincadeira e com toda a existência. Por fim, o símbolo da criança pode dar origem a outros desdobramentos. Na sua obra *A poética do devaneio*, Gaston Bachelard afirma: "O grande arquétipo da origem da vida reproduz a cada início a energia psíquica que Jung reconhece em todos os arquétipos [...] porque os arquétipos são reservas de entusiasmo que nos ajudam a acreditar no mundo, a amá-lo, a dar-lhe forma".

Bibliografia

O classicista Károly Kerényi é autor de inúmeras publicações sobre a mitologia da criança divina; seu estudo *Das Urkind in der Urzeit*, [publicado primeiro em *Albae Vigiliae*, 6/7 (1940); e depois] contido na obra em colaboração com JUNG, C.G. *Einführung in das Wesen der Mythologie*. Zurique, 1941, 1951, examina o tema da criança no âmbito grego, romano, finlandês, russo e indiano. BRINTON, D.G. *American hero-myths*. Filadélfia, 1882, demonstra que motivos análogos são difusos também entre os indígenas da América do Norte. O texto agora clássico de CAMPBELL, J. *The hero with a thousand faces*. Princeton, 1968 [trad. bras.: *O herói de mil faces*. Trad.: Adail Ubirajara Sobral. São Paulo: Pensamento, 1989], descreve as temáticas fundamentais dos mitos heroicos. RANK, O. *Der Mythus von der Geburt des Helden*. Leipzig-Viena, 1922 [trad. bras.: *O mito do nascimento do herói*: uma interpretação psicológica dos mitos. Trad.: Constantino Luz de Medeiros. São Paulo: Cienbook, 2015], analisa os motivos principais do tema, dotando-os de uma interpretação psicanalítica. O próprio Campbell (p. ex., em *The mythic image*. Princeton, 1974) reexamina os motivos indicados por Rank e acrescenta (na seção dedicada ao tema da criança exilada) algumas novas sugestões de interpretação. O ensaio de JUNG, C.G. Zur Psychologie des Kinderarchetypus [publicado primeiro em *Albae Vigiliae*, 6/7, (1940)], também está contido em *Einführung in das Wesen der Mythologie*, cit., e foi traduzido para o italiano com o título Psicologia dell'archetipo del fanciullo. *In*: *Prolegomeni allo studio...*, cit. ELIADE, M. *Traité d'histoire des religions*. Paris, 1949 [trad. bras.: *Tratado de história das religiões*. São Paulo: WMF Martins Fontes, 2016], propõe no item 87 ("Descendência telúrica") uma breve análise sobre o significado da criança abandonada. Pode-se encontrar uma reflexão filosófica sobre o sentido da infância em BACHELARD, G. *La poétique de la rêverie*. Paris, 1961 [trad. bras.: *A poética do devaneio*. Trad.: Antonio de Paula Danesi. 4. ed. São Paulo: WMF Martins Fontes, 2018]. O quarto fascículo da revista *Parabola*: Myths and the Quest for Meaning, ago. 1979, por fim, é inteiramente dedicado ao significado da criança e ao valor da infância.

Wallace B. Clift

CRUZ

A cruz é um signo formado pelo encontro de duas linhas que se cruzam num centro, do qual partem quatro direções. O signo em forma de cruz é usado na expressão artística e científica: em matemática, arquitetura, geografia e cosmologia. Ele ocupa uma posição importante também na cultura em geral e, particularmente, na religião. Documentos da antiguidade mais remota no Egito, Creta, Mesopotâmia, Índia e China testemunham que esse signo é um símbolo importante na vida do *homo religiosus*. Antes de tudo, a cruz deveria ser estudada no interior do contexto específico das diversas civilizações, para depois ser submetida a uma interpretação que se refira aos numerosos campos do conhecimento. O primeiro deles coincide com as concepções temporais e espaciais do cosmos: quatro pontos cardeais, quatro direções que partem de um centro, a rosa da bússola, o *axis mundi*, o tempo oposto à eternidade. Uma segunda linha hermenêutica é representada pelo simbolismo numérico, vinculado, por outro lado, à concepção espaçotemporal precedente, uma vez que o número 4 forma a figura de uma cruz. Uma terceira linha de pesquisa baseia-se nas figuras cruciformes que impressionam o olhar no decorrer das atividades humanas: a posição do corpo humano com os braços abertos, as atividades do cultivo e da navegação, a vista de uma árvore plantada na terra ou usada como pilar na construção de um edifício. Por fim, uma quarta abordagem da hermenêutica do simbolismo da cruz fundamenta-se numa teofania específica, unida a um evento histórico e a uma doutrina de salvação: a crucifixão de Jesus de Nazaré e a doutrina cristã da redenção.

Cruzes não cristãs

As estátuas dos reis assírios conservadas no British Museum usam um colar cujo pendente tem formato de uma cruz, provavelmente uma joia ou um signo religioso. Na Mesopotâmia, a cruz com quatro braços iguais é o símbolo do céu e do deus Anu. Uma cruz formada por quatro braços iguais encontrada numa capela em Cnossos foi considerada um símbolo da divindade suprema do céu. A cruz aparece como decoração nas paredes de muitos santuários cretenses. A cruz, portanto, está presente nas culturas antigas da Ásia, Europa, norte da África e América do Norte. Na arte das regiões africanas que se encontram abaixo do Saara, os motivos cruciformes estão presentes em diversas culturas. Tal universalidade exige uma explicação. O que significa a cruz na vida do *homo religiosus*?

História

No antigo Egito o signo da vida era representado pela *ankh*, *onech* na língua copta. Ela é formada por um laço alongado para baixo, ao qual está preso um tau. (cf. figura 1). Adotado pelos cristãos coptas, esse signo se torna a *cruz ansata* ou cruz ansada das comunidades cristãs no Egito. O *ankh* aparece em relevo nas paredes dos templos, nas tumbas e nas inscrições. Habitualmente é encontrado na mão de um deus ou de uma deusa. Nas representações que simbolizam a vida, a divindade segura o *ankh* sob o nariz do faraó, como se o fizesse inalar as forças vitais emanadas pelo símbolo. Nos relevos da época Tell El-Amarna, os raios do sol – o deus Aton – são direcionados para o rei e a rainha e terminam nas mãos que distribuem o *ankh*. Esse signo encontra-se também em cerâmicas, metais e amuletos, evidentemente como signo de proteção contra as forças adversas.

Muito se discutiu sobre o significado do *ankh* como hieróglifo usado para indicar a vida. Os egiptólogos concordam em considerá-lo o símbolo da vida oposta à morte – a vida terrena e a vida após a morte. O *ankh* é também uma propriedade particular dos deuses, aos quais a vida pertence com preeminência como atributo divino. A divindade transmite a vida ao faraó, como mostra a representação do faraó que tem na mão o *ankh* ou que recebe água lustral, simbolizada pelos signos da vida e derramada sobre sua cabeça de um jarro segurado por mãos divinas. As inscrições frequentemente reproduzem a saudação do deus ao rei: "Eu te dou toda a vida". O signo da vida colocado sob o nariz do faraó evidencia a ligação entre a vida e a respiração, assim como concebiam os egípcios. Como observa Alexandre Moret em *Le Nil*, um dos cilindros do Rei Djeser da terceira dinastia mostra o falcão, Hórus, junto com o *ankh* e uma inscrição que diz: "Que seja dada a ele [ao rei] toda a vida, a força e a estabilidade". A partir do Antigo Reino, o *ankh* é reproduzido sobre os amuletos. Com o Novo Reino, o signo começou a aparecer nos vasos de libação e especialmente nos desenhos das cenas funerárias. Os artistas o reproduziram nas ilustrações no livro *Que meu nome floresça* [*Book of going forth by day*], em que é encontrado nos joelhos do rei (Papiro de Hunefer e Papiro Ani), no sarcófago, dotado de braços que sustentam o disco solar, e enfim colocado nas pontas dos dedos de Anúbis enquanto leva o morto à balança para o peso da alma e nas mãos de Hórus, que acompanha o morto até Osíris. Embora seja claro o significado do *ankh* como símbolo da vida, a questão de sua origem levantou numerosas hipóteses. O primeiro intérprete, Athanasius Kircher, no século XVII, considerou-o uma espécie de tau mística. No século XVIII, alguns estudiosos o interpretaram como a chave capaz de regular as cheias do Nilo. Essa interpretação foi retomada por Josef Strzygowski em 1904 (*Koptische Kunst*). Egiptólogos como Flinders Petrie e A. Wiedemann atribuem a origem do *ankh* a uma peça de vestuário: um cinto que passa pela cintura e é amarrado na frente, deixando cair as duas extremidades. Essa interpretação, compartilhada por alguns egiptólogos, correlaciona o *ankh* ao nó de Ísis, um amuleto bem parecido na configuração. Outra interpretação alude à correia de sândalo (B. Gunn, A. Erman, H. Schäfer). Nenhuma dessas hipóteses ainda foi aceita como definitiva. Maria Cramer (1955) inclina-se para a teoria que associa o *ankh* ao cinto e ao laço. Uma coisa é certa: o *ankh* é o signo da vida considerada como força e potência presentes por todas as partes, mas originadas do divino. O cristianismo adotou a cruz ansada precisamente por esse significado. O *gammadion* é uma cruz grega com as extremidades dobradas em ângulo reto: quatro gamas são unidas a uma base comum, todas orientadas ou em sentido horário, para a direita, ou em sentido anti-horário, para a esquerda. Na Índia, esse é um antigo símbolo solar, o emblema do deus Viṣṇu, e representa a roda cósmica que gira sobre um eixo. Se os braços são orientados para a direita, a cruz é chamada suástica ou, em sânscrito, *svastika*.

A *svastika* é o emblema do princípio masculino. Se os braços são orientados em sentido anti-horário, ou seja, para a esquerda, o signo é chamado *sauvastika* e representa o princípio feminino. É a forma menos comum da suástica e em astronomia designa o sol durante o outono e o inverno. Quando os braços dessas duas formas são arredondados em vez de formarem ângulos retos, a figura é chamada com o termo geral de *tetraskelion*. A suástica é encontrada a partir da civilização pré-védica do Vale do Indo. Em Mohenjo-Daro o signo está presente nos selos e na louça (Marshall, 1973). Na Índia, da era védica até hoje, a suástica é um símbolo sagrado, esculpido nas paredes dos templos e pintado nas casas. No *Rāmāyaṇa* assinala os navios que partem para Lanka. Foi encontrada nas moedas e nos monumentos. Ainda hoje os hinduístas a traçam nos livros de contabilidade ou nos degraus das portas. A antiguidade e a permanência desse signo na Índia merecem a nossa atenção.

Na tradição budista, a suástica indica o pé de Buda, ou melhor, suas pegadas, como se pode ver nos baixos-relevos de Amarāvatī. Frequentemente emoldura as inscrições budistas, sendo colocada no início e no fim do texto. Até hoje, os budistas tibetanos a usam como decoração no vestuário ou como ornamento funerário. Com o budismo, através das estátuas do Buda e dos *bodhisattva*, a suástica passou a fazer parte da iconografia da China e do Japão. A China adotou o signo como ideograma para designar a pluralidade, a abundância, a prosperidade e a vida longa.

Ele designa também o número 10 mil, ou seja, a totalidade dos seres vivos e suas manifestações. A suástica aparece também na área elamítica, datada da mesma época da civilização de Mohenjo-Daro. De acordo com Jean de Vries, o símbolo do Elam se difundiu na Mesopotâmia e no mundo hitita. Seja como for, a avaliação da sua influência e do impacto sobre a civilização do Vale do Indo ainda deve ser determinada (Casal, 1969). De fato, a suástica teve grande difusão através das áreas da migração indo-europeia. Heinrich Schliemann encontrou inúmeros exemplos de suásticas entre as ruínas das cidades no Planalto de Hisserlik, próximo ao lugar da antiga Troia. No Cáucaso esse símbolo aparece nas armas e nas joias que remontam à Idade do Bronze. Documentado no mundo hitita, aparece também nos vasos antigos de Chipre, Rodes e Atenas. Trata-se aqui da área de difusão de Troia (I, II, IV) e da região do Danúbio, seguidas pela fase pós-miceniana, que exerceu influência sobre o mundo mediterrâneo. A suástica se difundiu na Macedônia, no centro da Europa e na Itália, onde aparece nas urnas (Cabana de Corneto, Bolsena, Vetulonia, Capua), nos mosaicos de Pompeia, nos vasos ítalo-gregos e nas moedas. Desse modo, o seu aparecimento remonta à civilização etrusca. A suástica está presente nas joias, armas e inscrições entre os celtas, na Gália e entre as populações germânicas. Na Escandinávia já era conhecida durante a Idade do Bronze, como demonstram os grafites nas cavernas, como as de Bohuslän, na Suécia, e diversos objetos. A sua expansão no mundo germânico e escandinavo data da Idade do Ferro. O símbolo está relacionado com o martelo do deus Thor. Enfim, faz parte do arsenal dos ritos mágicos para afastar os poderes demoníacos. Na época da conversão ao cristianismo, a suástica germânica foi substituída pela cruz cristã. Hitler reapropriou-se da suástica como símbolo de culto ariano e como signo de antissemitismo: de 1933 a 1945 fez dela o símbolo do nazismo.

As inúmeras discussões relativas ao significado da suástica ainda devem ser resolvidas definitivamente. De acordo com os estudiosos do pensamento indo-europeu, a suástica representava o fogo sagrado na forma de uma chama perene (Eugène Burnouf), a união das quatro castas indianas (Fred Pincott), ou a trajetória do sol (Fr. Max Müller, Eugène Goblet d'Alviella). A última interpretação parece confirmada pela presença da suástica na América Central, onde ela é claramente um símbolo solar e cósmico. A descoberta da suástica na civilização de Mohenjo-Daro talvez seja um indício que nos permitirá situar sua região de origem no mundo indo-europeu. Por outro lado, as suas conexões com o deus Viṣṇu podem direcionar a nossa interpretação. Viṣṇu simboliza a vida incessante e tem o poder de manter o cosmos unido. Esse deus dividiu o mundo em três graus – terra, ar e céu –, que representam as posições do sol de manhã, ao meio-dia e à tarde. Representado com quatro braços e quatro mãos, Viṣṇu expressa a imanência do divino no cosmos. O número 4 simboliza o domínio divino sobre as direções espaciais, as quatro classes sociais, as quatro fases da vida indo-europeia e os quatro Vedas. Em cada uma das suas mãos, Viṣṇu tem um símbolo cósmico: a concha, símbolo dos cinco elementos; o disco, símbolo do sol; o arco e o lótus, que simbolizam o universo mutável; e o cajado, símbolo do conhecimento primordial (*Gopāla-uttara-tapanīya Upaniṣad* 55-57). Se é verdade que o culto de Viṣṇu substituiu os cultos da fertilidade da era pré-védica, a suástica poderia ter sido adotada como símbolo da vida universal que o deus Viṣṇu tem a missão de manter. Teríamos na suástica um significado análogo ao do *ankh* no Egito: plenitude de vida. Como emblema do Buda, a suástica significa a roda da lei. Na arte românica, várias vezes os artistas representaram Cristo contra uma suástica que determina a sua posição, os seus gestos e as pregas de suas roupas – notável simbolismo de "turbulência criativa em torno da qual se estratificaram as hierarquias criativas dela provenientes" (De Champeaux; Sterckx, 1966).

As antigas civilizações do Peru nos deixaram preciosas informações sobre o papel da cruz nos cultos solares. Recentemente, uma nova descoberta se somou às cruzes solares peruanas já conhecidas há séculos: uma cruz de enormes dimensões entalhada sobre uma superfície rochosa à margem do Rio Pantiacollo. Alguns motivos decorativos usados como modelos na realização de cestos mostram cruzes solares semelhantes à suástica. A descoberta de Flornoy às margens do Urcubamba, o "rio da felicidade", revela uma representação do "homem de luz": uma figura humana, de braços abertos, encimada por um sol que estende os seus raios; o coração está colocado na intersecção das duas linhas que formam a cruz. O simbolismo se torna até mais evidente quando implica uma divindade representada sob um símbolo cruciforme, como no pórtico solar de Tiahuanaco. Situada no centro de uma coroa formada por espigas de milho – a planta solar –, a divindade tem um cetro em cada mão, e estende seus braços para formar uma cruz, enquanto parece ter toda a coroa solar como cetro. A decoração de um vaso ritual de cerâmica proveniente de Nazca mostra uma figura que tem diante dos olhos uma cruz, enquanto, em vasos semelhantes, no lugar da cruz se encontra a estrela. Em Chancay, o sudário de uma múmia apresenta uma elaborada decoração cruciforme acompanhada de motivos animais e naturais; nesse contexto, a alusão à vida é óbvia. Uma iconografia semelhante se encontra nas tradições incas do Peru muitos séculos antes da conquista espanhola; aqui a cruz era usada no culto dos antepassados e nas cerimônias de purificação, e comumente era esculpida no centro de uma flor estilizada (Wedemeyer, 1970, p. 366-375).

Numa montanha do norte do Peru, a 3.200 metros de altitude, no início do século XX, Julio Tello descobriu o conjunto de templos de Chavín de Huantar, que remonta a cerca de 200 a.C. Sob as ruínas do conjunto visível existem diversas galerias, a mais importante das quais é cruciforme, orientada para os quatro pontos cardeais. Um ídolo está colocado no centro dos quatro braços da cruz, que também forma "o santuário da lança". A divindade tem a forma de um obelisco. Entre as ruínas foram encontrados outros vestígios de um conjunto cruciforme, organizado em torno de um obelisco. O templo era concebido muito provavelmente como o centro do mundo, onde o ídolo se une ao céu. O vaso sacrifical tem a forma de um puma, o animal que simboliza o deus solar. Na decoração que cobre o corpo do animal estão presentes numerosas cruzes que formam o motivo decorativo (Wedemeyer, 1970, p. 375-378).

Na época da conquista do México, os espanhóis descobriam nos templos e nos manuscritos muitas representações de cruzes; isso facilitou muito a aceitação da cruz cristã entre os nativos mexicanos. Na civilização de Teotihuacán, o deus Quetzalcoatl, ou "serpente emplumada", se encontra em todas as partes. Identificado com a estrela da manhã e da tarde, ele é o deus da vegetação e da abundância, um deus de muitas formas que os astecas identificavam também com o vento. O deus Quetzalcoatl inaugura a era do Quinto Sol, que é a era presente. Nas decorações dos templos em Teotihuacán, um motivo frequente é o quincunce, uma figura formada por cinco pontos com o quinto ponto que marca o centro. Essa figura é chamada a cruz de Quetzalcoatl, da qual temos inúmeras representações: nas roupas de Quetzalcoatl em Teotihuacán e em outros lugares; nos braseiros e nos incensários astecas; em La Venta, no lugar do olho da águia solar; na cerimônia do fogo descrita no *Codex Borbonicus*; e no chapéu do deus do fogo em Veracruz (Séjourné, 1982, p. 90-96). Segundo os antigos mexicas, o mundo era construído sobre uma cruz, ou seja, sobre a encruzilhada que unia o Leste ao Oeste e o Sul ao Norte. Desse modo, a cruz representava o símbolo da unidade do mundo. Em Palenque encontram-se muitas representações de cruzes. Uma delas é uma árvore encimada por um pássaro. Outra representa dois fiéis diante de uma cruz latina, enquanto o deus Quetzalcoatl está assentado no trono no alto da cruz. Também os baixos-relevos da civilização maia nos deixaram numerosos modelos de cruzes. Nos manuscritos, o centro e os quatro pontos cardeais às vezes são assinalados por uma árvore estilizada com um pássaro. O *Códice Magliabechiano* representa Quetzalcoatl com as características do deus do vento, enquanto segura um escudo decorado com uma grande cruz.

Simbolismo das cruzes não cristãs

A extraordinária difusão da cruz nas mais diversas partes do mundo antes do cristianismo e fora de sua influência explica-se pela polivalência e pela densidade de seu significado simbólico. A cruz é um símbolo primordial que está relacionada com três outros símbolos fundamentais: o centro, o círculo e o quadrado (Champeaux; Sterckx, 1966). Com a intersecção das duas linhas retas, que coincide com o centro, a cruz abre o centro para o exterior, divide o círculo em quatro partes, gera o quadrado. No simbolismo da cruz, vamos nos limitar a quatro elementos essenciais: a árvore, o número 4, a tecelagem e a navegação. Para o homem primordial, a árvore representa uma potência. [Cf. o verbete Árvore.] Ela evoca a verticalidade. Permite a comunicação entre os três níveis do cosmos: o espaço subterrâneo, a terra e o céu. Permite o acesso ao invisível, como exemplificado pelo bastão do xamã, pela escada de Jacó, pela coluna central de uma casa ou de um templo, pelo poste de um santuário vudu e pela árvore que simboliza o Monte Meru na Índia. Em muitas culturas, uma espécie particular ou uma árvore única tem o papel principal: o carvalho dos celtas e dos gauleses; o carvalho de Zeus em Dodona, do Júpiter Capitolino, de Abraão em Siquém e em Hebron; o freixo dos gregos segundo Hesíodo; a tamareira dos mesopotâmios; a figueira na Índia; a bétula siberiana; a árvore chinesa *chien-mu*, o cedro do Líbano.

Mircea Eliade (1949, p. 230-231) classificou os principais significados da árvore em sete grupos: 1) o microcosmos pedra-árvore-altar, presente nas fases mais arcaicas da vida religiosa (Austrália, China, Índia, Fenícia, as populações do Mar Egeu); 2) a árvore imagem do cosmos (Mesopotâmia, Índia, Escandinávia); 3) a árvore teofania cósmica (Mesopotâmia, Índia, Mar Egeu); 4) a árvore símbolo da vida, em relação à deusa mãe e à água (Índia, Oriente Próximo); 5) a árvore centro do mundo (povos altaicos, escandinavos, indígenas norte-americanos); 6) a árvore mística na vida humana, como o poste sacrifical na Índia e a escada de Jacó; 7) a árvore símbolo da renovação da vida. Tal riqueza de significados revela um sistema simbólico que encerra as funções essenciais do *homo religiosus*: vida, ascensão para o invisível, meditação, iluminação, fertilidade. O simbolismo da cruz inspira-se profundamente nessa polivalência.

Na sua associação com a água e com o altar, a árvore está ligada ao simbolismo do centro, como nos centros totêmicos australianos, na Índia, em Mohenjo-Daro, na Grécia, no mundo minoico, entre os cananeus e os hebreus. Árvore, água e altar compõem um microcosmos, um espaço sagrado em torno da árvore que representa o *axis mundi*. Esses talvez sejam os lugares sagrados mais antigos da humanidade, conservados nas grandes religiões como o hinduísmo, nos cultos do antigo Oriente Próximo (Jr 17,1-3) e nos usos religiosos do budismo (o *caitya* budista). Associado à água como símbolo de vida, e à rocha, que representa a duração, a árvore manifesta a força sagrada do cosmos e da vida.

O pensamento indo-europeu, em especial, enfatizou o símbolo da árvore cósmica. A Índia frequentemente representa o cosmos como uma árvore gigantesca. A *Kaṭha Upaniṣad* (6,1) a descreve como uma figueira eterna com as raízes no ar e os ramos voltados para a terra. A mesma imagem da árvore é encontrada na *Maitri Upaniṣad* (6,4); o *brahman* é uma figueira com as três raízes orientadas para o céu e os ramos que se estendem para a terra. A *Bhagavadgītā* (15,1-3) compara o cosmos a uma árvore gigantesca, um *aśvattha* imortal, as raízes para o céu e os ramos voltados para a terra, enquanto as folhas são os hinos dos Vedas. Para os antigos escandinavos, Yggdrasill, um *askr* (freixo, teixo ou carvalho), é o eixo ou o fundamento do mundo. Suas três raízes afundam até os reinos dos deuses, dos gigantes e dos homens. Entre eles encontra-se Mimir, o conselheiro de Odin. Ele é também Larad, a árvore que protege a família, símbolo de fertilidade. Habitado pelas Nornas tecelãs, é a árvore do destino. As três fontes nas suas raízes fazem dela a árvore da vida, do conhecimento e do destino. Yggdrasill une o universo num todo coerente.

A orientação é uma necessidade fundamental na vida do *homo religiosus* e isso explica a importância do simbolismo do centro. [Cf. o verbete Centro do mundo.] A árvore cósmica é um símbolo de realidade absoluta: a árvore do paraíso terrestre, a árvore do xamã, a árvore contra a qual se constrói o templo indo-europeu, a árvore da gnose (conhecimento). É o lugar onde vive a divindade. A árvore Kiskanu da mitologia babilônica se estende para o oceano, sustentando o mundo. É a morada da deusa da fertilidade Ea. Na Índia védica o *yūpa*, o poste sacrifical moldado pelo sacerdote após a derrubada ritual da árvore, torna-se a via que permite o acesso da terra ao céu, unindo as três regiões cósmicas. Graças a esse poste, o sacrificante ascende ao céu e conquista a imortalidade. De maneira semelhante, o xamã sobe num mastro marcado por sete ou nove barras e anuncia que está ascendendo ao céu, aos sete ou nove céus. Por meio da árvore, do *axis mundi*, o céu pode descer até o homem. O Buda recebeu a revelação à sombra de uma figueira.

Por meio dos lárices siberianos o sol e a lua descem à terra sob a forma de pássaros. Na China, a árvore *chien-mu* é colocada no centro do mundo, com os nove ramos e as nove raízes que tocam as nove fontes e os nove céus; por meio dela os soberanos, mediadores entre o céu e a terra, podem subir e descer. No Egito, a coluna *djed*, que representa uma árvore desprovida de ramos, tem um papel essencial no culto de Osíris e na vida religiosa.

O número 4 é o número que simboliza a totalidade do espaço e tempo. É unido ao simbolismo do centro, que indica o encontro das quatro direções e a transcendência delas. O número 4 está ligado também ao simbolismo da árvore cósmica. A árvore e o conceito de quaternidade são os elementos essenciais num simbolismo de totalidade que desempenha um papel primordial na vida do *homo religiosus*. [Cf. o verbete Números.]

Por exemplo, os povos do antigo México, assim como outras populações da América pré-colombiana, atribuíam grande importância às direções espaciais. O *Codex Fejérváry-Meyer*, que provavelmente teve origem na região de Teotitlán, apresenta uma elaboração artística do pensamento cosmológico maia e asteca. No início, o miniaturista representa as quatro regiões cardeais da terra por meio de árvores em forma de cruz encimada por pássaros. A árvore da região oriental vermelha emerge de uma imagem do sol e é encimada por um pássaro quetzal. A árvore ocidental, cuja cor é azul, é espinhosa e desponta de um dragão; é encimada por um colibri. A árvore meridional, verde, surge das entranhas da terra e é encimada por um papagaio. A árvore setentrional, amarela, emerge de uma tigela e tem em seu topo uma águia no trono. Esse documento simboliza as direções cardeais e o universo visível. A árvore e o número 4 estão unidos no mesmo sistema simbólico (Alexander, 1953).

O número 4 tem diversos aspectos cosmológicos: quatro são os pontos cardeais, quatro os ventos, quatro as fases lunares, quatro as estações e quatro os rios no início do mundo. De acordo com Hartley B. Alexander (1953), o número 4 é fundamental para a mentalidade dos indígenas da América do Norte. São quatro as partes do mundo terrestre e quatro as divisões do tempo (dia, noite, lua, ano). Uma planta é composta por quatro partes: raiz, tronco, flor, fruto. Aos quatro seres celestes – céu, sol, lua, estrelas – correspondem quatro tipos de animais: os que rastejam, os que voam, os quadrúpedes e os bípedes. Entre os Dakota, as quatro virtudes masculinas, a saber, a coragem, a resistência, a generosidade e a honra, correspondem às quatro virtudes femininas: habilidade, hospitalidade, fidelidade e fertilidade. O grande mistério indígena Wakan Tanka é quádruplo: deus chefe, deus espírito, deus criador, deus que age. Alexander observa que a filosofia religiosa dos Dakota e de todas as populações das Pradarias norte-americanas remete à tétrade de Pitágoras, símbolo numérico da ordem do mundo.

De acordo com Jacques Soustelle, para os antigos mexicas ou astecas os quatro pontos cardeais estavam unidos com o espaço e com as quatro direções. Existem quatro quartos de universo, unidos aos quatro períodos de tempo (*L'univers des Azteques*. Paris, 1979. p. 136-140). A quinta direção do espaço é o centro, onde as outras direções se cruzam e onde o alto encontra o baixo. No *Codex Borgia* o centro é evidenciado por meio de uma árvore multicor encimada por um quetzal. Os mexicas distinguem quatro ventos. Quatro cores caracterizam as direções do espaço. O centro é a síntese e o lugar de encontro das quatro cores, como para os Pueblo. Cada uma das quatro divindades primárias é caracterizada por uma dessas cores. (Esses conceitos que se referem aos pontos cardeais e às cores são idênticos na China.) O mundo é construído sobre uma cruz, sobre o cruzamento que conduz do Leste ao Oeste e do Norte ao Sul. Nos manuscritos, o centro e os quatro pontos cardeais são simbolizados por árvores estilizadas. Espaço e tempo estão unidos; para ser precisos, cada tempo está ligado a um espaço predeterminado. Nessa visão cosmológica, os fenômenos naturais e as ações humanas estão todos imersos no espaço-tempo. Para os Dogon de Mali, o número 4 é o símbolo da criação. Os Luba da região do Rio Kasai imaginam o mundo dividido em quatro andares sobre os ramos de uma cruz vertical, orientada do oeste para o leste.

Os Vedas são divididos em quatro partes. A *Chāndogya Upaniṣad* (4,5) distribui os ensinamentos brâmanes em quartos, fazendo-os corresponder aos quatro reinos do universo: espaços, mundos, luzes, sentidos. Na Índia há quatro classes: as três classes indo-europeias (*brāhmaṇa*, *kṣatriya*, *vaiśya*) e a classe *śūdra*. As três classes indo-europeias passam por quatro *āśrama*, estados de vida: *brahmacarya* (estudante), *gṛhastha* (dono de casa), *vānaprastha* (habitante da floresta), *saṃnyāsa* (renunciante ascético).

A ideia de plenitude e de universalidade simbolizada pelo número 4 encontra-se também nos textos bíblicos. Fora do Jardim do Éden corria um rio que se dividia em quatro braços (Gn 2,10-15). As 12 tribos de Israel formavam quatro acampamentos em torno da tenda da reunião. Na visão de Ezequiel, no centro aparecem quatro seres animados, cada qual com quatro rostos e quatro asas (Ez 1,5-6). No Apocalipse esse número caracteriza o universo na sua totalidade: quatro anjos, quatro cantos da terra e quatro ventos (Ap 7,1), quatro seres vivos (Ap 4,6-8).

A cruz e a atividade humana

O simbolismo da cruz é encontrado também numa das atividades mais antigas do *homo faber*: a tecelagem. [Cf. o verbete Redes e véus.] Desde os primórdios, a técnica da tecelagem requer o cruzamento de dois fios num centro. A urdidura representa o elemento fundamental; entre os fios estendidos da urdidura passa a trama. O ponto de encontro de cada fio da urdidura com cada fio da trama forma uma cruz: uma linha vertical, uma linha horizontal e um ponto de encontro no centro. Projetado no espaço e no tempo, o homem primitivo sentiu instintivamente a necessidade de transformar o caos no cosmos. Daí a importância da árvore, do simbolismo do centro, do simbolismo das quatro direções, do mito e do ritual. O homem primitivo também tinha necessidade de se vestir. Com a tecelagem, ele atendeu a essa necessidade, que era tão premente quanto a necessidade de alimento. Por meio da tecelagem, trabalho de utilidade imediata para a vida cotidiana, as mãos de homens e mulheres se tornaram familiares com o sistema simbólico cruciforme percebido no cosmos. Por esse motivo, não é de admirar que o vocabulário da tecelagem seja aplicado a atividades humanas muito diferentes. Na Índia o fio empresta o seu significado simbólico à literatura. Até a palavra sânscrita *sūtra* significa "fio", mas designa também um capítulo de um livro que, assim, é composto por uma série de *sutras*. A palavra *tantra* designa o fio, especialmente a trama de um tecido.

O simbolismo da tecelagem aparece também no conceito do mundo e do destino. A *Muṇḍ aka Upaniṣad* (2,5) designa o *brahman* como aquilo sobre o qual os mundos são tecidos, como uma urdidura e uma trama, enquanto a *Bṛhadāraṇyaka Upaniṣad* (3,8,7) diz que o presente, o passado e o futuro são tecidos no céu e na terra, e colocados entre eles. O tecido, o fio e a profissão da tecelagem são símbolos do destino. Muitas deusas fiandeiras do antigo Oriente Próximo e do mundo indo-europeu são as deusas do destino: Moiras, Parcas e Nornas. Nos maciços montanhosos do norte da África, cada casa tem o seu tear rudimentar: duas barras de madeira sustentadas por duas hastes verticais. A barra superior é chamada a barra do céu, enquanto a inferior representa a terra. Essas quatro barrinhas simbolizam o universo (SERVIER, J. *L'homme et l'invisible*. 1980. p. 65s.).

Todos esses elementos mostram que no trabalho da tecelegam o *homo faber* era capaz de correlacionar o sistema simbólico da sua profissão com as quatro direções e com o simbolismo do centro. Tecelagem, cruz e cosmos são inseparáveis.

O simbolismo da cruz está presente também na arte da navegação. Desde os tempos mais antigos, a navegação ocupou um lugar muito importante na vida dos indivíduos e das nações. A necessidade de construir barcos capazes de enfrentar o mar para viagens, comércio, guerra e exploração logo se torna evidente. Entre as mitologias e as obras literárias dedicadas à arte náutica, os documentos gregos e latinos nos forneceram os exemplos mais interessantes. Aqui encontramos inúmeras descrições que revelam o sistema simbólico da cruz, a começar pela imagem do mastro e da verga que se cruzam entre si (Ovídio, Plínio o Velho, Virgílio, Luciano, Plutarco).

O navio mercantil e o navio de guerra são dotados de um mastro que os autores latinos chamavam *malus* ou *arbor*. O mastro principal – frequentemente o único – era cortado numa única peça. Da sua robustez dependia o sucesso da viagem ou da batalha. O mastro do navio sempre impressionou a imaginação dos antigos, como se pode ver também na *Odisseia* de Homero. O mastro do navio é ao mesmo tempo símbolo tanto da árvore como do centro. A verga que cruza o mastro tem um nome repleto de significado: *antenna* em latim, *keraia* em grego. O mastro e a verga são as características que distinguem um bom navio. Sua intersecção retoma a forma da cruz, que, por isso, se torna símbolo de força, segurança e vitória.

O simbolismo da cruz náutica impressionou vivamente a psicologia do homem antigo. A visão dos mastros no horizonte evocava medo, se pertenciam a um navio pirata ou inimigo, ou então alegria e esperança, se pertenciam a um navio que vinha para socorrer. Se o raio atingia o mastro, ou se a tempestade arrancava a verga, então o desastre estava próximo. Mastro e verga representavam vida ou morte, salvação ou infortúnio, vidas poupadas ou naufrágio. Nos mitos eles são investidos de um caráter sagrado e se tornam emblemáticos da grande viagem da vida e do destino do homem.

Um simbolismo como esse não podia deixar de ter grande repercussão sobre o pensamento e sobre o comportamento religioso do homem. A cruz náutica, vista no interior do complexo simbolismo da árvore, do número 4, do centro e do *axis mundi*, fornece uma importante contribuição para a nossa compreensão do símbolo da cruz na vida e na arte dos povos antes do impacto da iconografia especificamente cristã. Os

Padres da Igreja incluíram em sua teologia da cruz a simbologia do mastro e da verga, a partir de seu significado ético e psicológico (Rahner, 1964, p. 362-375).

A cruz cristã

Para os cristãos, a cruz é o símbolo que evoca um evento histórico fundamental na história da salvação: a crucifixão e a morte de Jesus no Calvário.

História

A crucifixão de Jesus, testemunhada pela primeira geração de cristãos, está no centro da teologia dos Padres e da doutrina da Igreja primitiva. Mas a imagem de um deus abandonado a uma punição vergonhosa e pregado numa cruz não podia despertar entusiasmo. Ao contrário, tal imagem criava sérias dificuldades para os pagãos, que eram incapazes de resolver a aparente contradição de um deus crucificado que, precisamente morrendo assim, tornava-se um salvador. Incapazes de compreender essa doutrina, alguns cristãos se separaram da Igreja e, seguindo os gnósticos, teorizaram uma morte apenas na aparência, de acordo com os ensinamentos docetistas. A seu ver, um pecado a ser expiado por meio de um *servile supplicium* parecia uma contradição em si.

O cristianismo primitivo. Desde a era apostólica, para os cristãos, o mistério impenetrável da crucifixão é um objeto de fé (1Tm 3,16; 1Cor 2,7). A própria Igreja é um grande mistério em que a cruz é o evento decisivo da salvação e está ligada ao mistério da criação. Para os pagãos, a morte humana de Jesus e sua crucifixão são pura loucura. O apologista Justino Mártir relata-nos as repercussões da reação pagã que acusava os cristãos de loucura por terem ousado colocar no mesmo nível um homem crucificado e o criador do mundo (*1 Apologia* 13). Um grafite do Monte Palatino, em especial, testemunha precisamente essa reação. Numa cruz em forma de tau está presa uma figura com os braços abertos e a cabeça – uma cabeça de asno – voltada para outra figura em adoração. A inscrição sob essa ilustração diz: "Alexandre adora o seu deus". No século II, os cristãos nas catacumbas gravaram três tipos de cruz: a cruz grega, a cruz latina e a tau, que é a forma do instrumento de tortura a que aludem Orígenes e Tertuliano.

As catacumbas também fornecem outra representação da cruz, tomada do equipamento náutico: a âncora. Nos exemplos encontrados, a barra horizontal é colocada no centro da barra vertical, ou um peixe é alongado sobre o eixo da âncora – dois tipos de representações simbólicas que os cristãos não tiveram dificuldade em compreender. [Cf. o verbete Âncora.] Os textos patrísticos testemunham a familiaridade dos cristãos com a cruz e com suas representações. Tertuliano chama os cristãos de *crucis religiosi* (*Apologia* 16,6). De acordo com Clemente de Alexandria (*Stromateis* 6), a cruz é *tou kyriakou semeiou typon*, "o símbolo por excelência do Senhor". As documentações arqueológicas revelam diversos símbolos cruciformes: a cruz decussada ou cruz de Santo André; a cruz patibular (a tau); a cruz capital, chamada cruz latina; a cruz grega ou quadrada; a cruz *florida*, recoberta de ornamentos; o *ankh* ou cruz ansada, o símbolo da vida usado no antigo Egito e retomado pelos cristãos; a cruz em *gammadion*, usada também no mundo indo-europeu.

A era de Constantino. Com o Edito de Milão, a exibição da cruz como símbolo da crucifixão deixou de ficar ao critério dos cristãos que viviam num mundo pagão e hostil. Dois eventos marcaram essa reviravolta: 1) a adoção do lábaro, ou crisma, em escudos e insígnias; 2) a descoberta da verdadeira cruz em Jerusalém. Segundo Eusébio de Cesareia, Constantino, que coerentemente mostrava respeito pela cruz, possuía inúmeras reproduções delas (*Vida de Constantino* 1,40; *História da Igreja* 9,8). Além disso, o imperador era representado com a cruz na mão. A partir do ano 314, o patíbulo de execução deixou de ser denominado *crux* e passou a ser designado como *patibulum*. Constantino por fim aboliu a pena da crucifixão. A cruz foi colocada no pináculo das basílicas, no diadema e no cetro do imperador, nas moedas e nas soleiras das moradias judaicas. Não obstante, o entusiasmo pela cruz e com suas reproduções não eliminou a desconfiança cristã em relação à cena da crucifixão. Os sarcófagos dos séculos IV e V mostram que os artistas tentaram unir a Crucifixão e a Ressurreição de Cristo na mesma cena simbólica. Só no século V começaram a aparecer as imagens de Cristo que carrega a cruz ou que está pregado na cruz. O documento mais significativo dessa evolução é o painel da crucifixão na porta da Igreja de Santa Sabina em Roma, que remonta ao século VI. Aqui o artista mostra Cristo na cruz no meio dos dois ladrões.

Desse modo, sob Constantino, a Igreja passou por uma profunda mudança na sua atitude para com a reprodução da cruz. Seguiu-se uma proliferação de cruzes, ornadas de pedras preciosas ou decoradas com flores, cruzes em estações, cruzes ansadas, cruzes trançadas com vegetação. A descoberta do madeiro da cruz do Salvador, juntamente com a adoração e a honra tributadas à cruz, transformaram rapidamente a precedente reticência numa notável devoção pública. Mas, apesar de tudo, as reservas em relação à cena da crucifixão não desaparecem completamente. As ampolas pertencentes ao Tesouro de Monza são um testemunho precioso dessa dupla atitude.

A Igreja oriental. As discussões teológicas do século V desembocaram nos concílios de Éfeso (431) e de Calcedônia (451), que condenaram o nestorianismo e o monofisismo. Na Síria e no Egito, os monofisistas afirmavam sua doutrina removendo a figura de Jesus da cruz. Eles representavam a cruz nua ou decorada. Desse modo, a aparente incompatibilidade entre a divindade de Cristo e sua crucifixão, defendida anteriormente por pagãos, gnósticos e docetistas, é reintroduzida de maneira mais sutil. Algumas esculturas provenientes da Síria e muitos artefatos com a mesma origem que os artigos coptas mostram o cuidado dos monofisistas em separar a figura da cruz do crucificado na medida em que a crucifixão do homem-Deus implicava o reconhecimento da união das duas naturezas.

As decisões dos concílios tiveram um impacto notável sobre a arte cristã. Os defensores da ortodoxia – juntamente com os nestorianos, que insistiam na natureza humana de Cristo – começaram a reproduzir a cena do Calvário. Eles afirmavam que Jesus realmente tinha sofrido pela salvação do homem, pois tinha uma verdadeira natureza humana sujeita ao sofrimento e à morte. No século VI, a cruz e o crucificado surgiram nos altares das igrejas orientais e dos mosteiros sírios. Desse modo, por meio das discussões teológicas, os artistas e os monges orientais introduziram a crucifixão na arte religiosa.

A Igreja ocidental. O cristianismo ocidental permaneceu reticente diante da cena do Calvário como tema de representação realista. No século VI, em Narbonne, os fiéis se escandalizaram com a representação de Jesus crucificado nu. Em Ravena, as basílicas de Santo Apolinário em Classe e de São Vital e o batistério dos ortodoxos desenvolvem decorativamente todo o sistema dos símbolos bíblicos, exceto o da crucifixão. O mesmo ocorre na Igreja de Santa Sofia em Constantinopla. O crucifixo conquistou um lugar na arte e na devoção dos fiéis a partir do fim do século VII. Em 692, o II Concílio Trulano de Constantinopla, no seu XI cânone, recomendou que a Igreja se ativesse à totalidade da Aliança, substituindo o antigo cordeiro por Cristo na sua forma humana, contemplando a sublimidade da Palavra através da sua humildade e fixando o olhar em Jesus que morre por nossa salvação. Desse modo, a crucifixão se afirmou tanto no Oriente como no Ocidente. Muitas vezes Cristo era representado vestido com uma longa túnica, o *colobium*. Com o século VIII, a Crucifixão passou a integrar as decorações de todos os monumentos, no Oriente e no Ocidente.

A Igreja copta. A numerosa documentação à nossa disposição mostra que a representação da cruz depende do pensamento teológico e das diversas condições da existência cristã, que sempre teve uma variedade e uma riqueza extraordinárias. Conhecemos a cruz latina, grega, merovíngia, lombarda, celta, egípcia. A cruz ansada dos cristãos do Egito merece uma menção especial. Esse tipo de cruz é encontrado nas estelas funerárias cristãs em Erment, Akhmim, na região do Fayyum, em Luxor, em Isna e em Idfu. É fácil vê-la nos edifícios coptas. Outros exemplos são fornecidos pela iconografia mural em El Bagauât, Bawit, Dar-al-Genadlah, Dar-al-Medinah, Dar-alBahari e Dar-aba-Hennes (Cramer, 1955). Várias vezes o *ankh* do Egito faraônico e ptolemaico é reproduzido ao lado da cruz grega e do lábaro. Alguns documentos arqueológicos testemunham a precisa intenção de preservar o *ankh* na transformação de um templo pagão numa igreja cristã.

A explicação para esse gesto é dada por três historiadores cristãos: Sócrates Escolástico (cerca de 450), Sozomeno (cerca de 443) e Rufino (cerca de 410). A propósito da demolição do templo de Serápis, eles observam a descoberta de símbolos sagrados gravados nas rochas, semelhantes ao sinal da cruz. Na época surgiu uma discussão entre cristãos e pagãos, cada um dos quais queria vincular esses símbolos à própria religião. Os pagãos recém-convertidos ao cristianismo e que ainda compreendiam o significado dos hieróglifos explicaram o simbolismo do *ankh*, símbolo da vida que deve vir. Por isso, entre os coptas, o antigo símbolo faraônico tornou-se o símbolo da cruz e da vida vindoura. Os numerosos documentos arqueológicos e iconográficos de que dispomos testemunham essa prática e nos permitem datá-la no período que vai do século IV ao século IX.

O simbolismo cristão da cruz

Aos mistérios das religiões pagãs os Padres da Igreja opuseram o mistério cristão. Para eles, o decreto de salvação proclamado por Deus se revelava precisamente na crucifixão de Cristo. Para os cristãos, a morte de Cristo na cruz assinalava o fim do judaísmo e a separação radical dos cultos pagãos. Mais tarde eles se opuseram vigorosamente às várias teorias gnósticas que se recusavam a ver a revelação da história no contexto da salvação realizada por Cristo e do seu cumprimento no mundo. Os Padres citaram São Paulo (Ef 1,10) para ressaltar que na crucifixão de Jesus se completava a criação e começava um novo mundo. Eles acentuaram a realidade dos eventos narrados pelos evangelistas: a agonia, o sangue, a morte humana, o coração ferido, a cruz feita de duas partes unidas no centro. Precisamente a partir da simplicidade dos elementos, que escandalizavam tanto os judeus como os pagãos, eles desenvolveram a compreensão do grande mistério da cruz (cf. 1Cor 1,23-25; 2,8).

Nos primeiros séculos, o pensamento grego era familiar aos Padres da Igreja. Eles reconheciam na cruz o simbolismo cósmico descrito pela sabedoria pitagórica e depois desenvolvido nas obras de Platão (*Timeu* 36bc). Os dois grandes círculos do mundo que se cruzam para formar uma *chi* grega inclinada, em torno dos quais gira a abóbada celeste, tornaram-se para os cristãos a cruz do paraíso. Pendurado na cruz, o Logos, o criador do mundo, contém o cosmos. Por isso, de acordo com Justino Mártir (*1 Apologia* 60,1), o *chi* celeste de Platão simboliza a cruz. Para Irineu de Lyon (*Contra as heresias* 5,18,3), o sinal da cruz é a totalidade e a manifestação visível do devir cósmico porque reproduz as quatro dimensões do cosmos. O Logos de Deus, criador do mundo, torna-se homem: toda a criação carrega o seu signo, Ele dirige e ordena tudo. Pendurado na cruz, ele resume o cosmos. Aos que vinham para ser batizados no lugar onde Jesus morreu, Cirilo de Jerusalém explicava que o Gólgota era o centro em torno do qual girava o cosmos: desse modo, o simbolismo do centro recebia uma verdadeira consagração cristã (*Catequese* 13,18). Para Gregório de Nissa, a cruz é um selo cósmico, impresso tanto no céu como na terra.

Os cristãos latinos moveram-se na mesma direção. No fim do século III, precisamente quando o misticismo pagão e os cultos solares estavam chegando ao seu apogeu, Hipólito de Roma celebrava a cruz, repropondo com força toda a gama das antigas associações simbólicas (*Homilia pascal* 6). De acordo com seu pensamento, a cruz era uma árvore que subia da terra até o céu, um ponto de sustentação e de apoio, um poste cósmico. Sugestões análogas encontram-se em Lactâncio: na cruz Cristo abre seus braços, abraçando o círculo terrestre e conduzindo juntos os homens do alvorecer ao anoitecer (*Divinae institutiones* 4,26; 4,36). Para Fírmico Materno, a cruz de Jesus conserva os movimentos dos céus, fortalece os alicerces da terra e conduz os homens para a vida (*De errore profanarum religionum* 27,3). O tema da cruz cósmica teve grandes repercussões na vida dos cristãos e na teologia da Igreja, como demonstram Tertuliano (*Apologia* 16,6) e Minúcio Félix (*Octavius* 29,6-7). O mistério da cruz marca toda a criação: o corpo humano, o voo dos pássaros, a agricultura, o cristão em oração de braços abertos. Esse símbolo permite a compreensão dos grafites das catacumbas, dos orantes, e de toda a simplicidade da arte cristã primitiva. O simbolismo cósmico que resume os eventos fundamentais do mundo é aplicado também ao retorno de Cristo no fim do mundo. A cruz será o grande sinal luminoso que precederá o Cristo transfigurado (*Didaché* 16,6). No último dia do mundo, o mistério da cruz será revelado completamente (Rahner, 1954, p. 61-74).

O simbolismo cristão da cruz está ligado ao mistério da criação e ao mistério da redenção. Se, como acabamos de observar, os Padres da Igreja reinterpretaram o antigo simbolismo cósmico, eles reinterpretaram também as imagens das Escrituras judaicas (Antigo Testamento). No dia da crucifixão de Cristo, o véu do Templo se rasgou, revelando em toda a sua plenitude o mistério de Deus oculto na Arca da Aliança.

Nos escritos dos Padres da Igreja, toda referência à madeira no Antigo Testamento se torna um símbolo da cruz. A árvore em especial simboliza o mistério do Gólgota: a árvore da vida, plantada perto dos quatro rios no centro do paraíso (Gn 2,9), mencionada também no Apocalipse (22,14). Essa árvore prefigura o mistério da cruz, uma vez que no seu lugar, e no lugar do primeiro Adão, agora está o novo Adão, cuja árvore de salvação, erguida na direção do céu, abraça o cosmos e faz escorrer aos seus pés a fonte batismal da vida. O simbolismo da árvore e da água, tomado do Gênesis e aplicado ao evento do Gólgota, teve repercussões extraordinárias. Inspirou a teologia batismal dos Padres da Igreja oriental e ocidental, de Justino a Agostinho, passando por Efrém da Síria, Irineu, Gregório de Nissa. Os artistas que decoraram os batistérios romanos o reproduziram na pedra e no metal. Esse simbolismo, que Agostinho chama o *sacramentum ligni*, foi um tema fecundo que, no decorrer dos séculos, inspirou artistas e poetas, pregadores e narradores.

Sua continuidade durante a Idade Média é testemunhada pelas numerosas representações do esqueleto de Adão aos pés da cruz, fato que tem origem nas meditações paulinas sobre a conexão entre Adão e Cristo (1Cor 15,45-49). No início do século II, num voo lírico de rara beleza, Hipólito de Roma canta o louvor daquela árvore bíblica e cósmica: alta como o céu, imortal no seu crescimento, pedra angular do mundo, e reunindo em si todos os homens (*Homilia pascal* 6).

Para os Padres da Igreja, a cruz é prefigurada em todo o Antigo Testamento, que já contém o mistério do Logos anunciado por símbolos. Justino Mártir não hesita em dizer que o Antigo Testamento revela o mistério da cruz em toda a sua força (*Diálogo com Trifão* 91,1); e sustenta essa tese citando as inúmeras passagens que se referem à cruz ou à futura crucifixão do Salvador (*1 Apologia* 31,7; 32,4; 35,2-7; 55,4; 60,3-5). Ele insiste no valor e na necessidade da linguagem simbólica dessa profecia: de fato, graças à linguagem simbólica, será possível superar o conceito da vergonha da cruz (*1 Apologia* 55,1). Outros documentos patrísticos retomam o tema da vergonha da cruz, tão importante durante os primeiros séculos cristãos (Tertuliano, *Contra Marcião* 3,18). Os apologistas e os Padres destacam especialmente o aspecto profético da madeira nas citações do Antigo Testamento. Toda a madeira no Antigo Testamento se torna o precursor do instrumento de salvação: a arca de Noé (Gn 6,14-16); o carvalho de Mamré (Gn 18,l); a madeira a ser queimada para o sacrifício de Isaac; a escada de Jacó; a vara de Moisés (Ex 4,2-5; 14,16; 17,5-6). Gregory T. Armstrong (1979) fez uma lista parcial, mas imponente das passagens do Antigo Testamento que os Padres consideravam prenunciadoras da cruz de Cristo.

O exame desses textos demonstra claramente que, durante os primeiros séculos, os cristãos compreenderam o mistério bíblico da cruz em conexão com o mistério da criação e com o mistério da redenção. A profundidade daquela compreensão das relações entre os dois testamentos permaneceu viva até a Idade Média, como demonstram a arte românica e o misticismo gótico. Com o fim das perseguições, os teólogos começaram a associar diversos aspectos dos emblemas cruciformes das religiões pagãs com a cruz cristã. Um testemunho precioso dessa nova orientação no século IV é um tratado de Fírmico Materno, *De errore profanarum religionum*, escrito por volta do ano 346. Provocando os pagãos sobre o tema dos *Symbola profanae religionis* (21,1), o autor acusa o deus de dois chifres, não especificando, porém, se é Dioniso no aspecto de um touro ou o deus Pã, que pertence ao mundo de Baco e Adônis. Ele reivindica o chifre, ornamento de glória, para os cristãos, porque "cornua nihil aliud nisi venerandum signum Crucis monstrant" (21,4). De acordo com Fírmico Materno, o chifre colocado na direção vertical sustenta o céu e mantém a terra aqui embaixo; Oriente e Ocidente são unidos por meio do outro chifre preso ao centro. [Cf. o verbete Chifres.] É o símbolo da cruz que sustenta o mundo e, consequentemente, o símbolo de Cristo que, abrindo os braços, sustenta o céu e a terra. No Profeta Habacuc (Hab 3,3-5) e na posição de Moisés durante a oração (Ex 17,9-12), o autor reconhece o prenúncio desse evento. Desse modo, Fírmico Materno reúne três sistemas simbólicos: o cósmico, o pagão e o bíblico.

A partir do século II, esse sistema simbólico é retomado e desenvolvido pelos pensadores cristãos. Justino Mártir dedica todo o capítulo 55 da sua primeira *Apologia* a esse simbolismo. Para demonstrar aos pagãos que a cruz é o símbolo da força e do poder de Cristo, ele lhes pede para considerarem uma série de objetos que é possível encontrar cotidianamente: "Seria possível sulcar os mares se aquele troféu não se elevasse intacto no navio sob a forma de vela? É possível o trabalho sem a cruz? Podem os exploradores e os operários trabalhar sem os instrumentos que possuem aquela forma?" (55,2). Em seguida ele elenca numerosas imagens que sugerem o poder da cruz: o corpo humano com os braços abertos; os estandartes e os troféus que precedem os exércitos, as estátuas dos imperadores (55,6-7). Justino ressalta a figura do troféu formado pelo mastro e pela verga em que está presa a vela, porque lhe permite elaborar sua tese. Precisamente como o mastro e a verga são indispensáveis para a segurança dos marinheiros e dos passageiros, assim só a cruz de Cristo que eles simbolizam é capaz de conceder a salvação. Justino concebe de modo semelhante os *vexilla* e os *tropaia* que conduzem as tropas à batalha.

Muitas décadas mais tarde, também Tertuliano retomou essas imagens. No famoso capítulo XVI da sua *Apologia*, em que ataca as representações pagãs de Cristo representado com uma cabeça de asno, ele explica a adoração cristã da cruz. Refutando as acusações pagãs, ele observa que também os estandartes e as insígnias têm a forma de cruz. Esse texto é encontrado, ampliado, em *Às nações* (1,12,1-16). Nesses escritos, o uso da palavra *siphara* demonstra que agora, para Tertuliano, as imagens do estandarte e da insígnia estão vinculadas ao mastro e à verga do navio. Hipólito de Roma desenvolve ainda mais os símbolos náuticos em seu texto *De Antichristo* 59. A Igreja navega no mar do mundo, levando a insígnia da vitória, a cruz do Senhor. A vela branca é o espírito. A escada de mão conduz ao topo do mastro e além, ou seja, direto para o céu. As segundas velas, ou velas de gávea, representam os apóstolos, os profetas e os mártires. Como Hugo Rahner (1964) mostrou admiravelmente, o simbolismo náutico da cruz conheceu um desenvolvimento extraordinário na teologia patrística.

Conclusão

Esse breve exame permite extrair diversas conclusões. Em primeiro lugar, deve-se constatar que o historiador das religiões dispõe de uma copiosa documentação relativa à cruz. A cruz está por toda a parte: na civilização pré-védica, no mundo elamítico e na iconografia mesopotâmica, na vasta área das migrações indo-europeias e nas culturas a que elas deram origem, na China, nas civilizações pré-colombianas e dos indígenas da América, entre as populações iletradas contemporâneas. Tal universalidade mostra que estamos tratando de um fenômeno fundamental na vida do *homo religiosus*, cuja explicação necessita de uma reflexão em diversos níveis: o simbolismo da árvore considerada como *axis mundi*; a necessidade do homem de se orientar na tentativa de transformar o caos no cosmos; os símbolos do número 4 e do centro; as diversas imagens cruciformes que aparecem nas atividades cotidianas do homem. A cruz mostra que o *homo religiosus* é também *homo symbolicus*. Quando o historiador das religiões examina os documentos relativos à cruz na vida do *homo christianus*, é obrigado a ampliar o seu campo hermenêutico. Em virtude de um evento histórico, a morte de Jesus de Nazaré crucificado no Gólgota, a cruz possui um significado transcendente. Na cruz cristã está compreendido todo o sistema simbólico antigo, mas agora ele é colocado no interior de uma nova visão da história, formulada pela teologia da criação e da redenção. Aos olhos dos cristãos, a cruz é inseparável do mistério do Logos divino. A partir daqui ela adquire uma dimensão cósmica, uma dimensão bíblica e uma dimensão soteriológica.

Bibliografia

ALEXANDER, H.B. *The world's rim* – Great mysteries of the North American indians. Lincoln/Nebrasca, 1953.

ANDRESEN, C.; KLEIN, G. (orgs.). *Theologia Crucis, Signum Crucis* – Festschrift für Erich Dinkler zum 70. Geburtstag. Tübingen, 1979.

ARMSTRONG, G.T. The Cross in the Old Testament according to Athanasius, Cyril of Jerusalem and the Cappadocian Fathers. *In*: ANDERSEN, C.; KLEIN, G. (orgs.). *Theologia Crucis, Signum Crucis* – Festschrift für Erich Dinkler zum 70. Geburtstag. Tübingen, 1979. p. 17-38.

BLAKE, W.W. *The cross, ancient and modern*. Nova York, 1888.

BOUSSET, W. Die Seele der Welt bei Plato und das Kreuz Christi. *Zeitschrift für neutestamentliche Wissenschaft*, vol. 14, p. 273-285, 1913.

CASAL, J.M. *La civilisation de l'Indus et ses énigmes* – De la Mésopotamie à l'Inde. Paris, 1969.

CHAMPDOR, A. *Le livre des morts* – Papyrus d'Ani, de Hunefer, d'Anhai du British Museum. Paris, 1963.

CHAMPEAUX, G. de; STERCKX, S. *Introduction au monde des symboles*. Paris, 1966.

CHEVALIER, J.; GHEERBRANT, A. (orgs.). *Dictionnaire des symboles*. Paris, 1982 [trad. bras.: *Dicionário de símbolos*: mitos, sonhos, costumes, gestos, formas, figuras, cores, números. 35. ed. Rio de Janeiro: José Olympio, 2021].

CRAMER, M. *Das altägyptische Lebenszeichen im christlichen (koptischen) Ägypten*. Wiesbaden, 1955.

DÖLGER, F.J. Beiträge zur Geschichte des Kreuzzeichens. *Jahrbuch für Antike und Christentum*, vol. 1, p. 5-19, 1958; vol. 2, p. 15-29; vol. 3, p. 5-16, 1960; vol. 4, p. 5-17, 1961; e vol. 5, p. 5-22, 1962.

ELIADE, M. *Traité d'histoire des religions*. Paris, 1949 [trad. bras.: *Tratado de história das religiões*. São Paulo: WMF Martins Fontes, 2016].

ELIADE, M. *Images et symboles*: essais sur le symbolisme magico-religieux. Paris, 1952 [trad. bras.: *Imagens e símbolos*: ensaios sobre o simbolismo mágico-religioso. São Paulo: Martins Fontes, 1991].

ERLER, M. *Das Symbol des Lebens im alten Aegypten*. Munique, 1968.

GOBLET D'ALVIELLA, E.F.A. Archéologie de la Croix. *In*: *Croyances, rites, institutions*. Paris, 1911. vol. I, p. 63-81.

GOBLET D'ALVIELLA, E.F.A. *La migration des symboles*. Paris, 1891.

GUÉNON, R. *Le symbolisme de la croix*. Paris, 1957.

KENNEDY, C.A. Early christians and the anchor. *Biblical Archaeologist*, vol. 38, p. 115-124, 1975.

KORVIN-KRASINSKI, C. von. Vorchristliche matriarchalische Einflüsse in der Gestaltung *ältester* koptischer und armenischer Kreuze. *Symbolon, Jahrbuch für Symbolforschung*, vol. 3, p. 37-73, 1977.

LALIBERTÉ, N.; WEST, E.N. *The history of the cross*. Nova York, 1960.

LECLERQ, H. Croix et crucifis. *In*: CABROL, F. (org.). *Dictionnaire d'archeologie chrétienne et de liturgie*. Paris, 1914. vol. III, p. 3.045-3.144. Um estudo que examina a história da representação cristã da cruz.

MARSHALL, J. (org.). *Mohenjo-Daro and the Indus civilization*. Delhi, 1973. vols. I-III.

MORTILLET, G. de. *Le signe de la croix avant le christianisme*. Paris, 1866.

PORTER, A.K. *The crosses and culture of Ireland*. New Haven, 1931.

RAHNER, H. *Mythes grecs et mysteres chrétiens*. Paris, 1954.

RAHNER, H. *Symbole der Kirche*: Die Ekklesiologie der Väter. Salzburgo, 1964.

RECH, P. *Inbild des Kosmos*: Eine Symbolik der Schöpfung. Salzburgo, 1966. vols. I-II.

SCHNEIDER BERRENBERG, R. *Kreuz, Kruzifix*: Eine Bibliographie. Munique, 1973. Contém mais de 2 mil títulos que tratam de iconografia, história da arte, arqueologia, teologia, filologia e folclore.

SÉJOURNÉ, L. *La pensée des ancien Mexicains*. Paris, 1982.

STÄHLIN, W. Das Kreuzeszeichen. *In*: *Deine Sprache verrät dich*. Kassel, 1974.

STIERLIN, H. *L'art des Aztèques et ses origines*. Paris, 1982.

STREIT, J. *Sonne und Kreuz* – Irland zwischen Megalithkultur und frühem Christentum. Stuttgart, 1977.

WEDEMEYER, I. von. Dos Zeichen des Kreuzes im Alten Peru. *Antaios*, vol. 12, p. 366-379, 1970.

Julien Ries

CUSPE

No passado acreditava-se que o cuspe tinha propriedades mágicas. O homem antigo, vendo-se no centro do universo, percebia conexões entre o próprio corpo e os corpos cósmicos, os deuses e os demônios. Ele relacionava as partes do próprio corpo com cores, plantas, elementos e direções. Saliva, sangue, esperma, suor, unhas e cabelos eram considerados substâncias mágicas, não apenas como resultado dessas conexões, mas também porque, depois de ter deixado o corpo, elas conservavam um pouco da essência da pessoa em questão. O cuspe podia ser positivo ou negativo, dependendo da intenção de quem realizava o ato de cuspir. O ato de cuspir e os ritos de sangue têm muitos pontos em comum; ambos têm como objeto fluidos sagrados que simbolizam a energia psíquica e são necessários para o sustento da vida física. Ainda hoje é comum ligar fluidos corporais e sentimentos: a ira faz o sangue "ferver", cospe-se por desprezo ou se "cospem" palavras por ódio, a salivação aumenta na boca diante de guloseimas ou então a boca fica seca por causa do medo.

Nos mitos antigos, o cuspe pode criar a vida, de modo equivalente ao sopro do criador ou à palavra divina. Numa versão do mito egípcio da criação, o deus primordial Atum cospe os seus filhos Shu e Tefnut. Shu é o deus do ar (e também da respiração), Tefnut é a deusa do vapor humano (e também do cuspe), enquanto a boca é o lugar em que são gerados.

Na mitologia norueguesa, do cuspe dos deuses teve origem uma criatura chamada Kvasir. Para comemorar um tratado de paz entre eles, os deuses cuspiram juntos num jarro e essa mistura gerou Kvasir. Ele era tão sábio que não havia pergunta que não soubesse responder. Mais tarde foi assassinado por dois anões, que misturaram o seu sangue com mel, dando origem ao hidromel da inspiração poética: aos homens que ingeriam a bebida era concedido o dom da poesia. Então, agindo com astúcia, o deus supremo Odin engoliu cada gota do hidromel, transformou-se em águia e voltou à morada dos deuses, que o estavam esperando com alguns vasos nos quais Odin cuspiu o hidromel. No entanto, em seu voo de retorno, perseguido por um gigante transformado em águia, Odin perdeu uma parte da bebida. O hidromel perdido durante o voo passou a ser conhecido como a porção do poeta louco. Nesse mito, o cuspe sagrado e o sangue são idênticos, um transformado no outro. Hidromel, sangue e cuspe são as três fontes familiares da inspiração, aqui combinadas num único mito. O ato de cuspir para firmar uma aliança, como fizeram os deuses noruegueses do mito, é um costume estritamente ligado à irmandade de sangue. Do mesmo modo, o ato de cuspir na boca de outro é uma maneira de travar amizade na África Oriental. Um homem santo, na bênção, usa alguma forma de contato físico para transmitir algo de si mesmo. Muhammad cuspiu na boca do seu neto Hasan em seu nascimento. De modo semelhante, na antiga Babilônia, o sacerdote ou exorcista adquiria os seus poderes durante a consagração recebendo o cuspe dos outros, simbolicamente o cuspe do deus, na boca. Entre os Luba do Zaire atual, um aspirante, para ser iniciado na ordem dos feiticeiros, bebe uma mistura contendo a saliva de cada um dos anciãos; por meio desse gesto ele é não apenas abençoado por intermédio do poder deles, mas também colocado para sempre sob o controle deles.

O papel da saliva como parte do rito da cura é bem conhecido em todo o mundo. Às vezes enfatiza-se o efeito curativo do próprio cuspe, testemunhado também pelo fato de que as feridas da boca se curam mais rapidamente. A essa crença se acrescenta a observação dos animais selvagens, que lambem as próprias feridas para aliviar o sofrimento. É bastante difundida a crença de que o cuspe das pessoas que jejuam tem um efeito especial e tem poder suficiente para matar as serpentes. A saliva dos homens de poderes excepcionais tem um significado particular. Na sua cura, Muhammad misturou argila e cuspe. Cristo fez uma mistura de cuspe e argila e com ela tocou os olhos do cego para devolver-lhe a visão. Cuspindo e tocando a língua de um mudo (presumivelmente com a saliva), devolveu-lhe a capacidade de falar. Em muitos relatos populares encontra-se o fato de se poder conferir a capacidade de palavra a um objeto cuspindo nele.

Bibliografia

FRAZER, J.G. *The golden bough*. 3. ed. Nova York, 1955. vols. I-XIII. Correlaciona princípios de magia e religião com usos e rituais locais.

GODBEY, A.H. Cerimonial Spitting. *The Monist*, vol. 24, p. 67-91, 1914. Uma análise bem documentada dos vários costumes relativos ao ato de cuspir.

GRAY, L.H.; MOORE, G.F. *The mythology of all races*. Boston, 1916-1932. vols. I-XIII. Contém numerosos exemplos do motivo do cuspe nos mitos em todo o mundo.

HASTINGS, J. *Encyclopaedia of religion and ethics*. Edimburgo, 1920. vol. XI. Contém um amplo artigo sobre a saliva, que se concentra nas crenças supersticiosas.

Annmari Ronnberg

D

DÁDIVA

A troca de dádivas ou presentes é uma das características mais difundidas da cultura humana e, segundo algumas teorias, também a base originária da economia. De um ponto de vista religioso, o fenômeno apresenta dois aspectos fundamentais com diversos matizes. Em primeiro lugar, tal troca de dádivas está incorporada num amplo leque de usos e de normas religiosas que regulam o ordenamento social. Em segundo lugar, a apresentação da dádiva é um aspecto essencial do sacrifício ritual oferecido a uma ou mais divindades. Em ambos os casos, o processo de doar pode envolver a distribuição da coisa doada no interior de certo grupo social; também é possível que esteja implicada a destruição, parcial ou total, da dádiva para significar seu desaparecimento numa dimensão metafísica.

O *potlatch* como modelo de distribuição de dádivas

O estudo de Marcel Mauss, "Essai sur le don" (1923-1924), particularmente centrado nos aspectos sociais da dádiva, mostra que doar é o meio pelo qual se pode ensinar e compreender um valor numa sociedade, incentivando os homens à produtividade, mas, ao mesmo tempo, insinuando o sentido de uma intangível presença naquilo que é distribuído.

Mauss parece ver o *potlatch*, elaborada cerimônia que inclui uma manifestação de abundância e a distribuição dos bens do anfitrião, como a forma mais significativa de distribuição de dádivas de conotações religiosas e de profundas implicações no que diz respeito ao desenvolvimento do sistema econômico. As dádivas ligadas ao *potlatch*, como é praticado pelos indígenas Kwakiutl, compreendem tanto objetos materiais como tecidos, barcos e alimentos como um artigo de valor sobretudo simbólico (a maior "prestação" de todas, segundo a terminologia de Mauss, que significaria a troca de um favor), ou seja, uma placa de bronze em forma de machado.

O *potlatch* originou-se ao longo das ricas costas do noroeste dos Estados Unidos, do oeste do Canadá e do Alasca, e em todas essas regiões vários povos adotaram esse costume; no entanto, só os Kwakiutl elevaram esse ritual a outro nível de elaboração (ritual que depois foi amplamente modificado assim que os indígenas foram assimilados à cultura que se tornou dominante). Historicamente, os Kwakiutl constituíam um dos conjuntos tribais mais estratificados que se pode imaginar: eram divididos essencialmente em dois grupos, o dos aristocratas (*naqsala*) e o das pessoas comuns (*xamala*), mas cada um dos membros desses dois estratos, na realidade, estava, por sua vez, vinculado a determinados subgrupos existentes no interior da complexa estrutura tribal e à *numina* ou subdivisões internas de um grupo tribal específico. Tanto os nobres quanto os homens comuns eram identificados, no interior de seus grupos, com títulos honoríficos e a atribuição de lugares para se sentar adequados à categoria, que assumiam grande importância em ocasiões rituais como a acima mencionada do ato de "prestação" porque tinham muito a ver com a maneira como os bens eram distribuídos.

De certo ponto de vista, o *potlatch* poderia ser considerado um recurso para aumentar o capital de alguém por meio de juros e empréstimos, processo que requer algumas explicações e que se baseia no pressuposto de que o estado de uma pessoa no interior da comunidade estaria ligado à generosidade com que dispunha dos próprios capitais durante a cerimônia supramencionada. O capital consistia em tudo o que tinha certo valor em determinado período: cobertores, peixe, alimento, azeite, conchas, escravos, esses eram os bens da era pré-moderna. Na lita de um *potlatch* de 1921, por sua vez, se encontravam: tecidos da Baía de Hudson, canoas, placas comuns, pulseiras, lâmpadas a gás, violinos, violões, barcos a motor, roupas, xales, blusas de lã, camisas, caixas de madeira de carvalho, máquinas de costura, baldes, bacias, copos, xícaras de chá, chaleiras, camas, escrivaninhas e sacos de farinha e de açúcar (Rohner, 1970, p. 97). Tudo isso era distribuído segundo a categoria dos presentes. As placas comuns, correspondentes às placas de bronze citadas acima, ficavam com os homens mais notáveis; xícaras, chaleiras, baldes e copos eram destinados às mulheres de diversas categorias. Quem realizava a distribuição empenhava um capital que lhe conferia uma alta posição na comunidade e que era em certo sentido "emprestado", na expectativa de que, com modalidades semelhantes, receberia tudo de volta com juros no decorrer de um futuro *potlatch*; os juros eram, portanto, calculados com exatidão e, no caso dos tecidos, por exemplo, sua devolução no fim do ano atingia o dobro da quantidade distribuída. A devolução desses empréstimos (não solicitada, mas aceita por costume) era a oportunidade para combinar novos empréstimos e era também um momento de festa: o objetivo do *potlatch* entre os Kwakiutl, de fato, não era acumular bens, mas marcar a própria posição no interior da comunidade com base no grau de generosidade demonstrado. Certos estudiosos compararam a distribuição das dádivas no *potlatch* a um tipo de guerra ou de competição guerreira em que a concessão de uma dádiva extravagante podia implicar sérios danos aos outros participantes.

Mesmo na ausência de pesquisas comparativas propriamente ditas, o estudo do *potlatch* revela vários contatos com o sistema de castas hinduísta, que presta muita atenção à distribuição dos lugares para se sentar nas festividades e inclui um vasto movimento de distribuição dos recursos econômicos. De fato, quem ocupa uma posição mais elevada não apenas obtém presentes de melhor qualidade, mas também é destinatário de nominativos sagrados que só podem ser atribuídos no decorrer da festividade comunitária; além disso, os aristocratas se consideravam um grupo eleito que tinha apenas contatos limitados com o povo miúdo, elementos que se encontram no sistema indiano das castas que determina condições sociais ineludíveis. Por outro lado, também é verdade que a atribuição de nomes sagrados e mágicos é um fenômeno bem comprovado na religião hinduísta. Com isso certamente não se quer dizer que o critério de distribuição das dádivas durante o *potlatch* seja totalmente equiparável ao sistema de castas fechadas, mas se a ideia de Mauss é verdadeira, então a distribuição de bens sancionada socialmente, repleta como é de significados históricos e estruturais, pode ser considerada um componente obrigatório da cultura humana: *potlatch* e sistemas de castas seriam, então, apenas um exemplo desse princípio mais geral. A importância universal desses sistemas é clara também na evidente especificidade desta descrição:

> O *potlatch* é mais do que um fenômeno legal: é um daqueles fenômenos que sugeriríamos chamar de "totais". Ele tem caráter religioso, mitológico e xamânico, uma vez que os chefes que dele participam são encarnações dos deuses e antepassados cujos nomes eles trazem, por cujos espíritos

eles são possuídos e cujas danças também dançam. É um fenômeno econômico, e é preciso avaliar com atenção o valor, a importância, as causas e os efeitos de transações que são relevantes mesmo que calculados pelos padrões europeus. O *potlatch* é também um fenômeno de morfologia social: a reunião de tribos, clãs, famílias e povos gera muita animação, as pessoas se confraternizam mesmo permanecendo, ao mesmo tempo, distantes; afinidades ou conflitos de interesse se revelam constantemente na grande rodada de negociações. Enfim, de um ponto de vista jurídico, já se observaram as formas contratuais e aquilo que se poderia definir o elemento humano do contrato, e o estatuto legal das partes contraentes (clãs ou famílias ou com referência à condição marital). A isso se pode agora acrescentar que os objetos materiais do contrato têm por si sós um valor que os torna adequados para ser doados, mas implica também uma retribuição (Mauss, 1923-1924, p. 56s.).

A teoria formulada talvez pouco cientificamente por McKim Marriott, relativa ao fato de que a ideia de contaminação no sistema da casta implica uma espécie de contaminação no interior de partículas invisíveis de matéria que aderem às várias substâncias intercambiáveis, foi formulada mais prudentemente por Mauss, para quem a contaminação é uma espécie de oferta de dádivas invertida, de modo que não teria importância o grau de contaminação em que está envolvido o ato de doar, ainda que se limite a uma troca de serviços. Mauss afirmava que as coisas doadas eram sempre sentidas como ligadas à pessoa do doador, o que parece inevitável também hoje, na avaliação de seu valor intrínseco, sejam elas santificadas ou não pela religião (pense-se nas duas alianças nupciais benzidas empregadas no rito do casamento cristão). Depois de tudo, o sistema de castas não teria valor se não houvesse a convicção de que na sociedade cada um existe necessariamente em relação intrínseca com todos os outros, e qual é o elemento fundante de tal relação se não a troca de bens e serviços?

Dádivas para os deuses

À luz do que acabamos de expor sobre o modelo apresentado acima e sobre sua aplicabilidade aos sistemas sociais, deve-se dizer que as características da distribuição de dádivas rituais constituem muitas vezes um elemento central na vida religiosa. O que surge no âmbito social, na evolução contínua das relações humanas, reflete-se numa estrutura de relações entre humano e divino. Muitos rituais religiosos no mundo ligam simbolicamente a hierarquia com a distribuição de dádivas, ação que têm grande valor também na vida de relação por si mesma. Além disso, na vida cotidiana se emprega um tipo de doação para expressar a intensidade de certos períodos sagrados no decorrer dos quais a dádiva passa a ter mais as características de uma prestação sem expectativas de restituição, mesmo persistindo o sentido de que o valor da dádiva se transfere no domínio do metafísico.

Bibliografia

BURTT, E.A. (org.). *The teachings of the Compassionate Buddha*. Nova York, 1955.

DUMONT, L. *Homo hierarchicus*. Paris, 1979 [trad. bras. *Homo hierarchicus*: O sistema das castas e suas implicações. 2. ed. São Paulo: Edusp, 2008].

EGERTON, C. *The golden lotus (Chin p'ingmei)*. Londres, 1972. vols. I-IV.

KRAUSE, A. *The Tlingit Indians*. Seattle, 1956.

MAUSS, M. Essai sur le don. *L'année sociologique*, vol. I, p. 30-186, 1923-1924.

ROHNER, R.P.; ROHNER, E.C. *The Kwakiutl*. Nova York, 1970.

ROSMAN, A.; RUBEL, P. *Feasting with my enemy*: rank and exchange among northwest coast societies. Nova York, 1971.

STRYK, L. (org.). *World of the Buddha*. Garden City/N.Y., 1968.

Charles S.J. White

DANÇA

A dança e a religião tiveram frequentes pontos de contato no decurso dos séculos. As atitudes em relação à dança expressas nos textos da antiga Grécia e na Bíblia fazem parte de uma corrente de pensamento que exerceu ampla influência sobre a história cultural do mundo ocidental. Os antigos gregos, por exemplo, acreditavam que a dança era a arte suprema, embora inseparável da música e da poesia. Nas *Leis*, Platão escrevia que todas as criaturas são aptas a expressar suas emoções através dos movimentos do corpo: essa carga instintiva se transforma em dança graças ao dom, por parte dos deuses, de um ordenamento rítmico e harmônico. Outros, entre os antigos gregos, pensavam que a dança era transmitida aos homens diretamente pelos deuses e, consequentemente, todo tipo de dança pertencia ao âmbito espiritual. Para além das discussões sobre as origens da dança, os estudiosos afirmam não haver dúvidas de que os rituais religiosos foram a fonte de muitas danças gregas, ainda que a dança em si nunca se restringiu unicamente ao âmbito cultual. De fato, ela fazia parte da vida social como meio recreativo e como maneira de solenizar vários eventos ou experiências. A natureza espiritual da dança era considerada tão abrangente que os gregos não faziam nenhuma distinção entre danças religiosas e danças profanas.

As Escrituras judaicas também contêm inúmeras referências à dança. Dançar representava uma expressão de alegria em todos os aspectos da existência, uma celebração do bem-estar físico e mental, bem como uma declaração pessoal de devoção. Os estudiosos modernos discutem se, no interior da fé judaica, a dança integrava os rituais religiosos ou o culto formal. Alguns deles estão convencidos de que não havia lugar para a dança no Templo e nas práticas cerimoniais celebradas pelos oficiantes no decorrer das várias ocasiões de culto. Seja como for, mesmo que fosse assim, a dança certamente teve grande importância nas festas públicas que acompanhavam os dias consagrados às celebrações religiosas. As peregrinações, por exemplo, associadas às várias festividades sazonais, geralmente eram santificadas pela dança, pelo canto e pelo toque de instrumentos musicais, como a harpa. A celebração do triunfo do povo judeu sobre seus opressores consistia em paradas de vitória acompanhadas por danças e cantos especiais.

No início da Era Cristã, dois elementos principais caracterizam a atitude das autoridades eclesiásticas diante da dança: o primeiro é representado pela herança tangível e direta das atitudes dos judeus em relação à dança; o segundo, pela tradição das danças ligadas aos cultos pagãos e alimentada por aquelas camadas da população que não se tinham convertido ao cristianismo. Não obstante, as comunidades cristãs compartilhavam com as hebraicas a convicção de que a dança era um meio de expressar o respeito por Deus, uma maneira de os homens manifestarem sua fé, analogamente aos anjos que dançam na glória dos céus.

Assim, muitos antigos costumes da Europa pré-cristã foram conservados (como o de dançar perto das sepulturas) e começaram a conviver com os novos ritos impostos pela Igreja; outras formas de dança chegaram até a ser incorporadas às cerimônias religiosas cristãs. Entre as danças religiosas realizadas pelo clero lembramos a dança em círculo e as várias danças processionais que faziam parte das festas em homenagem aos santos. Outras danças eram realizadas apenas por membros da comunidade, como certas danças feitas em círculo ou em fila, com acompanhamento de cantos e de palmas, e como algumas danças processionais. No decorrer dos séculos, juntamente com a difusão do cristianismo, o entusiasmo pela dança manteve toda a sua força, tanto que as autoridades eclesiásticas às vezes tiveram de impor um limite às ocasiões de celebração religiosa em que a dança era permitida. Em muitas regiões, as autoridades eclesiásticas locais proibiram dançar na Casa do Senhor, permitindo a dança (em graus diversos) apenas por ocasião daquelas festividades públicas realizadas fora da igreja. Seja como for, o fato de essas proibições terem sido reiteradas várias vezes indica que nem sempre se obedeceu a elas e que elas nem sempre se mostraram aplicáveis nas diferentes realidades locais.

A persistente resistência da dança, mesmo diante da progressiva desaprovação da Igreja, demonstra a profundidade da convicção ocidental sobre a natureza espiritual da dança. Louis Backman, em seu estudo de 1952, *Religious Dances*, oferece uma longa lista de referências históricas, provenientes de vários países, que ilustram as conexões entre as diversas formas de dança e a Igreja. Não obstante, a interconexão entre dança e religião deve ser considerada num âmbito que vai muito além dos limites da religião oficialmente formalizada. De fato, as definições mais autênticas de dança popular e folclórica provêm de uma ampla gama de posições culturais que têm grande alcance, da religião rigidamente organizada à espiritualidade popularesca que anima a vida de todos os dias.

A dança popular e a dança folclórica

Embora ambos os termos tenham passado a integrar o uso comum apenas no início do século XX, os fenômenos a que eles se referem têm uma tradição milenar. Mais que fazer referência a determinadas soluções coreográficas, os dois conceitos se referem à dança tal como ela se manifesta em certas camadas da sociedade europeia e em certos períodos históricos.

Como ressalta Peter Burke em seu *Popular culture in early modern Europe* (1978), a sociedade europeia, a partir do século XVI, já é bastante estratificada para permitir que se diferencie nela entre cultura do povo comum e cultura da elite. Esta última é sempre a expressão de uma minoria, que têm acesso às formas de instrução escolar e que se torna a principal beneficiária das principais correntes intelectuais, como o Renascimento ou o Iluminismo. O restante da sociedade atuava na existência cotidiana moldando e adaptando as próprias tradições e os próprios valores às inevitáveis transformações da classe econômica e social. No entanto, não devemos pensar que esse povo comum representava um conjunto homogêneo e tampouco, por outro lado, que a minoria da elite não tinha nenhum tipo de relação com a cultura popular. Ao contrário, Burke procura esclarecer a complexidade das situações, ressaltando as diferenças no interior do próprio povo miúdo, no qual é preciso distinguir os camponeses pobres dos mais ricos, os homens de condição livre dos servos, os trabalhadores sem cultura dos comerciantes que sabiam ler, os moradores do campo dos moradores das cidades. A elite, por sua vez, participava em ampla medida da cultura popular para além da busca concreta dos próprios objetivos intelectuais, senão por outra coisa, por estar inevitavelmente cercada por ela.

A partir do fim do século XVIII, o decisivo incremento demográfico, a expansão radical do comércio e o advento da industrialização contribuíram para romper a existência tradicional das comunidades em muitas partes da Europa Ocidental, comportando também o abandono de muitas tradições populares. Na mesma época, começou a se desenvolver um novo movimento intelectual, segundo o qual as populações rurais tendiam a assumir um fascínio cada vez maior aos olhos da elite cultural. Na esteira de tal idealização, a cultural folclórica acabou sendo considerada um tesouro nacional que encerrava em si os aspectos remanescentes de um passado incontaminado. E.B. Tylor, por exemplo, para demonstrar a evolução histórica que leva de uma cultura primitiva a uma sociedade organizada, concentrou-se sobretudo nas crenças e nos costumes folclóricos. Esse material era interpretado como os vestígios de uma cultura primitiva, preservados de algum modo pela memória popular mesmo no cerne de uma sociedade que tinha tomado diferentes caminhos de civilização.

Tais argumentações foram fortalecidas pela tendência a comparar os fatos folclóricos com elementos culturais diversos, provenientes das chamadas populações primitivas. Assim, convicções populares aparentemente inexplicáveis ou costumes antigos foram interpretados com base em seus correspondentes primitivos; a função originária das sobrevivências folclóricas e seu significado deviam ser equivalentes aos das práticas primitivas às quais se remetiam, mesmo quando subsistiam grandes diversidades nas formas e na ocasião da execução. Muitos estudiosos estavam convencidos de que a religião primitiva constituía a fonte última do folclore na medida em que a religião desempenhava um papel primordial na vida dos primitivos.

Se o folclore era o que permanecia da antiga religião pagã, consequentemente a dança popular era o que permanecia do antigo ritual religioso. Desse modo, é muito mais curioso que a dança folclórica tenha sido quase negligenciada precisamente no auge da coleta da documentação sobre os diversos fatos culturais folclóricos, no século XIX. De fato, mesmo considerando óbvio que o povo dançava, os estudiosos daquele período só mencionaram a dança ocasionalmente, em geral em referência às festas sazonais ou religiosas e a alguns ritos de passagem. O mosaico ainda tem muitas lacunas, embora tenham sido identificados dois fatores de importância vital.

O primeiro fator diz respeito ao fato de que a dança, em relação aos outros aspectos culturais que podem atrair a atenção dos estudiosos, situa-se num nível mais baixo. Sobretudo no momento que os âmbitos de pesquisa recém-constituídos do folclore e da antropologia ainda buscavam dotar-se de um estatuto científico e definir os próprios objetivos, privilegiando a pesquisa das fontes escritas, a dança certamente não representava um gênero literário registrável por meio das palavras; ao contrário, diferentemente da música, ela nem sequer tinha uma forma de notação. Seja como for, os estudiosos não deixaram de descrever os costumes e as celebrações populares através de relatos escritos, frequentemente ilustrados por desenhos e, mais tarde, por fotografias. Os primeiros estudos desse tipo, que remontam ao fim do século XIX, empregam o estilo da narração descritiva: eles apresentam as práticas da dança, acompanhadas por observações sobre os costumes e pela descrição dos vários acessórios, como espadas, fitas, varas, sinetas; ou então assinalam algumas formas particulares de personificação dramática, como o cavalinho ou o homem que finge ser mulher (ou vice-versa). Em geral, esses estudos mencionam também a ocasião social da qual a dança faz parte, mas deixam a desejar no que diz respeito aos aspectos mais propriamente técnicos e estilísticos da dança que é descrita. Em suma, parece que, mesmo sendo certamente possível escrever sobre os usos e costumes da dança, a dificuldade de expressar sua natureza e seus aspectos com uma documentação de forte evidência desencorajou os estudiosos oitocentistas, convencendo-os a não dedicar o próprio entusiasmo intelectual a um gênero tão elusivo.

O segundo fator que provocou o desinteresse dos estudiosos pela dança folclórica consiste na convicção de que ela manifestava as sobras de um antigo ritual religioso; e isso, por estranho que possa parecer – uma vez que uma conexão desse tipo com a cultura primitiva deveria encontrar boa aceitação na escola evolucionista, para a qual a fonte do folclore era a religião –, poderia ter determinado uma espécie de desconforto intelectual. No século XIX, o estilo da dança correspondia agora às estratificações sociais, embora as figuras coreográficas dos salões de baile mais exclusivos não fossem tão diferentes daquelas dos bailes populares. Quando muito, pode-se reconhecer à elite o mérito de ter imposto a essas formas mais populares um estilo de execução refinado, adequado ao seu nível social elevado: o arrebatamento com que muitos plebeus se lançavam no turbilhão das danças, de fato, parecia inconveniente, talvez até bárbaro aos olhos das classes mais elevadas. As observações que, no mesmo período, os missionários e os exploradores faziam sobre as danças selvagens e indecorosas das sociedades primitivas foram empregadas como paralelo figurativo para as danças da tradição folclórica europeia e provavelmente favorecem na elite a percepção da dança folclórica como algo degradante. Desse modo, a dança folclórica, mais do que qualquer outro gênero de manifestação popular, foi vista como algo ameaçador, demasiado primitivo e ao mesmo tempo muito próximo. O que separava a dança da elite da dança vulgar e bárbara do povo, de fato, era apenas o limite sutil do decoro. Além disso, os estudiosos tinham consciência de que o clero cristão por muito tempo acreditara que a dança (identificada no século XIX com a dança folclórica) representava apenas a sobrevivência de rituais religiosos pagãos. De fato, por séculos, em toda a Europa, a Igreja teve de empreender duras campanhas para purificar o ritual cristão de toda contaminação com o paganismo; e a dança representava um dos elementos mais insidiosos de tal paganismo. Ora, independentemente de suas convicções intelectuais, os estudiosos europeus e norte-americanos do século XIX geralmente eram bons cristãos e não há nenhuma dúvida de que o preconceito oficial em relação à dança também influenciou suas opiniões científicas. Portanto, foi provavelmente essa herança cristã que produziu a sensação de desconforto em relação aos materiais relativos à dança folclórica de que falamos acima. Uma sensação de desconforto que por muito tempo afastou os pesquisadores dos estudos nesse campo.

Na última década do século XIX, contudo, a dança começou a ser considerada com mais seriedade: James G. Frazer, por exemplo, a incluiu no imenso repertório dos costumes que são examinados no seu tratado comparativo sobre a magia e a religião, *The golden bough*, de 1890. Na Escandinávia, o desenvolvimento dos museus ao ar livre dedicados às tradições populares levou à constituição, em 1893, do grupo *Friends of Swedish folk dance* [Amigos da dança folclórica sueca], uma das primeiras organizações desse tipo, empenhada na conservação e na promoção das danças regionais. Em sua história da dança (Londres, 1895), Lilly Grove, por sua vez, dedicou capítulos inteiros às tradições das danças nacionais, ligadas aos vários costumes que estão vinculados a elas. Desse modo, até a imprensa periódica inglesa começou a manter seções dedicadas às festas regionais, fornecendo exemplos de danças rústicas, como a dança de maio ou a "mourisca". No estudo de E.K. Chambers, *The Medieval Stage* (Londres, 1903), aparecem pela primeira vez no âmbito científico os termos *folk dance* e *Volkstanz*, testemunhando assim uma mudança de direção na atitude intelectual, que parece finalmente aceitar a dança como um dos componentes do folclore. A própria definição de *folk dance* parece nascer da combinação entre uma concepção romântica de povo e um bom número de formas e costumes de dança.

O conceito de dança folclórica foi codificado no século XX, graças à coleta e à publicação de materiais relativos à dança, no contexto de um progressivo aumento de interesse e de perspectivas de estudo do fenômeno em questão. Aliás, para distinguir certos tipos de dança como expressão de cultura, particularmente em relação às origens e à transmissão das formas de dança e aos estilos e aos contextos da sua execução, começou-se a recorrer também à expressão "dança popular" (*popular dance*). Desse modo, especificava-se melhor, por diferenciação, que as danças folclóricas são aquelas cujas origens obscuras se perdem nas lembranças de antigos costumes e cerimônias derivadas dos antigos rituais pagãos: elas são transmitidas de geração em geração e executadas com a consciência de que fazem parte de festas populares tradicionais. As danças populares, por sua vez, embora agora tenham entrado no repertório popular e sejam executadas em ocasiões tradicionais, na realidade têm uma origem externa: foram adquiridas de uma cultura estrangeira ou ensinadas por um professor da área. Sua transmissão apresenta naturalmente diversas modalidades, ligadas mais aos vários tipos de relação social que à sua inclusão no processo tradicional de aprendizagem válido para todo o material folclórico. De fato, essas danças são ensinadas por estrangeiros ou ao menos por pessoas não pertencentes à mesma comunidade ou então por professores de dança. As ocasiões de execução também são diferentes, uma vez que as danças populares privilegiam os momentos de agregação social no decurso de eventos recreativos que frequentemente têm como pano de fundo ambientes públicos, como os salões de baile. As danças folclóricas são consideradas uma pura expressão da identidade nacional, enquanto as danças populares são mais uma diversão estética que pertence à dotação de uma sociedade heterogênea também no plano cultural.

O desenvolvimento desses dois conceitos (da dança popular e da dança folclórica) é fundamental para se compreender melhor tanto a dança quanto a religião. A noção de dança folclórica está inextricavelmente ligada à atitude mental tipicamente ocidental em relação à história da religião e da cultura humana. Em última análise, as duas diferentes noções de dança não se devem tanto a dois diferentes tipos de prática coreográfica e sim à evolução da opinião intelectual sobre as classes econômicas e sociais: na mentalidade corrente do século XIX, por exemplo, a dança folclórica é aquela executada pelo povo, enquanto a dança popular é a realizada pela burguesia ou pela classe dos trabalhadores. Naturalmente, construções desse tipo são tanto romanticamente idealizadas quanto excessivamente simplificadas e sobretudo não refletem a realidade cultural das diferentes épocas. De fato, ainda que a classe dos camponeses do século XIX represente no máximo aquele grupo homogêneo que se supunha devia ser o povo, no entanto é preciso reconhecer interações contínuas entre cultura folclórica e cultura popular. As danças populares circulavam amplamente entre a população rural e às vezes eram consideradas mais prestigiosas do que as formas coreográficas tradicionais: pareciam novas, diferentes, inovadoras e estranhas. Além disso, a dança da nova classe dos trabalhadores estava repleta de elementos tradicionais: até as danças estrangeiras ou populares eram realizadas com os movimentos tradicionais do corpo do executante, que estavam vinculados às costumeiras concepções locais. Os membros da classe trabalhadora, pagando a entrada num salão de baile público, adquiriam o direito de entrar em contato com representantes do sexo oposto e com pessoas de diferentes faixas etárias – sempre respeitando os diversos papéis. O mais importante talvez esteja ligado ao fato de que a aceitação e o sucesso das novas danças populares dependiam da maneira como elas atendiam às modas vigentes; estas últimas, por sua vez, originavam-se, ao menos parcialmente, do folclore. Por todos esses motivos, é necessário considerar atentamente a complexidade das inter-relações históricas entre dança folclórica e dança popular, bem como a discrepância entre ideais intelectuais e realidade cultural.

As concepções relativas à dança entendida como uma forma de expressão estão profundamente arraigadas na cultura ocidental e influenciaram as atitudes mentais em todas as épocas. Seja qual for o critério empregado para definir os âmbitos da dança folclórica e da dança popular, é no significado que a dança assume no âmbito das várias culturas locais que é possível investigar melhor as relações entre dança e religião. De fato, a cultura de aldeia originária sempre considera a dança um elemento integrante da vida cotidiana e do sistema de convicções de certo grupo humano; além disso, a própria religião pode ser estudada, nos seus aspectos mais ligados à vida cotidiana, saindo do sistema dos dogmas oficiais para se abrir para o sistema das crenças e das práticas que concretizam a espiritualidade.

Dança popular, espiritualidade e religião

Existem três categorias fundamentais de dança em referência à religião e aos valores do espírito: a dança religiosa, a cerimonial e a social. Cada uma dessas categorias pode ser identificada com base no contexto, na fé, bem como – embora este elemento seja bem menos importante – na forma.

A *dança religiosa* sempre faz parte de um culto religioso e é frequentemente ambientada num templo ou num santuário. Ela é considerada uma forma de devoção concreta, mais do que um simples símbolo ou representação de piedade. Entre as formas mais difundidas de dança religiosa lembramos a dança circular e a processional, mas há também formas de execução individual. Em todo caso, o dançarino tende a expressar respeito diante do divino, interagindo diretamente com ele.

A *dança cerimonial* representa uma categoria mais ampla, em que a dança figura como parte de um amplo conjunto de eventos celebrativos, tanto religiosos como profanos. Situações religiosas como as festas de padroeiro e situações civis como certos desfiles pelas ruas da cidade são ocasiões em que se manifesta um grau mais ou menos elevado de convicções espirituais. Celebrações como a do Carnaval, ou então certos ritos de passagem ou as inúmeras festas sazonais, caracterizam-se por uma espiritualidade ambígua que une e às vezes mistura entre si sagrado e profano. A dança cerimonial é percebida como capaz de transcender a realidade da vida cotidiana, tendendo a um poder espiritual mais elevado, que muitas vezes é identificado com a divindade. Seja como for, a dança cerimonial compreende uma variedade bem ampla de formas coreográficas, da dança em círculo à em fila ou em procissão, da dança figura à em duplas ou então individual.

A *dança social*, por fim, é aquela praticada com finalidade recreativa, geralmente nos momentos de lazer e de agregação social. Ela responde à convicção difusa de que a dança é uma maneira de expressar as relações entre indivíduos ou componentes sociais e não tem nenhuma referência direta com a religião ou a espiritualidade, exceto no sentido de que, enquanto exibição artística, ela tem relação com aquela espiritualidade característica, repleta de poder e de significado, que seria própria da arte. As formas da dança social compreendem vários tipos de dança, individual ou em duplas.

As três categorias de dança que acabamos de descrever, contudo, têm a característica comum da fluidez: basta uma pequena mudança em algum fator característico para determinar uma passagem de categoria para cada dança. Se muda o contexto, por exemplo, a dança social pode se tornar cerimonial e esta, por sua vez, pode se tornar religiosa se muda o tipo de envolvimento (é aquele que ocorre quando um dançarino é "possuído" por um espírito ou por uma divindade). Portanto, é claro que a dança não pode ser considerada um objeto cultural inanimado: o seu envolvimento com os processos sociais obriga a investigar o seu significado no próprio momento da execução. A seguir apresentamos um rápido reconhecimento dos principais costumes coreográficos, na Europa, no Oriente Médio e no Novo Mundo, acompanhado de exemplos essenciais de dança religiosa e cerimonial.

Europa

O movimento do hassidismo desenvolveu-se na Europa no século XVIII como reação ao judaísmo ortodoxo. Ele tendia a enfatizar a expressão individual da devoção, praticável indiferentemente por todos, homens e mulheres, e não mais apanágio exclusivo dos poucos privilegiados que tinham acesso ao estudo da Torá. A dança é considerada um meio primário de expressão religiosa: quando o hassidismo se difundiu entre as comunidades judaicas da Europa Oriental, a dança extática tornou-se uma espécie de marca de reconhecimento da devoção hassídica. Os adversários do movimento muitas vezes ridicularizavam ou recriminavam o estilo excessivo da dança dos hassidim, acusando-os de extremismo. Ao contrário, a dança hassídica é dança religiosa no sentido mais completo: é um meio de comunicação inspirado com Deus. Não apenas os movimentos do rito e da dança faziam parte do serviço religioso, mas a dança infundia o espírito da devoção religiosa em numerosas outras ocasiões festivas e celebrativas. Um elemento característico da dança dos hassidim é o improviso extravagante, que às vezes consiste em pouco mais do que simples passos arrastados ou deslocamentos do peso do corpo, ou então em várias atitudes corporais características, muitas vezes com as mãos e os braços elevados sobre a cabeça. A dança não requer passos específicos; ao contrário, é permitido e bem aceito qualquer movimento, desde que decoroso e realizado com a intenção espiritual correta. São comuns as danças em pares ou em grupo, embora homens e mulheres sejam rigorosamente separados em todos os aspectos do culto religioso, inclusive a dança. A dança em dupla geralmente consiste em simples variações executadas de braços dados com rodopios ou pequenos passos para a frente e para trás. As danças em grupo, ao contrário, têm esquemas mais complexos, com disposições em círculo ou em quadrado. Ao que parece, o hassidismo nunca hesitou em adotar as formas de dança dos gentios com os quais sucessivamente entrava em contato, e essa tendência se mantém ainda hoje.

Uma das formas extremas de dança cerimonial, por suas estreitas ligações com a religião e o sagrado, é constituída pelo ritual romeno chamado Căluş. Mais ou menos por uma semana a partir da Festa de Pentecostes, os habitantes do sul da Romênia celebram a festividade das Rusalii, durante a qual se acredita que os mortos voltem entre os vivos. Nesse período se atribui às forças malignas uma capacidade especial de ameaça: por isso impõem-se várias restrições ou proibições no plano do comportamento, com o objetivo de manter distante o mal-estar que poderia derivar do fato de ser "possuídos pelas Rusalii". Esse mal-estar só pode ser afastado pelo ritual Căluş. A ele, além das propriedades curativas e protetoras comuns, é também reconhecida a característica de ser fonte da boa sorte e da fertilidade. Lenços ou outras pequenas peças do vestuário às vezes são presos às roupas dos dançarinos, na esperança de que eles se impregnem de boa sorte, que depois será revertida para o dono do próprio objeto; atribui-se poder análogo também aos fios das roupas dos dançarinos, dos quais os espectadores procuram arrancar pedaços para atrair sobre si suas influências mágicas. O ritual Căluş prevê uma série de manifestações baseadas num rico material cultural e num conjunto de crenças que garantiriam ao homem, no seu interagir em conjunto, um controle ao menos parcial sobre a natureza e sobre o sobrenatural.

No decorrer do Căluş as mulheres da comunidade entoam longos e pungentes lamentos, segundo as modalidades tradicionais, para manter o contato entre os vivos e os mortos. Mas a dança é reservada apenas a um grupo selecionado de homens, os Călușari, todos exímios dançarinos, a maioria obrigados ao juramento de não revelar os segredos do Căluș e ao respeito de algumas interdições de comportamento. A dança é o principal veículo de um ritual mágico e de cura, que por isso exige grande seriedade e senso de responsabilidade na execução. Os Călușari visitam todas as casas do vilarejo e dançam no pátio diante de um grupo de animados espectadores. Entre aquelas danças há algumas que os Călușari podem executar, ao passo que das danças que encerram a série participam também os habitantes do local. As danças são de dois tipos: um baseado em simples passos que se executam em círculo, o outro consistente numa complicada série de passos combinados, de pulos, até de saltos acrobáticos que exigem notável virtuosismo e habilidade técnica. Além disso, não devemos esquecer que o significado da dança é sobretudo mágico, e que ela faz parte de um ritual que traz cura e de um sistema de crenças relativas ao sobrenatural.

A *veglia* [vigília] toscana, por sua vez, oferece um exemplo de dança cuja função principal é flexibilizar o limite entre dança cerimonial e dança de sociedade. A *veglia* é uma forma tradicional de entretenimento noturno realizada regularmente durante o inverno. Esse costume, que hoje sobrevive apenas em certas áreas, era difundido em quase toda a Toscana ao menos até a década de 1970, quando sofreu um rápido declínio. Na *veglia* a família e seus amigos se divertiam perto da lareira das casas de campo onde, em meio à alegria e à socialização, começava o relato de uma série de histórias tradicionais. Por meio dessas narrativas as crianças aprendiam os valores morais da comunidade, os jovens solteiros revelavam suas preferências entoando canções de amor e os adultos refletiam sobre suas experiências compartilhando relatos que falavam de esperteza, de alegria e de dor. Apesar de ser sobretudo uma ocasião social, a *veglia* revela também algumas características cerimoniais: ela é um evento sazonal aberto apenas para os que têm certas relações com a família hospedeira e é marcada por algumas regras que guiam o comportamento dos vários grupos de idade que entram em contato entre si. Prevê-se, por exemplo, uma especial (e rígida) sequência para a execução dos diversos gêneros artísticos. Em suma, a *veglia* constitui um momento de forte interação social, caracterizado pelo respeito aos valores da tradição por parte da comunidade e pela autorregulação de grupo no que diz respeito aos limites de cada apresentação artística. Embora se possa dançar durante o ano inteiro, exceto no período da Quaresma, a época do Carnaval é aquela especialmente dedicada à dança. A *veglia* de Carnaval geralmente é organizada pelos jovens solteiros, que se preocupam em encontrar o local apropriado, contratar os músicos e providenciar as bebidas, passando depois a convidar as moças casadouras, que comparecem com uma dama de companhia. Em outros casos, a *veglia* acontece numa casa particular: nesse caso, para ser convidado é preciso conhecer a família hospedeira. Mas em ambos os casos a *veglia* é uma ocasião especial de socialização para a juventude. Durante o Carnaval, por outro lado, as festas de dança dos grandes proprietários de terra são abertas para os membros de todas as classes sociais: camponeses e proprietários dançam juntos como iguais, anulando temporariamente as diferenças de classe.

Em dois casos particulares a dança da *veglia* ocorre num local público. No primeiro caso os jovens organizam uma festa dançante na tarde de domingo, depois do serviço religioso. Essa ocasião dançante tem um caráter quase secreto, porque não é formalmente anunciada à comunidade: por isso, ela permite que as jovens estejam presentes às escondidas dos pais. Os salões públicos são também os lugares em que se realizam bailes especiais durante os três dias que culminam no Carnaval. Esses bailes são organizados por associações privadas, que reúnem os representantes das famílias de uma única cidade. Os jovens usam roupas bem sofisticadas: terno preto e luvas brancas para os homens; um vestido novo, nunca usado, para as mulheres. O desenrolar da festa é regido por um *mestre-sala*, que é um homem bem conhecido e respeitado na comunidade. Ele tem a função de dirigir e controlar as diversas formas de interação social: coordena as sequências de dança, regula as formas do galanteio, resolve os conflitos de rivalidade. Sua figura muitas vezes se torna parecida com a do paraninfo, na medida em que ele recorre a todos os métodos, explícitos e ocultos, para induzir certas duplas a dançar juntas. Além disso, deve fazer o possível para evitar favoritismos na escolha do parceiro para a dança: todas as jovens devem poder dançar ao menos uma vez com cada rapaz presente. Por fim, ele deve garantir a ordem e o equilíbrio social, expulsando os participantes demasiado turbulentos e impedindo o surgimento de qualquer conflito. Essas *veglie* muitas vezes se estendem até o amanhecer, embora a festa do último dia de Carnaval teoricamente deveria terminar à meia-noite, quando começa a Quaresma. No passado, ao fim da Grande Gala de Carnaval intervinham dois personagens fantasiados. O primeiro era uma figura masculina mascarada que, vestida com um extravagante terno preto formal, representava a própria encarnação do Carnaval e aparecia no momento exato da última dança da noite. O segundo homem entrava em cena à meia-noite, envolto num longo casaco cinza decorado com arenques defumados: ele representava a Quaresma e dirigia a festa para sua conclusão. As formas de dança realizadas durante uma *veglia* eram sempre as mesmas; além disso, havia uma sequência predeterminada, que se abria com uma polca, acompanhada de uma mazurca, por uma valsa e por fim por uma quadrilha, que representava o auge da série pela variedade dos passos e pela elaboração das figuras, bem como pelas contínuas trocas de parceiros, que ofereciam a ocasião para conflitos amorosos. Em épocas recentes gradualmente foram introduzidas outras formas de dança a dois, como o tango e o *one step*: ainda assim, trata-se de bailes populares que, mesmo tendo em graus diversos uma origem na cultura folclórica, não são originários da Toscana. Seja como for, independentemente de sua introdução por culturas externas, essas formas de dança foram aceitas sem traumas no repertório da comunidade regional e, graças à sucessão das gerações, acabaram se naturalizando. As danças que acontecem durante uma *veglia* são danças sociais no sentido mais estrito: rapazes e moças dançam entre si para ficar juntos, fortalecendo ou ampliando as relações cotidianas. No entanto, elas também podem ser consideradas danças cerimoniais, na medida em que, no interior da *veglia*, transformam a existência cotidiana e a interação social numa festa e numa representação artística.

Oriente Médio

O Oriente Médio é o berço das três principais religiões da humanidade (judaísmo, cristianismo e islamismo), bem como de uma grande variedade de culturas regionais e de grupos linguísticos. As três grandes religiões (com suas várias subdivisões) ainda estão presentes no Oriente Médio, mas entre elas a predominante é certamente o islamismo. Em seu interior, o antropólogo John Gulik (*The Middle East*, 1976) distingue entre uma "grande tradição" e uma "pequena tradição". A primeira faria referência à religião oficial, baseada nos textos sagrados, ao passo que a segunda indicaria mais o sistema de crenças relacionados com a veneração dos santos, com o controle dos espíritos malignos e com toda uma série de outras práticas espirituais. As crenças e os costumes da "pequena tradição" não são especificados nos textos escritos da religião oficial e são, de fato, condenados por alguns funcionários que pertencem a ela. Não obstante, essas crenças fazem parte das prescrições devocionais cotidianas. E é precisamente no interior dessa espiritualidade tradicional e popular que se encontram algumas práticas de dança dotadas de referência à vida religiosa. Apesar da escassez do material disponível (são poucos os estudos dedicados à dança no mundo muçulmano e judaico e não há praticamente nenhum que examine as opiniões cristãs sobre o tema), no entanto é possível perceber a densidade cultural e as relações que ocorrem entre a religião e a dança nos diversos grupos religiosos do Oriente Médio. Cabe à pesquisa futura o estudo aprofundado das implicações entre etnias, religião e regionalismos na apresentação artística.

Na "pequena tradição" de numerosas comunidades muçulmanas encontra-se um tipo de dança cerimonial que desempenha um papel fundamental num procedimento exorcista conhecido como *zār*. Embora seja bastante difundido em todo o Oriente Médio, o *zār* é particularmente popular nas margens do Nilo, sobretudo no Egito. O espírito a ser exorcizado também é chamado *zār*. A cerimônia serve precisamente para curar um indivíduo possuído por esse espírito: embora todos estejam potencialmente expostos a ele, as mulheres são suas principais vítimas. Na base de tudo está a convicção de que os espíritos estão sempre presentes e vagueiam pela terra. Eles pretendem ser respeitados e impõem aos homens um comportamento servil diante deles: é preciso dar-lhes graças continuamente e, para realizar certas ações, é preciso pedir a permissão deles. Os espíritos podem agir de modo positivo ou negativo sobre os homens, mas comumente se acredita que, se se comete uma infração ou se falta com o respeito exigido pelo protocolo, eles podem "apoderar-se" do homem para puni-lo. Essa possessão pode manifestar-se através de diversos sintomas físicos ou mentais, como dores crônicas em certas partes do corpo, indolência geral, alergias, reumatismos, ataques epilépticos, ou então distúrbios especificamente femininos, entre os quais se inclui também a esterilidade.

A cerimônia do *zār* requer o serviço de duas importantes funcionárias religiosas e a participação de um grupo de músicos. A *shaykhah* é a intermediária espiritual que, por meio de consultas, práticas divinatórias e a prescrição de vários tipos de comportamento ritual, define o que é necessário para aplacar e expulsar o espírito. O segundo papel é o da *munshidah*, especialista e especializada no repertório dos cantos tradicionais do *zār*. Ela entoa esses cantos no decorrer da cerimônia, convidando o espírito a se apresentar e interagindo com a *shaykhah*: ambos os papéis costumam ser hereditários, transmitidos de mãe para filha. A duração da cerimônia varia de um a vários dias e depende do estado de saúde da mulher que necessita de ajuda. A "paciente" observa as recomendações da *shaykhah*: usa roupas especiais e ornamentos e ingere determinados alimentos e bebidas. Ela deve providenciar todas as ofertas apontadas como necessárias pela *shaykhah*. Geralmente, trata-se de algum pássaro e de pequenos objetos de ourivesaria em ouro ou prata. Ao pôr do sol uma grande mesa circular é preparada com uma refeição elaborada, acompanhada de cantos especiais. Às duas da manhã seguinte os animais são sacrificados segundo as prescrições rituais do islamismo e seu sangue ainda quente é espalhado sobre a mulher possuída. No dia seguinte a cerimônia continua: a *shaykhah* guia a paciente na execução de outros rituais, enquanto a *munshidah* entoa cantos adequados para a ocasião.

A cerimônia chega ao auge emotivo quando a mulher possuída começa a dançar. Espíritos particulares são associados aos diversos módulos rítmicos e a mulher será induzida a dançar com base no tipo de batidas realizadas pelos percussionistas. A dança é frenética e de tipo extático; a dançarina fala com a voz do espírito que a "ocupa". Este faz perguntas e a *shaykhah* responde depois de as ter interpretado. A dança continua num crescendo de excitação que se estende a todos, enquanto a *shaykhah* encoraja a dançarina a continuar até a exaustão das forças. A forma da dança é a do simples improviso solo, consistente em flexões do busto e oscilações, em determinados gestos das mãos e atitudes da cabeça, e em simples passos e figuras. Seja como for, a dança é bastante valorizada na cerimônia do *zār*, por ser considerada o veículo através do qual o espírito se expressa, bem como um elemento catártico fundamental no processo de exorcismo.

A cultura judaica do Iêmen, por fim, oferece um bom exemplo do papel da dança na vida religiosa e espiritual. As comunidades judaicas do Iêmen estavam entre as mais isoladas de todo o Oriente Médio e talvez por isso tenham conservado com mais cuidado os antigos costumes da vida cotidiana. A dança religiosa, por exemplo, era parte integrante de certas festividades, como a de Simchat Torá. Por ocasião dessa celebração do ciclo anual da leitura da Torá, a comunidade entoava alguns versículos especiais extraídos dos *pizmon*, os textos religiosos que só podiam ser cantados dentro da sinagoga. Acompanhados por esses cantos animados e alegres, os membros da comunidade dançavam em círculo, transportando os manuscritos da Torá da mesa central da sinagoga, onde tinham sido colocados para a leitura, até a arca em que eram guardados. Embora a dança consistisse em simples passos sem nenhuma sofisticação estilística, ela era considerada uma expressão de devoção à lei religiosa judaica, assim como está conservada nos escritos da Torá.

As comunidades judaicas do Iêmen conheciam também algumas danças cerimoniais, praticadas com o acompanhamento de cantos por ocasião da celebração de ritos de passagem como a circuncisão ou durante as duas semanas de preparação e de festividades para os casamentos. A tradição determinava que homens e mulheres dançassem separados, cada qual ao ritmo de cantos especiais de acompanhamento e do tambor. As músicas do repertório masculino provinham de textos religiosos canônicos, em língua hebraica, aramaica ou então em árabe literário; elas eram executadas por dois cantores que se sentavam distantes dos dançarinos. Os cantos das mulheres, por sua vez, referiam-se à vida cotidiana, incluindo o evento especial que estava sendo celebrado precisamente naquele momento. Geralmente eram em dialeto árabe do Iêmen e eram entoados pelas mulheres durante a dança. Embora o conteúdo das músicas femininas fosse menos explicitamente religioso que o das músicas masculinas, o fato de tanto os homens como as mulheres dançarem era considerado uma forma de manifestar alegria e ao mesmo tempo respeito.

Américas

Entre as culturas europeias do Novo Mundo, a seita do Shakers fornece um exemplo singular de emprego da dança no culto religioso. Originários da Inglaterra e imigrados para os Estados Unidos pouco antes da Revolução, os Shakers estavam convencidos da iminência do segundo advento de Cristo e por isso se propunham observar certos comportamentos para transcender a existência terrena e alcançar a vida eterna. Os fundamentos de sua fé impunham uma escolha de vida de isolamento do mundo, a separação dos homens e das mulheres através da prática do celibato, a comunhão de bens, a execução de trabalhos manuais de tipo artesanal e um alegre abandono nas manifestações devocionais. Os primeiros membros da comunidade chegavam a ser dominados pelo êxtase no decorrer da veneração e manifestavam claros sinais de inspiração divina: falavam em línguas desconhecidas, se agitavam e se contorciam, entoavam trechos de músicas, gritavam e pulavam.

Com a progressiva difusão e crescimento da seita, seus membros reuniram os desordenados modos de responder à inspiração religiosa em formas de dança e de canto ordenadamente institucionalizadas. Assim, o zelo religioso se expressava por práticas ordenadas, que, no entanto, deixavam espaço também para expressões de devoção apaixonada; a dança era considerada "uma obra de Deus" que os Shakers ficavam muito felizes em receber. À dança tradicional também se atribuía a função de eliminar ou ao menos aplacar os desejos carnais na medida em que empenhava o corpo numa pura manifestação de fé. Embora haja exemplos de indivíduos que, no momento que acreditam receber o espírito, começam a dançar sozinhos, as danças dos Shakers eram quase sempre danças de grupo, das quais participavam todos os componentes saudáveis da comunidade. Homens e mulheres se dispunham em filas separadas e compunham figuras simples. Eram realizadas também danças em formação quadrada ou circular, bem como marchas processionais. De acordo com a tradição, muitos dos modelos dessas danças tinham sido recebidos pelos próprios Shakers em sonhos ou visões espirituais: a eles era atribuído um significado simbólico específico que ilustrava as crenças da seita.

As populações do Novo Mundo constituem um cadinho de grupos culturais diferentes, em cujo interior se manifesta uma vasta gama de crenças religiosas e de costumes diversos. Essa situação foi determinada pelo contato, no decorrer dos séculos, entre culturas diferentes, que se influenciaram reciprocamente, ainda que em medidas diversas. No entanto, o resultado não foi a fusão numa massa homogênea, mas, ao contrário, os diversos aspectos derivados de cada uma das tradições culturais se "mesclaram" nas novas formas crioulas.

Essas culturas, essas línguas e esses costumes ainda conservam alguns elementos por trás dos quais não é difícil identificar alguns precedentes originários do Velho Mundo, embora as novas formas jamais constituam exatas réplicas daqueles. De todo modo, trata-se de uma mudança, de um desenvolvimento ou de uma adaptação às novas condições e aos novos contextos sociais.

Um dos exemplos mais incisivos desse fenômeno de nova "mistura" encontra-se na cultura afro-americana. As circunstâncias históricas da deportação dos escravizados impeliram ao contato forçado um grande número de representantes das diversas tradições nacionais africanas, entre as quais as pertencentes aos cinco principais grupos culturais. Essa mescla de diferentes tradições e crenças de várias partes da África produziu as novas formas afro-americanas, que, por sua vez, nas diversas condições históricas e geográficas, receberam uma contribuição determinante do contato com outras tradições não africanas.

Um exemplo de tal mistura de tradições africanas e não africanas é o culto Vudu, que é praticado no Haiti. Ele constitui uma síntese de diferentes crenças e rituais de origem africana, uma síntese que também interage com as práticas e com o simbolismo tipicamente católicos. O Vudu se baseia numa complexa mitologia que prevê divindades maiores e divindades menores. Todos esses espíritos são denominados, com um termo crioulo, *lwa*; eles compreendem os espíritos dos antepassados, deuses e deusas da natureza, um *trickster*, um deus da criação e um deus supremo que se sobrepõe a todos os outros. Cada espírito tem sua própria personalidade individual e é associado a âmbitos específicos da vida cotidiana ou do bem-estar espiritual. Para garantir a benevolência dos *lwa* e para se obter a proteção deles é necessário ser iniciado à sua comunidade espiritual. Um sacerdote ou uma sacerdotisa, denominados *hungan*, coordenam as cerimônias e os ritos que são realizados em seus santuários e atendem às necessidades da comunidade que exige práticas divinatórias, exorcismos e curas.

As cerimônias vudu e as danças vinculadas a elas geralmente são realizadas sob uma tenda montada num pátio interno em cujo centro é colocado um poste. Esse poste é considerado o "meio" através do qual os espíritos descem no peristilo. Embora os espíritos possam se comunicar com os iniciados por visões e sonhos simbólicos, eles comumente levam o povo a um estado de possessão e desse modo manifestam suas vontades. Cada espírito tem uma maneira especial de se expressar, através de uma fala particular, certos movimentos do corpo ou um repertório especial de danças, ou então pela predileção por certos objetos, como chapéus, botões ou bengalas. Quando alguém é possuído por um espírito diz-se que o espírito "monta o seu cavalo". O fiel é o veículo do espírito: por meio dos movimentos e das expressões do seu corpo o espírito se comunica com os homens e com os outros espíritos. Os comportamentos do possuído são considerados provas evidentes da personalidade e do temperamento do espírito que possui. Além disso, os iniciados acreditam que, olhando o fiel possuído durante as cerimônias vudu, é possível obter muitas informações sobre os espíritos.

Há uma estreita inter-relação entre dança e possessão. Para honrar cada espírito são realizadas três danças diferentes, acompanhadas por cantos e sons de tambores. O ritmo age como uma espécie de intermediário sobrenatural e convida os próprios espíritos a dançar. Cada espírito tem suas danças particulares, através das quais manifesta seus próprios poderes e sua própria agilidade. A dança é considerada um ato ritual em vários níveis: por um lado, ela é um presente, realizada pelos iniciados como uma oferenda para agradar os espíritos; por outro lado, a dança é considerada um meio de comunicação superior, pela qual os espíritos revelam sua natureza e suas intenções aos devotos; por fim, a dança em si mesma, enquanto perfeição estética, possui certo significado espiritual. Tanto os homens como os espíritos dançam, tentando obter, através da *performance* artística, um poder espiritual maior. A dança das cerimônias vudu, por estar associada à possessão dos espíritos, é inegavelmente uma dança religiosa: ela é prática concreta de devoção e de convicção religiosa.

Bibliografia

Um estudo detalhado sobre a dança na civilização grega, em que se destacam também os princípios filosóficos que influenciaram o pensamento ocidental sobre a dança, é LAWLER, L.B. *The dance in ancient greece*. Londres, 1964. Outro estudo histórico de bom nível, com referências literárias à dança no cristianismo e com particular referência às "epidemias" de dança é BACKMAN, E.L. *Religious dances in the Christian Church and in popular medicine*. ed. inglesa Londres, 1952; ed. original Estocolmo, 1945. Uma excelente introdução ao estudo da cultura popular e folclórica é BURKE, P. *Popular culture in early modern europe*. Nova York, 1978.

O estudo que melhor sintetiza as pesquisas sobre as religiões comparadas e as ideias do evolucionismo do século XIX é FRAZER, J.G. *The golden bough*. Londres, 1890. vols. I-XII. Londres, 1911-1915. Edição resumida Londres, 1922. Apesar da heterogeneidade das fontes e dos materiais, Frazer fornece uma grande quantidade de informações sobre os usos ligados à dança. Outra elaboração das ideias evolucionistas encontra-se em SACHS, C. *Eine Weltgeschichte des Tanzes*. Berlim, 1933. Por muito tempo foi uma obra de referência, mas infelizmente ignora os desenvolvimentos quase bimilenares dos estudos sobre as culturas humanas e permanecia preso à filosofia do século XIX. Um dos poucos historiadores das religiões que se ocupou da dança foi LEEUW, G. van der. *Wegen en grenzen*: Studie over de verhouding van religie en kunst. Amsterdã, 1932; 2. ed. ampl. Amsterdã, 1948; 3. ed. rev. Amsterdã, 1955.

Mais materiais sobre a história da dança folclórica e da dança popular encontram-se em FRIEDLAND, L.E. Folkdance. *In*: *Encyclopedia of dance*. Nova York, 1998. Um dos primeiros estudos a ter abordado o tema da dança espontânea é o de STEARNS, M.; STEARNS, J. *Jazz dance:* the story of american vernacular dance. Nova York, 1964. Assinala-se também uma coletânea de breves ensaios: BERK, F. (org.). *The chasidic dance*. Nova York, 1975. Entre eles é particularmente interessante GELLERMAN, J. With body and soul. The dance of the Chasidim. p. 16-21, que descreve as práticas das atuais comunidades hassídicas do Brooklyn. Uma monografia recente, que oferece descrições acuradas e análises baseadas em observações de primeira mão, é KLIGMAN, G. *Căluş*: symbolic transformation in Romanian ritual. Chicago, 1981. Uma deliciosa exposição da vida tradicional, que contém também alguns cantos e alguns textos narrativos, é FALASSI, A. *Folklore by the fireside* – Text and context of the Tuscan Veglia.

Austin, 1980. Uma boa introdução às culturas do Oriente Médio, com enfoque antropológico e rica bibliografia comentada, é GULICK, J. *The Middle East*. Pacific Palisades/Califórnia, 1976.

Existem poucas fontes sobre a dança no Oriente Médio; um bom apanhado geral é AL-FARUQI, L.I. Dance as Expression of Islamic Culture. *Dance Research Journal*, vol. 10, p. 6-13, 1978. Dois breves trabalhos que contêm dados bem importantes são: AND, M. Dances of Anatolian Turkey. *Dance Perspectives*, vol. 3, p. 5-76, 1959; e BERGER, M. The Arab Danse du Ventre. *Dance Perspectives*, vol. 10, p. 4-67, 1961. Duas pesquisas mais cuidadosas, que fornecem descrições detalhadas, baseadas na observação direta, são: SALEH, M.A.A.G. *A documentation of the ethnic dance tradition of the Arab Republic of Egypt*, 1979. Dissertação – Nova York Univ, Ann Arbor, 1979; e STAUB, S. *The Yemenite Jewish dance*, 1978. Dissertação – Wesleyan Univ, Ann Arbor, 1978.

A obra clássica sobre a seita dos Shakers ainda continua a ser ANDREW, E.D. *The gift to be simple* – Songs, dances, and rituals of the American Shakers. Nova York, 1940. Uma aprofundada análise da arte afro-americana e do processo de crioulização, que é em grande parte ligado à religião, é THOMPSON, R.F. *Flash of the spint*: African and Afro-American art and philosophy. Nova York, 1981. Um estudo clássico no campo da religião afro-americana é MÉTRAUX, A. *Le voudou haïtien*. Paris, 1958.

LeeEllen Friedland

DESERTO

Nas áreas ininterruptamente habitadas, a presença do sagrado transcende e resolve as pressões produzidas pelas condições ambientais. No deserto, o homem, privado do apoio da solidariedade social, encontrando-se sozinho diante das forças sobrenaturais, é assaltado pela angústia e pelo medo.

As primeiras imagens do deserto, portanto, são pessimistas. O deserto é a região dos animais selvagens, dos espíritos malignos, dos demônios de todos os tipos. Nas sociedades primitivas é o lugar dos julgamentos e das iniciações, o lugar para onde são banidos os excluídos e os exilados: Caim (Gn 4,11-16), Agar e Ismael (Gn 21,9-15), o bode expiatório, carregado dos pecados de Israel (Lv 16,8-10). Característica típica das sociedades sedentárias mais antigas do Oriente Próximo, essa concepção sobreviveu por muito tempo (Haldar, 1950). De acordo com os profetas de Israel (entre os quais Ez 20) e com os relatos do Êxodo, o tempo do deserto é o da infidelidade (Ex 17,7) do bezerro de ouro (Ex 32) e da punição, antes da chegada à Terra Prometida.

Mas, nesse meio-tempo, outra concepção paralela a essa começava a se desenvolver: o deserto como aprendizado e autoconhecimento. Como terreno de luta, o deserto conduz à descoberta do próprio ser e, portanto, à afirmação do indivíduo. Numa fase mais evoluída do pensamento religioso, o deserto é o lugar privilegiado da revelação divina, do noivado de Israel com Javé (Gillet, 1949), da oferta da aliança e da lei que traz a libertação. Depois da infidelidade na terra de Canaã, o povo de Israel conseguiu se reconciliar com Javé precisamente retornando ao deserto, o lugar do amor e da intimidade com Deus (Os 2,14-16; Jr 2,2s.). Assim, o deserto se torna o refúgio da corrupção e da depravação. Fílon de Alexandria (morto em 45-50 d.C.) acrescenta a essa concepção especificamente judaica um tema típico do misticismo helenista: o anseio romântico do habitante da cidade que, desgostoso com o mundo, aspira à solidão, ao retiro no deserto, para encontrar a paz. O deserto, onde o ar é puro e leve (*Da vida contemplativa* 22,23), tem para Fílon um valor absoluto. Foi por essa razão que Deus deu as leis ao seu povo "nas profundezas do deserto" (*Sobre do decálogo* 2). Essa ideia continuou nas obras de numerosos autores cristãos, como Orígenes: "João, o Batista, fugindo do tumulto das cidades, foi para o deserto, onde o ar é mais puro, o céu mais aberto e Deus está mais próximo" (*Homilias sobre Lucas* 11). A partir dessa concepção, depois do século IV, todo o movimento monástico cristão começou a se estabelecer no deserto, um movimento que em ampla medida recuperou a primitiva concepção pessimista na sua terra de eleição, o Egito.

No deserto é possível encontrar o diabo; precisamente aqui tem lugar a luta entre Cristo e o diabo (Mauser, 1963). O ascetismo monástico desenvolveu-se como uma luta num lugar assustador, na terra dos demônios por excelência. Mas essa luta foi vitoriosa. A presença dos piedosos anacoretas inseriu o deserto no reino da fé, transformando-o numa cidade, a *desertum civitas* (Atanásio, *Vida de Santo Antão* 14; cf. Chitty, 1966), ou fertilizando-o e fazendo-o florescer segundo a profecia de Isaías (35,1): *Desertum floribus vernans* (São Jerônimo, *Cartas* 14). Enfim, foi no deserto que os monges encontraram a *hesychia*, a serenidade da solidão. Desse modo, no decorrer dos séculos, a tradição cristã fundou o movimento da vida solitária, movimento que se tornou um componente essencial da Cristandade precisamente na imagem do deserto como lugar de solidão (*eremia*).

A exaltação da solidão, levada ao seu apogeu pelo cristianismo, está presente em maior ou menor medida em todas as religiões desenvolvidas, cujo imperativo ascético baseia-se na meditação, facilitada pela vida no deserto: no budismo, particularmente nas formas tântricas, no taoismo, no islamismo. No caso do islamismo, contudo, o consenso em relação ao deserto continha algumas reservas. Para os muçulmanos, o deserto era sobretudo um *thème d'illustration* (Arnaldez, 1975). É necessário "realizar" o deserto da solidão espiritual diante do único ser existente, Deus, mas é perigoso estabelecer a própria residência no deserto. Aqui o homem pode evitar a ostentação hipócrita (*riʾāʾ*) e o papel social artificial que destrói a sinceridade autêntica (*ikhlāṣ*), mas ao mesmo tempo pode correr o risco da arrogância, do culto ao próprio eu. A atitude mais cautelosa do Islã em relação à realidade do deserto não diz respeito, porém, ao significado do deserto como sinônimo de solidão e de retiro, de isolamento (*infirā*), que culmina na ascensão mística. Tanto por sua natureza como por seus símbolos, o deserto aproxima o homem de Deus.

Bibliografia

ARNALDEZ, R. Le thème du désert dans la mystique musulmane, thème d'inspiration ou thème d'illustration. *In*: *Les mystiques du desert*. Gap, 1975. p. 89-96.

BALY, D. The Geography of Monotheism. *In*: FRANK, H.T.; REED, W.L. (orgs.). *Translating and understanding the Old Testament*. Nova York, 1970. p. 258-278.

BARTELINK, G.J.M. Les oxymores 'desertum civitas' et 'desertum floribus vernans'. *Studia Monastica*, vol. 15, p. 7-15, 1973.

CHITTY, D.J. *The desert a city*. Oxford, 1966.

GILLET, J. Thème de la marche au Désert dans l'Ancien et le Nouveau Testament. *Recherches de Science Religieuse*, vol. 36, p. 161-181, 1949.

GUILIAUMONT, J. "La conception du désert chez les moines d'Egypte". In *Les mystiques du désert*. Gap, 1975, p. 25-38.

HALDAR, A.O. *The notion of the desert in Sumero-Accadian and West-Semitic religions*. Uppsala, 1950.

HENNINGER, J. La religion bédouine pré-islamique. *In*: GABRIELI, F. (org.). *L'antica società beduína*. Roma, 1959. p. 115-140.

MAUSER, U.W. *Christ in the wilderness*: the wilderness theme in the Second Gospel and its basis in the biblical tradition. Londres, 1963.

Les mystiques du désert dans l'Islam, le judaïsme, et le christianisme. Gap, 1975: por ocasião da conferência da Association des Amis de Sénanque, 28 de julho a 3 de agosto de 1974.

PLANHOL, X. de. Le désert, cadre géographique de l'expérience religieuse. *In*: *Les mystiques du désert*. Gap, 1975. p. 5-16.

REICHARD, G.A. *Navajo religion*. Nova York, 1950. vols. I-II.

RODINSON, M. *Mahomet*. Paris, 1961.

RYCKMANS, G. *Les religions arabes préislamiques*. 2. ed. Lovaina, 1951.

WATT, M.W. *Muhammad at Mecca*. Londres, 1953.

WATT, M.W. *Muhammad at Medina*. Londres, 1956.

Xavier de Planhol

DIAMANTE

O diamante é parte da hierofania das pedras e na consciência religiosa simboliza o que é duro, irregular e imutável. Em primeiro lugar a pedra "é", ou seja, existe. Além disso, como todas as pedras preciosas, também o diamante integra o simbolismo dos tesouros e das riquezas, que em termos religiosos representam o conhecimento moral e intelectual.

Como símbolo, o diamante, a mais dura de todas as pedras, tem uma ampla gama de significados, entre os quais a indestrutibilidade, a constância, a inflexibilidade e o predomínio. Por seu brilho, ele significa também luz insuperável, excelência, franqueza, alegria, vida e pureza.

Em grego a palavra diamante deriva de *adamas*, que significa "invencível, indomável". Em alguns lugares, e em especial nos emblemas gregos, o diamante indica o centro místico irradiante. Jean Chevalier e Alain Gheerbrant (1982) ressaltam que a palavra alemã *Eckstein* ("pedra angular") se refere também aos "quadros" (diamantes) das cartas de baralho. A pedra angular é um dos muitos símbolos do centro. Platão, por exemplo, compara o eixo do mundo a um diamante.

Até o século XIX os diamantes eram encontrados quase exclusivamente na Índia. No subcontinente a palavra *vajra* significa tanto "raio" como "diamante". Desse modo, o *vajra* do deus Shiva representa tanto o seu raio como o seu cetro de diamante. O *vajra* pertence também ao deus Agni, como poder espiritual, e a Indra, como poder temporal. Como o diamante, o *vajra* é adamantino e representa o poder espiritual; mas como o trovão e o raio ele representa também a destruição e a fecundidade, o poder de dar a vida e a morte, as forças alternantes e complementares do universo.

O símbolo do *vajra* é importante também no budismo, em que simboliza o poder do ensinamento do Buda (o Dharma) de vencer as paixões frustrantes dos seres conscientes. O Trono ou Assento de diamante é o lugar da iluminação. Situado aos pés da árvore Bodhi, ele representa o eixo imutável ou centro do mundo.

No budismo tântrico, o *vajra* representa o poder espiritual imutável e inalterável. Simbolizando a clareza e a luz, ele faz referência também ao caráter indeterminado e ao vazio definitivo da natureza do Buda. Mircea Eliade cita um texto tântrico que identifica claramente *śūnyatā* ("vacuidade") e *vajra*. De acordo com Huineng, o patriarca da escola Chan (Zen em japonês), o diamante é aquilo que nem aumenta nem diminui.

Na mineralogia tradicional da Índia, o diamante representa a perfeição. Pensava-se que as pedras e os metais cresciam no interior do ventre da terra, cada qual com seu próprio passo e seu próprio ritmo letárgico. O cristal era considerado imaturo (hindi: *kacchā*), ou seja, constituía um estado de amadurecimento intermediário. O diamante, ao contrário, era o ápice da maturidade (hindi: *pakkā*). O cristal não é duro; o diamante é. O alquimista indiano, que associava o diamante à imortalidade, o identificava com a pedra filosofal.

Analogamente, na iconografia tibetana, o cetro de diamante simbolizava o mundo adamantino ou imutável, que é também o mundo potencial ou não manifesto. O sino ou *tilpa* é associado ao mundo fenomênico, que é manifesto e mutável. O cetro de diamante é o princípio ativo; o sino é o passivo. O primeiro é a sabedoria e o segundo a razão humana.

O diamante é vinculado também à suprema divindade feminina, que geralmente é associada à terra. No Tibete, a deusa da terra Tara tem uma encarnação humana, o diamante Sow. Ela é tradicionalmente considerada a consorte ou a equivalente feminina do *bodhisattva* Avalokiteśvara. Na transição das cartas do tarô pelas modernas cartas do baralho, os "quadros" (diamantes) substituíram o antigo naipe dos pentagramas, que foram os símbolos da Mãe Terra (Tara) e da terra como princípio feminino.

As características da dureza e durabilidade do diamante deram ensejo a outros significados. No Antigo Testamento, o diamante simbolizava a dureza do coração e da mente (Jr 17,1). Em Roma, acreditava-se que a pedra favorecia a harmonia e preservava a saúde e a vitalidade se usada na mão esquerda, do lado do coração. Essa crença provavelmente deu origem à imagem do diamante como emblema de reconciliação na Idade Média e símbolo de noivado no mundo moderno.

O brilho e o esplendor do diamante o tornaram símbolo de Cristo. Na cultura judaica, dizia-se que a sexta pedra do peitoral do sumo sacerdote, um diamante, podia ficar escura ou clara, revelando assim a culpa ou a inocência da pessoa acusada.

Mircea Eliade (1949) relacionou os diamantes com as "pedras serpentes"; de acordo com algumas tradições, estas últimas eram as pedras caídas das cabeças de serpentes ou dragões. Na antiga Índia, e mais tarde no mundo helenístico e no árabe, as pedras eram consideradas venenosas se tocadas com os lábios, pois provinham da garganta da serpente. A ideia de que as pedras preciosas derivam da saliva da serpente é difundida em áreas que vão da China à Grã-Bretanha.

Plínio o Velho (23-79 d.C.) descreve a *dracontia*, que se encontra no cérebro dos dragões. Para Filóstrato de Lemnos (170-245 d.C.) os olhos de alguns dragões são pedras de um brilho ofuscante, impregnadas de poderes mágicos. Além disso, ele fala de alguns feiticeiros que, depois de terem adorado os répteis, cortaram as cabeças deles e roubaram as pedras preciosas. Diante desses pressupostos, não é de admirar a crença de que o diamante é um remédio para as mordidas de serpente. Plínio o descreve como um talismã universal, que torna inócuos os venenos e todas as doenças e afasta os espíritos e os sonhos maus. Na Europa Ocidental pensava-se que o diamante afastava os animais, os fantasmas, os feiticeiros e os terrores da noite. Na Rússia, por sua pureza e seu esplendor, o diamante é um amuleto que freia a luxúria e fortalece a decisão da castidade.

Bibliografia

CHEVALIER, J.; GHEERBRANT, A. (orgs.). *Dictionnaire des symboles*. Paris, 1982 [trad. bras.: *Dicionário de símbolos*: mitos, sonhos, costumes, gestos, formas, figuras, cores, números. 35. ed. Rio de Janeiro: José Olympio, 2021], inclui um ensaio interessante e muitas vezes provocativo sobre o diamante.

ELIADE, M. *Traité d'histoire des religions*. Paris, 1949 [trad. bras.: *Tratado de história das religiões*. São Paulo: WMF Martins Fontes, 2016], contém uma análise do diamante considerado em primeiro lugar como objeto mágico, e uma boa discussão sobre o significado das pedras.

LAUFER, B. *The Diamond*: a study in chinese and hellenistic folklore. Chicago, 1915, é uma das poucas fontes que incluem material importante sobre o diamante mais como símbolo do que como objeto físico.

Elaine Magalis

DIREITA E ESQUERDA

As diferenciações simbólicas entre direita e esquerda constituem virtualmente uma classificação cultural universal do gênero humano. Há cerca de um século, surgiu o interesse em pesquisar o funcionamento assimétrico dos hemisférios direito e esquerdo do cérebro, e o domínio das atividades localizadas no lado direito do corpo. O volume crescente de dados clínicos contribuiu para se desenvolver uma quantidade de teorias sobre as pretensas causas fisiológicas e neurológicas da preferência da direita sobre a esquerda em muitas atividades ligadas ao comportamento humano. O significado da díade direita-esquerda como matriz de símbolos textuais e contextuais incluídos em determinada cultura foi objeto de análises menos aprofundadas.

Em 1909, o sociólogo francês Robert Hertz foi o primeiro a estabelecer um método autenticamente apropriado às ciências sociais em seu artigo "Prééminence de la main droite: étude sur la polarité religieuse" (*In*: *Mélanges de sociologie religieuse et de folklore*. Paris, 1928), que, entre outras coisas, contém a seguinte observação: "Ao lado direito são atribuídas as honras, as denominações adulatórias, as prerrogativas: ele age, ordena e *pega*. Ao contrário, o lado esquerdo é desprezado e reduzido ao papel de humilde auxiliar: ele não pode fazer nada sozinho; ajuda, sustenta e *segura*" (Hertz, *In*: Needham, 1973, p. 3). A partir do estudo pioneiro de Hertz, os especialistas de ciências sociais continuaram a explorar a polaridade religiosa direita-esquerda, tanto nas sociedades letradas como nas iletradas, embora a maioria das pesquisas concentrou-se em aspectos extrarreligiosos. Como observou E.E. Evans-Pritchard, ainda há muito trabalho a ser feito no que diz respeito ao significado do simbolismo da direita e da esquerda do ponto de vista cultural.

Os pontos de vista defendidos por Hertz sobre a direita e sobre a esquerda foram confirmados, entre outros, por Émile Durkheim, Marcel Mauss, E.E. Evans-Pritchard e Rodney Needham, e podem ser resumidos da seguinte maneira. Em primeiro lugar, é amplamente observável entre as culturas de todo o mundo, tanto civilizadas como primitivas, certa preferência pela mão ou pelo pé direito na execução das atividades nobres da vida, tanto nos ritos religiosos como nas relações sociais comuns. Especularmente, a mão e o pé esquerdos costumam receber tarefas secundárias, opostas às primeiras, ou até degradantes. A partir de uma série de comportamentos assimétricos desse tipo amplamente observados, costuma-se concluir que muitas vezes é característico dos seres humanos considerar o lado direito eminente e auspicioso, ao passo que o esquerdo é visto como desprezível e de mau agouro.

Uma segunda característica comum à maioria da literatura etnográfica sobre a direita e a esquerda consiste na tendência geral a conceber sua oposição como parte de uma capacidade humana genérica de classificar o mundo que nos cerca e de estabelecer o significado das coisas em relação aos seus opostos. Nesse sentido, as oposições binárias entre direita e esquerda, homem e mulher, positivo e negativo, cozido e cru, em cima e embaixo, nobre e ignóbil, e, enfim, sagrado e profano, indicam algumas das modalidades fundamentais que os grupos humanos empregam para organizar o mundo e para determinar como agir no interior dele. Pouco a pouco as propriedades estruturais desses esquemas se tornam mais complexas e interessantes quando, por exemplo, em alguns contextos, sacralidade, lado direito e gênero masculino são associados. Então, a oposição binária assimétrica representa uma característica fundamental da mente e do processo social de criação dos símbolos e, portanto, pode constituir uma chave de acesso para penetrar nos códigos culturais da oposição entre lado direito e esquerdo naquelas religiões em que esse contraste aparece?

Outros problemas, que ainda dividem os estudiosos, são associados ao que diz respeito às oposições binárias assimétricas, das quais se presume que a distinção entre direita e esquerda constitui um caso particular. Um deles é o problema mais cultural do que fisiológico (ou neurológico) das origens. Os seres humanos são antes de tudo e preferivelmente destros porque o correspondente hemisfério esquerdo do cérebro predomina, ou então o lado direito do corpo e o hemisfério cerebral esquerdo funcionam como funcionam na maior parte dos casos por serem condicionados culturalmente? Outro problema refere-se às diferenças entre as sociedades no que diz respeito ao simbolismo direita-esquerda, e ao crescente volume de provas em favor da tese de que em alguns casos a esquerda é considerada mais auspiciosa do que a direita.

Os estudos religiosos não se propõem em primeiro lugar o objetivo de fornecer uma resposta para perguntas desse tipo, por mais importantes que elas possam ser na refutação ou na confirmação de teorias propostas por neurologistas, psicólogos e etnógrafos. O historiador das religiões tem que lidar com uma quantidade de materiais textuais e contextuais, como textos sagrados e ritos, visões de mundo de tipo religioso e símbolos. A esse respeito, o interesse dos estudos religiosos pelo simbolismo direita-esquerda consiste mais no intercâmbio recíproco entre avaliações de tipo textual e cognitivo da esquerda e da direita em mútua oposição e modelos contextuais e comportamentais no mesmo âmbito.

A prova da existência de um simbolismo direita-esquerda no islamismo foi fornecida por Joseph Chelhod num ensaio de 1964 intitulado "A contribution to the problem of the right, based upon the Arabic evidence" (Chelhod, *In*: Needham, 1973). Como foi demonstrado por Chelhod e por outros especialistas do Oriente Próximo, a diversidade de papéis entre lado direito e esquerdo já estava arraigada nas práticas rituais difundidas entre os árabes no santuário sagrado de Meca antes do século VII d.C., e apresentava algumas características em comum com costumes análogos do antigo Oriente Próximo. A maioria dos estudos sobre a cultura árabe pré-islâmica induziu a considerar como provável a hipótese de que um culto solar impôs uma orientação direcional para as atividades rituais que aconteciam em Meca nas proximidades da Caaba, onde as pessoas se voltam para o leste para cumprir os ritos. Consequentemente, o termo árabe que indica a "direita" é *yamīn* (radice *ymn*), que entre os vocábulos relacionados compreende palavras que indicam o "sul", a próspera terra do Iêmen, e a "felicidade" (*yumn*); por sua vez, o termo para "esquerda" é *shimāl*, que, entre sinônimos e vocábulos relacionados, compreende palavras que indicam "má sorte", "norte", e a Síria, região associada a símbolos de azar.

O Alcorão atribui ao lado direito o bom auspício, inclusive a mão e o pé direito de uma pessoa, e a circunstância simbólica da colocação à direita de Deus. Consequentemente, a condição servil e o mau agouro são reservados à esquerda. Como ocorre em outras civilizações, também na antiga cultura islâmica árabe determinadas ambiguidades serviam para velar uma nítida associação respectivamente entre direita e bem, esquerda e mal. Por exemplo, Chelhod observa que o termo corânico *yasār* significa tanto "esquerda" quanto "prosperidade". Não seria essa uma prova daquela inversão de valores que W. Robertson Smith e outros viram no âmbito do sagrado enquanto distinto do reino do secular? Seja como for, a solução dos problemas postos pelos indícios linguísticos deve ser buscada num estudo dos campos semânticos dos termos para "direita" e "esquerda" suscetíveis de determinar em quais contextos tais termos são empregados, especialmente naqueles casos em que pareceria que vozes lexicais isoladas à primeira vista não se adequam aos emparelhamentos culturais gerais que associam a direita ao bem e ao bom auspício, a esquerda ao mal e ao mau sinal.

Fontes textuais islâmicas antigas e achados etnográficos mais recentes são unânimes em provar ulteriormente que práticas como encaminhar-se para a mesquita ou dar início à peregrinação para Meca devem ser realizadas com o pé direito, ao passo que a viagem de volta deve começar com o pé esquerdo; come-se e bebe-se com a mão direita, mas para práticas higiênicas é lícito tocar os próprios genitais apenas com a mão esquerda; coloca-se o hóspede de honra à própria direita, e assim por diante. Ainda hoje os muçulmanos não árabes da Ásia e da África em geral aderem aos modelos normativos islâmicos quanto ao comportamento no que diz respeito ao lado direito e ao esquerdo. Assim, por exemplo, na Indonésia é considerado ofensivo passar o alimento a outros usando a mão esquerda. No entanto, o fato é que tanto na África como na Ásia formas de simbolismo cultural direita-esquerda precederam historicamente o advento do islamismo, e, portanto, o papel desta última religião foi provavelmente o de ligar mitos e significados locais sobre o simbolismo direita-esquerda com os significados universais da grande tradição. A aplicação da tese de Hertz sobre a polaridade religiosa direita-esquerda na China foi discutida pelo sociólogo francês Marcel Granet em 1933 (traduzido em Needham, 1973). Os testemunhos textuais e etnográficos chineses diferem dos ocidentais fundamentados nas religiões monoteístas na medida em que os chineses atribuem ao lado esquerdo o lugar de honra, embora o lado direito receba aprovação das convenções sociais. Granet descobriu que a preferência pela direita ou pela esquerda varia no interior da cultura tradicional chinesa, dependendo do contexto. Por exemplo, ensina-se às crianças a comer com a mão direita, mas os homens cumprimentam de maneira a apresentar ao outro o lado esquerdo, mantendo coberto o direito, enquanto as mulheres invertem o modelo, escondendo o lado esquerdo e mostrando o direito. A diferenciação entre homem e mulher dos atos ligados ao simbolismo direita-esquerda corresponde à polaridade metafísica *yin-yang*. A esquerda, o *yang* e o masculino são símbolos associados entre si, em oposição à direita, o *yin* e o feminino. No entanto, a oposição não é diametral, e sim circunstancial, dependendo de códigos sociais rígidos e de ritos que determinam a etiqueta a ser seguida em sociedade. Desse modo, nos níveis do universo (cosmos), da sociedade no seu todo (etiqueta) e do corpo humano (fisiologia), a esquerda e a direita são diferenciadas, embora ambas tenham valor em sua associação simbólica com o *yin* e o *yang*, o céu e a terra, o masculino e o feminino, numa relação que opõe forças do universo que são ao mesmo tempo complementares. O caso chinês difere da maior parte dos outros, porque nenhum dos dois polos que interagem assume preeminência notável sobre o outro; a preferência é determinada pelo contexto.

As sociedades tribais revelam uma diferenciação simbólica direita-esquerda nos níveis do mito cósmico, da interação social e da execução fisiológica. Por exemplo, na África se percebe uma notável semelhança em relação às estruturas descritas pela cultura islâmica. Ao sul do Saara os grupos étnicos tendem a associar o lado direito com a sexualidade masculina, o bem moral, a boa sorte, as direções e as orientações de bom auspício, ao passo que o esquerdo é associado à sexualidade feminina, ao mal, ao infortúnio, aos lugares de mau agouro ou negativos. H.A. Wieschhoff forneceu vários exemplos dessas estruturas, observando que em Camarões e em partes da África norte-oriental alguns grupos étnicos consideram o lado esquerdo como símbolo de boa sorte e o direito como emblema de azar (Wieschhoff, *In*: Needham, 1973).

Embora o caso da China se adapte menos do que os outros à teoria amplamente aceita devido a Hertz da "direita exaltada/esquerda desprezada", o exame realizado por Granet sobre o simbolismo direita-esquerda na cultura chinesa esclarece com mais propriedade o significado religioso da diferenciação em objeto. As pesquisas em andamento em neurologia e em psicologia cognitiva sobre a diversidade de papel dos dois hemisférios direito e esquerdo poderão revelar com certeza até onde a predominância da direita ou da esquerda é determinada pela fisiologia. O caráter religioso do respectivo simbolismo consiste, contudo, na combinação peculiar dos instrumentos culturais criados pela cosmologia, pela execução dos ritos e pela interação social. Para poder apreciar plenamente a dinâmica no interior de cada grupo examinado, o estudo do simbolismo religioso direita-esquerda deve levar em conta todos os ambientes textuais e contextuais.

Bibliografia

Os artigos mencionados no texto podem ser encontrados em NEEDHAM, R. (org.). *Right and left*: essays on dual symbolic classification. Chicago, 1973. Tem ainda certo valor a obra de WILE, I.S. *Handedness* – Right and left. Boston, 1934.

Richard C. Martin

DRAGÃO

A etimologia do termo *dragão* (do grego antigo *drakon* e do latim *draco, -onis*) remete às serpentes, uma vez que o termo grego significa "serpente" e se refere tanto às serpentes reais como às serpentes míticas ou a seres parecidos com serpentes; também o termo latino pode indicar serpentes propriamente ditas. Por dragões nós entendemos criaturas míticas serpentiformes ou com aparência semelhante à das serpentes, e muitas vezes dotadas de aspectos ou partes pertencentes a diferentes animais (um corpo de lagarto ou de crocodilo, com cabeça de felino ou de réptil, com asas de morcego, patas e garras de águia ou de leão, e com uma boca dotada de várias línguas e dentes pontiagudos). Os dragões muitas vezes são representados como monstros ferozes e vorazes; de acordo com muitas tradições cospem fogo; podem ser criaturas terrestres, aquáticas ou do ar.

Embora as aparências típicas do corpo monstruoso do dragão tenham assumido um aspecto cada vez mais constante e adquirido uma fixidez heráldica na arte de muitas culturas, como na Europa, na China ou no Japão, o dragão encontra definição a partir do significado e da função que tinha no pensamento mítico, mais do que a partir de seu aspecto físico. Os dragões são os símbolos dos elementos, das forças ou dos princípios presentes, ou ativos, no mundo cósmico (ou pré-cósmico). Portanto, eles exprimem, em termos míticos, os aspectos do ambiente natural no qual vivem as várias sociedades e as qualidades perigosas ou positivas desses aspectos, como a seca ou a chuva, o dilúvio e assim por diante. Além desse significado "natural", eles assumem um sentido mais complexo no âmbito cósmico, sendo forças de equilíbrio ou de desordem, de estaticidade ou de dinamicidade, de morte ou de vida. Por outro lado, eles podem ter significado análogo no plano social ou político, como símbolo dos inimigos ou, em alguns casos, dos defensores de determinada cultura, sociedade, grupo ou classe. Também neste caso, contudo, o simbolismo desse primeiro nível exprime, num segundo nível, um simbolismo "cósmico" do mal, da desordem e da injustiça ou então da proteção e da força.

As principais tradições do Velho Mundo relativas aos dragões podem ser classificadas em dois grupos diferentes. Uma tradição, pertencente às culturas da parte ocidental da Eurásia e de algumas zonas do leste da África, apresenta os dragões como seres do caos, responsáveis pela morte e pela desordem, sobre os quais deuses ou heróis são vitoriosos. Essa tradição tem origem nas antigas mitologias do Oriente Próximo e dos mundos indiano, iraniano e europeu e continua no interior da cultura cristã da Idade Média europeia, bem como na mitologia cristã do Egito e da Etiópia. Uma segunda tradição é típica do leste da Ásia (em especial da China, do Japão e da Indonésia) e apresenta os dragões como seres poderosos e benéficos. A distinção, contudo, não é tão simples e clara, uma vez que aspectos "positivos" estão presentes também nas lendas sobre os dragões da área ocidental, sobretudo na Índia (onde os mitos nos apresentam dragões que são análogos aos dragões do leste da Ásia), e mitos sobre os dragões hostis não são desconhecidos das culturas do leste da Ásia. Em virtude da complexidade do material, é necessário apresentar uma exposição mais detalhada, baseada nos aspectos específicos e nas ideias dominantes das lendas sobre os dragões do Velho Mundo, em vez de fazer referência à habitual classificação em duas categorias.

Os dragões nas cosmogonias e nas escatologias

As mais antigas tradições sobre os dragões remontam às mitologias suméria, acádica e egípcia dos primeiros três milênios a.C. Nesses contextos, os dragões (frequentemente com clara forma de serpentes; em alguns casos, como no de Tiamat, de aspecto diferente, embora nem sempre definível) representam as forças ou os elementos que interferem na ordem ou no funcionamento correto do mundo e são derrotados pelos deuses que dão forma e organização ao cosmos e, com sua vitória, adquirem autoridade e poder sobre o mundo reorganizado. Num texto sumério, o deus Enlil derrota um ser monstruoso, o Labbu. No texto acádico-babilônico *Enuma elish*, o deus Marduk vence os monstros Tiamat e Kingu. Na mitologia da cidade síria de Ugarit (fim do milênio III a.C.), o deus Baal derrota os monstros Yamm ("mar") e Mot ("morte"). Na mitologia egípcia, o dragão Apophis é morto pelo deus Seth. Em tradições míticas semelhantes, Vṛtrá, que tinha o aspecto de uma serpente, é morto pelo deus guerreiro Indra (ou pelo herói Trita) nos relatos míticos indianos que remontam ao *Ṛgveda*. Nos textos hititas de Boğazköy, a serpente Illuyanka é morta pelo deus da tempestade. Na mitologia grega, Zeus mata o monstro Tifão que tem 100 cabeças de serpente e Apolo mata a serpente fêmea (*drakaina*) em Delfos e depois constrói o santuário que traz o seu nome no lugar onde o ser monstruoso foi assassinado.

Em alguns casos, esses mitos foram interpretados como mitos de fertilidade sazonal, uma vez que a divindade vitoriosa é frequentemente um deus da tempestade e geralmente estão em jogo a seca, a chuva e a vida da vegetação. Mas em todos os casos o caráter cosmogônico desses mitos é claro: para poder construir ou defender a ordem do mundo, o deus deve derrotar o dragão primordial. Em alguns casos (como o de Apsu e da fêmea Tiamat, que representam duas partes do caos aquático originário, ou naquele do monstro mais jovem, Kingu), o monstro semelhante a um dragão representa a matéria preexistente, estática e caótica, que deve ser despedaçada, dividida e reestruturada para construir o cosmos. Em outros casos (como no mito de Apophis, a serpente que tenta deter o nascer e o pôr do sol, ou como no caso de Vṛtrá, o "constritor", que detém as vacas, símbolos da água e da aurora), os monstros serpentiformes são seres que provocam estaticidade e morte, procurando deter o andamento natural do mundo, e por isso devem ser eliminados.

A Bíblia hebraica contém muitos vestígios de uma antiga mitologia na qual Javé, nos tempos primordiais, derrota monstros muito semelhantes aos seres de aspecto de dragão destroçados pelos vários deuses do antigo Oriente Próximo: aos nomes já presentes nos textos ugaríticos mais antigos (*Yam*, *Mawet*) podem-se acrescentar outros como *Peten*, *Naḥash*, *Rahab*, *Leviathan*, *Tannin*, *Behemoth*. De fato, parece tratar-se de um antigo mito israelita que liga a criação com um combate contra um ou vários monstros primordiais, e constitui um motivo cosmogônico diferente do contido no primeiro capítulo do Livro do Gênesis.

Devido à correspondência estrutural entre cosmogonias e escatologias, não é de admirar que mitos escatológicos de várias sociedades apresentem um dragão como o ser (ou um dos seres) responsável pela situação de caos e de morte que se verificará no fim dos tempos. Nos textos bíblicos mais tardios (p. ex., Dn 7; Jó 7,12), bem como nos textos judaicos e cristãos de conteúdo "apocalíptico" (p. ex., Ap 12; 13; 20), afirma-se que o dragão primordial foi derrotado, mas não totalmente destruído, e que no fim voltará para saciar sua sede de destruição, e depois ser aniquilado definitivamente. Também outras tradições religiosas apresentam seres semelhantes a dragões no papel de inimigos escatológicos: é o caso da mitologia germânica (a serpente Miðgarðr da *Edda*) e a iraniana (o serpentiforme Azhi Dahaka, depois Zohak, que é acorrentado ao Monte Demavend pelo herói Thraetaona/Feridun e que retorna no fim dos tempos).

Os dragões como sequestradores e destruidores

Com os temas acima expostos seria preciso ligar o conjunto mítico semelhante que apresenta dragões como saqueadores que subtraem riquezas e sequestram mulheres com o tema do dragão como devorador. Em alguns mitos "cosmogônicos" anteriormente citados (p. ex., no mito ugarítico de Baal, Mot e Yamm), o inimigo "caótico" é também apresentado como devorador ou como um tirano que impõe tributos; em outros casos, como no antigo mito egípcio de Astarte e o mar (XIX dinastia), uma deusa é enviada (como "tributo"?) ao monstro por parte dos deuses aterrorizados por ele. Mas um motivo mais preciso desse gênero foi recentemente reconstruído e denominado mito indo-europeu do ladrão de rebanhos. Nas mitologias de muitas sociedades de língua indo-europeia (indiana, iraniana, hitita, grega, romana, germânica e armênia) encontram-se versões ou vestígios de um tipo de mito, segundo o qual um monstruoso ser serpentiforme de três cabeças se apossa do rebanho de um herói ou de uma comunidade; um deus ou um herói reconquista os animais e mata o monstro. O exemplo indiano é precisamente o mito de Indra (e/ou Trita), acima mencionado, que é claramente cosmogônico; o exemplo hitita é o mito, também já citado anteriormente, de Illuyanka e do deus-tempestade. Essa sobreposição e os desdobramentos escatológicos dos mitos germânicos e iranianos desse grupo (cf. acima) levam a uma relação tipológica e histórica entre o tema em questão e os mitos cosmogônicos tratados no item anterior, embora não exista acordo entre os estudiosos sobre o valor cosmogônico originário dos mitos do ladrão de rebanhos. No mito iraniano pertencente a esse grupo, o monstro Azhi Dahaka/Zohak não rouba rebanhos (embora, para as versões mais antigas, tenha sido proposto interpretar como vacas as mulheres sequestradas), mas mulheres da realeza, e o seu adversário Thraetaona/Feridun reconquista as jovens (e, nas versões sucessivas, o trono usurpado) derrotando o dragão. Esse tema, de um dragão que sequestra as mulheres e é derrotado por um herói que assim as reconquista, é tão difundido quanto o tema do dragão devorador.

Isso é atestado na antiga mitologia grega (p. ex., o herói Perseu salva Andrômeda do dragão), é um tema central nas lendas medievais e modernas sobre os dragões na Europa e na Ásia e se encontra nos relatos populares provenientes da tradição oral dos camponeses europeus até os séculos XIX e XX, nos quais uma "princesa" é raptada por um dragão (ou por algum outro inimigo monstruoso) e socorrida por um jovem de origens humildes que mata o monstro e assim conquista uma posição elevada na escala social, muitas vezes obtendo também a mão da "princesa". Em outros relatos populares das mesmas tradições, o dragão rouba ou devora elementos vitais, como a luz ou a água, ou contamina o sol ou o ar de regiões inteiras.

Os dragões como guardiães e protetores

A tradição do dragão como ávido usurpador, sequestrador, destruidor ou aprisionador pode ser ligada a dois outros temas difusos, o da serpente que nos tempos primordiais privou o gênero humano da imortalidade - um tema atestado, por exemplo, na Bíblia, no Livro do Gênesis (3,1-15), e na Mesopotâmia na *Epopeia de Gilgamesh* - e aquele, igualmente difuso e particularmente importante em muitas mitologias da Ásia, da serpente que habita aos pés da árvore da vida ou da árvore cósmica. Tais combinações provavelmente deram origem ao tema do dragão como guardião da árvore da vida ou de outras fontes de imortalidade ou de longevidade: poderíamos citar o antigo mito grego do dragão que guardava os pomos de ouro das Hespérides, morto por Héracles no momento em que o herói se apossou dos pomos, ou os *nāga* da tradição indiana que guardavam a Montanha Branca e sua árvore dos milagres Mahāsandkha, "da altura do Monte Meru", que produzia um fruto especial. Em outros casos, o dragão é representado não como aquele que protege, e sim como aquele que mina a árvore sagrada: é o caso, na mitologia iraniana (*Bundakishn* 18,2), do réptil criado por Ahriman que danifica a planta milagrosa Gayo-kerena, ou, nas tradições germânicas, da serpente Niðhoggr que tenta destruir as raízes da árvore cósmica Yggdrasill.

O tema do dragão como guardião da árvore da vida ou da árvore cósmica está tipologicamente ligado ao do dragão que guarda tesouros, tema amplamente atestado na China, na Índia e na Europa. Citemos, por exemplo, a antiga tradição grega referente ao dragão que guardava o Velo de Ouro e que é morto pelo herói Jasão, que assim obtém o precioso emblema da realeza; as serpentes guardiãs do ouro de Apolo entre os citas (Heródoto 3,116); e ainda o mito germânico da serpente Fáfnir que guarda o ouro desejado por Regin e que é morta pelo herói Sigurd. O tema do dragão guardião da árvore da vida se torna um importante motivo iconográfico na arte antiga e medieval da Ásia e da Europa: é encontrado, num rígido esquema heráldico, também nos relevos do batistério de Parma e de outras igrejas medievais.

Os dragões como inimigos e diabos

Em outras tradições, os dragões são sempre ativos, símbolos ameaçadores do mal. Em alguns casos, seu valor simbólico é decisivamente "historicizado" e eles são identificados, por vários grupos e sociedades, como as nações estrangeiras ou as potências e os governantes tirânicos. Foi demonstrado que, em muitas tradições do tipo ligado ao mito do ladrão de rebanhos, o serpentiforme predador de rebanhos (ou sequestrador de mulheres) é visto como representante de um grupo inimigo, contra o qual a sociedade que criava os mitos estava envolvida num contínuo conflito; na Bíblia judaica e nos textos cristãos mais antigos, os vários monstros, descritos anteriormente, são mencionados para indicar as nações vizinhas (Egito, Síria, Babilônia etc.) ou os governantes tirânicos que oprimiam Israel ou perseguiam os crentes.

No judaísmo tardio e em outros textos religiosos e mágicos do leste do Mediterrâneo da era helenística e romana, os dragões e as serpentes são cada vez mais apresentados como símbolos e instrumentos das forças do mal e desse contexto cultural, bem como do significado escatológico dos dragões nas tradições bíblicas, e não apenas delas (cf. acima) derivou a identificação do dragão com o inimigo de Deus, satanás. Tal interpretação já era explícita no Apocalipse cristão "canônico" (Ap 20,2; cf. acima), e se torna a mais difundida no mundo cristão. No novo contexto cristão, numerosas tradições hagiográficas e outras incluíam uma versão reestruturada do antigo tema mítico do combate contra o dragão ou o monstro, no qual o dragão representava uma encarnação ou um emissário de satanás. O modelo mais conhecido de batalha entre um santo e um dragão diabólico nas tradições cristãs opõe o inimigo satânico a uma figura de guerreiro. Poderíamos lembrar de São Jorge, um santo cavaleiro originário da Anatólia, que muitas vezes assumiu o lugar dos matadores "pagãos" de dragões nas tradições locais pré-cristãs; ou então do Arcanjo Miguel, uma importante figura da angelologia cristã, que é apresentado como matador de dragões já nos textos mais antigos (Ap 12,7-9). Esses dois personagens são extremamente populares na iconografia cristã desde os tempos mais antigos; eles costumam ser retratados enquanto golpeiam com uma lança ou uma espada o dragão satânico, vestidos dos pés à cabeça de uma armadura; em especial, São Jorge é muitas vezes representado a cavalo.

São Jorge e São Miguel não são, contudo, os únicos matadores de dragões entre os cristãos. A Virgem Maria, mãe de Jesus, por exemplo, é frequentemente representada enquanto esmaga uma serpente com o pé, como uma segunda Eva que aniquila as forças do mal, cumprindo o versículo do Gênesis (3,15) que prenunciava inimizade eterna entre a semente de Eva e a serpente; o tipo iconográfico continua, ainda hoje, na arte sacra católica. Enfim, outras figuras da tradição cristã que combatem os dragões, como São Marcelo de Paris (século V) ou Santo Hilário de Poitiers, não se apresentam como guerreiros, mas como bispos, brandindo como armas contra os dragões não uma espada ou uma lança, e sim o báculo episcopal. A relação estabelecida pelas fontes hagiográficas entre sua vitória contra o dragão e seu papel de heróis culturais e de líderes pacíficos de sua comunidade demonstra que sua maneira de enfrentar os dragões (que muitas vezes não são mortos, mas amansados ou afastados) tem um significado específico, diferente do de outros relatos cristãos sobre dragões, e talvez menos atinente ao simbolismo teológico: afirmou-se que Hilário de Poitiers "deu mais terra aos homens, uma vez que os colonos emigraram para o lugar que tinha sido ocupado pelas feras" ("addidit terra hominibus, quia in loco beluae incola transmigravit").

Os dragões como propiciadores de fertilidade e vida

Não obstante a sistemática "demonização" das figuras de dragões na Idade Média cristã, os estudiosos do folclore europeu e da cultura medieval demonstraram que muitos aspectos das lendas europeias sobre os dragões indicam um valor simbólico e mítico mais complexo deles. Será suficiente lembrar aqui o uso heráldico dos dragões nos estandartes, bandeiras e insígnias, a partir do fim da Antiguidade até os tempos modernos; a identificação (que foi comparada às práticas "totêmicas" das sociedades tribais) de nações e linhagens com os dragões; a presença de dragões (muitas vezes como símbolos de fecundidade e de prosperidade) em procissões litúrgicas (como as Rogações da Europa Ocidental) ou nas festas populares (como o Carnaval).

As características "positivas" dos dragões nas tradições europeias demonstram a multiplicidade de significados das lendas europeias sobre os dragões. Pode-se fazer uma boa comparação com as características "positivas" dos dragões na Ásia Oriental, especialmente na China, onde as figuras dos dragões são tão polissêmicas quanto na tradição ocidental. Na China, o tema dos dragões como forças, ou seres, que devem ser controlados e confinados com o objetivo de "criar" a ordem cósmica é bem atestado, por exemplo, pelo *Shujing* confuciano (Livro da História). Esse texto narra como o mítico Imperador Yu o Grande, o fundador da dinastia Xia, que deu ao mundo sua ordenação correta, construiu os primeiros canais, libertou a terra das águas do caos e expulsou as serpentes e os dragões obrigando-os a residir nos pântanos.

A essa tradição podem-se acrescentar muitas outras, como, por exemplo, os episódios referentes ao imperador matador de dragões Chuan-hin. No entanto, poderíamos observar que Nüwa (a deusa que, de acordo com outro texto antigo, o *Liezi*, deu ordem ao mundo nos tempos primordiais e matou o dragão negro) e seu esposo, o mítico Imperador Fuxi, nas esculturas do século I d.C., são representados como seres semelhantes a dragões. Esse paradoxo do matador de dragões que tem a aparência do dragão é emblemático da complexidade das lendas chinesas sobre os dragões. Os dragões chineses encarnavam as qualidades fecundantes da água, e a importância da chuva na vida agrícola daquela região explica por que os dragões são cada vez mais representados com traços urânicos, ou seja, com asas e em conexão com o raio.

No entanto, longe de ser uma mera expressão simbólica dos elementos naturais, os dragões chineses representam as forças rítmicas que regulam a vida do cosmos. Isso é explicitamente afirmado pelo taoista Zhuangzi, o qual escreve que o dragão é um símbolo do ritmo vital, porque ele encarna as águas que garantem a ordem vivente no cosmos por meio de seu harmonioso movimento. Nesse texto não se faz distinção entre o valor cósmico dos dragões como símbolos de ritmo e fluxo e seu valor no âmbito dos elementos materiais da natureza.

A relação dos dragões chineses com a chuva é bem exemplificada pelas práticas rituais da antiga China; nos períodos de seca, são feitas representações do dragão Ying, uma figura aquática, para propiciar as grandes chuvas. Contudo, os dragões são importantes também nos rituais de renovação cósmica, como testemunha a presença de máscaras de dragões durante as festividades noturnas com luminárias que encerram a festa do Ano-novo chinês; e muitas tradições e práticas indicam o outro significado dos dragões como símbolos do ritmo cósmico. Em especial, ele se mostra evidente nas correspondências e nas ligações simbólicas entre os dragões e os imperadores chineses ou Filhos do Céu, também eles representantes dos ritmos cósmicos e propiciadores de fecundidade. Assim se contava que um imperador da dinastia Xia devorou dragões para garantir magicamente a prosperidade do seu reino e que, quando aquela mesma dinástica passou por uma crise e perdeu sua força vital, apareceram dragões para restabelecer, de várias maneiras, o correto fluxo rítmico. Enfim, dragões míticos foram responsáveis pela ascensão dos monarcas às regiões celestes, como aconteceu, contava-se, quando Huangdi, o Imperador Amarelo, foi raptado com vários membros de sua corte por um dragão de longas cabeleiras, e levado ao céu.

Nas regiões do sudeste da Ásia, no sul da Índia, na Indochina e na Indonésia os dragões são figuras aquáticas e símbolos de fertilidade. Isso é atestado não apenas pelas tradições narrativas, mas também pelas práticas rituais. Assim, nos modernos casamentos cambojanos, a esposa é identificada com a Lua, os seus dentes são submetidos a um tratamento para eliminar o veneno da serpente neles contido e os rituais são claramente vinculados com os mitos relativos a uma ancestral nobre semelhante a um dragão (cf. mais adiante);

em Tenasserim (Birmânia), para pôr fim à estação das chuvas e propiciar um tempo seco, joga-se na água uma estátua de Upagutta, um mítico rei com forma de serpente, e são oferecidas dádivas sacrificais, com um ritual que se poderia opor simetricamente ao rito chinês do dragão mencionado anteriormente.

Dragões como pais e antepassados

Muitas tradições da Ásia e da Europa consideram os dragões pais de heróis e míticos antepassados de dinastias reais. O antigo mito grego da origem de Tebas, a cidade da Beócia, associa esse tema ao da serpente guardiã e protetora: o herói Kadmos mata o dragão que impedia o caminho de acesso ao lugar em que seria construída a cidade e depois semeia no solo os dentes do dragão, dando assim origem aos Spartoi ("homens semeados"), que se tornaram os primeiros tebanos. Alguns acreditavam que Alexandre Magno (que reinou de 336 a 323 a.C.) tivesse nascido do encontro de sua mãe com um deus com forma de serpente, e uma lenda análoga era narrada também para o imperador romano Augusto. Segundo uma tradição chinesa, a Princesa Liu estava descansando perto de um pântano, junto com o marido, quando foi raptada por um dragão, do qual concebeu o futuro Imperador Kao-tsu; também se pensava que o herói cultural Fuxi (cf. acima) nascera de um pântano, famoso por seus dragões. Tradições semelhantes encontram-se também no Aname e na Indonésia; e acreditava-se que os reis indianos de Chota Nagpur descendiam de um *nāga*, ou espírito serpentiforme, de nome Puṇḍarīka. Uma série de tradições asiáticas falam do nascimento de um famoso antepassado real, ou de um santo asceta, fruto da união de um príncipe ou sacerdote e de uma *nāgī* (a correspondente feminina do masculino *nāga*). Assim, de acordo com um mito palaung, a *nāgī* Thusandi e o filho da divindade solar, o Príncipe Thuryia, deram à luz três filhos que se tornaram os reis de três terras (a China, a Terra de Palaung e Pagan). Também no sul da Índia, na Indochina e na Indonésia existem tradições semelhantes relativas às origens de dinastias reais de figuras femininas de dragões. Na Índia, o nascimento do sábio Agastya do *apsara* Urvaśī é narrado de modo análogo.

Nas lendas, o dragão-fêmea é frequentemente reconhecido como tal de repente, porque emana um forte cheiro de peixe ou porque é espiado enquanto toma banho e brinca na água com um *nāga*. Nas modernas tradições cambojanas desse tipo, o dragão-fêmea é uma figura lunar e seu casamento mítico com um príncipe solar é o protótipo dos rituais de matrimônio atuais (cf. acima) e também um símbolo da união cósmica entre opostos. Do mesmo modo, as tradições sobre o nascimento de uma dinastia da união de uma fêmea aquática semelhante a um dragão e de um macho ígneo e solar simbolizam uma unidade primordial dos opostos, que prepara o novo cosmos representado pela nova ordem dinástica.

Os estudiosos não deram essa interpretação simbólica a tradições europeias do mesmo tipo, que também fazem derivar dinastias reais de seres femininos com aspecto de dragão, e são conhecidas tanto pelas crônicas medievais como por outros textos e pelo folclore moderno. Na mais conhecida dessas tradições narrativas europeias (a história do ser feminino não humano Melusina – Mélusine ou Mèlusigne – muitas vezes descrita pelos redatores medievais como fada), a protagonista feminina é espiada pelo marido, que descobre que ela, quando toma banho, se transforma numa serpente. Os relatos de Mélusine foram comparados ao mito narrado por Heródoto (4,8-10) sobre o nascimento dos antepassados das três "tribos" citas da união entre o herói Héracles e um poderoso ser feminino, metade mulher e metade serpente, mas indubitavelmente ctônico e não aquático. [Cf. tb. os verbetes Fada e Serpente.]

Bibliografia

O livro de SMITH, G.E. *The evolution of the dragon*. Nova York, 1919, embora não recente, ainda é útil como estudo geral. A melhor discussão sobre os dragões e sobre seu significado simbólico encontra-se em ELIADE, M. *Traité d'histoire des religions*. Paris, 1949. cap. 5 e 8 [trad. bras.: *Tratado de história das religiões*. São Paulo: WMF Martins Fontes, 2016]. O apêndice traz um excelente material bibliográfico. Sobre os dragões como seres caóticos dos tempos primordiais e sobre o tema da batalha cosmogônica contra tais monstros no antigo Oriente Próximo, na Índia e na Grécia, cf. WAKEMAN, M.K. *God's battle with the monster*: a study in biblical imagery. Leiden, 1973. Material comparativo ainda mais vasto encontra-se em FONTENROSE, J. *Python*: a study of the delphic myth and its origins. Berkeley, 1959.

Sobre o "mito do ladrão de rebanhos", cf. LINCOLN, B. *Priests, warriors, and cattle*: a study in the ecology of religions. Berkeley, 1981, em especial p. 103-122. Sobre os mitos indo-europeus da luta contra o dragão, consulte-se IVANOV, V.; TOPOROV, V.N. Le mythe indo-européen du dieu de l'orage poursuivant le serpente – Réconstitution du schema. *In*: POUILLON, J.; MARANDA, P. (orgs.). *Èchanges et communications* – mélanges offerts à Claude Lévi-Strauss. Haia, 1968. vols. I-II, p. 1.180-1.206.

Uma boa fonte para os relatos medievais europeus sobre os dragões, em especial sobre o motivo do bispo como domador de dragões, e ótimo estudo crítico, é a obra de LE GOFF, J. Culture ecclésiastique et culture folklorique au Moyen-Âge – Saint Marcel de Paris et le dragón. *In*: DE ROSA, L. (org.). *Ricerche storiche ed economiche in memoria di Corrado Barbagallo*. Nápoles, 1970. vol. II, p. 53-90. LE GOFF, J.; LE ROY, E.L. Mélusine maternelle et défricheuse. *In*: *Annales. Economies, sociétés, civilisations*, vol. 26, p. 587-622, 1971, apresentam dois estudos sobre Mélusine.

Um repertório bibliográfico para os dragões do leste da Ásia encontra-se em ELIADE, M. *Traité d'histoire des religions* (acima mencionado); em RENZ, B. *Der orientalische Schlangendrache*. Augsburgo, 1930; e em DU BOSE, H.C. *The dragon, image, and demon, or the three religions of China*. Londres, 1886. Sobre a mítica ancestral serpentiforme do sudeste da Ásia, cf. a bibliografia de Eliade (acima citada), integrando-a com PORÉE-MASPÉRO, E. Nouvelle étude sur la *nāgī Somā*. *Journal asiatique*, vol. 236, p. 237-267, 1950.

Cristiano Grottanelli

DUPLICIDADE

As culturas pré-históricas da Europa usavam imagens duplas para indicar poder ou abundância. Esse conceito é encontrado no uso frequente das imagens duplas de lagartas, luas crescentes, ovos, sementes, espirais, serpentes, falos e até deusas. A duplicidade é expressa também mediante duas linhas sobre uma estatueta, ou no centro de um ovo, de uma vulva ou de uma semente e pelo símbolo de um duplo fruto semelhante a duas bolotas. As grandes nádegas do Paleolítico Superior ou do Neolítico (chamadas "esteatopígias" na literatura arqueológica) são provavelmente uma metáfora do ovo duplo ou dos seios, ou seja, representam uma intensificação da fecundidade ou da gravidez. Tais estatuetas geralmente não possuem indicações de outros detalhes anatômicos; a parte superior do corpo é totalmente negligenciada. Um reforço desse significado é representado pelos redemoinhos, pelas serpentinas, pelas espirais e pelos losangos gravados sobre as nádegas das estatuetas da Era do Bronze na Europa centro-oriental (5500-3500 a.C.). Obviamente, os adiposos glúteos femininos das estatuetas pré-históricas não tinham nem um significado erótico, nem uma finalidade puramente estética. Eles eram, de fato, a representação de um conceito cosmogônico. O simbolismo do ovo evidenciou algumas crenças, esperanças e conhecimentos fundamentais relativos à criação, às origens da vida e ao processo do nascimento, assim como a veneração pelo poder sobrenatural, expressa pelo emblema da duplicidade, do "poder de dois". Um glifo formado por duas elipses unidas a uma extremidade – uma semente dupla ou um fruto duplo – aparece em cerâmicas, selos e monumentos megalíticos por toda a duração da Velha Europa (6500-3500 a.C.). O símbolo pode ter se originado no Paleolítico Superior: na arte parietal magdaleniana está presente o símbolo de duas ovais unidas, muito semelhante às nádegas das estatuetas acima mencionadas. Símbolos semelhantes estão gravados em monumentos megalíticos irlandeses. O glifo de duplo fruto continuou a ter um papel significativo na arte da cerâmica minoica. No Médio Minoico, o símbolo está presente nos selos, juntamente com uma árvore e com um botão de flor desabrochado, incorporado na inscrição hieroglífica.

A mística do poder duplo se mantém na tradição popular europeia, especialmente nos países bálticos orientais, transformados num depósito de antigas crenças e tradições. Os letões conservaram até hoje a palavra *jumis*, juntamente com a divindade que traz o mesmo nome. O significado da palavra é "duas coisas crescidas juntas numa unidade", como, por exemplo, as maçãs e as batatas. *Jumis* e *jumm*, os vocábulos finlandeses e estônios considerados antigos empréstimos da língua báltica, significam "duas coisas ou criaturas unidas juntas", "envolto de linho" e "divindade que traz sorte ao casamento".

As espigas gêmeas de centeio, cevada ou trigo – fenômeno relativamente raro na natureza – são uma manifestação de *jumis*. Se, durante a colheita, o ceifeiro encontra uma espiga dupla, leva-a para casa e a coloca no lugar de honra, na parede próxima à mesa. Na sucessiva estação de semeadura, o *jumis* é misturado com as outras sementes e semeado no campo. *Jumis* é uma força que aumenta a saúde e a prosperidade, simbolizada por espigas duplas, fruta dupla e vegetais duplos.

As representações neolíticas da Deusa Mãe são marcadas frequentemente por duas linhas nas ancas ou nos tocos dos braços, entre as mamas ou no triângulo púbico. Muitas vezes duas linhas verticais ou horizontais são desenhadas ou gravadas ao longo do rosto ou da máscara da deusa. A linha dupla aparece também de modo típico nas estatuetas que representam mãe e filho, sugerindo a possibilidade de essas linhas serem também símbolos de ressurreição e vida nova.

As deusas de duas cabeças transferem a ideia do nascimento gemelar para um plano cósmico. Estatuetas de "gêmeos siameses" são encontradas em todo o período neolítico e na Era do Bronze. As cabeças dessas estatuetas têm bico e são mascaradas; os corpos são marcados por frisos decorativos, sulcos e faixas cruzadas. Esses atributos permitem identificar a imagem como uma deusa-pássaro. Na Anatólia e na zona egeia, as estatuetas de duas cabeças continuam até o período arcaico da Grécia. O aspecto gemelar da grande deusa é expresso também pelos vasos duplos ou de duas bocas da primeira Era do Bronze no Mar Egeu, em Creta e em Malta. [Cf. tb. verbete Números.]

Bibliografia

BUTLER, M. *Number symbolism*. Londres, 1970.

CRAWLEY, A.E. Doubles. *In*: HASTINGS, J. (org.). *Encyclopaedia of religion and ethics*. Edimburgo, 1911. vol. IV.

SCHIMMEL, A. *Das Mysterium der Zahl. Zahlensymbolik im Kultur-Vergleich*. Colônia, 1984.

Marija Gimbutas

E

ELEFANTE

Originário tanto da África como da Índia, o elefante é o maior animal que vive na terra. Herbívoro pacífico, o adulto da espécie não tem medo de nenhum outro animal, com exceção do homem que o caça e de alguns pequenos roedores que podem rastejar e entrar em sua tromba. Por sua força imponente e por seu tamanho, o elefante, selvagem ou domesticado como animal de carga, é comumente um símbolo de poder: representa a força animal que sustenta o cosmos e suas formas de vida e a majestade da soberania. Além disso, o elefante selvagem apresenta numerosas características semelhantes às dos seres humanos – como a longevidade, os costumes sociais e alguns traços da personalidade – que dão origem a histórias em que o elefante é o companheiro do homem ou possui qualidades similares às humanas, como o temor, a cólera e a tenacidade.

Na Índia, o deus Ganesha de cabeça de elefante foi venerado tanto entre os hinduístas como entre os budistas como aquele que afasta os obstáculos e propicia o sucesso. Sua enorme popularidade é atestada também fora da Índia. Quando a cultura indiana se disseminou, o culto de Ganesha foi aceito entusiasticamente no sudoeste da Ásia, enquanto na China e no Japão Ganesha se tornou conhecido com a introdução do budismo tântrico naquelas regiões. Desde os tempos antigos, especialmente na Índia e no norte da África, o elefante foi domesticado e utilizado como animal de carga. Os cartagineses, por exemplo, avançaram montados em elefantes na guerra contra os romanos. Na mitologia hinduísta, os elefantes sustentam as quatro partes do universo: a terra se apoia no dorso dos elefantes que descansam, por sua vez, nas costas de uma enorme tartaruga. De acordo com o *Mahābhārata*, o divino elefante Airāvata nasceu do oceano primordial de leite, quando o mar foi agitado pelos deuses e pelos demônios. O divino elefante tornou-se depois a montaria de Indra, o deus do trovão e da batalha, o protetor do cosmos.

Na mitologia hinduísta a íntima conexão entre Airāvata e Indra indica que o elefante não é simplesmente um símbolo da força bruta, mas é também associado com os poderes que sustentam e protegem a vida. Provavelmente por causa da forma arredondada e da cor cinza, o elefante é considerado uma "nuvem de chuva" que caminha na terra, dotado da capacidade mágico-religiosa de produzir nuvens de chuva quando quer. Na Índia, o elefante tem ainda hoje um papel significativo numa cerimônia anual que se celebra em Nova Delhi com o objetivo de favorecer as chuvas, uma boa colheita e a fertilidade dos seres humanos e do gado. Um elefante, pintado de branco com pasta de sândalo, é conduzido solenemente em procissão através da cidade; os homens que o conduzem vestem roupas de mulher e pronunciam palavras obscenas para estimular os poderes adormecidos da fertilidade. No período do *Ṛgveda* os elefantes eram domesticados, mas ainda pouco usados na guerra. Por volta da metade do I milênio a.C., contudo, a posse de elefantes se torna uma prerrogativa de reis e comandantes, que os utilizaram nas guerras e em ocasiões cerimoniais. Os elefantes, em especial os albinos, se tornaram as montarias dos reis e, portanto, o símbolo do poder real. Na mitologia da realeza, o elefante branco aparece como um dos sete tesouros do monarca universal (*cakravartin*), que o monta para partir em suas viagens de inspeção ao redor do mundo.

Encarnação da sabedoria perfeita e da dignidade real, o próprio Buda muitas vezes é relacionado com o elefante. De acordo com a versão mais antiga, em versos, do *Lalitavistara*, Buda foi concebido quando sua mãe Maya sonhou com sua descida do céu sob a aparência de um elefante branco. Esse tema é representado num medalhão numa balaustrada do *stūpa* de Bharhut, que remonta ao século II ou I a.C. e depois aparece repetidamente na iconografia budista em toda a Índia. A versão posterior, em prosa do *Lalitavistara* seguido pelo *Mahāvastu* narra, de modo mais enfático, a descida do Buda no ventre de sua mãe sob a forma de elefante. Nos séculos seguintes, a comunidade budista geralmente aceitou a ideia de que um Buda, do passado ou do futuro, deve entrar no ventre de sua mãe assumindo a forma de um elefante.

Muitos mitos africanos relativos ao elefante ressaltam as características comuns aos elefantes e aos seres humanos. O elefante africano continuou selvagem por mais tempo que seu primo indiano, e é por esse motivo que seus costumes naturais influenciaram de modo mais incisivo a forma do seu simbolismo. Os elefantes selvagens são muito sociais e vivem em grupos com hábitos bem definidos; podem viver até 60 ou 70 anos e são criaturas inteligentes e capazes de emoções complexas, até a neurose e a loucura. Essas características aproximam os elefantes dos seres humanos, e não é de admirar que o elefante seja considerado muitas vezes o companheiro especial dos ancestrais míticos.

Os Nandi do leste da África narram a história de Asista, o criador, que chegou à terra para providenciar a criação ou para preparar as atuais condições das coisas e ali encontrou três seres que viviam juntos: o trovão, um membro pertencente aos Dorobo (os Nandi acreditam que seus antepassados míticos pertencem a esse povo de caçadores) e um elefante. Os Maasai também têm uma história semelhante. De acordo com os Yao, o primeiro ser humano emergiu do deserto primordial trazendo um elefante nas costas. O elefante o transformou num grande caçador, ensinando-lhe os segredos das naturezas de todos os animais, alimentando-o de mel selvagem e treinando-o na arte de matar. O caçador encontrou uma esposa na terra dos elefantes, e juntos os dois se tornaram os ancestrais primordiais dos Yao. No sul da África é bastante difundida a crença de que os elefantes podem se transformar em seres humanos e vice-versa.

O elefante compartilha com os seres humanos a capacidade de se opor aos deuses: de acordo com os Tim do Togo Central, na África Ocidental, nos primórdios o deus Esso e todos os animais viviam juntos em harmonia. Eles até bebiam a água da mesma fonte. Mas o elefante arranjou briga com o deus, que então abandou a terra e seus habitantes e se afastou no seu céu, para poder desfrutar de paz e tranquilidade.

Bibliografia

A análise clássica do simbolismo do elefante na Índia continua a ser ZIMMER, H. *Myths and symbols in Indian art and civilization*. 1946. Princeton, 1972. p. 102ss. Uma análise mais ampla encontra-se em GONDA, J. *Change and continuity in Indian religion*. Haia, 1965. p. 90ss. Sobre o simbolismo do elefante no budismo é útil consultar FOUCHER, A. *La vie du Buddha*. Paris, 1948. Uma análise específica sobre Ganesha encontra-se no estudo de GETTY, A. *Gaṇeśa*: a monograph on the elephant-faced god. 2. ed. Nova Delhi, 1971.

Manabu Waida

ELIXIR

Elixir, forma latinizada da palavra árabe *al-iksīr*, se liga à palavra grega *xerion*, que define um pó seco, usado como medicamento e nas transformações alquímicas. Os elixires são poções com poderes taumatúrgicos e curativos. Os alquimistas foram os primeiros a usar o termo para designar a substância (conhecida também como pedra filosofal) que se acreditava capaz de transformar o vil metal em ouro, curar doenças e propiciar a imortalidade. Se a palavra foi cunhada pelos alquimistas, a crença em tal substância, contudo, é anterior à alquimia e aparece ao longo de toda a história da mitologia e da religião.

Características e significado

Na religião, nos mitos e nos contos de fadas, predominou a ilusão de que, em algum lugar, existe uma planta, uma fonte, uma pedra, uma bebida inebriante, ou uma poção nauseante preparada num caldeirão de bruxa, que rejuvenesce os velhos, cura os doentes, dá saúde e vida eterna àqueles sábios, afortunados ou espertos que conseguem obter um bocado, um gole ou um pouquinho para cheirar. Na época homônima, Gilgamesh, o poderoso rei de Uruk, parte em busca do segredo da imortalidade e tem a sorte de encontrar sua planta milagrosa no fundo do mar. Ele a colhe, mas, descuidadamente, a deixa desprotegida e uma serpente marinha a rouba. Muitos outros tentaram encontrar o que Gilgamesh perdeu. A crença de que existem substâncias mágicas que dão saúde, riqueza e eternidade é um exemplo extraordinário do sonho ilusório que remonta ao tempo em que os homens tentaram pela primeira vez vencer a própria mortalidade. Longe de aceitar a morte como fim natural da vida, eles sempre e em todos os lugares a consideraram a consequência não natural da ignorância e da maldade.

A crença de que o homem já foi imortal e que poderia voltar a sê-lo está contida nos inúmeros mitos em que se narram os trágicos acontecimentos que levaram ao advento da morte no mundo. Histórias semelhantes à *Epopeia de Gilgamesh*, em que a planta da imortalidade é roubada por uma serpente, aparecem em vários lugares do mundo; são todas variantes do mito no qual uma serpente, ou um monstro marinho, vigiam uma fonte de imortalidade, a árvore da vida, a fonte da juventude, os pomos dourados e assim por diante. Por trás desses relatos se esconde o medo de que os próprios deuses sejam ciumentos e queiram manter o elixir da imortalidade longe das mãos do homem (cf. Gn 3,22). Os homens fizeram de tudo, quer física, quer espiritualmente, para aplacar ou enganar os deuses e exigir o próprio direito à imortalidade. Invocando a própria regeneração do céu e da terra, tentaram encontrar a fonte dessa renovação eterna e aplicá-la a si mesmos. Identificaram no sol e na lua, e nas "águas", cuja influência sentem, os mais poderosos símbolos de regeneração.

A água da vida

Nos mitos da criação egípcios, hinduístas, gregos, babilônicos e hebraicos, a vida emerge das águas, substância primordial que contém a origem de todas as coisas. [Cf. o verbete Água.] Nos mitos do dilúvio a vida retorna à água, forma indistinta, da qual pode ressurgir assumindo novas formas. O rito do batismo derivou da crença na água como fonte de vida e, portanto, fonte de renascimento e imortalidade. Como tal, a água se torna a substância mágica e curativa por excelência: purifica, devolve a juventude e garante vida eterna neste mundo ou no próximo. Essa mágica "água da vida" teve diversos nomes – *soma*, *haoma*, ambrosia, vinho –, todas bebidas sagradas capazes de conferir conhecimento, força e imortalidade tanto aos deuses como aos homens. [Cf. o verbete Bebidas.]

A lua é o principal símbolo da regeneração, por sua própria renovação mensal e pelo controle exercido sobre o fluxo e refluxo das águas, fonte de toda a vida. O simbolismo que liga a lua à água do mar, à chuva, à planta da vida, à fertilidade feminina, ao nascimento, à morte, à iniciação e à regeneração remonta ao Neolítico, ou até a um período anterior. O sol também é um poderoso símbolo de regeneração e imortalidade. As associações mitológicas e religiosas do sol e da lua à vida e ao renascimento explicam por que os homens tentaram preparar elixires com os líquidos, as plantas, os animais e os minerais e metais associados aos dois corpos celestes.

Religiões antigas e religiões tribais

Nas religiões antigas e nas tribais caracterizadas pelo xamanismo, os elixires estão à disposição de toda a comunidade na forma de drogas. O uso de alucinógenos, entorpecentes e narcóticos é extremamente importante para induzir visões extáticas, consideradas aptas a levar os xamãs e seus seguidores ao contato com um mundo espiritual mais perfeito e real do que aquele em que vivem. Essas visões fortalecem, e talvez até produzem, a crença num mundo sobrenatural livre da pobreza, da doença e da morte. Entre a visão da imortalidade e a busca da imortalidade há apenas um pequeno passo. As substâncias que produziam visões eram usadas em rituais de cura ou administradas como medicamentos. Algumas vezes eram divinizadas e adoradas por si mesmas, como aconteceu com o Soma no rito védico e com "Pai Peiote", o alucinógeno usado pelos indígenas das planícies da América do Norte. Os homens acreditavam ter em mãos os deuses e poder comê-los no verdadeiro sentido da palavra, absorvendo, portanto, seu poder e a imortalidade. Na base desse conceito está a crença de que o homem é aquilo que come e que absorve poderes animais, humanos e divinos durante a fase digestiva. Essa crença, tomada em sentido literal ou figurado, forneceu o motivo fundamental para os alimentos sacrificais nas diversas religiões (dionisíaca, ática, eleusina, cristã).

O ritual Soma, descrito no *Ṛgveda*, é o mais antigo ritual religioso, entre os documentados, que incluía o preparo e o uso de elixires. Há opiniões diferentes sobre o que realmente era o *soma*. Pela pesquisa de R. Gordon Wasson (1968), contudo, atualmente parece provável que o *soma* originariamente era extraído do fungo *Amanita muscaria*, cujos sucos são letais se concentrados, mas alucinógenos se diluídos. No caso do *soma*, a visão de imortalidade gerada pela bebida se identificou com a própria bebida. O *soma* foi deificado e os homens que o bebiam se tornavam imortais:

> Bebemos o *soma* e nos tornamos imortais;
> Alcançamos a luz descoberta pelos deuses.
> O que pode fazer agora a hostilidade contra nós?
> E que coisa, oh deus imortal, o desprezo dos mortais? (*Ṛgveda* 8,48,3).

O uso do *soma* desapareceu por volta do fim do período védico. Alguns estudiosos atribuem essa mudança à emigração dos indo-europeus dos lugares onde crescia o fungo. Uma razão mais plausível é, talvez, o surgimento de religiões sacerdotais, que institucionalizaram formas não orgiásticas de adoração.

Bibliografia

Para uma boa análise do renascimento e da recriação, incluindo a parte desempenhada em ambos os conceitos pelos símbolos relativos ao sol, à lua e à água, cf. ELIADE, M. *Traité d'histoire des religions*. Paris, 1949 [trad. bras.: *Tratado de história das religiões*. São Paulo: WMF Martins Fontes, 2016]. Para o xamanismo, cf. ELIADE, M. *Le chamanisme et les techniques de l'extase*. Paris, 1951 [trad. bras.: *O xamanismo e as técnicas arcaicas do êxtase*. São Paulo: Martins Fontes, 1998]; LA BARRE, W. *The Peyote cult*. ed. rev. e ampl. Nova York, 1969; e HARNER, M.J. (org.). *Hallucinogens and shamanism*. Oxford, 1973. R. Gordon Wasson identifica o *soma* e descreve seus efeitos em *Som*: divine mushroom of immortality. Nova York, 1968, enquanto J. Needham dá amplas informações sobre os consumidores taoistas de elixires em *Science and civilisation in China*. Cambridge, 1983. vols. I-V. Os elixires na alquimia oriental e ocidental foram ilustrados por mim em *Alchemy*: the philosopher's stone. Boulder, 1980.

Allison Coudert

ENIGMAS E PARADOXOS

Por mais que os paradoxos possam parecer enigmáticos e os enigmas (ou adivinhas) paradoxais, trata-se de duas realidades substancialmente diferentes. Os enigmas, usados em contextos sagrados ou profanos, são sobretudo instrumentos destinados à execução do rito, ao passo que os paradoxos estão arraigados no coração do ser e da linguagem, tocando o ponto central da experiência e da expressão. O enigma deve ser resolvido, o paradoxo deve ser transcendido, ou melhor, vivido.

Enigma

Em grego era chamado *griphos* (literalmente, "rede de pesca", ou seja, algo intricado), ou então *ainigma* ("dito obscuro"); em latim, *aenigma* ("problema"). O atual significado de *enigma*, "aquilo que não se conhece e que permanece obscuro", se remete precisamente a essa origem. Os enigmas podem ter uma solução ou não ter nenhuma. Diz-se precisamente *é um enigma* aquilo que não se pode conhecer e, portanto, permanece um mistério. O grego *mysterion* indica o que vai além da compreensão da inteligência humana.

Os enigmas remontam à Antiguidade remota. O mais antigo livro de enigmas é um texto da escola babilônica (Taylor, 1948, p. 12s.). Píndaro foi o primeiro a chamar de *ainigma* a pergunta da Esfinge; Platão alude às adivinhas feitas de jogos de palavras, difundidas naquela época (*República* 5,479). Um enigma pode ser jocoso, como diversão ou passatempo humorístico, ou então dramático, como o da Esfinge, que custava a vida de quem não o resolvia. Os filólogos alemães o chamaram *Halsrätsel* (enigma capital). Submetido à mesma prova, Yudhiṣṭhira devolveu a vida aos irmãos resolvendo com sucesso os enigmas propostos por um *yakṣa* (ser espectral: *Mahābhārata* 3,297-298).

Para os autores das Escrituras judaicas, as adivinhas estavam estreitamente ligadas à sabedoria concedida pelo Senhor como um dom divino (cf. o enigma de Sansão em Jz 14,12-18; sobre o dom do Senhor, cf. Jz 13,24). A sabedoria de Salomão, que "Deus colocara em seu coração" (1Rs 10,14), é posta à prova pela rainha de Sabá com "enigmas" (1Rs 10,1-13; 2Cr 9,1-12). Os autores dos *midrashim* medievais propuseram questões mais elaboradas, como: "Quem foram os três que comeram e beberam na terra, e contudo não nasceram de homem e mulher?" "Os três anjos que se revelaram ao pai Abraão, a paz esteja com ele", e assim por diante (Schechter, 1891, p. 354-356). Observou-se que as adivinhas eram "típicas dos passatempos de mesa judaicos da Idade Média" e que "todos os grandes poetas judeus da Idade Média compuseram acrósticos e adivinhas bem notáveis" (Abrahams, 1896, p. 384-387, 133).

Durante a Idade Média recorreu-se às adivinhas na atividade missionária, como fez o bispo inglês Bonifácio (680-735), que escolheu como tema dez virtudes e dez vícios. Encontram-se enigmas alegóricos também em numerosas passagens bíblicas (Taylor, 1948, p. 61-65). Na Índia védica, os enigmas faziam parte de rituais como o Rājasūya (coroação do rei) ou como o Aśvamedha (sacrifício do cavalo). Os sacerdotes sacrificais usavam uma espécie de pergunta e resposta altamente ritualizada como neste exemplo: "O que é que caminha sozinho?" "É sem dúvida aquele sol lá no alto que caminha sozinho, e é uma luz espiritual" (*Śatapatha Brāhmaṇa* 8,2,6,9ss.). Os brâmanes competiam na *jātavidyā* (conhecimento das origens) e no *brahmodya* (discussão teológica ou filosófica sobre o *brahman*). O tema de enigmas era frequentemente questões cosmológicas, como no *Ṛgveda*: "Eu te pergunto qual é o extremo confim da terra; eu te pergunto onde está o centro do mundo? Eu te pergunto sobre a semente fecundante do Cavalo; eu te pergunto sobre o alto do céu onde habita o Verbo" (1,164,34). Isso leva a pensar que a pesquisa filosófica se desenvolvia de forma enigmática (cf. *Ṛgveda* 1,164,46; 10,129; *Atharvaveda* 9,9-10; 10,7; etc.). Num verso do *Atharvaveda* se pergunta: "Por que o vento não cessa de soprar? Por que a mente não encontra repouso? Por que as águas, buscando chegar à verdade, jamais deixam de fluir?" (10,7,37 *apud* Bloomfield, 1969, p. 210-218; Huizinga, 1939, p. 105-107).

Por estarem ligados ao mistério da existência e do universo, muitas vezes se atribuía aos enigmas um caráter sagrado. Possuir o conhecimento esotérico significava possuir o poder (Huizinga, 1939, p. 108). Além disso, era associado aos enigmas um poder mágico: o conceito de que, pronunciando uma palavra, seja possível influenciar a ordem universal fundamenta o uso ritualista dos enigmas, como os usados na época da semeadura e do crescimento do arroz (mas rigorosamente proibidos entre a colheita e a preparação dos novos campos) e como os de outras ocasiões, como os funerais. De acordo com uma reflexão de James G. Frazer, "os enigmas originariamente eram circunlocuções adotadas na época em que, por algum motivo, o orador era proibido de usar certos termos. Parece que, em especial, se pronunciavam diante de um cadáver" (Frazer, 1911-1915, vol. IX, p. 121, nota 3).

Kōan

A forma dialógica das adivinhas – pergunta e resposta – envolve diretamente o ouvinte como parte ativa do discurso. Essa forma é plenamente utilizada pela tradição zen do budismo Mahāyāna na forma de *kōan* (chinês *kung an*, "documento público, norma autoritária"). O "Mu di Joshu", famoso *kōan*, se desenvolve assim: "Certa vez se perguntou a um monge: 'Um cão tem a natureza do Buda?' O mestre Joshu respondeu: 'Mu!'". Embora muitos *kōan* tenham, como esse, a forma da adivinha, não significa que devam ser resolvidos como tais. "Não confundir o 'Mu' com o vazio absoluto ou com o nada. Não deves concebê-lo em termos de 'é' ou 'não é'", adverte o mestre Mumon (Izutsu, 1977, p. 176).

Muitas vezes, certos *kōan* podem ser lidos de diferentes maneiras. Podem ser interpretados e compreendidos, mas não é por isso que são propostos aos discípulos zen; ao contrário, consideram-se temas de meditação, "meios para abrir a mente para a verdade do Zen", como os define D.T. Suzuki, acrescentando que "*kōan* e *zazen* são as duas servas do Zen: a primeira é o olho, a segunda o pé". Por isso, sem uma rigorosa preparação no *zazen*, ou sessão de meditação – diz Suzuki –, o aluno zen não chegará à verdade espiritual (Suzuki, 1964, p. 101s.). Os *kōan* são instrumentos úteis (sânscrito *upāya*) que o mestre propõe aos alunos; úteis para determinar o *satori*, a iluminação, e não como fins em si mesmos. O fim está na realização da liberdade e da piedade.

O mestre chinês Ta-hui (em japonês Daie Soko, 1089-1163) foi o primeiro a sistematizar os *kōan*. Trata-se geralmente de perguntas e respostas (denominadas *mondō*) trocadas entre mestres e discípulos na época da dinastia Tang e no início da dinastia Song, ou então de perguntas feitas pelos professores, ou de anedotas dos antigos mestres. Usando toda a capacidade da mente para superar a dimensão discursiva, a prática do *kōan* tem o objetivo de induzir a própria mente a realizar uma "mudança substancial". Só os tolos "ficam presos às palavras e às frases para tentar chegar à compreensão": "É como tentar atingir a lua com uma vara, ou coçar o sapato por uma coceira no pé" (Shibayama, 1974, p. 9).

Embora o Zen seja contrário ao pensamento discursivo, sua verdadeira intenção é levar a pessoa ao estado primordial da mente, que vem antes da dicotomia sujeito-objeto. O *mondō* a seguir descreve precisamente tal estado: "Certa vez o mestre Yakusan (chinês Yaoshan, 751-834) estava sentado meditando profundamente; um monge veio até ele e lhe perguntou: 'O que estás pensando, plantado aí como uma pedra?' O mestre respondeu: 'Estou pensando no que é realmente impensável'. O monge: 'Como é possível pensar em algo absolutamente impensável?' E o mestre: 'Não pensando'" (Izutsu, 1977, p. 157s.). A pergunta do monge baseava-se no pensamento objetivamente. As respostas do mestre mostram respectivamente o pensamento sem objeto e o pensamento sem sujeito. Não pensar é uma maneira elevada de ser da mente, e chegar ao reconhecimento de tal estado constitui o objeto da prática *kōan-zazen*.

Paradoxo

Diante do significado original do grego *para doxa*, "contrário à opinião corrente ou à expectativa comum", há vários significados do termo paradoxo. No grego clássico *paradoxia* significa "coisa maravilhosa, extraordinária" e *paradoxologeo*, "contar maravilhas, coisas incríveis". O paradoxo, portanto, era mais do que uma simples contradição; *paradoxos* significa "incrível", ou seja, contrário à expectativa ou à opinião geralmente aceita (*doxa*). Esse era o sentido do termo na passagem do Novo Testamento em que Jesus cura o paralítico: "Todos ficaram atônitos e glorificavam a Deus; cheios de temor, diziam: 'Hoje vimos coisas prodigiosas (*paradoxa*)'" (Lc 5,26). Nesse contexto específico, *paradoxos* significa "milagroso".

Definição de paradoxo

O termo foi interpretado de diversas maneiras: como contradição lógica, como absurdo, enigma, ou contradição aparente, como quando Hamlet diz: "Já houve época em que isto era um paradoxo. Mas agora o tempo demonstrou que é verdadeiro" (III, 1,114s.). Alguns definem o paradoxo como uma forma única de pensamento: "pensamento dinâmico, bipolar, sinal de uma tensão vital que envolve tanto a oposição como a reciprocidade das ideias" (Slaatte, 1968, p. 132). Para outros, o paradoxo "brinca com o intelecto humano", ou é "sobretudo uma figura de pensamento em que várias figuras apropriadas do discurso estão inextricavelmente soldadas" (Colie, 1966, p. 7, 22). Kierkegaard afirma decididamente o paradoxo, derivando da "relação entre um espírito cognitivo existente e a verdade eterna [...]; não é uma concessão, mas uma categoria, uma definição ontológica" (Bretall, 1946, p. 153).

Tipos de paradoxo

Há paradoxos lógicos, visuais, psicológicos, retóricos e de outros tipos, como existencial, por exemplo. Os paradoxos lógicos foram objeto de estudo de lógicos e matemáticos desde os tempos de Zenão de Eleia (século V a.C.). Considera-se que alguns deles podem ser resolvidos aplicando diferentes estruturas conceituais (como os paradoxos de Zenão); outros são vistos como antinomias (como os de Epimênides de Creta), outros ainda são quebra-cabeças que no fundo não são considerados verdadeiros paradoxos (Quine, 1962). Os paradoxos visuais, como desenhos que apresentam um pato de um ponto de vista e um coelho de outro, são considerados agora mais relacionados à psicologia da representação (Gombrich, 1960). O paradoxo retórico, como gênero literário, estava bastante em moda no Renascimento e foi iniciado por Erasmo de Roterdã e seu *Elogio da loucura* (1509). O gênero foi praticado também pelo poeta John Donne, pelo autor satírico Joseph Hall e por outros autores.

Funções do paradoxo

Os paradoxos estão substancialmente ligados ao problema da linguagem e da existência; não obstante, têm diversas funções. Em matemática e em física são quebra-cabeças a ser resolvidos "colocando a estrutura conceitual numa nova perspectiva", de modo que "venham à luz as limitações do velho conceito" (Rapoport, 1967, p. 56). Eles desafiam os limites da razão, estimulando atividades mentais que físicos e matemáticos acham divertidas; funcionam como acesso a uma compreensão nova e mais ampla da realidade. Rapoport (1967, p. 50) escreve: "Os paradoxos tiveram um papel dramático na história intelectual, muitas vezes pressagiando desenvolvimentos revolucionários na ciência, na matemática e na lógica". Quine (1962), por sua vez, observa que, no campo da lógica e da matemática, a comparação entre dois paradoxos – um proposto em 1901 por Bertrand Russel, o outro em 1931 por Kurt Gödel – deu um grande impulso ao estudo dos fundamentos matemáticos.

Nesse sentido, as contradições devem ser interpretadas como terreno profícuo para o desenvolvimento das teorias físicas. Alfred North Whitehead (1925, p. 260) observou: "Na lógica formal, uma contradição é o indício de um fracasso; mas na evolução do conhecimento real assinala o primeiro passo para um sucesso". Os paradoxos representam um desafio saudável, cuja solução comporta a aquisição de uma estrutura de pensamento mais generalizada. Na tradição mística cristã da *via negativa* (cf. mais adiante), assim como na tradição zen, olha-se a linguagem com ceticismo. Os místicos afirmam que a verdade última não é cognoscível e, portanto, não pode ser traduzida adequadamente com as palavras. Os mestres zen advertem que o uso de palavras para a realidade última constitui um desvio do caminho; a linguagem é, no máximo, uma indicação. O reverso da moeda, contudo, é a necessidade de uma afirmação fundamental da realidade além do pensamento e da linguagem humanos. O fato de se usarem palavras sugere absolutamente a presença de um estímulo no mínimo para aprofundar a realidade última. Desse modo, as expressões paradoxais são consideradas expedientes retóricos, ou "paradoxos terapêuticos" (Ramsey; Smart, 1959, p. 220). No século XIII, o mestre chan Mumon (chinês Wu-men), autor do *Mumonkan* (*Wu-men kuan,* 1228), expõe os ensinamentos zen numa linguagem fortemente paradoxal, como se vê pelo título de sua antologia, *A barreira sem porta*. "A Mente do Buda é a base, e sem porta é a Porta do Dharma. Se é sem porta, como se pode passar por ela?" E ainda: "Sem porta é o Grande Tao. Há milhares de caminhos para chegar a ele. Se atravessares essa barreira, andarás livremente pelo universo" (Shibayama, 1974, p. 9s.).

Outro aspecto do paradoxo está na afirmação de que se trata de um modo mais elevado de expressar a verdade, fugindo de uma forma de descrição lógica ou linear. A linguagem metafórica e imaginativa tem uma função bastante semelhante à do paradoxo; alguns consideram que neste último está implícita uma justaposição contraditória de imagens, mais do que de ideias lógicas (Slater, 1951, p. 115). Enquanto a metáfora e as imagens olham além das palavras – operação simbólica por excelência –, o paradoxo olha além de um construto linguístico, para alguma realidade extralinguística ou para a esfera da própria experiência. Por outro lado, a forma de um drama (p. ex., a "tragicomédia" de Samuel Beckett *Esperando Godot*) ou o tema de um trabalho (como o *Elogio da loucura*) podem assumir um caráter paradoxal (States, 1978).

Se consideramos o paradoxo simplesmente como um meio ou uma forma superior de expressão, seu uso leva a pensar num nível supralógico de consciência que abarca experiência religiosa, intuição poética, criatividade artística e muito de tudo o que é experiência cotidiana. Pressupostos essenciais são aqui a limitação da linguagem – ou ao menos de certas formas de expressão – e uma escala de inteligibilidade que não se limita ao pensamento lógico. Além disso, quer se trate de um paradoxo lógico, retórico ou epistemológico-existencial, ele sempre é projetado além da afirmação ou da expressão imediatas.

Paradoxo e discurso religioso

De acordo com a descrição de Heráclito, Deus é "dia-noite, inverno-verão, guerra-paz, saciedade-fome" (fragm. 67): muitas vezes os paradoxos têm forma de oximoro, ou seja, são uma combinação de opostos. A experiência religiosa, os fins últimos religiosos, são frequentemente descritos com uma linguagem contraditória, por exemplo, *pessoal-impessoal, imanente-transcendente, afirmação-negação, pecado-redenção*. Da tensão dessas antinomias surge uma série de significados que pode aprofundar melhor os conteúdos da experiência religiosa. A caracterização que Rudolf Otto faz da realidade última, do numinoso, como "mysterium tremendum et fascinosum" teve um impacto notável no estudo da religião. Ele observa: "Estas duas propriedades, de aterrorizar e de fascinar, se combinam aqui numa extraordinária harmonia de opostos, e o duplo caráter da consciência numinosa que daí resulta, e do qual é testemunha todo o desenvolvimento religioso, ao menos a partir da fase do 'terror sobrenatural', é ao mesmo tempo o mais extraordinário e o mais notável fenômeno de toda a história da religião" (Otto, 1917, p. 31).

Ninian Smart afirma que "as formas paradoxais cumprem tal quantidade de funções que, compreendendo sua essência, se pode chegar ao cerne da filosofia da religião" (Smart, 1958, p. 20). Ele considera o paradoxo o resultado de um entrelaçamento entre elementos ou tipos de experiências diferentes, um elemento orientado para o culto e um elemento de experiência mística. "Ele está distante, e está próximo. Ele está dentro de tudo isso, e está fora de tudo isso" (*Īśā Upaniṣad* 5): com essa apropriada citação Smart explica que o que é objetivo, transcendente, numinoso, distante, *brahman* e "totalmente outro" pertence à esfera do culto, ao passo que o que é subjetivo, imanente, místico, próximo, **ātman** e "interno" pertence à esfera da experiência mística. Por outro lado, ambos estão ligados numa forma que é característica da experiência religiosa, como demonstra a experiência mística, em que nos exaltamos, mas também nos anulamos (Smart, 1958; cf. tb. Austin, 1967).

Existe uma relação entre tipo de experiência e tipo de expressão. "Há uma estreita relação entre uma contradição lógica (ou contradição aparente) e algumas formas de sentimento religioso", observa Arthur Lovejoy (1978, p. 279). Alguns veem no paradoxo uma maneira mais apropriada, senão essencial, de exprimir a experiência religiosa (Calhoun, 1955; Stace, 1960). Dizer que Deus é imanência-transcendência significa algo mais do que simplesmente aproximar essas duas qualidades; significa, antes, descrever o caráter da própria experiência religiosa.

"Coincidentia oppositorum", *uma lógica paradoxal*

O que chamamos de *coincidentia oppositorum* explica em parte por que nos servimos de descrições paradoxais ao falar das realidades últimas. Embora a ideia remonte a Proclos e até a Heráclito, a terminologia geralmente é associada a Nicolau de Cusa, prelado e místico alemão do século XV, que considerava esse dinamismo do ponto de vista da identidade e da diversidade. Como diz no seu *De docta ignorantia*, sejam quais forem as coisas percebidas pelos sentidos e pela mente, elas diferem uma da outra e em si mesmas, portanto:

> Todas as coisas que aprendemos com os sentidos, com a razão ou com o intelecto diferem em si mesmas e uma da outra a tal ponto que entre elas não há nenhuma igualdade precisa. A igualdade máxima, que não admite alteridade ou diversidade em relação a alguma coisa, supera todas as capacidades do intelecto. O máximo em sentido absoluto, porque é tudo aquilo que pode ser, está plenamente em ação. E como não pode ser maior [do que é], pelo mesmo motivo não pode ser menor, uma vez que ele é tudo o que pode ser. Mínimo é aquilo do qual não pode existir coisa menor. E como o máximo é da mesma natureza, é claro que o mínimo coincide com o máximo (1.4).

A lógica da *coincidentia oppositorum* pressupõe um terreno que unifica o múltiplo, ou seja, a igualdade. "Por isso, os opostos se encontram apenas naquelas coisas que admitem o mais e o menos" (1.4), ou seja, no mundo relativo da pluralidade das coisas. A corrente budista do Mahāyāna se aprofunda ainda mais no conceito da *coincidentia oppositorum* e chega à equação entre o um e os muitos. Unidade é multiplicidade, e multiplicidade é unidade. É o caráter paradoxal das coisas últimas. O *Sutra do coração*, joia do *corpus* do Prajñāpāramitā, declara: "Rūpaṃ śūnyatā, śūnyatā eva rūpaṃ", ou seja: todo o mundo fenomênico da experiência é "vazio", e a "vacuidade" é ao mesmo tempo todo o mundo fenomênico da experiência. Em outros termos, zero é o infinito e o infinito é zero (sobre a questão zero e infinito, Augustus de Morgan escreveu: "Se existe em matemática um perigo agudo do qual se colheu a flor da salvação, este é a especulação sobre o zero e o infinito" [Bolzano, 1950, p. V]).

D.T. Suzuki, tratando desse tipo de lógica da negação e afirmação contemporâneas, o chama *sokuhi no ronri*, ou "lógica da *prajñā*" (1951, p. 18). Ele expõe esse ponto contrapondo *prajñā* ("intuição") e *vijñāna* ("razão"). "As expressões paradoxais são típicas da *prajñā*-intuição. Como ele transcende o *vijñāna*, ou lógica, não se preocupa por se contradizer; ele sabe que uma contradição é consequência da diferenciação, a qual é tarefa do *vijñāna*. A *prajñā* nega o que afirmou primeiro, e vice-versa; tem sua própria maneira de se comportar com esse mundo de dualidade" (Suzuki, 1951, p. 24). Esse uso do paradoxo caracteriza a escola japonesa de pensamento conhecida como escola de Kyoto, fundada por Nishida Kitaro (1870-1945).

Rosalie L. Colie (1966, p. 7) observou que "os paradoxos comentam por si sós o seu método e sua técnica" e que "tratam a si mesmos como sujeito e como objeto". Isso se aproxima da intuição budista citada mais acima, exceto pelo fato de que o budismo elimina também a distinção entre sujeito e objeto.

Paradoxo e conhecimento último

A tradição socrática da *docta ignorantia* é uma maneira paradoxal de conhecimento: Sei que nada sei. "Nós desejamos saber que não sabemos", escreve Nicolau de Cusa em *De docta ignorantia*. "Se conseguirmos obtê-lo [o saber que não sabemos] plenamente, chegaremos a uma douta ignorância" (1,1). Examinando a maneira da pesquisa e observando que ela atua por uma relação comparativa e que, portanto, "o infinito, enquanto infinito, por se subtrair a toda proporção, nos é desconhecido" (1,1), conclui que "a razão não pode superar as contradições". Além disso, "à unidade se opõem, com base em tal movimento racional, a pluralidade e a multiplicidade" (1,24). Reconhecer a razão desse modo significa chegar à "douta ignorância", ou à "sagrada ignorância", a qual sabe que "a precisão da verdade brilha de maneira incompreensível na treva da nossa ignorância" (1,26). A douta ignorância vê além da compreensão da pluralidade das coisas; e no seu autoconhecimento ela vê "que a verdade é precisamente aquela que agora não temos a capacidade de compreender" (2, Prólogo).

A ideia da douta ignorância, o reconhecimento da incapacidade da razão de compreender a realidade última, é aceita por muitos pensadores ocidentais. Pascal disse: "Nada é tão conforme à razão como essa rejeição da razão" (*Pensamentos* 140); ou ainda: "O supremo passo da razão está em reconhecer que há uma infinidade de coisas que a superam. É bem frágil se não chega a reconhecê-lo. Se as coisas naturais a transcendem, o que dizer das sobrenaturais?" (*Pensamentos* 139). Kierkegaard afirmava que "o intelecto humano deve compreender que há coisas que não tem condições de compreender e quais são essas coisas" (Bretall, 1946, p. 153). Se não é com a razão, é com o não conhecimento que se chega ao que não se conhece, como diz João da Cruz (*Subida do Monte Carmelo* 1,14), e nesse mesmo espírito T.S. Eliot refletiu sobre o paradoxo de conhecimento e "ignorância" (cf. "East Coker" em *Quatro quartetos*).

Uma outra abordagem do conhecimento último baseia-se na afirmação de que, no ato de conhecer, o conhecedor e o conhecido – ou seja, sujeito e objeto – estão unidos. O conhecimento enquanto experiência acontece na unicidade do sujeito e do objeto, uma vez que o objeto do conhecimento é representado pelo sujeito. Por isso "não é compreendido por aqueles que o compreendem. É compreendido por aqueles que não o compreendem" (*Kena Upaniṣad* 9-11).

Paradoxo da via negativa

Dionísio o Areopagita observava que a realidade última, a Divindade, está além do pensamento humano e, portanto, só se pode chegar perto dela por uma afirmação negativa. O místico medieval alemão Meister Eckhart, fiel seguidor desse método, escreve: "Está na natureza de Deus ser sem uma natureza. Pensar em sua divindade, em sua sabedoria, em seu poder é esconder a sua essência, obscurecê-la com pensamentos sobre ele. Até um único pensamento, uma única consideração, a esconderão" (fragm. 30). O famoso início do texto chinês taoista *Tao Te Ching* ("O livro da vida e da virtude") reflete esta tradição: "O Caminho de que se pode falar não é um caminho eterno". Na tradição dos Upanixades, *ātman* "não é isto, nem aquilo" [*neti, neti*]. É o inapreensível, pois não é apreendido. É indestrutível, porque não é destruído. É isolado, porque não pode se unir a nada. É livre. Não treme. Não pode ser ofendido" (*Bṛhadāraṇyaka Upaniṣad* 3,9,26; 4,2,4; 4,4,22; 4,5,15).

A *via negativa* é, na realidade, um método paradoxal de afirmar as realidades últimas, consideradas realidades supralógicas. Tomás de Aquino mostra a contradição inerente a este método: "O significado de uma negação está sempre numa afirmação, como se vê pelo fato de que toda proposição negativa é provada por uma afirmativa; consequentemente, a não ser que o intelecto humano conheça alguma coisa de Deus afirmativamente, ele não poderia negar nada de Deus; e assim seria se nada daquilo que se refere a Deus pudesse ser verificado afirmativamente" (*De potentia Dei* 7,5). Por outro lado, a abordagem da teologia mística tem um interesse mais paradoxal do que lógico, uma vez que seu objetivo é ir além da afirmação e da negação. Dionísio o Areopagita conclui assim a sua *Theologia mystica*:"Nós não podemos afirmá-la nem negá-la [a Divindade], na medida em que a única e perfeitíssima causa de todas as coisas transcende toda afirmação, e a pura e simples superioridade da sua natureza absoluta está fora de toda negação, livre de toda limitação e além de tudo isso". Fica-se, portanto, na *docta ignorantia*, forma superior de conhecimento, que, ademais, permanece "ignorante" da realidade superessencial.

O paradoxo da fé

Referindo-se ao Livro de Jó, "o paradoxo do melhor homem na pior sorte", G.K. Chesterton (1916) escreve que "o homem encontra um grande conforto nos paradoxos" (p. 237). A.O. Lovejoy (1978), em seu ensaio sobre a *felix culpa*, analisa a necessidade psicológica da expressão paradoxal com relação à salvação religiosa. Ele observa que o pecado de Adão foi um pecado bem-aventurado, e como tal constitui a *conditio sine qua non* do drama cristão da redenção. O tema "tinha seu apelo emotivo para muitas mentes religiosas - em parte, sem dúvida, porque sua própria paradoxalidade e seu transcender a simples lógica do pensamento comum lhe conferiam uma espécie de sublimidade mística" (p. 279). O seu estudo revela que, no *Paraíso perdido* de Milton, esse tema remonta até a Du Bartas, Francisco de Sales, Gregório Magno, Leão Magno e Ambrósio (p. 294s.; cf. tb. Weisinger, 1953).

O paradoxo do pecado e da redenção marca profundamente o pensamento das figuras religiosas. Lutero afirma que "Deus esconde a sua misericórdia eterna e a sua bondade sob a ira eterna, a sua justiça sob a injustiça" (Althaus, 1966, p. 279). E ainda: "Se se abolir o pecado, então se eliminaria também Cristo, pois não haveria mais nenhuma necessidade dele" (p. 258).

Shinran, o fundador da escola japonesa da Terra Pura, dizia: "Se o bom se salva, quanto mais o mau" (*Tannishō* 3). O paradoxo da redenção é sustentado pela fé. A doutrina cristã da encarnação é, para Kierkegaard, o paradoxo por excelência: é, escreve ele, "o 'Paradoxo absoluto', o paradoxo de Deus no tempo. Se devemos crer neste paradoxo, o próprio Deus deve nos dar condições de fazê-lo, fornecendo-nos 'um novo órgão' de compreensão - o da fé" (Bretall, 1946, p. 154). O problema do paradoxo e da lógica nos escritos religiosos pode ser entendido como uma transposição do eterno problema do Ocidente, o problema da fé e da razão.

Paradoxo, adivinha, enigma

Pode-se dizer que, no fundo, paradoxos e adivinhas enfrentam o enigma do universo, da existência humana. Se alguma coisa é um enigma para a inteligência humana, ou permanece misteriosa ou então é compreendida apenas paradoxalmente.

O mistério da existência, o paradoxo da vida, assume uma formulação concreta na mentalidade chinesa. Era uma vez um velho que vivia com o filho e com um cavalo sarnento junto a uma fortaleza, numa remota região de fronteira. Um dia o cavalo, única riqueza da família, desapareceu. Todos os habitantes da aldeia consolavam o pobre velho pela perda repentina, mas ele, nem um pouco entristecido, explicava: "Não podemos saber se é uma desgraça ou um bem em forma de mal". Na primavera seguinte, o cavalo voltou com uma égua. Então os vizinhos ficaram contentes, mas a resposta do velho foi a mesma: "Não se pode saber se é um bem ou um mal" (*Huainanzi*). A história continua repetindo esse ponto, de que aquilo a que um evento pode levar é imperscrutável. A única coisa certa é que não se pode saber o curso dos acontecimentos e que as estações seguem seu próprio ritmo.

Essa sabedoria prática do taoismo vê uma interferência complementar, dinâmica, do positivo e do negativo. Ela toma o enigma da existência e o articula de modo paradoxal, o "conceitualiza" numa linguagem "esférica". O paradoxo pode ser considerado uma das maneiras pelas quais a mente humana racionaliza o irracional, o imperscrutável, o desconhecido. O paradoxo é uma maneira de compreender o que de outro modo é incompreensível.

Para o pensamento comum os paradoxos parecem elusivos, desconcertantes, surpreendentes, insensatos. Mas eles são também livres, criativos, divertidos, uma forma de expressão que contribui para um "pensamento esférico" que se expande e se contrai livremente "através de confins extremos e categóricos" (Colie, 1966, p. 7). O paradoxo abre a mente para novos horizontes, para o que antes era desconhecido, às vezes com um efeito poético, não raro com um elemento de surpresa. Além disso, uma série de pensadores considerou direta ou indiretamente o paradoxo como um aspecto integrante da realidade. De Sócrates, Platão, Yajñavalkya, Nagarjuna, descendo até os contemporâneos, como Kierkegaard, Berdjaev, Nishida e outros, a lista inclui os mais profundos pensadores da história.

Bibliografia

KELSO, J.A. Riddle. *In*: HASTINGS, J. (org.). *Encyclopaedia of religion and ethics*. Edimburgo, 1918. vol. X. Ampla exposição sobre as adivinhas. TAYLOR, A. *A bibliography of riddles*. Helsinque, 1939. Ampla bibliografia sobre esse tema. TAYLOR, A. *The literary riddle before 1600*. Berkeley, 1948. Precioso estudo comparativo sobre os enigmas, com uma ótima bibliografia.

Para uma panorâmica sobre os enigmas: HAIN, M. *Rätsel*. Stuttgart, 1966; ABRAHAMS, R.D. *Between the living and the dead*. Helsinque, 1980. HUIZINGA, J. *Homo ludens*. Amsterdã, 1939. Acurada exposição sobre o tema. ABRAHAMS, I. *Jewish life in the Middle Ages*. Nova York, 1896. Trata da inclinação dos judeus e dos árabes pelos enigmas. SCHECHTER, S.The riddles of Solomon in rabbinic literature. *Folk-lore*, vol. 1, p. 349-358, 1891. Relato completo das interpretações midráshicas do Enigma de Salomão. FRAZER, J.G. *The golden bough*: a study in magic and religion. 3. ed. rev. e ampl. Londres, 1911-1915. Os volumes III, VII e IX contêm uma coletânea de enigmas. BLOOMFIELD, M. *The Religion of the Veda*. Nova York, 1969. p. 210-218, ocupa-se dos enigmas védicos. PANIKKAR, R. *The vedic experience*. Berkeley, 1977, trata do tema segundo o *Ṛgveda* e outros textos hinduístas.

Sobre o *kōan* cf.: *Original teachings of Ch'an buddhism* – Selected from the transmission of the lamp (trad. ingl., Nova York, 1969); ROSS, N.W. (org.). *The world of zen*. Nova York, 1960; SUZUKI, D.T. *An introduction to zen buddhism*. Nova York, 1964 [trad. bras.: *Uma introdução ao zen-budismo*. São Paulo: Mantra, 2019].

ZENKEI, S. *Zen comments on the mumonkan*. Nova York, 1974, inclui o texto *Mumonkan*. IZUTSU, T. *Toward a philosophy of zen buddhism*. Teerã, 1977: uma exposição filosófica do *kōan*. RAMSEY, I.T.; SMART, N. Paradox in religion. *Aristotelian Society Supplementary*, vol. 33, p. 195-323, 1959. SMART, N. *Reasons and faiths*. Londres, 1958.

AUSTIN, W.H. *Waves, particles and paradoxes*. Houston, 1967, aplica o princípio da complementaridade na explicação do discurso teológico. OTTO, R. *Das Heilige*. Marburg, 1917 [trad. bras.: *O Sagrado*: os aspectos irracionais na noção do divino e sua relação com o racional. Petrópolis: Vozes, 2000], sobre o conceito de numinoso. STACE, W.T. *Mysticism and philosophy*. Filadélfia, 1960, com uma ampla seção sobre o discurso religioso e o paradoxo. CALHOUN, R.L. The language of religion. *In*: LEARY, L. (org.). *The unity of knowledge*. Garden City/N.Y., 1955. p. 248-262, aborda o tema da linguagem religiosa e o paradoxo.

Para os escritos de Heráclito: KIRK, G.S. (org.). *The cosmic fragments*. Cambridge, 1954. CUSA, N. de. *De docta ignorantia*, 1440 [trad. bras.: *A douta ignorância*. Rio de Janeiro: Fundação Calouste Gulbenkian, 2012]). PASCAL, B. *Pensées*. 1670 [trad. bras.: *Pensamentos*. São Paulo: Nova Cultural, 1999].

SUZUKI, D.T. Reason and intuition in buddhist philosophy. *In*: MOORE, C.A. (org.). *Essays in east-west philosophy*. Honolulu, 1951. p. 17-48, sobre budismo e paradoxo. SUZUKI, D.T. Basic thoughts underlying eastern ethical and social practice. *In*: MOORE, C.A. *Philosophy and culture* – east and west. Honolulu, 1962. p. 428-447, sobre o mesmo tema. SLATER, R. *Paradox and nirvana*. Chicago, 1951, estuda as realidades religiosas últimas com referência ao budismo birmanês. KEIJI, N. *Religion and nothingness*. Berkeley, 1982. Estudo exemplar sobre a escola de Kyoto.

SLAATTE, H.A. *The pertinence of the paradox*. Nova York, 1968, sobre filosofia e paradoxo. CHESTERTON, G.K. (org.). *The book of job*. Londres, 1916. GLATZER, N.N. (org.). *The dimensions of job*. Nova York, 1969. p. 228-238. Contém uma introdução ao Livro de Jó. BRETALL, R.W. (org.). *A Kierkegaard anthology*. Princeton, 1946. ALTHAUS, P. *The theology of Martin Luther*. Filadélfia, 1966. LOVEJOY, A.O. Milton and the paradox of the fortunate fall. *In*: *Essays in the history of ideas*. Westport/Conn, 1978. p. 277-295, sobre o conceito de *felix culpa*. WEISINGER, H. *Tragedy and the paradox of the fortunate fall*. Londres, 1953, ainda sobre o conceito de *felix culpa*.

HEIJENOORT, J. Logical Paradoxes. *In*: *The encyclopedia of philosophy*. Nova York, 1967. QUINE,

W.V.O. Paradox. *Scientific American*, vol. 206, p. 84-96, 1962, faz uma convincente exposição da matéria. RAPOPORT, A. Escape from paradox. *Scientific American*, vol. 217, p. 50-56, 1967, é outro exame do tema, especialmente em relação à teoria da decisão. MORGAN, A. *A Budget of paradoxes*. 2. ed. Chicago, 1915. vols. I-II, com amplo material sobre os paradoxos. WHITEHEAD, A.N. *Science and the modern world*. Nova York, 1925 [trad. bras.: *A ciência e o mundo moderno*. São Paulo: Paulus, 2006], sobre ciência e paradoxo. KUHN, T.S. *The structure of scientific revolutions*. 2. ed. rev. Chicago, 1970 [trad. bras.: *A estrutura das revoluções científicas*. 17. ed. São Paulo: Perspectiva, 2017]), trata da mudança do esquema conceitual nas ciências. BOLZANO, B. *Paradoxes of the infinite*. 1851. Londres, 1950. É um dos estudos clássicos na matéria. WOLGAST, E.H. *Paradoxes of knowledge*. Ithaca/N.Y, 1977, sobre a natureza do conhecimento e sobre os paradoxos. COLIE, R.L. *Paradoxia epidemica*. Princeton, 1966, um dos trabalhos mais estimulantes sobre o paradoxo, em especial sobre a tradição do paradoxo no Renascimento. FALLETTA, N. *The paradoxicon*. Garden City/N.Y., 1983, faz um relato conciso, embora ofereça uma ampla série de exemplos de paradoxos, com uma ampla bibliografia. STATES, B.O. *The shape of paradox*. Berkeley, 1978, com um ensaio sobre *Esperando Godot*. GOMBRICH, E.H. *Art and illusion*. Nova York, 1960 [trad. bras.: *Arte e ilusão*: um estudo da psicologia da representação pictórica. São Paulo: WMF Martins Fontes, 2007), sobre a arte e o paradoxo.

Michiko Yusa

ESPADA

As espadas, como as facas, os machados, as foices, as tesouras e as serras são instrumentos de corte. Como hierofanias do poder divino, as lâminas manifestam a função de cortar, dividir, separar, rachar, partir ou articular, intencionalmente ou não.

O poder divino de dividir que se revela através das lâminas funciona criativamente ou construtivamente quando diferencia uma entidade primordial, multiplica o um em muitos cortando alguma coisa em pedaços, liberta ou recebe alguma substância frutífera abrindo algo com um corte, reordena um estado de confusão dividindo-o em partes, purifica uma coisa ou a leva à perfeição cortando dela uma parte inútil. O mesmo poder de dividir age de modo negativo, limitante ou destrutivo quando produz um fim prematuro eliminando ulteriores desenvolvimentos, estabelecendo um limite insuperável ou destruindo a integridade ou a unidade orgânica necessária para a continuação de alguma coisa.

As lâminas são instrumentos feitos pelo homem para realizar intenções conscientes; sua fabricação requer habilidade, seu uso exige exercício e disciplina. Essa sua qualidade intencional faz com que possam simbolizar o intelecto, objetivo, vontade, juízo, habilidade, astúcia ou sabedoria divinos que desencadeiam ou guiam o poder de cortar.

As lâminas manifestam seu poder divino em todos os campos da existência – agricultura, guerra, administração civil, culto dos deuses e disciplinas meditativas. Por exemplo, o poder de cortar, em forma de foice, é atributo de divindades ligadas à agricultura como instituição sagrada. O antigo deus itálico da semeadura e da colheita, Saturno, usava uma foice. A deusa grega da terra, Gaia, inventou a foice e impeliu seu filho Kronos a usá-la para castrar o pai, que tentava impedir seus filhos de nascer. O poder de cortar, na forma de uma espada, é um atributo de divindades vinculadas às disciplinas meditativas. No hinduísmo, por exemplo, a espada Nandaka ("fonte de alegria"), empunhada pelo deus Viṣṇu, representa o conhecimento puro (*jñāna*), cuja substância é a sabedoria (*vidyā*). A espada flamejante do conhecimento é a arma poderosa que destrói a ignorância. Geralmente, seja qual for o campo da existência em que se manifeste, o poder divino de cortar atua como a lâmina sagrada de um agente divino que maneja a espada e cuja natureza essencial é representada por ela.

Em várias tradições religiosas, as lâminas, como atributos dos deuses soberanos do céu, tornam manifesto o poder de cortar tanto nas suas conotações construtivas como nas negativas. As espadas dos deuses celestes têm seu equivalente natural no fenômeno do raio.

Por exemplo, o senhor védico do céu, o deus Indra que vive entre as nuvens, é a divindade do espaço, dispensadora de chuva, lançadora do raio (*vajra*) e princípio do relâmpago – a energia da vida cósmica e animal, que é reposta na semente (*vīīrya*) de todos os seres. Quando o sacerdote de Indra brande a espada ritual de madeira (*sphyha*), considera-se que ele empunha o raio usado por Indra para decapitar Vṛtrá, o dragão (ou demônio) que causava a seca. No *Mahābhārata*, o raio de Indra é equiparado ao pênis, e nos Tantra é equiparado à potência sexual, enquanto energia fundamental.

De acordo com Ananda Coomaraswamy, "a espada japonesa xintoísta, de reis ou de samurais, é de fato a descendente ou hipóstase da espada de raio encontrada por Susano-o-no-Mikoto na cauda do Dragão das Nuvens, que ele mata e despedaça, recebendo em troca a última das filhas da Terra, cujas sete homólogas tinham sido devoradas pelo dragão" (*Selected Papers*. Princeton, 1977. vol I, p. 434).

O raio é também uma metáfora que expressa a espada flamejante do juízo empunhada por Javé. "Pus em cada porta a ponta da espada, feita para brilhar, afiada para o massacre" (Ez 21,20). Depois que Adão e Eva foram expulsos do Jardim do Éden, Javé coloca "os querubins e a flama da espada fulgurante para guardar o caminho da árvore da vida" (Gn 3,24).

O machado também é um atributo dos deuses celestes. Indra se encarna como Rāma-com-o-Machado, Paraśu-Ramā. O machado de Rāma é o poder de cortar a serviço do restabelecimento da ordem social correta através da guerra. Rāma recebera o machado de Shiva, o deus ou princípio da desintegração, da dispersão e da aniquilação, que o havia ensinado a usá-la. Zeus é outro exemplo de deus celeste cujo poder guerreiro é simbolizado pelo machado. Na época de seu nascimento sobre o Monte Ida em Creta, a montanha gerou os curetes, jovens armados de machados de guerra e escudos, que dançaram em volta da criança divina para impedir que Kronos, o pai assassino, ouvisse seu choro. O lugar natal de Zeus em Creta é também um centro importante do culto do machado duplo. Aparentemente o próprio machado duplo era objeto de culto, e em representações subsequentes Zeus é representado armado com um deles.

As lâminas são atributos de deuses e heróis solares. Essas lâminas têm seu equivalente natural na forma e na atividade dos raios do sol. O deus do sol babilônico, Shamash, que era juiz, legislador e deus da fertilidade, é representado com uma serra para "cortar" as decisões. Seu emissário heroico e régio, Gilgamesh, usa um machado de guerra e uma espada com os quais mata tanto o monstro Huwawa, que domina o deserto, como o Touro do Céu, enviado contra ele pela deusa Ishtar, pela qual Gilgamesh não se deixa seduzir. Em geral, as lâminas associadas a divindades e heróis solares manifestam o poder divino de cortar que age para a conservação da ordem humana, da civilização e da realeza.

As espadas encontram-se quase onipresentes como parte das insígnias reais, porque o soberano é o equivalente do princípio divino que governa através do poder de cortar. Por exemplo, há cinco espadas no emblema do rei da Inglaterra: a espada do Estado, uma espada menor que é usada no lugar dele durante a cerimônia de coroação, a espada da justiça espiritual, a espada da justiça temporal e a espada da misericórdia, que tem a ponta chanfrada.

As tesouras estão particularmente ligadas à capacidade de pôr fim a alguma coisa ou de eliminá-la. Por exemplo, as Moiras, deusas do destino na religião grega pré-olímpica, fiavam os fios da vida dos homens e decidiam seu comprimento. Uma delas, Átropos, cortava os fios com as tesouras. Na iconografia hinduísta a deusa Kālī às vezes é representada com as tesouras, que usa para cortar o fio da vida.

Kālī ou Mahā-Kālī, o poder transcendente do tempo que separa todas as coisas, é frequentemente representada armada de uma espada, que simboliza o poder destrutivo do tempo que interrompe a vida. A espada é também instrumento sacrifical nos ritos de Kālī.

As lâminas são também atributos de deuses inferiores. Por exemplo, Yama, o soberano das regiões infernais e juiz dos mortos da religião hinduísta, tem uma espada, um machado e um punhal. O nome *Yama* significa "Aquele que prende, que detém". Quando Yama é identificado com o princípio do tempo (Kāla), é representado como um velho armado de espada e escudo, porque esse conceito está relacionado com a extinção.

No Apocalipse (14,15s.), o fim dos tempos é representado pela imagem do Filho do homem que aparece sobre uma nuvem com uma foice na mão. "Um outro anjo saiu do templo, gritando para aquele que estava sentado na nuvem: 'Atira a tua foice e corta, porque é chegada a hora de cortar, porque está madura a lavoura da terra'. E o que estava sentado na nuvem atirou a foice à terra e a lavoura da terra foi cortada". A palavra julgadora do Senhor é também representada pela imagem do Filho do homem com a espada de dois gumes saindo de sua boca (Ap 1,16).

Assim o divino poder de cortar que se manifesta nas lâminas atua para uma multiplicidade de fins em todos os campos da existência. Dependendo do contexto em que aparece, a lâmina simboliza tradicionalmente um instrumento de criação, libertação, justiça, poder, autoridade, fertilidade, purificação, iluminação, punição, morte, execução capital, destruição, martírio e limitação.

Bibliografia

Outras discussões sobre o tema encontram-se em DANIÉLOU, A. *Le polithéisme hindou*. Paris, 1960.

Richard W. Thurn

ESPELHO

Supõe-se, embora não tenha sido possível demonstrar, que, na Era Neolítica, discos de pedra polida eram usados como espelhos. Espelhos propriamente ditos foram usados desde a Idade do Bronze e em todo o decorrer da história desde então. As fontes antigas atribuem a invenção do espelho a Hefesto. Os espelhos mais antigos conhecidos eram feitos de metal (bronze, bronze banhado de prata, às vezes prata ou então ouro), mas em seguida, a partir da época romana, surgiram espelhos de vidro, que, no entanto, até a época moderna, foram de uso comum apenas entre os europeus. A forma mais comum dos espelhos pré-históricos, antigos e medievais era a circular, mas podiam ser também ovais, retangulares, poligonais, recortados e assim por diante. Ao lado dos tradicionais, se difundiram espelhos de pequenas dimensões com um cabo lateral ou posterior. Havia espelhos portáteis ou fixos; um grande cabo às vezes podia servir também de base. A parte de trás do espelho, suas bordas e o cabo eram frequentemente decorados com gravuras, destaques em relevo e inscrições, que às vezes tornavam os espelhos esplêndidas obras de arte.

Os espelhos e a alma

O fundamento físico das crenças ligadas ao espelho é sua capacidade de refletir os raios do sol e de reproduzir a imagem de seres vivos e de objetos; a forma também contribuía para seu valor simbólico. O fenômeno ótico da reflexão – a reprodução exata num espelho de objetos do mundo externo – podia ser interpretado pelo homem primitivo e antigo apenas num quadro conceitual religioso e sobretudo no interior de um sistema de crenças animistas. Por exemplo, pensava-se que o espelho representava o duplo espiritual de uma pessoa – a sua alma, que existia separadamente dela. Um encontro com esse duplo podia ter consequências positivas, neutras ou negativas. Acreditava-se também que, se uma pessoa se olhasse no espelho, sua alma, que existia em seu interior e era necessária para a vida, seria arrancada e fugiria através do espelho; isso teria consequências negativas e mortíferas para a pessoa. Assim, os indígenas das Ilhas Andaman acreditavam que sua alma se refletia no espelho; os Papua da Nova Guiné e os habitantes da Nova Caledônia tinham a mesma crença. Entre os indígenas da Melanésia, *atai* significa "alma", mas também "reflexo".

No judaísmo, a imagem no espelho era vista como um símbolo da essência do indivíduo. Para o hinduísmo antigo, o reflexo na água ou num espelho era a alma do homem (*śāṇkhayāna āraṇyaka* 6,2; 8,7; *Aitareya āraṇyaka* 3,2,4); para que a serpente do céu visse a si mesma, era necessário que a serpente da terra se olhasse no espelho.

Platão foi provavelmente o primeiro a formular uma analogia entre a pintura e o reflexo num espelho. O problema da relação entre um objeto e seu reflexo era de grande importância no pensamento filosófico e religioso indiano. O autor do *Milindapañha* (*As perguntas do Rei Milinda*), escrito por volta do início da era comum, escrevia: "Supondo, majestade, que não existissem o espelho, a luz e o rosto – seria possível produzir uma imagem? Oh, não, honorável senhor. Mas se, majestade, houvesse um espelho, a luz e um rosto – seria possível produzir uma imagem? Certamente, honorável senhor, seria possível produzi-la".

Tabus e perigos associados aos espelhos

Entre muitos povos era proibido ver sua imagem refletida em certos lagos, rios e pântanos. As *Leis de Manu* da antiga Índia contêm a seguinte restrição: "Que ele não olhe a própria imagem na água". Crenças análogas existiam também entre os antigos gregos, os quais acreditavam que sonhar com a própria imagem refletida era um presságio de morte; a mesma ideia está expressa na poesia popular inglesa. Esse é o fundamento do mito clássico de Narciso, o belíssimo jovem que se apaixonou pela própria imagem refletida num espelho d'água e nele morreu.

Tais crenças são parte de uma categoria mais ampla, ligada à relação entre o homem e sua sombra, que tem as aparências do homem e na luz do sol acompanha sempre o homem, inseparável dele. A perda da sombra-alma de uma pessoa levava à sua morte. De acordo com os antigos gregos, os mortos não tinham sombra; por essa razão, os sacrifícios a eles eram feitos ao meio-dia, quando as sombras são mínimas. O motivo recorrente da perda da sombra-alma (usado em tempos modernos num conto de E.T.A. Hoffmann) explica por que entre os russos os Tajique e muitos outros povos a quebra do espelho é um presságio evidente de azar e em geral de morte: a quebra da imagem refletida da alma significa o seu desaparecimento.

Espelhos e costumes fúnebres

Entre muitos povos, quando alguém morre todos os espelhos da casa são virados para a parede ou cobertos com um pano: teme-se que a alma do falecido, impressa nos espelhos, seja levada por espíritos maus, que são particularmente ativos quando há um cadáver na casa. Em algumas partes da Europa, especialmente na Alemanha, segundo uma crença tradicional, se uma pessoa se visse num espelho depois da morte de um parente ou de um amigo, ela mesma morreria. Para os muçulmanos de Mumbai, é proibido olhar-se no espelho se há alguém doente na casa.

Entre outros povos, um espelho quebrado de propósito ou um pedaço de espelho é colocado no túmulo durante o rito fúnebre. Para os que quebravam ou destruíam objetos do enxoval funerário, tal ato equivalia à morte daqueles objetos. Assim, a "alma" ou, mais exatamente, a "sombra" do objeto podia acompanhar a alma do falecido no outro mundo. Desse modo, segundo as crenças dos Khakass, "o homem morreu, seu corpo apodrecerá, mas sua alma viverá na terra dos mortos. As coisas também devem ser mortas, de modo que suas almas saiam e sigam a alma do homem na terra dos mortos". Nas antigas necrópoles sarmáticas, entre aquelas dos habitantes do Ferghana e nas do sul da Sibéria, encontraram-se espelhos deliberadamente quebrados onde outros objetos do enxoval fúnebre estavam inteiros. A razão pela qual os objetos quebrados eram espelhos, e não outros, era que a alma do morto era encarnada pelo espelho, e a quebra do espelho refletia simbolicamente a morte da pessoa.

O valor simbólico de um espelho quebrado está ligado também a outro grupo de crenças que dizem respeito à ameaça que uma pessoa moribunda pode representar para as almas dos vivos. Vários meios mágicos foram experimentados para apaziguar os espíritos dos mortos, para fazer com que permanecessem no túmulo e não saíssem dele, ou ao menos para evitar que aparecessem entre os vivos. Na Ásia Central os numerosos ritos desse tipo incluem a quebra de um espelho (ou seja, da alma de uma pessoa) como precaução para que a alma do morto não apareça entre os vivos.

Os espelhos e a ligação entre as almas

O espelho nem sempre foi considerado uma encarnação inseparável da alma, e nem sempre se acreditou que a quebra de um espelho levava inevitavelmente à morte do seu dono. Numa antiga lenda chinesa, por exemplo, um marido apaixonado e sua mulher tiveram de se separar um dia. Quebraram um espelho, e cada um dos dois ficou com uma metade, como promessa de fidelidade. Quando, depois de algum tempo, a mulher traiu o marido, sua parte do espelho se transformou num corvo e voou até o marido para contar a ele a traição da mulher. Mas não apenas os maridos e mulheres quebram espelhos: também amantes e parentes o fazem, no momento de se separar. Essa prática baseava-se evidentemente no conceito da fusão das almas do marido e da mulher, dos parentes e de outras pessoas ligadas por laços estreitos – a ideia de que elas possuíam, além das almas individuais, uma alma comum, que se encarnava no espelho, que lhes pertencia enquanto casal ou enquanto grupo.

Poderes positivos associados aos espelhos

No decorrer do tempo, as crenças ligadas ao espelho se multiplicaram, se tornaram complexas, e se formaram associações tanto positivas como negativas com o espelho. A forma redonda e o brilho do espelho, bem como sua capacidade de refletir os raios do sol, deram origem à crença de que estava ligado ao sol; ao mesmo tempo, o espelho às vezes era considerado uma fonte de água e do princípio feminino. No Japão antigo um espelho de bronze era venerado como uma imagem do sol e encarnação de Amaterasu Omikami, a divindade suprema, cujo nome significa "grande deusa que brilha no céu". Na tradição popular da Letônia há um ditado que diz "Quando o sol surge brilha como um espelho". No folclore dos Tajique o espelho é associado à água: um curso d'água brota dele, e todas as vezes que um herói lança ao chão um espelho, naquele lugar se formam lagos, rios e espelhos d'água. No santuário de Deméter em Patras havia uma fonte sagrada. Um espelho era preso a uma corda, jogado na água e depois examinado: dali se deduzia se uma pessoa doente viveria ou morreria.

Fertilidade

A associação do espelho com o princípio feminino e com o culto da fertilidade foi muito difundida. Os chineses acreditam que o espelho atrai a "água da vida", e se considera que o espelho está associado à divindade feminina. Na China as mulheres penduram espelhos em suas camas. Entre os tibetanos o espelho constituía o antípoda do significado fálico da flecha; o espelho foi um símbolo da vagina e, como ela, foi chamado *gsang-bai gnas* ("lugar secreto"). Na antiga

Grécia, o espelho era um atributo de Dioniso; durante as danças dionisíacas os dançarinos e as dançarinas seguravam espelhos nas mãos. Na época romana, o espelho se tornou um símbolo de Baco.

Numa taça de ouro proveniente de Khasanlu (no atual Irã), do início do I milênio a.C., está representada uma divindade feminina montada num leão; em sua mão esquerda, elevada, há um espelho. Também Kubaba, divindade do oeste da Ásia, divindade protetora de Carquemis (no norte da Síria), é representada montada num leão e com um espelho, num relevo que remonta a aproximadamente 900 a.C. A inversão no interior da oposição mulher-espelho, uma espécie de inversão semântica em que o espelho se torna o membro dominante, encontra-se em objetos dos séculos IX e VIII a.C. provenientes do Khurvin e do Luristão. Medalhões de ouro provenientes dos túmulos funerários citas representam uma deusa sentada numa cadeira com um espelho na mão elevada; diante dela um jovem cita em pé bebe de um *rhyton*. Trata-se evidentemente de imagens das núpcias da deusa cita Tabiti e do rei dos citas. Na Ásia centro-meridional, pequenas esculturas datadas do início da Era Comum e de seus primeiros séculos atestam a imagem de uma deusa com o espelho. Entre os sármatas e os Śaka da região do Lago de Aral, os espelhos acompanhavam as sepulturas das sacerdotisas. Todas essas manifestações derivam da divindade feminina cujo atributo era um espelho e que, mesmo sendo principalmente uma deusa da terra e da fertilidade, era também diretamente ao culto do sol. Em especial, atribuía-se ao espelho o poder mágico de aumentar a fertilidade e a potência sexual.

É natural, portanto, que o espelho tenha ocupado um lugar importante nas cerimônias nupciais. Na antiga Índia, o esposo colocava um espelho na mão esquerda da esposa (*śāṇkhayāna Gṛhyasūtra* 1,12,7), e assim um casamento terreno se tornava um reflexo de um casamento celeste. Na Índia moderna, o esposo e a esposa se olham simultaneamente num espelho ou numa série de espelhos. Existem outras variantes desse uso ritual do espelho entre os Tajique, os iranianos e outros povos; o significado ritual de olhar-se no espelho fortalece a ligação entre o esposo e a esposa. Na Ásia Central, os recém-casados tinham de entrar na nova casa com um espelho, que é levado por uma mulher com muitos filhos. O místico muçulmano Ahmad al-Ghazali (falecido em 1126) comparava os amantes a espelhos.

Sorte e felicidade

A isso está ligado um mitologema: o espelho como atributo da felicidade e de um destino bem-aventurado. O antigo hinduísta recebia boa sorte ao ver sua imagem refletida (*Bhāradvāja Gṛhyasūtra* 2,22); segundo outra fonte, "uma vida longa e boa sorte".

Havia crenças semelhantes também entre os antigos chineses. Como se pensava que o espelho protegia do mal e trazia felicidade, uma série de pessoas, do guerreiro à esposa, trazia um espelho no peito. No período Han (206 a.C.-220 d.C.) colocava-se um espelho no peito do morto; acreditava-se que isso protegia o coração e expulsava o espírito mau do cadáver. Inscrições em espelhos chineses reforçavam seu poder mágico e o concentravam num único ponto. Os desejos mais comumente expressos em tais inscrições são riqueza, influência, saúde, longevidade e descendência numerosa.

Natureza divina e cosmogônica dos espelhos

O espelho teve um significado cosmogônico numa série de tradições. No misticismo muçulmano o mundo criado é um espelho cuja face pode ser comparada ao céu e cujo reverso é análogo à terra. Essa imagem, usada pelo místico e poeta sufi Jalal al-Din Rumi (1207-1273), evoca também a natureza divina do espelho, ou melhor, da imagem que nele se reflete. Rumi escreveu também que a sabedoria divina se reflete no espelho, e que quem é mais profundamente devoto pode obter essa sabedoria diretamente do espelho, prescindindo dos livros e dos mestres. No sufismo, o *shaykh*, um guia espiritual, é visto como um espelho que reflete a luz espiritual de Deus. O espelho é também ligado ao coração humano. Deus olha no coração dos homens, e quem tem o coração justo recebe um espelho, que reflete os seis lados do mundo; assim Deus pode ver esse mundo olhando no coração de uma pessoa. O espelho mostra a cada um o seu verdadeiro aspecto. Mas a morte, como o espelho, mostra se as ações da pessoa morta foram piedosas ou demoníacas durante a vida, e desse modo a morte é como um espelho. Essas complexas relações entre Deus, o homem e o espelho se refletem nas palavras do místico muçulmano Ibn al-ʻArabī (falecido em 1240): "Deus se torna o espelho em que o homem espiritual contempla a sua própria realidade, e o homem, por sua vez, se torna o espelho em que Deus contempla os seus nomes e as suas qualidades".

Bibliografia

Não existe uma monografia científica sobre os conceitos religiosos associados ao espelho. Para o exame mais detalhado sobre a origem das crenças relativas ao espelho, cf. FRAZER, J.G. *The golden bough*. vol. III, *Taboo and Perils of the Soul*. 3. ed. rev. e ampl. Londres, 1911; mais sucintamente, cf. *The Golden Bough*, Londres, 1922, edição resumida pelo autor.

Muito material posterior, especialmente sobre elementos iconográficos, pode ser encontrado em HARTLAUB, G.F. *Zauber des Spiegels*: Geschichte und Bedeutung des Spiegels in der Kunst. Munique, 1951.

Para outras informações sobre esse tema, cf. SWALLOW, R.W. *Ancient chinese bronze mirrors*. Beijing, 1937; ZÜCHNER, W. *Griechische Klappspiegel*. Berlim, 1942; LITVINSKII, B.A. *Orudiia truda i utvar'iz mogil'nikov Zapadnoi Fergany*. Moscou, 1978; SCHIMMEL, A. *The triumphal sum*: a study of the works of Jalāl-oddin Rumi. Londres, 1978; WAYMAN, A. notes on mirror words and entities in the area of India. *Ural-Altaische Jahrbücher*, vol. 47, p. 204-206, 1975; e The mirror as a pan-buddhist metaphor-simile. *History of Religions*, vol. 13, p. 251-269, 1974.

B.A. Litvinskii

ESTRELAS

Em todo tempo e lugar, o céu estrelado por um lado desafiou e por outro satisfez a exigência do homem de ordenar, classificar e padronizar o que é desconhecido. Tentando fazer do céu noturno um lugar familiar, nossos antepassados sobrepuseram a grupos de estrelas os contornos de figuras míticas e históricas, ligando assim o reino celeste ao terrestre. Os dois termos usados para indicar esses grupos de estrelas são *constelações* e *Zodíaco*. As constelações são grupos de estrelas unidas entre si pela mente e pelo olhar do homem. Se algumas delas podem ser correlacionadas do ponto de vista da mitologia, como é o caso das Plêiades e de Órion, em geral as constelações são independentes e em número limitado. O Zodíaco, por sua vez, é um sistema integrado formado por 12 constelações identificadas por signos astrológicos, que constitui o pano de fundo para os movimentos do sol, da lua e dos planetas. [Cf. o verbete Astrologia.] Por outro lado, cada signo do Zodíaco é associado a uma parte do corpo humano, formando assim vínculos entre o plano terrestre e o celeste. O primeiro signo, Áries, representa a cabeça, enquanto o de Peixes representa os pés e os restantes correspondem às outras partes do corpo em ordem descendente. Os estudiosos atribuem aos babilônios a criação do Zodíaco (cerca de 700-420 a.C.), enquanto os próprios babilônios, em seu poema épico da criação, o *Enuma elish*, consideram o deus Marduk como responsável pela invenção.

Os antigos egípcios também desenvolveram um sistema integrado de organização das estrelas. Nesse sistema, os 36 decanos ou grupos de estrelas, cada um com a amplitude de dez graus e com o nome de uma divindade, tinham duas finalidades. Anotava-se o nascer helíaco (a primeira aparição no céu) da estrela principal de cada decano e, com base nele, delineava-se o calendário egípcio de 12 meses. À noite, os decanos serviam de relógio estelar, permitindo que os sacerdotes conhecessem a hora exata para realizar as atividades religiosas. Desse modo, os ritmos da terra eram ligados aos do céu. Na tradição indiana, os Naksatra ou casas lunares compreendem outro sistema integrado de estrelas. A passagem da lua pelo céu era traçada como a viagem do deus Soma pelos "lugares onde repousava". Acredita-se que toda estrela é habitada por uma das 28 esposas, com cada uma das quais Soma passa uma noite por mês.

O céu no mito

Nas diversas religiões, o céu simboliza a transcendência e a sacralidade, adequando-se para satisfazer as exigências da imaginação humana. [Cf. o verbete Céu.] Quer seja concebido como a morada dos deuses, o lugar em que descansam os heróis ou a terra dos mortos, o céu muitas vezes se apresenta como o modelo transcendente para a existência humana. As potências das estrelas velam por nós guiando-nos quando estamos vivos e nos acolhem no momento da morte. Como terra dos antepassados falecidos, as estrelas representam o lugar da nossa futura existência e da nossa recompensa. Nelas existiremos para sempre, veremos e saberemos todas as coisas, tornando-nos semelhantes aos deuses.

No plano terrestre, tudo o que existe está num estado de constante transformação; a natureza é imprevisível, às vezes benevolente, às vezes má. Apenas o céu permanece constante, previsível, além da mudança. Como as distantes divindades do céu costumam servir de legisladores de uma dada cultura, fundando uma ordem na sociedade humana, a relação terrestres-celestes é recíproca: nós levamos a ordem ao céu, ainda não atravessado pelas trajetórias dos mapas, sobrepondo-lhes imagens, e o céu, por sua vez, impõe a ordem das leis à sociedade dos homens.

Os catasterismos, relatos nos quais seres humanos e animais atingem a imortalidade tornando-se estrelas, expressam a ideia das estrelas como morada dos heróis. O catasterismo oferece uma imagem constante da recompensa de feitos heroicos, bem como uma explicação da origem de cada estrela ou de constelações. Tais relatos existem em culturas diferentes umas das outras: estão presentes na Austrália, onde um homem se transforma em estrela para fugir da ira de um marido que o persegue, e na Groelândia, onde um grupo de caçadores de baleias perdidos se tornam estrelas. Os criadores mais prolíficos de catasterismos foram os gregos e os romanos.

Nesses relatos, após a morte, a alma se torna uma estrela, de acordo com uma ideia surgida entre os pitagóricos. A crença de que apenas os heróis se tornam estrelas fez com que constelações como Héracles e as Plêiades servissem de modelos para o empreendimento heroico e sua recompensa. Constelações como Andrômeda e Órion, por sua vez, servem para ilustrar a punição duradoura do pecado de *hybris*. A estrela de Antínoo recebeu esse nome em 132 d.C., em homenagem ao jovem amante de Adriano que se afogou convencido de que os anos que ainda lhe cabiam viver seriam acrescentados à vida de Adriano.

A Via Láctea, que é frequentemente chamada Rio Celeste ou Via Celeste, está ligada à ideia das estrelas como terra dos mortos. Na mitologia escandinava, ela é o caminho percorrido pelos espectros para chegar ao Valhol; na tradição celta, ela é criada por Gwydion para ir em busca da alma de seu filho no céu; no Islã, afirma-se que Muhammad a percorreu para ir até Deus; na Acádia, era chamada o Rio da Senhora Divina e era frequentada pelos espectros; na parte oriental do Estado de Washington, os indígenas Sanpoil situam a terra dos mortos no fim da Via Láctea e os Lakota acrescentam que a viagem para a Terra do Espírito é interrompida, um pouco antes da chegada, por uma velha que verifica se há tatuagens nos pulsos, uma vez que os que não têm essas tatuagens são enviados de volta à terra como espectros.

Os templos e as estrelas

O método mais prático para verificar a importância das estrelas no mundo antigo é estudar o alinhamento das plantas dos templos com determinadas estrelas. Como edifícios sagrados, os templos, particularmente os dedicados às divindades do céu, são projetados segundo um modelo celeste. Em 1894, J. Norman Lockyer publicou sua pesquisa sobre os templos do antigo Egito com o título *The dawn of astronomy*. Com o advento da moderna tecnologia, grande parte dos dados de Lockyer foi questionada, mas sua teoria geral sobre o alinhamento celeste ainda é válida.

Encontramos exemplos desse alinhamento na Inglaterra, nas Américas e no antigo Oriente Próximo. Na Antiguidade, os templos quase sempre eram construídos levando em conta a posição do sol no solstício e no equinócio; no entanto, não faltam exemplos significativos de plantas relacionadas a estrelas específicas.

Os alinhamentos astrais são calculados pela astroarqueologia, que permite datar um sítio histórico a partir de suas ruínas e se utilizam computadores para recriar a posição das estrelas no momento que o local foi construído. Stonehenge, na Inglaterra, cuja construção começou por volta de 2800 a.C. constitui um bom exemplo a esse respeito: nesse local, grandes megálitos estavam dispostos em posição vertical para delimitar o horizonte e serviam de mira, enquanto pedras menores serviam de ponto focal. Para indicar a passagem do sol, o sacerdote-astrônomo fixava um ponto do qual observava o pôr do sol contra as perdas que serviam de mira. À medida que o sol mudava o seu curso durante o ano, se punha à direita ou à esquerda da linha de megálitos, cujos extremos indicavam os pontos do solstício e do equinócio. Stonehenge funcionava como um conjunto observatório astronômico que permitia identificar os eventos celestes mais importantes do ano. Dali se acompanhavam os movimentos do sol, da lua, dos planetas e de importantes sistemas estelares, como o das Plêiades; além disso, anotava-se o nascer helíaco das estrelas e dos planetas.

Os mesmos princípios eram empregados na América Central, da forma mais evidente em Tenochtitlán, a capital política e religiosa dos astecas, onde o curso de um rio foi alterado para criar os alinhamentos necessários para a observação do sol nascente no equinócio e no solstício e do nascer helíaco das Plêiades. Outros sítios históricos da América Central foram construídos em relação não apenas com as Plêiades, mas também com as estrelas Capella e Sírius e o Planeta Vênus. Gerald Hawkins, em *Stonehenge decoded* (Garden City/Nova York, 1965), verificou as teses de Lockyer em diversos sítios históricos do Egito, usando técnicas modernas. Mesmo discordando de algumas conclusões de Lockyer, ele confirma que os templos egípcios estão efetivamente alinhados com determinadas estrelas. Edwin C. Krupp (1978) estabeleceu uma relação entre os alinhamentos das pirâmides e os cultos de Ísis e Osíris, representantes respectivamente das estrelas Sírius e Órion. Em primeiro lugar, ele nota que todas as estrelas são invisíveis por cerca de 70 dias, quando sua luz se perde na luz mais brilhante do sol, e considera digno de nota que os antigos egípcios chamavam esse período de "estar em Duat", ou seja, no Mundo Inferior. Krupp vê uma relação entre esse lapso de tempo e o período de tempo destinado a embalsamar os cadáveres, antes do sepultamento, também ele de 70 dias. Como as estrelas muitas vezes são consideradas como a terra dos mortos, Krupp vai além, considerando que os poços das pirâmides alinhadas com Sírius e Órion foram construídos para permitir que as almas dos faraós subissem até essas estrelas, que constituíam sua meta final.

Na América do Norte são poucos os lugares de interesse astronômico, mas eles se associam a mitos e lendas igualmente relacionados com a astronomia. Os *kiva* dos Anasazi, os antepassados dos atuais Pueblo, mostram, em certa medida, vestígios de alinhamento com os astros, e os modernos rituais dos Pueblo conservam determinações temporais de tipo astral. Entre os indígenas das Pradarias, as rodas da medicina, construídas com pedras de grandes e pequenas dimensões, em forma de uma roda cujos raios fixam alinhamentos, assinalam os solstícios. No Saskatchewan, no Canadá, a Roda da Medicina do Monte Moose também está alinhada em relação ao nascer helíaco das brilhantes estrelas estivais Aldebaran, Rigel e Sírius.

A Estrela Polar

Às vezes diferentes culturas se servem de imagens parecidas para descrever a mesma estrela. A Estrela Polar ou Estrela do Norte (que corresponde à posição ocupada atualmente pela estrela Polaris na Ursa Menor), por causa de sua relativa ausência de movimento em relação às outras estrelas, é importante para a orientação tanto no mar como em terra firme. Em muitas culturas ela é considerada o centro do universo.

Os antigos escandinavos acreditavam que os deuses tinham regulado o universo enterrando uma estaca na terra e fazendo com que o céu girasse em torno desse eixo, cuja extremidade era ligada solidamente à Estrela Polar. Para os mongóis, a Estrela Polar era um pino ou um prego de ouro que unia as abóbadas celestes em rotação. Na Índia ela é chamada "o eixo dos planetas" e é representada pelo deus Dhurva, a tal ponto imóvel na sua meditação que se torna a Estrela Polar que brilha sobre o Monte Meru, o centro do mundo. Como Dhruva passou a meditar em busca da constância, desiludido com o afeto inconstante do próprio pai, na Índia a estrela é cultuada como fonte de constância tanto na meditação como no casamento. Os antigos mandeus, que viveram entre os rios Tigre e Eufrates, veneravam a Estrela Polar como a estrela central em torno da qual giravam todos os outros corpos celestes e seus templos eram construídos de modo que, os que neles entravam, ficam de frente para direção da Estrela Polar. O culto era realizado naquela direção e os mortos eram sepultados com os olhos e os pés alinhados a ela.

A fixidez da Estrela Polar constitui o motivo da sua popularidade entre os marinheiros, como mostram os epítetos de Steering Star, "estrela-guia", Lodestar e Ship Star, "estrela dos navios". (Estrabão, historiador e geógrafo grego do século I a.C., atribui a difusão do uso da Estrela Polar entre os marinheiros gregos a Tales, o astrônomo e filósofo do século VI a.C.) A posição constante da Estrela Polar fez dela um bom instrumento de referência até para quem viajava em terra firme. Na América Central, pensava-se que ela protegia e guiava os mercadores em viagem, os quais queimavam em sua honra incenso de copal.

Os árabes usavam a Estrela Polar para se orientar na travessia do deserto e também acreditavam que, olhando-a fixamente, se curavam das irritações nas pálpebras. Para os chineses, a Estrela Polar era a secretária do Imperador do Céu e, enquanto senhora dos mortos, punia estes últimos com base nas ações realizadas.

As Plêiades

Mesmo em sociedades que não davam muita atenção às estrelas, o movimento das Plêiades era notado. Por exemplo, os povos de língua banto do sul da África regulavam o calendário agrícola com base nessas estrelas, enquanto em Bali as Plêiades e Órion eram usados para respeitar o calendário lunar. Na Austrália, onde a primeira aparição anual das Plêiades coincide com a estação das chuvas, os aborígenes consideram essas estrelas como fonte de chuva e as maldizem se esta não acompanha o aparecimento delas. Em geral, a última vez em que se veem as Plêiades surgir depois do pôr do sol é celebrada, em todo o Hemisfério Sul, como o início da estação agrícola. Nos mitos relativos às Plêiades, essas estrelas geralmente são associadas às mulheres. No mundo greco-romano, elas eram chamadas "as sete filhas de Atlas" e, na China, eram veneradas pelas mulheres e pelas jovens como as Sete Irmãs da Operosidade. Na Austrália, são imaginadas como moças que tocam instrumentos musicais para um grupo de jovens dançarinos, as estrelas do grupo de Órion.

Nas Ilhas Salomão, são chamadas "grupo de moças" e entre os Yurok da América do Norte são imaginadas como seis mulheres. Na Índia, a identidade delas varia e são as babás de Skanda, o deus menino da guerra, ou as sete esposas dos sete sábios da Ursa Maior. Os mitos em que são representadas como esposas atribuem sua transformação em estrelas à intenção de punir sua infidelidade ou de recompensar sua fidelidade. Numa leitura positiva, a estrela Arundhati é considerada a esposa indiana ideal, uma vez que foi tão virtuosa que conseguiu resistir à tentativa de sedução do deus Shiva. Como a Estrela Polar, Arundhati é cultuada pelos casais como símbolo da constância.

As Plêiades tiveram um papel central também na vida religiosa dos astecas. O ciclo de 52 anos de seu calendário era dividido pelas Plêiades. De fato, a lenda lembra que a destruição do mundo numa era do passado aconteceu precisamente nessa ocasião. A cerimônia ao fim do ciclo, "a amarração dos anos", estabelecia que os movimentos dos céus não tinham cessado e que o mundo não acabaria, ao menos por outros 52 anos. Podemos ter uma ideia da importância das Plêiades considerando que a cidade de Tenochtitlán não apenas estava alinhada com essas estrelas, mas, no ano da sua fundação (por volta de 150 d.C.), o nascer helíaco das Plêiades se verificou no mesmo dia da primeira passagem anual do sol pelo zênite, um dia de grande importância para demarcar as estações e, no México, o dia em que ao meio-dia o sol não projeta sombra. Além disso, é preciso acrescentar que essa data marca o início da estação das chuvas, de importância vital para a agricultura. Os incas chamavam as Plêiades de "estrelas do verão" e acreditavam que seu surgimento à primeira vista era presságio de uma boa colheita. Se as estrelas eram grandes e brilhantes ao surgir pela primeira vez, a colheita seria boa, ao passo que, se eram pequenas e pouco brilhantes, a colheita estaria arruinada. A ligação com a estação agrícola explica em parte a ênfase colocada nas Plêiades. Na Grécia elas são um presságio de clima ameno: o nome de uma estrela do grupo, Alcyone, está ligado a uma expressão que designa condições climáticas particularmente amenas, "os dias de Alcyone". Na Grécia antiga, a estação da navegação começava no mês de maio, com o nascer helíaco das Plêiades, e se encerrava por volta do fim do outono, com seu ocaso. Nas Ilhas Hervey, no sul do Pacífico, elas são o guia preferido para a navegação noturna e são veneradas pelos marinheiros.

Na América do Norte, os Pés Pretos se referem às Plêiades para estabelecer sua festa mais importante, que inclui também a semeadura. Os Navajo acreditam que as Plêiades aparecem na testa de sua principal divindade, Deus Negro.

Sírius

No antigo Egito, Sírius era considerada uma das estrelas mais importantes e seu papel era semelhante ao das Plêiades entre os astecas. O nascer helíaco de Sírius, no solstício de verão, coincidia com a inundação anual do Nilo, marcando assim o início do ano egípcio. Os antigos egípcios representavam Sírius como a deusa Sothis e a ligavam a outras divindades femininas, como Hathor, Sekhet e Ísis; por fim, ela era considerada o lugar em que se encontrava a alma de Ísis. Também conhecida como "estrela do Nilo", tinha como hieróglifo a figura de um cão e, até nossos dias, é famosa como "a estrela do cão". Na antiga Roma, quando o sol se preparava para entrar em conjunção com Sírius, durante uma festa pela proteção do trigo, os camponeses sacrificavam um cão de pelo dourado ao deus Ferrugem (Robigus). Também os Dogon do Mali ligam Sírius a um cereal chamado *po*, e Po é o nome da estrela, menor e mais luminosa, que acompanha Sírius. Essa companheira foi avistada pela primeira vez pelos astrônomos ocidentais em 1962, mas em 1940 os Dogon já falavam da estrela com os antropólogos ocidentais. Afirmando saber da existência dessa estrela há oito séculos, os Dogon estimavam corretamente que sua órbita em torno de Sírius exigia um período de 50 anos.

Uma lenda finlandesa explica o brilho de Sírius com a história de dois amantes, Zulamith, o corajoso, e Salami, a bela: quando os dois completaram a construção de uma ponte (a Via Láctea) para se encontrar depois de mil anos de separação, se abraçaram e se fundiram num único ser.

Cometas, meteoros e estrelas cadentes

Os fenômenos celestes absolutamente efêmeros, como os cometas e os meteoros (as estrelas cadentes), participam da natureza sagrada do céu e acrescentam alguns elementos ao significado das estrelas "permanentes". A subitaneidade de sua passagem muitas vezes as fez parecer presságios de sorte ou azar. O escritor norte-americano Mark Twain dizia ter nascido quando o cometa Halley se aproximava da Terra e previu corretamente a própria morte no ano do retorno do cometa. Um cometa, cuja passagem foi registrada em 43 a.C., deu fundamento à ideia de que Júlio César se transformou num cometa depois da morte, ocorrida no ano anterior. Shakespeare utilizou a ideia em sua obra, escrevendo: "Quando morrem mendigos não se veem cometas, mas os próprios céus proclamam com furor a morte dos monarcas" (*Júlio César* 2,2).

Na antiga Grécia e em Roma geralmente se pensava que os cometas prenunciavam infortúnio. O astrônomo Ptolomeu (século II d.C.) afirmava que o significado dos cometas podia ser interpretado dependendo de sua forma; sua cor, ao contrário, revelava o que eles trariam (em geral, vento e seca), enquanto sua posição no Zodíaco indicava o país que seria afetado por eles. Plínio, o escritor romano do século I d.C., também acreditava que os cometas eram sinal de catástrofes e especificava, por exemplo, que um cometa em Escorpião prenunciava invasões de répteis e insetos, especialmente gafanhotos. O filósofo Sêneca (século I d.C.), seguindo Aristóteles, afirmava que os cometas prenunciavam mau tempo para o ano seguinte.

Tais ideias continuavam a circular mesmo depois da difusão do cristianismo. No século III d.C., o Padre da Igreja Orígenes afirmava que os cometas aparecem na véspera de mudanças dinásticas, de grandes guerras e de outras catástrofes, mas também podem ser sinais de eventos futuros positivos: parece que a seu ver a estrela de Belém, que anunciara o nascimento de Cristo, era um cometa. O filósofo Alberto Magno (morto em 1280) escreveu que os cometas eram sinais de guerras e da morte de reis e de poderosos. De acordo com Ptolomeu de Lucca (morto em 1377), em 1264 um cometa prenunciou a morte do Papa Urbano IV: o papa adoeceu assim que o cometa apareceu e morreu no mesmo dia em que ele desapareceu, três meses depois. Elisabete I da Inglaterra aumentou seu prestígio ostentando indiferença diante do cometa de 1557.

Quando seus súditos tentaram dissuadi-la de observar o temível objeto, a soberana dirigiu-se corajosamente para a janela declarando "a sorte está lançada". Os pregadores cristãos do século XVII proclamavam que os cometas eram enviados por Deus para fazer com que os homens se arrependessem, e, ainda em 1843, os mileritas pensavam que os cometas confirmavam sua crença no iminente fim do mundo.

Ideias semelhantes proliferaram amplamente entre os astecas. Eles chamavam os cometas de "estrelas que fumam" e pensavam que eles indicavam a morte iminente de personagens pertencentes à nobreza; a morte de um soberano de Tenochtitlán ocorreu após o surgimento de um cometa e dizia-se que outro cometa prenunciara a ruína de Moctezuma II. Também os indígenas das Pradarias vinculavam o aparecimento dos cometas a desastres e desgraças.

Nas Ilhas da Sociedade acreditava-se que os cometas, assim como os meteoros, eram as caudas das divindades e, assim que eles apareciam, as pessoas jogavam para cima a parte superior da roupa – um sinal de respeito pelas divindades e pelos líderes considerados sagrados – exclamando: "Um deus! Um deus!" Nas Ilhas Samoa, por sua vez, acreditava-se que os cometas prenunciavam a morte de um chefe ou outras calamidades como uma guerra ou um massacre. O astrônomo e astrólogo indiano Varāhamihira (século VI d.C.), que em geral concordava com as teorias expostas acima, desenvolveu um complexo método de análise com o objetivo de prever os três tipos de eventos causados pelos cometas: propícios, infaustos e mistos.

Estrelas cadentes, meteoros e meteoritos compartilham a qualidade sagrada de vir do céu, independentemente das consequências. Assim como os cometas, eles são interpretados principalmente como sinais e prodígios. Ptolomeu afirma que eles prenunciam vento e tempestades, enquanto Sêneca os associa a mudanças políticas violentas. Em contrapartida, alguns acreditavam que esses fenômenos estavam ligados à cura. Plínio transmite a ideia de que, ao ver uma estrela cadente, era mais fácil extrair os calos; o médico Marcelo (século IV d.C.) diz a mesma coisa das verrugas e acrescenta que, se se começa a contar enquanto uma estrela cai, o resultado equivale ao número de anos em que não se terão inflamações nos olhos. Na Índia, as estrelas cadentes são consideradas, por um lado, almas que voltam à terra para reencarnar e, por outro, demônios amantes da noite, associados em sentido negativo às almas dos mortos. Tais seres são particularmente perigosos para as mulheres grávidas.

Entre os meteoritos mais famosos na história religiosa está a Caaba de Meca que, segundo a tradição, foi trazida à terra pelo Arcanjo Gabriel. Teve grande importância também o meteorito da deusa frígia Cibele. Ele chegou a Roma em 204 a.C., quando a cidade estava sendo ameaçada por Aníbal. Os Livros Sibilinos, consultados após uma chuva de meteoros, predisseram que um exército estrangeiro seria expulso da Itália se o símbolo de Cibele, um meteorito, fosse levado a Roma. Isso foi feito e Aníbal foi derrotado. Os romanos, em sinal de gratidão à deusa, construíram um templo para ela no Monte Palatino e instituíram uma celebração anual para comemorar sua chegada.

O alinhamento dos templos, a longa história das crenças astrológicas e a riqueza de mitos e de lendas sobre as estrelas justificam a existência da ideia, presente em muitas culturas, de que "como é no céu, assim é na terra". Essa concepção do universo, na qual se admite que o reino celeste e o terrestre estão em relação recíproca, contribuiu para enriquecer notavelmente a experiência cultural e religiosa da humanidade.

Bibliografia

A melhor coletânea de mitos sobre estrelas, constelações e o Zodíaco é ALLEN, R.H. *Star names* – their lore and meaning. 1899. Reimpressão Nova York, 1963. O material apresentado está em ordem alfabética. Para os diversos sistemas astrais do mundo, cf. BROWN, R. *Researches into the origin of the primitive constellations of the Greeks, Phoenicians and Babylonians*. Londres, 1899-1900. vols. I-II; para o contexto científico, cf. NEUGEBAUER, O. *The exact sciences in Antiquity*. 1951. Nova York, 1969; PTOLOMEU, C. *As previsões astrológicas* – Tetrabiblos, continua a ser o ponto de partida para a visão ocidental. No que diz respeito aos Naksatra e à visão indiana em geral, cf. VIJNANANANDA, S. (org. e trad.). *The Brihajjāakam of Varāha Mihira*. 2. ed. Nova Delhi, 1979 e DE LUCE, R. *Constellational Astrology according to the Hindu System*. Los Angeles, 1963. Os decanos são analisados em GUNDEL, W. *Dekane und Dekansternbilder*. Hamburgo, 1936, enquanto uma boa fonte para o Ocidente até o período medieval é THORNDIKE, L. *A history of magic and experimental Science*. Nova York, 1923-1958. vols. I-VIII.

Sobre os alinhamentos, uma obra que, embora atualmente superada, contribuiu para criar o campo da astroarqueologia é LOCKYER, J.N. *The dawn of astronomy*: a study of temple worship and mythology of the ancient Egyptians. Nova York/Londres, 1893, Cambridge/Mass., 1964. Esse tipo de pesquisa continua em KRUPP, E.C. (org.). *In search of ancient Astronomies*, Garden City/N.Y., 1978, que contém excelentes ensaios sobre a astronomia antiga, e em AVENI, A.F. *Native American Astronomy*. Austin, 1977, que trata dos sítios arqueológicos na América do Sul e do Norte.

Enfim, em LÉVI-STRAUSS, C. *Mythologiques*. Vol. I: *Le cru et le cuit*. Paris, 1964 [trad. bras.: *O cru e o cozido*], parte IV, são apresentados interessantes paralelos de mitos semelhantes relativos a constelações específicas, como as Plêiades, na América do Sul e na antiga Grécia.

Serenity Young

F

FADA

Acredita-se que o inglês *fay*, termo antigo para indicar a "fada" (*fairy*), deriva do latim *fata*, que significa as Parcas (Fates), mulheres sobrenaturais que surgem ao lado do berço dos recém-nascidos para decidir seu futuro. As fadas convidadas ao batismo da Bela Adormecida são um eco dessa crença. No decorrer da Idade Média, *fairy* indicava o estado de encantamento e a terra das criaturas encantadas, assim como seus habitantes.

As "fadas" são encontradas sob vários nomes em muitos países, mas são mais típicas da Europa e da Ásia do que das Américas e da África. Em certa medida, sua organização social reflete o mundo humano. Em *Irish fairy and folk tales* (1893), o poeta William Butler Yeats distinguia as "fadas" que vivem em grupo das que vivem sozinhas. As "fadas" que vivem em grupo aparecem nas lendas e nos romances medievais do Rei Artur e são mais populares na literatura da Inglaterra elisabetana; a partir de então, deixam de ser escritas histórias sobre elas. Elas são belas, aristocráticas, esplendidamente vestidas e participam da Cavalgada das Fadas. Assim como os homens, elas saem à caça e caçam com o falcão, trotam no séquito de seus reis e de suas rainhas, que montam cavalos brancos adornados com sinos de prata. Seu reino de fadas, centrado na corte real, é famoso pela qualidade de sua música, das danças e das festas, tanto quanto pela beleza de suas mulheres. As Tuatha Dé Danann irlandesas ("a gente da deusa Danu") são "fadas" que vivem em grupo; elas são imortais e vivem no Tír na n'Og, a Terra da Juventude.

As "fadas" solitárias, nada aristocráticas, são descritas como feias, quase sempre sinistras e de natureza má. Algumas se ocupam de algum ofício, como o duende trapalhão irlandês, que é completamente inofensivo. Um terceiro grupo de "fadas" é constituído por aquelas que vivem em grupos familiares. Elas trabalham a terra, organizam mercados e visitam as feiras dos humanos.

As "fadas" da natureza são espíritos dos cursos d'água, dos lagos e das árvores. As *rusalki* russas são ninfas aquáticas que tomam a forma de jovens virgens. As Dríades são os espíritos das árvores; o mesmo vale para os homens-carvalho; daqui nasceu um ditado: "Fairy folks are in old oaks" (as "fadas" vivem nos carvalhos antigos). Na Inglaterra, as "fadas" habitam os espinheiros, especialmente se eles crescerem perto de suas colinas, e a Mulher Groselha, sob forma de uma grande lagarta peluda, fica de guarda em cima dos arbustos frutíferos.

As "fadas" tutelares, guardiãs da família e espíritos domésticos, velam pela sorte de uma família determinada. Na Ilha de Skye, as guardiãs sobrenaturais dos escoceses MacLeod deram-lhes uma bandeira de fada. Os alemães chamam seu espírito doméstico de *der Kobold* ("gnomo"), uma criatura irreal de cujo nome deriva nosso moderno *cobalto*. (Os mineradores alemães deram o nome do famoso duende a esse elemento escassamente magnético, dado que consideravam sua utilização trabalhosa e difícil.) Os dinamarqueses têm seu próprio *nis*; os franceses, seu *esprit folle*; os espanhóis, seu *duende*; e os ilhéus das Faer Oerd, no Atlântico Norte, seu *niagruisar*.

Os russos chamam seus espíritos domésticos de *domovoi*, nome derivado de *dom* ("casa"). A lenda narra serem essas criaturas espíritos rebeldes que se tinham oposto a Deus e, por consequência, tinham sido expulsos do paraíso, caindo sobre os tetos das casas e nos pátios. Eles são espíritos amáveis e vivem no calor perto da lareira. Pelo fato de se considerar importante agradar os *domovoi*, os camponeses lhes deixam ovos mexidos nos quintais. Quando uma família camponesa se muda, todos os seus integrantes deixam um pedaço de pão perto do fogão, na esperança de que o *domovoi* os seguirá. Em *Infância,* sua autobiografia de 1913, o escritor russo Máximo Górki descreve de que modo sua família se mudou de casa: a avó pegou um sapato velho, deixou-o debaixo do fogão e invocou o espírito da casa, convidando-o a entrar no sapato e a trazer boa sorte para a família em sua nova casa.

Até mesmo os duendes ingleses estão associados ao fogo doméstico. Eles se tornam ativos à noite e executam os trabalhos que a criadagem deixou sem fazer: limpam e bombeiam água para a casa, cuidam dos animais, ceifam, cortam, debulham e batem a manteiga na batedeira. As famílias podem deixar comida, como uma xícara de nata, ou bolinhos chuviscados com mel para os duendes, mas nunca presentes, como dinheiro e roupas, pois eles afastariam os espíritos.

Os espíritos domésticos podem ser muito incômodos. Um relato popular bem conhecido em toda a Europa fala de um agricultor tão incomodado com as trapaças de um *boggart* (ou duende malicioso) que decide se mudar. A família empacota todos os objetos da casa e os leva para a carroça. Assim que partem, uma voz do interior da jarra de leite diz: "Sim, estamos nos mudando!" É o *boggart.* A família pensa duas vezes e decide não se mudar, pois que motivo haveria para se transferirem se até a criatura segue com eles? Em outras versões da história, o *boggart* imigra com a família para os Estados Unidos.

A mais trágica "fada" tutelar é a *banshee*, um espírito da morte irlandês e das Highlands escocesas. A palavra significa uma mulher (*ban*) do povo das fadas (*sídh*, que se pronuncia "shee"). Essa aparição se materializa quando uma pessoa se aproxima da morte. Na Escócia, pode-se ver a *banshee* enquanto ela lava as mortalhas das pessoas condenadas à morte ou as vestes manchadas de sangue; é possível ouvi-la gemer e se lamentar com os olhos vermelhos de tanto chorar. Melusina (Mélusine), filha da fada Pressina, torna-se a *banshee* da Casa de Lusignan na França. Quando a família foi exterminada e seu castelo transferido à Coroa, ela apareceu e previu a morte do rei da França.

Algumas criaturas sobrenaturais estão estreitamente ligadas a uma época histórica ou a uma área geográfica determinadas. Os gnomos da Europa, por exemplo, eram um produto da antiga doutrina hermética e neoplatônica da qual derivaram a medicina e a ciência medieval. De acordo com o pensamento medieval, todas as criaturas mortais são uma mistura de terra, ar, fogo e água e os quatro seres representantes dos elementos são os gnomos (que habitam a terra), as sílfides (que habitam o ar), as salamandras (que habitam o fogo) e as nereidas (que habitam a água). O *Oxford English dictionary* sugere que a palavra *gnome* seja uma elisão do latino *genomus* ("habitante da terra"). Filipe Aurélio Paracelso (1493-1541), físico e alquimista suíço, fornece em seu *De nymphis* a primeira descrição dos gnomos como seres que representam o elemento terra. Segundo a tradição, os gnomos vivem sob a terra e são guardiões dos tesouros. Também conhecidos como anões, eles são trabalhadores especialistas em metalurgia e fornecem aos cavaleiros medievais armaduras e armas que eles mesmos forjam. Quase sempre são associados à mineração.

Conta-se que nas minas de estanho da Cornualha inglesa vivem os *knockers*, criaturas amigáveis que furam com a picareta as paredes das minas para localizar os veios de metal. Uma lenda antissemita narra serem eles os fantasmas dos judeus que tinham sido mandados para trabalhar nas minas como punição por terem participado da Crucifixão. Diz-se que Ricardo, conde da Cornualha (1200-1272), pusera os judeus para trabalhar nas minas de estanho da Cornualha, e Robert Hunt, em seu livro *Popular romances of the West of England* (1865), afirma que as minas de estanho tinham sido arrendadas aos judeus no século XIII. Contudo, os mercadores judeus tinham uma participação irrelevante no comércio do estanho e não há prova alguma dessa hipótese improvável.

As *pixies* são outro grupo de "fadas" pertencentes à tradição inglesa ocidental. Elas são encontradas no Somerset, no Devonshire e na Cornualha. Anna Eliza Bray foi a primeira a trazê-las à atenção do público numa série de cartas ao poeta Robert Southey, publicadas sob o título *The borders of the tavy and the tamar* (1836). A principal característica das *pixies* é a de extraviar os viajantes. Muito recentemente, em 1961, uma mulher afirma ter sido desviada pelas *pixies* numa floresta próxima a Budleigh Salterton. Uma tradição local registra que as *pixies* são as almas daqueles que morreram antes do nascimento de Cristo ou das crianças não batizadas.

Estreitamente ligado à *pixie* e a seu costume de fazer os viajantes desandarem é o *will-o'-the-wisp* (fr.: *le feu follet*; al.: *das Irrlicht*), também apelidado de *jack-o'-lantern* ou *ignis fatuus* (fogo fátuo). Esse gnomo está presente no folclore de muitos países e é frequentemente um presságio de morte. Na Inglaterra, o *will-o'-the-wisp* é quase sempre identificado com o malandro gnomo Puck ou Robin Goodfellow. As lendas tradicionais sobre esse pequeno ente espiritual que atrai as pessoas para a morte num pântano podem ser uma tentativa de dar uma explicação para a fumaça dos pântanos, que exala material orgânico putrefato e que parece ter a aparência de um espírito.

Outros seres espirituais malévolos também estão ligados a esse ambiente. Os *yarthkins* malignos de Lincolnshire, na Inglaterra, outra área pantanosa, desapareciam quando os paludes secavam.

O termo inglês *goblin*, ou *hobglobin*, é um nome genérico para indicar espíritos malvados. Contudo, é difícil distinguir os *globins* dos *imps*. Originariamente, *imp* se referia a um broto, ou rebento, mas, no sentido de criatura sobrenatural, significa um pequeno demônio, um rebento de satanás. Na Inglaterra, os puritanos pensavam que todas as fadas fossem diabos, e assim o pregador John Bunyan, no seu famoso livro *Pilgrim's progress* (1678), inclui os *hobglobins* e os "demônios obscenos" entre as forças do mal às quais se deve resistir.

Os *elves* chegam à Inglaterra por via da mitologia norueguesa, em que eram conhecidos como *huldre*, muito semelhantes às "fadas". As *elves* femininas são muito belas, mas na parte posterior levam longos rabos de vaca. Os *trolls* são outro grupo norueguês de criaturas sobrenaturais. Originariamente se pensava que eles fossem orcs gigantescos, mas nas tradições suecas e dinamarquesas posteriores eles se tornam anões que vivem em colinas e cavernas. Assim como os anões alemães, eles são exímios artesãos e guardiães de tesouros, famosos por sua estupidez. Nas Ilhas Shetland, ao norte da Escócia, onde a influência escandinava é forte, essas criaturas são chamadas de *trows*.

Nem todas as criaturas sobrenaturais fastidiosas têm origem antiga. O *gremlin*, um ser sobrenatural que provoca problemas aos pilotos e aos equipamentos aéreos, remonta à Primeira Guerra Mundial. O *gremlin*, que constitui uma justificativa para os erros humanos, por causa do cansaço do voo e da pressão provocada pela altitude, pode ter origem numa palavra do inglês arcaico, *gremian* ("irritar").

O tipo de relação entre as "fadas" e os seres humanos mudou notavelmente. Algumas vezes elas podem ser de grande ajuda; afirma-se que, por conta dessa ajuda, os mais famosos tocadores de gaitas de fole escoceses, os MacCrimmon, aprenderam a sua arte. Como já dissemos, os espíritos guardiães velam pelo bem-estar das famílias, e os gnomos fazem os trabalhos domésticos. Mas eles se tornam malignos se maltratados – ou mais simplesmente desaparecem. Todo aquele que os espiona é severamente punido.

Na tradição popular, às vezes, os seres humanos são raptados pelas "fadas". Tomás, o Rimador (Thomas de Ercildoun), poeta e profeta, viveu na Inglaterra do século XIII. Sua história é narrada em *The ballad of true Thomas* e em *Minstrelsy of the Scottish border* (1802), por Sir Walter Scott. De acordo com a lenda, Tomás recebeu o dom da profecia da rainha de Elfland, que o amava e o levou a viver consigo durante sete anos.

Histórias de esposas fadas são comuns e costumam acabar em tragédia. A amável criatura se casa com um mortal e lhe impõe algumas proibições. Se elas forem desrespeitadas, a esposa fada regressa à terra das fadas, abandonando marido e filhos. Também ocorre com frequência de focas e cisnes em idade prematura serem capturados contra sua vontade por causa de suas peles e plumas. Assim que eles conseguem recuperar o objeto roubado, escapam.

Quando um mortal visita a terra das fadas, as consequências são quase sempre igualmente trágicas. O visitante não pode fugir e se torna vítima da contagem sobrenatural do tempo, segundo a qual um dia equivale a uma centena de anos. O Rei Herla conseguiu voltar para casa com os seus cavaleiros, mas quando eles apearam de seus cavalos tornaram-se pó, pois tinham estado longe por 300 anos. Mesmo com as "fadas" levando uma vida independente, há muitos exemplos de sua dependência dos mortais. Alguns relatos falam de parteiras chamadas a auxiliar uma "fada" em trabalho de parto ou de "fadas" desejosas de terem filhos. Da Idade Média até os nossos dias, continuam a ser contadas histórias de roubos de meninos. Frequentemente as "fadas" raptam um menino ainda não batizado e deixam em seu lugar uma criatura fada feia. Se o menino substituído for desmascarado, ele poderá falar, revelando a sua verdadeira identidade; depois, poderá ser afastado. Para desmascarar o espírito, vários métodos podem ser usados, como servir-lhe cerveja em cascas de ovo. Segundo a tradição alemã, a criatura exclamaria: "Sou tão velho quanto as florestas da Boêmia, mas nunca, até hoje, tinha visto cerveja ser servida em cascas de ovo".

Essas lendas deixam transparecer muito do sofrimento humano e da crueldade com as crianças. As crianças disformes eram postas no fogo para obrigar as "fadas" a devolverem a criança pretensamente raptada. Casos desse tipo são encontrados na Irlanda até o começo do século XX. Até recentemente, acreditava-se que um defeito numa criança decorresse de um defeito dos pais. Em princípio, as crianças objeto de pretensa substituição eram as doentes, as deficientes ou as disformes. O povo simples, resistindo a aceitar que essas crianças fossem seus filhos, afirmava que as "fadas" tinham raptado a criança verdadeira e deixado em seu lugar aquela "coisa" desgraçada.

A crença nas "fadas" assume assim uma função etiológica, isto é, fornece uma explicação para as coisas e os acontecimentos que não se entendem. Outro claro exemplo nos é dado pelos resquícios das primeiras civilizações, que outrora causavam perplexidade entre os ignorantes. As regiões antigamente habitadas pelos pictos, na Escócia, contêm restos de *brocks*, casas coloniais redondas ou em forma de colina com paredes de pedra e telhados de relva. Essas estruturas geralmente são atribuídas às fadas *knowes*. Arcos e túmulos fúnebres foram frequentemente relacionados com a terra das fadas.

Uma doença debilitante inesperada, como a causada por um ataque epiléptico, era tradicionalmente classificada como consequência de um tiro de um elfo, isto é, atribuída a um ferimento provocado por uma das flechas com ponta de pedra encontradas em áreas pouco elevadas; foram conservados muitos amuletos anglo-saxônicos utilizados como proteção contra esses ataques. Há séculos, várias outras doenças cuja origem suscitava muitas dúvidas – como a hérnia de disco, os reumatismos e quaisquer outras afecções deformadoras do corpo – eram atribuídas ao sopro invisível de pequenas criaturas. As paralisias, as doenças de pele, as doenças que debilitam o organismo, como a tuberculose, e as afecções dos animais, como a cólera dos suínos e a brucelose, eram todas atribuídas às "fadas". Por vezes, até determinadas características insólitas do terreno eram atribuídas a elas. Aqueles curiosos círculos verde-escuros que surgem nos campos e espaços gramados, geralmente rodeados por um círculo de cogumelos comestíveis, são conhecidos como anéis de fadas. Acredita-se que traz má sorte danificá-los, por menos que seja. Na realidade, eles são causados pelo *Marasmius oreades*, um tipo de fungo, mas as pessoas acreditam ser ali o lugar onde as "fadas" dançam.

Às vezes se atribui uma origem sobrenatural a coisas excepcionalmente grandes ou belas. Existem várias histórias sobre um cálice roubado. O "Luck of Eden Hall", em Cumberland, na Inglaterra, é um esplêndido cálice de vidro verde, um talismã que se pensava velasse sobre o destino da família Eden. Segundo a lenda, o cálice foi levado por um criado para ser entregue às fadas; caso ele se quebrasse, a família seria destruída. Eden Hall foi demolida em 1934, mas o "Luck" se conserva no Victoria and Albert Museum, em Londres.

No século XIII, a Igreja de Santa Maria, em Frensham, no Surrey, Inglaterra, construiu um enorme caldeirão, que media uma jarda (cerca de 91 centímetros) de largura. A tradição local narra que ele foi tomado em empréstimo pelas "fadas" que viviam perto de Borough Hill e jamais foi devolvido. Provavelmente o caldeirão era usado nas festas paroquiais e nas celebrações e depois esse uso originário foi esquecido.

São muito comuns os relatos de visão e de testemunhos oculares a propósito das "fadas". Um exemplo especial nos é fornecido por Robert Kirk (1644-1692), um estudioso do folclore que se tornou tema de um conto do gênero. Kirk era um estudioso gaélico e ministro da Igreja escocesa. Evidentemente, seus paroquianos desaprovavam suas pesquisas no campo do sobrenatural, visto que, quando ele morreu e seu corpo foi encontrado jazendo ao lado de uma fada *knowe*, surgiram boatos de que ele tinha ido morar com as "fadas". Sir Walter Scott, em suas *Letters on demonology and witchcraft* (1930), faz referência a essa lenda. O relato de Kirk sobre as crenças nas "fadas" nas Highlands escocesas, *The secret commonwealth of elves, fauns and fairies*, só foi publicado em 1815, muito tempo depois de sua morte. O brilhante e excêntrico pintor inglês William Blake (1757-1827) afirmava ter assistido ao funeral de uma "fada". O corpo, dizia ele, foi estendido sobre uma pétala de rosa e levado em procissão por criaturas com a forma e a cor de gafanhotos.

Na Irlanda, os lugares outrora associados às "fadas" são todos objetos de grande consideração e tratados com muito respeito. Acredita-se que interferir neles provoca má sorte. Por esse motivo, mais de uma vez, as estradas receberam novo traçado. Em tempos recentes, diante da fazenda de um holandês, em Limerick, um arbusto considerado como pertencente às fadas foi cortado. Operários holandeses é que fizeram o serviço, pois os locais se recusaram a fazê-lo. Quando, não muito tempo depois, os trabalhos se encerraram com uma perda de mais de mil horas de trabalho, o desastre foi atribuído à destruição do arbusto das fadas.

Tradicionalmente, as "fadas" se vestem de verde. O verde é a sua cor e, até hoje, muitas pessoas o consideram uma cor de má sorte e não querem usá-lo, sem nem mesmo saberem por quê. Formularam-se diversas teorias para explicar as origens das "fadas". Segundo uma tradição britânica, as "fadas" representam a memória de uma antiga raça da Idade da Pedra. Quando os celtas chegaram na Inglaterra, vindos da Europa Central, por volta do ano 500 a.C., os habitantes originários foram empurrados para as colinas e se esconderam nas cavernas. Viviam debaixo da terra e também eram hábeis em se esconder nas florestas para parecerem invisíveis. Em consonância com essa lenda está a crença popular segundo a qual o ferro protege das "fadas", pois os celtas tinham armas de ferro enquanto os habitantes originários usavam objetos de bronze ou de pedra. As várias histórias das apropriações e furtos das "fadas" também servem de reforço a essa teoria, pois se pensava que esses habitantes primeiros tinham se apropriado de grãos e de utensílios, e se pode facilmente imaginar um povo conquistado vivendo em esconderijos deambulando ansiosamente para ver quais coisas podiam ser furtadas de seus conquistadores e apropriadas para si.

Outra teoria atribui a origem das "fadas" à memória dos antigos deuses e dos heróis pagãos. Contudo, visto que, em comparação com estes últimos, são menos importantes, elas têm baixa estatura. Outra teoria ainda apresenta as "fadas" como espíritos personificados da natureza. Os modernos defensores dessa teoria acreditam que os espíritos tornam as plantas férteis e protegem as flores. Mas essa interpretação exclui outros tipos de "fadas", como aquelas que protegem a família, assim como as comunidades de "fadas" com sua elaborada organização social. Uma quarta teoria considera as "fadas" como fantasmas. Sem dúvida, existem muitos vínculos entre as "fadas" e o reino dos mortos: elas vivem em túmulos sepulcrais e muitas delas são obviamente fantasmas e como tais são descritas. Nenhuma dessas teorias é completamente satisfatória, e a resposta pode ser encontrada no conjunto de todas essas hipóteses, ao lado do desejo natural de encontrar explicação para esses fenômenos que geram perplexidade no mundo que nos circunda.

Bibliografia

BRIGGS, K.M. *The anatomy of Puck*. Londres, 1959. Um exame das crenças nas "fadas" entre os contemporâneos de Shakespeare e os seus sucessores.

BRIGGS, K.M. *The fairies in tradition and literature*. Londres, 1967. Apresenta um relatório das tradições sobre as "fadas", das relações entre os seres humanos e as "fadas" e do uso literário dessas crenças.

CROKER, T.C. *Fairy legends and traditions of the South of Ireland*. Londres, 1825-1828. vols. I-III. Ao ser publicado, esse trabalho foi recebido com grande entusiasmo. Jacob e Wilhelm Grimm o traduziram para o alemão e Sir Walter Scott manteve correspondência epistolar com seu autor. Ele ainda representa grande contribuição para o desenvolvimento dos estudos sobre o folclore.

GARDNER, E.L. *Fairies*. Londres, 1945. Livro que pretende apresentar imagens fotográficas de "fadas" reais.

HUNT, R. *Popular romances of the West of England*. Londres, 1865. vols. I-II. Resultado de uma viagem a pé pela Cornualha em 1829. Essa viagem durou dez meses e, nesse ínterim, o autor recolheu, como ele mesmo enfatiza, "todas as fábulas de seus antigos habitantes".

KEIGHTLEY, T. *The fairy mythology* (1828). Nova York, 1968. vols. I-II em 1. Um dos primeiros estudos de folclore comparado, obra de um escritor irlandês interessado na tradição oral.

SIKES, W. *British goblins*. Londres, 1880. Uma coletânea de materiais provenientes de Galles.

Venetia Newall

FERMENTO

Os judeus e outros povos do Oriente Próximo aprenderam a usar o fermento com os egípcios, que passaram a utilizá-lo a partir do ano 2600 a.C. O pão fermentado assume importância como símbolo religioso em particular durante a Controvérsia dos Pães Ázimos, que em 1504 dividiu o cristianismo ocidental do oriental; mas no ritual religioso o uso do pão ázimo teve um significado muito maior. O uso ritual do pão ázimo e o significado simbólico do fermento merecem, portanto, uma atenção especial.

O uso mais conhecido do pão não fermentado é descrito no capítulo 12 do Êxodo, em que Hag ha-Matsot, a Festa do Pão Ázimo, e a Páscoa se unem numa comemoração histórica da fuga do povo de Israel do Egito. Outros textos das Escrituras judaicas indicam que as duas festas têm origens diversas (Dt 16,1-8; Lv 23,5-6): enquanto a Páscoa era uma festa pastoril, a Festa do Pão Ázimo tinha origens agrícolas. A massa natural do pão, um dom da colheita por parte de Javé, era considerada sagrada e a adição de fermento poderia profaná-la. Além disso, a fermentação era considerada uma forma de corrupção.

Na noite da Páscoa, o pão não fermentado também era prescrito como recordação aos judeus da grande pressa com a qual comeram durante a fuga precipitada do Egito. Para a Festa dos Pães Ázimos, que se iniciava no dia posterior à Páscoa e durava sete dias, os israelitas deviam destruir todos os pães fermentados estocados em casa, para comer apenas o "pão da miséria".

Para a Shavu'ot, a Festa das Semanas (ou o Pentecostes), celebrada ao fim da colheita do trigo, os israelitas levavam em oferta, como primeiro fruto da colheita, o pão fermentado, seu alimento comum em Canaã. Apesar de eles vincularem o pão fermentado à entrega das Tábuas da Lei a Moisés, o ritual de sacrifício de comunhão prescrevia a oferta de pãezinhos ázimos encharcados no azeite e biscoitos ázimos untados em azeite. Os pãezinhos fermentados, por sua vez, eram oferecidos ao sacerdote para a refeição propiciatória (Lv 7,11-15).

Portanto, os israelitas parecem ter tido uma atitude ambivalente no que se refere à adição do fermento na massa do pão. Originariamente, eles comiam pão não fermentado, um hábito alimentar típico das populações nômades, e passaram a utilizar o fermento na massa do pão sobretudo depois do assentamento no Egito e em Canaã.

No Novo Testamento, o fermento tem três significados simbólicos: é o sinal da Antiga Aliança, que deve se submeter à Nova Aliança; é o símbolo das influências capazes de corromper; e representa os pequenos inícios, detentores, não obstante, de um enorme potencial de crescimento. São Paulo exortava os coríntios a se libertarem do velho fermento da malícia e da perversidade e a se tornarem o pão ázimo da sinceridade e da verdade (1Cor 5,8) para se unirem ao Cristo ressuscitado numa Páscoa sem fim. Dessa maneira, São Paulo transformou a prática ritual dos israelitas num mandamento de ordem ética.

A ideia do levedo capaz de corromper também é encontrada no trecho do Evangelho em que Jesus exorta contra o fermento dos fariseus, que é a hipocrisia (Lc 12,1). Como muitos outros símbolos, o fermento possui aspectos positivos e negativos. A parábola que compara o Reino dos Céus a um fermento que se leveda com três medidas de farinha (Mt 13,33) quer significar que algo pequeno e modesto como o fermento pode deter uma potencialidade surpreendente.

Na cultura greco-romana, segundo os relatos de Plutarco, o sacerdote de Júpiter era proibido de tocar no pão não fermentado, pois ele era impuro e corrompido. Para Fílon de Alexandria, o pão ázimo era símbolo de humildade; e o fermentado, símbolo de orgulho.

A Igreja oriental usava o pão fermentado para a Eucaristia, enquanto o rito ocidental recorria ao pão ázimo. Essa diversidade geográfica de costumes não causou o menor problema até a Idade Média, quando a discrepância gradualmente se transformou num fator de contraposição. O problema atinge seu ápice em 1504, durante a Controvérsia dos Pães Ázimos que precedeu o Grande Cisma, que separou a Igreja oriental da ocidental.

Ao retomar a Controvérsia dos Pães Ázimos em sua obra *And taking bread*, Mohlan

Smith levanta a hipótese de que as tradições litúrgicas orientais e ocidentais relativas aos dois diferentes tipos de pão eucarístico se baseiam num evidente desacordo das Escrituras no que se refere à data da Última Ceia. Segundo os Evangelhos sinóticos, a Última Ceia teria ocorrido no primeiro dia da Festa dos Pães Ázimos. Por outro lado, no Evangelho de João, Jesus teria sido crucificado no dia da Preparação. Atendo-nos à interpretação de João, a Última Ceia não fazia parte da Festa da Páscoa; logo, o pão utilizado era fermentado. O uso litúrgico do pão fermentado por parte da Igreja oriental possui ainda outra conotação teológica: ele acentua a ruptura entre a Antiga e a Nova Aliança. O ritual ocidental, por sua vez, enfatiza a continuidade entre a tradição judaica e a cristã.

Bibliografia

SMITH, M.H. *And taking bread*: cerularius and the azyme controversy of 1054. Paris, 1978. Excelente estudo sobre o uso do fermento no pão eucarístico, um dos pontos da discussão causadora do cisma entre as Igrejas oriental e ocidental em 1054.

WAMBACQ, B.N. Les Massôt. *Biblica*, vol. 61, p. 31-54, 1980. Profunda análise em busca da origem da Festa dos Pães Ázimos numa festa de tipo agrícola.

James E. Latham

FLOR

A inflorescência, ou seja, a parte reprodutiva das árvores, arbustos e outras plantas, é conhecida pelo nome de flor. Essa parte da planta assume significados muito particulares, por vezes até sagrados, em todas as culturas e religiões do mundo.

O simbolismo floral é frequentemente determinado pelas propriedades naturais de uma flor: a cor e o perfume, o lugar em que ela cresce, a duração do período de floração. Mesmo que a cada tipo de flor possa ser atribuído um significado particular, as flores em geral simbolizam a beleza e a natureza transitória da existência. Elas são muitas vezes usadas como representação do ciclo vital e constituem uma parte importante dos ritos e das cerimônias que celebram o nascimento, o casamento, a morte e a promessa de regeneração. As flores ainda servem como oferenda ou instrumento de comunicação com uma divindade ou com outra entidade sagrada. São frequentemente utilizadas como dom sagrado, distribuídas em sinal de boas-vindas ou como celebração de uma vitória. Representam determinadas divindades e são associadas a crenças culturais relativas ao céu ou ao além.

A inflorescência da planta não é a detentora exclusiva desses significados especiais. Diversas espécies de plantas podem ser combinadas para criar uma "flor" com objetivos referentes ao sagrado. Em algumas sociedades é possível fazer referência a outras partes de uma planta viva pelo nome de "flor". No Japão as folhas do bordo são consideradas flores, apesar de não constituírem a inflorescência da árvore. No cristianismo norte-americano do século XIX, considerava-se que o coral, visto em sua aparência de flor, representava o amor celeste. As palmas e sempre-vivas também costumam ser incluídas na categoria genérica de flor e são utilizadas em contextos sacros.

As flores são usadas para ensinar princípios religiosos gerais. O mito japonês *O senhor Borboleta e suas flores* ensina que todas as criaturas estão destinadas a se tornar outros budas. Nessa história, um eremita recebe a visita de algumas mulheres que são, na realidade, os espíritos das flores de seu jardim, que ele abandonou em sua busca pela iluminação. Essas flores, disfarçadas de espíritos femininos, vêm para compartilhar o alcance de sua meta budista porque elas também estão no caminho da iluminação.

No Japão, a arte da ornamentação com flores é chamada de *ikebana* ("flores vivas") e tem um significado espiritual. O termo que indica a flor é *hana* e compreende inflorescências, ramos, folhas de árvore, assim como flores isoladas e caules de plantas. A arte consistente na disposição dessas "flores" exprime os ideais budistas de contentamento, calma e devoção. As qualidades de que deve dispor a pessoa que se prepara para arrumar as flores devem ser espírito religioso, autocontrole, disposição de ânimo serena e respeito pela humanidade, e o seu objetivo deve ser o de tentar retratar o ciclo de crescimento da planta, do broto à maturidade. Os conceitos taoístas de *yin* (em chinês: feminino, passivo, terra, lua, obscuridade, frio, silêncio) e *yang* (em chinês: masculino, céu, sol, ação, poder) também devem ser harmonizados na organização das flores.

Muitas culturas utilizam o lótus como termo de comparação para o ideal de pureza e de perfeição. A planta cresce na água enlameada e, mesmo assim, permanece pura. A própria flor é muitas vezes considerada capaz de simbolizar a unicidade do treinamento e da iluminação no budismo.

Flores e divindade

As flores estão ligadas ao reino do sagrado por meio de sua associação com as divindades masculinas e as femininas. Flora, a deusa romana da primavera e das flores, confere às inflorescências beleza e perfume; ao mel, a doçura; ao vinho, o aroma. O deus asteca Xochipilli Cinteotl era um dos senhores dos 13 dias, o príncipe das flores – o deus da beleza, do amor, da felicidade e da juventude. Sua irmã gêmea Xochiquetzal ("pluma florida") também era uma deusa do amor. O deus do amor indiano, Kāma, é representado montado num papagaio e trazendo na mão um arco e flechas feitas de flores. Konohana-Sakuya-Hime ("a senhora que faz as árvores florescerem") é um ser sobrenatural japonês, uma fada cujo emblema é a cerejeira em flor. Os seres conhecidos no Japão como *tennyo* (semelhantes às *devatā* indianas) são divindades celestiais femininas voltadas a tocar instrumentos musicais e a espalhar flores, difundindo assim o aroma do perfume celeste. Considera-se que elas circundam como anjos os fiéis budistas e são vistas decorando os templos daquela fé; algumas chegam até mesmo a ter santuários dedicados a elas. Podem ser identificadas com as deusas do xintoísmo. Segundo o zoroastrismo, há 30 espécies diversas de flores associadas às 30 *yazata*, divindades que protegem os 30 dias do mês. A ação dos deuses pode dar origem às flores. Quase todas as culturas atribuem a presença de toda forma de vida, aqui incluídas as flores, ao reino do sagrado. As antigas religiões grega e romana registravam diversos relatos da criação. Ao desejar conceder a imortalidade a Hércules, Júpiter o prendeu ao seio de Juno, enquanto ela dormia. Algumas gotas do leite dela caíram então por terra, dando origem ao lírio branco.

Segundo os muçulmanos, a rosa é uma planta sagrada, brotada do suor caído do corpo do Profeta durante sua viagem celeste. Entre as culturas indígenas da América Latina, considera-se que o gerânio nasceu das gotas de sangue de Cristo, caídas enquanto ele se evadia de satanás. E, na tradição anglo-saxônica, o lírio-do-vale é chamado de "Lágrimas de Nossa Senhora", por ter nascido das lágrimas da Virgem Maria derramadas junto à cruz de Cristo.

As flores também são associadas ao nascimento ou à criação de divindades. A antiga religião egípcia descreve as estrelas fixadas no céu como constituídas por outras tantas figuras divinas ou almas, ou como campos de plantas e flores celestes, considerados a morada dos bem-aventurados falecidos. Os deuses foram criados desses campos de flores e de almas. Os antigos egípcios acreditavam ainda que o sol nascia todos os dias de um lótus azul no oceano celeste. Na Ásia, o lótus é a flor sobre a qual se acomodou Brahmā, nascido do umbigo de Viṣṇu.

A partir de então, Brahmā passou a presidir a existência de todos os mundos.

Frequentemente as flores e as divindades são associadas para proteger o nascimento dos seres humanos. Na China, o *bodhisattva* Guanyin é conhecido como "a senhora que leva as crianças", representado por uma figura feminina sentada numa flor de lótus com um menino entre os braços, deusa da fertilidade evocada para se alcançar a cura de todos os tipos de doença. Sua imagem está presente na maior parte das casas. Kishimojin (Hariti) é uma divindade feminina do Japão, convertida por Buda à nova fé e que protege as crianças e as gestantes. Ela é representada como uma figura de pé com uma criança ao seio e a flor da felicidade numa mão.

Um simbolismo relevante é o referente às flores que surgem associadas a uma figura sagrada. Muitas vezes, esse vínculo surge por causa das características particulares da flor ou do período do ano no qual ocorre seu florescimento, ou ainda da relação de seu florescer com o calendário religioso daquela cultura. O Arcanjo Gabriel foi representado pelos artistas enquanto se apresenta a Maria com um buquê de lírios na mão para lhe transmitir o anúncio de seu futuro papel de mãe de Cristo. Muitas flores estão relacionadas a Maria, simbolizando sua virgindade e pureza: o lírio da anunciação, a amendoeira florida, o lírio de Nossa Senhora, o cravo, a flor fura-neve e a rosa. Os espinhos desta última são uma referência aos sofrimentos de Maria como mãe de Cristo, cuja coroa de espinhos se acredita tenha sido feita de acanto, de sarça ou de rosa-selvagem. O espinheiro também é considerado o símbolo de Jesus porque floresce na época do Natal. Por florescer no tempo da Páscoa, o lírio é tido como insígnia da ressurreição de Cristo.

Flores e ritos

Por constituírem um vínculo entre o homem e a divindade, as flores são apresentadas como oferenda ao mundo do sagrado, como alimento para os deuses, ou até mesmo como recompensa aos homens por parte destes últimos. As divindades podem ser aplacadas e receber o culto por meio da entoação de hinos, da unção dos ícones, do uso de luzes e incensos e, por fim, por meio da oferenda de alimentos e flores. Na Índia se afirma que flores chovem do céu como expressão da alegria dos deuses.

As religiões da América Latina são constituídas de um misto de catolicismo do século XVI e de religiões indígenas. Em muitas regiões, as solenidades dedicadas aos sete santos mais importantes são celebradas com festas que duram três dias. O primeiro dia é marcado pela renovação da ornamentação floral e das oferendas domésticas e nos altares das igrejas. As flores usadas nesse dia e durante todo o decorrer do ano são oferendas fundamentais aos santos e a Deus. O último dia da festa cai no dia do santo definido pelo calendário católico.

Entre os Sherpa do Nepal, os deuses exaltados alcançaram a salvação e a bem-aventurança e se encontram plenamente satisfeitos e autocontrolados. De acordo com as crenças budistas tradicionais, esses deuses atingiram a iluminação graças, em parte, à conquista dos prazeres dos sentidos. Eles não se ocupam do homem e devem ser induzidos a ajudar o gênero humano por meio de ritos complexos que incluem oferendas sagradas. A divindade cai na "armadilha" ou é seduzida pelas diversas oferendas, cada uma das quais voltada para um dos sentidos. A flor utilizada nesse ritual tenta o deus a fazer uso do próprio sentido do olfato.

Ritos de passagem

Um rito de passagem é um veículo de transformação de um indivíduo, ou de um grupo de indivíduos, de um modo de ser para outro, por meio de uma série de graus culturalmente reconhecidos. Na maioria das culturas, tais transições são marcadas, ou recebem um significado, pelo uso ritual de flores.

O primeiro testemunho da utilização de flores num rito de passagem está relacionado a um sítio sepulcral neandertalense na gruta de Shanidar no Iraque, datado de cerca de 60 mil anos atrás, que mostra como o corpo do defunto era recoberto com flores de pelo menos oito espécies diferentes.

A associação das flores com os ritos fúnebres ocorre no mundo todo. Os gregos e os romanos cobriam de flores os mortos e os seus túmulos. No Japão, as almas dos budistas na hora da morte eram elevadas ao alto sobre flores de lótus, e as pedras sepulcrais nos cemitérios frequentemente repousam apoiadas em flores de lótus esculpidas. Nos funerais japoneses são utilizadas folhas de lótus confeccionadas em lâminas de ouro ou de prata. Os habitantes do Taiti deixam ramos de flores envoltos em samambaias junto ao cadáver e derramam sobre eles essências florais para facilitar sua passagem à existência sagrada depois da morte.

No zoroastrismo, o "rito das flores" é celebrado por dois sacerdotes. Ele serve para invocar as bênçãos das entidades sagradas e compreende a formulação de votos dirigidos aos falecidos. Os oficiantes executam uma complicada troca de flores acompanhada de orações e de gestos. A troca de flores simboliza a troca de vida entre este mundo e o outro, situado além da morte. O rito ainda diz respeito ao bem e ao mal e à importância dos bons pensamentos, das boas palavras e das boas ações.

Nos ritos nupciais, as flores são utilizadas como expressão de fertilidade, virgindade e pureza e, além disso, representam a sacralidade da união do esposo com a esposa. Os casamentos entre cristãos nos Estados Unidos comportam o uso de flores no altar, de um buquê para a esposa para representar sua fertilidade e os filhos que nascerão da união e, por fim, de flores para praticamente todos os participantes da cerimônia. Segundo o rito católico, uma esposa sempre depõe o próprio buquê aos pés de uma imagem da Virgem Maria ao fim da cerimônia, dedicando assim a própria virgindade à mãe de Cristo.

As cerimônias nupciais em Java são um sincretismo entre o hinduísmo, o islamismo e a religiosidade popular. O rito só pode ser dado como concluído quando a esposa e o esposo trocarem aquilo que é conhecido como *kembang majang* ("flores desabrochadas"), representando sua virgindade. Essas "flores" são grandes composições vegetais. Os caules são feitos de troncos de bananeira, as "inflorescências" consistem em folhas e as "flores" em seu conjunto são posteriormente envolvidas em ramos de coqueiros.

As flores e o além, ou o paraíso

As flores não apenas são usadas na expressão das crenças culturais sobre as alterações próprias do ciclo vital como também estão relacionadas às ideias de uma vida depois da morte e de um paraíso. Os budistas chineses acreditam que, no momento da própria morte, o Buda aparecerá para eles e suas almas serão postas num lótus e ali permanecerão até serem purificadas de todas as impurezas e, por fim, serem transferidas para a Terra da Extrema Felicidade no Ocidente, um paraíso receptáculo de todos os prazeres, onde do céu caem na terra chuvas de flores. O paraíso asteca estava situado acima do nono céu e se chamava Xochitlicacan, "o lugar das flores". Os indígenas Huichol do noroeste do México chamam o seu paraíso de Wirikúta, a terra das muitas flores e da abundância de água. Ali moravam os antigos, os antepassados e as divindades dos Huichol. As divindades ancestrais são chamadas *neyeteurixa*, planta similar a um cardo selvagem que floresce para depois se transformar na bardana que se encontra no mundo comum. Por meio da ingestão do peiote, ou "flor" das cinco pétalas, esses indígenas são capazes de se deslocar até atingirem o paraíso Wirikúta e ali se unirem aos próprios ancestrais no meio das flores de lá do alto.

Os poderes sobrenaturais das flores

Acredita-se que as flores detêm poderes derivados de sua ligação com o reino do sagrado. A religião grega e a romana consideravam o amaranto uma flor sagrada e o associavam à imortalidade. Na Suíça, acredita-se que quem usa essa flor no Dia da Ascensão pode se tornar invisível. Já à peônia se atribui um poder terapêutico, uma vez que essa flor é mencionada nas celebrações de Apolo, que no papel de Apolo Péon curou as feridas infligidas aos deuses no decorrer da Guerra de Troia.

Os maias de Zinacantán realizam uma cerimônia para a cura das doenças chamadas "ele entra nas flores". Esse rito compreende uma série de visitas à divindade ancestral dos santuários montanheses que circundam a cidade de Zinacantán, assim como um circuito cerimonial das igrejas católicas dentro da própria cidade. Este último circuito é chamado de "grande visão", como referência ao número dos deuses visitados no decorrer da cerimônia, ou "grande flor", pelo grande número de flores necessárias para o sucesso da procissão. Essas flores abarcam não apenas as inflorescências das plantas, mas também as pontas, consideradas sagradas, de determinadas sempre-verdes. Por sua forma, essas pontas são equiparadas a cruzes naturais, e duas delas surgem eretas ao lado de uma cruz permanente de madeira para formar o *calvário*. Essa recriação das três cruzes presentes durante a crucifixão de Cristo é indispensável em muitos rituais, aí incluídas as cerimônias com fins terapêuticos.

O perfume, a essência das flores

As flores também podem estar presentes em determinadas ocasiões sagradas, sob a forma de incensos ou de perfumes. Acredita-se que o aroma das flores alcance a esfera do sagrado. [Cf. o verbete Incenso.]

A população de Mayotte nas Ilhas Comores conhece dois sistemas religiosos, que coexistem lado a lado. A religião pública, masculina, é o islamismo, enquanto a religião da esfera doméstica, privada, atributo do feminino, é um sistema complexo de possessão por parte dos espíritos. As flores e especialmente o perfume delas extraído são empregados na celebração do sagrado nos dois âmbitos. As flores não são escolhidas pela forma ou cor, mas sim com base em sua fragrância. A essência delas extraída é utilizada para assinalar e dar significado em diversas ocasiões: o advento da puberdade nas mulheres, ritos terapêuticos, a unção da esposa e do esposo durante e após a cerimônia nupcial, assim como dos outros principais participantes do rito matrimonial. Cada família conserva um estoque de fragrância floral, generosamente espargida no corpo e nas vestes por ocasião das principais festas e todas as sextas-feiras para o culto semanal na mesquita. O perfume é ainda oferecido aos mulás durante os ritos familiares, especialmente no decorrer das celebrações *mawlid*, vinculadas ao mês do nascimento do Profeta. O perfume entra em contato com o sagrado gratificando-o e permite às orações moverem-se com maior rapidez.

O rito zoroastriano chamado Dhup-sarvi ("cerimônia dos perfumes") comporta o uso de flores aromáticas, de água de flores e de outras essências odoríferas. Elas são distribuídas ao povo, reunido para celebrar os falecidos, e simbolizam a fragrância e a natureza jubilosa do trajeto que as almas dos justos tomam para o além.

Os significados atribuídos às flores e até mesmo a própria definição de flor variam de uma cultura para outra. O significado religioso dessas inflorescências constitui uma parte muito importante da definição de flor para a maioria das sociedades. Há nelas um poder em todos os aspectos da vida, especialmente nessa forma da natureza que quase em todos os lugares simboliza a beleza, a pureza e a transitoriedade característica da existência. [Cf. tb. o verbete Jardim.]

Bibliografia

Um dos maiores exemplos do uso das flores no cristianismo do século XIX é representado pela obra de AMBAUEN, A.J. *The floral apostles, or, what the flowers say to thinking man*. Milwaukee/Wis, 1900. O uso e o significado das flores nas práticas religiosas, especialmente o desenvolvimento histórico de seu papel no rito, são expostos com propriedade por DUCHESNE-GUILLEMIN, J. *Symbols and values in zoroastrianism* – their survival and renewal. Nova York, 1966. Para uma excelente descrição das crenças e práticas da seita Nyingmapa (Rñin-ma-pa) do budismo tibetano, cf. ORTNER, S. *Sherpas through their rituals*. Nova York, 1978. Esse livro se ocupa principalmente das crenças relativas à hospitalidade, que contribuem para dar forma à existência dos Sherpa do Nepal, e compreende um sucinto tratado sobre as flores e seu significado religioso. O uso das flores como oferenda dos maias aos santos católicos foi explorado por VOGT, E.Z. *Zinacantan*: a maya community in the highlands of Chiapas. Cambridge/Mass., 1969. Trata-se de um estudo exaustivo sobre os índios guatemaltecos de língua tzotzil, e inclui uma aprofundada descrição da importância das flores no ritual. A pesquisa pioneira de GEERTZ, C. *The religion of Java*. Glencoe/Ill., 1960, descreve o sincretismo das crenças hindus, islâmicas e da tradição popular que constituem a religião de Java. O autor incluiu na obra um excelente tratado sobre as flores como parte dos ritos relativos ao ciclo vital e por ocasião de outras celebrações religiosas. Um fascinante relato da importância das flores e do perfume para a população de Mayotte nas Ilhas Comores é apresentado por LAMBEK, M. *Human spirits*: a cultural account of trance in Mayotte. Nova York, 1981. As flores e o perfume extraído de suas pétalas constituem ingredientes essenciais dos dois sistemas de crenças religiosas em vigor entre os Mayotte: o islamismo e uma religião popular indígena fundada no transe e na possessão por parte dos espíritos. MYERHOFF, B.G. *Peyote hunt*: the sacred journey of the Huichol indians. Ithaca/N.Y., 1974, descreve dois tipos diversos de "flores" em sua análise da cultura dos indígenas Huichol. Em seu livro, as flores representam as divindades ancestrais dos Huichol em seu paraíso e fazem referência ao peiote, a flor de cinco pétalas que permite aos Huichol contemporâneos a viagem até esse paraíso.

Pamela R. Frese

FOGO

Por meio do calor e da luz, o fogo satisfaz as exigências vitais da existência humana. Não obstante, esse mesmo elemento pode provocar uma destruição total. Suas duas funções, a negativa e a positiva, unem-se no papel do fogo como instrumento de fusão, de refinamento e de purificação.

No âmbito religioso, o fogo, com as suas características amplamente mutáveis, acabou por desenvolver um papel muito vasto no culto, no mito e na linguagem dos símbolos. A abundância de variações entre as religiões, culturas e épocas particulares é muito abrangente, em parte patrimônio universal de toda a humanidade, em parte historicamente condicionada, especialmente no contexto indo-europeu.

A apresentação que se segue está baseada, em sua maior parte, num modelo temático, em vez de seguir um modelo cronológico ou regional. Ela pode se limitar a fornecer apenas exemplos e sugestões. A bibliografia relativamente detalhada se propõe a oferecer vias de pesquisa complementar a respeito daquilo que será apenas mencionado neste verbete.

Origens antigas

Alguns elementos do culto do fogo e do uso desse elemento no rito e no simbolismo baseiam-se em experiências práticas dos seres humanos e nelas têm origem. A história pode ser dividida numa era que ignorava o fogo e numa era posterior na qual ele começou a ser utilizado. Podemos supor que o fogo fosse inicialmente colhido das conflagrações naturais, provocadas pelos raios ou por combustões espontâneas (cerca de 250 mil anos atrás); que, em seguida, fosse produzido quando aceso por percussão ou fricção (cerca de 50 mil anos atrás); e que tenha sido introduzido no uso doméstico (cerca de 10 mil anos atrás). Métodos para conservar e transportar o fogo sobreviviam desde os períodos mais antigos, de modo que raramente era necessário acender um fogo novo. Por outro lado, o fogo era tão ligado à vida que um costume difundido por quase todos os lugares impunha apagar a lareira quando um membro da família morria. O desenvolvimento de lareiras, altares e fornos, assim como a coleta de combustíveis dos tipos mais diversos, foi influenciado por considerações de natureza tanto ritual quanto prática. Não faz muito tempo, ainda era muito comum o costume de pedir fogo emprestado aos vizinhos; do mesmo modo se pode explicar o hábito de manter sempre aceso um fogo público ou nacional. Carlos Magno emitiu um édito que impunha manter um fogo aceso em todas as casas habitadas. O toque dos sinos ao cair da noite, designado pelo termo *coprifuoco* ("cobre o fogo", significando que chegara o momento de cobrir o fogo com cinzas no solo), foi um costume destinado a sobreviver na Europa até o fim do século XVIII. Tomar conta do fogo era um dever da mulher. Mulher, fogo doméstico e casa estavam ligados numa rede de conceitos que faziam referência a ideias como calor, cozinha e luz.

O fogo também foi amplamente utilizado como instrumento para afastar os animais perigosos, para atrair a caça, para limpar áreas de mato, para endurecer utensílios (como, p. ex., as pontas de lança). Durante as idades do Bronze e do Ferro, era normal cremar os defuntos, e essa prática manteve-se amplamente difundida em todo o mundo em tradições estranhas ao judaísmo, ao cristianismo e ao islamismo. No rito religioso, vigora uma distinção fundamental entre o "fogo perpétuo", considerado prioritariamente puro, e o "fogo novo", aceso com grande consciência e temor reverencial. A variedade de origens do fogo, segundo tenha sido aceso com um pedaço de madeira ou pela subtração de uma centelha do fogo celeste, reflete-se nos mitos nos quais os bastões de ascensão representam o macho e a fêmea, ou o fogo é trazido à terra das regiões superiores por um pássaro (p. ex., o *śyena* védico, ou seja, o falcão), ou ainda roubado por um ladrão humano. O nome *Prometeu*, normalmente traduzido como "o prudente", ou "o antevidente", provavelmente deve ser relacionado à raiz sânscrita *math*, "roubar, subtrair, levar embora", verbo que na época antiga era frequentemente confundido com *manth*, "agitar, bater, produzir fogo pela rápida rotação de um graveto seco no buraco de outro pedaço de madeira combustível".

As corridas de tocha por ocasião dos festivais religiosos na Grécia antiga muito provavelmente têm como modelo a imagem do furto de Prometeu. No caso de Euquidas, que em 479 a.C. correu nu de Plateia ao altar de Apolo em Delfos para pegar o fogo sagrado, o motivo da tarefa é explicitamente declarado: era preciso acender o fogo novo em regiões nas quais o fogo velho fora conspurcado pelos bárbaros persas. Como essas corridas de tocha costumavam ocorrer no esquema de revezamento, Platão pôde falar simbolicamente dos pais "que transmitiam a vida à maneira de uma tocha" no momento que geram uma prole e tratam de alimentar os filhos. A mesma imagem é utilizada no budismo para descrever o renascimento na ausência da transmigração de uma substância: ocorre o mesmo quando se acende uma chama a partir de outra, sem que se assista à transferência real de um fogo (Staal, 1983, p. 77-78).

Na Antiguidade greco-romana, assim como havia em toda casa um fogo, toda comunidade possuía um fogo público, que não se podia deixar que se apagasse. Nas cidades-Estado gregas, esse fogo ardia no *prytaneion*, o palácio do "conselho dos cidadãos"; em Roma, um templo especial circular junto ao Fórum Romano era consagrado à deusa do fogo Vesta, onde o fogo estava aos cuidados de suas vestais. Nos altares dos antigos santuários judeus, o fogo ardia continuamente (Lv 6,23). A "luz perpétua", ou a "lâmpada perenemente vigilante" que se encontra nas sinagogas judaicas e nas igrejas cristãs, corresponde em certa medida ao "fogo perpétuo" da Antiguidade, mas com uma interpretação totalmente espiritualizada: esses objetos constituem símbolos da presença de Deus (Simons, 1949, p. 67ss., 107ss.). Todavia, não faltam analogias para essa função totalmente espiritual no âmbito externo ao judaísmo e ao cristianismo, por exemplo, o "fogo de Ahura Mazdā (Ohrmazd)" no Irã antigo.

Tanto a chama eterna quanto o fogo novo são bem conhecidos das religiões tribais africanas e das crenças inca, maia e das populações indígenas da América do Norte (Freise, 1969). Na realidade, ambos pertencem simultaneamente à atualidade e à história. A ascensão do fogo mais sagrado, ātash *bahrām*, do qual subsistem oito exemplares entre os parses na Índia contemporânea, é uma cerimônia extremamente complicada. O rito é mais simples no caso do fogo do templo da aldeia (*ātash ādarān*). O fogo do lar (*ātash dāgdāh*), dotado de dignidade inferior, exige a execução de ritos especiais caso precise ser aceso outra vez (Duchesne-Guillemin, 1962, p. 83). O costume de dar vida a um "fogo purificatório" (*nödeld*) segundo o costume antigo, ou seja, valendo-se de um incêndio intencional, no caso de o rebanho estar doente, resistiu nos países nórdicos até o século XX. Fogos anuais, originalmente considerados capazes de promover calor, luz e fertilidade, são acesos até hoje (Charrière, 1978). O fogo novo católico e a bênção do círio pascal, com seu elaborado simbolismo cristão, constituem um uso eclesiástico ainda vivo parcialmente fundado numa tradição popular. Cerimônias análogas que comportam a ascensão da chama na Igreja do Santo Sepulcro em Jerusalém, desde a *época* protocristã até hoje, gozam de vasta popularidade. Surgiram também novos ritos do fogo na Era Moderna, privados de fundamento religioso tradicional. A chama acesa para os Jogos Olímpicos a partir de 1936 provém de um fogo situado no bosque do templo da antiga Olímpia, lugar do qual parte a corrida dos portadores da tocha. Sob o Arco do Triunfo, em Paris, arde a chama eterna situada acima do túmulo do Soldado Desconhecido.

O sacrifício do fogo indo-iraniano

Cerca de 200 dos 1.028 hinos do *Ṛgveda* invocam Agni, o deus do fogo, sobrepujado nisso apenas por Indra. Agni é um deus estritamente ligado ao fogo como elemento, embora de vez em quando assuma traços mais marcadamente antropomórficos. Agni é "luzente, dourado, tem bigode e barba flamejantes, três ou sete línguas; o rosto é luz, os olhos resplandecem, os dentes são pontiagudos, ele emite um som crepitante e deixa atrás de si um traço negro" (Staal, 1983, p. 73). A ele agrada a manteiga clarificada que lhe é oferecida em oblação, mas devora ou destrói todas as coisas: madeira, florestas, antideuses e inimigos. Agni é idoso, mas, ao mesmo tempo, eternamente jovem, fértil e dispensador de vida. Ele nasce das varetas de incenso que servem para acendê-lo mediante fricção, do raio e do sol alto no céu, mas também das águas celestes (ou seja, das nuvens) e, na terra, das plantas e da madeira, por sua vez nascidas das águas. Fogo e água, elementos contrastantes, também se combinam no nascer e no pôr do sol nos oceanos respectivamente oriental e ocidental, assim como no calor gerador celeste masculino que penetra as águas terrestres femininas. Em sua expressão de fogo doméstico, Agni vela pela casa dispensando-lhe luz; é o hóspede amigo e o chefe do grupo familiar ampliado; ao mesmo tempo, é o sacerdote doméstico e aquele que sacrifica aos deuses. Entrega as oferendas a estes últimos, mas também os faz subir à terra para poderem delas participar. Agni, sábio e vidente onisciente, é o mensageiro entre os homens e os deuses. Mantém relações com ambas as categorias de seres, e é, juntamente com Soma, a principal divindade do ritual védico.

No hinduísmo tardio, Agni é rebaixado à posição de divindade menor, representada na mitologia como sedutor de mulheres e adúltero, símbolo do fogo sexual. Mas é também o calor, ou *tapas*, típico da prática da ascese (Blair, 1961).

Além dos mais complicados ritos sacrificais sacerdotais do período védico, existia também a simples "oferenda do fogo" (*Agnihotra*), que consistia na oblação cotidiana nos fogos doméstico e sacrifical. A oblação era composta principalmente de leite, azeite e papa de farinha azeda e era oferecida toda manhã e toda tarde pelo chefe da família. As oblações no fogo são ainda hoje prática comum na Índia, enquanto a manutenção dos três fogos sacrificais é preservada como privilégio das famílias de estirpe bramânica. Os estudiosos deram vida a acirradas discussões a propósito do significado original do Agnihotra. Na realidade, as fórmulas rituais não são dirigidas a uma divindade apenas, mas se limitam a estabelecer o fato de que a luz do sol é o fogo; como notou H.W. Bodewitz (1976, p. 3), a Agnihotra é "não uma homenagem cotidiana a Agni [...], mas uma transformação do sol (o leite aquecido) em Agni", procedimento que preserva o processo cósmico de alternância entre a alvorada e o anoitecer.

Os chamados nômades védicos (ou seja, os povos que falavam uma língua indo-europeia e provinham da Ásia Central, estabelecendo-se no subcontinente indiano em 1500 a.C.) introduziram o culto ao fogo em sua nova pátria. Até hoje, o "espírito", a "virgem" ou a "mãe" do fogo são invocados nas orações e recebem as oferendas das populações altaicas da Sibéria (Roux, 1976). É provável que as divindades femininas Héstia e Vesta recebessem em oferenda parte da refeição cotidiana respectivamente na Grécia e em Roma no período antigo. Resquícios de um mesmo culto a uma divindade feminina do fogo são encontrados nas tradições populares escandinavas de épocas mais recentes (Wikman, 1929).

Os ritos do fogo de uma sociedade dedicada ao nomadismo provavelmente constituem também o substrato do culto do fogo do Irã antigo, onde, até o século IV a.C., foram construídos templos dedicados ao fogo, destinados a se tornar centros religiosos comuns apenas durante a dinastia sassânida (226-650 d.C.). O nome iraniano do deus do fogo era Ātar, e a ele se dedicava a oferenda três vezes ao dia, por ocasião da hora da oração na alvorada, ao meio-dia e ao anoitecer. A oferenda consistia em madeira combustível limpa e seca e incenso (isto é, folhas secas de determinadas ervas). Além disso, sempre que a família tinha carne para cozinhar, se derramava nas chamas do fogo doméstico uma pequena porção de gordura animal, de modo a fazê-la resplandecer, levando-a a dar prova de um vigor renovado.

O culto do fogo foi incluído, juntamente com uma oferenda de água, no Yasna, o sacrifício cotidiano celebrado pelos sacerdotes sem oblações, mas pelo menos na origem servindo-se do sangue de animais domésticos abatidos para esse fim. Segundo um antigo mito iraniano da criação, os deuses criaram o fogo no sétimo dia, não apenas o fogo visível nas suas várias formas, mas também o fogo invisível, que pervade toda a criação animada como uma força vital jamais vista (Boyce, 1979, p. 4ss., 12).

Segundo a doutrina de Zaratustra (Zoroastro), o fogo está sob a proteção de Asha Vahishta ("ótima verdade, ótima justiça"), um dos sete Amesha Spenta ("sagrados imortais") que preservam a ordem do cosmos. Durante as cinco orações cotidianas, o fiel contempla o símbolo da justiça, o fogo da fogueira doméstica. Entre as sete festas prescritas, a última, Nō Rūz (em persa, "o novo dia"), é dedicada a Asha Vahishta e ao fogo. Este último não pode ser utilizado para queimar os rejeitos; é mantido limpo e seu emprego na cozinha é cercado por uma atenção máxima (Boyce, 1979, p. 23, 33, 44).

Sob a dinastia aquemênida (539-331 a.C.), os sacerdotes elevaram o fogo diante do qual o rei pregava, de modo que eles se posicionassem diante de uma estrutura elevada em seu palácio, dotada de uma base em três níveis e de um topo invertido também em três níveis. O fogo simbolizava tanto a fé do monarca em Zoroastro quanto sua dignidade real. O novo culto ao fogo nos templos, provavelmente introduzido em contraste com os cultos médio-orientais da mãe deusa, recorria a pedestais desse tipo. Em princípio, continuavam a ser exatamente os fogos domésticos da tradição, nos quais se faziam as mesmas oferendas, à maneira do fogo dinástico de todo novo monarca. Por causa da construção desses "lugares do fogo", ou "casas do fogo", os seguidores de Zoroastro foram chamados de "adoradores do fogo". Dario III (reinante entre os anos 336 e 330 a.C.) fazia as tropas levarem na cabeça centelhas daquele fogo que os persas chamavam de sagrado e eterno. Os fogos dos templos mais importantes, criados mediante ritos complicados, eram chamados de "fogos de Verethragna" e assim associados à divindade da vitória. Os fogos dos santuários menores, acesos com o fogo das fogueiras domésticas por membros das várias classes sociais, eram definidos como "o fogo dos fogos".

Em contraste com a fogueira doméstica tradicional, na qual as oferendas serviam praticamente para alimentar o fogo, os novos fogos sagrados não desempenhavam nenhuma função mundana. Ao contrário, ocupavam uma grande quantidade de sacerdotes (Boyce, 1979, p. 50ss., 57ss., 60, 62ss.).

Na era sassânida, a construção de um novo templo do fogo estava vinculada a coroações ou a importantes acontecimentos na vida da nação e constituía um ato particularmente meritório. O rei também estava em condições de ampliar doações aos templos já existentes e podia, como os nobres e a gente do povo, fazer peregrinações aos santuários. Estes últimos, que às vezes levavam o nome de seus fundadores, eram classificados em diversas categorias, em cujo vértice figuravam três tipos provavelmente ligados às classes sacerdotal, guerreira e rural. Uma coletânea de fontes arqueológicas e literárias permitiu identificar até hoje a localização de 136 templos do fogo iranianos (Schippmann, 1971).

Concepções bíblicas

O caráter ambíguo do fogo surge com notável evidência nas Escrituras judaicas (Antigo Testamento), nas quais o elemento é descrito como manifestação da glória divina, ou seja, como sinal dos feitos e da presença de Deus. Ele funciona como instrumento de purificação, provação, destruição ou punição. O termo *fogo* é quase sempre usado numa acepção concreta, mas também pode assumir um significado metafórico. O uso teofânico do fogo está bem documentado nas Escrituras judaicas, do javismo mosaico em diante. A chama perpétua do altar no Levítico (6,13) pertence ao período pós-exílico e pode ter sofrido influência do culto do fogo dos seguidores de Zoroastro. O fogo também aparece como arma de Deus, com o nome de "fogo dos céus", "raio" e "fogo devorador". Essas expressões da ira divina também têm paralelos extrabíblicos.

Vejamos, a seguir, alguns exemplos dessas afirmações gerais: "A Glória do Senhor aparecia aos olhos dos israelitas como fogo devorador" (Ex 24,17); "O Senhor marchava à sua frente [...] à noite com uma coluna de fogo" (Ex 13,21); "O anjo do Senhor lhes apareceu numa chama de fogo no meio de uma sarça" (Ex 3,2); "Caiu o fogo do Senhor e consumiu o holocausto" (1Rs

18,38). Ele protege seu povo eleito da água e do fogo. "Quando passares pelo fogo, não te queimarás" (Is 43,2) – como poderiam confirmar os três homens na fornalha ardente (Dn 3); Javé faz das chamas abrasadoras seus ministros (Sl 104,4). O Paraíso é guardado pelos querubins e pela flâmula da espada fulgurante (Gn 3,24), e Elias sobe aos céus numa carruagem de fogo puxada por cavalos de fogo (2Rs 2,11). Diante do Ancião dos dias e de seu trono flamejante, escorre um rio de fogo (Dn 7,10). As conversas maliciosas do homem perverso são como um fogo ardente (Pr 16,27).

Por outro lado, o fogo do amor (como em Lc 24,32: "Por acaso não nos ardia no peito o coração?") é portador de significado positivo no Novo Testamento. Aqui o fogo e principalmente a luz surgem como atributos celestes. Mas o fogo também provará o que vale a qualidade da obra de cada um (1Cor 3,13), e o fogo eterno está preparado para o diabo e para os seus anjos (Mt 25,41). O Novo Testamento também faz menção a uma conflagração cósmica (2Pd 3,10).

Na era pós-bíblica, o simbolismo ígneo (p. ex., a coluna de fogo) desempenha um papel fundamental entre os anacoretas dedicados a práticas ascéticas nos desertos da Síria e do Egito. O fogo e a luz não são apenas atributos divinos; também são considerados manifestações de sacralidade. Assim como ocorre no misticismo posterior, tais aparições foram consideradas sinais de transfiguração ou de deificação, visíveis ao olhar do iluminado. Fenômenos de luz e de fogo estão relacionados a descrições bíblicas paralelas e são interpretados como revelações de um mundo transcendente (*Dictionnaire de spiritualité*, 1932; Edsman, 1940, p. 158; Edsman, 1974; *Reallexikon für Antike und Christentum*, Leipzig, 1941-; Ricard, 1979).

Cosmologia e antropologia

Além dos três fogos sacrificais, a Índia védica também conhecia cinco fogos de origem distinta. Eles eram procedentes das seguintes entidades: 1) o mundo celeste, do qual provém o elixir da imortalidade, o *soma*; 2) o temporal (*parjanya*), que dá origem à chuva; 3) a terra (*pṛthivī*), que nos concede o alimento; 4) o macho (*puruṣa*), que doa o esperma; 5) a fêmea (*yoṣā*), que carrega em si o embrião. De acordo com uma formulação decorrente de uma ordem ligeiramente diferente, essa divisão quíntupla também é atestada no antigo Irã, onde se encontra já no Avesta nos termos seguintes: 1) o fogo que resplandece na presença do Senhor; 2) o fogo encontrado nos corpos dos homens e dos animais; 3) o fogo escondido nas plantas; 4) os choques que o fogo enfrenta no interior das nuvens contra o demônio do trovão Spenjaghra; 5) o fogo utilizado na vida cotidiana, isto é, o fogo que habita a lareira.

Portanto, segundo a visão indo-iraniana, o fogo está presente em todos os lugares do cosmos. O relâmpago traz consigo a chuva, que leva as plantas a frutificar. O fogo pode ser extraído dos vegetais por fricção, quando se esfregam dois gravetos um contra o outro. Tanto o homem quanto os animais se alimentam de plantas, transmutando-as em calor corporal ou força vital. A interpretação do "fogo que resplandece na presença do Senhor" é incerta, mas provavelmente está vinculada aos altares do fogo.

No Irã, esse fluido onipresente ígneo ou vital tinha um nome específico, que indicava o fato de ele ser emitido pelo sol, quer dizer, *khvarenah* ("irradiação da luz"). Segundo um ponto de vista alternativo, essa irradiação habita as águas, que são essenciais para a vida, e, a partir delas, se transfere para as plantas, os animais e os seres humanos, entre os quais encontra, por fim, uma localização especial no interior da cabeça. Da cabeça, essa energia resplandece como um nimbo (Collinet-Guérin, 1961), que está na origem da auréola de santidade no budismo, no cristianismo e no islamismo (Duchesne-Guillemin, 1962, p. 92ss.; 1970, p. 636ss.).

A cosmologia indo-iraniana contribui para iluminar as diversas concepções à primeira vista contraditórias a respeito do papel mutável do fogo na Antiguidade clássica e na romanidade tardia. Os filósofos jônicos da natureza falavam de uma substância originária da qual provinham todas as outras, e Heráclito identificou no fogo esse elemento basilar. Posteriormente os estoicos compartilharam essas crenças, ao afirmar que os ciclos constantemente recorrentes no mundo se iniciam e acabam no fogo, na conflagração cósmica ou *ekpyrosis*. Eles também faziam uma distinção entre o fogo celeste, ou "racional", e o fogo terrestre, obscuro e ardente. Por outro lado, na mitologia grega, é sempre o mesmo fogo que está em questão tanto na destruição quanto na renovação. Segundo as crenças da romanidade tardia, a alma era uma centelha imortal que depois da morte estava destinada a voltar ao mundo do fogo e da luz ao qual na verdade pertencia. Os estoicos consideravam que este mundo estava situado abaixo da lua. Nesses territórios celestes, também tinham seu lugar os Campos Elíseos dos Bem-aventurados. O Imperador Juliano, que abandonou o cristianismo para abraçar o neoplatonismo, era partidário de uma convicção análoga, segundo a qual os imperadores falecidos organizavam os seus banquetes naqueles lugares. A acepção filosófica desse modo de ver prevê que a alma recupera antes de tudo o próprio vigor anterior a partir do momento em que chega à esfera etérea correspondente a sua verdadeira natureza; o fogo etéreo se renova.

Os filósofos da romanidade tardia consideravam ainda que a natureza ígnea da alma era obscurecida e poluída pela existência na terra. Portanto, era necessário purificá-la no decorrer de sua viagem no espaço. Os ritos mistéricos de iniciação previam que o iniciado fosse submetido a tais purificações (Cremer, 1969; Delcourt, 1965; Edsman, 1949, p. 205s.).

Purificação e provação

No âmbito indo-iraniano, antes mesmo até de Zaratustra, praticavam-se provações por meio do fogo. O acusado tinha o dever de provar a própria inocência atravessando incólume o espaço delimitado por duas pilhas de lenha em chamas. Como alternativa, para se provar inocente, ele derramava cobre fundido sobre o peito nu. Narra-se que no fim do período sassânida um sumo sacerdote persa foi submetido com êxito a uma provação desse tipo, nesse caso para atestar a sinceridade da própria fé (Boyce, 1979, p. 9, 118).

Já no Avesta fala-se de uma provação por meio do fogo destinada a ocorrer em conexão com o Juízo Final. As fontes posteriores nos informam que a divindade da amizade e da cura, Airyaman, junto com Ātar, fará correr pela terra um rio de fogo, que irromperá do metal contido nas entranhas dos montes. "Para quem é justo parecerá leite morno, e para o mau será como o metal fundido percorrendo sua carne" (*Grande Bundahishn* 34,18s. *apud* Boyce, 1979, p. 28). Mediante essa conflagração cósmica, todo mal será destruído e todo o universo passará por uma transfiguração.

Também encontramos a presença da torrente de fogo em fontes judaicas, cristãs e gnósticas, a partir de Dn 7,10, do século II a.C. em diante. Mas nessa literatura, o rio de fogo também figura no interior de visões referentes ao destino da alma individual imediatamente depois da morte. Orígenes, Padre da Igreja alexandrino do século III, exprime de vários modos essa ideia escatológica no decorrer de seu comentário de diversas passagens escriturísticas: Jesus, que está de pé num rio de chamas, batizará com o fogo aqueles que entrarão no paraíso depois de terem recebido o batismo na água e no espírito (Lc 3,16). Ao comentar outras passagens, Orígenes ressalta como todos os homens, até mesmo Pedro e Paulo, terão de atravessar esse rio. O Padre da Igreja Efrém da Síria (do século IV) descreve as diversas maneiras de reação do fogo diante dos justos e dos pecadores: no primeiro caso, ele se acalma, no segundo, multiplica seu ardor (Edsman, 1949, p. 1ss., 124).

A pirobacia (andar sobre brasas), um fenômeno quase universal, por vezes assume as características de uma provação, mas vem combinada com tantos outros conceitos e cultos diversos que se torna muito difícil descobrir uma explicação comum para o evento (Price, 1936). Essa cerimônia recebeu grande atenção nos ambientes greco-ortodoxos na Grécia setentrional contemporânea (Antoniades, 1954) e na Bulgária (Šarankov, 1980) nas últimas décadas.

Imortalidade e rejuvenescimento

Na Índia antiga, a cremação era concebida como uma transição para a imortalidade. Agni, o deus do fogo indiano, ele próprio imortal, concede a imortalidade e guia o defunto para o mundo celeste. Na realidade, a cremação constitui o terceiro nascimento da pessoa humana. O primeiro representa a entrada do sujeito humano neste mundo; o segundo acontece por meio da Agnicayana, o rito do altar do fogo, que atribui ao sacrificador uma identidade celeste. Na Índia, a pira fúnebre se tornou símbolo da vida divina, a ponto de os ascetas ali se imolarem por vontade própria. A fogueira das viúvas invoca como seu paradigma uma crença correspondente. O suicídio sagrado por meio do fogo, Agnipraveśa, já é descrito no épico indiano *Rāmāyaṇa*: o asceta Śarabhaṅga, que nada mais espera da vida terrena, deseja abandonar os próprios membros, assim como a serpente sai de sua pele velha. Ele acende um fogo, oferece manteiga em oblação murmurando as fórmulas sacrificais e sobe na fogueira. Consome então os próprios cabelos, a pele, os ossos, a carne e o sangue. Um jovem, homólogo do fogo, surge no seu fulgor e começa a vagar pelo mundo dos deuses até o céu supremo (3,9 resenha bengali organizada por Gorrésio = 3,4 edição crítica de Baroda).

Uma passagem análoga no *Rāmāyaṇa* descreve a asceta Sabarī, que como um fogo abrasador entra no céu (3,77 resenha bengali organizada por Gorrésio = 3,70 edição crítica de Baroda). Os historiadores gregos confirmam, depois da expedição de conquista de Alexandre, que a Agnipraveśa não é apenas uma característica dos milagrosos acontecimentos da era dos heróis. Eles realmente contam como o asceta indiano Kalanos, diante de Alexandre e do exército grego, subiu na fogueira. Relatam também um episódio semelhante a propósito de um indiano em Atenas.

A morte voluntária por autoimolação também está presente no budismo, onde é conhecida por um termo que significa "abandonar ou deixar o corpo". Ela é citada na tradução chinesa do muito venerado *Saddharmapṇḍdarīka Sūtra* (o sutra do lótus da boa lei, capítulo 22, a propósito de Bhaiṣajyarāja). A morte pelo fogo foi escolhida por motivos de ordem moral, devocional ou política. Contudo, de todo modo, também foi considerada capaz de promover um renascimento numa existência superior como *bodhisattva*, Buda incipiente, ou de permitir o acesso ao "paraíso" do Buda Amitābha, conhecido como Sukhāvatī, a Terra Pura situada no setor ocidental de nosso universo.

Os monges budistas que se suicidavam no Vietnã dos anos de 1960 se vinculavam a um modelo análogo; por essa razão – ao contrário dos suicídios de seus imitadores ocidentais –, eles não constituem atos de protesto meramente político.

O hino a Deméter, que era recitado no decorrer dos antigos mistérios gregos da era pré-cristã em Elêusis, narra a história da visita da deusa Deméter a um palácio. Ela entra disfarçada para o serviço do pequeno príncipe Demofonte na função de ama de leite. À noite, a deusa mantém o pequeno suspenso sobre o fogo para torná-lo imortal. Mas a rainha mãe, aterrorizada, a impede de levar a termo o próprio projeto, e assim Deméter, enfurecida, se afasta. Também se conta que Cila, o monstro marinho morto por Héracles, era despertado para a vida por intermédio do fogo das tochas de seu pai Fórcis. Ainda mais conhecido é o relato da morte na fogueira do próprio Héracles. A morte pelo fogo não apenas liberta o herói da túnica envenenada de Nesso, como lhe confere a imortalidade entre os deuses do Olimpo e lhe dá como esposa a própria deusa da juventude, Hebe.

A história da morte do herói na fogueira é provavelmente um mito etiológico, cuja origem está no costume de celebrar uma festa anual do fogo, semelhante à festa europeia das fogueiras acesas especialmente na quaresma e no dia de São João. Descobertas arqueológicas no Monte Eta resgatam os restos de oferendas animais e de seres humanos em efígies. No mito de Héracles, o conceito das chamas de fogo como instrumento de imortalidade para o herói pertence a uma época mais tardia. Por meio da influência estoica, a história deu origem a um protótipo da apoteose heroica e imperial.

A lenda da fênix, o pássaro maravilhoso que se renovava no fogo, já estava amplamente difundida no século II d.C. como argumento em defesa da Ressurreição cristã. O poeta cristão tardio Dracôncio (século V d.C.) assim desenvolve o tema: o não cristão que acredita no ressurgimento da fênix das próprias cinzas não tem motivo algum para condenar o cristão que abraça a mesma crença a propósito do corpo sujeito à corrupção. E a vida pode ser reacendida, assim como o fogo apagado pode ser reanimado, ou, para usar as palavras de Dracôncio, "Deus renova mediante o fogo a juventude perfeita da fênix".

Os relatos e as lendas centrados nas fadas abordam frequentemente o tema da renovação ou da nova juventude por meio do fogo. A pira, enquanto instrumento de recriação, depende diretamente das crenças e dos ritos indianos. Foi durante a época das Cruzadas que os relatos de origem indiana foram difundidos na Europa.

Os instrumentos de rejuvenescimento também podem incluir uma fornalha. Na lenda popular do Mestre de Todos os Mestres, de raízes medievais, Jesus Cristo, sob o disfarce de um aprendiz de ferreiro, rejuvenesce uma idosa trabalhando-a na forja. Quando o mestre ferreiro tenta repetir o milagre, falha, e seu trabalho dá como resultado a primeira macaca. Pode-se encontrar uma forma moderna exótica de rejuvenescimento por meio do fogo no relato de ficção científica de H. Rider Haggard, *She*, no qual o banho de fogo da belíssima heroína por fim não alcança o sucesso esperado.

[Cf. tb. o verbete Luz e trevas.]

Bibliografia

Referências gerais

A maioria das obras fundamentais de consulta nos estudos religiosos compreende artigos sobre o fogo e sobre temas relacionados. Cf., por exemplo, os verbetes "Feu", "Lumière" e "Lumineux", em VILLER, M. (org.). *Dictionnaire de spiritualité ascétique et mystique, doctrine et histoire*. Paris, 1932; e os verbetes: "Demeter", "Deus internus", "Divinatio", "Dornstrauch", "Dynamis", "Elementum", "Engel", "Epiphanie", "Erneuerung", "Feuersäule", "Gloria" e "Gottesschau", em KLAUSER, T. (org.). *Reallexikon für Antike und Christentum*. Leipzig, 1941. A obra de BOTTERWECK, G.J. e RINGGREN, H. (orgs.). *Theologisches Wörterbuch zum Alten Testament*. Stuttgart, 1973 (trad. ingl.: *Theological dictionary of the Old Testament*. Grand Rapids/Mich., 1974. vol. I.), traz um verbete "Esh [Fogo]", escrito por J. Bergman, et al. KITTEL, G. (org.). *Theologisches Wörterbuch zum Neuen Testament*. Genebra, 1968 (trad. ingl.: *Theological dictionary of the New Testament*. Grand Rapids/Mich., 1976. vol. VI.), traz o verbete de F. Lang, "Pur [Fogo]", e o volume de índices (10.2) elenca 34 referências textuais, principalmente a artigos relativos a passagens bíblicas, que fornecem um suplemento ao verbete principal. Meu artigo "Feuer", em *Die Religion in Geschichte und Gegenwart*. 3. ed. Tübingen, 1938. vol. II compreende referências bibliográficas não reproduzidas aqui.

Estudos especializados

ANTONIADES, A.G. *The anastenaria* – Thracian firewalking festival. Athinai, 1954.

BLAIR, C.J. *Heat in the Ṛgveda and Atharva Veda*: a general survey with particular attention to some aspects and problems. New Haven, 1961. Coletânea de passagens nas quais aparece a raiz *tap* ou seus derivados, seguida de uma resenha sistemática do calor utilizado contra os inimigos, do calor do corpo, do calor em relação ao cosmos e aos deuses.

BODEWITZ, H.W. *The daily evening and morning offering (agnihotra) according to the brahmanas*. Leiden, 1976.

BOYCE, M. *Zoroastrians*: their religious belief and practices. Londres, 1979. Discussão cronológica, de período mais remoto até nossos dias.

CHARRIÈRE, G. Feux, bûchers et autodafés bien de chez nous. *Revue de l'histoire des religions*, vol. 194, p. 23-64, 1978.

COLLINET-GUÉRIN, M. *Histoire du nimbe, des origines aux temps modernes*. Paris, 1961.

CREMER, F.W. *Die chaldäischen Orakel und Jamblich de mysteriis*. Meisenheim am Glan, 1969.

DELCOURT, M. *Pyrrhos et Pyrrha. Recherches sur les valeurs du feu dans les légendes helléniques*. Paris, 1965.

DUCHESNE-GUILLEMIN, J. *La religion de l'Iran ancien*. Paris, 1962.

DUCHESNE-GUILLEMIN, J. Fire in Iran and in Greece. *East and West*, vol.13, p. 198-206, 1962.

DUCHESNE-GUILLEMIN, J. Heraclitus and Iran. *History of Religions*, vol. 3, p. 34-49, 1963.

DUCHESNE-GUILLEMIN, J. L'Iran antique et Zoroastre. *In*: PUECH, H.-C. (org.). *Histoire des religions*. Paris, 1970. vol. I, p. 625-694.

EDSMAN, C.-M. *Le baptême de feu*. Leipzig, 1940.

EDSMAN, C.-M. *Ignis divinus*: le feu comme moyen de rajeunissement et d'immortalité – contes, légendes, mythes et rites. Lund, 1949.

EDSMAN, C.-M.'Le buisson ardent': Contribution nordique à la mystique de la lumière. *In*: *Mélanges d'histoire des religions offerts à Henri-Charles Puech*. Paris, 1974. p. 591-600. Cf. também, no mesmo volume, a contribuição de GUILLAMONT, A. Le baptême de feu chez les messaliens. p. 517-523.

FREISE, R. *Studie zum Feuer in Vorstellungswelt und Praktiken der Indianer des südwestlichen Nordamerika*. Tübingen, 1969.

GOLDBERG, A.M. *Untersuchungen über die Vorstellung von der Schekhinah in der frühen rabbinischen Literatur (Talmud und Midrash)*. Berlim, 1969.

GRAZ, L. *Le feu dans l'Iliade et l'Odyssée*. Paris, 1965.

YÜN-HUA, J. Buddhist self-immolation in medieval China. *History of Religions*, vol. 4, p. 243-268, 1965.

KIRFEL, W. *Die fünf Elemente, insbesondere Wasser und Feuer. Ihre Bedeutung für den Ursprung altindischer und altmediterraner Heilkunde*. Walldorf-Hessen, 1951.

LAUGHLIN, J.C.H. *A study of the motiv of holy fire in the Old Testament*. 1975. Dissertação. Southern Baptist Theological Seminary, 1975.

MAURACH, G. *Coelum empyreum*: Versuch einer Begriffsgeschichte. Wiesbaden, 1968.

PAX, E. *Epiphaneia*: Ein religionsgeschichtlicher Beitrag zur biblischen Theologie. Munique, 1955.

PRICE, H. *A report on two experimental fire-walks*. Londres, 1936. Inclui uma bibliografia.

RICARD, R. Saint Jean de la Croix et l'image de la 'bûche enflammée: contribution a l'étude d'un thème symbolique. *Lettres romanes*, vol. 33, p. 73-85, 1979.

ROUX, J.-P. Fonctions chamaniques et valeurs du feu chez les peuples altaïques. *Revue de l'histoire des religions*, vol. 189, p. 67-101, 1976. Resenha crítica do material disponível feita por um especialista.

ŠARANKOV, E. *Feuergehen*: Psychologisch--physiologische und historisch-geographische Untersuchung des Nestinarentums in Bulgarien. Stuttgart, 1980.

SCHIPPMANN, K. *Die iranischen Feuerheiligtümer*. Berlim, 1971.

SIMONS, L.M.R. *Flamma aeterna*: studie over de betekenis van het eeuwige vuur in de cultus van de Hellenistisch-Romeinse oudheid. Amsterdã, 1949.

SPEYER, W. Die Zeugungskraft des himmlischen Feuers in Antike und Urchristentum. *Antike und Abendland*, vol. 24, p. 57-75, 1978.

STAAL, F. (org.). *Agni*: the vedic ritual of the fire altar. Berkeley, 1983. vols. I-II. Descreve em todos os pormenores uma execução do rito Agnicayana ocorrida em 1975, com uma introdução geral sobre Agni e o fogo. Obra de referência.

WIKMAN, K.R.V. Eidborgs skål. *Budkavlen*, vol. 8, p. 198-214, 1929.

Carl-Martin Edsman

FONTE

A palavra *fonte* deriva do latim *fons*, que significa exatamente fonte, nascente. Como fenômeno físico que serve de base material para as hierofanias (revelações do divino), podemos descrever a fonte como uma corrente de água sob pressão que, por meio de uma abertura, escorre para o alto e para o exterior desde certa profundidade oculta sob a superfície terrestre. Em seu papel de hierofanias, as fontes manifestam localmente o fluir de diversas potencialidades criadoras, recriadoras ou transformadoras, que partem das profundezas superando o plano ordinário ou profano da existência. Não existe um único tipo de potencialidade que se possa atribuir comumente a todas as fontes sagradas nas religiões do mundo; e, sobretudo, a cada fonte pertence certo número de poderes, como, por exemplo, poderes de cura, poderes oraculares, poderes de rejuvenescimento e assim por diante. Da mesma maneira, nenhuma divindade é considerada a manifestação comum de todas as fontes: cada fonte tem suas próprias divindades, com nome e sem nome, espíritos ou ninfas. Por fim, a sacralidade é atribuída tanto às fontes construídas pelo homem como àquelas que escorrem naturalmente.

Os atributos típicos das fontes refletem as diversas imagens metafóricas que exprimem a principal potencialidade da água, a cosmogônica; a água cosmogônica é considerada intacta, sem forma, eterna, receptiva, viva, caótica. O poder criador das fontes pode ser compreendido como uma manifestação do próprio poder criador do mundo, e a água das fontes é homóloga à água cosmogônica da qual provém a criação e na qual ela se dissolve, como as águas babilônicas de Apsu ou a fonte védica, origem de todas as coisas e de toda a existência.

Algumas fontes são consideradas sagradas porque são nascentes do poder divino. Na Arcádia, por exemplo, durante o tempo da seca, o sacerdote de Zeus Lykaios jogava um ramo de carvalho no olho d'água da montanha, ativando assim a capacidade da nascente de fazer cair a chuva.

Algumas fontes têm a capacidade de devolver à condição original ou primitiva aqueles que nelas se banham ou delas bebem. Segundo o mito, a deusa Hera ou as iniciadas em seu culto readquiriam a virgindade banhando-se na fonte de Náuplia. O estado primitivo é igual ao aspecto virginal das águas cosmogônicas antes do gesto criador. Por isso as fontes da juventude manifestam uma potência de criação sempre nova. Na lenda brâmane, a fonte da juventude renova o poder ou o vigor, mas não concede a imortalidade. Por sua vez, em outras lendas, a fonte pode outorgar a imortalidade. No romance grego do Pseudo-Calístenes sobre Alexandre, o cozinheiro de Alexandre descobre por acaso uma fonte capaz de conceder a vida imortal. No folclore islâmico, o personagem Khidr é a única criatura que conquistou a imortalidade bebendo da fonte da vida, que representa o princípio da existência eterna.

Algumas fontes fazem às vezes de princípios ou causas da própria vida. Por exemplo, na visão do Profeta Ezequiel, sob o novo templo de Javé escorre uma fonte. Suas águas dão origem a árvores frutíferas que crescem livremente ao longo de suas margens. Essa água contém duas potencialidades suplementares atribuídas a algumas fontes sagradas: o poder da cura e o da fecundidade. "E haverá muitíssimo peixe, porque essas águas, aonde chegam, curam, e lá aonde chegar a torrente tudo reviverá" (Ez 47,9).

No pensamento religioso babilônico, Apsu, a água da criação, é chamada de "casa de sabedoria", ou de casa de Ea, o deus da sabedoria. A sabedoria, a intuição sobrenatural, a visão oracular e a inspiração poética são outras características atribuídas a numerosas fontes sagradas. Por exemplo, os deuses da mitologia germânica determinam o destino do mundo ao lado da fonte de Mímir, e as tribos germânicas tinham a posse de "fontes de justiça", junto às quais se administrava a justiça. Na Roma antiga, a sacerdotisa de Carmenta cantava o destino da criança recém-nascida depois de ter bebido de uma fonte; em Delfos, a sacerdotisa de Apolo proclamava oráculos depois de ter bebido da fonte Castália. As musas gregas, deusas da inspiração, eram originariamente ninfas ligadas às fontes.

Por fim, o poder de dissolução da água de nascente, característica essa que remete ao caos, é o atributo típico tanto das fontes que possuem a capacidade positiva da purificação sagrada quanto daquelas que provocam a loucura ou danos terríveis. O termo grego *nympholeptos*, que significa "louco, insensato, fora de si por causa da loucura", tem relação com o termo poético usado para a água, *nymphe*. No folclore germânico, os espíritos femininos de algumas nascentes raptam as crianças ou seduzem seus amantes humanos até destruí-los.

Bibliografia

JONES, F.T.D. *The holy wells of Wales*. Cardiff, 1954.

KRISTENSEN, W.B. *The meaning of religion*. Haia, 1960.

Richard W. Thurn

G

GALO

O galo é predominantemente um símbolo solar. Na Ásia ocidental o canto do galo é estritamente associado aos ritos solares; no antigo Oriente Próximo, durante o II milênio a.C., ele se torna parte integrante da iconografia solar, enquanto a mitologia do "galo de fogo" se difundiu amplamente e sobreviveu no folclore da Ásia ocidental. O galo solar é atestado também entre alguns dos povos mais primitivos da Ásia: os Naga do Assam, por exemplo, acreditam que o sol é chamado da escuridão por meio do canto do galo. Segundo os Miao do sul da China, o sol, que se esconde atrás das montanhas e deixa o mundo inteiro na escuridão, aparece de novo chamado pelo canto de um galo. De maneira semelhante, os mitos japoneses falam de Amaterasu, a deusa do sol, que se esconde na gruta celeste, mas sai de novo ao ouvir o canto de um galo. A importância simbólica do galo é testemunhada em todo o mundo greco-romano. Aqui, o motivo do galo que canta, do pássaro do alvorecer, se enriqueceu com o motivo do galo lutador. O galo que luta, embora associado às divindades da guerra (como Ares e Atenas), foi ligado particularmente a Dioniso, em cujos teatros aconteciam as lutas oficiais. A combatividade do galo foi correlacionada significativamente à sua atividade sexual: são bastante numerosas as representações do galo com um falo humano no lugar da cabeça e do pescoço. São muito interessantes três tipos de associações do galo com o simbolismo funerário greco-romano: 1) o galo era um dos animais oferecidos às divindades dos Mundos Inferiores em conexão com o culto dos mortos; 2) como sugerem suas representações junto com Perséfone e Hades, o galo era considerado o arauto do alvorecer do novo mundo, da vida futura e como tal simbolizava a esperança da vida após a morte; 3) como vencedor da luta, o galo simbolizava a alma do falecido e era comumente associado, especialmente nas pedras tumulares, a Hermes, o psicopompo que acompanhava a alma para uma vida bem-aventurada após a morte. No mitraísmo, o galo faz parte dos alimentos cultuais, em que presumivelmente era repleta de significado a sua conexão com o sol nascente e a imortalidade ou a vida futura.

No judaísmo, o galo era usado no Kapparah, uma prática de expiação ritual dos pecados. O galo era considerado um amuleto para exorcizar os demônios: durante a inauguração de uma nova casa, os judeus costumavam matar um galo no lugar para livrar a casa de uma presença demoníaca. Além disso, o canto do galo ao amanhecer era um símbolo da redenção da era messiânica.

O cristianismo deu continuidade a essa ideia, transformando o galo em símbolo do Senhor ressuscitado, Jesus Cristo, a nova luz. Anunciando a chegada do dia, o galo lembra aos cristãos não apenas a tradição de Pedro, mas também sua própria ressurreição numa vida futura. Até a luta de galos encontrou seu simbolismo cristão: para os fiéis, ela representa a possibilidade de vencer a luta contra a própria natureza inferior, para que se possa herdar a vida eterna.

No islamismo o galo também é um pássaro benévolo. Para os muçulmanos, o galo cantava quando sentia a presença dos *jinn*, os espíritos do mal; e, como pássaro do amanhecer, o galo ainda serve para despertar os fiéis que dormem para a oração da manhã.

Bibliografia

O melhor estudo do simbolismo do galo na tradição grega continua a ser o de THOMPSON, D.W. *A glossary of Greek birds*. 1895. Londres, 1936. p. 33-44. Cf. tb. GOODENOUGH, E.R. Pagan symbols in judaism. *In*: *Jewish symbols in the Greco-Roman world*. Nova York, 1958. vol. VIII, p. 59-70.

Manabu Waida

GATO

Os gatos parecem cercados de um poder especial. Os movimentos graciosos, a vivacidade noturna, os passos imperceptíveis e o espírito independente do gato encantaram poetas, pintores e narradores em muitas culturas; mas são precisamente essas características as responsáveis pela aversão que muitas pessoas têm pelos gatos. Na história, os gatos raramente foram tratados com indiferença; geralmente foram considerados ou sagrados ou demoníacos. O centro mais antigo e conhecido de sua veneração, e provavelmente também de sua domesticação, é o antigo Egito, onde sua presença é documentada desde 1600 a.C. Bastet, uma popular deusa do prazer, era representada com uma cabeça de gato. Numerosos gatos sagrados viviam em torno do santuário em Bubastis, e naquela área foram encontrados milhares de gatos mumificados.

Numerosas deusas de atributos felinos foram associadas aos gatos. Num mito romano, Diana assume a forma de um gato, e na mitologia germânica o carro de Freya é puxado por gatos. No hinduísmo de Bengala, Shashti cavalga um gato (geralmente preto) ou está em pé sobre ele. Se uma mãe for desrespeitosa com a deusa, um gato matará seus filhos; essa vingança pode ser afastada derramando leite azedo sobre um gato preto e lambendo-o para limpá-lo.

Os gatos frequentemente são considerados criaturas malévolas. A ideia de que um gato possa "sugar a respiração" das crianças que dormem (ou seja, sufocá-las) é bastante difundida, e em alguns mitos o gato é representado como um ogro que suga sangue. Algumas populações pensam que engolir um pelo de gato provocará a tuberculose. Mas um dente de gato pode servir de talismã, pois os gatos não apenas têm "nove vidas", mas também poderes sobrenaturais. Na Irlanda, por exemplo, pensa-se que o diabo pode assumir a forma de um gato; na China acredita-se que à noite os gatos podem ver os espíritos e que um gato morto pode se transformar num demônio. Em muitos lugares se pensa que os gatos podem perceber a presença da morte, e que podem sentir com o olfato a chegada do espírito-guia que vem para conduzir a alma. Por causa de suas habilidades sobrenaturais, os gatos são relacionados com as bruxas e os feiticeiros: eles eram, especialmente os pretos, os típicos companheiros das bruxas. Na Europa medieval, toda pessoa que possuía esse animal era suspeita de bruxaria.

Apesar disso, o gato tem muitos aspectos positivos. Na antiga Roma era símbolo de liberdade; de fato, nenhum animal tem um espírito tão independente ou é tão resistente às restrições como o gato. Na China, a associação do símbolo usado para o gato, *mao*, com o correspondente ao número 80 fez do gato um símbolo da longevidade.

Segundo a tradição islâmica, o gato nasceu na arca de Noé do espirro de uma leoa, ou então é a tia do leão ou da tigresa que lhes ensina vários truques, mas não o último, ou seja, como se faz para subir numa árvore. A avaliação positiva dos gatos no mundo islâmico deve-se à predileção do

Profeta Muhammad por esses animais. Um gato o salvou do engano de uma serpente e ele o acariciou no dorso: por esse motivo, os gatos nunca caem de costas, e as marcas dos dedos de Muhammad são visíveis nas faixas escuras que aparecem no dorso da maioria dos gatos. O gato é limpo e não elimina a pureza de quem reza (como faz o cão), e a água que ele bebe pode ser usada para as abluções rituais. Muitos sufis tiveram como companheiros gatos, animais que às vezes realizaram maravilhosas façanhas de clarividência ou de autossacrifício para salvar outros do perigo ou da morte. O culto mais notável relativo aos gatos encontra-se na ordem dos mendicantes norte-africanos dos Heddawa, em que esses animais são tratados como os humanos, embora, de vez em quando, um gato seja sacrificado ritualmente pelos confrades. Os gatos podem assumir a forma de santos ou protetores, como na Arábia pré-islâmica, onde os demônios do deserto, os *ghūl*, eram imaginados com cabeças de gato. Até a Sakinah, a presença de Deus, se manifestou ao Profeta com a aparência de um gato branco.

O miado, nem sempre apreciado pelas pessoas, muitas vezes foi interpretado como uma música misteriosa. Um antigo músico árabe aprendeu em sonho algumas canções magníficas de um gato preto. As cantigas infantis falam do miado do gato, enquanto o ronronar é interpretado quase como uma oração.

Nos relatos populares é frequente a presença de gatos bondosos. O gato de Dick Whittington que se mostra útil numa cidade sem gatos é conhecido tanto no Oriente como no Ocidente. Um tema comum da tradição popular é o gato gentil e inteligente que aparece no *Gato de botas*. É sempre o mais novo de três filhos que herda o gato cheio de recursos. Desse modo, o gato usa as suas propriedades mágicas para finalidades positivas e aparece como o mediador entre o herói e o mundo sobrenatural. Isso expressa da melhor maneira o lado bom do caráter ambíguo do gato e do seu papel de animal, que é poderoso nos três reinos: o demoníaco, o humano e o divino.

Bibliografia

VECHTEN, C. van. *The tiger in the house*. 3. Ed. Nova York. 1936, inclui capítulos interessantes sobre os gatos no mundo do oculto e no folclore e contém uma bibliografia ampla e ordenada. Desde a publicação dessa obra, a literatura crítica sobre os gatos aumentou muito e atualmente aumenta quase dia a dia. Excelentes pesquisas sobre os gatos podem ser encontradas em BRIGGS, K.M. *Nine lives*: the folklore of cats. Nova York, 1980; e em LAROCHE, R. de. *Le chat dans la tradition spirituelle*. Paris, 1984. Para a tradição islâmica sobre os gatos, cf. SCHIMMEL, A. *Die orientalische Katze*. Köln, 1983.

Annemarie Schimmel

I

INCENSO

O termo *incenso* (do latim *incendere*, queimar ou acender) significa em português tanto a resina de algumas Burseraceae quanto a fumaça produzida por sua combustão. Neste último sentido é sinônimo de *perfume* (latim vulgar *perfumus*), ou seja, o aroma emanado pela fumaça de uma substância perfumada que queima.

Assim, o incenso pode ser assimilado ao perfume exalado pela queima de substâncias aromáticas em geral. Também aloés, cânfora, cravo-da-índia, sândalo, mirra, cedro, zimbro, bálsamo, terebentina foram usados para defumações de incenso. Desde a Antiguidade, o incenso teve um papel importante nas práticas e nos ritos religiosos em várias regiões do mundo. Ele era usado para aplacar os deuses, para santificar um lugar ou um objeto, para manifestar respeito e devoção, para honrar os compromissos, estabelecer acordos, selar promessas ou amizades. Considerado um artigo precioso, era oferecido em homenagem a personagens importantes: incenso e mirra eram dois dos presentes que os sábios do Oriente levaram a Jesus. Ligado aos conceitos de pureza e de contaminação, o incenso tem grande importância nas práticas e nos ritos purificatórios, sua fumaça é usada para essas finalidades graças ao poder de transformação do fogo e ao aparente poder purificador dos odores agradáveis. Como se considera que os deuses apreciam seu perfume, o incenso teve muita relevância no culto e foi usado em cerimônias de oferta, de oração, de intercessão e de purificação. Além disso, serve para chamar a atenção e estabelecer o contato com uma divindade, assim como para exorcizar o mal e as forças maléficas.

Extremo Oriente e Índia

A palavra chinesa *hsiang* pode significar tanto "aromático" quanto "incenso". Na China às vezes se queimava incenso por ocasião de representações artísticas, como leituras públicas ou concertos musicais. No Japão era importante na cerimônia do chá. No taoismo chinês servia para expulsar o mal e aplacar os deuses, ou então nos rituais para a cura de doenças. A enfermidade era considerada uma punição para as más ações do próprio paciente ou de um de seus antepassados, e assim era julgada pelos San Kuan (Os Três Oficiais), os juízes e funcionários dos mortos. Durante os rituais para a cura das doenças, fazia-se um apelo formal para suavizar ou revogar o rigor do julgamento dos funcionários. Valendo-se da chama e da fumaça que saíam do turíbulo colocado no centro do oratório, para transmitir uma mensagem passada pelos espíritos saídos do próprio corpo, os taoistas ofereciam libações e submetiam petições (*chang*) ao correspondente escritório dos Três Céus (San T'ien), onde os funcionários pronunciavam o juízo sobre o apelo e invocavam as forças celestes contra os demônios maléficos, responsáveis pela doença. O incenso tinha um papel notável também em outro ritual taoista destinado a afastar as doenças, ritual que se realizava ao ar livre, numa área sagrada expressamente delimitada, ou num altar (*t'an*): tratava-se de um ato de contrição coletivo, em que o efeito combinado das nuvens de incenso, da luz de numerosas lâmpadas e do canto da liturgia produzia nos participantes uma experiência catártica.

O incenso também é importante na liturgia taoista do Jiao, que renova a comunidade através da comunicação com os deuses. Os ritos do Jiao são celebrados para as ordenações sacerdotais, para o aniversário dos deuses, ou para afastar as calamidades. No contexto desses ritos, realiza-se fora do templo uma festa da aldeia, enquanto no templo fechado acontece uma liturgia esotérica em que o incensário principal, o objeto mais importante do templo, está no centro do ritual. Um turíbulo simbólico se "acende" no corpo do sumo sacerdote, cuja meditação o transforma em mediador do divino, realizando, portanto, o objetivo do rito. Além disso, o incenso também é usado para as viagens extáticas simbólicas ao céu, realizadas numa área sagrada marcada por cinco porções de arroz. Juntamente com o incenso queima-se um documento ("expedido para o céu") como "uma petição dirigida ao trono" (*chang*), que anuncia ao Céu a celebração da liturgia.

O incenso também tem um papel relevante na Coreia nas cerimônias rituais budistas. Assumindo os votos do sacerdócio budista, os jovens iniciados se submetem ao rito do Pul-tatta ou "recepção do fogo", durante o qual é colocado um moxa, ou cone de incenso, no braço raspado do noviço. Depois se faz com que o cone queime lenta e dolorosamente até atingir as carnes. A cicatriz por ele produzida é considerada um sinal de consagração e de santidade e lembra a cerimônia da iniciação. Usa-se o incenso também no culto dos antepassados; em cada altar doméstico são colocadas tabuletas com os nomes dos falecidos em letras pretas e douradas e oferecem-se sacrifícios com incensações.

Ao menos até o fim do século XIX, nos templos budistas japoneses, o incenso servia para medir o tempo, para indicar os intervalos ao sacerdote que, tocando o sino, chamava as pessoas para a oração. O uso do incenso para medir o tempo era uma ideia tomada de empréstimo da China, por isso no Japão as varetas de incenso eram chamadas de "fósforos chineses". Na literatura chinesa, esse uso é mencionado desde o século VI, mas devia remontar a muito antes. Depois foi amplamente praticado a partir do século X. Para tal finalidade, preparavam-se varetas ou espirais com massa de incenso endurecida, marcando nelas intervalos de tempo. Dependendo da estação, o tempo de combustão das varetas era normalmente entre sete e 11 *k'o* (um *k'o* correspondia a cerca de meia hora de hoje). Além disso, às vezes uma longa linha de incenso em pó era marcada em distâncias iguais e, queimando, indicava o tempo transcorrido. A herança do uso de varetas de incenso para controlar o tempo passou às Ilhas do Havaí, para onde imigraram muitos japoneses e chineses.

Na Índia usa-se incenso tanto nos rituais hinduístas como nos budistas. Nos ritos hinduístas é oferecido nos templos como ato de homenagem diante da estátua da divindade; na cerimônia *āratī*, por exemplo, o turíbulo, ou a vareta de incenso, são girados diante da imagem divina como oferenda e para obter bênçãos. O incenso perfumado servia também para elevar as preces até os deuses e para expulsar os demônios imundos.

Antigo Oriente Próximo

O incenso era usado frequentemente nos ritos e nos cultos do antigo Egito. De acordo com Plutarco, os egípcios queimavam incenso em honra ao sol três vezes ao dia, e Heródoto conta que ele era oferecido diariamente diante da imagem de uma vaca. Na cerimônia da coroação do faraó oferecia-se a ele sacrifícios e incensações. A importância da incensação é evidente pela denominação de um funcionário da corte:

"Chefe da Casa do Incenso". O incenso também tinha um papel notável nas funções fúnebres, já que se considerava que a alma do falecido ascendia ao céu por intermédio das fumigações.

O incenso também figura na mitologia mesopotâmica. Na *Epopeia de Gilgamesh*, por exemplo, a mãe de Gilgamesh, Ninsuna, suplicando aos deuses para proteger e favorecer o filho, oferecia incensações ao deus da criação, Shamash, para manifestar a própria veneração e obter suas bênçãos. Quando Gilgamesh iniciou a missão em que tinha de matar o demônio Huwawa, ouviu as palavras da mãe e se lembrou do odor perfumado do incenso.

Judaísmo, cristianismo, islamismo

De acordo com as Escrituras judaicas, no antigo Israel o incenso era considerado uma substância sagrada, reservada a Javé e oferecida juntamente com o pão do dia do Sábado (Lv 24,7). Colocava-se incenso na Tenda do Encontro (Ex 30,34), que era usado com a oferta das primícias (Lv 2,15-16) e oferecido nos incensários no Dia da Expiação, quando o sumo sacerdote se apresentava diante do propiciatório (Lv 16,12ss.). O uso como perfume é citado em Ct 3,6, em que se diz que servia para perfumar o leito de Salomão. No Sl 141, o incenso é comparado à oração. Até a época de Constantino não se praticava a incensação nas cerimônias cultuais públicas da Igreja cristã, por ser severamente condenada pelos antigos Padres (p. ex., Cirilo de Alexandria e João Crisóstomo), já que remetia a práticas pagãs. Os cristãos eram identificados por sua recusa em oferecer incenso à estátua do imperador; por causa dessa recusa, Saturnino e Sisínio sofreram o martírio. Os cristãos que cediam para fugir da morte eram denominados *turificados*, ou queimadores de incensos. No entanto, desde o século IX usou-se incenso em algumas igrejas para a dedicação e a consagração do altar e mais tarde ele foi inserido nas funções litúrgicas das Igrejas do Oriente e do Ocidente.

Na tradição islâmica, a exalação do incenso tem o objetivo de produzir um aroma agradável nos lugares de culto, sem ter nenhum significado religioso particular. Os muçulmanos indianos queimam varetas de incenso nas ocasiões felizes, como casamentos, nascimentos ou festas religiosas. Ele é oferecido frequentemente aos santos, visitando seus túmulos para obter bênçãos. No sufismo incensações são frequentes quando se canta o *dhikr*.

Bibliografia

ATCHLEY, E.G.C.F. *A history of the use of incense in divine worskip*. Londres, 1909.

LUCAS, A. Cosmetics, perfumes and incense in ancient Egypt. *Journal of Egyptian Archaeology*, vol. 16, p. 41-53, 1930.

SCHOFF, W.H. Aloes. *Journal of the American Oriental Society*, vol. 42, p. 171-185, 1922.

SMITH, G.E. Incense and libations. *Bulletin of John Rylands Library*, vol. 4, p. 191-262, 1917-1918.

VAN BEEK, G.W. Frankincense and myrrh. *Biblical Archaeologist*, vol. 23, p. 70-95, 1960.

Habibeh Rahim

INSETOS

Os insetos aparecem na mitologia não apenas como deuses, em geral criadores do mundo, mas também como mensageiros dos deuses. Às vezes eles são os agentes da criação; frequentemente representam os símbolos da alma humana. Alguns insetos, entre os quais a cigarra, o escaravelho e o besouro, simbolizam o renascimento, a ressurreição, a vida eterna.

De acordo com os Lengua, um povo sul-americano do Gran Chaco, foi um deus em forma de um enorme escaravelho que criou o mundo e o povoou de espíritos potentes. Depois da criação, o deus escaravelho não intervém mais na história humana e não é invocado nas orações. Entre os insetos, a borboleta é frequentemente adorada como divindade, às vezes como o criador. No Madagáscar e entre os Naga de Manipur, acredita-se que os próprios antepassados provêm de uma borboleta. De acordo com os Pima da América do Norte, no tempo dos primórdios, o criador, Chiowotmahki, assumiu a forma de uma borboleta para sobrevoar o mundo e encontrar um lugar adequado para a humanidade.

A aranha ocupa o lugar principal nos mitos dos indígenas da América do Norte; ela aparece como o criador (p. ex., entre os Pueblo Sia), como herói cultural ou como *trickster* (entre os Dakota). De acordo com uma crença dos Apache Jicarilla, no início, quando os seres humanos viviam no mundo subterrâneo, a aranha fez uma teia na abertura que levava à terra e, junto com a borboleta, foi a primeira a chegar à superfície terrestre. Aquele que é Santo depois ordenou que a aranha e a borboleta tecessem uma teia e a estendessem até o céu, para fazer o sol descer. De acordo com os Navajo, Homem Aranha e Mulher Aranha são os seres sobrenaturais que instruíram os ancestrais míticos na arte da tecelagem e estabeleceram os quatro avisos de morte. A aranha está presente também nos mitos da África Ocidental. Em alguns mitos, ela é o criador do mundo, em outros desempenha o papel do herói cultural, como nas histórias em que rouba o sol. Mas o papel típico da aranha é o do *trickster* forte e astuto que prospera graças a sua esperteza.

Na mitologia hinduísta, as formigas são comparadas a uma série de Indra. Um dia, no seu palácio, Indra recebe a visita de um jovem vestido de andrajos, que na verdade é Viṣṇu disfarçado. Enquanto o rapaz fala dos inúmeros Indra que povoam os inúmeros universos, no grande salão do palácio aparece uma fila de formigas. Notando-as, o jovem se detém repentinamente e começa a rir. "Por que está rindo?", pergunta Indra. O rapaz replica: "Vi formigas, ó Indra, desfilar numa longa procissão. Outrora cada uma delas era um Indra e, como tu, em virtude de ações piedosas, cada uma foi elevada à categoria de rei dos deuses. Mas agora, através de muitos renascimentos, cada um deles voltou a ser uma formiga. Esse exército de formigas é um exército de antigos Indra".

Na África Ocidental, as formigas muitas vezes são consideradas os mensageiros do deus elevado. No mito romeno da criação, a abelha serve de mensageiro do deus. Além disso, ela ajuda o deus a completar a criação, porque ouve às escondidas a sugestão do ouriço. Então o ouriço, irritado, a amaldiçoa, condenando-a a comer apenas sujeira; mas o deus, por sua vez, abençoa a abelha: desde então, a sujeira que ela come se transforma em mel.

A abelha é um símbolo importante também no islamismo. O Alcorão a menciona explicitamente como modelo de animal "inspirado"; o folclore associa à abelha, piedosa e útil, tanto Muhammad como, ainda mais, 'Alī. De acordo com uma crença, o mel é doce porque a abelha, quando trabalha, murmura orações ao Profeta.

Em alguns mitos cosmogônicos relativos ao pescador de terra, ou seja, que narram a origem da terra a partir das águas primordiais, os insetos servem como agentes da criação. Segundo os Garo do Assam, a deusa Nosta-Nōpantu realizava o trabalho da criação em favor do deus Tattaro-Robuga. Para poder preparar um pouco de terreno, ela enviou ao fundo do oceano primordial um grande caranguejo, um pequeno caranguejo e um besouro-do-esterco. Só o besouro conseguiu e trouxe para a superfície um pouco de argila, e dessa argila Nosta-Nōpantu formou a terra. Também os Semang Negritos da Península do Mali (assim como os Menik Kaien, Kintak Bong e Kenta). Também na América do Norte, entre os Cherokee, os insetos são conhecidos como pescadores de terra. Os insetos desempenham um papel importante também nos mitos que narram a origem celeste da terra, como nas cosmogonias da Indonésia e da Micronésia. Nas tradições dos Toba e dos Batak de Sumatra, por exemplo, uma andorinha e um grande besouro-do-esterco trouxeram do céu um punhado de terra.

Enquanto as abelhas, as formigas e as libélulas normalmente simbolizam animais dos mortos, na Europa, na Ásia e nas ilhas do Pacífico é amplamente difundida a imagem da borboleta como emblema da alma humana. Os antigos gregos às vezes representavam a alma como uma pessoa minúscula com asas de borboleta e mais tarde como borboleta. Uma crença semelhante era compartilhada pelos romanos. Os Maori da Nova Zelândia acreditam que depois da morte a alma volta à terra como uma borboleta, enquanto nas Ilhas Salomão uma pessoa moribunda pode escolher em que se transformará depois da morte, e muitas vezes decide se tornar uma borboleta. No Japão, o motivo foi retomado nos teatros *nō*; no mundo islâmico, a borboleta é uma das imagens favoritas do sufismo: a mariposa que se imola na chama da vela é a alma que perde a si mesma no fogo divino.

A cigarra, por sua metamorfose, era conhecida na antiga China como símbolo de renascimento ou de renovação da vida. De acordo com os Aruaque da Guiana, na época dos inícios, o criador desceu à terra para ver como a humanidade se comportava; mas os homens eram tão malvados que tentaram matá-lo. Por esse motivo, ele os privou da vida eterna e a concedeu aos animais que renovam sua pele, serpentes, lagartos, escaravelhos. No antigo Egito, o escaravelho era identificado com o deus do sol Khepri e por isso se tornou o símbolo da força que move o sol pelos céus e do sol nascente, que se regenera por si só. Durante a cerimônia fúnebre colocava-se sobre o coração do falecido um amuleto em forma de escaravelho esculpido em pedra verde e encrustado em ouro para simbolizar que, assim como o sol renasce, assim também a alma do homem renasceria.

Os insetos nem sempre são considerados criaturas benéficas. De acordo com os indígenas da costa noroeste norte-americana como os Tlingit, os Haida e os Tsimshian, os mosquitos são flagelos, originados das cinzas do corpo queimado de um ogro. O mesmo motivo é encontrado entre os Ainu e no sul da China. Na mitologia japonesa, as aranhas são os símbolos das forças más que foram subjugadas pelos deuses celestes antes do estabelecimento da dinastia imperial, ou seja, do Japão.

Bibliografia

Sobre o papel dos insetos nos mitos cosmogônicos, cf. ELIADE, M. *De Zalmoxis à Gengis-Khan*: études comparatives sur les religions et le folklore de la Dacie et de l'Europe centrale. Paris, 1970. Cf. também LONG, C.H. *Alpha*: the myths of creation. Nova York, 1963. p. 44ss. Um atento estudo sobre o simbolismo do escaravelho no mundo greco-romano é o livro de GOODENOUGH, E.R. *Jewish symbols in the Greco-Roman period*. Nova York, 1956. vol. V. *Fish, bread, and wine*. p. 172ss. No excelente ensaio de CAMMANN, S. Types of symbols in Chinese art. *In*: WRIGHT, A.F. (org.). *Studies in Chinese thought*. Chicago, 1953, discute-se o simbolismo da cigarra. HATT, G. *Asiatic influences in American folklore*. Copenhague, 1949, p. 89s., trata da origen dos mosquitos. Sobre o simbolismo islâmico dos insetos, cf. SCHIMMEL, A. *The triumphal sun*: a study of the works of Jalaloddin Rumi. Londres, 1980. p. 108ss.

Manabu Waida

J

JADE

Hoje o jade é universalmente admirado como pedra preciosa por sua beleza e dureza, pela imensa riqueza de cores e pela variedade de veios e de estruturas. Em tempos mais antigos, contudo, em culturas diferentes umas das outras, como as da China antiga, da América Central e da Polinésia, o jade teve também um valor religioso. O caso mais evidente é o da China antiga.

Na China, durante a dinastia Zhou (cerca de 1122-256 a.C.), foram precisamente alguns objetos de jade que tiveram papéis simbólicos importantes num sistema religioso e político centrado na monarquia sagrada. Símbolos de soberania política, as insígnias de jade usadas pelo imperador e por seus funcionários também eram símbolos de autorização religiosa. Governando como Filho do Céu, o imperador liderava um sistema ritual elaborado, uma economia sacral que encontrava sua personificação simbólica em toda uma série de emblemas de jade. O próprio imperador tinha o privilégio de usar ornamentos de jade branca, em especial a "grande tabuleta" e a "tabuleta do poder" que usava quando oferecia o sacrifício anual de primavera ao Senhor do Alto (Shangdi). Seus funcionários usavam emblemas de jade que variavam em forma, tamanho e cor dependendo da categoria social.

O *Zhouli* (o ritual dos Zhou) menciona seis tabuletas de jade que o *ta-tsung po* ("mestre das cerimônias religiosas") usava para render homenagem ao Céu, à Terra e aos quatro pontos cardeais. O Céu era representado por um disco de jade chato e arredondado chamado *bi*, enquanto a Terra era representada por um tubo de jade oco, quadrado por fora, chamado *cong*. O jade *bi*, em especial, tornou-se um dos símbolos mais importantes da tradição religiosa chinesa.

O jade era utilizado também como substância sacrifical. Pedaços de jade azuis e redondos eram oferecidos ao Senhor do Alto, enquanto os pedaços amarelos e quadrados eram oferecidos à Terra Soberana. Diversas histórias narram detalhadamente a oferta de um anel de jade ao deus do rio para garantir uma travessia segura.

O jade tinha um papel particularmente importante nas práticas funerárias. Sem dúvida, isso se devia à crença de que o jade, como personificação do poder do Céu, podia prevenir a putrefação do corpo após a morte. Consequentemente, nos caixões encontram-se diferentes tipos de objetos de jade, em geral para fechar os orifícios naturais do corpo para prevenir a putrefação. Eram muito comuns as tabuletas de jade colocadas embaixo da língua e entalhadas para representar as cigarras, provavelmente símbolos da renovação da vida. Encontram-se também máscaras funerárias de jade que cobriam todo o corpo.

Entre os taoistas, o simbolismo religioso do jade assumiu um centro de interesse mais preciso. Os taoistas acreditavam que o jade personificava o princípio da vida cósmica e assim podia garantir a imortalidade se usado em conexão com certas práticas alquímicas. Essas práticas incluíam a ingestão real do jade, porque se acreditava que o jade não apenas prevenia a putrefação do corpo após a morte, mas o regenerava realmente enquanto ainda estava vivo. A importância do jade no pensamento taoista está refletida no nome do Ser supremo taoista, o Imperador de Jade. Embora a China antiga apresente os exemplos mais numerosos e mais singulares do uso do jade como símbolo religioso, encontram-se práticas muito semelhantes também na antiga América Central. Há paralelos particularmente surpreendentes no uso do jade em conexão com o sepultamento. Entre os maias, por exemplo, colocavam-se pequenos pedaços de jade na boca do morto, enquanto no túmulo sob o Templo das Inscrições em Palenque foi encontrada uma máscara funerária formada por um mosaico de pedacinhos de jade.

Provavelmente o jade era usado também como substância sacrifical. Por exemplo, as operações de escavações junto ao poço sagrado em Chichén Itzá, no Yucatán, lugar tradicional de peregrinação e de sacrifício, trouxeram à luz muitos pedaços de jade datados de vários períodos.

Os astecas parecem ter compartilhado com os chineses a crença nas propriedades medicinais do jade. Em especial, o jade parece ter sido prescrito para o alívio da dor gástrica. Tais usos medicinais do jade, juntamente com seu uso no sepultamento e no sacrifício, indicam claramente a crença fundamental nos poderes do jade de dar a vida.

Por fim, deve ser destacada a importância do jade no que diz respeito ao vestuário ritual dos sacerdotes e dos príncipes: na mitologia asteca, o nome da deusa Chalchiuhtlicue significa "aquela com vestes de jade".

O jade parece ter adquirido certo significado religioso também entre os Maori da Nova Zelândia, cujos colares, chamados *hei-tiki*, são feitos de jade. Eles são transmitidos de geração em geração e nesse processo se tornam símbolos dos antepassados.

Bibliografia

O clássico estudo sobre o jade na China antiga continua sendo o de LAUFER, B. *Jade*: a study in Chinese archaeology and religion. Chicago, 1912. A ele se pode acrescentar o trabalho mais fragmentário e menos técnico de ZARA, L. *Jade*. Nova York, 1969; e também DIGBY, A. *Maya jades*. Londres, 1964.

David Carpenter

JAGUAR (OU ONÇA-PINTADA)

O jaguar ocupa um lugar de considerável importância nos mitos, nas crenças e nos rituais xamânicos dos indígenas da América do Sul. Aqui, segundo uma crença bastante difundida, os eclipses são causados por um enorme jaguar celeste que ataca o sol e a lua.

Simbolicamente, o jaguar é associado sobretudo ao fogo e à água. De acordo com os indígenas Tukano da Amazônia, o jaguar foi criado pelo sol, para que fosse seu principal representante na terra. Assim como o sol é o fogo do céu, assim o jaguar é o fogo da terra; ele representa a energia fundadora do sol sobre a terra e governa a fecundidade. Na mitologia dos Kaingang, os heróis culturais gêmeos Kamé e Kayurukrę criaram os jaguares a partir das cinzas e do carvão. Para os indígenas do Gran Chaco, o jaguar é o possuidor originário do fogo, enquanto o coelho era o herói que o roubou; de acordo com alguns povos indígenas do Brasil (os Kayapó, os Timbira, os Apinagé e os Xerente), um jovem abandonado obtivera o fogo para os indígenas de um jaguar bondoso. Das cinzas de seu corpo queimado originou-se o tabaco.

Por seu rugido, o jaguar é associado também ao trovão, à chuva e à água. De acordo com os Tukano, o trovão, a voz do jaguar, é um dom do sol; e o raio, força fecundadora por meio da sua associação com a chuva, é um resplendor do sol. No norte do Brasil (p. ex., entre os Tembé) uma crença amplamente difundida conta que o jaguar ensinou às pessoas como celebrar a festa do mel.

O xamanismo está estritamente ligado à figura do jaguar e o próprio xamã afirma ser capaz de se transformar num jaguar. Entre os Taulipáng, uma tribo caribenha, o xamã da cura invoca o jaguar para curar os inchaços que surgem depois de ingerir alguns tipos de carne de caça, entre os quais antas, veados e javalis; de fato, o jaguar pode se alimentar desses animais sem manifestar nenhum problema.

Bibliografia

Há muitas informações notáveis e muito importantes sobre os mitos e símbolos relativos ao jaguar em LÉVI-STRAUSS, C. *Mythologiques*. Vol I: *Le cru et le cuit*. Paris, 1964 [trad. bras.: *O cru e o cozido*], e *Mythologiques*. Vol. II, *Du miel aux cendres*. Paris, 1966 [trad. bras.: *Do mel às cinzas*]. Vale a pena consultar também um brilhante estudo de REICHEL-DOLMATOFF, G. *Amazonian cosmos*: the sexual and religious symbolism of the Tukano indians. Chicago, 1971.

Manabu Waida

JARDIM

Os jardins do mundo todo, assim como as religiões, podem ser classificados em orientais e ocidentais, segundo um divisor de águas que atravessa o subcontinente indiano. No Ocidente, as pessoas tentam conquistar a natureza, e a mente vai a extremos: o dia do juízo, o triunfo do bem e a aniquilação do mal. No Oriente, elas buscam se adequar à natureza e se reconciliarem com os dualismos. Essas diferenças encontram expressão na arte da jardinagem formal do Ocidente e na arte do paisagismo do Oriente.

O Ocidente

As religiões herdeiras das tradições do Antigo Testamento, isto é, do cristianismo e do islamismo, provinham diretamente do deserto. As suas escrituras se concentravam nas propriedades vivificantes da água, nas virtudes das folhas verdes e no refrigério oferecido pela sombra. Uma pessoa era abençoada por meio destas palavras: "Serás como um jardim irrigado" (Is 58,11), e amaldiçoada com a predição de que se tornaria "como um jardim sem água" (Is 1,30). Poços e fontes revigoravam as folhas verdes. O verde se tornou a cor do Islã, e os cristãos acreditavam nas propriedades terapêuticas das ervas dessa cor. As árvores vivificadas pela água davam alimento e sombra, e na Inglaterra do século XVII Andrew Marvell imaginava o paraíso como "um pensamento verde em uma sombra verde". A pessoa temente a Deus habitava "entre sombras e fontes", enquanto um monarca justo, como disse o imperador moghūl Akbar, por ocasião das invasões da Caxemira em 1585 d.C., permitia a seus súditos se sentarem à sombra da tranquilidade. A influência do ambiente desértico se manifestou sobretudo na maneira como, no Ocidente, o jardim foi concebido como um oásis, em nítido contraste com o caráter selvagem da natureza circunstante. O sentimento da fé, ou da Igreja como recinto, refúgio contra um ambiente hostil, prevalecia (mesmo diante da existência de outra tradição, mais puritana, segundo a qual os papéis eram invertidos, e o jardim com sua vegetação luxuriante equivalia à cena da tentação, lá onde o deserto representava o jardim autêntico).

Os projetistas dos jardins, inspirados pela suposta existência de um Jardim do Éden no princípio da história, buscavam recriar as condições que se considerava terem existido no jardim originário, fornecendo um clima ameno e uma abundância de flores e de frutos incessante.

O jardineiro extraía a ordem do caos, e os jardins eram dispostos segundo modelos regulares, com ângulos de 90 graus e linhas retas que estendiam o domínio humano sobre a natureza sujeita à queda.

Tanto o Jardim do Éden originário quanto o Céu futuro eram comumente concebidos como jardins geométricos. A tradição segundo a qual o Éden era banhado por quatro rios impulsionou os projetistas de jardins de fé muçulmana, da Pérsia à Espanha, a reproduzirem obstinadamente o modelo conhecido como *chahār bāgh*, um recinto retangular subdividido em quatro partes por dois riachos que se cruzavam em ângulo reto.

Tratava-se de um método facilmente combinável com as concepções seculares e humanistas, derivadas das civilizações clássicas persa, grega e romana, de um modelo regular que representasse o triunfo da inteligência humana e dos princípios abstratos da matemática e do direito. O mesmo modelo seria reencontrado nos mosteiros cristãos medievais e nos jardins do Renascimento, e depois, por volta do século XV, nem sempre seria possível definir se o que predominava era um simbolismo religioso ou secular.

No Ocidente, cada planta era enriquecida por um simbolismo espiritual. A violeta se ajoelhava e os galhos de um pomar se viravam para Deus. As árvores abriam os braços no mesmo gesto de oração do suplicante. De acordo com os muçulmanos, a rosa foi criada de uma gota de suor caída da fronte do Profeta no momento que ele era levado ao Céu. A roseira rezava erguendo-se para o alto, e os muçulmanos e os cristãos eram unânimes em considerar que as flores perfumadas que germinavam entre seus espinhos representavam a misericórdia de Deus que emerge de sua ira. O cipreste (representado em tantos tapetes) simbolizava, ao mesmo tempo, a mortalidade, porque não voltava a brotar depois de cortado, e a vida eterna, porque permanecia sempre verde.

Tanto no islamismo quanto no cristianismo, o simbolismo se ampliava até abarcar a tradição segundo a qual, como disse Rābi'ah al-'Adawīyah (falecido em 801 d.C.), "as verdadeiras flores e os verdadeiros jardins são os interiores". Só quando a natureza pedregosa de uma pessoa for despedaçada na poeira por meio da aflição, o seu coração terá se tornado um jardim abençoado pela chuva, e as rosas terão germinado nele. [Cf. o verbete Flor.]

Até esse momento, o simbolismo dos jardins no islamismo e no cristianismo foi avançando passo a passo, não obstante o paraíso islâmico, com as suas *ḥūrī*, seus brocados verdes e seus vinhos não intoxicantes, tenha sido retratado com os traços mais literais do reino dos céus do cristianismo.

Este último era radicalmente diferente do islamismo na identificação do jardim com ocasiões específicas da vida de Cristo.

O "jardim cercado e oculto" do Cântico dos Cânticos foi interpretado como referência à Virgem Maria, cujo ventre era um oásis tão escolhido que não podia ser penetrado por nenhum outro, exceto pelo Espírito Santo. Adão fora um jardineiro, e foi por meio dele que a morte penetrou no mundo. Cristo, que havia conquistado a morte por meio de sua ressurreição, escolheu, então, as vestes de um jardineiro para realizar sua primeira aparição depois de ressuscitado.

O Oriente

Na China e no Japão, as primeiras reações à natureza foram caracterizadas pela crença nos espíritos. Tanto as montanhas, que incutiam o temor, quanto as torrentes que jorravam delas eram posse dos espíritos e, consequentemente, consideradas tão vivas quanto as plantas, os animais e os próprios seres humanos. Os habitantes das aldeias, animados pela piedade, faziam peregrinações aos montes, e foram os peregrinos no caminho de retorno, impulsionados pelo desejo de transmitir o que haviam visto, os inventores do jardim oriental. Esses jardins foram desenhados tendo em vista dois objetivos: elevar a compreensão humana até o nível cosmológico e, ao mesmo tempo, trazer o cosmos para o âmbito da experiência humana.

O primeiro objetivo do jardim paisagístico é, em grande parte, alcançado pela atribuição de prioridade, típica dos jardins chineses, às pedras e aos lagos ou aos pequenos cursos d'água. Até certo ponto, essa arte, conhecida como *shan shui*, representava a geografia física da região, ou seja, as montanhas da Ásia Central e os mares da costa oriental. Além desse limite, na filosofia taoista, as rochas começaram a simbolizar o esqueleto da terra toda, e as águas, as artérias que lhe difundem a nutrição. Segundo os budistas, o jardim comunicava um ensinamento vinculado ao tempo. As flores desabrochavam e secavam no decorrer de um mês; as estações se alternavam. Mas as pedras, também elas submetidas à decadência ao longo de uma escala temporal distinta, pareciam imunes à mudança. Ao contemplarem as rochas, os seres humanos alcançavam conceber o presente segundo o critério de uma infinitude em movimento. O simbolismo era tão variado e maleável quanto as nuvens que se adensavam em torno dos picos das montanhas. A escolha das pedras para o jardim paisagístico era competência dos especialistas, e o jardim era projetado por geomantes profissionais, que decifravam os contornos espirituais do lugar escolhido segundo a ciência conhecida como Feng Shui.

O segundo objetivo era alcançado ao se permitir a cada elemento desse jardim cósmico parecer submetido à influência de forças dualísticas, capazes de gerar o próprio homem. O jardim continha espíritos simultaneamente amigáveis e hostis. Estes últimos, todavia, não eram perseguidos como acontecia no Ocidente: eram deixados preferentemente imperturbados (p. ex., ao não se escavar o terreno em grande profundidade) ou desimpedidos (como no caso dos demônios que se deslocavam em linha reta, por meio da construção de pequenas pontes em ziguezague). Cada coisa no universo era dividida nessas duas partes constituintes. Os chineses falavam de *yin* e *yang*, os japoneses, de *in* e *yō*. O *yin* era feminino, passivo e frágil; o *yang*, másculo, ativo e viril. Na China, as montanhas eram consideradas masculinas, os lagos, femininos; a montanha simbolizava, portanto, a inteligência, o lago, o sentimento. No Japão, os jardins mais estilizados continham às vezes rochas tanto masculinas quanto femininas – cinco eretas, quatro reclinadas. Nesses dois países, esperava-se encontrar associados às rochas e aos cursos d'água sentimentos de juventude e de vida longa, de crescimento e de declínio. Por tradição, um tronco de árvore ao qual fosse acrescentada uma flor "jovem" de ameixeira era assemelhado ao corpo de um ancião, curvado e contorcido. As flores eram consideradas "fascinantes tanto quando murchavam quanto em seu primeiro florescer", e o samurai era comparado à flor de cerejeira – por sua vida breve e de final requintado. Um tratado de jardinagem datável do fim do período Ming, conhecido como *Yüan-yeh*, relata como "quando uma árvore importante estava para florir" as pessoas levavam suas camas para o exterior da casa para poderem observar o modo como as flores na árvore se desenvolviam "da infância à maturidade, para depois murcharem e morrerem".

Em nenhum âmbito o contraste entre o Oriente e o Ocidente é tão perceptível quanto em suas respectivas posições no que diz respeito à noite e à luz da lua. No Ocidente, o dia estava simbolicamente vinculado ao bem, à noite, ao mal. As criaturas noturnas, tais como os morcegos, as corujas e as raposas, eram consideradas repelentes, portadoras de maus agouros, ou ardilosas, e a lua era relegada à categoria de astro de segunda grandeza.

Por outro lado, na China, a mesma dignidade era atribuída ao dia e à noite, pavilhões eram construídos e mobiliados para a contemplação do orbe lunar. Os poetas chineses cantavam a luz da lua, que "lava a própria alma" no lago do jardim, e o tratado intitulado *Yüan-yeh* convidava o leitor a aguardar, ansioso, o dia em que poderia "escavar na lua no topo de uma montanha". Num jardim como esse, toda pessoa seria capaz de reconhecer um quadro da própria existência. O cedro, que resiste até aos furacões, representava a luta obstinada do observador contra as adversidades. O simbolismo relativo a cada planta estava relacionado às qualidades que se esperava encontrar num ser humano, e assim, para dar um exemplo, o crisântemo, que desafiava as brumas do outono, suscitava admiração por sua coragem. A própria morte era equiparada a um ciclo contínuo de decadência e de novo crescimento. O jardim chinês muito contribuiu para convencer as pessoas da necessidade de se contentarem com o próprio destino. Mas, às vezes, os habitantes do Oriente iam em busca de uma alternativa para a vida tal como a conheciam. Os taoistas falavam das Bem-Aventuradas Ilhas do Mar Oriental, e muitos budistas acreditavam numa terra presidida pelo Buda Amida (em sânscrito: Amitābha), onde as flores de lótus fazem brotar as almas dos fiéis sobre as águas de um lago cintilante - concepção que encontra alguns paralelos no Ocidente. Contudo, mais frequentemente, os budistas pensaram em termos de nirvana, em alusão à extinção do ciclo das reencarnações, concepção sem equivalentes no Ocidente.

O jovem indiano de que fala o *Matsya Purāṇa* (cerca de 500 d.C.), depois de ter superado milhares de vidas e de ter renascido, a cada vez, animal de rapina, animal doméstico, grama, arbusto, cipó e árvore, não estava em ansiosa busca de um mundo melhor, e sim de se libertar de si mesmo. Na China, a suprema aspiração a ser buscada por um jardineiro de paisagens seria a de imitar o pintor dos Han Wu-tao-tzu, de quem se dizia que tinha o poder de penetrar na cena que pintara, fundindo-se com a própria obra-prima, para jamais ser visto por qualquer pessoa. [Cf. tb. o verbete Flor.]

Bibliografia

São muito poucos os livros que reconhecem à jardinagem a importância de um simbolismo religioso. Entre eles, a melhor história geral é a de GOTHEIN, M.L. *Geschichte der Gartenkunst*. Jena, 1914 (trad. ingl. *A history of garden art*. Londres-Toronto, 1928; Nova York, 1966. vols. I-II.). Numerosos aspectos da jardinagem islâmica analisados por MACDOUGALL, E.B.; ETTINGHAUSEN, R. (orgs.). *The islamic garden*. Washington, 1976.

O trabalho mais atento entre as obras recentes sobre a arte da jardinagem (e sobre a culinária) no cristianismo medieval é a obra de MCLEAN, T. *Medieval English gardens*. Londres, 1981. Para uma análise do "jardim cercado e oculto" do Cântico dos Cânticos, cf. STEWART, S.N. *The enclosed garden*: the tradition and the image in seventeenth-century poetry. Madison/ Wis., 1966. Para uma discussão de alguns dos efeitos da descoberta da América sobre as tentativas dos projetistas de jardins de recriarem o Jardim do Éden, cf. PREST, J. *The Garden of Eden*: the botanic garden and the re-creation of paradise. New Haven, 1981. As características distintivas dos sucessivos períodos da jardinagem japonesa são transmitidas aos leitores da maneira mais eficiente por ITO,T. *The Japanese garden*: an approach to nature. New Haven, 1972.

Os ideais da jardinagem chinesa são retratados num delicioso quadro panorâmico por GRAHAM, D. *Chinese gardens*. Londres, 1938. O ensaio de SIREN, O. *China and gardens of Europe of the eighteenth century*. Nova York, 1950, discute com sucesso o alcance das influências chinesas a propósito da adoção do jardim de tipo paisagístico na Europa.

John Prest

JOGO E COMPETIÇÃO

Os jogos de competição se distinguem das outras realidades por serem "jogo" e das outras formas de jogo por sua natureza competitiva e pelo caráter institucional - público, sistemático e regulamentado - de suas regras. O antropólogo norte-americano Gregory Bateson (1972, p. 177-193) descreveu os elementos semânticos universais em virtude dos quais um comportamento se configura como jogo. Alguns sinais convencionais criam uma "metamensagem", que induz os jogadores a não considerar os comportamentos assumidos como se eles significassem aquilo que significariam em outros contextos, fora do jogo. Nesse sentido, as ações dos jogos não são "verdadeiras" (a tourada não é uma caça, o jogo de xadrez não é um regicídio, uma partida de futebol não é uma guerra, uma competição de luta ou uma maratona não são uma cosmogonia ou uma teogonia), independentemente da eventual presença de afinidade nos termos, nos objetos, nos gestos, nos estados emocionais ou nas categorias sociais das pessoas envolvidas. A estruturação dessas competições como atividade lúdica as torna, de variadas maneiras, autorreferenciais, capazes de exaltar a motivação atribuída a uma diversão intrínseca e ao momento associativo, de transformar os significados, até que eles encerrem seu objetivo em si mesmos, passando a considerar contingências vazias todo eventual resultado extrínseco.

Paradoxalmente, porém, como Bateson e outros teóricos da atividade lúdica ressaltaram, a afirmação da "não verdade" do jogo, prioritária e universalmente aceita na acepção de um deslocamento entre os significados, possibilita um discurso sobre as correspondências "verdadeiras" entre âmbitos lúdicos e âmbitos não lúdicos e torna esse discurso absolutamente prevalente sobre qualquer outro discurso relativo ao papel do jogo como realidade por si só. Como tantas outras formas lúdicas, os jogos têm delimitações e, por sua vez, também constituem delimitações. Segundo a expressão do psicanalista inglês D.W. Winnicott (1971), os jogos criam um mundo de "objetos transicionais", um âmbito de "não/não verdadeiro".

A liberdade no campo da denotação favorece aquela que se realiza no campo da conotação, permitindo aos indivíduos e aos grupos re-representarem a si mesmos a própria vida de maneiras "experimentais". Realidades virtuais ou alternativas, inclusive as que são propostas pela religião, podem ser verificadas contra o pano de fundo daquelas que o fenomenologista Alfred Schutz definia como "as supremas realidades da vida cotidiana".

Jogo e cultura. O caráter religioso dos jogos de competição

O contraste e a representação são aspectos fundamentais do jogo, como ficou estabelecido pelo estudioso holandês Johann Huizinga (1939) em sua obra mais representativa, *Homo ludens*. Ali se afirma que a oposição e a representação realmente contribuem para fazer com que o jogo "represente" uma competição ou que se torne ele próprio uma competição para representar algo do melhor modo possível. Os materiais do jogo são extraídos do ambiente sociocultural numa relação, ao mesmo tempo, metafórica, simbólica e analógica no que diz respeito a ele. O sociólogo alemão Georg Simmel (1950) afirmava que o mais profundo "duplo sentido" do jogo é constituído pelo fato de que ele não apenas é jogado numa sociedade, mas, graças a ele, as pessoas efetivamente "brincam" com a sociedade, às vezes até com a sociedade dos deuses. Sobretudo quando a diversão, a competição ou o acaso fornecem motivações fortes para se concentrar no desenvolvimento e no resultado dos jogos, essa representação do mundo empírico, em contraposição com um "outro" mundo, pode levar a se interrogar sobre as relações até o ponto de implicar questões epistemológicas fundamentais e necessidades funcionais da existência humana. À luz desse quadro geral, os estudiosos explicam a presença de algumas formas de jogo nas mitologias e nos cultos dos povos mais diversos. Alguns desses estudiosos reconheceram no processo lúdico uma modalidade da transcendência: um aspecto essencial da imaginação religiosa, portanto.

Nesse sentido, entre os especialistas nas ciências humanas do Ocidente, talvez seja Johann Huizinga o mais ousado. Em *Homo ludens*, ele proclamava "a identidade de jogo e a ação sacra" e chegava a afirmar, invocando a autoridade de Platão, que o sagrado estava incluído na categoria do jogo. Ele traduzia nos seguintes termos a passagem platônica das *Leis* VII, 803: "[...] é Deus que é digno de toda seriedade sacrossanta, enquanto o homem é feito de brinquedo e instrumento de Deus, e essa é a melhor parte nele... Qual é, então, o justo modo [de viver]? Deve-se viver brincando, fazendo determinados jogos e sacrifícios, cantando e dançando, para poder tornar os deuses propícios, repelir os inimigos e vencê-los na batalha". Contudo, é lícito discutir a identificação platônica entre sacralidade e jogo. Além disso, como de resto sugere a própria conclusão da passagem platônica utilizada por Huizinga, os especialistas encontraram razões para duvidar que o caráter não utilitarista considerado fundamental por Huizinga para o "jogo autêntico" estivesse realmente presente na ideologia grega da época clássica.

Das famosas competições que aconteciam no estádio até (em outro âmbito cultural) a ética agonística da harmonia das formas corporais – todos elementos que vão constituir aquilo que os historiadores e os sociólogos, de Jakob Burckhardt (*Griechische Kulturgeschichte*, vols. I-IV, Berlim, 1898-1902) até Alvin W. Gouldner (1965), apontavam como o "sistema competitivo grego" –, as necessidades funcionais, inextricavelmente civis e, ao mesmo tempo, religiosas, não parecem ter sido postas entre parênteses como contingentes no mundo clássico, como vem sendo defendido pela corrente de pensamento europeia, cujo representante é Huizinga. Na mitologia e na teologia dos gregos, em contraste significativo com o cristianismo, as próprias divindades participavam dos jogos dos homens, intervindo em primeira pessoa como competidores. Nas competições atléticas – segundo a perspectiva invocada por Píndaro –, o destino individual, a *polis* e o mundo divino encontravam, na cultura grega da idade arcaica e da clássica, um canal de comunicação linguística, uma espécie de *axis mundi* (no sentido proposto por Eliade) que se encarnava na pessoa do atleta vencedor. [Cf. o verbete *Axis mundi*.]

Os Jogos Olímpicos, o oráculo de Delfos e a poesia homérica surgiram todos ao mesmo tempo no século VIII a.C., como instituições pan-helênicas, no mesmo momento em que emergiam as cidades-Estado, particularistas e fundadas na rivalidade recíproca, que caracterizaram a organização social do mundo grego. As relações entre esses diversos tipos de instituição são evidentes nas tradições relativas aos Jogos Olímpicos. A teologia homérica e o culto aos heróis nos informam sobre o estatuto mítico dos jogos, e um famoso oráculo de Delfos (exatamente onde se disputavam competições que incluíam a coroação dos vencedores) retomava a sanção feita por Zeus, sob cuja égide se desenvolviam os festejos de Olímpia. Essas grandes competições permitiam distinguir os gregos dos não gregos (aos barbaroi não era permitido competir em Olímpia) e operar mediações entre o tempo mítico e o tempo humano. De fato, mesmo que o significado de todo o sistema ainda seja objeto de debate, a fórmula para estabelecer as datações tomando por base as vitórias olímpicas até mesmo para os anos intermediários entre uma competição e outra dotou a Grécia de um calendário que ultrapassou as limitações regionais e os interesses de cada cidade-Estado.

Uma tradição mítica faz a fundação dos Jogos Olímpicos remontar a Héracles Ida. Outra tradição alude à vitória de Pélope contra o Rei Enomeu numa corrida de quadrigas que estabelecia como prêmio para o vencedor a filha mais nova do rei, Hipodâmia (a mulher-cavalo). Aqui, como no relato de Atalanta, também parte integrante do *corpus* mitológico grego e vinculado a uma série de relatos míticos semelhantes do ambiente indo-europeu, alguns estudiosos de mitologia comparada (como James G. Frazer, Georges Dumézil, Mircea Eliade e Bernard Jeu) identificaram um padrão comum que associa núpcias sagradas (*hieros gamos*), uma teogonia implícita (frequentemente relativa a divindades mais recentes que suplantam as mais antigas), a conquista de uma transformação tecnológica (o fogo, o cavalo, a metalurgia ou até mesmo as quadrigas), a "domesticação" de soberanos invasores (no caso dos gregos, os chamados "dórios") e por fim as competições atléticas que incorporam, mediam e resolvem todas essas diferenças entre os deuses soberanos vigorosos e os deuses em colapso, entre o homem e a mulher, entre o céu e a terra, entre a natureza e a cultura e entre o cosmos e a história.

Os jogos de competição transformam potencialidades e condições ambíguas, controversas e inquietantes em resultados seguros: essa é uma das razões de sua associação frequente, no mito e na prática, com certos momentos ritualizados de transformação natural e social, como o ciclo das estações, o nascimento, a iniciação, o matrimônio, os funerais, a guerra. Além disso, esses jogos incorporam necessariamente uma dialética entre a hierarquia e a igualdade, dois princípios fundamentais da organização social humana. Realmente, ao partir de uma (verdadeira ou, pelo menos, pretensa) condição de igualdade entre os concorrentes, se chega a uma hierarquia de resultados. E visto que as diversas sociedades e teologias diferem entre si no que diz respeito à avaliação que elas fazem da igualdade e da hierarquia, tanto nos acontecimentos humanos quanto nos divinos, elas consequentemente exaltam nesses jogos um e outro polo. Em todos os modelos de sociedade conhecidos, os jogos de competição se apresentam, segundo a expressão de Claude Lévi-Strauss, como "bons de pensar" e, como mostram claramente os Jogos Olímpicos dos tempos modernos, eles permitem a formações sociais diversas e antagônicas competirem de modo perfeitamente cooperativo. Se os jogos de competição foram interpretados como "o equivalente moral da guerra", isso se deve à circunstância de a guerra, como outros meios de dominação política e ideológica, também apresentar sua própria dimensão moral.

Ingomar Weiler (1981) considera que o "sistema competitivo" não está limitado à Grécia antiga, antes se difundiu ao longo de todo o mundo mediterrâneo. Estudiosos como Johann Huizinga ressaltam os paralelismos que aproximam o material grego e o romano ao material proveniente dos antigos reinos guerreiros do Oriente. O *Mahābhārata* descreve o nascimento do mundo como uma partida de dados entre Shiva e sua esposa (8,2368; 8,2381); é também uma partida de dados que põe fim à guerra pelo poder entre os Kaurava e os Pāṇḍava. No *Bhagavadgītā* (10,36), Krishna é definido como o "jogo das trapaças" e várias formas de *līlā*, o jogo sagrado, são frequentemente associadas a essa divindade e a seu poder. Segundo Marcel Granet (1929), a dualidade cósmica chinesa, constituída pelo *yin* e pelo *yang*, reproduzia formas importantes de dualismo social. Competições de diversos tipos (festivas, mágicas) desempenharam numa etapa mais antiga uma ação fundamental sobre a regeneração da vida "tribal", ao passo que numa era posterior favoreceram a transformação das várias realidades nas instituições estatais. O filósofo espanhol Ortega y Gasset falava da "origem esportiva do Estado", que teria surgido das instituições de competição ritual primitivas que englobavam sanções cosmológicas e sociais.

A etnologia das sociedades "primitivas", destituídas de escrita, produziu um rico material de especulação sobre esse gênero. Em seu elaborado estudo *Games of the North American Indians*, Stewart Culin destacava a contínua recorrência de motivos relativos ao jogo de competição nos mitos de origem de tribos linguística e culturalmente privadas de todo e qualquer contato recíproco. Um motivo muito difundido, por exemplo, é o da complementaridade na contraposição de um casal de "gêmeos divinos" – quase sempre associada à oposição entre noite e dia, entre inverno e verão, Leste e Oeste, estrela da manhã e estrela da tarde, consanguíneos e afins – ou na contraposição entre um Primeiro Homem (ou Primeira Mulher) de traços demiúrgicos e certos monstros, ou toda a natureza, ou outro motivo. Por sinal, na tradição folclórica, heróis culturais como o Coiote, a Aranha ou o Corvo são frequentemente *tricksters*, cuja paixão pelos jogos é, por um lado, fonte de seu poder e, por outro, instrumento de manipulação em vista da vantagem (moral e material) dos homens. Assim como para os jogos dos adultos, que ele distingue entre jogos "de azar" e jogos "de destreza", Culin conclui que, "em geral, [os jogos de competição dos indígenas] parecem ser jogados de modo cerimonial, em vista de comprazer os deuses, tendo como alvo assegurar a fertilidade, a vinda da chuva, o prolongamento da vida, a expulsão dos demônios, a cura das doenças" (Culin, 1975, p. 34).

Teorias sobre a "dessacralização" dos jogos de competição

Essa exaltação do caráter religioso dos jogos de competição junto a culturas exóticas ou primitivas foi gerada e alimentada pela corrente evolucionista do pensamento europeu às vezes chamada de "racionalização", "modernização" ou "secularização". No entanto, Johann Huizinga e outros filósofos da história, que tentaram demonstrar a unidade fundamental da humanidade até sob o aspecto do jogo, também reconheceram que o jogo de competição, ao longo da história da cultura, se encaminhou para uma secularização progressiva. Estudiosos da Antiguidade como Jane E. Harrison supuseram que os jogos de competição – como outras formas de expressão cultural como a dança, o teatro, a música e a poesia – se separaram de uma matriz religiosa originária de caráter ritual já no mundo primitivo e antigo. Quando são atribuídos aos jogos valores religiosos ou mágicos – como ocorre com certas partidas especiais de rúgbi na cultura popular da Inglaterra ou da França atuais; ou nos grandes torneios de *sumō* no xintoísmo japonês; ou ainda nas competições de artes marciais em certas comunidades monásticas do Oriente Próximo ou do Extremo Oriente –, eles são interpretados como "sobrevivências" de um passado arcaico, "fossilizado" em estruturas sociais ainda parcialmente adequadas a um culto voltado para os ritmos cosmológicos e agrários. Esses pontos de vista estão em perfeito acordo com os desenvolvimentos alcançados no século XIX pelas ciências sociais, concentradas numa possível passagem evolutiva – "de significado potencialmente universal", como disse Max Weber – da sociedade "tradicional" para a sociedade "moderna", sob o impacto da revolução industrial e da ciência moderna. De importantes meios mediante os quais a comunidade representava para si mesma os próprios interesses supremos, empenhando-se numa veneração imitativa, os jogos de competição acabaram sendo associados, na perspectiva ocidental, à esfera da diversão profana, da recreação, do entretenimento de massas: em suma, "simples jogos" de valor comercial e social indubitável, mas bem pouco significativos no que diz respeito ao âmbito do sagrado e da espiritualidade.

Essa teoria da "modernização", que ainda hoje exerce sua influência, foi, contudo, fortemente criticada como eurocêntrica e imperialista. Além disso, a história social demonstrou que no próprio Ocidente a religião não passou por um declínio regular e inevitável e que a história cultural de formas como os jogos de competição não obedeceu a um só e único modelo. Como demonstra a supressão dos Jogos Olímpicos ordenada pelo Imperador Teodósio, por serem considerados um "rito pagão", o cristianismo das origens aspirava a se opor à tradição grega (e romana) dos jogos públicos, mas, por outro lado, autores como São Paulo muitas vezes recorreram a imagens extraídas da atividade agonística como metáforas do ascetismo. Uma tradição secular, que culminou no puritanismo inglês e continental, também tentou suprimir as competições, os jogos de azar e todas as outras formas de diversão popular como "obras do demônio", capazes de desviar o bom cristão do dever religioso da sobriedade, do predomínio social da Igreja e do trabalho disciplinado. No decorrer do século XX, ao contrário, vários líderes religiosos e vários sociólogos atribuíram o afastamento dos fiéis da Igreja à crescente popularidade dos eventos esportivos e de outras formas de recreação de massa, que são "celebrados" preferentemente nos dias festivos.

Mas também se manifestaram tendências de sinal contrário. Na Idade Média, por exemplo, a Igreja combatia o culto ao corpo ligado às competições atléticas, enquanto simultaneamente participava dos torneios cavaleirescos típicos da época. Ainda hoje, no Pálio de Sena, que remonta ao século XI, o culto à Virgem Maria e as bênçãos do sacerdote às equipes rivais são elementos centrais da competição ritual. Na Inglaterra do século XIX, devotos professores anglicanos e socialistas cristãos como Thomas Hughes ou Charles Kingsley contribuíram com a elaboração da ideologia de um "cristianismo muscular", curiosa combinação de competição atlética, virilidade, *fair play*, coragem e defesa dos fracos: tudo isso ligado a uma nova *imitatio Christi*, por um lado, e ao colonialismo inglês, por outro. Muitos clubes ingleses de futebol descendem das associações eclesiásticas; e os missionários no Império colonial sempre buscaram suprimir os jogos dos habitantes nativos das terras conquistadas, especialmente aqueles que exibiam manifestamente conteúdos mágicos ou sexuais, para substituí-los pelo futebol, pelo críquete, pelo hóquei e pela corrida, apresentados como ótimos "exercícios para um bom caráter cristão". Com a descolonização, as "novas nações" quase sempre preservaram aquelas formas de jogo de competição (as corridas de longa distância na África Oriental, o críquete nas Ilhas Trobriand e no Caribe, o hóquei de quadra na Índia), mas os transformaram para adaptá-los aos valores culturais autóctones ou para servirem a uma religião "civil" ou "nacional", na forma de um culto explícito ao Estado ou, mais frequentemente, como "equivalente funcional" das instituições religiosas tradicionais. Combinadas num conjunto dialético com formas lúdicas que ainda incorporam propósitos "nativistas", como a luta na África Ocidental, a corrida para os indígenas norte-americanos (cf. Nabokov, 1981), o *buzkashi* da Ásia Central, o *sumō* no Japão, a rinha de galos em Bali (tornada célebre no estudo de 1972 do antropólogo Clifford Geertz), essas transformações de formas de jogo impostas em determinado momento demonstram a inadequação de toda teoria unilinear ou evolucionista da história universal e do espaço nela ocupado pelos jogos. Retomando, mais uma vez, o contexto judeu-cristão, fonte de todas essas teorias, os desenvolvimentos atuais – do papa esquiador condecorado com a medalha olímpica por conta das relações entre o Conselho Mundial de Igrejas e o Comitê Olímpico Internacional, até a atividade missionária, nos Estados Unidos e no exterior, dos Atletas de Cristo – ilustram por fim as relações entre os jogos de competição e as religiões. Tais relações também não estão limitadas a exigências práticas e institucionais. A "teologia do jogo", desenvolvida em alguns ambientes religiosos cristãos (cf. Moltmann, 1971), com as suas tentativas rebeldes de reformar a imagem da divindade e com a sua convicção de que na liberdade e na alegria dos jogos e das festas as pessoas começam a receber uma espécie de "antegosto do reino dos céus", dá a entender como as potencialidades do jogo para a transcendência devem ter necessariamente impulsionado a religião ao diálogo com as formas da experiência lúdica. Até mesmo as religiões cujas vertentes ortodoxas ou dominantes oferecem pouco espaço para o jogo em suas teofanias, na ética e nos cultos – como o judaísmo, o cristianismo e o islamismo, talvez em contraposição ao hinduísmo, ao budismo e às numerosas religiões tribais – devem se preocupar com aquilo que David L. Miller (1973) chama de "a competição das competições", que, por um lado, tenta descobrir e articular uma "realidade definitiva", para finalmente se aproximar dela, e, por outro, propõe um limite para a manipulação das pessoas e dos deuses.

Jogos de competição e vida social

A falência das teorias do evolucionismo e da modernização tem despertado o interesse dos estudiosos pelos diversos tipos e pelas características intrínsecas dos jogos de competição. Roger Caillois (1967), por exemplo, indicou como os jogos de competição devem estar situados no interior de uma série que vai da *paidia* (forma flexível, espontânea e não estruturada, típica dos jogos infantis) ao *ludus* (forma mais elaborada, convencional e regulamentada). Além disso, para se tornar autênticos, os jogos devem ser desprovidos de objetivo, circunscritos a limites exatos de espaço e de tempo, regulados pela seleção de algumas possibilidades de ação consideradas importantes e permitidas entre todas as outras possíveis, encerrados entre uma repartição inicial dos recursos e dos papéis e uma série de divisões posteriores destes no decorrer do jogo, e, por fim, dotados de critérios de avaliação dos resultados, positivos ou negativos, para poder definir os ganhadores e os perdedores. Ao privilegiar alternativamente uns ou outros dos diversos aspectos dessa estrutura fundamental dos jogos de competição, é possível produzir um bom número de esquemas de classificação, que revelam as convenções metafísicas e os modelos teóricos segundo os quais o indivíduo e os grupos "jogam" em sociedade.

Assim como vários outros teóricos europeus dos jogos, Caillois se concentra especialmente nos aspectos experienciais dos diversos tipos de jogo. Apontando não simplesmente para uma sociologia do jogo, mas para a "sociologia derivada dos jogos", Caillois agrupa todos os jogos em quatro categorias fundamentais: *agon*, ou seja, competição; *alea*, isto é, sorte; *mimicry*, simulação, e, finalmente, *ilinx*, vertigem. Com base nesse esquema, é possível analisar as funções religiosas associadas aos diversos tipos de jogo: competição cosmológica, escatológica ou moral; adivinhação; magia imitativa e cerimonial; alterações do estado de consciência. Mas o esquema não produziu resultados significativos em termos de natureza comparativa. Os jogos modernos realmente se caracterizam pela combinação desses aspectos – todos os jogos, por exemplo, são de algum modo competitivos – e todas as religiões acolhem indiferentemente essas funções. Por outro lado, a visão psicanalítica que capta no jogo e na competição a representação mascarada dos conflitos inconscientes e os considera produtos da coação a repetir os vários traumas infantis tem o defeito de não dar atenção ao contexto cultural e de não ter avaliado suficientemente a complexidade e a variedade das diversas formas de jogo. Por seu turno, o estruturalismo europeu, associado à psicologia por meio de Piaget, reconheceu a importância dos jogos infantis no desenvolvimento mental do indivíduo; associado, por outra via, à antropologia por meio de Lévi-Strauss, revelou o simbolismo da "lógica do concreto" que vincula o jogo ao mito, ao rito e às relações de parentesco. Voltadas, sobretudo, para a pesquisa das estruturas universais da mente, essas teorias em geral descuidam do conteúdo histórico e social. Sua contribuição é caracteristicamente metodológica.

Os sociólogos britânicos e norte-americanos, por sua vez, concentraram-se especialmente nos aspectos estratégicos e de desempenho dos jogos de competição, analisando tais realidades do ponto de vista funcional da integração social, dos processos de decisão e da transmissão de valores. No interior das ciências sociais e das ciências da informação, a "teoria dos jogos de competição" produziu várias taxonomias do cálculo racional e das decisões estratégicas para todos os que são chamados a minimizar riscos diante da incerteza e da limitação de recursos. Alguns críticos, contudo, detectaram nessa "teoria dos jogos de competição" um equívoco fundamental, visto que o jogo, em suas motivações profundas e em suas estruturas, parece totalmente desprovido de referências à ação social concreta. Mesmo assim, a "teoria dos jogos de competição" ofereceu escassas contribuições à análise de instituições religiosas específicas.

A psicologia social concentrou-se no papel e nos aspectos socializantes do jogo de competição para construir perguntas fundamentais a respeito da organização do *self*. George Herbert Mead, por exemplo, interpretou a propensão dos mais jovens, ao jogarem beisebol, a desempenharem ações individuais em detrimento de se inserirem no campo do jogo em equipe como um sinal e um meio de desenvolvimento do "*self* reflexivo", que assimila as expectativas dos demais na "alteridade generalizada", que seria representada exatamente pelo jogo coletivo. Erving Goffman (1967, 1974) desenvolveu ainda mais a importância dos jogos de encenação, da simulação e da dissimulação e o princípio das "regras que quebram as regras", chegando a construir uma teoria que se popularizou na formulação metafórica para a qual "a vida social é um jogo de competição". Para Goffman, o indivíduo parece continuamente preocupado com a "habilidade de administrar a própria imagem", uma atitude que é lúdica em sua atenção contínua à definição das situações e à prevenção do embaraço nas relações recíprocas. Como protagonistas da "teoria dos jogos de competição", esses psicólogos sociais, mais que fornecerem elementos úteis para o conhecimento das instituições sociais (especialmente as religiosas), também contribuíram sobretudo para a compreensão dos processos de negociação recíproca entre os indivíduos ou os pequenos grupos. Ao mesmo tempo, implicitamente, essas teorias põem em crise as várias ontologias e os conhecimentos convencionais sobre o divino que caracterizaram o mundo ocidental.

Visto que os jogos de competição certamente servem para reproduzir ou pôr em contraste as estruturas e as ideologias sociais dominantes, recentemente eles foram interpretados por alguns antropólogos como simples operações de especulação intelectual, como instrumentos por meio dos quais as comunidades humanas descobrem, em primeiro lugar, seus valores dominantes e propõem alternativas a eles. Victor Turner (1974) – que, assim como Huizinga, considera a vida cultural um processo de contínuas passagens do institucional ao lúdico, de recombinações "antiestruturais" e, finalmente, de novas propostas de estruturas – estende a análise dos ritos religiosos até passar a entender nesse registro os jogos de competição. Clifford Geertz (1972), que considera a interpretação das experiências interiores uma necessidade humana, avalia que as rinhas de galos na Ilha de Bali são uma forma de "metacomentário social", uma "história que os habitantes de Bali contam sobre si mesmos", uma função igualmente atribuída à ritualidade religiosa. Outros antropólogos (Don Handelman e eu mesmo, por exemplo) consideram tudo isso importante para estabelecer as diferenças que separam os jogos de competição dos ritos. Se nos pusermos (com Bateson) no nível da metacomunicação, de fato, o rito parece estar estruturado de maneira inteiramente diferente quando comparado ao jogo. O rito assevera *a priori* que toda afirmação no interior de si mesma é verdadeira e não falsa e cria um mundo mais de "acreditamos" do que de "façamos crer".

Essas distinções tornam possível reconhecer manifestações complexas que compreendem tanto o rito quanto o jogo de competição, como, por exemplo, o Pálio de Sena ou os Jogos Olímpicos, e que extraem disso o seu poder de impulsionar os protagonistas e os espectadores para frente e para trás, de uma estrutura a outra. Essas atividades eram outrora continuamente reestruturadas no decorrer da história dos diversos povos. Alexander Lesser (1978) demonstrou que o jogo de mão dos Pawnee se transformou entre 1865 e 1930 de simples forma de diversão em rito de salvação religiosa, para depois voltar a ser novamente uma atividade lúdica banal. Esse fenômeno faz lembrar o que aconteceu com a atividade atlética na Inglaterra do século XIX. Aquilo que se torna possível (ou impossível) no jogo e é apresentado como um esquema organizado nos jogos de competição deve ser, por sua vez, afirmado como indiscutível no rito. Se essa é a relação fundamental intercorrente entre o jogo de competição e a religião, enquanto novas contribuições no campo da etnologia e da história social dos jogos não produzirem maior clareza conceitual e aprofundamentos teóricos úteis, nós não poderemos descobrir e conhecer o equivalente lúdico daquela que para Max Weber era "a ética econômica do mundo das religiões".

Bibliografia

A apresentação do sistema "agonístico" na Grécia antiga se deve a BURKHARDT, J. *Griechische Kulturgeschichte*. Berlim, 1898-1902. vols. I-IV. Sobre o mundo clássico, cf. ainda GOULDNER, A.W. *Enter Plato*. Nova York, 1965. Num ótimo guia introdutório aos jogos atléticos do mundo mediterrâneo antigo, WEILER, I. *Sport bei den Völkern der alten Welt*. Darmstadt, 1981, combate a ideia da unicidade dos gregos, uma posição compartilhada por HUIZINGA, J. *Homo ludens*. Amsterdã, 1939, que continua a ser essencial para o papel do jogo na cultura e para as relações entre o jogo e a religião. TURNER, V. liminal to liminoid, in play, flow and ritual. *Rice University Studies*, vol. 60, p. 53-92, 1974, amplia a discussão do rito religioso até incluir o papel cultural do jogo.

CAILLOIS, R. *Les jeux et les hommes* – Le masque et la vertige. Paris, 1967 propõe uma taxonomia dos jogos, buscando tanto esclarecer as propostas de Huizinga quanto organizar de maneira mais amplamente comparativa o vasto material. Entre as sínteses etnológicas sobre o jogo nas sociedades "primitivas", a mais citada é Culin, R.St. *Games of the North Americans indians*. 1907. Washington/D.C., 1975. Sobre a corrida entre os indígenas da América do Norte: NABOKOV, P. *Indian Running*. Santa Barbara/Calif, 1981. Estudos antropológicos sobre materiais específicos são: LESSER, A. *The Pawnee ghost dance hand game*. Madison/Wis., 1978; GEERTZ, C. Deep play – Notes on the Balinese cock fight. *Dedalus*, vol. 101, p. 1-38, 1972. Sobre a China, cf. GRANET, M. *La civilisation chinoise* – La vie publique et la vie privée. Paris, 1929. MILLER, D.L. *Gods and games*. Nova York, 1973, é representativo da "teologia do jogo" no interior do cristianismo e contém importantes análises do papel dos jogos de competição no mundo cultural moderno. Cf. também MOLTMANN, J. *Die ersten Freigelassenen der Schöpfung*. Munique, 1971.

Uma contribuição fundamental para a compreensão do jogo como forma de metacomunicação é BATESON, G. A theory of play and fantasy. *In*: *Steps to an ecology of mind*. Nova York, 1972. GOFFMAN, E. *Interaction ritual*. Garden City/N.Y., 1967; e *Frame analysis*. Nova York, 1974, desenvolve a ideia da vida social como jogo de competição. Para o pensamento de Georg Simmel, cf. *Sociology of Georg Simmel*. Glencoe/Ill., 1950. Sobre o papel do jogo no desenvolvimento histórico do indivíduo: WINNICOTT, D.W. *Playing and reality*. Londres, 1971. Sobre as diferentes lógicas do jogo e do rito, cf. LÉVI-STRAUSS, C. *La pensée sauvage*. Paris, 1962 [trad. bras.: *O pensamento selvagem*. Campinas: Papirus, 1990]. Problemas análogos são encarados por HANDELMAN, D. Play and Ritual – Complementary Forms of Metacommunication. *In*: CHAPMAN, A.J. e FOOT, H. (orgs.). *It's a funny thing, humor*. Londres, 1977. p. 135-192. Para as formas complexas de representação que associam jogo e rito, cf. MACALOON, J.J. Olympic games and the theory of spectacle in modern societies. *In*: *Rite, drama, festival, spectacle*. Filadélfia, 1984. p. 241-280.

John J. MacAloon

JOIAS

O costume de usar joias é tão antigo quanto a própria civilização. Colares e pulseiras feitos de ossos, seixos, conchas e dentes foram encontrados a partir do período paleolítico (cerca de 25000-18000 a.C.). As joias eram usadas pelas sociedades primitivas como sinal de um ofício ou dever particular, ou eram a demonstração de algum empreendimento pessoal, como ocorria a propósito dos colares feitos com os dentes dos inimigos ou de animais ferozes. Essa função sobrevive ainda hoje no mundo desenvolvido, por exemplo, nas medalhas ou nas insígnias oficiais.

Os orifícios do corpo humano requerem uma proteção mágica, dado que, como toda abertura, podem permitir a entrada de demônios ou de espíritos do mal. Para afastar os maus espíritos, têm eficácia específica todas as coisas brilhantes, barulhentas, coloridas, ou que apresentem um movimento ondulante. Em muitas sociedades tradicionais, as pessoas protegem o nariz com ornamentos de osso, pedra, metal ou pena. As mulheres indianas contemporâneas, se suas posses lhes permitirem, usam anéis de nariz ornados de pedras preciosas. Quase universalmente, os orifícios das orelhas são protegidos por brincos ou argolas. Determinados povos protegem também a boca usando tampões e placas nos lábios. Os orifícios sexuais também devem ser protegidos: em tempos passados, isso era garantido por cintas e bragas adornadas com pedras preciosas. Atualmente, os cintos ricamente decorados, muitas vezes com ornamentos pendentes e grandes fivelas pomposas, representam um substituto para as antigas proteções, sobretudo se usados pelas mulheres. Particularmente importantes são as correntes e os colares, por serem a proteção da garganta (a sede da voz) e do pescoço, que representa a conexão vital entre a cabeça (mente, psique, espírito) e o restante do corpo. Os longos colares exibidos pelos antigos egípcios tinham uma potente função apotropaica; até mesmo as múmias geralmente eram sepultadas com muitas camadas de colares para proteger a importante região da garganta e do pescoço.

Uma forma importante de colar é a de peitoral, na qual a joia suspensa (crucifixo, gema, amuleto etc.) fica situada mais ou menos diretamente sobre o coração; desse modo se cria uma estreita associação entre a joia e a sede da vida. Examinados num nível mais profundo, os colares ou as correntes usadas em torno do pescoço representam a diversidade na unidade: as contas ou os elos separados são a multiplicidade da manifestação, enquanto o fio de conexão representa a unidade e o não manifesto.

Os anéis são provavelmente as joias mais frequente e mais fortemente carregadas de significado simbólico. O anel, com sua forma circular sem início nem fim, é um símbolo natural de realização e de eternidade. Segundo os chineses, o círculo completo indica a associação de todos os princípios divinos, que se movem num círculo incessante e ininterrupto.

Uma possível origem do anel é o nó. Nos tempos antigos, uma corda enodada ou um pedaço de fio metálico trançado representavam um tipo de amuleto muito usado. Ele costumava ser utilizado para lançar um encantamento sobre uma pessoa. Até hoje os anéis têm quase sempre a forma de um nó. Esse símbolo significava, sem dúvida, a ligação ou a adesão do encantamento a seu objeto; a mesma ideia se encontra no "nó dos verdadeiros amantes". Nos escritos de Plínio o Velho (*Naturalis historia*), encontramos a origem do significado do anel como ligação. Pelo fato de ter roubado o fogo do céu e de ter ousado até mesmo desafiar os deuses, Prometeu é condenado por Zeus a ser acorrentado durante 30 mil anos a uma rocha; durante esse período, um abutre se alimenta diuturnamente de seu fígado. Por fim, Zeus se torna menos rígido e liberta Prometeu; mas, para não fugir de seu juízo originário, ordena que o titã passe a usar num dedo um elo da corrente, que, por sinal, carrega um fragmento da rocha à qual ele estivera acorrentado: desse modo, Prometeu ainda permanece simbolicamente preso à rocha.

Os romanos foram os primeiros a usar o símbolo da "ligação" inserido no anel de noivado, costume que até hoje sobrevive na aliança de casamento. O anel era usado no terceiro dedo da mão esquerda porque, conforme uma crença antiga, uma veia ou um nervo que parte desse dedo chega diretamente ao coração. O escritor romano Macróbio diz: "Por mérito desse nervo, pondo o anel no dedo da esposa, o noivo o põe em seu coração".

Do mesmo modo, o anel episcopal representa misticamente a união de Cristo com sua Igreja. Quando um bispo recebe o anel episcopal, a fórmula seguinte é recitada: "Recebe o anel da fé como sinal de que tu protegerás a esposa de Cristo, a santa Igreja, com fé intrépida". O anel de sinete é considerado também o símbolo do segredo confessional: os segredos confiados aos sacerdotes são postos sob sigilo. Durante a celebração dos votos de uma religiosa, o sacerdote lhe entrega um anel anteriormente benzido e a declara esposa de Cristo. O anel da coroação dos reis ingleses é algumas vezes chamado de "o anel de casamento da Inglaterra", uma vez que o rei é considerado o esposo da nação da qual é soberano.

O uso do anel como símbolo religioso às vezes está ligado à sua utilização para outros propósitos, por exemplo, no caso do anel de sinete. Indiscutivelmente, muitos dos escaravelhos esculpidos nos anéis egípcios tinham um significado especificamente religioso. O anel de sinete dos bispos pode, na realidade, ter se desenvolvido a partir do anel de sinete dos funcionários do Império Romano, usado para selar os documentos. Até mesmo os senadores, os altos magistrados e os embaixadores recebiam, por ocasião de sua nomeação, um anel de ouro. Posteriormente ao Édito de Milão, no século IV, os bispos, de certa maneira, passaram a ser funcionários do Império, e Constantino lhes deu, em alguns casos, o poder de arbitrar. No Ocidente, a partir do século VI ou VII, o anel se torna uma das insígnias do ministério episcopal, recebida pelo bispo durante a sua consagração. Os abades e abadessas também tinham permissão para usar anéis semelhantes. Na Igreja oriental, esse uso jamais foi adotado, exceto entre os armênios.

O "Anel do Pescador" é o anel de sinete do papa feito em ouro. Para cada novo pontífice se faz um novo anel. Imediatamente depois da morte do papa, seu anel é propositadamente quebrado pelo camerlengo papal, que tem a possibilidade de ficar com os fragmentos ou de fazê-los sepultar junto ao pontífice. O desenho no sinete representa o Apóstolo Pedro num barco enquanto joga uma rede; no alto vem gravado o nome do papa.

Na Roma antiga, os sumos sacerdotes de Júpiter, os *flamines Diales*, usavam anéis côncavos e lavrados com recortes. Segundo algumas fontes, essa forma possuía significados místicos e simbólicos: os sacerdotes não deviam entrar em contato com nada que indicasse, em qualquer medida, dureza, severidade, restrição ou esforço. No mundo clássico, os anéis eram muitas vezes dedicados a uma divindade particular, especialmente a Apolo de Delos. Entre os soldados romanos, era muito popular um anel que trazia gravada em pedra a imagem de Marte. Os membros de uma seita gnóstica usavam um anel com a inscrição *Abraxas*, que designava a energia criativa. Em Roma, durante os dias de luto nacional, os anéis de ouro eram substituídos por anéis de ferro, como sinal de respeito e de tristeza. Ocasionalmente, como sinal de desaprovação, durante uma sessão pública, os senadores costumavam quebrar seus anéis. Já os suplicantes romanos quebravam seus anéis em sinal de humildade. Segundo Tácito, como registrado em sua obra *Germânia*, o guerreiro de uma tribo germânica devia usar um anel de ferro enquanto não tivesse matado um inimigo; só depois disso podia quebrá-lo. Esses anéis de ferro eram considerados símbolos de escravidão. Entre os outros materiais baratos usados em algumas ocasiões para fabricar anéis estão os cravos dos ferros de cavalo, considerados portadores de alguns dos poderes talismânicos atribuídos à ferradura de cavalo.

Alguns romanos ricos usavam anéis feitos com dez diferentes pedras preciosas, que representavam Minerva e as nove Musas, chamados "anéis das dez donzelas". O anel das dez donzelas evoca a dezena ou rosário, um anel comum na Idade Média. Ele era geralmente composto de dez contas ou protuberâncias, que podiam ser giradas em torno do dedo; por vezes, eram 11, para contar dez ave-marias e um pai-nosso.

Há muitas histórias e lendas de anéis que aparecem para ser irremediavelmente perdidos e que são reencontrados depois de um longo período de tempo; provavelmente sua forma sugere a ideia de "retorno ao ponto de partida". Uma lenda típica desse tipo é a do Rei Salomão, que tinha êxito em todas as suas iniciativas porque possuía o anel prodigioso que recebera de quatro anjos. O anel tinha uma pedra maravilhosa que servia de espelho, no qual Salomão era capaz de ver refletida a imagem de cada lugar ou pessoa que desejasse. Roubado por um *jinnī* malvado, o anel reapareceu 40 anos depois na barriga de um peixe servido à mesa do rei.

As joias sempre desempenharam um papel importante entre as mulheres. A pesquisa antropológica do século XX comprovou que o ato de doar é essencialmente agressivo, pois põe o receptor em dívida com seu doador, ou seja, sob seu poder. Na cultura ocidental, em séculos recentes, as joias são mais frequentemente o dom que um homem faz a uma mulher, provavelmente como expressão do desejo de posse física. Por isso não é raro ver as joias a uma luz ambígua: colares que se assemelham a coleiras de animais ou de escravos, pulseiras cuja forma evoca a das algemas.

Bibliografia

ANDERSON BLACK, J. *The story of jewelry*. Nova York, 1974.

KUNZ, G.F. *Ring for the finger*. Filadélfia, 1917.

Diana Lee James

L

LABIRINTO

O termo *labirinto* se refere a uma grande variedade de desenhos e modelos, alguns intricados, outros não, que vão das inscrições rupestres pré-históricas à arte moderna, sem excluir as estruturas simbólicas e mitológicas altamente complexas em torno das quais se acumulou, no decurso de muitos séculos e por meio de várias civilizações, um imenso patrimônio de significados. O vocábulo é usado para indicar:

1) Um trecho ou passagem difícil, ou uma galeria, muitas vezes subterrânea, através da qual é extremamente arriscado tentar encontrar o caminho para a saída sem um guia.

2) Um edifício à primeira vista sem fim, constituído por inúmeras salas ou galerias projetadas para confundir os intrusos e desencaminhá-los.

3) Em sentido metafórico, qualquer tipo de complexidade da qual é quase impossível se desvencilhar.

Nesta última acepção mais genérica, e submetido às pressões da crescente complexidade do mundo contemporâneo, o velho símbolo do labirinto ressurgiu com uma vitalidade renovada, para assombrar o inconsciente do homem moderno e ingressar no vocabulário da arte e da literatura. O que torna o labirinto tão relevante hoje em dia, na sua riqueza de associações analógicas, é o fato de constituir um emblema dos dilemas existenciais do moderno homem metropolitano, que se vê preso num mundo parecido com uma prisão, condenado a vagar sem objetivo entre suas muralhas. No entanto, o labirinto atrai a nossa imaginação não apenas porque nos traz à memória o nosso estar perdidos nas suas entranhas, prestes a ser devorados pelo Minotauro, mas também porque nos sugere que em algum lugar da armadilha tenebrosa deve haver um centro quase esquecido, a partir do qual, depois da última prova que nos colocará diante do terror e da morte, será possível encontrar a saída para a liberdade. Na realidade, esses resquícios de temor e de esperança constituem o eco de mitos muito antigos, entre os quais se destaca claramente a célebre história de Teseu e do Minotauro.

O mito do labirinto minoico

Em síntese, o mito do labirinto minoico fala de Minos, que se torna rei de Creta no momento que o deus das águas Poseidon lhe enviou um touro do mar para atender a suas orações. Mas Minos deixou de sacrificar o animal, como determinava o deus, e por punição se tornou estéril. Sua esposa Pasífae, filha do Sol, desenvolveu uma insana paixão pelo animal, que a impeliu a se esconder dentro de uma vaca de madeira encomendada a Dédalo com a finalidade de poder se unir carnalmente ao bovino. Da união nasceu um filho monstruoso, metade homem e metade touro, o Minotauro. Aterrorizado com o acontecido, o Rei Minos ordenou que Dédalo construísse um labirinto do qual fosse impossível sair, e ali fez encerrar o Minotauro.

A cidade de Atenas, recentemente conquistada por Creta, viu-se obrigada a enviar a cada oito anos sete rapazes e sete moças destinadas a serem devoradas pelo monstro. A certa altura, o herói ateniense Teseu decidiu pôr fim àquele horrível tributo e se ofereceu voluntariamente como um dos sete rapazes a serem sacrificados. Entrou no labirinto e matou o monstro, reencontrando a saída com a ajuda de um novelo de barbante desenrolado atrás de si que recebeu de

Ariadne, a filha de Minos que se apaixonara por ele. Depois dessa vitória, porém, as coisas começaram a piorar. Primeiro, no caminho de volta para Atenas, o valoroso herói abandonou Ariadne adormecida na Ilha de Naxos e decidiu tomar como esposa sua irmã Fedra – decisão que em seguida se revelaria desastrosa. Em seguida o herói se esqueceu de substituir as velas pretas do navio por velas brancas, como prometera fazer ao seu pai Egeu caso tivesse conseguido matar o Minotauro. O velho rei de Atenas, vendo a distância as velas pretas que retornavam, pensou que Teseu tivesse perecido e se precipitou do penhasco, encontrando a morte. Nesse meio-tempo, Minos, enfurecido, puniu Dédalo, aprisionando-o no labirinto juntamente com seu filho Ícaro. Mesmo sendo o arquiteto que idealizara a construção, Dédalo não sabia encontrar a saída. Assim, decidiu tentar a fuga pela única via possível: para o alto. Fabricou dois pares de asas utilizando cera de abelhas e penas, e antes de levantar voo advertiu o filho para não voar alto demais. Contudo, Ícaro, inebriado pelas maravilhas do voo, esqueceu o conselho do pai e chegou muito perto do sol, fazendo com que a cera das asas derretesse e caindo no mar. Dédalo, mais previdente, aterrissou são e salvo na Sicília. Muitos aspectos dessa narrativa exigem um exame atento para apreender o seu verdadeiro significado. Entre os temas mais importantes podemos lembrar estes quatro:

1) Sugere-se que o labirinto esteja ligado a um conflito não resolvido, que traz em si um oneroso tributo de culpa e de medo – o sacrifício anual dos sete rapazes e das sete moças – que só pode ser resolvido mediante a intervenção de um "herói".

2) Sugere-se também que a solução do conflito depende da lembrança e de prodígios mnemônicos – o fio de Ariadne – e da capacidade de "voar", ou seja, de adquirir um nível de consciência superior.

3) O mito ressalta o fracasso em última instância do herói. É importante que Teseu, aparentemente o herói da história, vá ao encontro de um lúgubre destino após sua descida ao Mundo Inferior, desta vez assistido não mais por uma mulher apaixonada, mas por um bandido chamado Pirítoo, na tentativa de raptar Perséfone, a esposa de Hades. O projeto fracassa; Pirítoo é dilacerado pelo cão de três cabeças, Cérbero, e Teseu, perdendo-se no labirinto de Hades, é transformado em pedra. Isso implica que a morte do Minotauro foi uma façanha bem menos heroica do que poderia parecer, uma vez que comportava a brutal supressão do problema em lugar da tentativa de buscar uma solução harmoniosa para ele.

4) Por fim, a história de Teseu no labirinto pode ser considerada emblemática dos riscos da iniciação segundo um bem conhecido modelo de *descensus ad inferos*, morte simbólica e retorno à vida.

O labirinto como símbolo

Agora analisarei brevemente algumas das características mais significativas da ideia de labirinto em si. É preciso lembrar que todos os símbolos e mitos podem ser interpretados a partir de muitos níveis diferentes, e exigem um contínuo esforço hermenêutico.

Mergulho no inconsciente

Penetrar no labirinto equivale ao que um psicanalista definiria como um mergulho nas camadas subconscientes da psique, com suas obscuridades e seus terrores, seus traumas e seus complexos, seus conflitos emocionais não resolvidos.

Regressus ad uterus

A entrada no labirinto leva a pensar numa volta ao ventre da Mãe Terra, concebida ao mesmo tempo como *yoni* (princípio feminino), túmulo e fornalha mágica, como referência à norma alquímica atribuída a Basílio Valentino "V.I.T.R.I.O.L.", "Visitabis

Interiora Terrae Rectificando Invenies Occultum Lapidem" ("Visitarás as entranhas da terra e, retificando-te, encontrarás a pedra oculta"). Essa característica é particularmente forte nos labirintos em cavernas e hipogeus. Na realidade, muitas inscrições rupestres megalíticas parecem associar modelos de labirinto simultaneamente ao culto dos mortos e a símbolos de fecundidade, como ocorre, por exemplo, nos desenhos do Vale Camônica na Itália. Em vários casos, representações pictóricas da pré-história mostram labirintos que fazem lembrar genitais femininos; às vezes apresentam círculos concêntricos com uma linha reta ou serpentiforme que aponta para o centro, sugerindo a penetração do espermatozoide no óvulo. Esse é o tipo de representação que Moritz Hoerner e Oswald Menghin definiram *Ringwallbilder*, considerando o tipo de labirinto mais simples e comum encontrado na Europa. Um explícito simbolismo sexual pode ser encontrado também no vaso etrusco de Tragliatella (no Museu Capitolino em Roma), ligado a labirintos parecidos com o de Cnossos.

Nekyia *ou a descida ao Hades*

Em estreita associação com o simbolismo do *regressus ad uterus* encontramos o da *nekyia*, ou seja, a descida ao Hades, ao Mundo Inferior, morada dos mortos, onde um fogo invisível transfigura todos os corpos que ali entram.

O fogo interior destrói e confunde, mas enquanto *atanor* (a fornalha simbólica da transmutação física ou moral) alquímico purifica, regenera, transforma e produz "ouro".

Diante do monstro

A visita ao Mundo Inferior comporta o encontro com seus guardiães: Cérbero, velhos e feiticeiros, monstros e demônios. Figuras de chifres idênticas ao Minotauro encontram-se em muitas representações pré-históricas, por exemplo, no Vale Camônica, na Itália, e na Cueva de los Letreros, na Espanha, assim como no antigo Egito, e levam a pensar nas imagens tradicionais do diabo na tradição cristã e em outras.

Os chifres do Minotauro podem ser ligados a uma ideia de coroa, não apenas pela etimologia, mas por meio de associações simbólicas. Em Delos estava situado um altar, denominado Queraton, feito com chifres de touro e de bode, ligado ao culto de Apolo Karneios, protetor dos animais de chifre. Pode-se encontrar outra ligação interessante que une os chifres ao *labrys*, o machado duplo. William H. Matthews (1922) lembra que o arqueólogo alemão Heinrich Schliemann, durante suas pesquisas em Micenas, desenterrou de um dos túmulos uma cabeça de boi em lâmina de ouro que apresentava um machado duplo colocado entre os chifres eretos. O machado duplo era o emblema do Zeus venerado em Labraunda, e aparece com certa frequência no palácio minoico de Cnossos descoberto por Arthur Evans; tratava-se indubitavelmente de um objeto de grande importância, que contém um machado grande e outros menores. À luz dessas e de outras descobertas, Arthur Evans concluiu que o palácio de Cnossos era o labirinto, a "morada do *labrys*", embora alguns estudiosos discordem.

Para confirmar o simbolismo iniciático do labirinto alguns autores consideram que o machado representa o "poder de luz", e seja equivalente, portanto, à espada, ao martelo e à cruz (Juan-Eduardo Cirlot), isto é, que corresponda ao *vajra* indiano e ao fulgor de Zeus, símbolos da centralidade da iluminação celeste, como tal capaz de revelar a inversão simbólica das polaridades implícita nos Gêmeos (Luc Benois); enfim, que, em todo caso, o machado e o labirinto estão ligados pela correspondência biunívoca enquanto representações de um centro ou princípio supremo (Mario Pasotti).

Temenos *ou o espaço fechado*

O sepultamento dos mortos e a semeadura tornam o solo sagrado. Essa operação cria um espaço privilegiado, sede de um mistério sagrado, de uma *coincidentia oppositorum*, em que vida e morte, luz e trevas, princípio masculino e princípio feminino se transformam e se fundem um no outro. Esse lugar é um *campo santo*, lugar que deve ser protegido da intrusão do profano e da ameaça do invisível. Nesse sentido, o labirinto adquire novas funções simbólicas e se torna um instrumento de profilaxia, uma muralha defensiva, uma armadilha para os invasores hostis, mesmo permanecendo ao mesmo tempo, para os que sabem, o caminho secreto que conduz às câmaras da iniciação em que acontece o "segundo nascimento". Tanto em termos mágicos quanto na realidade efetiva, o labirinto acaba representando o baluarte protetor dos tesouros espirituais mais preciosos do grupo familiar. Torna-se, portanto, também um instrumento de defesa da morada dos vivos, o baluarte da cidade e a própria cidade. No sul da Índia, as mulheres tâmil traçam desenhos em forma de labirinto na soleira das casas no mês de Margali, ou Mṛigaśira, que corresponde ao período do solstício de inverno, durante o qual o sol está "morto"; alguns desses desenhos, chamados *kolam*, são conhecidos também como *brahmamudi* ("nó de Brahmā"), e formam uma linha contínua que não tem início nem fim.

Dédalo

O uso dos labirintos como instrumentos de defesa se desenvolve simultaneamente ao surgimento de impérios baseados na agricultura. A exigência imprescindível de proteger as colheitas traz consigo a necessidade de construir armazéns seguros: o silo prefigura a fortaleza. O labirinto logo se torna o emblema da sala do tesouro, do palácio real (como em Cnossos), da muralha que defende a cidade ou da própria *urbs*. Assim, não é de admirar a constatação de que o próprio nome do mítico arquiteto que inventou o labirinto do Minotauro, Dédalo, signifique "construir bem". A linhagem de Dédalo também é significativa, pois entre seus antepassados encontramos Hefesto, deus do fogo hipogeu e igualmente arquiteto; Gaia, a terra, mãe de todas as coisas; e ainda Erictônio, filhos dos precedentes, semideus cuja natureza participa do homem, da serpente e do vento.

De acordo com Homero, as muralhas de Troia foram construídas por Apolo e Poseidon que tinham assumido a aparência de seres humanos. Metaforicamente, a inteligência plasmadora e a razão solar se combinam com as profundezas energizantes da psique coletiva para criar o símbolo do labirinto urbano. Segundo o mito indiano, o deus do céu Varuṇa, cujo poder é simbolizado por um emblema que evoca um nó, ordena ao arquiteto divino Viśvakarman que construa uma moradia régia de 100 salas para ali proteger a mulher-sol Suryā.

Desse ponto de vista é interessante relembrar algumas das denominações populares do labirinto correntes na Europa, como os nomes escandinavos "ruínas de Jerusalém", "cidade de Nínive", "muralhas de Jericó" e "Babilônia", bem como os nomes mais frequentes que significam "castelo de Troia", como *Trojin, Trojeburg, Troburg, Treiborg, Truberslot* e assim por diante. Isso sugere que a imaginação popular concebe o labirinto como o símbolo de uma cidade lendária destinada a ser destruída. Em contrapartida, os labirintos que ainda hoje podemos admirar nos pavimentos das igrejas e das catedrais europeias, que os penitentes costumavam percorrer de joelhos como o equivalente de uma peregrinação aos lugares sagrados, eram chamados, entre outras coisas, de "La Lieue de Jerusalem" ("milha de Jerusalém").

Ali encontramos um claro símbolo da cidade arquetípica, concebida agora como a esposa celeste prometida, a "Jerusalém celeste" glorificada pelo Apóstolo João, que se opõe à "Cidade da Destruição" destinada à ruína segundo o Apocalipse bíblico.

Bibliografia

BORGEAUD, P. The open entrance in the closed palace of the king – The Greek labyrinth in context. *History of Religions*, vol. 14, p. 1-27, 1974.

DEEDES, C.N. *The labyrinth*: further studies in the relation between myth and ritual in the Ancient World. Org. por HOOKE, S.H. Nova York, 1935. Estudo respeitado sobre o tema, com especial atenção à glíptica egípcia e ao uso apotropaico dos labirintos nos túmulos mesopotâmicos.

ELIADE, M. *Images et symboles*: essais sur le symbolisme magico-religieux. Paris, 1952 [trad. bras.: *Imagens e símbolos*: ensaios sobre o simbolismo mágico-religioso. São Paulo: Martins Fontes, 1991]. Cf. em especial o capítulo 4.

FREITAS, L. de. *O labirinto*. Lisboa, 1975. Ensaio geral ricamente ilustrado sobre o significado simbólico do labirinto.

HOCKE, G.R. *Die Welt als Labyrinthe* – Manier und Manie in der europäischen Kunst. Hamburgo, 1957. Sinopse erudita do labirinto na sua evolução como um todo na arte ocidental.

KERÉNYI, K. *Labyrinth-Studien*. Amsterdã, 1941. Brilhante monografia sobre o labirinto em espiral.

KNIGHT, W.F.J. *Cumaean gates*: a reference of the sixth aeneid to the initiation pattern. Oxford, 1936.

MATTHEWS, W.H. *Mazes and labyrinths*: a general account of their history and developments. Londres, 1922. Reimp. Nova York, 1970. Resenha geral sobre o tema que é agora um clássico, escrita com muito cuidado e erudição.

MUMFORD, K. *The city in history*. Londres, 1973. Estudo magistral sobre a evolução das cidades. Os oito primeiros capítulos são particularmente importantes para a compreensão do labirinto.

PURCE, J. *La spirale mystique*. Paris, 1974. Ensaio de fácil leitura sobre o significado sagrado da espiral.

SANTARCANGELI, P. *Il libro dei labirinti*: storia di un mito e di un símbolo. Florença, 1967. Panorama geral sobre o desenvolvimento do labirinto no decorrer da história, com uma boa bibliografia.

Lima de Freitas

LÁGRIMAS

As lágrimas simbolizam a nossa humanidade no seu nível mais profundo e mais comum. Como primeira reação à separação do ventre da mãe, o recém-nascido chora, ainda que as lágrimas propriamente ditas só apareçam no terceiro mês, mais ou menos no mesmo período em que aparece também o primeiro sorriso da criança. Como o sorriso, as lágrimas fornecem informações essenciais à mãe: o bebê chora quando precisa da mãe, quando sente dor ou frio, quando tem medo ou fome, quando está triste. Por isso, desde o início, as lágrimas estão ligadas a uma experiência de intimidade com o outro. Quando adultos, as lágrimas nos levam de volta a esse nível originário de emoção, em que nós existíamos na necessidade de apego ao outro e dependíamos de algo fora de nós mesmos. E como muitas vezes o divino é sentido como forte, mas também como benévolo, não é de admirar que em muitas tradições religiosas o deus seja chamado "mãe" ou "pai", e o fiel seja encorajado a se aproximar da divindade como uma criança se aproxima de seus pais. Na visão do Reino do Apocalipse (7,17), por exemplo, Deus Pai enxuga as lágrimas dos olhos de seus filhos.

Reconhecer com as lágrimas a nossa vulnerabilidade, ou seja, a dependência da criatura do criador, é, num contexto religioso, o principal sinal da bem-aventurança. Durante toda a sua vida, o santo homem Arsenius (cerca de 354-cerca de 455), chorava tanto que era obrigado a manter sempre um pano no colo, durante o trabalho, para absorver as lágrimas que caíam copiosamente. Um santo cristão, o sírio Tomás, vivia numa caverna e chorava dia e noite; conta-se que outro santo chorava e gritava como um chacal diante da aproximação da morte e do terrível juízo de justiça. O lamento e a dor podem expressar perda de afeto, medo da morte, solidão, necessidades primárias e são quase sempre acompanhados pelo choro. As pinturas murais nos túmulos no antigo Egito representam mulheres, cujos olhos vertem lágrimas. Nossa Senhora das Dores chora diante do Cristo crucificado. Em algumas partes da Escócia, por ocasião da morte de uma pessoa ilustre, costumava-se pintar lágrimas nas portas e silhuetas brancas sobre um fundo escuro nas persianas das janelas.

Há casos em que, nos períodos de luto, as lágrimas podem ser proibidas. Muitas histórias do folclore europeu falam da volta dos mortos, os quais, como fantasmas irritados, recriminam os que choram por eles por muito tempo e com voz muito alta. Na Índia encontram-se conceitos semelhantes: aqui aparecem até narradores de histórias, para que, com sua habilidade, espantem a tristeza dos que estão de luto. O medo do choro excessivo pode estar ligado à crença de que as lágrimas constituem um fluido vital e insubstituível.

De acordo com Theodor H. Gaster (1969), o Sl 126,5, "Aqueles que semeiam com lágrimas, com cantos de alegria colherão", deriva o seu significado de uma antiga convicção, segundo a qual as lágrimas na realidade são a substância que alimenta o princípio vital (ou alma) de um indivíduo; segundo o mesmo princípio, entre os Toraja, os galelareses e os javaneses do sudeste da Ásia, o derramamento de lágrimas no solo durante o período da semeadura revigora a terra. O derramamento de lágrimas pode ser também um sacrifício por parte do homem, como se depreende de um conjunto de conceitos comparáveis entre os antigos gregos. Nos escritos de Hesíodo e Homero, a palavra *aion* (de onde provém o termo *eone*) tinha o significado fundamental de "período de existência" e, daí, de "vida" ou "período de vida". Homero conta que, no momento da morte *psyche* e *aion* deixam o corpo, abandonando-o à putrefação (*Ilíada* 4,478s.; 17,302s.). Como a *psyche* ("alma, respiração"), também o *aion* não era simplesmente um princípio abstrato, mas uma realidade concreta. Ele era identificado com o fluido cerebrospinal, secretado pelo corpo como suor, esperma e lágrimas. Chorar por amor, especialmente pela perda do amado, significava emitir *aion*, ou seja, perder força vital. Assim, consumir-se pelo próprio companheiro fazia com que o *aion* "fosse desperdiçado no pranto" (*Odisseia* 5,160; 19,204).

Como às vezes são consideradas um fluido vital, as lágrimas podem participar do poder criador das águas cosmogônicas. Em muitos mitos, o gênero humano é criado pelas lágrimas divinas. Num poema órfico conservado em parte por Proclos, os homens são gerados pelas lágrimas do criador (*Orphicorum fragmenta* 354). Uma lenda grega narra a história do titã Prometeu, o qual, depois do dilúvio, recria a humanidade misturando a terra com as próprias lágrimas. No *Bremmer Rhind Papyrus*, uma cópia do século IV de um texto egípcio originário do Reino Médio, o olho é o símbolo da Grande Mãe, a qual gera a humanidade com as próprias lágrimas. Segundo a sugestão desses mitos, a humanidade é criada precisamente de uma necessidade divina de intimidade.

A palavra *empatia* (a palavra latina correspondente é *compaixão*) se refere à partilha de sentimento entre duas pessoas, o fundamento da intimidade. A empatia comporta um nível de profunda emoção que muitas vezes é expresso com o pranto: as lágrimas de quem sofre e as lágrimas de quem compartilha o sofrimento do outro. Num contexto religioso, as lágrimas de compaixão são reconhecidas como fonte de cura. A tradição cristã conta a história do cego que fica curado com as lágrimas que caem da imagem da Virgem. Na religião islâmica, o décimo dia do Muharram está ligado com a morte do neto de Muhammad, Husayn ibn ʿAlī . Esta data marca um tempo de lamentação ritual para os muçulmanos xiitas. Chorar por Husayn, ou seja, expressar um ato de empatia, abre as portas do paraíso. As lágrimas são recolhidas com um tecido de algodão e espremidas numa garrafa, depois utilizada como amuleto contra as doenças e a má sorte. Esse costume evoca um versículo do Sl 56: "Recolhe em teu odre as minhas lágrimas". Na Alemanha, as garrafas cheias de lágrimas eram sepultadas com o morto, enquanto na Rússia se enterravam os lenços molhados de lágrimas.

As lágrimas de compaixão têm a capacidade até de despertar os mortos. Na mitologia escandinava, Baldr, o belo filho de Odin, é morto acidentalmente; ele pode deixar o mundo subterrâneo de Hel e voltar a viver entre os deuses com uma condição: todas as coisas e todos os seres vivos da criação devem chorar por ele. Só uma criatura, a gigantesca Þokk (Thok), se recusa, dizendo: "Þokk chorará lágrimas secas no funeral de Baldr. Morto ou vivo, o filho do Velho não me diz respeito. Que Hel possa ter aquilo que tem" (*Gylfaginning*, em *Edda Snorra Sturluson*).

As lágrimas penitentes do devoto têm a capacidade de despertar a compaixão divina e a graça salvífica, como na história da mulher que lavou os pés de Jesus com suas lágrimas e teve seus pecados perdoados (Lc 7,36-50). Na homilia gnóstica cristã *Exegese sobre a alma*, Psyche é representada no seu estado natural de andrógino. Atraída para o mundo de Afrodite, a metade feminina da alma é arrastada no ciclo de procriação e morte, distante da sua metade masculina (doadora de espírito), que permanece sozinha na presença de Deus Pai. Mas, no reino de Afrodite, Psyche cresce na solidão; ela busca sua contrapartida masculina por todas as partes. Como resultado, é arrebatada para uma vida de prostituição, vendo em cada homem que encontra a imagem do seu marido perdido. Os frutos dessas uniões temporárias (pois ela é abandonada todas as vezes) apresentam defeitos de todos os tipos, ou seja, são mancos, cegos, loucos. Por fim, tomando consciência da enorme dimensão da própria perda, da própria vulnerabilidade e da dependência de um poder maior que si mesma, ela se senta e chora. Nesse estado de completo abandono, é reintegrada à sua natureza originária, pois Deus ouve suas lágrimas e lhe envia seu companheiro, doador de espírito. Reunida a ele, ela renasce espiritualmente de modo completo, capaz de voltar ao Pai. As lágrimas de Psyche despertaram a empatia salvífica de Deus por ela.

Se a bem-aventurança é associada ao pranto, a incapacidade de derramar lágrimas foi muitas vezes interpretada como um sinal seguro da possessão por parte de um espírito maligno, como exposto, por exemplo, no *Malleus Maleficarum* (o famoso manual antibruxaria de 1490). Uma das fábulas de Hans Christian Andersen ilustra esse conceito no interior da dinâmica da possessão diabólica. *A rainha da neve* é a história de um jovem cujos sentimentos são enfraquecidos e cuja vista é distorcida no momento que os estilhaços de um espelho que pertencera ao diabo penetram em seu coração e num dos olhos. Como consequência, ele passa a amar tudo o que é mau e a odiar tudo o que é bom, e acaba vivendo no frio isolamento do palhaço de gelo da rainha da neve. Finalmente, uma de suas amigas de infância, depois de tê-lo procurado por todo o mundo, o encontra e, percebendo a situação, chora de compaixão por ele. As lágrimas caem no peito do rapaz e libertam os estilhaços que lhe paralisam o coração, tornando-o capaz de chorar com ela. Suas lágrimas expulsam o vidro do olho e, com ele, o poder da possessão demoníaca.

Bibliografia

FRAZER, J.G. *The golden bough*: a study in magic and religion. 3. ed. rev. e ampl. Londres, 1911-1915. vols. I-XII [trad. bras.: *O ramo de ouro*. São Paulo: Círculo do Livro, 1978].

GASTER, T.H. *Myth, legend, and custom in the Old testament*: a comparative study with chapters from Sir James G. Frazer's "Folklore in the Old Testament". Nova York, 1969.

ONIANS, R.B. *The origins of European thought about the body, the mind, the soul, the world time, and fate*. Cambridge, 1954.

THOMPSON, T.H. *Motif-Index of folk-literature*. 2. ed. rev. e ampl. Bloomington/Ind., 1955-1958. vols. I-VI.

Beverly Moon

LEÃO

O leão, o maior dos felinos e temido pela maioria dos animais selvagens, é quase universalmente conhecido como "o rei dos animais". Desde os tempos antigos, seu aspecto físico, o tamanho, a força, os movimentos nobres e a ferocidade ao matar os outros animais deixaram uma forte impressão na psique humana. As associações com o conceito de realeza (poder, majestade, domínio sobre os outros) elevaram o *status* do leão a símbolo; muitos personagens foram comparados ao leão por suas qualidades heroicas: Ricardo Coração de Leão, os numerosos papas católicos que assumiram o nome de Leão, Buda, que foi conhecido como "o leão da linhagem Śākya", o próprio Cristo, chamado "o leão de Judá". Sekhmet, Gilgamesh, Héracles, Sansão, Davi, Daniel, Enéas e Afrodite: também esses personagens, por suas qualidades de ferocidade, força, coragem, dignidade e nobreza, foram identificados com o leão.

Em astrologia, as conotações de soberania que o leão tem deram um passo além: o leão foi equiparado ao princípio solar, identificado com a iluminação da consciência. A constelação do Leão foi vinculada ao sol que é seu regente e o signo zodiacal do Leão aparece durante o período mais quente do ano no hemisfério norte (julho-agosto). Essa relação entre sol e leão é central para uma compreensão do papel importante que o princípio solar tem nesse simbolismo central.

Na antiga mitologia ocidental, os atributos sol/leão eram identificados com forças cósmicas poderosas, que provavelmente substituíram os temas touro/lua que dominaram os mitos mais antigos. Entre os sumérios e os cretenses, o leão era associado com o sol ardente, que mata a lua e seca a vegetação. Na arte e na mitologia egípcia, as representações dos leões frequentemente eram colocadas no fim das galerias e nas portas dos palácios e dos túmulos como proteção contra os maus espíritos. Sekhmet aparece como uma mulher com cabeça de leão que segura um disco solar. Era conhecida como uma deusa da guerra e fez parte do templo de Mut durante o reinado de Amenófis II (1450-1425 a.C.). Em seu estudo *The great mother* (Nova York, 1963), Erich Neumann interpreta Sekhmet como o símbolo do fogo, o aspecto negativo e devorador do olho solar que queima e julga. Nas Escrituras judaicas (Antigo Testamento) o leão aparece como um símbolo de força e de poder e como objeto de medo, que exemplifica a relação do homem com Deus. A alusão em Jz 14,18: "E que coisa há mais forte do que o leão?", e a história em Dn 6 do profeta que foi lançado na cova dos leões para testemunhar a sua fé em Deus exemplificam as associações inspiradas no temor do leão em relação ao poder de Deus de julgar a humanidade.

Na iconografia cristã, o Evangelista Marcos é representado como um leão alado, talvez porque o primeiro capítulo do seu Evangelho menciona a "voz de alguém que clama no deserto" (Mc 1,3), voz que presumivelmente se assemelha ao rugido do leão. O leão é também o símbolo da dignidade régia de Cristo. O Apocalipse contém uma referência ao leão como símbolo de Cristo, em especial à sua capacidade de vencer o mal e de derrotar a escuridão: "Não chores; eis aqui o leão da tribo de Judá, a raiz de Davi" (Ap 5,5). O leão simboliza também a ressurreição. Segundo uma lenda popular, filhotes de leão, de uma ninhada de três, tinham nascido mortos; foram trazidos de volta à vida por seu pai que, depois de ter ficado em luto por três dias, os ressuscitou com seu sopro. De modo semelhante, Jesus, três dias depois de sua morte, foi ressuscitado por Deus Pai.

Também na representação da deusa hinduísta Grande Mãe Shakti, que cavalga um leão, estão refletidas qualidades régias e sobre-humanas. Numa das muitas encarnações de Viṣṇu, ele assume a aparência de

Narasiṃha, o "homem-leão", para derrotar o demônio Hiraṇyakaśipu. Na *Bhagavadgītā* inúmeras referências demonstram a importância do leão como símbolo. Nas cenas de batalha, Bharata, o chefe dos guerreiros, é comparado a Indra e descrito como um "invencível leão de homem".

Na arte budista indiana conhecem-se diversas representações do leão, entre as quais o pilar Asóka, encimado por um leão de quatro faces, e o pilar Sarnāth, encimado por um leão que sustenta uma grande roda ou um disco, indicativo do princípio solar. Na arte budista tântrica, os *bodhisattva* Avalokiteśvara e Mañjuśrī estão sentados sobre leões e a feroz deusa Siṃamujah é representada com a cabeça de uma leoa. A posição estilizada chamada a Entrada do Buda Nirvana também é conhecida como Postura do Leão e faz parte daqueles discípulos iniciados em cerimônias especiais. Em acréscimo à função de representação do princípio solar, o símbolo do leão foi usado de diferentes maneiras também para representar a contemplação e a vida solitária. Essas características são bem exemplificadas nas vidas de alguns santos cristãos, em especial Eufêmia, Inácio, Jerônimo, Paulo o eremita e Maria do Egito. No leão se concentraram também motivos de renascimento. No culto mitraico, o deus de cabeça de leão Aion (Deus Leontocephalus) é associado ao tempo e à perda de luz, motivo que também pode implicar o do renascimento. C.G. Jung examinou o leão no interior da literatura alquímica como um "sinônimo para mercúrio [...] ou um estado em transformação". "O orgulhoso leão", ele conclui, "serve para exprimir uma emocionalidade apaixonada que precede o reconhecimento de conteúdos inconscientes".

De acordo com Heinrich Zimmer, as qualidades insaciáveis do leão como devorador são representadas na criação por parte de Shiva de um monstro com cabeça de leão. O Livro de Jó (4,10) anota entre as características do leão também as destrutivas, que incutem medo: "O rugido do leão e o grito do leopardo e os dentes dos leõezinhos se quebram".

Bibliografia

BLEEK, W.H.I.; LLOYD, L.C. (orgs.). *Specimens of bushman folklore*. Cape Town, 1911; 1968.

GOODENOUGH, E.R. The lion and other felines. *In*: *Jewish symbols in the Greco-Roman period*. Vol. VII: *Pagan symbols in judaism*. Nova York, 1958. p. 29-86.

GRAY, L.H. et al. (orgs.). *The mythology of all races*. Boston, 1916-1932. vols. I-XIII. Consultar no índice remissivo o verbete *Lions*.

GUBERNATIS, A. de. The lion, the tiger, the leopard, the panther, and the chamaleon. *In*: *Zoological mythology, or the legends of animals*. Londres, 1872. vol. II, p. 153-161.

THOMPSON, S. *Motif-Index of folk literature*. 2. ed. rev. e ampl. Bloomington/Ind., 1955-1958. vols. I-VI.

Kathryn Hutton

LOBO

O simbolismo do lobo compreende os aspectos duais da natureza boa e má do homem. Ainda que predomine a imagem obscura e ameaçadora do predador intrépido e do assassino voraz, o lobo personifica também o espírito protetor e a mãe nutriz. Na cultura clássica, o lobo, percebido em ambos os aspectos, simbolizava a transição. A "hora do lobo", por exemplo, é o tempo da emersão da escuridão para luz ou, ao contrário, do retorno ao mundo da escuridão e da ignorância. O versículo bíblico "E morará o lobo com o cordeiro" (Is 11,6) é uma metáfora da assimilação do estado inferior ao superior e participa do simbolismo do centro. As insígnias (*signa*) romanas representam o lobo sobre um cubo (a terra) e sobre uma esfera (o céu). Como símbolo alquímico, o lobo, juntamente com o cão, representa a natureza ambivalente de Mercúrio, o mercúrio filosofal, o *nous* ("inteligência").

Muitos dos antigos deuses da guerra eram conhecidos com o nome de Lobo. Apolo, conhecido como deus solar, era associado ao lobo, e na literatura grega e romana aparecem os epítetos "nascido lobo" e "Apolo lobo". Na *Eneida* Apolo assume a forma de um lobo para destruir os feiticeiros de Rodes, e em Delfos é ainda visível no templo de Apolo uma estátua de bronze representando um lobo. Os romanos associavam o lobo ao deus Marte, e as legiões marchavam em batalha sob a proteção do lobo sagrado representado nos estandartes. A Lupercália, uma festividade da antiga Roma, foi interpretada como uma festa do lobo com sacerdotes lobos. No Irã e em Cítia eram adoradas algumas divindades-lobo; no Japão, durante muito tempo, o lobo foi considerado um grande deus. O deus germânico da guerra Wodan (cujo nome deriva de *wut*, fúria) e seu correspondente escandinavo, Odin, eram acompanhados por lobos quando iam para a batalha. Os finlandeses chamavam os lobos de "cães do espírito da morte". As tribos indígenas norte-americanas cujos deuses tinham nomes de lobo faziam "danças do lobo" antes das campanhas de guerra, para garantir a vitória. A imagem mais sinistra do lobo é a de Fenrir, ou Fenrisúlfr (lobo Fenris), da mitologia norueguesa. Filho do *trickster* Loki, esse monstro encarnava o poder destrutivo do caos no universo. Aprisionado pelos deuses nas entranhas da terra, ele saiu da sua prisão e devorou o sol, causando assim o crepúsculo dos deuses. Na *Edda* islandesa, que remonta ao século XIII, a batalha cósmica cíclica entre os deuses e os antideuses é chamada "a guerra com o lobo".

Nos tempos arcaicos predominou mais a exaltação do que o medo do lobo, pois o homem caçador se identificava com o lobo, considerado o predador exemplar. Os animais eram considerados divinos e eram o núcleo em torno do qual se consolidava a crença religiosa. A descoberta de estatuetas do Neolítico que representam homens com máscaras e pele de lobo sugere a presença de cerimônias de caráter religioso e iniciático. Se a tribo assumia o nome de lobo e construía um totem à sua imagem, era por acreditar que descendia de um ancestral lobo, uma ideia que reflete um conceito religioso muito antigo. Os Chinggsidi atribuíam suas origens a um lobo que descera do céu para acasalar com um cervo. Havia mitos análogos também entre os vários povos do interior da Ásia. O lobo também figura na mitologia das sociedades caçadoras indígenas da América do Norte, como os Cheyenne, e em alguns povos das Pradarias e das Woodlands orientais ele representava um animal clânico. Valorizando as habilidades do lobo como predador, essas tribos incorporaram sua imagem em seus rituais e em suas danças cerimoniais com o objetivo de adquirir a capacidade de resistência e a coragem do animal. Em contrapartida, o lobo foi anátema para as sociedades agrícolas, embora, segundo Heródoto, os sacerdotes de Ceres tinham guias lobos.

No antigo Egito, na Grécia e em Roma, o lobo, simbolizando o guerreiro herói, representava a figura do guardião dos monumentos. Símbolo de coragem, era uma imagem dominante na *Volsgungasaga* e nas sociedades militares germânicas, os Bererker e Männerbünde. Essas confrarias marciais favoreciam o culto do guerreiro fanático e tinham cerimônias de iniciação para transformar o neófito num lobo. Vestindo a pele do animal invulnerável, o iniciado pensava adquirir a ferocidade e a potência. Tais tradições de transformação iniciática são documentadas em culturas bastante distantes entre si, da Islândia à África.

Entre os indianos e os celtas prevaleceu a associação difusa e estável do lobo com a ferocidade e a avidez, a escuridão e a morte. Para os chineses, o animal significou avareza e voracidade, para os zoroastrianos e os armênios, um mal pior do que os feitiços da serpente usados para destruí-lo. Para os abissínios, o lobo era um demônio em forma animal. No judaísmo, o lobo denotava sede de sangue e espírito de perseguição, enquanto o epíteto bíblico "pescoço rígido" derivava da crença de que o animal era incapaz de virar a cabeça. No Antigo e no Novo testamentos, os lobos são caracterizados como "predadores". O cristianismo está permeado da imagem do lobo como satanás ou como seu seguidor, portanto, como o devorador das almas dos homens. O lobo representa o herege, o saqueador do rebanho dos fiéis, do qual Cristo era o pastor e o protetor. In *The Parson's tale*, Chaucer fala dos "lobos do diabo que estrangulam as ovelhas de Jesus Cristo". Para Dante, no primeiro canto do *Inferno*, a loba "repleta de todos os desejos" é uma das três feras perigosas da selva escura do medo; e, no oitavo círculo do *Inferno*, os ladrões, os mentirosos e os hipócritas são condenados pelos "pecados do lobo".

Em muitas sociedades, o lobo era o símbolo dos bandidos, dos fugitivos e dos desterrados, ou seja, dos que estavam sob a proteção das divindades-lobo. Nas leis dos hititas como nas de Eduardo o Confessor, tais homens deviam usar uma máscara com cabeça de lobo. Por volta de 350 d.C., o primeiro bispo dos godos relacionou o termo "lobo" aos homens que tinham cometido um crime capital.

Antigamente associados à feitiçaria e à superstição, dizia-se que os lobos eram as montarias de bruxas e feiticeiros. Na mitologia norueguesa, eles eram unidos às Nornas, e o palácio de Circe era cercado de lobos domesticados que ela tinha subjugado com um feitiço. O "dente de lobo" é um ingrediente da poção das bruxas no *Macbeth* de Shakespeare, e várias partes do corpo do animal faziam parte do equipamento mágico dos *medicine men* dos indígenas norte-americanos.

Talvez a mais pitoresca das crenças relativas aos lobos é a da licantropia, a antiga crença de que um homem pode se transformar em lobo. Essa fera assustadora, que vaga à noite, sedenta de sangue humano, faz parte dos medos imaginários universais. As lendas dos lobisomens são conhecidas em quase todas as partes do mundo; onde não existem lobos, a crença em lobisomens foi associada ao animal mais feroz do lugar: o tigre na Índia, a onça na América do Sul, a hiena na África e a raposa no Japão e na China; aqui as histórias dos lobisomens foram conservadas em toda a tradição do taoismo popular. Os lobisomens tiveram um papel importante também no xamanismo da Ásia; quando estavam em transe, os xamãs inuítes (esquimós) e Chukchi se transformavam em lobos. Heródoto conta que os neuros se transformavam anualmente em lobos, e isso leva a supor a existência de cerimônias religiosas periódicas em que eram usadas máscaras e peles de lobos. Sócrates alude aos lobisomens na *República* de Platão; Plínio menciona a licantropia na sua *História natural*; segundo Virgílio, tais criaturas originavam-se de plantas medicinais mágicas. Tais crenças podem ter tido origem no complexo mítico-religioso das divindades-lobo, ou nos rituais do retorno dos mortos. Mas foi na Europa medieval cristã que o lobisomem mais obcecou a mente humana, e a Inquisição católica utilizou o pânico suscitado por essa crença para encorajar a repressão da heresia.

Na arte cristã os lobos foram representados como capazes de conversão espiritual e correção. O lobo de Gubbio, que tinha aterrorizado a cidadezinha italiana, foi convertido por Francisco de Assis e muitas vezes é representado como seu companheiro fiel. De acordo com uma lenda medieval, Odão de Cluny, o santo abade francês do século X, foi atacado por raposas e salvo por um lobo. O manuscrito da vida de Edmundo o Mártir (século IX) contém uma ilustração de um lobo que vigia a cabeça decapitada do santo.

A loba está presente nos mitos e nas lendas também como figura nutriz: ela cria e alimenta bebês humanos que depois se tornarão fundadores de dinastias ou nações.

A mais conhecida delas, a Loba Capitolina, que criou Rômulo e Remo, os lendários fundadores de Roma, não é a única lenda conhecida desse tipo. Moedas anteriores à fundação de Roma trazem a imagem de lobos com dois meninos. Conta-se também que os filhos de Apolo concebidos por mães humanas foram amamentados por lobas.

Para os xamãs siberianos e indígenas americanos, os lobos são os guardiães ou os espíritos benévolos e princípio de grande poder. Os *medicine men* dos indígenas Quileute e Makah da costa noroeste realizavam a "dança do lobo" para curar a doença, e acreditava-se que a imagem de uma cabeça de lobo era um antídoto contra o mal. Para muitos povos indígenas o lobo representou o deus trigo. A tribo dos Pueblo Keresan, no sudoeste dos Estados Unidos, organizava o mundo segundo os quatro pontos cardeais mais o zênite e o nadir; cada um dos seis pontos era dominado por um deus: o lobo dominava o oeste. Os lobos muitas vezes são representados nas fábulas e nos contos fabulosos como animais úteis: eles possuem uma sagacidade e uma inteligência superior ao conhecimento humano.

Bibliografia

EISLER, R. *Man into wolf.* Nova York, 1951-1969. Um relato completo da crença na licantropia em várias partes do mundo e dos nomes étnicos derivados dos vários nomes do lobo.

ELIADE, M. *De Zalmoxis à Gengis-Khan*: Études comparatives sur les religions de la Dacie et de l'Europe centrale. Paris, 1970. Uma análise dos rituais do lobo nas tradições arcaicas mítico-religiosas anteriores às civilizações do Mediterrâneo e do Oriente Próximo: sua conexão com os ritos das iniciações marciais e com as crenças do retorno periódico dos mortos.

GUBERNATIS, A. de. *Zoological mythology or legends of animals.* Vol. II, *The animals of the earth, the animals of the air, the animals of the water.* Londres, 1872. Trata dos aspectos benévolos dos lobos considerados guias ou guardiães de santos e sacerdotes e da relação do lobo com as crenças de cura.

FRAZER, J. (org.). *The fasti (Ovid).* Londres, 1929. vol. II. Uma extensa resenha das lendas da loba nutriz, que inclui também a Loba Capitolina e as histórias dos "lobos crianças" da Antiguidade aos tempos modernos.

SUMMERS, M. *The werewolf.* 1933. New Hyde Park/N.Y., 1966. Uma excelente exposição sobre a consideração do lobo na Idade Média como projeção dos medos e das angústias humanas. Um exame dos rituais xamânicos relativos ao lobo.

Ann Dunnigan

LUA

Para quem a observa da terra, a lua aparece como o mais mutável dos fenômenos celestes. Nos tempos antigos, o reaparecimento da lua crescente era muitas vezes recebido com alegria como a volta da lua do mundo dos mortos; a lua cheia era considerada ocasião de celebrações, a lua nova causava um período de ansiedade e o eclipse era motivo de terror. Na religião e na mitologia, a lua tem uma grande variedade de papéis. Ela é personificada por uma divindade masculina ou feminina ou, como o sol, é considerada um objeto lançado ao céu por um ser sobrenatural. A lua pode ser pensada como benévola ou maligna, macho ou fêmea e pode ter os papéis de perseguido ou perseguidor, de divindade da destruição ou de divindade do nascimento e do crescimento. A antiga descoberta da relação entre a lua e o ciclo menstrual está na origem da concepção da lua como guardiã do ciclo reprodutivo feminino, do nascimento ou, em alternativa, como divindade masculina que, todo mês, torna as mulheres fecundas. Em associação ao orvalho, à chuva e às marés, a lua pode favorecer o crescimento da vegetação ou provocar inundações desastrosas.

Desde os tempos mais antigos, a lua foi um ponto de referência para medir o tempo, especialmente nas sociedades de caçadores. Nas regiões tropicais, onde o sol é implacável, a lua é considerada benévola, especialmente pelos nômades e pelos chefes de caravanas. Como divindade masculina, a lua é o Forte Touro do Céu que toma conta de suas vacas, as estrelas, ou então, como deus sacrificado, é o filho ou o amante da deusa-mãe.

Como deusa, a lua traz a cura e facilita o parto ou, inversamente, ajuda os cadáveres a se decomporem e acolhe os mortos. O minguar e o crescer da lua sugeriu a ideia de que ela morria e renascia e assim a lua se tornou parte das cerimônias fúnebres e dos ritos de ressurreição. A descoberta de que a lua é o corpo celeste mais próximo da Terra levou à ideia de que a lua era a "morada das almas", uma etapa no caminho da imortalidade.

As fases lunares parecem evocar o ciclo vital da mulher e, portanto, correlacionam a lua com a deusa tríplice que preside o nascimento, a iniciação e a morte. Assim, a lua formou uma tríade juntamente com Hécate, a deusa do Mundo Inferior, e Ártemis, a caçadora divina, cujos cães de caça são as estrelas. Às vezes também a deusa egípcia Ísis se unia ao grupo. Nessa associação, as qualidades da lua são fertilidade, umidade, mudança, escuridão e magia. Na antiga divisão chinesa do universo em *yang* (quente, seco, forte, masculino) e *yin* (frio, úmido, fraco, feminino), a lua é considerada *yin*.

Geralmente, a lua crescente é um sinal de boa sorte, enquanto a lua minguante é um sinal de perigo. Nas Ilhas Andaman, a lua crescente é masculina, ao passo que a minguante é feminina. A lua nova indica o momento de colher as ervas para afastar maldições e feitiços. A lua nova ou a lua cheia são o momento oportuno para praticar a magia branca. No entanto, em alguns sistemas, a lua se apressa a se unir com o sol para ser renovada por sua luz.

Em poesia, a divindade moribunda, que muitas vezes está em relação com os poderes divinos do mundo das plantas, é frequentemente comparada à lua. Dizem que as bebidas inebriantes consumidas em muitas cerimônias religiosas descem da lua. Como a aranha que fia e tece, a lua é comparada às três Parcas que fiam e tecem o destino dos seres humanos.

A lua muitas vezes faz par com o sol, como pai, filho, esposa, irmã ou filha. Às vezes sol e lua são gêmeos e o mais fraco dos dois – geralmente a lua – é condenado a viver no Mundo Inferior, enquanto o outro cavalga sobre a terra. Frequentemente ambos são imaginados como barcos que sulcam o éter como se fosse o mar. Muitas vezes o sol guia um carro puxado por quatro cavalos brancos, enquanto o carro da lua é puxado por dois cavalos brancos, ou por um touro, ou por um cervo, ou por um galo.

O animal da lua é muitas vezes o touro, em virtude do formato crescente de seus chifres, ou então a lebre, devido a sua fertilidade ou também porque "o homem na lua" tem uma forma semelhante à da lebre. O urso também é associado à lua, pois sua hibernação e seu despertar são como a morte e a ressurreição, assim como o caracol, pois se retrai e depois reaparece, e a rã, por ser uma criatura aquática.

A lua como medida do tempo

Juntamente com o dia e a noite, a lua é a mais óbvia medida natural do tempo. Os termos *moon*, *month* e *measure* derivam da mesma raiz indo-europeia. Na Espanha, em cavernas que remontam ao Paleolítico, a partir do VII milênio a.C., existem algumas notações que poderiam se referir às fases lunares, enquanto na Grã-Bretanha, o conjunto de Stonehenge (cerca do III milênio a.C.) pode ter sido usado para medir os movimentos da lua e do sol. Existem povos primitivos que se servem apenas da lua para medir o tempo. Antes da chegada dos europeus, os indígenas da América do Norte contavam as lunações como "meses da guerra", "meses das flores" e assim por diante. A lua nova era o "tempo nu" e sua primeira aparição é o "retorno à vida".

As populações de agricultores, por sua vez, tinham a exigência de que os tempos da semeadura e da colheita coincidissem com as estações, ou seja, com o sol. Assim teve início a longa série de tentativas de fazer coincidir os 12 meses lunares (muito poucos) ou os 13 meses lunares (demasiados) com o ano solar. Fontes relativas à Roma republicana evidenciam os problemas ligados a essas tentativas. Sabemos que, desde os tempos mais antigos da República, o *pontifex minor* esperava a lua nova sobre as colinas Capitolino e, quando a avistava, invocava Juno, a rainha dos céus. O primeiro dia do mês era chamado calendas, do verbo que significa "chamar, invocar". Assim, Juno é identificada com a lua nova e seu consorte, Júpiter, com os idos, ou seja, a lua cheia. O sacerdote, portanto, anunciava a sequência das festividades do mês seguinte e avisava se as nonas – a meia-lua – cairiam no quinto ou no sétimo dia do mês. As festas, patrocinadas pelo Estado, tinham sido instituídas como meio de garantir a ordem das atividades agrícolas, militares e civis. Todos os camponeses deviam ir para a cidade para saber em quais dias teriam se abster do trabalho e celebrar as festas. Nos calendários romanos que chegaram até nós, os dias festivos eram marcados como *nefas*, e isso significava que nenhuma obra podia ser realizada naqueles dias: assim considerados 109 dos 355 dias do ano. As funções sacerdotais, assim como as principais magistraturas, estavam nas mãos dos patrícios. A desvantagem decorrente do fato de não saber quais eram os dias festivos foi um dos problemas que levaram à "luta entre as ordens". No fim, em 304 a.C., os *fastos*, ou seja, os calendários, foram tornados públicos. O ano começava em março e o período intercalar, que servia para fazer os meses coincidirem com as estações, era acrescentado em fevereiro, depois da Festa dos Terminália, dedicada às fronteiras e ao fim do ano e celebrada no dia 23 de fevereiro.

Até o fim da República, a tarefa de acrescentar o mês intercalar coube aos pontífices, os quais muitas vezes eram ineficientes e corruptos. As datas dos processos, por exemplo, podiam ser deslocadas alterando a inserção do mês intercalar. No fim da República, todo o calendário estava em contraste tanto com o sol como com a lua. Nas cartas ao amigo Ático, Cícero afirma não saber com certeza se ali haverá ou não um mês intercalar; por outro lado, nos contratos, existia uma cláusula que recitava: "si intercalet", ou seja: "se há o mês intercalar".

Júlio César, assistido por seu astrônomo egípcio, acabou com o calendário quase-lunar: levou o ano 45 a.C. de 355 para 445 dias e o fez começar em primeiro de janeiro de 45 a.C., com um ciclo de 365 dias, acrescentando, a cada quatro anos, um dia depois aos Terminália. Esse, com poucas modificações, é o calendário solar hoje em vigor.

Os antigos gregos faziam anunciar o surgimento da lua nova por arautos. A certa altura da história, os gregos limitaram a duração do ano a 12 meses lunares alternativamente "cheios", ou seja, de 30 dias, ou "vazios", de 29 dias, com a inserção de um mês intercalar a cada dois anos. O astrônomo Gêmino informa que "eles buscavam um período que estivesse em harmonia com o sol no que diz respeito aos anos e em concordância com a lua no que diz respeito aos meses". O primeiro ciclo que elaboraram foi um ciclo de oito anos, conhecido como *octaeteris*.

Em 432 a.C., o astrônomo Meton propôs um ciclo de 19 anos que, no entanto, parece não ter sido aceito por todas as cidades, cada uma das quais continuava a criar o próprio calendário, inventando até os nomes dos meses. Nas *Nuvens* de Aristófanes, as nuvens expõem as queixas da lua: "Vocês não sabem contar bem os dias e fazem uma confusão. Por isso os deuses ficam bravos com ela todas as vezes que cancelam um banquete, ou devem voltar para casa sem a festa que lhes caberia por direito". Nessa confusão, muitos cidadãos voltavam a observar pessoalmente o nascer da lua. A partir do século II a.C., entraram em vigor dois tipos de datação: "segundo o Estado e segundo a divindade [Selene]".

Na Mesopotâmia, o mês começava com o surgimento da lua nova. Uma carta dirigida ao rei assírio Esaradão, que reinou entre os anos 680 e 669 a.C., diz o seguinte: "O trigésimo dia viu a lua. Estava no alto: o rei teria de esperar o relatório da cidade de Assur e depois fixar o primeiro dia do mês". Temos motivos para pensar que em algumas cidades vigorara um ciclo de 19 anos, com meses alternados de 30 e 29 dias e períodos intercalares que caíam em intervalos regulares. No período selêucida (século III a.C.), já era possível prever, com cálculos apropriados, a lua nova e os eclipses.

Na Índia, as festividades religiosas ainda hoje são ritmadas pelo calendário lunar, assim como as funções privadas, como o casamento. As festividades lunares – dois dias para a lua nova e um para a lua cheia – são consideradas importantes também pelos budistas. Os nomes atuais dos meses derivam daqueles dos *naksatra* ou casas lunares, 27 ou 28 estrelas bem visíveis, situadas ao longo da eclíptica através da qual passa a lua.

Os antigos judeus festejavam a lua nova com uma reunião de família por ocasião da qual sacrificavam animais. Os meses eram caracterizados pelas atividades agrícolas que aconteciam naquele período determinado. O início do mês, depois de ter sido determinado pelos observadores, era anunciado às diversas comunidades, primeiro por sinais de fogo e depois por mensageiros. Como os mensageiros não conseguiam chegar num só dia às localidades mais distantes, a festa muitas vezes se estendia por dois dias. Como a Páscoa judaica, celebrada na lua cheia, originariamente era uma festa das primícias, devia cair após o amadurecimento do trigo; assim, tornou-se necessário acrescentar outro mês depois do de Adar, correspondente, mais ou menos, a março. Após o exílio, o calendário seguia o babilônico, adotando os nomes babilônicos dos meses, contando os dias a partir da noite e intercalando um mês adicional de forma regular. Depois do século III, passou-se a depender mais dos cálculos para fixar o início do mês, embora, de tempos em tempos, algumas seitas insistissem em voltar à observação direta. O ano lunar adotado pelos muçulmanos só foi estabelecido em 631 d.C., quando Muhammad fez sua última peregrinação a Meca. Naquela ocasião ele proclamou que o ano devia consistir em 12 meses lunares e que os meses intercalares seriam proibidos. Como até então os árabes tinham seguido um calendário misto, solar e lunar, é provável que Muhammad pretendia desencorajar a celebração das antigas festas pagãs. O novo sistema foi aceito pelos árabes, os quais desde os tempos mais antigos veneravam a lua. Hoje as festas acontecem ao longo do ano e voltam à mesma estação solar após um intervalo de 33 anos. O novo mês começa quando dois muçulmanos dignos de fé notificam as autoridades que observaram a lua nova do alto de uma colina ou num campo aberto. O motivo da lua crescente, o *Hilal*, teve amplo emprego na arte islâmica no decurso dos séculos e, nos últimos 200 anos, apareceu na bandeira dos estados islâmicos.

Os primeiros cristãos consideravam muito importante celebrar a Páscoa em correspondência à Páscoa judaica, mas todos concordavam em afirmar que a Páscoa tinha de cair no domingo. No século II, os cristãos começaram a formular cálculos lunares. A controvérsia relativa à Páscoa surgiu na Igreja antiga e ainda está em curso entre a Igreja oriental e a ocidental. De acordo com as conclusões obtidas no Ocidente, a Páscoa deve ser celebrada no domingo seguinte à lua pascal, ou seja, a lua do calendário em que o décimo quarto dia cai no equinócio de inverno ou logo depois dele, calculada incluindo o dia da lua nova.

A lua como divindade

Ao que sabemos, apenas num caso a lua como divindade se encontrou no ápice do poder político e de uma influente classe sacerdotal, no entanto essa situação se estendeu por 3 mil anos, passando por mudanças de raça, língua e regime. O palco desses acontecimentos é a área entre os rios Tigre e Eufrates, conhecida como Mesopotâmia, "a terra entre os dois rios", mas o culto da lua se difundiu de forma independente na Síria, Palestina, Arábia e Anatólia.

Na região sul da "terra entre os dois rios" surgiu a primeira civilização urbana por volta do V milênio a.C. Ela é constituída por um grupo de cidades nas quais um povo, conhecido na história com o nome de sumérios, desenvolveu o comércio, uma divisão do trabalho, o processamento de metais, uma religião organizada e a escrita. Cada uma dessas cidades se encontrava sob a proteção de uma divindade elevada e, provavelmente, nas origens, era governada pela classe sacerdotal dedicada a tal divindade. Nas fases refletidas pelos testemunhos mais antigos, tais divindades aparecem em relação uma com a outra: An é o deus do céu-criador; seu filho Enlil, o ar, desempenha principalmente a função de controlar os outros deuses e reside na cidade sagrada de Nippur; o primeiro filho de Enlil é Nanna, a lua, patrono da importante cidade de Ur. A esposa de Enlil é Ningal, filha da Senhora dos Juncos, uma divindade da umidade proveniente dos pântanos, e os filhos dos dois são Utu, o sol, e Inanna, a deusa guerreira do amor e a estrela da tarde. A tríade de sol, lua e estrela da tarde (Vênus) aparece frequentemente nas estelas reais até os tempos da Babilônia.

Os povos de língua semítica que sucederam os sumérios – ou seja, acádios, assírios e babilônios – herdaram a maior parte de suas invenções e adotaram o panteão sumério, dando às divindades nomes semíticos: Nanna se torna Sin, Utu se torna Shamash e Inanna se torna Ishtar.

Escavando em Ur entre 1922 e 1934, Leonard Woolley descobriu as famosas tumbas reais que continham os restos de suicídios em massa e de personagens femininas reais que Woolley supôs serem sacerdotisas da lua; nos túmulos foi encontrada também uma harpa decorada com uma cabeça de touro com barba de lápis-lazúli, que representava o Forte Touro de Nanna. Ele descreve também o zigurate de Ur, dedicada à lua, que, em todo o antigo Oriente Próximo, é a que se encontra em melhor estado de conservação. No alto dessa grande torre em terraços, nos quais cresciam árvores, se encontrava um templo onde os deuses descansavam, enviavam oráculos em sonho e celebravam a hierogamia. Esta última hipótese é sugerida por um hino no qual Ningal se dirige a Nanna: "Eu virei a ti na tua casa, no alto, eu virei a ti, ó Nanna. Sobre a montanha perfumada de cedros, na tua casa de Ur, eu irei morar".

Na base do zigurate se erguia um templo, a morada propriamente dita do deus, onde ele era alimentado e vestido segundo um ritual cotidiano. Provavelmente o povo só via o deus quando este era levado em procissão, a cada fase lunar, ou seja, o primeiro, o sétimo e o décimo quinto dia do mês. O templo era um imponente conjunto constituído por depósitos, cozinhas e residências para os sacerdotes e para os escravos. O templo, enquanto instituição, concedia terras em aluguel e recebia pagamentos *in natura* que eram utilizados para os sacrifícios e para manter os numerosos funcionários. Os escravos eram empregados para o processamento dos metais, a tecelagem e a preparação dos bens destinados à venda. A alta sacerdotisa de Nanna era, por tradição, uma das filhas do rei. Um texto descreve como Nanna se dirigiu em peregrinação para a cidade sagrada de Nippur, para visitar o próprio pai, Enlil, levando consigo produtos agrícolas e recebendo em troca as bênçãos de Enlil. Este confirmou no poder o próprio filho como Nanna, o rei de Ur. É provável que o rei personificasse o deus. Durante os dias de lua nova, conhecidos como "os dias em que se descansa", era a rainha que conduzia os rituais. O conjunto de templos de Ur foi destruído e reconstruído muitas vezes no decorrer dos séculos, pelos assírios, pelos babilônios e até pelos cassitas estrangeiros e, por fim, por Ciro, o invasor persa. O conjunto era reconstruído não para aplacar o povo, e sim para manter boas relações com o deus.

Os assírios, que herdaram dos sumérios o culto da lua com o nome de Sin, construíram uma outra cidade dedicada a essa divindade: Haran, nas margens do Eufrates. Os reis assírios iam até lá para "segurar a mão" de Sin, depois de terem sido confirmados no cargo por seu deus Ashur. No templo de Haran havia um oráculo dos sonhos que ordenou que Esaradão, cujo reinado se situa entre os anos de 680 e 669 a.C., procedesse à conquista do Egito, o que ele fez. O culto da lua em Haran se estendeu até a época islâmica, quando o lugar se tornou um centro religioso para os sabeus, que prestavam culto aos planetas. O Imperador Juliano prestou culto à lua no templo de Haran em 365 d.C.

No início do século VI a.C., Babilônia era a maior cidade dessa região. O fundador, Nabucodonosor, começou a reconstruir Ur. O sucessor deste, Nabonido, era um apaixonado por antiguidades e um devoto da lua: sua mãe (ou a mãe deste) tinha ocupado o cargo de governadora de Haran e ele talvez fosse, em parte, de origens semíticas ocidentais. Entre os testemunhos provenientes de Ur, Nabonido descobriu a gravura de Ur-Namma, fundador da terceira dinastia de Ur (2100 a.C.), que ele chamou "o rei que me precedeu". Sobre os antigos alicerces ele reconstruiu o zigurate "como nos tempos antigos". Além disso, ele fez reconstruir o templo de Haran e outro templo na cidade de Tema, na Arábia, onde permaneceu por 11 anos. Muitos de seus detratores em Babilônia declararam que ele colocava o próprio deus Sin acima de Marduk.

O nome da lua na terra de Canaã era Yarih. Um texto cananeu narra as suas núpcias com Nikkal (associada a Ningal, a consorte do deus da lua sumério): "(Eu) farei do seu campo um vinhedo, do campo do seu amor um horto" (KRAMER, S.N. *Ugaritic Manual*, 1955, n. 77). Não há dúvida de que o bezerro de ouro adorado no Gênesis era uma imagem da lua e que o Monte Sinai era a sua morada.

Em toda a Anatólia encontram-se representações e inscrições relativas ao deus anatólico da lua, Men, cujo nome deriva da mesma raiz indo-europeia da qual derivam os termos ingleses *moon* e *measure*. Ele era conhecido como Menotyrannus ("Senhor da lua"), Men Ouranios ("Senhor dos céus") e Katachthonios ("Senhor do Mundo Inferior"), o que leva a pensar que era uma divindade da morte e do renascimento. Não sabemos com certeza se Men viera do Oriente Próximo, através das pistas de caravanas, ou se era uma divindade nativa. Mais tarde ele se fundiu com Attis, "o deus que morre e ressurge", o seguidor castrado, filho ou amante da Grande Mãe da Frígia, Cibele, e com outras duas divindades análogas, Dioniso e Sabácio da Trácia.

A lua na mitologia

Na antiga Índia, Soma era a personificação divina de uma planta sagrada que, espremida, filtrada e misturada com leite e cevada, tornava-se uma bebida inebriante para os homens e para os deuses. A nona coletânea de hinos do *Ṛgveda* é inteiramente dedicada aos louvores da bebida amarela, identificada com a lua amarela. Num hino de núpcias, o deus Soma desposa Sūrya, o sol, e tem a cabeça no colo dos Naksatra, as "casas lunares". Soma é celeste, luminoso, afasta as trevas e reside nas águas. Num hino mais tardio, afirma-se que Soma desposou todos os 27 Naksatra, representados pelas filhas do deus criador, entre as quais, porém, ele prefere Rohipi, identificada, com todas as probabilidades, com a estrela vespertina. As outras esposas se queixam com o pai, o qual aflige a lua com uma doença que causa seu definhamento, visível na progressiva redução do seu disco. A lua promete mudar para melhor e assim volta a crescer, mas volta a falhar. Em sua ajuda vem Shiva, que, como Soma, é uma antiga divindade da mudança, da fertilidade e da destruição. Shiva traz a lua crescente sobre a cabeça e assim Soma é conhecido como a "crista de Shiva". Durante a lua nova, Soma deixa o céu num carro puxado por um antílope ou por um cavalo e visita a terra para vivificar as plantas e os animais. O *soma* como bebida inebriante foi comparado ao vinho do Dioniso grego, descrito pelo escritor de tragédias Eurípides como "a bebida que escorre em rios, um deus para os deuses".

Também no Irã existe o rito da bebida sagrada, chamada *haoma*, que, contudo, não é identificada com a lua. Num hino, a lua faz parte de uma tríade de divindades, a mais baixa das quais é o boi sagrado que é oferecido em sacrifício. O sêmen do boi penetra na lua, onde se purifica e se divide em todas as espécies de plantas e animais. Os antigos iranianos dedicavam à lua o olho direito de todos os animais sacrificados. Eles acreditavam que, quando todas as coisas tinham sido postas em movimento por Angra Mainyu, o Mal, a lua criou o tempo, que durará até Angra Mainyu ser derrotado.

Os antigos gregos tinham um só mito relativo à lua, conhecida com o nome de Selene, "a luminosa". Esse mito conta que ela se apaixonou por Endimião, príncipe de Élis, enquanto ele dormia sobre o Monte Latmos, na Ásia Menor. Selene pediu a Zeus que concedesse a Endimião o sono eterno para que ela pudesse visitá-lo todas as noites. Com esse estratagema, a lua conseguiu ter do príncipe 50 filhos, ou seja, os meses lunares incluídos entre os Jogos Olímpicos ou equivalentes a uma volta e meia o ciclo de oito anos. Embora na Grécia faltem os ritos associados à lua, nas regiões de fronteira há vestígios do culto lunar que remontam a um período antigo. O mito de Endimião correlaciona a Ásia Menor com a Grécia ocidental. De acordo com Platão, as mães e as amas dos tempos antigos ensinavam as crianças a se inclinar para a lua nova; as fontes mencionam procissão à luz das velas em homenagem a Selene; no Peloponeso, um oráculo dos sonhos frequentado pelos éforos espartanos era dedicado a Hélio, o sol, e a Pasífae, um epíteto da lua, que significa "aquela que brilha sobre todas as coisas". Em Creta havia uma rainha chamada Pasífae, e na ilha se encontram inúmeros vestígios de culto lunar. No mito, essa Pasífae se apaixonou por um touro branco e da união deles nasceu o Minotauro, que era metade homem e metade touro. Outro touro levou, da Fenícia a Creta, Europa, cujo nome – que significa "de rosto largo" – é outro epíteto da lua.

Na mitologia báltica, o sol é de sexo feminino e a lua, de sexo masculino. Os bálticos dizem que outrora o sol era casado com a lua, mas a abandonou para ficar com a estrela da manhã. Isso enfureceu o deus da tempestade, a divindade báltica mais importante, que golpeou a lua com a própria espada, reduzindo assim suas dimensões. O sol e a lua tiveram muitos filhos, as estrelas, enquanto a estrela da manhã nasceu da união entre o sol e o próprio deus da tempestade. Com raiva e com vergonha, a lua evita a própria mulher e eles nunca aparecem juntos.

No Japão, o sol, que é a divindade mais importante, é de sexo feminino, enquanto a lua, seu irmão, tem um papel secundário. Certa vez, o sol ordenou que a lua descesse à terra para descobrir o que estava fazendo a deusa da alimentação. Quando a lua chegou à terra, a deusa da alimentação, para agradá-la, virou o rosto para o chão e tirou da boca arroz cozido, voltou o rosto para o mar e produziu todos os tipos de peixe e, por fim, voltando-se para as montanhas, produziu todos os tipos de caça. No entanto, a lua não apreciou o fato de a outra lhe oferecer alimento tirado da própria boca e se enfureceu a ponto de matar a deusa da alimentação. Do corpo desta última nasceram o cavalo, a vaca e o bicho-da-seda. Quando a lua voltou ao céu, o sol, contrariado pelas ações do irmão, dirigiu-lhe as seguintes palavras: "Não quero vê-lo nunca mais" e desde então os dois nunca se encontram.

Outro mito que conta a descoberta das plantas é transmitido pelos Machiguenga do Peru: a lua deu aos mortais as plantas cultiváveis e deu as instruções relativas às plantas a uma jovem mortal que, por fim, tomou por esposa. Ele fez fecundar a própria mulher por um peixe e ela deu à luz quatro filhos: o sol que brilha de dia, o Planeta Vênus, o sol sob a terra (ou seja, o sol de noite) e o sol noturno invisível a todos, mas que ilumina as estrelas. Este último filho era tão quente a ponto de queimar o ventre da mãe, causando sua morte. A sogra da lua o recriminou, dizendo-lhe que a única coisa que tinha a fazer era comer o cadáver da própria mulher: esta, desgostosa com a vida na terra, lhe abandonara o próprio corpo, levando a alma para o Mundo Inferior. A lua estava tomada pela dor, mas obedeceu à sogra e assim se tornou um devorador de cadáveres. Por isso decidiu ir para longe da terra.

Todos os mitos da criação, de qualquer tipo, explicam a origem da lua, em geral junto com a do sol. Na épica finlandesa conhecida como *Kalevala* aparece o tema do ovo cósmico: o ovo caiu do céu sobre os joelhos da deusa criadora enquanto ela flutuava sobre as águas cósmicas e dele surgiram todos os aspectos do universo. O sol foi criado da gema do ovo e a lua da clara. Na Groenlândia, o sol e a lua são um casal mortal, formado por irmão e irmã. Eles se deitaram juntos numa casa sem luz e, quando a irmã descobriu que tinha cometido incesto, arrancou os próprios seios e os atirou no irmão: os buracos deixados por esses seios são as manchas solares. Depois ela voou para longe, mas ele a seguiu, ambos levando consigo tochas. A tocha da irmã brilhava mais intensamente e assim ela se tornou o sol enquanto o irmão se tornou a lua.

A história dos Uroni sobre Ataentsic, por sua vez, pertence ao tipo de mito em que o mundo é criado a partir do corpo de um ser primordial. Ataentsic era uma deusa-mãe da criação que foi jogada do céu através de um furo feito por ela no próprio céu ao arrancar a árvore cósmica. Ao chegar à terra, ela deu à luz dois gêmeos, um bom e um mau. O filho mau a matou, enquanto o bom criou do seu rosto o sol e de seus seios a lua.

No panteão asteca, Huitzilopochtli é um herói cultural e o sol. Quando a Mãe Terra ficou grávida dele, que era o seu último filho, os outros filhos, as estrelas, se enfureceram e foram atrás dela para matá-la. No entanto, uma delas, chamada Sinos de Ouro, se apressou em avisar a mãe, mas o deus do sol saiu do ventre materno armado dos pés à cabeça e decapitou Sinos de Ouro. Quando ficou sabendo das boas intenções desta última, Huitzilopochtli pôs a cabeça dela no céu na forma de lua e expulsou as outras estrelas, como faz quando sol surge.

O grego Hesíodo (século VII a.C.) descreve toda a criação como o resultado de uma união sexual. Dos genitores originários, a terra e o céu, nasceram os 12 Titãs, os quais se uniram e produziram a maior parte dos elementos naturais, bem como os deuses. Um casal de Titãs, Theia e Hipérion, tornaram-se os pais do sol, Hélio, da lua, Selene, e da aurora, Eos. Outro casal de Titãs tornaram-se os avós de Hécate, a deusa do Mundo Inferior, e de Ártemis, a caçadora, ambas mais tarde identificadas com a lua. No *Hino homérico à lua* (século VI a.C.), a lua tem uma filha com

Zeus, Pandia. Em Atenas havia uma festa conhecida com o nome de Pandia, durante a qual se vendiam e se comiam doces feitos em forma de lua cheia.

Num dos mitos de origem característicos do sudoeste norte-americano, os Pueblo contam que os mortais emergiram, em fases sucessivas, sobre a superfície terrestre. Encontrando a terra mergulhada na escuridão, eles lançaram no céu a lua e o sol, que tinham trazido consigo.

Na Oceania encontra-se uma variante do mito de origem segundo a qual os homens ou as divindades estão, na origem, encerrados numa concha, que eles abrem com curiosidade. Numa história da Micronésia, o deus criador, Aranha Antiga, encerrado numa concha análoga, encontra dois caracóis e, uma vez aberta a concha, usa o menor para fazer a lua e a maior para fazer o sol.

No Queensland, o sol é uma mulher criada pela lua e, embora tenha apenas duas pernas, tem numerosos braços visíveis em forma de raios. Entre os Aranda (Arunta) da Austrália, um homem do totem do Opossum transportou consigo a lua num escudo, mantendo-a escondida todo o dia numa cavidade da rocha. Um dia, um homem de outro totem viu a lua brilhar e a levou consigo. O homem do Opossum, não conseguindo capturar o ladrão, gritou à lua que se elevasse no céu e derramasse sua luz sobre todos. Foi o que ela fez, permanecendo no céu desde então. Segundo os Pima da América do Norte, o sol e a lua são os pais do Coiote, o famoso *trickster* da mitologia. Numa outra versão, é o Coiote que inventa o sol e a lua. Alguns povos siberianos de língua altaica acreditam que no princípio não existiam nem o sol nem a lua e que os próprios homens pairavam no ar emitindo luz. Uma divindade elevada enviou um espírito para ajudá-los e este, agitando as águas primordiais, encontrou dois espelhos que colocou no céu como lua e sol. Os espelhos muitas vezes são usados nos ritos dos xamãs siberianos, os quais, em suas viagens extracorpóreas, frequentemente chegam à lua.

A lua e a morte

Em virtude do seu desaparecimento mensal e do sucessivo reaparecimento, a lua é muitas vezes associada à ideia da morte e do renascimento. Nas Ilhas Carolina acredita-se que no princípio os homens ressurgiram dos mortos como fazia a lua. Todos os meses, quando a lua desaparecia, eles caíam num sono profundo e despertavam quando a lua voltava. Um espírito maligno, desaprovando esse comportamento, fez com que os homens permanecessem mortos. Na Nova Zelândia, segundo uma versão semelhante à precedente, foi o herói cultural Maui que desejou que os homens vivessem para sempre, enquanto o lua interveio dizendo: "Não, deixe que morram e se tornem como o solo".

Na parte ocidental da Ilha de Ceram, a oeste da Nova Guiné, o deus do sol desejava desposar uma jovem divina. Quando os pais dela, que desaprovavam a união, colocaram um porco morto no leito nupcial no lugar da esposa – talvez um vestígio da passagem do sacrifício humano ao animal –, o sol a fez afundar no solo. A jovem gritou aos pais: "Matem um porco e façam um banquete. Em três dias olhem para o céu, onde eu brilharei como uma luz". Assim foi instituído o banquete em honra dos mortos e os mortais viram a lua surgir pela primeira vez.

Os Inuit (esquimós) siberianos concebem a morte como a perda da própria alma, a qual viaja até a lua e por fim chega ao sol. O voo da alma através dos planetas e das estrelas é um tema difuso que aparece pela primeira vez entre os sumérios. Ele reaparece na *República* de Platão e no *Somnium Scipionis* de Cícero, onde o jovem Cipião Africano sonha visitar o próprio avô no céu e observa do alto todas as esferas celestes. Abaixo da lua – conta o avô de Cipião – tudo é caos, mas no alto tudo é calmo e sereno.

A descrição mais exaustiva da lua como "morada das almas" encontra-se no tratado *De facie lunae* de Plutarco (século II d.C.). Os filósofos pitagóricos já tinham afirmado que os Campos Elíseos, as ilhas gregas dos mortos, estavam situados no sol e na lua. Em seu tratado, Plutarco afirma que os mortais são constituídos de três partes: corpo, alma e razão. Com a morte, o corpo é decomposto por Deméter, que representa a Mãe Terra; a alma, juntamente com a razão, sobe para o alto e, se é pura, chega à lua. Ao contrário, se é corrompida, ela é obrigada a vagar entre a terra e a lua até se purificar. A lua é governada por Perséfone, a rainha grega do Mundo Inferior, agora transferida para as esferas superiores. As almas que permanecem na lua se tornam espíritos benévolos que voltam à terra para fornecer oráculos e ajudar os mortais de várias maneiras. Gradualmente essas almas se diluem na pura razão e chegam ao sol.

Num dos mais antigos Upanixades indianos afirma-se que existem dois caminhos que as almas podem percorrer após a morte: o caminho das chamas e o da fumaça. O primeiro leva ao sol e aos deuses, o segundo à lua, aos antepassados e à reencarnação.

Segundo os ensinamentos de Manes, o fundador do maniqueísmo, as almas dos que descobriram a verdade na vida são recebidas na esfera do sol, onde se purificam para depois passar à lua, descrita como um lugar superior. Ambos os astros são imaginados como barcos que navegam para a frente e para trás na atmosfera superior. Quando a lua se enche de almas, as leva para o leste, para os "éons de luz", os quais as colocam na "coluna de glória", o lugar do descanso final. Então a lua, com as dimensões bem diminuídas, volta para apanhar outra carga de almas.

Bibliografia

Como são poucos os estudos dedicados à lua sob o aspecto religioso e mitológico, a maior parte das informações sobre o tema deve ser obtida dos textos religiosos e das histórias das religiões das diversas áreas. A fonte mais importante para a antiga Mesopotâmia e o Egito antigo é PRITCHARD, J.B. (org.). *The ancient Near East*. Princeton, 1954. vol. I. No que diz respeito à origem do calendário, uma excelente apresentação encontra-se em BICKERMAN, E.J. Chronologie. *In*: GERCKE, A.; NORDEN, E. *Enleitung in die Altertumswissenschaft*. 3. Ed. Leipzig, 1933. vol. III.

O texto mais completo sobre o desenvolvimento da astrologia continua a ser BOUCHÉ-LECLERQUE, A. *L'astrologie grecque*. Paris, 1899. Repleto de dados sobre as seitas do período helenístico e romano é CUMONT, F. *Recherche sur le symbolisme funeraire des Romains*. Paris, 1942. Para o simbolismo e a iconografia da lua, por sua vez, ver ELIADE, M. La lune et la mystique Lunaire. *In*: ELIADE, M. *Traité d'histoire des religions*. Paris, 1949.

Para um enquadramento das religiões da Sibéria e dos indígenas da América, cf. ainda ELIADE, M. *Le chamanisme et les techniques de l'extase*. Paris, 1951 [trad. bras.: *O xamanismo e as técnicas arcaicas do êxtase*. São Paulo: Martins Fontes, 1998]. Para o folclore relativo à lua uma boa fonte é FUNK; WAGNALL. *Dictionary of folklore, mythology and legend*. Nova York, 1950. Uma exposição concisa, mas completa das crenças dos indígenas das Américas do Norte e do Sul encontra-se em HULTKRANTZ, Å. *Religions of the American indians*. Los Angeles, 1979.

O relato mais recente e exaustivo sobre as religiões do antigo Oriente Próximo está em JACOBSEN, T. *The treasures of darkness*: a history of Mesopotamian religion. New Haven, 1976. O melhor estudo sobre a lua é uma coletânea de ensaios realizada por vários autores das diversas regiões do mundo: Denise Berndt (org.). *La lune* – mythes et rites. Paris, 1962. Para novos pontos de vista e resultados de pesquisas originais, cf. LEWY, J. The late Assyro-Babylonian cult of the moon and its culmination at the time of nabonidus. *Hebrew Union College Annual*. 1945-1946. p. 405-489.

Uma coletânea extremamente útil, que compreende materiais provenientes de todo o mundo, é GRAY, L.H.; MOORE, G.F. (orgs.). *The mythology of all races*. Boston, 1916-1932. vols. I-XIII. publicado sob o patrocínio do Archaeological

Institute of America. Uma riquíssima coleta de informações sobre a arqueologia e as religiões comparadas encontra-se em NILSSON, M.P. *Geschichte der griechischen Religion*. Munique, 1941-1950. vols. I-V.

Contudo, a coletânea mais completa de material mitológico continua a ser ROSCHER, W.H. (org.). *Ausführliches Lexikon der griechischen und römischen Mythologie*. 1879-1910. Hildesheim, 1965. vols. I-VII. No que diz respeito aos textos sagrados da Índia e da Pérsia, cf MÜLLER, F.M. (org.). *The sacred books of the East*. Oxford, 1879-1910. Delhi, 1965.

Jean Rhys Bram

LUZ E TREVAS

Não é preciso ser um estruturalista como Lévi-Strauss para perceber que a humanidade sempre percebeu e estruturou o mundo (cosmos, sociedades, sistemas de valores) em oposições dualistas, ou seja, "binárias": macho-fêmea, direita-esquerda, céu-terra, dia-noite, sagrado-profano, exogamia-endogamia etc. Às vezes essas oposições se desenvolveram em dualismos simbólicos de tipo metafísico e ético (espírito-matéria, alma-corpo, puro-impuro). Uma das oposições mais "persistentes", ou seja, universais, importantes e onipresentes na experiência humana é a oposição entre luz e trevas. Como muitas outras oposições, a de luz e trevas é experimentada numa alternância rítmica. Com muita frequência essas oposições são correlacionadas numa série de equações simbólicas (luz = dia = calor = espírito = bem = divino = homem, em oposição a trevas = noite = frio = matéria = mal = demoníaco = mulher etc.); por esse motivo, o dualismo luz-trevas pode se referir simbolicamente a muitas outras realidades.

História das religiões

Muitas cosmologias começam os relatos da criação com o surgimento da luz (ou do sol, ou de um princípio luminoso equivalente) das trevas primordiais; por outro lado, muitas mitologias descrevem o fim do mundo como a treva ou o crepúsculo dos deuses, ou seja, o desaparecimento da luz numa treva final que engole tudo. Há uma conexão óbvia entre luz e sol enquanto fonte de luz, embora nem todos os deuses da luz sejam sempre necessariamente divindades solares. No entanto, talvez em virtude da presença importante do Sol, da Lua e das estrelas, esses corpos celestes aparecem muitas vezes como manifestações das divindades. [Cf. os verbetes Lua, Sol e Estrelas.] Parece existir uma correlação entre a luz e os deuses "urânicos" dos céus, de um lado, e entre as trevas e os deuses "ctônicos" da terra e do Mundo Inferior, de outro lado. Na origem, provavelmente, a oposição entre luz e treva não tinha uma conotação ética, mas, como o sol no céu é também onividente, então o deus vinculado ao sol se torna um guardião da lei, do cumprimento fiel das alianças, da justiça e, enfim, também do bem ético.

Falando de modo genérico, a luz simboliza a vida, a felicidade, a prosperidade e, num sentido mais amplo, o ser perfeito. Como símbolo de vida, a luz pode se tornar também o símbolo da imortalidade. As trevas, por outro lado, são associadas ao caos, à morte e ao Mundo Inferior. Quando a luz é personificada e adorada, tende a se associar ao sol. A adoração do sol tinha uma posição central na religião do antigo Egito. Na sua época, o deus egípcio Amon é identificado com Rá, o deus do sol, com o nome de Amon-Rá (cujo predecessor podia ter sido Rá-Atum). Como deus do sol, Amon-Rá todos os dias sofria a ameaça de ser engolido por Apophis, o monstro serpente das trevas (a noite). Amenófis IV (Aquenáton, século XIV a.C.) tentou até, sem sucesso, impor ao Egito um culto solar de tipo quase monoteísta. A adoração e o simbolismo solar estavam presentes também na religião mesopotâmica e se afirmaram, provavelmente por causa das influências asiáticas, no período final da religião romana com a grande festa romana do "Sol Invictus", que em seguida se tornou a data da celebração cristão da Natividade.

A luz é o atributo de muitas divindades. No que diz respeito à história religiosa do Ocidente, a área mediterrânea oriental (Egito, Síria, Mesopotâmia) parece ter sido o berço de muitas divindades da luz, as quais alcançaram uma importância considerável no período helenista e desempenharam um papel importante nos cultos mistéricos do período, embora seja difícil estabelecer uma clara distinção entre divindades da luz e divindades do sol. Muitos ritos mistéricos cumpriam a função de mediar a salvação por intermédio da divindade do sol/luz, que levava o "iniciado" (*mystes*) "das trevas à luz". As manifestações divinas frequentemente são descritas como epifanias de luz.

O simbolismo da luz nas religiões ocidentais (inclusive o islamismo) é influenciado de modo decisivo pela filosofia grega, que deu à luz uma conotação tanto intelectual como ética. Também nesse caso, é difícil distinguir claramente entre simbolismo da luz e simbolismo solar, ou avaliar a dimensão precisa da influência dos cultos solares egípcios e siríacos. O sol como "luz do mundo" representa a razão cósmica. A luz representa também a sabedoria, pois é por meio dela que as coisas são visíveis. De acordo com Platão (*República* 506d), a ideia do Bem (que ilumina a alma) corresponde no mundo suprassensível a Hélio (o sol), a luz do mundo físico. Por isso, a oposição luz/trevas não é propriamente uma oposição ética, e sim uma diferença de graus de pureza entre o mundo superior das ideias e sua cópia, o mundo inferior. A filosofia pré-socrática (p. ex., Parmênides e Pitágoras) já associava luz e treva respectivamente à luz e aos elementos pesados e enfim ao espírito (alma) e à matéria (corpo).

De acordo com alguns pensadores, foi o fogo dos corpos celestes que gerou as almas humanas. A ascensão de uma existência baixa, material, "escura", a um nível superior, espiritual e divino da existência é expressa com o termo de iluminação (grego: *photismos*), conceito que conquistou um lugar cada vez mais importante no misticismo. A principal ligação unificadora entre a filosofia e o misticismo no mundo helenístico, especialmente considerando a terminologia e a simbologia da luz, foi o neoplatonismo. O simbolismo da luz se estendeu dos cultos mistéricos e das tradições filosóficas à magia dos influxos, ao hermetismo, ao gnosticismo. Nos papiros mágicos, as divindades frequentemente têm como atributo a luz, e na coletânea de escritos conhecida como *Corpus Hermeticum* o espírito e a luz são praticamente idênticos. De fato, quando o homem atinge alturas espirituais mais elevadas, "se transforma em luz" (*Corpus Hermeticum* 13). A identificação do eu interior como luz e sua experiência de identidade com o Ser Absoluto como experiências de luz são mencionadas frequentemente nos documentos indianos (entre outros, *Bṛhadāraṇyaka Upaniṣad* 4,37).

O dualismo hermético e, em particular, o gnóstico põem no mesmo nível a oposição de luz e trevas com a de espírito e matéria, desenvolvendo assim uma atitude hostil em relação a "este mundo", que é a criação de um poder inferior e até maligno. A salvação consiste em abandonar este mundo inferior de trevas para se unir ao princípio de luz. Muitas vezes a salvação é realizada por um princípio sobrenatural de luz (ou por uma parte dele), que desce do alto para libertar as partículas de luz (ou seja, as almas) do reino das trevas em que caíram e em que estão presas. Entre todas as religiões de tipo gnóstico, é o maniqueísmo que dá mais destaque ao simbolismo da luz. Como o maniqueísmo penetrou também na Ásia Central e até mais a leste, até a China, é possível supor que certas formas de simbolismo da luz presentes no budismo (especialmente Amida, o Buda da Luz Eterna) devem muito à influência maniqueísta. Alguns aspectos do maniqueísmo têm analogias no cristianismo, mas a natureza exata dessas analogias e da relação entre o cristianismo e o gnosticismo em geral ainda é objeto de controvérsia entre os estudiosos. Também na Cabala judaica medieval, especialmente na forma que ela assumiu no século XVI, podem ser encontradas surpreendentes analogias com os sistemas gnósticos.

Um tipo muito diferente de dualismo luz-trevas caracteriza a antiga religião iraniana. Os princípios de luz e trevas, ou seja, os deuses que os representam – Ahura Mazdā e Angra Mainyu –, são aprisionados numa luta cósmica. Mas aqui a oposição não é entre espírito e matéria, mas entre bem e mal. A matéria também é uma criação do deus bom e pertence ao reino da luz. Mas toda a criação deve ser defendida contra o ataque das forças das trevas. Essa luta (o homem também é criado originariamente para assistir as forças da luz na luta contra os poderes das trevas) acabará com o triunfo final da luz. Muitos estudiosos consideram que o dualismo iraniano teve uma influência crucial nos sistemas gnósticos e helenísticos. Nos rituais da religião contemporânea dos parses, na Índia, a luz e o fogo desempenham um papel importante.

A Bíblia judaica começa com o relato da criação da luz, seguido pelo da criação do sol e dos corpos celestes, mas não tem uma mitologia original da luz ou solar. No decorrer dos anos, contudo, a luz se tornou um símbolo da presença divina e da salvação: "O Senhor é minha luz e minha salvação" (Sl 27,1); "À tua luz vemos a luz" (Sl 36,10); "Caminhamos na luz do Senhor" (Is 2,5). O sol e o lua não serão por muito tempo fontes de luz porque "O Senhor será para ti luz eterna" (Is 60,19). A associação de luz e sol encontra-se em muitas outras passagens bíblicas, especialmente em Ml 3,20: "Surgirá com raios benéficos o sol de justiça".

O cristianismo primitivo herdou tanto o simbolismo bíblico da luz como o helenístico contemporâneo (filosófico e religioso). Cristo era o *sol iustitiae* (cf. Ml 3,20): por isso não havia nada de incongruente em celebrar o Natal na data da festa pagã romana do "sol invencível". De acordo com o Evangelho de João (8,12), Jesus disse de si mesmo: "Eu sou a luz do mundo", enquanto seus discípulos possuíam a "luz da vida". Por isso, a Páscoa é celebrada com os ritos do fogo e da luz. No rito católico, o círio pascal é levado para o interior da igreja escura acompanhado da exclamação "Lumen Christi", repetida três vezes. A equação de Deus com o Absoluto, com a pura essência de luz, encontra expressão também no Credo, em que o Filho (Cristo) é definido como "Deus de Deus, Luz de Luz, Deus verdadeiro de Deus verdadeiro". O Logos é descrito como luz também no prólogo do Evangelho de João. A experiência de Paulo a caminho de Damasco foi uma típica experiência de luz.

A comunidade judaica de Qumran já tinha dividido Israel em "filhos da luz" (que no fim serão salvos) e "filhos das trevas" (condenados à danação eterna) – distinção que é retomada a seguir pelo cristianismo. O príncipe do mal e das trevas, satanás, era na origem um anjo da luz e por isso um de seus nomes é Lúcifer (grego: *Phosphoros*), literalmente "portador de luz". A metáfora deriva de Isaías (14,12), em que o rei de Babilônia, que no seu orgulho presunçoso caiu da glória para a destruição, é chamado estrela da manhã que cai do céu. Mas o mesmo termo (*phosphoros*, "estrela da manhã") é aplicado também a Cristo na Segunda Carta de Pedro. A espera do advento de Cristo é comparada a "uma lâmpada que brilha num lugar escuro até que [...] a estrela da manhã se eleve em vossos corações" (2Pd 1,19).

Praticamente todas as religiões expressam simbolicamente – na mitologia, no culto e na iconografia – a ideia da luz como símbolo de bênção. Até quando luz e trevas não são diametralmente opostas como dois princípios hostis, mas são concebidos como modos cósmicos complementares e agentes criadores (os chineses *yin* e *yang*), persiste uma acentuada preferência pela luz. Portanto, *yang* é luz, céu, positivo, construtivo, masculino, ao passo que *yin* é o oposto. A história chinesa também tem divindades da luz, bem como seitas e movimentos religiosos (inclusive sociedades secretas) em que estão presentes símbolos de luz. Existia até uma seita de mulheres – classificada oficialmente como "seita heterodoxa" – chamada a Luz da Lanterna Vermelha, que obteve alguma notoriedade por sua ligação com a Revolta dos Boxer de 1900.

O significado da luz é testemunhado também pelo uso ritual de lâmpadas ou velas nos templos, nos altares, nos túmulos ou perto deles, diante das imagens sagradas, nas procissões, e pelo acender de fogos em ocasiões especiais. O Natal tornou-se uma festa da luz, como a *ḥanukkah* judaica, a *Dīvālī* hindu e muitos outros ritos, festas e costumes tanto do mundo antigo (cf., p. ex., na Grécia antiga a corrida das tochas, conhecida como Lampadedromia ou Lampadephoria) como no mundo moderno.

O simbolismo da luz ocupa um lugar considerável também na iconografia religiosa: os santos e as figuras divinas muitas vezes têm um halo que circunda a cabeça ou todo o corpo, ou então uma chama acima da cabeça. Isso é particularmente evidente na iconografia budista, especialmente nas suas formas Mahāyāna (p. ex., em muitos *maṇḍala*). Amida é facilmente identificável pela auréola de raios "infinitos" que partem de sua cabeça. Também o Buda Mahāvairocana (japonês: Dainichi-nyorai), o "Grande Iluminador", que irradia a luz mais intensa, aparece em muitos *maṇḍala* tibetanos como um centro emanador de raios. Para muitas seitas budistas (p. ex., a Shingon japonesa), ele é a realidade suprema. No sincretismo japonês budista-xintoísta ele era identificado também com Amaterasu, a deusa do sol (e a deusa mais importante) do panteão xintoísta. A cidade sagrada de Benares, no norte da Índia, é chamada também de Kāśī, "cidade da luz". Do candelabro de sete braços do Templo de Jerusalém até o ritual secularizado da chama que queima permanentemente diante do túmulo do Soldado Desconhecido, o simbolismo da luz mostrou uma força e uma duração que não tem parâmetro em relação a outros símbolos.

O Alcorão também tem seus famosos "versículos da luz". Ao longo dos anos se desenvolveu uma doutrina da luz de tipo profético e em última instância metafísico. Depois do século IX, no islamismo, com a assimilação da filosofia neoplatônica, a luz começou a ser identificada com o princípio divino da luz (ou seja, o intelecto, segundo alguns pensadores filosóficos) que se difunde neste mundo, um processo correspondente à elevação da alma humana rumo à luz divina. O fim último do místico é contemplar a luz pura e a beleza de Deus. A especulação da luz encontra-se entre os teólogos, os místicos e os gnósticos (inclusive os que foram suspeitos de heresias de tipo gnóstico) muçulmanos ortodoxos.

Misticismo

O papel especial das concepções e das experiências de luz (iluminação, *photismos*) nos sistemas místicos foi suficientemente tratado. Parece que o misticismo recorre quase automaticamente a uma terminologia da luz. A teologia mística greco-ortodoxa enfatiza a doutrina da "luz não criada" divina, através da qual o místico alcança a união com Deus. O Novo Testamento relata a transfiguração de Cristo (Lc 9), fornecendo assim a base para uma teologia mística da qual o Monte Tabor representa um dos símbolos centrais. A doutrina, julgada herética pela Igreja Católica, mostra algumas analogias interessantes com a doutrina cabalista das *sefirot*.

Mas, enquanto o misticismo da luz e da iluminação (cf. o termo técnico *via ilumi-*

nativa) é um lugar-comum que não necessita de explicações detalhadas – os sistemas de meditação budista também conduzem através de inumeráveis esferas e mundos de luz – existe uma exceção digna de nota e extremamente paradoxal, a doutrina das trevas místicas. Essa doutrina apareceu pela primeira vez nos escritos de Dionísio o Areopagita (provavelmente por volta de 500 d.C.), o pseudônimo de um escrito cujo misticismo unia elementos neoplatônicos e cristãos. Seu pensamento, mediado no Ocidente medieval por João Escoto Erígena, influenciou muito o fim da Idade Média. Já Fílon de Alexandria declarara que o esplendor divino era tão radiante que era capaz de cegar. De acordo com Dionísio, Deus é tão totalmente incognoscível, e sua essência tão totalmente fora do nosso alcance, que todo o nosso conhecimento dele é necessariamente "negativo". A experiência que ele expõe na sua *Teologia mística* é essencialmente um "incognoscível". Está além do pensamento humano. Não é luz, mas, do ponto de vista da compreensão humana, treva total. (Essa doutrina aparece novamente no famoso tratado místico inglês do século XIV *The Cloud of Unknowing* [A nuvem do não conhecimento].)

Reflexos dessa concepção encontram-se também na literatura mística não cristã (p. ex., na Cabala), mas ela não deve ser confundida com os conceitos indianos e chineses de *śūnyatā*, ou "vazio", e semelhantes.

No século XVI, o místico espanhol João da Cruz descreve o caminho da alma rumo à união total com Deus como a ascensão através de duas "noites escuras": a dos sentidos (ou seja, a perda de todo o pensamento discursivo, dos sentimentos e das imagens) e a do espírito. Em outras palavras, o misticismo não é o usufruto de graças carismáticas, de iluminações ou o conhecimento superior infundido de forma sobrenatural. Usando uma imagem do Antigo Testamento, o misticismo não é a Coluna de Fogo que, de noite, caminhava à frente do acampamento dos filhos de Israel, mas antes a Nuvem das Trevas. Seja como for, nessa tradição não se trata de uma opção pelas trevas enquanto opostas à luz, mas antes de uma resposta dialeticamente paradoxal ao tradicional e comum "misticismo da luz", que aqui é representado como totalmente inadequado para descrever a natureza da união mística com a transcendência divina absoluta totalmente incognoscível.

Bibliografia

Além do verbete de MACCULLOCH, J.A. et al. Light and darkness. *In*: HASTINGS, J. (org.). *Encyclopaedia of religion and ethics*. Edimburgo, 1915. vol. VIII. e de AALEN, S. Licht und Finsterniss. *In*: *Die Religion in Geschichte und Gegenwart*. 3. ed. Tübingen, 1960. vol. IV, é possível encontrar material precioso nos numerosos escritos de Mircea Eliade e George Dumézil e nos volumes a seguir:

AALEN, S. *Die Begriffe Licht und Finsterniss im Alten Testament im Spätjudentum und im Rabbinismus*. Oslo, 1951.

BOUSSET, W. *Hauptprobleme der Gnosis*. Göttingen, 1907.

BULTMANN, R. Zur Geschichte der Lichtsymbolik im Altertum. *Philologus*, vol. 97, p. 1-36, 1948.

CUMONT, F. *Lux perpetua*.1949. reimp. Nova York, 1985.

DODD, C.H. *The interpretation of the fourth gospel*. Cambridge, 1953.

GOODENOUGH, E.R. *By light, light*: the mystic gospel of hellenistic judaism. New Haven, 1935. Sobre Fílon de Alexandria.

REITZENSTEIN, R. *Das iranische Erlösungsmysterium*. Bonn, 1921.

WETTER, G.P. *Phōs*. Uppsala, 1915.

R.J. Zwi Werblowsky

M

MACACO

O macaco é uma imagem arquetípica da personalidade instintiva e das mais baixas inclinações humanas, mas também das bênçãos celestiais. No antigo mundo mediterrâneo e no Oriente, os macacos geralmente têm simbolizado a sagacidade e a boa sorte. No Ocidente, a depravação e o pecado. Como personificações das atividades inconscientes, os macacos podem significar o perigo e a degradação, ou uma graça inesperada.

Entre os deuses egípcios adorados durante o período dinástico, cujos atributos provavelmente remontam aos tempos pré-históricos, Thoth, o deus da sabedoria, que tem por emblema um cinocéfalo, é um macaco ou um babuíno com cabeça de cachorro. Originalmente tidos em grande consideração por sua astúcia, os macacos chegaram a simbolizar inteligência, poderes mágicos e, finalmente, sabedoria. Nas estátuas, sobre os túmulos e nas inumeráveis edições do livro *Segundo livro das respirações* [ou: *Que o meu nome floresça*], um cinocéfalo é representado no ato de transmitir palavras de sabedoria a Thoth, que, por sua vez, as transmite a Osíris, o deus dos mortos. No Papiro de Ani [ou: *O livro dos mortos*] o macaco com a cabeça de cachorro é representado sob as feições de amigo dos mortos, sentado no cume do pedestal da balança onde o coração do morto é pesado contra a pluma da verdade. Os egípcios também acreditavam que os macacos eram transformados em guardiães das portas do Céu. Símbolo de sabedoria na Grécia, o macaco é associado a Hermes, o deus dos magos e dos taumaturgos, figura posteriormente transformada em Hermes Trismegisto.

O culto ao macaco mais difundido e estável se desenvolveu na Índia, onde comparece de modo proeminente tanto na religião quanto no mito. Entre os animais que personificam deuses ou seres heroicos semelhantes a deuses dotados de poderes mágicos, o mais popular é o deus-macaco Hanuman, filho de Vāyu, o deus do vento, e da ninfa macaca Añianā. Adorado no famoso templo do macaco em Vārāṇasī, Hanuman também é uma divindade de aldeia, um agente divino invocado como protetor contra os furacões e como deus da fertilidade. Herói solar, no *Rāmāyaṇa*, Hanuman vem em auxílio de Rāma em sua batalha para resgatar Sītā raptada, e lhe é concedida a vida eterna por essa ajuda. A natureza solar do macaco mítico é repetidamente ressaltada no poema: Hanuman viaja pelo ar, entra na escuridão e dela emerge.

A figura do deus-macaco era difusa nas religiões originárias budistas e islâmicas de Java e de Sumatra. Um relevo na arquitrave de Banteay Srei, um templo cambojano de fins do século X e do século XIV representa o rei-macaco Sugrīva auxiliado por seu Capitão Hanuman na batalha contra seu rival. Em Bengala Ocidental, toda vez que se fundava uma pequena aldeia, a primeira obrigação dos habitantes era erigir uma imagem de Hanuman, protetor da colheita e dos rebanhos e consorte viril da Mãe Terra.

O simbolismo ambivalente do macaco é bem exemplificado pelo pensamento chinês, no qual ele representa tanto o bem quanto o mal. Por um lado, os macacos representam os instintos carnais, a duplicidade, o engano, a paródia, as transformações, a malícia, a abjeção e a vaidade; por outro, são associados à proteção, ao sortilégio, à taumaturgia, aos poderes de conceder boa sorte, saúde e sucesso. No taoismo, os macacos simbolizam os pensamentos que devem ser eliminados no caminho da meditação por meio da prática da "ligadura dos macacos". Uma imagem popular cujo objeto são os macacos é a representação dos Três Macacos Místicos: um tapa os lábios, outro, os ouvidos, o terceiro, os olhos, para não falarem, ouvirem, nem verem o mal. Na simbologia judeu-cristã e islâmica, os macacos têm, sem dúvida, uma conotação sinistra. Segundo o Talmude, sonhar com um macaco é de mau agouro e, na tradição rabínica, um dos três grupos humanos que construíram a Torre de Babel é transformado em macaco. No cristianismo, o macaco representa apenas os aspectos iníquos da natureza humana: luxúria, pompa, frivolidade, indecência, avidez, vaidade, malícia, astúcia, idolatria, a alma indolente e a perversão da Palavra de Deus. Na Idade Média, satanás foi descrito como *simia dei*. Na arte cristã, o diabo é quase sempre representado como um macaco com uma maçã na boca, emblema da queda, e o corpo aparece acorrentado, como símbolo do pecado aniquilado pela virtude. Os macacos representavam um sinal malévolo para os muçulmanos; numa história islâmica, os judeus de Elath são transformados em macacos como punição por terem pescado no sábado.

Em muitas culturas tradicionais, os macacos são animais totêmicos. É proibido comê-los ou lhes fazer mal no Togo; eles são sagrados para os Bakatta; seus dentes são usados como ornamentos peitorais pelos Bororo para obterem força. Alguns povos veneram os macacos como morada da alma humana, e um clã indiano-oriental os considera antepassados místicos.

Em muitas partes do mundo, os macacos são criaturas benévolas, quase sempre simbolizando a fertilidade ou a boa sorte. Em Java, são realizadas cerimônias mágicas nas quais se fazem oferendas ao rei dos macacos para curar a esterilidade. Nas escritas hieroglíficas da América Central, o macaco é representado como símbolo da relação sexual. Por sua vez, ele também é associado a Chac, uma divindade benévola, ao passo que as inscrições maias representam o deus da Estrela do Norte com uma cabeça de macaco. Num mito maia da criação, as únicas criaturas que sobrevivem à destruição da criação por parte dos deuses são os macacos. Em algumas culturas indígenas da América Central e da América do Sul, o aparato ritual dos *medicine men* inclui um talismã feito com rabos secos de macacos como proteção contra o mal.

Os macacos têm grande destaque nas histórias populares e nas lendas do Oriente, da África, da Oceania e da Europa, onde provêm da abundante literatura fabulista da Idade Média.

Bibliografia

WALLIS BUDGE, E.A. *Egyptian religion* (1899), reimpresso como *Egyptian ideas of the future life*. Nova York, 1976. Uma análise completa das divindades com cabeça de animal do Egito e de seu significado nas religiões antigas. As características divinas do cinocéfalo, ou babuíno com a cabeça de cachorro, associado a Thoth-Hermes.

TE RAKE, H. *Maiori symbolism*. Londres, 1926. Lendas maoris, a partir de cerca de 17000 a.C., que narram a passagem do homem através de oito estágios do desenvolvimento do macaco, até atingir a civilização.

ZIMMER, H. *Philosophies of India*. Princeton, 1969. As lendas de Hanuman, o macaco, nos mitos e nas religiões da Índia, com particular destaque para o *Mahābhārata* e o *Rāmāyaṇa*.

Ann Dunnigan

MÃO

As mãos constituem um fator-chave daquilo que se entende como gênero humano, porque interagem com a inteligência nas operações de avaliação, de manipulação e de transformação da matéria para fins culturais. São também os membros mais expressivos e versáteis do corpo no que diz respeito a gestos e usos simbólicos e rituais, sejam eles sociais, religiosos ou de magia. As mãos dão e recebem, pegam e soltam; golpeiam, protegem, punem e acariciam. Fazem acenos, dizem "olá" e "até logo"; elas advertem, alertam e orientam; desconstroem e desmontam, curam e reparam, juntam, dividem e reúnem.

Símbolo da divindade

O Alcorão fala da mão de Deus que distribui a abundância e a bênção, exercendo o seu poder sobre todas as coisas (67,1). A Bíblia recorre à mão com grande frequência para simbolizar o poder e a orientação operados por Deus. Na iconografia hinduísta, todas as representações da divindade – em primeiro lugar, Shiva Naṭarāja, senhor da dança – são dotadas de braços e de mãos múltiplos, que representam a sua competência onipresente. Esse significado é posteriormente enriquecido por um simbolismo muito preciso, típico do pensamento hinduísta, relativo aos dedos, às palmas e às outras partes da própria mão.

Na iconografia religiosa, a mão geralmente faz parte integrante de uma ampla série de gestos. Cristo, por exemplo, enquanto *kosmokrator*, é representado com a mão direita erguida, com a palma de frente para o observador, num gesto de bênção e de paz. Imagens e pinturas do Buda têm como tema diversos *mudrā*, ou seja, sinais ou gestos feitos com as mãos – como a posição chamada de "ausência de medo", semelhante à do Cristo abençoador. Outros *mudrā* abarcam a extensão da mão em direção à terra, para chamá-la a dar testemunho da iluminação ocorrida, e o "gesto de pregação do Dharma", com ambas as mãos elevadas à altura do tórax. Mesmo no anti-icônico mundo do Islã, o talismã por vezes chamado de a "mão de Fāṭimah" é um símbolo claramente antropomórfico da proteção divina. Em função da orientação sunita ou xiita do devoto, os dedos representarão as cinco colunas do islamismo (*shahādah*, a atestação da unidade de Deus e da atividade apostólica de Muhammad; *salāt*, a "oração ritual"; *zakāt*, a "esmola"; *ṣawm*, o "jejum"; *ḥajj*, a "peregrinação"), ou as cinco personagens sagradas (Muhammad, Fāṭimah, ʿAlī, Ḥasan e Ḥusayn).

A frequente atribuição das mãos à divindade, tanto nas religiões antigas quanto nas contemporâneas, transmite o testemunho de uma persistência antropológica peculiar. Além disso, no hinduísmo, os braços e as mãos de Shiva parecem desafiar a preeminência do verbo primordial e criador, que também constitui o núcleo da criação nas tradições vinculadas a Abraão, ou seja, o judaísmo, o cristianismo e o islamismo. Do mesmo modo, apesar de Deus ser representado no ato de criar tanto na Bíblia quanto no Alcorão, valendo-se da palavra, em ambos os textos se enfatiza o modo como ele plasmou os seres humanos, únicos entre as criaturas, com as próprias mãos. "Quando o teu Senhor disse aos anjos: 'Vede, eu estou criando um mortal a partir do barro. Depois que eu lhes tiver dado forma e insuflado o meu espírito, vós vos prostrareis por terra e vos inclinareis diante dele'. Então os anjos se prostraram todos juntos, exceto Iblīs; o seu orgulho cresceu e ele se tornou um dos infiéis. Disse o Senhor: 'Iblīs, por que te recusaste a te prostrares diante daquilo que criei com as minhas mãos?'" (Alcorão 38,72-76). Deixando de lado a questão de se a passagem foi interpretada de modo literal ou simbólico, ela dá testemunho de um vínculo particular entre Deus e o gênero humano, no qual estão em primeiro plano o espírito, o barro e as mãos em ação.

Culto, oração e meditação

O uso mais generalizado das mãos no rito tem lugar na oração. Na tradição cristã, muitos protestantes postam as palmas das mãos unidas entrelaçando os dedos, como faziam os antigos romanos e os sumérios. Os católicos de rito romano geralmente preferem manter as palmas unidas com os dedos voltados para o alto, posição também encontrada no âmbito hinduísta e no budista. Os gregos e os romanos rezavam para as divindades do Mundo Inferior com as mãos voltadas para baixo. Muitas populações, no ato de rezar para implorar uma bênção, costumam tocar os altares ou os santuários. Como sabemos, os protocristãos rezavam nas catacumbas com as mãos e os braços estendidos ao lado do corpo, à altura dos ombros, imitando a crucifixão. A oração de petição muçulmana (*du'ā'*) prevê a extensão das mãos diante do corpo com as palmas abertas voltadas para cima; uma vez pronunciadas as palavras, as palmas das mãos são esfregadas no rosto. Bater as mãos em sinal de aprovação era uma prática comum desde os antigos judeus e dos egípcios e ainda é comum em determinados contextos rituais africanos, chineses e japoneses.

Os Sioux costumavam levantar os braços para o alto, com as palmas das mãos voltadas na direção de uma presença sagrada, e depois baixavam as mãos na direção da terra. Às vezes, o gesto de erguer as mãos assumiu o valor de adoração da divindade, como ocorre na elevação da hóstia e do cálice por parte do sacerdote durante a celebração cristã da Eucaristia. Os antigos egípcios elevavam para o alto as duas mãos com as palmas voltadas para o santuário.

Os gestos rituais das mãos no hinduísmo e no budismo conhecidos como *mudrā* constituem o mais elaborado e complexo exemplo do gênero na história das religiões. Enquanto linguagem sagrada das mãos, a *mudrā* é amplamente utilizada no rito, na dança e nas representações dramáticas, assim como na iconografia de toda a Ásia meridional e sul-oriental. O grande *stūpa vajrayāna* de Borobudur, no centro de Java, contém centenas de esculturas e de baixos-relevos que retratam budas cujas mãos estão postas para formar *mudrā*, simbolizando a integralidade do âmbito da pregação budista.

Bênçãos, juramentos e consagrações

O uso da mão no ato de abençoar é amplamente atestado. Na Bíblia, a mão é levantada acima ou na direção daquele que se deseja abençoar (Lv 9); às vezes, faz-se a imposição das mãos na cabeça da pessoa (Gn 48,14). A bênção fundamental do cristianismo é o sinal da cruz feito com as mãos, gesto executado de maneira levemente diferente pelos católicos e pelos greco-ortodoxos. Os primeiros movem a mão da testa para o peito e depois para o ombro direito em direção ao esquerdo; já os últimos fazem o movimento final do ombro direito para o esquerdo. O cristianismo também usa a mão para aspergir a água-benta, para batizar por aspersão (espargindo ou derramando) e para realizar a unção.

A imposição das mãos no ato da ordenação e de outras formas de consagração é conhecida pela Bíblia, mas também por outras fontes. Um gesto similar era realizado no antigo Egito, onde se considerava que os deuses impunham as mãos sobre a cabeça do novo faraó. Em alguns grupos cristãos, como, por exemplo, entre os batistas, os membros da congregação voltam para os comungantes, assim que são batizados, a "mão da irmandade". Uma categoria muito importante e igualmente difundida de gestos da mão se desenvolveu paralelamente ao juramento: compreende o ato de elevar a mão, de tocar objetos sagrados (p. ex., uma Bíblia, um altar, um cetro, uma arma), de bater as mãos, de apontar para algo sagrado e de tocar o peito. No Islã medieval, os novos califas eram reconhecidos e legitimados pela prática conhecida como *bay'ah*, uma sobrevivência do antigo juramento árabe de fidelidade, simbolizado pelo ato de levantar a mão direita e depois bater com ela a mão do governante ou de seu representante designado, invocando Deus como testemunha.

Abstenções rituais e mutilações

Lavar as mãos é um símbolo difundido de purificação do pecado e da culpa e até mesmo de pureza ritual. A prática de cobrir as mãos também é atestada, geralmente por se considerar que sua impureza na presença de objetos sagrados pode ameaçar a eficácia de um rito. Há ainda o costume de cobrir as mãos em sinal da própria condição de inferioridade social ou ritual.

A mão esquerda costuma ser considerada impura e realizar uma atividade ou segurar algo com ela geralmente é visto como inoportuno. Provavelmente os motivos não são tão simples, como levaria a crer o fato de que à mão esquerda estão reservados deveres humildes como a higiene pessoal; talvez esse uso seja o recomendado porque a mão esquerda e o lado esquerdo do corpo são frequentemente considerados inferiores em comparação com a parte direita.

O predomínio da mão direita em todos os povos é um fato bem conhecido, e até quando a preferência natural de uma criança é pela esquerda, quase sempre ela é educada para usar a mão direita, em vez da esquerda. O caráter de bom auspício da mão direita está conservado no termo *direito* (ou *destro,* do latim *dexter*), que também vale para "hábil"; o termo *canhoto* ou *esquerdo* (latim *sinister*) também diz muito de si mesmo com sua valência de "mau agouro". [Cf. o verbete Direita e esquerda.]

Nos países de predomínio muçulmano, como a Malásia e a Indonésia, assim como em outras religiões islâmicas, a mão direita é usada para saudar, para fazer gestos, para passar ou receber objetos e para tocar os outros. Usar a mão esquerda para qualquer uma dessas atividades é considerado gesto completamente grosseiro e de mau presságio. No Alcorão diz-se que, no dia da ressurreição, Deus dará a cada pessoa o livro de seus próprios atos, e o porá na mão direita para simbolizar a salvação, ou na esquerda para indicar a condenação (69,19-40). Para comer, especialmente de um prato compartilhado, os muçulmanos usam unicamente a mão direita. Segundo a lei islâmica (*sharī'ah*), a punição severa para o ladrão impenitente consiste na amputação da mão direita, que precipita o infeliz que nela incorrer numa condição vergonhosa que dura por toda a vida e, em determinados grupos sociais, condena o culpado a fazer as refeições sozinho.

As marcas pré-históricas de mãos humanas mostram às vezes a perda de dedos ou de falanges, refletindo talvez uma deformação ritual da mão a que o sujeito tenha se submetido voluntariamente, ou que podia ser o resultado de um castigo contra inimigos capturados; ambas as formas são conhecidas pela literatura etnográfica. As mãos ou os dedos cortados dos defuntos, tanto dos mortos em batalha quanto dos condenados à pena capital, ou até mesmo assassinados, e de crianças mortas no útero ou ao nascer, eram considerados dotados de poderes extraordinários e, por esse motivo, foram utilizados numa numerosa série de ritos mágicos por parte de feiticeiras, de curandeiros, de evocadores de espíritos e outros indivíduos desse tipo. Os povos originários da América levavam consigo, como remédios poderosos, as mãos ou os dedos dos inimigos derrotados. Na África Ocidental, uma mão ou um dedo de um parente falecido passava a fazer parte, como ingrediente especialmente poderoso, de encantamentos e de outras magias. Há muitas outras ideias e práticas mágicas e supersticiosas ligadas à mão e dotadas de escassa ou nenhuma relevância quanto às crenças ou ao simbolismo religioso, mas intimamente ligadas à qualidade e à capacidade mais especificamente profanas desse órgão. Um bom exemplo é constituído pela quiromancia, a prática de "leitura" da mão, especialmente da palma, com o objetivo de adivinhar o destino futuro de um indivíduo – tradição baseada na crença com base na qual a mão representaria o indivíduo em miniatura.

Bibliografia

O artigo de MACCULLOCH, J.A. Hand. *In*: HASTINGS, J. (org.). *Encyclopaedia of religion and ethics*. Edimburgo, 1913. vol. VI, oferece uma quantidade de material primário de fontes diversas no espaço e no tempo. Como útil instrumento de pesquisa, pode-se consultar a obra de BÄUML, B.J.; BÄUML, F.H. *A dictionary of gestures*. Metuchen/N.J., 1975, especialmente as p. 120-196, para uma longa discussão sobre a mão, com bibliografia multilíngue para outras fontes.

BRUN, J. *La main*. Paris, 1968, traz um ensaio provocativo e ricamente ilustrado sobre o tema. Altamente recomendável também é a leitura do ensaio de SAUNDERS, E.D. *Mudrā*: a study of symbolic gestures in Japanese buddhist sculpture. Nova York, 1960. Finalmente, é recomendável consultar HERTZ, R. The pre-eminence of the right hand. *In*: NEEDHAM, R. (org.). *Right and left*: essays on dual symbolic classification. Chicago, 1973. p. 3-31.

Frederick Mathewson Denny

MOCHOS E CORUJAS

Como criaturas pertencentes a dois reinos, os mochos e as corujas configuram um símbolo plurivalente que permite interpretações benévolas e malévolas. Como a maioria dos pássaros, os mochos (ou as corujas) representam os estágios mais altos do ser (anjos, espíritos, auxílio sobrenatural e sabedoria), enquanto sua vida noturna e o grito inquietante da coruja os põem em relação com o mundo instintivo da matéria, com o obscuro, com a morte e a ignorância cega. Numa série de 80 gravuras chamada *Los caprichos*, o pintor espanhol Goya pintou os mochos como representação das forças obscuras do irracional.

Muitos povos antigos associavam os mochos e as corujas à natureza funesta e devoradora da Grande Mãe, e seu aspecto sinistro de pássaros de mau agouro prevaleceu sobre suas conotações benignas. No sistema egípcio dos hieróglifos, os mochos e as corujas significam a noite, a morte, o sol que mergulhava na escuridão; na tradição hindu, eles representam a alma e Yama, o deus dos mortos; na China, imagens de corujas entalhadas em urnas funerárias simbolizam a morte. Para os etruscos, o mocho era um atributo do deus da obscuridade; era um símbolo ctônico para os celtas, que o chamavam "o pássaro cadáver"; representava o animal tabu para os primeiros metalúrgicos. Na religião pagã dos hamitas da Abissínia, as corujas eram sagradas, encarnação das almas daqueles que tinham morrido sem serem vingados.

Por causa da associação da coruja com o mundo supraterreno e com os seus mistérios, acreditava-se que o pássaro tinha conhecimento dos acontecimentos futuros e por isso ele se tornou um emblema da sabedoria. Os mochos e as corujas eram considerados propícios na Grécia clássica, onde eram sagrados para Palas Atena, a deusa do conhecimento divino, da sabedoria humana e das artes; eles eram representados em vasos, moedas e monumentos como seus emblemas e companheiros. É possível descobrir um resquício de totemismo num dos epítetos de Atena, Glaucópide ("coruja"): esse fato sugere que o pássaro, em tempos remotos, era adorado como deus; só posteriormente veio a se tornar um atributo da deusa. Os romanos uniram a coruja ao equivalente de Atena, Minerva; eles acreditavam que o pássaro agourasse a morte. O grito funéreo da coruja era um anátema para os romanos e o seu comparecimento aos auspícios públicos era considerado nada propício. Na *Eneida* de Virgílio, quando Dido medita sobre a morte depois de ter vindo a saber que Eneias quer abandoná-la, ouve as "lamentações de morte" de uma coruja. E Shakespeare faz Lady Macbeth dizer: "Ouvi a coruja gritar", quando Duncan é assassinado.

No judaísmo, os mochos e as corujas simbolizam a cegueira e, segundo o Talmude, são de mau agouro nos sonhos. As Escrituras judaicas classificam os mochos entre os pássaros impuros; quando Deus declara a sua vingança contra Sião, Ele o condena a ser o lugar onde "até as corujas pousarão e aí encontrarão pacífica morada" (Is 34,14). Jó, em seu desespero, grita ser ele mesmo "companheiro das corujas" (Jó 30,29).

Na Idade Média, em toda a Europa cristã, as corujas foram o símbolo da escuridão que reinava antes do advento de Cristo e o sinal dos judeus que escolheram permanecer nas sombras em vez de adentrarem na luz do Evangelho. Como pássaro que evita a luz, a coruja foi comparada a satanás, o príncipe da escuridão, que atrai os seres humanos para o pecado do mesmo modo que a coruja atrai os pássaros para a armadilha. Representado junto aos eremitas em oração, o mocho é o símbolo da solidão, ao passo que representa a sabedoria quando é pintado perto de São Jerônimo. Algumas cenas da crucifixão representam o mocho ao lado de Cristo, recordando assim que o sacrifício de Jesus trouxe a luz para aqueles que viviam na escuridão.

Muitos povos consideram que os mochos são os intermediários da magia. Os xamãs siberianos, assim como os dos Inuit (os esquimós), os consideram espíritos benevolentes, fonte de auxílio poderoso e de guia e, por isso, vestem suas penas em cocares e colares. Os xamãs dos tártaros buscam assumir a forma do pássaro e os Buriate empunham uma coruja ou penduram sua pele para afastar os maus espíritos. Os Ainu consideram o mocho uma divindade. Numa aldeia das Ilhas Samoa, as pessoas acreditam que o mocho é a encarnação de seu deus. Um deus asteca malévolo é representado com um bufo na cabeça.

Em alguns povos indígenas norte-americanos, acreditava-se que o poder divino era transmitido ao xamã por meio dos mochos. Os Kiowa pensavam que o *medicine man* (o equivalente a nosso pajé) se transformava em mocho depois da morte, e entre os Creek os sacerdotes tinham como insígnia um mocho empalhado. As "danças dos mochos" eram ritos mágicos e, na Medicine Pipe Dance dos Crow, o duto do cachimbo era decorado com as penas do mocho e do pica-pau para simbolizar a noite e o dia. Em alguns povos, o mocho representava um psicopompo: os Ojibwa chamavam a ponte pela qual passavam os mortos a "ponte mocho", e os Pima acreditavam que as penas de mocho facilitavam o voo da alma do mundo para o além.

Bibliografia

CASSIRER, E. *Philosophie der symbolischen Formen*. Vols. I-III. Berlim, 1923-1929, vol. II. O mocho como animal totêmico. Baseando o seu conceito de totemismo na unidade miticamente experimentada e na equivalência entre a pessoa humana e o animal, o autor explica o totemismo como a crença segundo a qual o clã não tem simplesmente origem no animal, mas é unido a ele no contexto mágico da energia que transcorre entre eles.

ELIADE, M. *Le Chamanisme et les techniques de l'extase*. Paris, 1951 [trad. bras.: *O xamanismo e as técnicas arcaicas do êxtase*. São Paulo: Martins Fontes, 1998]. Os mochos como guardiães poderosos e espíritos-guia, que instruem feiticeiros e xamãs, símbolos de seu poder de voo.

OVÍDIO. *As metamorfoses*. A associação dos mochos com os aspectos obscuros das deusas do mundo supraterreno e a sua evocação dos medos primitivos.

Ann Dunnigan

MONTANHA

As montanhas ocupam um lugar importante na geografia simbólica das tradições religiosas de todo o mundo, ainda que os significados a ela atribuídos se diversifiquem nas diferentes culturas. Algumas montanhas representam as montanhas cósmicas, aquelas que ocupam um lugar central na concepção completa do mundo; outras são lugares de revelação e de visão; tantas outras são a morada dos deuses ou até mesmo as manifestações geográficas do divino.

A atitude humana para com a montanha assumiu conotações distintas e variadas. Os poetas chineses Hsieh Ling-yün (século IV-V d.C.) e Han-shan (século VIII-IV d.C.) eram especialmente fascinados pelas montanhas; esses vértices encavalados uns sobre os outros conduziam não apenas às nuvens, mas ao céu. No Ocidente, a imagem dos vértices das montanhas que se dilatam para o alto, quase como tocando as nuvens, nem sempre recebeu uma valência simbólica positiva. No século XVI e no século XVII, por exemplo, Lutero e outros consideravam que as montanhas surgiram na terra somente depois do dilúvio, enquanto, anteriormente, a morfologia terrestre era agradavelmente simétrica; o dilúvio havia desfigurado a superfície da terra com "excrescências e erupções", assinalando assim a queda e a decadência da natureza. As montanhas eram, segundo Edward Burnet, escritor inglês de finais do século XVI, as ruínas do mundo depois do dilúvio, símbolos do caos e da criação em frangalhos. Mesmo assim, no fim do século XVII, a "estética do infinito" revalorizou o esplendor e a magnitude das montanhas, capazes de elevar a mente humana para Deus. Um escritor dessa época descreveu nos termos seguintes sua própria reação diante da visão dos Alpes: "Um horror delicioso, uma alegria terrível: ao mesmo tempo que experimentei um prazer infinito, tremi" (*apud* Nicholson, 1959).

A montanha cósmica como centro sagrado

Como o centro do mundo que une o céu e a terra e da qual partem os pontos cardeais, a montanha frequentemente assume o papel de *axis mundi*, de coluna fundamental do mundo; é uma montanha cósmica, o fundamento da ordem e da estabilidade do cosmo. [Cf. os verbetes *Axis mundi* e Centro do mundo.]

Uma das mais importantes dessas montanhas é o Monte Meru, ou Sumeru, a montanha mítica que constitui o "centro" do mundo para a maioria dos asiáticos, hinduístas, budistas e jainistas. De acordo com a cosmologia hinduísta, os continentes, na forma de flor de lótus de quatro pétalas, se propagam desde o centro, constituído pelo Monte Meru; além deles, têm-se os mares formando sete círculos e os continentes circulares do universo mais amplo. O Monte Meru se ergue rumo ao céu, no centro do mundo, como o cálice das sementes do lótus. Como *axis mundi*, essa montanha, profundamente enraizada no mundo subterrâneo, desponta alta para o céu, onde se distende para hospedar as cidades de todos os deuses. Estranhamente, Meru não forma um pico; segundo os textos geográficos dos *Purāṇa*, Meru é mais amplo no cume do que na base, espelhando assim tanto o protótipo do cálice das sementes quanto a concepção politeísta que, dessa forma, pode instalar no ponto mais alto muitas divindades. Meru tem quatro lados de cores diversas (*varṇa*) e é ladeado por quatro montanhas direcionais. Sobre Meru brilha a Estrela Polar, ao passo que o sol guia cotidianamente o seu carro em torno da montanha. O Ganges celeste, em sua descida para a terra, toca em primeiro lugar o cimo do Meru e depois se divide em quatro rios, que correm nas quatro direções cardeais para irrigar a terra. Como o centro do círculo do mundo, ou *maṇḍala*, o Monte Meru é simbolicamente representado em muitos templos hinduístas, para os quais a montanha é o protótipo arquitetônico. O *śikhara* (agulha ou pico) do templo se eleva sobre a estância-ventre do santuário, que se assemelha a uma gruta e é recoberto pelo *āmalaka* dentado e de forma circular, o próprio sol, símbolo dos céus. Posteriormente, a montanha também é retomada pela arquitetura do *stūpa* budista, o templo relicário, cujas entradas correspondem às quatro direções; no ápice, uma árvore de vários níveis indica os *bhūmi* ("mundos") que conduzem ao céu. O simbolismo da montanha é visível de modo mais elaborado no *stūpa* de Borobudur em Java, construído sobre uma pequena colina. Para alcançar o cimo, o fiel deve dar a volta aos nove *bhūmi* do cosmo. Na China e no Japão, a dimensão vertical do *stūpa* vai se atenuando até se transformar na estrutura do pagode, que predomina no túmulo do relicário em forma de cúpula. Mas assim também os pagodes do Extremo Oriente conservam o simbolismo do *stūpa*, isto é, da montanha. No sudeste da Ásia, o Monte Meru é substituído pelo Monte Agung, a grande montanha vulcânica ao centro da Ilha de Bali. Em toda a Bali, todos e cada um dos templos repetem o simbolismo da montanha e são chamados de *meru*. Mesmo nesse caso, o teto de nove camadas simboliza a dimensão vertical da montanha cósmica, que une o céu e a terra.

Há ainda outras montanhas que, de forma semelhante ao Monte Meru, são consideradas centros cósmicos. O Monte Hara Berezaiti ocupa um lugar central na cosmologia antiga da tradição zoroastriana. Segundo o *Zamyad Yasht*, ele foi a primeira montanha da terra, e as suas raízes são a origem de todas as demais montanhas do Irã. Como outros centros cósmicos, ele representa o eixo em torno do qual giram o sol e as estrelas, e como muitas outras montanhas sagradas é considerado a origem das águas divinas. No Japão, acreditava-se que os grandes picos vulcânicos, o mais famoso dos quais é o Monte Fuji, uniam o céu e a terra. No Marrocos, a grande Cordilheira do Atlas no território dos berberes às vezes é chamada de "coluna do céu". São muito numerosas as montanhas que indicam o centro e as quatro direções de um cosmos composto por quatro partes, como as montanhas quadrantes da China e a "Montanha encerrada" dos Navajo, em torno da qual se erguem quatro cumes, cada um deles identificado por uma direção e uma cor.

Mesmo que não simbolizem o centro em alguma mitologia, todas as montanhas participam, contudo, da mesma imagem de estabilidade e de permanência, de altitude e de profundidade inabaláveis. O Livro dos Salmos cita os "alicerces" das montanhas e das colinas. Os mitos dos Yorubá africanos enfatizam a permanência das colinas e sua função de defesa. O dito yorubá "ota oki iku" significa "a rocha não morre nunca".

Na África Oriental, um tipo de bênção se traduz aproximadamente como "seja permanente como o Kibo": Kibo é o cume do Monte Kilimanjaro, que, para o povo Chagga, simboliza tudo o que é poderoso e digno de estima.

Muitas tradições fazem referência à montanha que permanece estável durante um grande dilúvio. O Monte Ararat na Turquia é conhecido como a montanha sobre a qual a arca de Noé aportou. Entre as populações indígenas americanas da costa noroeste do Pacífico, o Monte Rainier, durante o dilúvio, representou o apoio estável. Nos mitos peruanos dos altiplanos da Serra, os altos vértices dos Andes desempenham o mesmo papel.

A montanha como símbolo do grande vínculo natural entre o céu e a terra foi amplamente representada na arquitetura, como é o caso do Monte Meru. Na Mesopotâmia antiga, o zigurate de sete andares, com um templo no ápice e um templo na base, possibilita o descenso do divino. As pirâmides das civilizações da Mesoamérica, como se vê nas ruínas de Teotihuacán, são alinhadas para estar no centro dos grandes trajetos cerimoniais. A Pirâmide da Lua em Teotihuacán está, por sinal, alinhada com o Monte Cerro Gordo, por ela retomado e simbolizado.

Vida e morte

Dispensadores de vida, os montes estão na origem dos rios e, por isso, na origem da fertilidade. Esse motivo está explicitado no Japão, na relação entre os *kami* da montanha e os do arrozal. De acordo com um mito, os frutos crescem espontaneamente do lado meridional da cadeia do Atlas, no Marrocos. E no mítico Monte Meru, as árvores divinas produzem frutos tão grandes quanto elegantes, que rebentam em rios de néctar quando caem e irrigam a terra com a água divina. Assim disse o Profeta Amós a respeito da Terra de Israel: "Dos montes o vinho novo se destilará e correrá pelas colinas abaixo" (Am 9,13).

As montanhas são a fonte não apenas das águas férteis, mas também da chuva e dos rios. Os deuses da tempestade são frequentemente associados a montanhas: Zeus, Rudra/Shiva, Baal Hadad de Ugarit, Catequilla dos incas e muitos outros.

As montanhas, fontes da água da vida, também são consideradas a morada dos mortos ou a senda para o céu. Entre os Shoshoni do Wyoming, por exemplo, as Montanhas Teton eram consideradas principalmente como o lugar perigoso no qual moravam os mortos. Os Comanche e os Arapaho, que sepultavam seus mortos nas colinas, tinham crenças semelhantes. A literatura elegíaca japonesa faz muitas referências à montanha como um lugar de repouso para as almas dos mortos. O caixão é chamado de "caixa-montanha", escolher o sítio funerário é expresso como "escolher a montanha" e, durante a procissão fúnebre os fiéis cantam: "Vamos para a montanha!" Em todo o mundo budista, o *stūpa*, que na origem hospedara as relíquias do Buda, se transformou, em escala reduzida, na forma simbólica na qual são hospedadas as cinzas do falecido.

A persistência da montanha na simbologia religiosa

Com o transcorrer dos anos, várias montanhas sagradas acumularam tradições relativas a mitos e a peregrinações diversas.

Moriah, o monte do Templo em Jerusalém, é um bom exemplo disso. Antes de tudo, ele era um antigo lugar sagrado cananeu, ou seja, a eira e o santuário para as ofertas da colheita. Segundo a tradição, foi para lá que Abraão se dirigiu, a fim de sacrificar Isaac. E foi ali que Salomão construiu o Grande Templo, que Neemias reconstruiu depois do exílio na Babilônia. Muito mais tarde, segundo a tradição islâmica, também foi ali que Muhammad começou sua ascensão da terra para o céu, em sua mística "viagem noturna" rumo ao trono de Deus.

No México, quando a tradição católica suplantou as tradições indígenas, Tepeyac, a colina da deusa asteca Tonantzin, tornou-se o lugar da aparição de Nossa Senhora de Guadalupe. Similarmente, a grande pirâmide em forma de montanha de Quetzalcoatl em Cholula passou a ser, nos anos subsequentes à conquista, o lugar de Nossa Senhora dos Remédios. No Japão, o Monte Koya e o Monte Hiei, ambos carregados do poder de seus *kami* específicos, tornaram-se, em períodos budistas, os respectivos centros das tradições Shingon e Tendai. Em tais casos, que são inumeráveis, a montanha persiste como centro sagrado, enquanto os mitos e as tradições vão mudando.

Bibliografia

BENSON, E.P. (org.). *Mesoamerican sites and world-views*. Washington, 1981. Uma coletânea de ensaios sobre a visão de mundo das antigas civilizações maia e asteca assinados por Doris Heyden, H. Hartung, Linda Schele e outros, com um ensaio de E. Vogt sobre a geografia sagrada do planalto de Chiapas.

CLIFFORD, R.J. *The cosmic mountain in Canaan and the Old Testament*. Cambridge/Mass., 1972. Um estudo sobre as tradições da montanha cósmica de El e Baal em Canaã; sobre o Sinai do Gênesis e sobre as tradições de Sião do Antigo Testamento; e sobre o centro cósmico na literatura intertestamentária. Também há alusões ao centro cósmico e à montanha nas tradições do antigo Oriente Próximo, do Egito e da Mesopotâmia.

COHN, R.L. *The shape of sacred space* – four biblical studies. Chico/Califórnia, 1981. Quatro ensaios sobre o espaço sagrado na Bíblia judaica: "Liminality in the Wilderness", "Mountains in the Biblical Cosmos", "The Sinai Symbol" e "The Senses of a Center".

ELIADE, M. Symbolisme du centre. *In*: *Images et symboles*: essais sur le symbolisme magico-religieux. Paris, 1952. p. 33-72. Um dos muitos lugares em que Eliade discute a montanha cósmica e os seus homólogos na simbolização do centro do mundo.

EVANS-WENTZ, W.Y. *Cuchama and sacred Mountains*. Chicago, 1981. Uma análise do significado do Monte Cuchama no sul da Califórnia, um monte sagrado para os Cochimi, os Yuma e para outros povos indígenas norte-americanos. No capítulo intitulado "Other Sacred Mountains throughout the World", o autor examina o significado das montanhas no Japão, na Índia, na Ásia Central e na América do Norte.

HORI, I. Mountains and their importance for the idea of the other world. *In*: KITAGAWA, J.M.; MILLER, A.L. (orgs.). *Folk religion in Japan* – Continuity and change. Chicago, 1968. Um ensaio geral sobre o significado das montanhas no Japão e sobre o papel por elas ocupado na cosmologia, incluindo os ritos, as peregrinações e as águas sagradas.

MULLIKIN, M.A.; HOTCHKIS, A.M. *The nine sacred mountains of China*. Hong Kong, 1973. Uma documentação ilustrada das peregrinações feitas pelas autoras em 1935 e 1936 às cinco montanhas sagradas para os budistas na China.

NICHOLSON, M.H. *Mountain gloom and mountain glory*: the development of the aesthetics of the infinite. Ithaca/N.Y., 1959. Clássico estudo ocidental relativo às atitudes diante da montanha; analisa as dimensões teológicas, filosóficas e científicas emergentes. O principal ponto dessa análise é a mudança da concepção relativa à montanha na literatura inglesa dos séculos XVII e XVIII: da ideia de que os montes são "excrescências, verrugas, pústulas" sobre a face da terra para a ideia segundo a qual as montanhas representam as grandes catedrais naturais do divino.

Diana L. Eck

N

NÚMEROS

Os números, nos quais se experimenta de forma visível o poder e a sacralidade tanto do tempo quanto do espaço, fascinam a humanidade desde os primórdios, embora os métodos de contagem e os sistemas de expressão dos numerais difiram consideravelmente de cultura para cultura. Os resultados mais elevados neste campo foram alcançados pelos sistemas maia e arábico (originalmente indiano), introduzidos no Ocidente por volta do século XII. A presença do zero nesses sistemas facilitou grandemente as operações matemáticas.

O espírito matemático

Santo Agostinho considerava sagrados e misteriosos os números contidos nas Escrituras, e o homem moderno ainda hoje reage positiva ou negativamente a números como o 7 e o 13, pois o espírito matemático é inato no ser humano e se manifesta onde quer que ele viva, a partir das mais simples ornamentações geométricas. A observação do ritmo circadiano e das fases da lua parece estar na origem do interesse inicial do ser humano pelos números, e o sistema astral sumério-babilônico subjaz à maioria das elaborações posteriores. Às vezes, qualidades divinas são atribuídas a números: na Índia, o número é considerado "da natureza de Brahmā", e o nome da filosofia *sāṃkhya* alude à importância dos números nesse sistema, uma vez que significa literalmente "enumeração".

Mas o primeiro interesse filosófico-religioso pelos números surgiu na Grécia com os pitagóricos, que consideravam os números como potências metafísicas e acreditavam que o cosmos fosse isomórfico em relação à matemática pura (Bell, 1933, p. 140). Eles forneceram a prova de teoremas geométricos, tentaram oferecer amostras objetivas de medidas de beleza (a proporção áurea) e descobriram a existência de uma relação entre números e música (no século XVI, a obra de Kepler ainda era permeada pela concepção *harmonia mundi*). O pensamento pitagórico permaneceu na base da numerologia e da aritmologia posteriores, sobretudo por seu peculiar interesse nos dez primeiros números inteiros, nos quais a plenitude do mundo estaria contida, por assim dizer. A classificação de números ímpares como masculinos e auspiciosos e dos números pares como femininos e de mau agouro também deriva do sistema pitagórico. Por essa razão, os números masculinos "da sorte" são os preferidos para o uso na magia, nas fórmulas religiosas repetitivas e nos ritos terapêuticos.

As especulações sobre as propriedades dos números continuaram com o trabalho de Jâmblico e de Fílon de Alexandria, e a aritmologia como filosofia dos poderes e virtudes de números inteiros particulares foi elaborada posteriormente por Nicômaco de Gerasa, Capella, Boécio e outros. Esse tema desempenhou um papel importante na hermenêutica de Santo Agostinho, oferecendo tanto a ele quanto a numerosos autores cristãos medievais (incluindo particularmente Hugo de São Victor) uma chave para as alegorias bíblicas. No início do século XVII, Pietro Bongo (ou Bungo), em sua obra *De numerorum mysteria* (1618) ainda buscava demonstrar que a numerologia por sua própria força nos permite entender o mundo.

Uma alegoria numérica desse tipo pode ser encontrada em sua forma mais desenvolvida na Cabala judaica; também foi incorporada no pensamento místico do Islã, como na filosofia da tradição Ikhwān al-Ṣafā' e Ḥurūfī. Tanto nas obras judaicas quanto nas islâmicas (assim como naquelas da Antiguidade grega), a intercambialidade entre letras e números era fundamental para a interpretação místico-mágica dos textos (p. ex., na *gematriah*, ou no correspondente islâmico *jafr*). As qualidades dos números que aparecem na tradição bíblica adquiriram significado na liturgia cristã e tornaram-se visíveis em sua arquitetura, permeando a estrutura e o universo de imagens das literaturas medieval e renascentista. O emprego proverbial e popular de certos valores numéricos, como 3 ou 7, revela o sentimento geral em relação a esses números inteiros, e tanto a literatura religiosa quanto a popular recorrem ao expediente de números ascendentes ou descendentes para fins de enumeração (como no caso do *Anguttara Nikaya*). O uso generalizado de quadrados mágicos é apenas um exemplo de crença em determinados números.

Interpretação dos números

Embora os números tenham sido interpretados de vários modos, de forma geral pode-se observar alguma concordância.

1. De acordo com os pitagóricos, 1 é tanto par quanto ímpar. Ele não é um número no sentido normal do termo, mas indica a unidade abrangente que incorpora em si a possibilidade da multiplicidade. "Deus é um número ímpar e ama os números ímpares", diz uma tradição muçulmana derivada da Antiguidade clássica (cf. Virgílio, "Numero deus impare gaudet", Bucólicas 8,75). Do ponto de vista geométrico, o 1 é representado pelo ponto, a partir do qual as formas e figuras se desenvolvem.

2. A unidade se fragmenta na dualidade. O 2 é o número da dualidade, do contraste e da tensão: o termo alemão *zwei* ("dois"), ocorrendo em termos como *Zwietracht* ("discórdia") expressa essa relação, como os termos compostos formados com o prefixo *dis*. O *2* representa a tensão entre o polo positivo e o negativo, entre sístole e diástole, entre inspiração e expiração, entre masculino e feminino; em suma, significa o contraste que gera o fluxo contínuo da vida, pois o mundo é feito de pares de opostos.

De acordo com um texto cabalístico, "tudo que vem da árvore do conhecimento é invalidado pela dualidade". Esse princípio é mais bem expresso na representação chinesa do *yin* e do *yang*. A religião de Zoroastro postula a existência de um conflito constante entre o princípio das trevas e o da luz, que, na religião gnóstica, se desenvolve na luta entre o mal material e o bem espiritual. O islamismo concebe a manifestação no tempo e no espaço do Um numinoso e sem par sob dois aspectos: *jamāl* ("Beleza") e *jalāl* ("majestade"). O 2 é ulteriormente valorizado pelo verbo criativo *kun* ("Seja!"), que consiste nas duas letras *k* e *n*, e na letra *b* (cujo valor numérico é dois) da fórmula conhecida como Basmalah ("em nome de Deus...") no início do Alcorão, semelhante ao *b* com o qual começa a Torá. Segundo a tradição bíblica, as duas tábuas de pedra da Lei do Antigo Testamento, como os próprios dois testamentos, o Antigo e o Novo, são complementares, assim como os dois tipos de vida, ativa e contemplativa, personificadas por Lia e Raquel e por Marta e Maria. Do ponto de vista geométrico, o 2 corresponde à linha. A presença do dual [ou da dualidade] em muitas línguas mostra que o Eu e o Tu se justapõem à multiplicidade dos seres.

3. O 3 "cura o que foi dividido". Sendo o primeiro dígito com início, meio e fim, representa o primeiro número real, "o mais antigo dos ímpares, o número que pertence a Deus", segundo a definição dada por Joshua Sylvester (segundo du Bartas). Representa a primeira e fundamental síntese, constituída pela primeira figura geométrica, o triângulo, e pelo ritmo triádico de tese, antítese e síntese. Como o primeiro número além do Eu e do Tu, é o primeiro que significa "multidão" e, portanto, implica o superlativo.

São inúmeras as tríades divinas que podemos nomear, desde a suméria composta por An, Enlil e Enki e da babilônica de Shamash, Sin e Ishtar até a hindu de Viṣṇu, Shiva e Brahmā e a Trindade cristã. Quanto a este último, notou-se que

> a fraqueza doutrinal fundamental do cristianismo, como demonstrado pela heresia ariana, era constituída pela dualidade do princípio divino (Pai e Filho) [...] Que o Pai e o Filho fossem um era questionável tanto no plano numérico quanto no filosófico. Mas Pai, Filho e Espírito Santo eram, sem dúvida, Um pelo próprio fato de serem Três (Hopper, 1938, p. 73).

Os seres menores de natureza divina ou semidivina também aparecem em grupos de três: as Moiras gregas, as Nornas nórdicas e as mães romanas, assim como as divindades de três cabeças encontradas em muitas tradições, desde a área celta até a indiana. Nem mesmo o monoteísmo islâmico ignora as tríades, como para os fiéis xiitas constituídos por Alá, Muhammad e 'Alī.

Diz-se que "todas as coisas boas vêm em grupos de três", e parece que tudo se divide em três unidades: céu-terra-água ou, como na China, céu-terra-homem, daí a concepção dos três mundos. O *Ṛgveda* conhece as três passagens de Viṣṇu (ligadas às posições do sol durante o dia), e três é o número de grupos sociais dos nascidos duas vezes segundo a antropologia religiosa védica. O 3 é também um número litúrgico importante, como atesta a tripartição dos locais de culto abertos ao público. A maioria das tradições conhece uma tripla invocação à divindade, seja o Trisagion da liturgia cristã, da tripla repetição de *śānti* ("paz") ao fim da recitação das Escrituras hindus, ou finalmente do triplo sopro do *shofar* nos dias santos do judaísmo.

Geralmente os conceitos metafísicos se reúnem em grupos de três: *sat-cit-ānanda* ("ser, consciência, bem-aventurança") é uma tríade comum no pensamento indiano; de acordo com o Zohar, sabedoria, razão e gnose foram manifestadas respectivamente em Abraão, Isaac e Jacó. O budismo contempla a concepção do *trimundium* (*triloka*), dos "três corpos" (*trikāya*) do Buda; e o islamismo distingue entre *islām* ("submissão"), *īmān* ("fé") e *iḥsān* ("atividade perfeita e bela"). O caminho espiritual é frequentemente dividido em três segmentos, como, por exemplo, *via purgativa, via iluminativa* e *via unitiva,* ou seja *sharī'ah* ("lei"), *ṭarīqah* ("caminho") e *ḥaqīqah* ("verdade"). Os três também desempenham um papel nos conceitos antropológicos: os poderes espirituais podem ser divididos entre intelecto, vontade e mente, ou, como no Islã, entre *nafs ammārah* ("incitação ao mal"), *lawwāmah* ("culpa") e *muṭma'innah* ("aquietação"). Segundo o pensamento indiano, existe a tríade conhecida como *triguṇa*, os "três fios" que compõem a matéria: *tamas* ("peso, inércia"), *rajas* ("atividade, mudança") e *sattva* ("brilho, equanimidade perfeita").

O tempo é comumente dividido em três períodos, passado, presente e futuro, e a Igreja cristã conhece o reino do Pai, do Filho e do Espírito Santo. Esta última concepção é particularmente importante para profecias milenaristas como a pregada no século XIII por Joaquim de Fiore. Hoje em dia, o mito superou a história com o Terceiro Reich (que, do ponto de vista histórico, foi pelo menos o quarto Estado alemão).

O 3 é cumulativo; tudo o que acontece três vezes se torna lei. Muitas vezes esse número indica simplesmente o plural, ou "tudo". Por isso é usado em contos e lendas folclóricas como um número estatístico: por três dias, José esteve dentro do poço; Jonas, na barriga da baleia. Os três magos são bem conhecidos, assim como os grupos de três irmãos ou irmãs; três rosas, três corvos, três desejos e três enigmas são recorrentes em canções de tradição popular, contos de fadas e lendas. O triângulo também é encontrado na vida cotidiana (*ménage à trois*) e no drama, e o número de títulos de obras ficcionais ou não ficcionais que agrupam de três a três pessoas ou eventos é imenso.

4. O 4 "leva ordem ao caos". É um número material e cósmico. As quatro fases da lua e os quatro pontos cardeais da terra (prefigurados no nome Adão) oferecem um exemplo desse tipo de ordem; assim também são os quatro elementos e os quatro humores e, no nível mítico, no islamismo, os quatro rios do paraíso e, na tradição védica, os quatro fluxos de leite que fluem do úbere da vaca celestial. Os pitagóricos consideravam o 4 como o número da justiça, e foi sua geometria que descobriu os quatro sólidos perfeitos. O termo "quadrado" indica ainda uma estrutura correta, ordenada e capaz de conferir a própria ordem. Sendo um número na ordem cósmica, o 4 é frequentemente invocado para dividir o tempo: as quatro estações, as quatro idades do homem de acordo com Hesíodo, a concepção hindu das quatro idades do mundo (*yuga*) e o análogo dos quatro períodos no zoroastrismo. A religião chinesa e o islamismo conhecem quatro escrituras sagradas, e o cristianismo considera apenas quatro evangelhos canônicos. Para o cristão, a cruz com seus quatro ângulos retos é "a figura mais justa de todas", que se estende aos quatro cantos do mundo, enquanto a tradição judaica enfatiza o mistério do tetragrama, YHWH. Carl Gustav Jung contribuiu para reavaliar o antigo símbolo quaternário de perfeição, considerado uma espécie de antídoto para o espírito "odínico" desconstruído de nosso tempo.

5. O 5 é o número do homem natural, o primeiro número misto de par e ímpar. Não constitui um número de ordenação em cristais, mas é frequentemente encontrado no reino vegetal, em folhas e pétalas (cf. BROWNE, T. *Garden of Cyrus*. 1658), e por essa razão tem sido considerado por alguns como um número "revolucionário". Nos tempos antigos, o 5 era o número de Ishtar e Vênus, ligado, portanto, à vida sexual e ao casamento, como na parábola das 5 virgens desvairadas e das 5 virgens sábias em Mt 25. O pentagrama, que pode ser derivado das estações zodiacais de Vênus, é dotado de poderes mágicos e apotropaicos; enquanto na alquimia, a quintessência contém a força vital do rejuvenescimento.

Na China, o 5 é tradicionalmente considerado um número de sorte; na tradição ocidental, o apelo imediato dirige-se aos cinco sentidos. O maniqueísmo enumera cinco arcontes, correspondendo a tantas eras de escuridão, enquanto o islamismo é "fundado no cinco", já que cada sura do Alcorão começa com não mais do que cinco letras isoladas. Há também os cinco pilares da fé, as cinco orações diárias, os cinco profetas dispensadores da lei. Segundo os xiitas, a pentade (*panjtan*: Muhammad, Fāṭimah, ʻAlī, Ḥasan e Ḥusayn) apresenta-se como um todo capaz de garantir proteção, popularmente ligado à "mão de Fāṭimah". A mão humana com seus cinco dedos forma a base de alguns sistemas de numeração, e sua imagem encontrou uso frequente na magia. O número das pentades na filosofia varia dos cinco corpos de Platão às reflexões neoplatônicas do islamismo.

6. O 6 é o número macrocósmico: o hexágono, que envolve dois triângulos, expressa a combinação do mundo material e espiritual, daí a ideia de que "o que se encontra lá também se encontra aqui". 6 é um número perfeito, formado tanto pela soma quanto pelo produto de um, dois e três ($1 + 2 + 3$ e $1 \times 2 \times 3$). Para isso, segundo Fílon de Alexandria e Santo Agostinho, o mundo teve de ser criado em 6 dias. No islamismo, o 6 serve para simbolizar o mundo fenomênico, configurado como um sólido de seis lados, ou seja, um cubo.

7. O 7 é um número sagrado em muitas tradições. De acordo com Hipócrates de Quios, estaria ligado às fases da lua e, portanto, influenciaria todos os eventos sublunares. É um número que aparece na série periódica de elementos químicos e na mú-

sica. É geralmente associado aos estágios do desenvolvimento humano que levam ao grande climatério de 63 anos (7 × 9). 7 é o primeiro número que carrega um significado simbólico; é "virgem", porque, por multiplicação, não gera nenhum número menor do que dez, e é o único número inteiro do primeiro decanato que não é divisor de 360. Formado pela tríplice espiritual e pela quaterna prática (3 + 4), o 7 abrange todas as coisas criadas.

Ainda é questão *sub judice* se os sumérios derivavam a sacralidade dos sete planetas (os cinco visíveis somados ao Sol e à Lua), ou melhor, se estes últimos satisfizessem seu conceito de perfeição inerente ao número 7. O número de planetas, por sua vez, determinava o número de dias da semana (o épico persa de Nezami Ganjavi, *Haft Paykar* [As sete belezas] expressa essa crença em forma poética). Na Babilônia, o sétimo dia era considerado perigoso e nada podia ser feito enquanto ele não findasse. O judaísmo o santificou com a instituição do sábado, dia em que Deus descansou após a criação.

As qualidades demoníacas do número sete são preservadas nos grupos de sete demônios, sete bruxas, sete nós mágicos e assim por diante, mas suas qualidades sagradas são provavelmente mais numerosas.

Algumas tradições falam de sete mundos, ou, em harmonia com os "planetas", de sete esferas; por isso o caminho ascensional da alma costuma cruzar sete portas, degraus, vales ou véus (como acontece desde os cultos mistéricos de Mitra até ʿAṭṭār, Ruusbroec e Santa Teresa de Ávila). Com uma extensão hiperbólica característica, o Islã fala em 70 mil véus que se interpõem entre a alma e Deus.O número 7 aparece também em relação a divindades de outras religiões; é o número de Apolo, e, na Índia, adquire particular importância em referência ao deus Agni. No Irã, o grupo de sete Amesha Spenta é composto por seis entidades mais a onipresente Ahura Mazdā.

Mas o número 7 adquire a maior importância na tradição judaica, estendendo-se ao cristianismo e ao islamismo. Desde os sete dias da criação até os sete pilares da sabedoria, as Escrituras hebraicas contêm "incontáveis heptades". A menorá com suas sete chamas indica apenas alguns dos segredos do 7. Numerosos relatos bíblicos usam o 7. como um número estatístico (o sonho de Faraó com sete vacas gordas e sete vacas magras; os sete anos de serviço de Jacó, mais outros sete). O sangue deve ser vingado sete ou 77 vezes (Gn 4,24), mas é preciso perdoar 70 vezes 7 (Mt 18,22). O Apocalipse também está repleto de heptades, levando João de Salisbury no século XII a compor seu tratado *De septem septenis*. Tanto o Pai-nosso quanto seu equivalente corânico (Fāṭiha) consistem em sete frases. A Igreja Católica ensina que há sete pecados capitais e sete virtudes, sete sacramentos, sete dons do Espírito Santo; a missa é composta de sete partes.

A repetição sétupla de atos religiosos é comum no Islã; assim, a corrida repetida sete vezes entre Ṣafah e Marwah e as três vezes sete pedras lançadas contra o diabo durante a peregrinação. O sufismo conhece sete *laṭā'if*, centros sutis do corpo, que a meditação liga aos sete atributos essenciais de Deus e aos sete grandes profetas. Um *ḥadīth* fala de sete camadas de interpretação do Alcorão, praticadas especialmente pelos ismaelitas, que têm como fundamento o sétimo imã dos xiitas. São sete os períodos cíclicos aos quais correspondem os sete imãs, os sete grandes profetas correspondem às sete esferas, os imãs às sete terras.

Nos contos e lendas da tradição popular, 7 é um número redondo: fazer algo sete vezes é particularmente eficaz. As lendas cristãs e islâmicas contam histórias de grupos de sete santos ou de santos, especialmente os sete adormecidos. Essa persistência em preferir o número 7 ainda se reflete hoje na escolha de chamar o Boeing 707, 747, e assim por diante.

8. O 8, 2 vezes 4, está associado à boa sorte. No judaísmo, o oitavo dia é o escolhido para a circuncisão. A tradição cristã vê a ressurreição de Cristo no oitavo dia (o dia posterior ao sábado judaico); o 8, portanto, indica eternidade. Os oito paraísos do Islã e os oito pilares do céu na religião chinesa pertencem a uma idêntica concepção; as oito bênçãos do Sermão da Montanha, bem como o caminho óctuplo do budismo, também estão relacionados à bem-aventurança eterna. Por essa razão, a forma tradicional do batistério cristão é a de um octógono.

9. O 9, 3 vezes 3, é o número da completude. Apenas raramente é considerado incompleto na teologia cristã, como quando significa 10 menos 1. O cristianismo fala das nove ordens de anjos, e Dante contempla Beatriz como a encarnação das nove. Mais geralmente, o número também está associado às populações germânicas, celtas e da Ásia Central. Tradições relacionadas ao Rei Arthur como as nórdicas de Vǫluspá mostram um uso abundante do nove, desde os nove dias que Óðinn (Odin) passou pendurado em uma árvore até o número das Valquírias, desde o sacrifício nônuplo aos ritos em que deveriam tomar parte nove ou grupos de nove homens. Essa predileção pelo 9 foi atribuída aos nove meses da temporada de inverno nas áreas setentrionais da Eurásia, embora o número 9 também apareça com frequência na herança tradicional dos antigos gregos que residiam mais ao sul. Expressões em inglês como "to the nines" e "to be on cloud nine" ("estar nas nuvens") mostram a antiga consideração dos povos germânicos pelo 9. O número aparece com frequência nos contos folclóricos dessa região, embora muitas vezes tenha sido substituído pelo 7 devido à influência do cristianismo. Seu papel na tradição popular germânica é relevante e muitas vezes está ligado à feitiçaria (o gato, que tem nove vidas, pode se transformar em bruxa aos 9 anos de idade). Entre os chineses e os turcos-mongóis, toda entidade de valor deve ser contável em grupos de nove: um príncipe geralmente tem nove caudas de iaque; a prostração é prescrita nove vezes; os brindes são oferecidos em grupos de nove, de modo que o termo *tōqūz* ("nove") muitas vezes significa simplesmente "presente". Na China, um pagode de nove andares representa as nove esferas, também conhecidas pela tradição islâmica oriental. As oito ruas que levam ao palácio central de Pequim são um reflexo da estrutura nônupla do universo.

10. O 10, um número como os dedos da mão, é a base do sistema decimal e está ligado à completude. Numa série de dez elementos, a multiplicidade volta à unidade e o sistema se fecha. Os pitagóricos consideravam o 10 um número perfeito, pois constitui a soma dos quatro primeiros inteiros (1 + 2 + 3 + 4) e é representado por um triângulo equilátero:

Tanto as Escrituras hebraicas quanto as budistas ensinam um decálogo, e o noviço sufi deve aprender algumas séries de dez princípios. As dez categorias de Aristóteles também indicam a "completude" associada a esse número. De acordo com o cristianismo primitivo, as três Pessoas da Trindade e os sete elementos dos seres criados eram considerados representados pelo número 10; mas a Torá já trazia as dez palavras da criação destinadas a se tornarem o fundamento da Cabala "prática" (i.e., mágica), com sua concepção das dez sefirot ("números"). Essas dez sefirot, juntamente com as 22 letras do alfabeto hebraico, indicam os 32 caminhos da salvação. Os companheiros mais confiáveis de Muhammad eram dez, bem como grupos de vários mestres sufis, enquanto o sistema ismaelita conhece dez ordens superiores de ḥudūd, formadas por grupos de três e sete.

11. O 11 é normalmente considerado um número transgressor, que ultrapassa a perfeição do 10, ou incompleto, situando-se abaixo do 12 igualmente perfeito; é, portanto, um número infeliz, "burro".

12. O 12 (3 × 4; 5 + 7) é o grande número cósmico. A partir das civilizações suméria e chinesa, é o número de signos do zodíaco e a base do sistema sexagesimal. Muitas cul-

turas dividiram o dia e a noite em 12 horas, o ano em 12 meses, e as religiões gnósticas falam em 12 éons. O "grande período" babilônico era 12 vezes 12 mil dias, e múltiplos de 12 aparecem com frequência na mitologia posterior. A sensação de completude é evidente no caso das 12 tribos de Israel, os 12 discípulos de Cristo e as 12 portas da Jerusalém celestial, e será 12 vezes 12 bem-aventurado quem contemplar o Cordeiro de Deus. Os profetas menores de Israel, as sibilas gregas e os imãs de um grupo xiita também somam 12. De acordo com os exegetas cristãos medievais, o 12 significava a fé na Trindade que deveria se espalhar pelos quatro cantos da terra. Segundo as tradições e provérbios populares esse número é ainda uma cifra redonda, que se manifesta em períodos de 12 dias ou 12 anos, de 12 heróis em perigo e assim por diante.

13. O 13 (12 + 1) interrompe a perfeição do sistema duodecimal e, em relação ao mês intercalar, era considerado de mau augúrio na Babilônia, superstição essa que perdura até hoje. Nos contos de fadas, o padrinho de um décimo terceiro filho é a Morte. O 13, no entanto, também pode ser pensado como a combinação de um líder e 12 seguidores, um juiz e 12 membros de um júri, uma sala fechada e 12 salas abertas, um pai e 12 filhos e assim por diante. Às vezes, portanto, alterna com o 12. O 13 era sagrado no antigo Israel, pois 13 elementos compunham o tabernáculo. O 13 também corresponde ao valor numérico de *aḥad* ("1"); 13 rios de bálsamo aguardam os fiéis no paraíso. A superstição de que 13 comensais não devem sentar-se à mesa (que se refere à Última Ceia) é relativamente recente.

14. O 14 (2 × 7) é um número de sorte, que se manifesta nos 14 santos auxiliares (*Vierzehnheiligen Nothelfer*) do cristianismo e nos 14 mártires inocentes do islamismo xiita. É o número da lua cheia e, portanto, a idade ideal da menina semelhante à lua cantada pelos poetas persas. No Islã esse número também está ligado às chamadas letras do sol e da lua e às letras isoladas no início de certas suras, cujo número total equivale a 14, metade das 28 letras do alfabeto árabe. Os Hurufiyah enfatizam os termos árabes *yad* ("mão") e *wajd* ("face"), ambos dotados do valor numérico 14, duas vezes o sagrado 7.

15. O 15 é o número-chave na dança litúrgica taoista conhecida como Passo Yu; as nove estações ou "portas" da dança seguem sucessivamente o traçado de um quadrado mágico em que as linhas horizontais, as colunas verticais e as linhas diagonais totalizam 15.

16. Na tradição indiana, o número 16 (4 × 4) representa a completude, que se expressa nos ornamentos, nas características, nas medidas prosódicas e na poesia.

17. O 17, embora seja um número pouco popular hoje, aparece na música e na poesia antigas (9:8 = intervalo simples) e nas 17 consoantes do alfabeto grego. No cristianismo, representa os Dez Mandamentos somados aos sete dons do Espírito Santo, e figura no cálculo do número de peixes referido no Evangelho de João (Jo 21,11: 9 × 17 = 153; 1 +... + 17 = 153). Na alquimia islâmica (p. ex., nos escritos de Jabir ibn Hayyan), o 17 aparece na tradição xiita e na épica turca. 17 são as sequências de prostração (*rak'ah*) nas orações rituais de um único dia, e o Maior Nome de Deus equivale a 17 letras.

18. O 18 (2 × 9; 3 × 6) é sagrado de acordo com a Cabala, sendo equivalente ao valor numérico do termo hebraico *ḥay* ("Vida"), no Islã é igual ao número de letras que compõem o Basmalah, e goza de grande estima entre a ordem dos dervixes Mevlevi, porque o número de linhas introdutórias da obra de Rumi, Mathnavi, chega a 18. Por extensão, o número de mundos é 18 mil. A perfeição do 18 também pode ser revelada pelo fato de que o Buda contava com 18 *arhats* principais.

19. O 19, com seu valor numérico equivalente a *wāḥid* ("Um"), é o número sagrado dos bahá'ís, cujo ano compreende a 19 meses de 19 dias cada.

20-29. Entre os números mais baixos deste grupo, o 22 corresponde ao número das letras do alfabeto hebraico e dos arcanos maiores do tarô. Santo Agostinho dividiu o *De civitate Dei* em 22 capítulos, dez (2 × 5) dedicados à refutação (dez mandamentos negativos) e 12 (3 × 4) aos ensinamentos positivos. O 24 pode ser interpretado numerologicamente de diferentes maneiras, todas significativas do ponto de vista religioso (3 × 8; 4 × 6; 12 × 2), e os intérpretes cristãos medievais usavam qualquer combinação que fosse útil para fundamentar o que se propunham a demonstrar. Entre os números mais altos, 25 é o número do jubileu, 28 é um número lunar, fundamental para todo o sistema baseado em grupos de sete.

30-39. Dentro deste grupo, o 33 indica perfeição, como um múltiplo de 3 e igual ao número de anos da vida terrena de Cristo. De acordo com cristãos e muçulmanos, é também a idade dos bem-aventurados no céu. O 36, quatro vezes o número perfeito 9, na China antiga era igual ao número de províncias e povos estrangeiros além das fronteiras.

40. O 40 é o número mais alto mais importante, igual aos dias que as Plêiades levam para desaparecer (ou seja, tornarem-se invisíveis). Como tal na Babilônia passou a significar um período fatal, ligado à paciência e à espera. A gravidez na espécie humana dura 7 vezes 40 dias. Os ritos e purificações relacionados à morte eram medidos por 40 unidades tanto no antigo Israel quanto no mundo islâmico atual. Assim também foram os períodos de aflição a que Israel esteve sujeito: o dilúvio durou 40 dias, a migração para o deserto 40 anos. Moisés, Elias e Jesus passaram 40 dias no deserto, e Jesus permaneceu no túmulo por 40 horas. 40 dias decorrem entre a ressurreição e a ascensão de Cristo, e correspondem ao período de preparação do dervixe, que passa em retiro (chilla) precisamente 40 dias, período que é poeticamente interpretado na obra de ʿAṭṭār, Muṣībatnāma. Aos 40, o homem alcança a sabedoria; foi nessa idade que o Profeta do Islã foi chamado para pregar. No sistema pitagórico, o 40 é o tetractys perfeito (4 × 10). Na tradição islâmica tradicional, 40 muitas vezes equivale a "grandes quantidades", como para os 40 ladrões de Ali Babá; ou para grupos de 40 dervixes, santos ou mártires cristãos; ou ainda no caso da escolha habitual de 40 *ḥadīth*, chamados assim para representar a plenitude da tradição. Nas tradições turca e persa, as mulheres milagrosamente dão à luz 40 filhos. Como 40 anos valem "uma geração" no Antigo Testamento, o número é equivalente a uma medida de tempo. Na Turquia, onde o 40 é extremamente popular, grandes eventos e festivais duram 40 dias e 40 noites; ver alguém "uma vez a cada 40 anos" equivale a dizer que essa pessoa é encontrada "raramente". Em muitas áreas, a previsão do tempo é de 40 dias.

50. O 50 (7 × 7 + 1) é o número do ano jubilar [יובל yōḇel], ano de paz, o eterno descanso divino. Associado ao Sl 50, indica o arrependimento e o perdão. Os contos folclóricos irlandeses mostram uma predileção pelos números 50 e 150.

60. Entre os números mais altos, muitos são dotados de qualidades semelhantes às que formam sua base na primeira decade. O 60 é particularmente importante, pois é a base do sistema sexagesimal babilônico, do qual forma a unidade superior depois do 10; dessas duas unidades, 60 e 10, resultam os múltiplos associados aos períodos do tempo cósmico. De acordo com Platão, o "dia cósmico" e o "ano cósmico" são medidos em intervalos de 60 anos. Como o 60 é facilmente divisível, ainda o encontramos na base do nosso sistema temporal atual. Os chineses, que dividem o tempo em ciclos de 60 anos, tradicionalmente consideram esse número como a conclusão completa do ciclo de vida de um indivíduo. O Talmude conhece frações baseadas em 60; o sonho é um sessenta avos de uma profecia, o fogo um sessenta avos do inferno, e assim por diante.

70-79. O 70 participa das qualidades atribuídas ao sete, e na tradição semítica os números do 70 ao 73 são frequentemente intercambiáveis. O mais importante deles é o 72; é igual a um quinto da circunferência do círculo e o produto de 8 vezes 9. Geralmente indica uma diversidade considerável: desde os 72 discípulos de Cristo enviados ao mundo até os 72 mártires de Karbala e as 72 seitas do Islã. Abulafia fala das 72 letras que compõem o nome de Deus.

Números mais elevados

O número dos Magníficos Nomes de Deus no Islã equivale a 99, a maior perfeição angélica do 9, enquanto o 100, outro número completo, é novamente a base do sistema decimal. Acima está o 108 (12 × 9), o número de contas no rosário budista, dos livros do Kanjur tibetano e das esplêndidas *gopī* que dançaram com o Senhor Krishna. Mais adiante encontramos 360 e 365, ligados ao ciclo anual, e 666, o "número da besta" (Ap 13), interpretado desde os tempos antigos como o nome de um homem particularmente detestado em diferentes épocas, seja Nero, Papa Leão X, Lutero, Napoleão ou quem quer que seja. Simbolicamente 1.000 e 10.000 representam o infinito; portanto, 1.001 transgride o maior número imaginável, enquanto 10.000 representa a imortalidade na tradição chinesa.

Os enormes números característicos da cosmologia budista e hindu constituem um tema separado.

Nota final

O interesse pelos números e suas características continua apesar da moderna concepção científica de mundo, especialmente entre aqueles que buscam uma estrutura significativa do cosmos. Como Le Corbusier teve ocasião de escrever: "Os deuses brincam além do muro; brincam com os números de que é feito o universo".

Bibliografia

A literatura sobre o tema dos números é incontável; uma série de obras altamente especializadas foram escritas, particularmente em alemão. Nesta língua, assim como em francês e inglês, existe uma extensa literatura sobre numerologia moderna. Como fonte principal, ainda é útil consultar o artigo "Numbers", em HASTINGS, J. (org.). *Encyclopaedia of religion and ethics*. Edimburgo, 1917. vol. IX. p. 406s. DAVIDSON, T. Numbers. Introductory. p. 407-413 (AB Keith, Numbers. Aryan), e 413-417 (W. Cruickshank, Numbers. Semitic). Sobre o desenvolvimento de sistemas de numeração, cf. MENNINGER, K.W. *Zahlwort und Ziffer*: Aus der Kulturgeschichte unserer Zahlsprache, unserer Zahlschrift und des Rechenbretts. Breslau, 1934 (trad. inglesa: Number words and number symbols. Cambridge, 1969).

BELL, E.T. *et al. Numerology*. Baltimore, 1933. Esta obra contém uma crítica aguda da numerologia do ponto de vista do matemático. A boa crítica de ENDRES, F.C. *Die Zahl em Mystik und Glaubender Kulturvölker*. Zurique/Leipzig, 1935, republicado sob o título *Mystik und Magie der Zahlen*. 3. ed. Zurique, 1951, foi substituído por minha versão expandida de seu trabalho: cf. SCHIMMEL, A. *Das Mysterium der Zahl. Zahlensymbolik Im Kultur-Vergleich*. Colônia, 1984. Uma introdução útil é representada pelo ensaio de MORDOMO, C. *Number Symbolism*. Londres, 1970. Outro excelente estudo introdutório é HOPPER, V.F. *Medieval Number Symbolism*. Nova York, 1938. reimpr. Ann Arbor, 1966, que, de alguma forma, encontrou uma sequência no trabalho de MEYER, H. *Die Zahlenallegorese im Mittelalter*. Munique, 1975. Para um ponto de vista junguiano, cf. PANETH, L. *Zahlensymbolik im Unbewussten*. Zurique, 1952.

Numerosos estudos foram dedicados a números singularmente considerados, principalmente aos números 3, 7, 9 e 13. Entre eles, cf. VARLEY, D. *Seven: the number of creation*. Londres, 1976. Esse livro se destaca não só pela quantidade de informação nele contida, mas também pela ousadia das hipóteses apresentadas. Os artigos sobre a herança germânica tradicional de Karl Weinhold e sobre a Antiguidade clássica de W.H. Roscher, ambos ativos na virada do século XIX para o XX, ainda hoje são fundamentais. Sobre o número 40 na tradição islâmico-turca, cf. KARAHAN, A.K. Aperçu général sur les Quarante Hadiths dans la littérature islamique. *Studia Islamica* vol. 4, p. 39-55, 1955.

Annemarie Schimmel

O

OSSOS

Em várias partes do mundo, os ossos, tanto de origem humana quanto de outros animais, resistentes à decomposição por mais tempo do que qualquer outra parte do corpo, são considerados a verdadeira sede da vida, isso quando se compreende por "vida" uma força vital bastante vaga, ou quando se alude mais especificamente à alma (a "alma do osso"). Por essa razão, crânios e esqueletos são frequentemente reservados para um enterro específico, após a decomposição das partes moles do corpo; ou são de alguma forma preservados, tratados com especial reverência e algumas vezes usados para propósitos mágicos. Essa concepção explica por que, entre os povos siberianos, o adepto em formação para a profissão de xamã vivencia na imaginação, por força de autossugestão, o desmembramento do próprio corpo e depois o retorno à vida a partir justamente do esqueleto.

A ideia de ressuscitação a partir dos ossos se repete com particular frequência entre as populações do norte da Eurásia (p. ex., Sami, Mansi, Khanty, Buriate, Gihaki, Iukagiri, Chukchi): entre esses, alguns são caçadores, outros pastores nômades, outros finalmente praticam ambos os sistemas de vida ao mesmo tempo. A ideia de que os ossos são a sede da vida, amplamente difundida no norte da Ásia, também tem sido associada à importância ritual dos ossos humanos no lamaísmo tibetano. A razão para a ressuscitação óssea provavelmente se origina em uma cultura de caçadores; no entanto, encontra-se também em populações agora dedicadas à agricultura e em culturas caracterizadas por uma economia mais complexa (especialmente naquelas em que a caça ainda é praticada, embora apenas ocasionalmente). Esse tema, de fato, surge em muitos mitos, lendas e contos dos antigos germânicos e dos povos do Cáucaso, e também na África, América do Sul, Oceania e Austrália. Entre as civilizações antigas, mencionamos as do Irã, Egito, Mesopotâmia e Ugarit.

Traços dessa concepção também são encontrados nas tradições e lendas árabe-islâmicas e nas de Israel, tanto no Antigo Testamento quanto na literatura judaica pós-bíblica. Especialmente nos textos poéticos do Antigo Testamento, os ossos muitas vezes aparecem como sujeitos dotados de vida e personalidade; até certo ponto a consciência, sentimentos e atividades são atribuídos a eles (cf., p. ex., Jó 4,14; Sl 6,3; 31,11; 32,3; 34,21; 35,10; 38,4; 51,10; 53,6; 102,4; 109,18; Pr 12,4; Is 38,13; Jr 23,9; Lm 3,4). Por isso, é dada grande importância à conservação e cuidado dos ossos (Gn 50,25; Ex 13,19; Js 24,32; 1Sm 31,13; 2Sm 21,12-14). Um traço dessas concepções também foi reconhecido na visão de Ezequiel da ressurreição dos ossos secos (Ez 37,1-14).

As proibições relativas ao tratamento dos ossos são mais recorrentes do que as afirmações explícitas sobre os ossos como a sede da vida. Assim, existem inúmeras proibições a quebrar ou danificar de qualquer forma os ossos dos animais (especialmente os de ursos, renas e outros animais caçados); esses ossos são coletados e organizados com cuidado. Eles são enterrados, ou expostos em árvores ou plataformas, ou envoltos em casca de árvore, ou cobertos com pedras, galhos e assim por diante. Essas práticas são especialmente atestadas no norte da Eurásia e na América do Norte, onde se encontram não apenas entre as populações mencionadas acima, mas também entre os Cheremissi, Samoiedo, Cazaque-Quirguize, Tungusi, Iacuto, Ainu, Inuit e outros. Quando os animais caçados são predominantemente mamíferos marinhos, seus ossos são lançados ao mar, como é o caso dos ossos de peixes. Mesmo a prática sacrificial da Grécia antiga, segundo a qual os deuses do Olimpo recebiam apenas os ossos dos animais sacrificados, envoltos em sua gordura, enquanto a carne era comida pelas pessoas durante uma refeição sacrificial, foi explicada como uma sobrevivência (cujo significado mais tarde foi esquecido) desses antigos costumes de caçadores.

O exemplo mais conhecido da proibição de quebrar ossos é a proibição feita aos judeus de quebrar um osso sequer do cordeiro pascal (Ex 12,46; Nm 9,12); esta proibição é interpretada em termos tipológicos no Novo Testamento (Jo 19,36). Em muitos casos, só conhecemos essas proibições ou ritos afins como tais, sem que seja dada qualquer explicação. E muitas vezes, mesmo na presença de explicações explícitas, deve-se supor que sejam explicações secundárias de práticas cujo significado original tenha se perdido. Por essa razão, tem havido muitas interpretações para a proibição de quebrar ossos, todas com explicações mais ou menos conjecturais. Algumas parecem válidas apenas para lugares e tempos limitados, como a explicação do rito como uma prática apotropaica: os ossos de animais caçados ou sacrificados não devem ser quebrados por medo de que as mesmas fraturas quebrem os ossos de homens e animais domésticos. Outras interpretações devem ser consideradas infundadas ou pouco prováveis. Apenas duas das muitas propostas merecem mais atenção.

1) Segundo Alexander Gahs (1928), esses costumes escondem um sacrifício primitivo original, oferecido ao Ser Supremo como sinal de agradecimento por uma caça favorável. O verdadeiro objeto do sacrifício era o cérebro e a medula (considerados iguarias e, portanto, partes do animal dotadas de valor especial), em relação aos quais o crânio e os ossos serviam simplesmente de receptáculos. O uso de ossos em ritos mágicos para garantir a reprodução seria mais tardio. Wilhelm Schmidt aceitou essa interpretação, aplicou-a extensivamente (mesmo fora do norte da Eurásia) a todos os ritos envolvendo o uso de crânios e ossos, e defendeu-a em numerosas publicações. Gahs e Schmidt, de acordo com os estudiosos da pré-história Oswald Menghin, Emil Bächler e Heinz Bächler, também aplicaram essa teoria à documentação pré-histórica, ou seja, aos depósitos de crânios e ossos longos de ursos encontrados em cavernas. Isso provocou oposição de outros estudiosos da pré-história, como Hugo Obermaier, Hans-Georg Bandi e Johannes Maringer. A discussão, da qual também participaram muitos estudiosos da etnologia e da história das religiões, terminou com um acordo parcial entre os vários autores: são numerosos os casos evidentes de oferendas de crânios e ossos longos (não só entre caçadores, mas também entre populações pastoris); no entanto, esses comportamentos geralmente devem ser interpretados como sacrifícios simbólicos de todo o animal e apenas raramente como sacrifícios voluntários do cérebro e da medula como tal. De qualquer forma, nem todos os ritos e proibições referentes aos ossos podem ser rastreados até uma oferenda primitiva original.

2) A explicação mais razoável para a proibição generalizada de quebrar ossos de animais continua, no entanto, a ser a antiga crença dos caçadores numa reanimação futura, que deveria começar com ossos intactos. Essa crença há muito desapareceu do estado de consciência, ainda que os ritos que dela derivam continuem a ser praticados como "fósseis" do passado.

Bibliografia

CLOSS, A. Zerstückelung in autosuggestiver Imagination, im Mythos und im Kult. *Temenos*, vol. 15, p. 5-40, 1979.

ELIADE, M. Les sacrifices grecs et les rites des peuples primitifs. *Revue de l'histoire des religions*, vol. 133, p. 225-230, 1947-1948 (análise crítica de Meuli, 1946).

FRIEDRICH, A. Knochen und Skelett in der Vorstellungswelt Nordasiens. *Wiener Beiträge zur Kulturgeschichte und Linguistik*, vol. 5, p. 189-257, 1943 (fundamental).

GAHS, A. Kopf-, Scädel- und Langknochenopfer bei Rentiervölkern. *In*: KOPPERS W. (org.), *Festschrift für P.W. Schmidt*. Viena, 1928. p. 231-268.

HENNINGER, J. Zum Verbot des Knockenzerbrechens bei den Semiten. *Studies... G. Levi Della Vida*. Roma, 1956. vol. I, p. 448-458.

HENNINGER, J. Neuere Forschungen zum Verbot des Knockenzerbrechens. *Studia Ethnographica et Folkloristica in honorem Béla Gunda*. Debrecen, 1971. p. 673-702.

HENNINGER, J. La défense de briser les os d'un animal. *Les fêtes de printemps chez les Sémites et la Pâque israélite*. Paris, 1975.

MEULI, K. Griechische Opferbräuche. *Phyllobolia. Für Peter von der Mühll zum 60. Geburtstage*. Basileia, 1946. p. 185-288.

PAPROTH, H.-J. Studien über das Bärenzeremoniell. Vol. I, Bärenjagdriten und Bärenfeste bei den tungusischen Völkern. Uppsala, 1976 (esp. p. 11-47).

ROBINSON, H.W. Bones. In: HASTINGS, J. (org.). *Encyclopaedia of religion and ethics*. Edimburgo, 1909. vol. II.

Joseph Henninger

OURIÇOS E PORCOS-ESPINHOS

Nos mitos e lendas do interior da Ásia e da Europa Oriental, o ouriço goza de considerável respeito devido à sua surpreendente sabedoria. Por causa de sua sabedoria, muitas vezes é descrito como um ser superior até mesmo a Deus, que é onisciente, mas apenas aparentemente. Além disso, o ouriço às vezes é um herói cultural, que instrui as pessoas nas várias atividades da vida: na arte de fazer fogo, na agricultura e nos costumes matrimoniais.

Em muitas culturas, o ouriço foi considerado tão sábio que ajudou Deus em sua obra de criação. De acordo com um mito cosmogônico romeno, durante a criação, a Terra foi tão difusa que não havia mais espaço para a água. Sem saber o que fazer, Deus enviou a abelha ao ouriço, o mais sábio de todos os animais, para pedir conselhos. Mas o ouriço se recusou a ajudar, com a desculpa de que Deus era onisciente. A abelha, porém, sabendo que o ouriço falava sozinho, voltou-se para ele e o ouviu murmurar: "Deus não sabe que tem que criar os vales e as montanhas para dar lugar às águas". A abelha então correu de volta para Deus com esse conselho, permitindo-lhe assim completar sua criação. Os búlgaros têm histórias semelhantes. Em uma versão letã, o próprio Deus expõe seu dilema cosmogônico ao ouriço e recebe ajuda. Para recompensar o ouriço, Deus lhe dá uma pele de espinhos.

De acordo com uma lenda conhecida entre os Buriate, o Senhor da Terra uma vez visitou Khormusta Tengri, um dos deuses do céu. Na hora de sua despedida, o Senhor da Terra pediu o sol e a lua como presentes. As regras de hospitalidade não permitiam a Khormusta Tengri recusar, e assim o Senhor da Terra levou consigo as luzes do céu e as fechou em uma caixa. Todo o universo então permaneceu na escuridão. Aflito, Khormusta Tengri virou-se para o Ouriço. Usando sua profunda sabedoria, o Ouriço foi capaz de devolver o sol e a lua às suas órbitas celestes. Em outra versão dos Buriate, os dois seres divinos são Kan-urmasan e Lusat, o deus do oceano, enquanto o ouriço desempenha o mesmo papel.

Ainda de acordo com os Buriate, foi o Ouriço que ensinou os seres humanos a acenderem uma fogueira. No princípio, nem os deuses nem os seres humanos sabiam fazer fogo; apenas o Ouriço, que era então um ser humano, conhecia a arte do fogo. Certo dia, uma multidão se reuniu ao redor do Ouriço para ouvir o segredo do fogo. Mas as mocinhas, vendo sua estranha forma, começaram a rir: isso o irritou tanto que ele decidiu revelar o segredo apenas para sua esposa, sempre sob juramento de silêncio. Mas o falcão o surpreendeu enquanto explicava o segredo e o relatou aos deuses. Os homens, por sua vez, aprenderam a arte do fogo dos deuses. Mais tarde, os descendentes do Ouriço foram transformados em ouriços. Histórias semelhantes são conhecidas entre alguns povos da Europa Oriental: de acordo com os Udmurte e os Mari, foi o ouriço que ensinou os homens e os animais a acenderem fogo usando pedra, pederneira e isca. Eles também dizem que o ouriço instruiu as pessoas a usar o arado de ferro para arar a terra.

A ideia de que o ouriço é um animal inteligente ainda persiste, inclusive no folclore da Europa Ocidental. Um conto folclórico alemão conta a corrida entre o ouriço e a lebre, vencida com um truque do esperto ouriço.

Bibliografia

KLEMENTZ, D. Buriats - Worship of Animals. *In*: HASTINGS, J. (org.). *Encyclopaedia of religion and ethics*. Edimburgo, 1910. vol. III.

HARVA, U. *Die religiösen Vorstellungen der altaischen Völker*. Helsinque, 1938. p. 181s., 224s.

ELIADE, M. *De Zalmoxis à Genghis-Khan*: etudes comparatives sur les religions et le folklore de la Dacie et de l'Europe Orientale. Paris, 1970. p. 89ss.

Manabu Waida

OURO E PRATA

O ouro e a prata fazem parte do grupo de símbolos mais utilizado na história das religiões. Suas qualidades físicas excepcionais os tornam - como suas contrapartes celestes, o Sol e a Lua - símbolos extraordinariamente poderosos de realidades espirituais. Como substância física, o ouro é quase literalmente incorruptível: altamente resistente a qualquer reação química e imune à corrosão que ataca os metais inferiores. Também é inerentemente brilhante e parece brilhar com luz própria. Assim, nenhum salto especulativo foi necessário para fazer do ouro um símbolo de vida universalmente reconhecido, o próprio espírito da perfeição e da imortalidade. Há uma certa obviedade no valor simbólico do ouro, o que explica o apelo universal dessa substância ao longo da história e em praticamente todos os cantos do mundo.

A prata também é naturalmente adequada para uso como símbolo religioso. Sua brancura imaculada fez dela um emblema de pureza e - em contextos históricos apropriados - de castidade. Purificada pelo fogo do ourives que a refina, torna-se símbolo de purificação e perfeição. Associada à sua homóloga prateada brilhando no céu noturno, integra-se num complexo de simbologia lunar que inclui - e não surpreendentemente - o grande purificador, a água.

Quando John Ruskin falava do "esplendor imperecível" do ouro, recorria a uma metáfora universalmente reconhecida, que as populações dos tempos antigos interpretaram quase literalmente. Em muitos casos relatados pela história das religiões, o ouro não se limitou a simbolizar o imperecível, mas o incorporou. Na Índia antiga o *Śatapatha Brāhmaṇa* identificava o ouro com a imortalidade; os antigos chineses o identificavam com o céu. Crenças semelhantes fundamentam o uso extremamente difundido do ouro emconexão com toda uma variedade de costumes funerários. De fato, muitos dos exemplos remanescentes da antiga arte da ourivesaria foram encontrados em túmulos. Uma das coleções mais impressionantes de objetos de ouro artisticamente trabalhados foi descoberta no túmulo de Tutancâmon (Egito, século XIV a.C.), incluindo a fabulosa máscara funerária de ouro que fazia parte do sarcófago do rei. As máscaras funerárias de ouro são geralmente bastante comuns: elas podem ser encontradas em uma área que varia do Reino de Champá (no atual Vietnã) até o Peru. Nos tempos antigos, as múmias dos reis do atual Peru eram completamente cobertas com folha de ouro. Além das máscaras, muitos outros acessórios e ornamentos encontrados nas tumbas eram feitos de ouro ou prata. No caso do ouro, o significado é claro: a imortalidade do falecido é assegurada ao fornecer-lhe uma *persona* imortal, a máscara de ouro. Além disso, o ouro (como o jade) às vezes era usado para selar as aberturas naturais presentes no cadáver, com base na crença de que isso impediria a corrupção. Em alguns casos, especialmente na China antiga, essa preocupação com a imortalidade começou enquanto a pessoa ainda estava viva. Assim, a alquimia chinesa, bem como outras tradições alquímicas, acreditava que era possível conferir imortalidade àqueles que consumiam um elixir contendo ouro. [Cf. os verbetes Elixir e Jade.]

Como símbolo das realidades espirituais, o ouro aparece frequentemente na representação de figuras religiosas de importância capital. Buda o Iluminado é frequentemente retratado em mantos dourados. Um dos exemplos mais marcantes é a enorme imagem de Buda encontrada em Wat Traimit em Bangkok, Tailândia, feita inteiramente de ouro. A mente também corre para as impressionantes decorações de ouro que adornam os *bodhisattvas* nas pinturas descobertas em Dunhuang; ou às auréolas douradas que cercam as cabeças dos santos na iconografia cristã. [Cf. tb. o verbete Cores.]

Os ritos religiosos também faziam uso de ouro e prata. Todos os acessórios e recipientes usados no ritual são feitos de um desses metais preciosos. A Igreja cristã medieval usou o ouro extensivamente na construção de cruzes, cálices, patenas, encadernações ornamentais da Bíblia e relicários. Há também escrínios de prata para guardar os sutras budistas e vários objetos cerimoniais budistas em ouro.

No entanto, o simbolismo do ouro e da prata na história das religiões nem sempre foi inteiramente positivo. Particularmente nas religiões semíticas ocidentais (judaísmo, cristianismo e islamismo), esses dois metais ocasionalmente receberam valor negativo. Não é necessário recordar a história do bezerro de ouro (Ex 32) ou a da estátua de ouro construída por Nabucodonosor que Sidrac, Misac e Abdênago se recusaram a adorar (Dn 3).

Na Bíblia hebraica, o ouro é muitas vezes o símbolo da idolatria ou da glória meramente humana. Uma desconfiança semelhante em relação ao ouro e à prata pode ser encontrada no Islã: de acordo com um *ḥadīth*, um ditado atribuído ao Profeta Muhammad, "quem bebe de recipientes de ouro e prata bebe o fogo do inferno". Segundo o cosmógrafo persa do século XIII al-Qazwini, o uso do ouro e da prata para fins ornamentais dificulta o fim atribuído pela vontade divina a esses metais, que deveriam ser usados apenas para serem cunhados para fins comerciais.

Associação com o tempo e o espaço sagrados

O ouro e a prata também desempenharam um papel importante na articulação entre tempo e espaço sagrados. O tempo sagrado por excelência é muitas vezes representado como uma idade de ouro, seguida de uma idade de prata, apenas ligeiramente inferior. O padrão generalizado das quatro idades do mundo também é encontrado no Livro do Profeta Daniel (2,31-45), quando Nabucodonosor contemplou em sonho um colosso com cabeça de ouro e peito e braços de prata.

Como o espaço sagrado estava organizado em torno de um templo, a presença de ornamentos de ouro e prata muito contribuiu para a criação de um ambiente propriamente numinoso. A memória corre não só para o esplendor do Templo de Salomão e as catedrais cristãs medievais, mas também para o Templo do Sol em Cuzco, coberto de uma enorme quantidade de ouro.

De acordo com a tradição hindu, o mundo circula por quatro períodos; segundo as lendas populares, todo o equipamento utilizado pelas populações do período mais antigo, considerado a época mais pura, era de ouro.

Associação com a alquimia

O potencial simbólico do ouro e da prata, contudo, não encontrou expressão mais completa em nenhum outro domínio do que nas várias formas tradicionais de alquimia. De acordo com a doutrina alquímica, o ouro e a prata se desenvolvem nas entranhas da terra, respectivamente, sob a influência do sol e da lua.

O objetivo final desse processo de desenvolvimento é a produção de ouro, consequentemente concebido como o metal perfeito e como um emblema da perfeição espiritual. A arte do alquimista visava a acelerar esse processo natural, tanto na natureza externa quanto na alma do próprio alquimista. Nesse contexto, a prata tornava-se símbolo de pureza e passividade da alma diante da atividade do espírito, simbolizada pelo ouro.

Bibliografia

Uma boa introdução à história e uso do ouro é o ensaio de SUTHERLAND, C.H.V. *Gold*: its beauty, power and allure. Nova York, 1959. Para uma introdução ao simbolismo do ouro e da prata na alquimia, deve-se consultar o estudo de ELIADE, M. *Forgerons et alchimistes*. Paris, 1956, 1977, e o de BURCKHARDT, T. *Alchemy*: science of the cosmos, science of the soul. Baltimore, 1971. Para uma revisão sobre o uso do ouro e da prata na arte desde a época primitiva até os dias atuais, cf. o artigo "Gold- and silverwork", na *Encyclopedia of World Art*. Nova York, 1962.

David Carpenter

OVELHAS E CABRAS

Ovinos e caprinos aparecem com frequência na história das religiões, desde os tempos pré-históricos até hoje, em uma área geográfica bastante extensa. Ambos comumente aparecem como animais de sacrifício, mas o carneiro e especialmente o chibarro também atuam como símbolos de virilidade sexual, muitas vezes associados a cultos de fertilidade.

Tempos pré-históricos

A comprovação da importância simbólica dos ovinos e caprinos nos tempos pré-históricos encontra-se principalmente na arte. A importância desses espécimes como animal totêmico entre alguns povos originários contemporâneos provavelmente reflete crenças muito mais antigas. Antes de sua domesticação no Neolítico, ovelhas e cabras eram caçadas como animais selvagens e logo se tornaram objetos de culto. Na arte do Paleolítico Superior, por exemplo, 7% das representações de animais são compostas por imagens de carneiros. Do Neolítico à Idade do Bronze, representações de cabras e ovelhas (mais comumente as primeiras) são frequentemente encontradas na arte da Mesopotâmia, Irã, Afeganistão e Ásia Central. Podemos supor que as crenças e mitos associados a esses animais sofreram um desenvolvimento considerável durante esse período.

Em um diadema de Hissar III (Irã, primeira metade do II milênio a.C.), as representações de carneiros e cabras são dispostas em uma simetria semelhante à refletida em um espelho. Em Çatal Hüyük (Ásia Menor, VII e VI milênio a.C.) as cabeças de carneiros decoram as paredes dos santuários. Os carneiros provavelmente eram associados à deusa retratada nesses santuários como uma espécie de dona de humanos e animais, domésticos e selvagens. Em uma parede do Santuário do Leopardo, também em Çatal Hüyük, há uma representação de uma árvore estilizada com um animal parecido com uma cabra em ambos os lados. Esse tema geral, uma árvore ou planta com ovelhas ou cabras ao lado é muito comum na decoração cerâmica e na arte glíptica desse período. Em conexão com esse tema, representações simbólicas de água (talvez chuva) e cobras também são comuns.

Esses mitologemas se espalharam amplamente na Ásia Central até os tempos modernos. Um testemunho indireto da importância religiosa de ovinos e caprinos no Neolítico nos vem das práticas de numerosos povos originários. A sobrevivência do culto das ovelhas como animais totêmicos no período moderno pode representar um legado ritual que remonta a tempos muito antigos. Uma prática desse tipo consistia na proibição de comer carne de carneiro em uso entre alguns povos de Madagascar, segundo os quais os membros do povo eram descendentes de ovelhas. A ovelha também representava um animal totêmico para, entre outros, os Kharia de Bengala, os Kalanga da África Austral, os Batoro de Uganda e os povos da região altaica. O fato de o termo "carneiro" estar contido no sobrenome grego Krioid (do grego *krios*) sugere a presença de uma antiga crença totêmica também na Grécia. Além disso, a cabra tem a função de um animal totêmico entre algumas comunidades do povo San (bosquímanos) do sul da África.

Tempos históricos

No período histórico há concepções mais diferenciadas sobre a importância simbólica de ovinos e caprinos; por isso é possível tratar especificamente de cada um desses animais.

Ovelhas

Por suas características e comportamento, qualidades como gentileza, timidez, inocuidade e passividade sempre foram atribuídas às ovelhas. Essas qualidades também foram interpretadas como expressões de inocência, mansidão, simplicidade e amor e, consequentemente, como propensão ao sacrifício. A ovelha também é incapaz de se defender de predadores (alguns animais são realmente chamados de "devoradores de ovelhas"): tudo isso produziu uma profunda impressão cultural.

Os povos antigos e modernos do Irã e da Ásia Central têm muitas crenças em relação às ovelhas. De acordo com os Pamiri da Ásia Central, as ovelhas têm uma natureza divina e estão associadas ao sol. Aqui é contada a história de uma ovelha sagrada, iluminada por uma chama sagrada, que desce das montanhas. Na versão islâmica dessa história, a ovelha é enviada ao Profeta. Na obra palavi-sassânida *Karnamag* (século XI), um enorme carneiro simboliza a felicidade (*farr*) do rei e sua dinastia e, em um sentido mais amplo, a felicidade e o bem-estar de cada ser humano. Na arte sassânida iraniana, os carneiros são representados com fitas cerimoniais em volta do pescoço, porque se acreditava que as ovelhas traziam felicidade e saúde; andar por entre um rebanho de ovelhas pode livrar-se de doenças.

Há um notável paralelo entre esses temas iranianos e a tradição chinesa, na qual o termo para "felicidade" consiste nos ideogramas de "homem" e "carneiro". Para os Calmuco, uma população mongol, o carneiro é um símbolo de fertilidade e abundância, enquanto um carneiro branco é considerado uma criatura do céu. A conexão do carneiro com a fertilidade também é encontrada em rituais russos e hititas. Os Tajique da montanha anexam anualmente desenhos de chifres de carneiro às fachadas de suas casas para aumentar a fertilidade.

Cabras

Na prática religiosa e na mitologia, as cabras desempenharam um papel importante como símbolos de extraordinária virilidade e fecundidade e como animais associados ao profano.

Em um período muito antigo da arte grega, surgiram representações de demônios-bode. Na Grécia clássica, o demônio-bode era Pã, com cascos e chifres, mas com corpo e cabeça de homem. Seu análogo romano era Fauno, chamado de "deus-bode", embora originalmente fosse adorado como um deus-lobo. O deus olímpico mais associado ao bode era Dionísio. Segundo uma lenda, Zeus transformou o jovem Dionísio em uma criança, que Hermes levou até as ninfas do Monte Nisa. Dionísio era capaz de assumir a forma de um bode e às vezes era considerado como tal. Sua prole foi considerada semelhante a cabras; cabras eram oferecidas a ele como sacrifício e a cabra era seu atributo. Tais crenças e práticas estavam indubitavelmente ligadas ao culto da vegetação e da fertilidade, que é também o elo entre o bode e o culto de Afrodite. O bode era o animal sagrado de Afrodite, muitas vezes representada montada em um bode. O bode também desempenhou um papel importante nos cultos de Zeus, Hera, Apolo, Ártemis e Hermes. Além disso, os gregos também sabiam da instituição do bode expiatório. Em Roma, os bodes eram sacrificados durante a Lupercália e eram associados aos deuses da tempestade.

Na antiga religião indiana, as cabras e bodes estão presentes em inúmeras conexões. O deus Agni às vezes tinha um bode como montaria. Os Aśvin eram comparados a dois bodes (*Ṛgveda* 2,39,2-3). A divindade Pusan, associada ao sol e às estradas, conduzia uma carruagem puxada por cabras (*Ṛgveda* 6,58,2), e durante o Aśvamedha (o sacrifício do cavalo) um bode era oferecido a ela como sacrifício. A conexão entre os caprinos e a fertilidade também é evidente na Índia antiga: a mulher que queria um filho tinha que comer a carne de uma cabra vermelha ritualmente cozida (*Kauṣītaki Sāṅkhyāyana* 35, 17ss.). De acordo com uma crença, o leite de uma cabra vermelha protegia contra a má sorte.

No zoroastrismo, Verethraghna, o deus da vitória, às vezes é descrito como um "belo bode selvagem com chifres afiados" (*Yasht* 14,8,25). Nos relevos mitraicos, o bode simboliza um ser mortal no ápice da vitalidade e do poder.

Na Ásia Central, o culto da cabra era difundido desde os tempos antigos. A representação de um bode numa estatueta datada do início do III milênio a.C. estabelece a existência naquela época de uma deusa, em cujo culto o bode desempenhava um papel importante. Traços desse culto ainda podem ser encontrados entre os habitantes do Pamir e entre os Nuristanes, os habitantes do Hindu Kush. Estes últimos até preservaram os altares dessa deusa, Markum, a quem as mulheres sacrificam anualmente uma cabra. Para os habitantes do Pamir essa deusa tornou-se uma *peri*, ou fada, considerada a única proprietária das cabras montesas. A matança de uma cabra por um caçador é um presente do dono celestial das cabras, a pereira.

Em várias tradições, os caprinos continuam a ser associados, como nos tempos antigos, ao submundo e ao poder ctônico. A esse respeito, o bode se opõe ao cordeiro "puro". De acordo com uma crença popular eslava, um duende da água pode ser apaziguado com a pele de uma cabra preta; entre os eslavos, uma cabra preta às vezes era sacrificada a uma pessoa falecida. No folclore eslavo e germânico, o diabo tem cascos de bode.

Finalmente, é interessante notar o importante papel que os caprinos desempenham no simbolismo astrológico (Capricórnio, um carneiro, é um signo do Zodíaco assim como Áries), na medicina popular, na heráldica e na interpretação dos sonhos.

Bibliografia

A bibliografia sobre as crenças relativas aos ovinos e caprinos é muito extensa. Uma compilação geral de informações sobre animais, embora parcialmente desatualizada, é GUBERNATIS, A. de. *Zoological mythology, or legends of animals*. Londres, 1872. vol. I. Uma análise muito útil é a de DONES, J.P. *Des animaux dans la mythologie*. Lyon, 1956, e *Mify narodov mira*. Moscou, 1980-1982. vols. I-II, uma valiosa fonte de informações mitológicas e religiosas. O volume de ANTONOVA, E.V. *Ocherki kul'tury drevnikh zemledel'tsev Perednei i Srednei Azii*. Opyt rekonstruktsii mirovospriiatiia. Moscou, 1984, analisa crenças antigas em profundidade. A melhor coleção de crenças de ovelhas e cabras na Antiguidade é encontrada em KELLER, O. *Die antike Tierwelt*. Leipzig 1909. vol. I. Um estudo-chave é FRAZER, J.G. *The golden bough*: the scapegoat. 3. ed. ver. e amp. Londres, 1913. vol. IX. No que diz respeito à Ásia Central e áreas adjacentes, cf. LITVINSKII, B.A. *Kangiuisko-sarmatskii farn(k istoriko-kul'turnym enganar plemen iuzhnoi Rossii e Srednei Azii)*. Dushambe, 1968 (trad. ted. Das K'ang-chu-Sarmatische Farnah. *Central Asiatic Journal*, vol. 16, p. 241-289, 1972 e vol. 20, p. 47-74, 1976); e, do mesmo autor, *Sredniaia Aziia v drevnosti i srednevekov'e*. Moscou, 1977.

B.A. Litvinskii

OVO

O ovo despertou admiração em culturas ao redor do mundo. Sua casca lisa e elíptica esconde o mistério da nova vida em formação. A visão de um ovo que eclode e de uma jovem criatura surgindo de um objeto aparentemente sem vida sempre estimulou os povos antigos a refletirem sobre o processo da criação.

Teria sido difícil para o ser humano antigo entender uma abstração como a da criação do mundo, mas ele pôde observar um processo semelhante na eclosão de um ovo. Por essa razão, o ovo tornou-se um símbolo importante nas histórias da criação.

O conceito do mundo como um ovo que se choca como o primeiro criador aparece em muitos mitos primitivos. O *Papiro mágico Harris*, um manuscrito egípcio do período do Novo Reino (1569-1085 a.C.), contém as primeiras referências a um mundo-ovo emergindo de águas primitivas.

Muitos deuses egípcios estão associados ao ovo: Thoth, o deus da lua; Rá, o deus do sol, o ganso celestial Keb, deus da terra; Ptah de Mênfis; e Khnum, o deus da criação, que moldou o mundo dos ovos em sua roda de oleiro.

Os Upanixades hindus (cerca de 600-300 a.C.) narram o primeiro ato da criação descrevendo-o como um ovo que se parte em dois. O *Ṛgveda*, um conjunto de hinos hindus, fórmulas propiciatórias e feitiços coletados no primeiro milênio a.C., fala de Prajāpati, o Senhor da criação: ele fertilizou as águas da criação, que se transformaram em um ovo de ouro. Dentro desse ovo estava a figura dourada de Brahmā, que flutua por um milênio nas águas primitivas, e sua luz dourada brilha através de sete conchas. A terra, o mar, as montanhas, os planetas, os deuses e a humanidade estão juntos com ele dentro do ovo.

No mito chinês, P'an Ku, o primeiro ser humano, apareceu do ovo cósmico, assim como Sun Wu-k'ung, o popular rei macaco da lenda budista e taoista.

A Oceania tem muitas narrativas sobre a origem da humanidade a partir de ovos. De acordo com os habitantes das Ilhas Sandwich, o pássaro divino botou um ovo na água e as ilhas nasceram de sua casca. Os habitantes das Ilhas Fiji atribuem a origem da humanidade a Ngendei, que criou o mundo dos ovos; povos no sudeste da Austrália acreditam que o sol nasceu de um ovo de ema lançado no ar.

Na tradição judaica, os ovos são usados em muitas ocasiões cerimoniais. Lag BaÔmer é uma festividade alegre que honra a memória de Rabi Shimon bar Yochai, e é celebrado no 33º dia entre a Páscoa e o Pentecostes. Neste dia é costume as crianças e seus pais lancharem ovos coloridos. Segundo a tradição, quando o piedoso rabino estava vivo, o arco-íris não era necessário, ou seja, o sinal de que Deus não destruiria o mundo. Quando o rabino morreu, o povo passou a precisar do arco-íris, símbolo da Aliança, apressando sua vinda por meio da pintura de ovos de muitas cores.

O Seder, a ceia da Páscoa, sempre inclui um ovo cozido entre seus alimentos rituais. Isso se explica de diferentes maneiras: o ovo é o símbolo do sacrifício adicional oferecido no templo na Páscoa, o sacrifício dos viajantes ou a fuga do Egito, mas, mais provavelmente, neste caso, simboliza o renascimento; de fato, os judeus que estão de luto são tradicionalmente alimentados com ovos cozidos.

Nos séculos III e IV d.C., a Igreja Cristã gradualmente adotou um jejum quaresmal de 40 dias para comemorar o tempo que Cristo passou no deserto sem se alimentar. O Papa Gregório Magno (590-604) decretou que todos os cristãos durante este período deveriam se abster de carne, queijo, manteiga, leite e ovos. A Igreja Ortodoxa, muito rigorosa a esse respeito, só permitia o consumo de frutas, legumes, pão, mel e nozes. Por essa razão, não é de estranhar que os ovos constituam uma parte importante da dieta festiva da Páscoa.

Embora a prática da religião fosse desencorajada na antiga União Soviética, a Páscoa ainda era o maior feriado para os cristãos ortodoxos, e à meia-noite as igrejas estavam cheias. No domingo de Páscoa, comemoravam-se os mortos. Centenas de pessoas visitavam os cemitérios para se sentar ao lado dos túmulos de seus entes queridos. Tradicionalmente consumiam ovos vermelhos e espargiam as cascas pelo chão.

Não se sabe ao certo quando começou o costume de trocar ovos na Páscoa. Em seu livro *Easter: its story and meaning* [Páscoa: sua história e seu significado] (1950), Alan Watts afirma que na Europa Ocidental não há documentos que comprovem o uso de ovos de Páscoa antes do século XV.

Mas as prestações de contas da família real do rei inglês Eduardo I, de 1290, mostram o gasto de 18 pences para a decoração dos ovos de Páscoa com folhas de ouro, para apresentação aos membros da corte. Os poloneses costumavam preparar ovos de Páscoa antes do século XI. Em Worms, na Alemanha, dois ovos de pato listrados e adornados com pontos foram encontrados em uma tumba, datada de 320 d.C., mas os estudiosos não podem dizer com certeza se se tratava de sepulcro cristão.

Para os cristãos, o ovo de Páscoa simboliza a Ressurreição de Cristo. Como um pássaro sai de sua concha, assim Cristo saiu de seu túmulo no dia da Ressurreição. Durante a Idade Média, era tradicional colocar ovos coloridos no túmulo durante o serviço litúrgico da Páscoa. Às vezes, o padre os colocava no altar quando os fiéis se cumprimentavam com as palavras: "Cristo ressuscitou". Esse costume permaneceu em vigor em algumas áreas da França até o século XVIII.

Na religião tradicional popular, o ovo é um símbolo eficaz de fertilidade, pureza e renascimento. É usado em rituais mágicos para promover a fertilidade e restaurar a masculinidade, para prever o futuro, trazer bom tempo, estimular o crescimento das plantações e proteger o gado e as crianças contra a má sorte, especialmente o temido mau-olhado. Em todo o mundo, o ovo representa vida e criação, fertilidade e ressurreição. Está presente em todos os grandes eventos do ciclo da vida: nascimento, namoro, casamento, doença e morte, durante a Semana Santa e no período pascal. É o portador da força porque contém as sementes da vida.

Nos tempos antigos, os ovos eram enterrados com os mortos. Mais tarde, o símbolo do ovo tornou-se intimamente ligado à Festa da Páscoa. A Igreja não se opôs a essa prática, ainda que muitas tradições sobre o ovo tivessem origens pré-cristãs: o ovo representava um símbolo eficaz e novo da Ressurreição e da transformação da morte em vida.

Bibliografia

NEWALL, V. *An egg at Easter*: a folklore study. Bloomington. 1971.

Esta é uma análise comparativa do mito do ovo, desde as referências mais antigas aos usos contemporâneos, e um estudo do papel simbólico do ovo na tradição e nas crenças.

SHOEMAKER, A.L. *Eastertide in Pennsylvania.* Kutztown, 1960.

Sobre os usos do ovo de Páscoa na comunidade holandesa da Pensilvânia.

VÁCLAVIK, A. *Výroční obyčeje a lidové umění.* Praga, 1959.

Um volume ilustrado sobre ovos de Páscoa decorados que são preparados na antiga Tchecoslováquia, com resumos em inglês e russo.

WEINHOLD, G. *Das schöne Osterei in Europe.* Kassel, 1967.

Um livro pequeno e bem-ilustrado que fornece uma visão geral breve e clara dos costumes dos ovos de Páscoa na Europa.

WILDHABER, R. *Wir färben Ostereier*, Berna, 1957.

Um belo livro do último diretor do Museu do Folclore Suíço em Basileia, que contém uma grande e famosa coleção de ovos de Páscoa decorados.

Venezia Newall

P

PÁSSAROS

Os pássaros são principalmente epifanias de deuses e espíritos, mas também aparecem como mensageiros de seres divinos celestiais. Eles anunciam novas situações e agem como guias. Além disso, os pássaros simbolizam a alma ou espírito do ser humano quando se separa do corpo no êxtase ou na morte; o pássaro é um símbolo da liberdade absoluta e da transcendência da alma em relação ao corpo, do elemento espiritual em relação ao terreno. Como resultado, o pássaro é frequentemente associado a divindade, imortalidade, poder, vitória e realeza.

Aves e figuras disfarçadas de pássaros são claramente atestadas desde o Paleolítico. Nas pinturas rupestres de Lascaux, na Dordonha, que datam mais ou menos de 15000 a.C., um homem disfarçado de pássaro é retratado caindo para trás diante de um bisão. A seus pés está seu arco, e a flecha disparada por ele perfura o corpo do bisão. Um pássaro empoleirado em um poste é visto perto dos dois. A maioria dos estudiosos acredita que essa cena represente um acidente de caça: o caçador com a máscara de pássaro foi morto pelo bisão. A máscara pode ser usada pelo caçador para se aproximar de sua presa sem ser visto. O pássaro no poste pode representar a alma do moribundo ou o totem ou ancestral mítico do povo a que pertence. Para outros estudiosos, a cena representa um transe xamânico. O homem mascarado é um xamã e permanece inconsciente enquanto sua alma partiu para a viagem extática ao outro mundo. Companheiro na jornada espiritual é seu espírito auxiliar, simbolizado pelo pássaro no mastro. O bisão talvez seja uma vítima sacrificial.

Embora ainda seja incerto afirmar que o xamanismo tenha se originado no Paleolítico, as aves, sem dúvida, ocupam um lugar muito importante no mundo espiritual dos caçadores em geral, e particularmente aqueles do norte da Eurásia, onde o xamanismo era uma força mágica – dominante religiosa.

De fato, o xamã da Ásia Central e da Sibéria recebe ajuda dos espíritos de animais selvagens e pássaros enquanto embarca em sua jornada extática. Os espíritos dos pássaros (especialmente os de patos, águias, corujas e corvos) descem do céu e entram no corpo do xamã para inspirá-lo quando ele bate seu tambor com sua indumentária de pássaro xamânico. Caso contrário, eles entram em seu tambor ou se apoiam em seu traje xamânico. É precisamente então que ocorre o êxtase xamânico. Em sua experiência interior, o xamã se transforma em um ser espiritual, um pássaro. Move-se, canta e voa como um pássaro; sua alma deixa seu corpo e sobe aos céus, acompanhada de pássaros-espíritos. O tema ascendente do espírito do pássaro foi reavaliado pelo taoismo em um novo nível espiritual: no *Zhuangzi* (século III a.C.), por exemplo, um enorme pássaro chamado P'eng aparece como símbolo do espírito ascendente que goza de liberdade absoluta e é emancipado dos valores e problemas mundanos. Entre os Iacuto, os Tungusi e os Dolgan, quando um xamã morre, costuma-se erguer hastes ou postes em seu túmulo com um pássaro de madeira em cada extremidade. O pássaro simboliza a alma do xamã morto.

Os pássaros aparecem em mitos de criação que focam no tema do mergulho cosmogônico ou do mergulhador em busca de terra. No início, quando só existia a água, as aves aquáticas (patos, cisnes, gansos ou andorinhas) mergulharam no fundo do primevo oceano para trazer um pedaço de terra à superfície. Às vezes os pássaros mergulhavam por ordem divina e às vezes por iniciativa própria, mas, em algumas variações, a própria divindade se transformava em pássaro e mergulhava. Esse tema do pássaro mergulhador, comum a populações altaicas, como Buriate e Iacuto, também é encontrado entre os russos e as populações urálicas, como Samoiedo, Mansi, Ienisei e Mari. Mergulhadores em busca de terra também aparecem em vários mitos cosmogônicos dos povos indígenas norte-americanos. O resultado do mergulho corajoso é sempre o mesmo: um pequeno punhado de terra trazido à superfície milagrosamente cresce tornando-se o mundo como é agora. Nos mitos cosmogônicos finlandeses e estonianos, Deus voa como um pássaro sobre o oceano primevo e lá põe os ovos cósmicos dos quais o mundo se origina. Esse tema também aparece na Indonésia e na Polinésia.

No norte da Eurásia, os mitos da realeza geralmente envolvem o simbolismo das aves. De acordo com os mongóis, uma águia de asas douradas lhes deu as *yasa*, leis básicas da vida nas estepes, e os ajudou a fundar o Império Mongol ao estabelecer Gêngis Khan no trono. Os mitos japoneses falam de um corvo e um abutre que voaram para a terra como mensageiros divinos e estavam a serviço de Jimmu, o primeiro imperador mítico do Japão, como guias em sua marcha pelas montanhas até Yamato, onde estabeleceu sua dinastia imperial. Os húngaros têm tradições de que os magiares eram liderados por um *turul* gigante (águia, falcão ou gavião) na terra onde Árpád fundou a nação húngara. O *turul* é considerado o ancestral mítico do Árpád.

Esses mitos de criação e realeza mostram o papel proeminente desempenhado pelos pássaros na fundação da ordem cósmica. Como epifania de um deus, demiurgo ou ancestral mítico, um pássaro aparece no início do mundo, e seu aparecimento serve como anúncio da criação do universo, da alteração da estrutura cósmica ou da fundação de um povo, de uma dinastia, de uma nação. A águia na Sibéria, como o corvo ou o pássaro-trovão na América do Norte, é particularmente dotada das conotações do herói cultural. Muitas vezes descrito como o criador do mundo, o pássaro é o ser divino que familiariza os homens com as ciências e as técnicas, que lhes oferece importantes invenções culturais, regras de vida e instituições sociais.

No antigo Oriente Próximo e no mundo greco-mediterrâneo, os pássaros eram dotados de vários significados simbólicos. Aqui, como em outros lugares, o pássaro é essencialmente uma epifania divina. No Oriente Próximo, a pomba geralmente simboliza a deusa da fertilidade, qualquer que seja seu nome, e na Grécia é especialmente uma epifania de Afrodite, a deusa do amor. A águia é uma manifestação da divindade solar, como ilustram claramente os discos solares alados da Mesopotâmia e mais tarde da Pérsia. A águia é frequentemente retratada lutando contra uma cobra ou um dragão. Este tema arcaico, atestado no Oriente Próximo, na Índia e no Pacífico Sul, mostra a tensão existente entre o princípio solar uraniano e o das forças ctônicas maternais, mas também revela a aspiração inextinguível do homem pela singularidade e totalidade universal, que pode ser alcançada por meio da cooperação e síntese de forças opostas.

O pássaro, e especialmente a pomba, muitas vezes representa o amor como um atributo da deusa da fertilidade. No culto de Dumuzi e no de Adônis, a deusa aparece na forma de uma mãe que chora a prisão de seu filho no submundo e desce até lá para libertá-lo, para fazê-lo ressuscitar dos mortos. É possível que o gemido da pomba tenha ajudado a torná-la o símbolo especial da deusa do amor no antigo Oriente Próximo. Na Grécia a pomba é uma epifania da divindade, mas em seu aspecto erótico, como evidencia a associação da pomba com Afrodite. No mundo greco-mediterrâneo, a pomba nunca perdeu essa conotação erótica.

A águia, rainha dos pássaros, está inextricavelmente associada à realeza e à divindade solar. De fato, a realeza nunca rompeu seu vínculo simbólico com o sol e a águia. No Oriente Próximo, algumas moedas retratam monarcas helenistas com uma tiara com duas águias opostas com um sol no centro. Usando esses símbolos, os reis proclamam sua natureza divina ou sua divinização. A divindade do imperador romano é expressa pelo simbolismo do *Sol Invictus* ("o sol invencível") e da águia.

De maneira mais geral, no antigo Oriente Próximo, os pássaros também simbolizavam as almas imortais dos defuntos. Essa famosa imagem parece ter sobrevivido no Islã, segundo o qual as almas dos falecidos permanecerão como pássaros até o Dia do Juízo. Na Grécia, a imagem da pomba em certos túmulos pode simbolizar a alma do falecido, a divindade que vem em seu auxílio ou a alma, agora em forma divina. Na Síria, a águia representada nos túmulos tem a função de conduzir a alma do falecido ao céu. Nas tumbas egípcias, a alma dos mortos é representada como um pássaro androcéfalo. No entanto, os pássaros anímicos (gaviões, patos ou gansos) têm mais de uma função no Egito, esta é geralmente relacionada à múmia. Claro que se trata de almas imortais, mas elas também simbolizam a presença e proteção divinas; os pássaros trazem todo tipo de alimento ao cadáver para trazê-lo de volta à vida. Assim, no Egito como em outros lugares, o pássaro é tanto a alma do falecido quanto a divindade, qualquer que seja o pássaro em questão. O pavão, que no mundo greco-romano pode ter representado a esperança na imortalidade, é de origem indiana. No budismo, não apenas o pavão, mas também a coruja e muitos outros pássaros aparecem como epifanias dos Budas e *bodhisattvas* que pregam a doutrina da iluminação e da compaixão. O *bodhisattva* Mayūrāsana, por exemplo, geralmente é representado montado em um pavão.

No judaísmo, a pomba e a águia, as duas aves principais, parecem ter mantido intactos os mesmos significados simbólicos, embora possam ter recebido uma coloração especificamente judaica. A pomba representada nas lápides judaicas, nos murais das catacumbas judaicas e nos tetos das sinagogas simboliza Israel amado por Deus, o israelita individual ou a salvação e imortalidade dada por Deus aos fiéis. Também na tradição rabínica, a pomba simboliza não apenas a alma do falecido, mas especialmente Israel. Além disso, a pomba tem a função de psicopompo. A águia também é polivalente; é uma epifania de Deus ou do seu poder, mas também simboliza a esperança do homem na vida eterna e na imortalidade.

O simbolismo cristão da pomba e da águia também passou por um processo de reavaliação. A pomba representa o Espírito Santo no batismo de Jesus, mas é também a força erótica e fecundante na Anunciação. O motivo alma-pássaro é bem-atestado na literatura e iconografia cristã primitiva. A alma se torna uma pomba com o batismo; identifica-se, portanto, com o Espírito Santo, a pomba do batismo de Jesus. Como pomba, a alma do defunto torna-se imortal e, com a morte, sobe ao céu, sobretudo pelo martírio. A águia como símbolo cristão está ligada a um complexo de imagens. Para os primeiros cristãos, a águia simbolizava João Evangelista, porque o início de seu Evangelho implica que ele havia ascendido às alturas ao iniciar seu relato com a genealogia do Logos. Mas a águia também simboliza o próprio Jesus Cristo, e acredita-se que Cristo tenha acompanhado João como uma águia em seu voo em busca da visão. Além disso, a águia representa o próprio Logos, como no judaísmo representa Deus e seu poder. Finalmente, a águia representada nos sarcófagos cristãos está inextricavelmente associada à esperança na vida eterna, na luz e na ressurreição; serve para escoltar as almas dos cristãos falecidos para a vida imortal junto com Deus.

Na literatura e folclore islâmicos, o simbolismo dos pássaros é amplamente representado. O famoso poema épico *Mantiqu 't-Tayr* (*Conferência dos pássaros*) de Farid ud-Din Attar usa os pássaros como imagem de almas humanas viajando pelos sete vales e, no final do caminho, descobrem sua identidade com o Simurgh, o pássaro divino que "tem um nome, mas não um corpo", um ser perfeitamente espiritual.

O ditado turco "Can kuşu uçtu" ("Sua alma de pássaro voou para longe"), pronunciada quando alguém morre, expressa o mesmo conceito. Também na literatura e poesia persas a imagem do rouxinol (*bulbul*) apaixonado pela rosa radiante (*gul*) é repetidamente encontrada, representando a alma que deseja a beleza divina.

Os pássaros ainda não perderam seu significado simbólico. Sonhos de pássaros voando ainda nos visitam. Em *Demian*, sua obra-prima, Hermann Hesse deu nova vida ao simbolismo dos pássaros ao falar do "pássaro saindo do ovo". A aspiração do homem moderno à liberdade e transcendência foi admiravelmente expressa pelo escultor Constantin Brâncuşi com imagens de pássaros.

[Para discussões mais detalhadas sobre pássaros específicos, cf. os verbetes Águias e falcões, Cisne, Galo e Mochos e corujas.]

Bibliografia

Sobre a extrema importância do simbolismo ornitomórfico e do xamanismo na vida dos caçadores paleolíticos, cf. KIRCHNER, H. Ein archäologischer Beitrag zur Urgeschichte des Schamanismus. *Anthropos*, vol. 47, p. 244-286, 1952.

Muito material útil pode ser encontrado sobre o êxtase do xamã e sua transformação em pássaro em: ELIADE, M. *Le chamanisme et les techniques de l'extase*. Paris, 1951.

O traje do pássaro xamânico é ilustrado por U. Harva (anteriormente Holmberg): HARVA, U. *Mythology of all races*. Boston, 1927. vol. IV: *Finno-Ugric, Siberian, e Die religiösen Vorstellungen der altaischen Völker*. Helsinki, 1938.

Sobre mitos cosmogônicos do tipo do pescador da terra, nos quais os pássaros desempenham um papel proeminente, cf. ELIADE, M. *De zalmoxis à Gengis-Khan*: études comparatives sur les religions et le folklore de la Dacie et de l'Europe orientale. Paris, 1970. p. 81-130.

Sobre pássaros e realeza na Ásia Central e do Norte, cf. WAIDA, M. Birds in the mythology oft the sacred kindship. *East and west*, vol. 28, p. 283-289, 1978.

O simbolismo dos pássaros no judaísmo foi admiravelmente estudado em GOODENOUGH, E.R. *Jewish symbols in the Greco-Roman period*. Vol. VIII: *Pagan symbols in judaism*. Nova York, 1985.

O melhor livro de um folclorista sobre crenças e costumes populares relacionados aos pássaros é ARMSTRONG, E.A. *The folklore of birds*: an enquiry into the origin and distribution of some magico-religious traditions. Londres, 1985. 2. ed. rev. e ampl. Nova York, 1970.

Manabu Waida

PÉS

Os pés são símbolos multivalentes. Em algumas mitologias os raios do sol são comparados aos pés, como, por exemplo, na figura da suástica. Segundo C.G. Jung, o pé frequentemente tem um significado fálico; outros encontraram nessa parte do corpo um símbolo da alma, um símbolo que não é diretamente irrefutável, mas indiretamente confirmado nos casos em que a claudicação expressa algumas imperfeições do espírito, como nos casos de Hefesto, Wieland o Ferreiro, Mani e Édipo.

O calcanhar é adequado para o ataque, mas também é vulnerável; pode dar o golpe final em uma cobra ou pode ser o local de uma ferida fatal (Aquiles, Sigurd e Krishna). Nas Escrituras hebraicas, Jacó agarra o calcanhar de Esaú para derrotá-lo. Na lenda celta, Gwydion subjuga Arianrhod agarrando-o pelo pé.

Os pés também são vulneráveis devido ao contato com o solo. Através dos pés, as forças vitais e sagradas do corpo podem ser drenadas. Por essa razão, o governante asteca Moctezuma II era carregado nos ombros dos nobres, enquanto os membros da família real em Uganda eram carregados nos ombros dos homens do clã do búfalo. Diz-se que o imperador do Japão poderia ser privado de seu cargo se seus pés tocassem o chão. O herói irlandês Oisín, que viveu 300 anos na Terra da Juventude, só poderia permanecer jovem ao ver seu país natal novamente se não colocasse os pés no chão.

O pé também é símbolo de humildade, pois toca o chão e a poeira o suja. A vitória e a subjugação são representadas pelo gesto do conquistador que coloca o pé no pescoço do vencido ou o usa como apoio para os pés. Os fiéis de todo o mundo antigo tiravam os sapatos antes de entrar nos santuários e templos, como os muçulmanos, hindus e jainistas ainda hoje fazem antes de entrar nos lugares de culto. A ação de lavar os pés geralmente faz parte dos ritos de purificação.

O lava-pés como um ato de hospitalidade foi difundido em todo o mundo antigo. O ritual cristão do lava-pés deriva dessa prática, sobretudo do lava-pés de Jesus aos seus discípulos (Jo 13,5). Mas esse ritual não se concentra na purificação, mas na humildade e nos ideais cristãos de serviço gratuito e penitência.

As pegadas de personagens divinos ou santos podem simbolizar o caminho para a verdade ou salvação. As pegadas de Viṣṇu e do Buda estão presentes em toda a Índia. Essa evidência física da presença terrena da divindade é uma maneira de retratar o que é totalmente transcendente. Esse é provavelmente o simbolismo proposto nas representações da ascensão de Cristo, especialmente na arte inglesa do século XI, na qual apenas os pés e parte das pernas de Cristo são visíveis na parte superior da imagem. Em Lancells, na Cornualha, os pés de Cristo desaparecem nas nuvens em um assento medieval esculpido, enquanto suas pegadas permanecem em uma rocha. Da mesma forma, os peregrinos à Palestina podem ver os passos de Cristo na Igreja da Ascensão no Monte das Oliveiras.

Bibliografia

Na realidade, não há um tratado adequado do tema dos pés como símbolos religiosos.

FRAZER, J.G. *The golden bough*. 3. ed. Londres, 1911-1915, examina o tabu de tocar a terra com os pés, analisando sobretudo a perda de poder e a terra como agente da perda e não como símbolo do pé. Como fonte atualizada, cf. o compêndio em um volume: GASTER, T.H. *The new golden bough*. Nova York, 1959.

Uma discussão detalhada sobre o costume secular e religioso de lavar os pés encontra-se em: KNIGHT, G.A.F. Feet washing. *In*: HASTINGS, J. (org.). *Enciclopaedia of religion and ethics*. vol. V. Edimburgo, 1912.

Um exame do mito de Hefesto e a "claudicação mágica ou xamânica": DELCOURT, M. *Hephaïstos, ou La légende du magicien*. Paris, 1957.

Elaine Magalis

PEDRAS

As pedras sagradas são conhecidas desde a Antiguidade e estão presentes em todo o mundo, nas mais diversas culturas e religiões. São frequentemente usadas como objetos de sacrifício, partes de ritos mágicos ou instrumentos de adivinhação; também podem ser usadas com finalidades práticas, como estelas ou pedras de limite, ou como monumentos; em tais casos podem ser objeto de veneração religiosa. Os poderes invisíveis representados por esses monumentos pertencem aos mais diversos gêneros, assim como as inúmeras razões que nos levam a recorrer a eles.

O termo genérico *pedra* inclui muitos objetos diferentes, alguns deles caracterizados por nomes de origem celta: *menhir* (pedras verticais altas de tipo monumental), *cromlech* (círculos de pedras em pé), *dólmens* (pedras de mesa ou grandes pedras planas e não trabalhadas, horizontalmente nas verticais) e montículos (massas de pedras).

Esses quatro tipos, juntamente com outros monumentos em forma de colunas ou pilares, são fruto do trabalho humano (cf. Eliade, 1976, § 34ss.). Mas também são veneradas como sagradas algumas rochas naturais que, no todo ou em parte, têm formas particulares ou surpreendentes ou que contrastam com uma paisagem plana e desolada. Algumas pedras menores e transportáveis podem servir em casa como objetos de adoração ou podem ser usadas como proteção mágica.

O significado simbólico das pedras sagradas nem sempre é o mesmo. Elas podem representar características como estabilidade ou secura, mas também fertilidade. A interpretação é dificultada pelo fato de que muitas pedras sagradas pertencem a religiões e culturas das quais temos pouca ou nenhuma evidência literária. Com essas premissas, é compreensível por que os historiadores das religiões aplicaram inúmeras teorias diferentes a respeito dessas religiões antigas: culto aos ancestrais, culto à natureza, fetichismo, culto anicônico (não figurativo), animismo e dinamismo.

Como faltam fontes escritas (como no caso da pré-história) ou poucas (como é geralmente o caso das culturas históricas antigas), o campo permanece aberto à pura especulação. As tradições orais relatadas por povos sem escrita ainda vivos – ou que viveram em épocas relativamente recentes – contêm informações valiosas e altamente detalhadas, capazes de lançar luz sobre os tempos antigos. Tratar o material primitivo dessa forma, no entanto, significa adotar a tão criticada teoria das sobrevivências, embora essa teoria pareça ser mais aplicável no caso das pedras sagradas do que em outros casos. Em conjunto, a imensidão e variedade do material ilustram bem as dificuldades de um método fenomenológico (cf. Eliade, 1949, § 74ss.; Heiler, 1961, p. 34ss.). Na discussão que se segue, limitar-me-ei a tratar das pedras sagradas no contexto de várias culturas para as quais há pelo menos alguma evidência literária que possa orientar a interpretação.

As antigas tradições ocidentais

Pedras ou pilares de pedra (hebraico: *matstsevah,* do semítico *ntsb,* "ficar de pé") ocupam um papel importante na narrativa bíblica do patriarca Jacó. Quando morreu sua esposa Raquel, Jacó erigiu uma estela funerária (Gn 35,20) em seu túmulo, provavelmente como um monumento para que seu nome pudesse ser mantido vivo. Um pilar desse tipo poderia também comemorar um acontecimento importante, como o pacto entre Jacó e os arameus (Gn 31,43ss.). De qualquer forma, o uso cultual de pedras sempre foi muito comum. Durante a fuga de Jacó da ira de Esaú, Deus apareceu a Jacó em um sonho e este ficou apavorado. Então pegou a pedra que servia de travesseiro, erigiu-a como estela, ungiu-a com óleo e a chamou de *beit-El* (Betel), a "casa de Deus" (Gn 28,16ss.; 35,14). Neste caso, a pedra simboliza a presença de Deus.

Tais pilares de culto poderiam estar em conexão com os altares, como ocorre em Ex 24,4. Esse uso foi proibido pelo Códice do Deuteronômio (cf., p. ex., Dt 16,21) como consequência da controvérsia contra o culto cananeu correspondente, condenado como adoração aos deuses pagãos. De fato, os arqueólogos muitas vezes interpretam mal as grandes pedras verticais das antigas escavações palestinas, identificando-as como pilares de culto da antiga Canaã. Um estudo mais crítico, por outro lado, identifica-os com as ruínas de templos mortuários ou com os restos de estruturas habitacionais da Idade do Ferro. Pilares propriamente ditos foram descobertos em Beit She'an, na antiga cidade de Megido, em Israel, e Jubayl, antiga Biblos, no Líbano; seu significado, no entanto, ainda não está claro. O mais antigo desses pilares foi descoberto em 1933 na antiga Mari, um lugar do Médio Eufrates, agora na Síria (Tell Hariri). Ela remonta ao antigo Período Acadiano, por volta de 2300 a.C. (Kennedy; Wevers, 1963).

Por meio do material posterior e mais rico da Arábia pré-islâmica coletado por Ibn al-Kalbi (737-829?), autoridade em paganismo árabe, é possível esclarecer o culto das pedras sagradas no antigo Oriente Próximo. No Alcorão (70,43) há citações sobre as pedras sacrificiais, explicitamente proibidas por Muhammad (5,490-492). Observações feitas por autores gregos antigos confirmam a existência de pedras sagradas entre os árabes desde tempos muito antigos (Buhl, 1936; cf. tb. Clemente de Alexandria, *Protrepticus* 4,46). Os ritos que ocorrem ao redor da Caaba em Meca representam uma legítima sobrevivência do antigo culto de *'anṣāb* (pedras). Como em outros lugares, essa adoração existia originalmente junto com a veneração de árvores, troncos de madeira e postes, ou era intercambiável com tais cultos (Höffner. *In*: Gese et al., 1970, p. 359ss.).

Não é certo se o antigo vocábulo grego *baityloi* ("pedras animadas", ou seja, meteoritos) possa ser comparado ao hebraico-aramaico *beit-El* (Fauth, 1964). Mas o autor grego Teofrasto (século IV a.C.) caracteriza o homem supersticioso como aquele que não ousa ir além das pedras já ungidas na encruzilhada sem se curvar e derramar óleo sobre elas (*Caráteres* 16). Esses pilares quadrangulares, por vezes terminando numa cabeça e rodeados por um amontoado de pedras (em grego: *hermaios lophos*), eram chamados de "herme". Esta palavra é idêntica ao nome do deus Hermes, que etimologicamente significa "pedra". Ele é pedra como deus ou deus em pedra. As várias características de Hermes provavelmente derivam de seu papel como deus das encruzilhadas. Como tal, ele é o guia de quem percorre as estradas e, portanto, é o protetor do comércio e de negócios ilegais. Ele também é um mensageiro e, como guia, evolui para a figura do psicopompo, que tem a tarefa de acompanhar as almas dos mortos na vida após a morte. Em sua conexão com as pedras da fronteira, Hermes se torna o deus do local de nascimento e dos limiares e, finalmente, o patrono de toda a comunidade. A forma itifálica da pedra em pé (também observada nos *liṅga* hindus) representa tanto a fertilidade quanto os poderes apotropaicos do deus; por essas duas características é também o padroeiro dos pastores (Herter, 1976).

No antigo panteão grego havia outros deuses representados por pedras, esculpidas e não trabalhadas. Entre as esculpidas, estava a coluna sagrada desbastada em uma extremidade e chamada Apolo Aigyieus ("da estrada"), que era comumente encontrada na estrada, em frente à porta de uma casa. Essas colunas eram ungidas com óleo, decoradas com fitas e identificadas como altares. No antigo Ginásio de Megara, capital da província de Megarid, no oeste da Ática, havia uma pequena pedra piramidal com o nome de Apolo. Mas a pedra sagrada mais conhecida da Grécia antiga era a pedra cônica de Apolo, o *omphalos* ("umbigo") de Delfos. Segundo o poeta Píndaro (522-438 a.C.) sua sacralidade estaria relacionada à crença de que o santuário de Delfos estava situado no centro exato da terra. Essa interpretação pode ser posterior; o tratamento do material grego nos lembra da dificuldade de distinguir as fases mais antigas das mais recentes do desenvolvimento histórico (cf. Eliade, 1949, § 81s.; Hartland et al., 1920, p. 870).

Madagascar

Há um culto de pedra ricamente desenvolvido em Madagascar. As tradições explicam as razões pelas quais esses monumentos foram erguidos; os rituais e práticas associados às pedras continuam existindo até nossos dias. As tradições das pedras apresentam uma grande riqueza de variações, fato que constitui um alerta contra reconstruções simplificadas no caso de, em outros lugares, sobreviverem apenas monumentos arqueológicos.

Segundo relato de um missionário norueguês, a prática mais comum no que se refere às pedras se enquadra no contexto do culto aos ancestrais. Quando um homem ilustre e rico está prestes a morrer, ele reúne toda a sua família ao seu redor e decreta o seguinte: "Meu corpo certamente morrerá e será sepultado, mas meu espírito estará sempre convosco, meus filhos. Quando comerdes, colocai um pouco de comida no lugar onde eu costumo comer. E eu gostaria que me oferecêsseis o seguinte sacrifício: [neste ponto ele nomeia o que ele é guloso: arroz, carne, licor, enguia, diferentes tipos de peixe ou mel]. E se alguém adoecer, faltar alguma coisa ou for assombrado pela má sorte, deve nos chamar e nós os ajudaremos. Nós os protegeremos, enviando-lhe riquezas, uma boa colheita e muitos filhos". O ancião lista os tabus a serem respeitados e especifica o lugar onde será erigida a pedra ou o altar; especifica também a sua dimensão, que corresponde à importância social dos idosos. Ele mesmo viverá no monumento e aceitará os sacrifícios. A escolha dessa pedra, o seu difícil transporte e a sua ereção num local elevado junto à aldeia são acompanhados de numerosos ritos, antes de se proceder à consagração cerimonial (Ruud, 1947, p. 117ss.).

Um pesquisador francês, Charles Renel, registrou cuidadosamente a presença, em territórios de povos originários geograficamente separados, de pedras associadas a heranças, túmulos, monumentos e sacrifícios, juntamente com os diferentes nomes autóctones que correspondem às suas diferentes formas e funções. Usadas como lápides, geralmente são erguidas a leste da posição da cabeça do defunto, também chamada de cabeça da sepultura. As pedras são ungidas com gordura, farinha e sangue de animais sacrificados, enquanto os presentes sacrificiais são colocados ao pé da pedra. As pedras mais antigas são geralmente não lapidadas, enquanto as esculpidas pertencem a períodos mais recentes. Em ambos os casos, são chamadas de "pedra vertical" ou "homem de pedra". Às vezes, andaimes de madeira são construídos sobre as pedras, de vez em quando por conta própria, e sobre eles são colocados os crânios dos animais sacrificados. A altura da pedra pode variar de acordo com o nível social do falecido e às vezes corresponde diretamente à sua estatura física; assim a pedra adquire também o caráter de estátua ou monumento mais ou menos figurativo. Nesse caso, pode ser erigida independentemente do lugar exato do enterro. Se o falecido morreu em terra estrangeira ou por outros motivos não foi possível enterrá-lo, a importância da pedra local como monumento memorial torna-se ainda mais marcante. No entanto, a pedra também pode ter um propósito religioso: a pessoa vai fazer um voto, deixar um dom sacrificial ou executar um sacrifício de sangue.

Em algumas partes de Madagascar, postes de madeira são usados no lugar de pedras. Esses postes são chamados de "intermediários" ou "recipientes de transferência" dos espíritos dos mortos. A pedra única também pode ser substituída por uma pilha de pedras de tamanho variável, muitas vezes a pedido explícito do falecido. Às vezes, o transeunte joga uma nova pedra no monte, dirigindo uma oração ao espírito desconhecido, para garantir uma viagem de sorte ou proteção contra os poderes desconhecidos que reinam pelas ruas. Mas mais frequentemente são parentes ou membros da comunidade que ritualmente jogam pedras no monte, em conexão com um voto de sacrifício. Acredita-se que o culto praticado nos montes de pedra associados a determinadas pessoas promova o sucesso no amor ou na fertilidade. Assim, os presentes votivos podem consistir em esculturas de madeira representando os órgãos sexuais masculinos ou femininos, dependendo do gênero do suplicante.

Outras pedras sagradas desempenhavam a função de pedras de coroação, por exemplo, a Pedra Sagrada e a Pedra da Cabeça Vermelha de Antananarivo (antiga Tananarivo). Durante a coroação, o rei se revezava em cada uma das duas pedras, o que significa que sua soberania se estendia por ambas as metades do reino. Ao mesmo tempo, as pedras eram associadas a seus ancestrais, de modo que, ao tocá-las, ele adquiria a força e a sacralidade de seus predecessores. Essa cerimônia hereditária durou até 1883, quando foi realizada pela Rainha Ravanalona III, não obstante a sua conversão ao cristianismo.

Nem todos os menires de Madagascar estão ligados aos mortos, ancestrais ou espíritos. Alguns deles comemoram eventos especiais, certificam uma aliança, marcam uma fronteira. Tais monumentos são chamados de "pedras embutidas". Até mesmo a consagração dessas pedras ocorria por meio de um ritual religioso; por exemplo, uma pedra foi erguida em 1797 para comemorar um casamento real que uniu dois povos. O rito ocorreu desta forma: no início o rei invocou a sacralidade de seus ancestrais, a sacralidade das 12 montanhas e a sacralidade do céu e da terra. Então uma vala profunda foi cavada, na qual o rei jogou uma moeda de prata e contas de coral vermelho. Depois de erigir a pedra, um boi preto de cara branca e um touro barulhento foram mortos. O rei recolheu o sangue e ungiu a testa, a nuca e a ponta da língua, derramando o resto na base da pedra. Durante o ritual, ele falou com os dois povos, ordenando que se tornassem um povo, assim como ele e a rainha haviam se tornado um, para durar tanto quanto a pedra.

Outros menires podem simbolizar o poder soberano presente e predominante entre a população. Em outros casos, os cultos se concentram em penhascos naturais de aspecto particular com poderes de adivinhação. Por exemplo, as mulheres vão rezar pelos filhos na "pedra com muitos seios". Eles ungem as "mamas" da rocha com gordura, depois se tocam nos próprios peitos e jogam uma pedra nas protuberâncias da rocha. Se a pedra atingir uma grande saliência, o nascituro será uma menina; se for pequeno, então será um menino. Se os fiéis recorrerem à rocha por um problema de saúde, o voto deve ser cumprido após a recuperação da saúde. Para o sucesso na caça, os caçadores rezam em outra rocha sagrada, onde vive um espírito que protege a caça. Cada caçador se reveza assobiando ao redor da rocha; se todos conseguirem manter a nota, significa que haverá muito jogo. Ao retornar da caça, os caçadores sacrificam o mais belo boi selvagem como oferenda de ação de graças, queimando sua gordura e fígado ao pé da rocha. A carne é consumida no local pelos caçadores e suas famílias (Renel, 1923, p. 94-111).

Os Sami ou lapões

Os lugares sagrados dos Sami pré-cristãos (lapões) presentes no norte da Escandinávia e na Península de Kola foram investigados e todos registrados: 507 deles estão presentes na Lapônia sueca (Manker, 1957), 229 na Noruega, 80 ou 90 na Finlândia e cerca de 10 na Rússia a oeste do Mar Branco. Limitando-nos a examinar o material vindo da Suécia, notamos que os lugares de culto são de vários tipos: 149 são colinas e montanhas; 108 falésias íngremes, grutas, nascentes, cachoeiras, corredeiras e lagos; 30 ilhas, falésias, penínsulas, prados e charnecas. Mas o maior número é aquele formado por pedras ou rochas sagradas: são 220. Nesse grupo, 102 rochas são imagens de divindades de origem natural, ou seja, não esculpidas; apenas em dois casos há vestígios indiscutíveis de intervenção humana. A maioria deles é de pedras compactas.

Esses objetos de culto são chamados de *seite*, termo de significado e origem controversos, presentes em diferentes formas dialetais.

Fontes literárias do século XVI em diante, juntamente com a documentação antropológica do século XIX, fornecem um rico comentário sobre o culto dos *seite*, culto que, em alguns casos, também se dirigia a toras de madeira, tocos ou esculturas. Um relato sueco detalhado de 1671 descreve o sacrifício ritual de uma rena atrás de uma cortina. O sami aproxima-se do *seite*, tira o chapéu, faz uma profunda reverência e unge o *seite* com o sangue e a gordura do animal. Ele oferece à divindade as primeiras vértebras cervicais, o crânio e os cascos da besta, enquanto os chifres são empilhados atrás da pedra. Em tal "pátio de chifres" é possível ver milhares de chifres. Os participantes do sacrifício comem a carne do animal. Após o sacrifício, o rufar do tambor diz-lhes o tipo de jogo que vão apanhar, assegurando-lhes boa sorte com as suas renas (cf. Holmberg, 1964, p. 109; Manker, 1957, p. 306).

O deus dos *seite* também pode aparecer aos seus fiéis em forma humana. De acordo com um documento do século XVII, um deus assumiu a forma de um homem alto e bem-formado, vestido de preto como um cavalheiro, com uma pistola na mão. Uma visão semelhante também é relatada na Noruega do século XVIII: "Aparece então um ser em forma humana, como um grande governante, extremamente bonito na aparência e vestido com roupas e bugigangas caras; ele se senta e participa da refeição deles, conversa com eles e os instrui em novas artes, e diz que mora na pedra ou montanha a que eles se sacrificam" (Holmberg, 1964, p. 105).

Em conexão com o sacrifício, os auspícios são desenhados, e não apenas com a ajuda do tambor. Da Finlândia de 1670 vem a história de uma pequena pedra móvel que representa o deus e é chamada de Seite ou Rââ ("proprietário"). Segurando o deus, que é a pedra, em sua mão, o sami pronuncia as orações com grande reverência, enumerando seus próprios pedidos. Se ele não conseguir levantar a mão, trata-se de um mau presságio. Mas ele pode repetir seus desejos até que a mão que segura a pedra fique tão leve a ponto de poder ser erguida. Quando o sami recebe o que deseja, ele pergunta ao deus quais ofertas de ação de graças ele deseja, usando o mesmo método para obter uma resposta (Manker, 1957, p. 314).

Quando comparado com o culto da pedra em Madagascar, o culto dos Sami carece de uma conexão clara com os ancestrais e se refere aos "proprietários" da terra e ao senhor dos animais. Na ilha africana, os monumentos compostos por pedras sagradas costumam ser erguidos ou construídos por mãos humanas; na Lapônia predomina a veneração de pedregulhos naturais, muitas vezes remanescentes da Idade do Gelo. Aqui, como alhures, acredita-se que os pilares ou rochas sejam habitados por poderes invisíveis, ou, nas palavras de Mircea Eliade (1949, § 74): "A devoção do primitivo remete, em todo caso, a algo diferente, que a pedra incorpora e expressa".

Povos indígenas do continente americano

As rochas e pedras sagradas, juntamente com seus espíritos, são altamente reverenciadas pelos povos originários das Américas. No Equador, os Puruhá chegaram a oferecer sacrifícios humanos a um vulcão. Os Dakota decoraram e pintaram grandes pedregulhos, aos quais rezam e nos quais sacrificam cães. Os Crow possuem pequenas pedras em forma de animais que usam como um poderoso talismã. Os algonquinos da região do Lago Mistassini, no Canadá, não se atrevem a cruzar as águas até que tenham sacrificado ao espírito que habita uma rocha de forma particular. Mais ao sul, nos Estados Unidos, acredita-se que as pedras sejam habitadas por divindades superiores e personalizadas. Os Kiowa do Texas têm um pequeno deus de pedra ao qual rezam durante a Dança do Sol. Os Taos do Novo México adoram os "homens de pedra", que representam duas divindades guerreiras, ao pé de uma montanha sagrada. Os Pueblo acreditam que a boa sorte do caçador depende de ter pedras com uma forma curiosa.

As estatuetas dos Taino, povo que habita as Antilhas, são pedras recém-esculpidas e veneradas em cavernas. Na América do Sul, entre os povos andinos, o culto à pedra é uma prática muito comum, e deuses de pedra também são encontrados na região tropical a leste. A deusa mãe da população Jivaro no norte do Peru e o ser supremo dos Warao do Delta do Orinoco são representados por pedras (Hultkrantz, 1979, p. 60ss.).

Esta pequena lista sobre os povos originários americanos precisa de uma descrição suplementar sobre as formas de culto, mas pode, no entanto, ser comparada (pelo menos em parte) aos exemplos correspondentes dos Sami. A situação ambiental e ecológica da América do Norte e da Lapônia é a mesma, tanto no que diz respeito aos objetos naturais de culto como no que diz respeito às razões do culto, principalmente para garantir a caça e a pesca frutíferas.

Bibliografia

BUHL, F.N. *The encyclopaedia of islam*. Leiden, 1936. vol. III, p. 967.

ELIADE, M. *Traité d'histoire des religions*. Paris, 1949.

ELIADE, M. *Histoire des croyances et des idées religieuses*. vols. I-III. Paris, 1976-1983. Vol. I: *De l'âge de la pierre aux mystères d'Eleusis*. Paris, 1976.

FAUTH, W. *Baitylia*. *In*: *Der kleine Pauly. Lexikon der Antike*. vol. I. Stuttgart, 1964. Uma pesquisa muito sintética mas bem documentada.

GESE, H.; HÖFFNER, M.; RUDOLPH, K. Die Religionen Altsyriens, Altarabiens und der Mandäer. *In*: *Die Religionen der Menschheit*. Stuttgart, 1970. vol. X.II.

HARTLAND, E.S. et al. Stones. *In*: HASTINGS, J. (org.). *Encyclopaedia of religion and ethics*. Edimburgo, 1920. vol. XI. Trata-se de uma seleção de artigos que compreendem as tradições primitivas, gregas e romanas, indianas e semitas escritos respectivamente por Hartland, P. Gardner, W. Crooke e G.A. Barton. Cf. tb. MACALISTER, R.A.W. "Stone Monuments", no vol. XI, e MILLER KAY, D. "Massebnah", no vol. VIII (1915). Estes artigos contêm materiais preciosíssimos, muito embora as teorias aplicadas para analisá-los já estejam superadas.

HEILER, F. Erscheinungsformen und Wesen der Religion. *In*: *Die Religionen der Menschheit*. Stuttgart, 1961. vol. I.

Uma abordagem bastante breve sobre o tema, mas bastante comparativa. Os volumes seguintes desta série contêm informações importantes sobre a adoração da pedra: por exemplo, os volumes VI (Indonésia), VII (Pacífico meridional e Austrália), VIII (América antiga), XVIII (Os celtas), XX (Tibete e Mongólia), XXIII (Coreia), XXIII (Sudeste Asiático) e XXVI (Israel e o judaísmo).

HERTER, H. Hermes. *Rheinisches Museum für Philologie*, vol. 119, p. 193-241, 1976.

HOLMBERG, U. *The mythology of all races*. Vol. IV, Finno-Ugric, *Siberian*, 1927. Reimp. Nova York, 1964. Este é um estudo clássico de um especialista e historiador prudente, livre de teorias já superadas.

HULTKRANTZ, Â. *The religion of the American indians*. Los Angeles, 1979. Um acurado exame fenomenológico feito por um especialista. Cf. tb., do mesmo autor, *Saami pre-Christian Religion*. Estocolmo, 1985.

KENNEDY, A.R.S.; WEVERS, J.W. Pillar. *In*: GRANT, F.C.; ROWLEY, H.H. (orgs.). *Dictionary of the Bible*. 2. ed. rev. Edimburgo, 1963. p. 772s. Uma comparação interessante pode ser feita com o artigo presente na primeira edição, organizada por J. Hastings (Edimburgo, 1909).

MANKER, E. *Lapparnas heliga ställen*. Estocolmo, 1957. Um trabalho fundamental que abrange um compêndio em inglês: *The holy places of the Lapps*.

RENEL, C. Ancêtres et dieux. *Bulletin de l'Académie Malgache*, vol. 5, p. 1-263, 1923.

RUUD, J. *Guder og fedre* – Religionshistoriskt stoff fra Madagaskar. Oslo, 1947.

Carl-Martin Edsman

PEIXE

O simbolismo do peixe contém o poder sagrado do abismo e a reciprocidade da vida e da morte. As estatuetas paleolíticas representando peixes carregam a espiral da criatividade gravada de um lado e o labirinto da morte do outro; essas gravuras testemunham o mundo espiritual dos homens primitivos, no qual o peixe representava reprodução e morte, morte e destruição, vida que se renova e se preserva.

No antigo Oriente Próximo e no Mediterrâneo, os peixes eram associados às grandes deusas, às imagens arquetípicas de feminilidade, amor e fertilidade. Astarte era adorada na forma de um peixe; Atargatis chamou seu filho de Ichthys, Peixe Sagrado. Na Grécia antiga, em Roma e na Escandinávia as deusas Afrodite, Vênus e Frigg foram assimiladas aos peixes, e no dia dedicado a elas, sexta-feira, era costume comer peixe, a fim de participar de sua fecundidade. Em muitas partes do mundo – Índia, Groenlândia, Samoa e Brasil – acreditava-se que as virgens engravidavam com a dádiva de um peixe, enquanto na África a "dança do pêssego" era um rito de fertilidade comum às sociedades femininas. Em lugares onde a deusa era caracterizada como luxuriosa e gananciosa, a dupla natureza do símbolo do peixe, considerado impuro na época, tornou-se evidente. Entre os povos sumério-semitas, os deuses-peixe eram reverenciados como criadores e vivificadores e representavam o poder fálico. Um selo assírio de cerca de 700 a.C. retrata "os deuses-peixe que fecundavam a árvore da vida". Alguns selos babilônicos retratam a imagem de um grande peixe com uma embarcação da qual brotam outros peixes.

Alimento encontrado em muitas partes do mundo, o peixe é universalmente um símbolo de abundância. Nos altares budistas são um sinal de abundância e bons desejos, e, no texto tântrico *Vāmācārissi*, representam um dos cinco dons.

Alimento ritual nos templos da Babilônia, o peixe era o alimento sagrado dos sacerdotes. No judaísmo, o peixe era considerado o alimento dos beatos no paraíso e era comido durante a refeição sabática. A antiga Páscoa judaica acontecia no Monte de Adar, o Peixe, e o símbolo tradicional da restauração nacional que deve vir com a vinda do Messias é o grande peixe, no qual os justos se alegrarão. Os objetos do sábado e o cálice da bênção são frequentemente decorados com imagens de peixes.

Nos mitos sírios e iranianos, os peixes sagrados são numerosos. Durante todo o período dinástico no Egito, eles eram considerados como a manifestação ou morada de um deus. Ápis, pai dos deuses, era o "Senhor de Peixes", e um peixe denotava o falo de Osíris, o deus desmembrado. Atributos do deus do mar, Poseidon (ou Netuno), os peixes eram associados ao poder lunar; se representados com um machado, como em Creta, designavam tanto a energia lunar quanto a solar. O signo de Peixes, o 12º do zodíaco, representa dois peixes orientados em direções opostas; assim simbolizam o poder espiritual e temporal, o mundo superior e inferior, o passado e o futuro, a involução e a evolução, o fim de um ciclo e o início de outro. A representação de um par de peixes em vasos chineses da Idade do Bronze significa poder criativo. Os japoneses acreditavam que o mundo era sustentado por um peixe poderoso. Nas sociedades primitivas da África, da Oceania e da América, tanto no norte quanto no sul, os peixes eram figuras totêmicas sagradas, emblemáticas do poder do clã. Os povos originários do atual Peru acreditavam que o Peixe originário havia gerado todos os outros; também adoravam as espécies pescadas em grande número. Os deuses do mar montados em um peixe significavam liberdade; retratado na pegada do Buda, o peixe significava emancipação da afeição e do desejo.

O peixe como símbolo de bênção é muitas vezes assemelhado a um salvador. O sinal alquímico para *Salvator mundi* é um peixe. O deus hindu Viṣṇu, transformado em peixe por Brahmā, recuperou os Vedas do dilúvio, salvou a humanidade e iniciou uma nova linhagem. Cristo também foi simbolizado por um peixe, conforme relatado pelas inscrições gravadas nas catacumbas de Roma: em grego as iniciais de "Jesus Cristo, Filho de Deus, Salvador" formam a palavra grega *ichthys* ("peixe"). A imagem de Jesus andando sobre as águas confirma a metáfora do peixe emergindo das profundezas para trazer salvação à humanidade. A multiplicação milagrosa de pães e peixes para alimentar a multidão reunida em torno de Jesus é o protótipo da Eucaristia: o peixe, como o pão, simboliza o corpo do Senhor. A missa inclui o conceito de Cristo que, ao mesmo tempo em que sacrifica, é sacrificado. A imagem dos três peixes com uma só cabeça, ou dos três peixes entrelaçados – encontrada na iconografia da antiga Mesopotâmia, Egito, Índia, Pérsia e até nos tempos modernos – é símbolo universal da unidade na Trindade e representa também o Batismo cristão. Os discípulos de Cristo e os recém-batizados eram caracterizados pelo símbolo do peixe, enquanto nas primeiras lâmpadas cristãs é retratado um neófito em forma de peixe. Nas pinturas mortuárias cristãs, nos sarcófagos pagãos e nas representações das festas chinesas dos mortos, o peixe se relaciona à ressurreição e à regeneração.

A experiência de entrar na barriga de uma baleia ou de um peixe gigante, como na história de Jonas, é o equivalente à ideia religiosa que inspirou os mistérios da iniciação e os rituais de morte e renascimento por meio da sabedoria recém-descoberta. Variações desse símbolo de transição são encontradas em todo o mundo, desde os ritos de iniciação da Oceania, África Ocidental, Lapônia, Finlândia, até a história dos povos originários norte-americanos que narra como Hiawatha foi engolido pelo Rei dos Peixes.

O ato de pescar simboliza tanto a busca das almas quanto a busca dentro da alma, ou seja, extrair o tesouro da sabedoria do mar do desconhecido. Os babilônios consideravam o mar como fonte de sabedoria; um selo do segundo milênio antes de Cristo retrata um pescador místico chamado "Guardião dos Peixes". O herói mítico Ea-Oannes, meio-homem e meio-peixe, emergiu das águas para trazer cultura e sabedoria à humanidade. A figura se transformou em um deus-peixe, o Senhor das Profundezas, cujos sacerdotes usavam peles e toucas de peixe; os últimos foram então transformados até assumirem a forma atual da mitra usada pelos bispos no catolicismo. O nome *Orfeu* deriva de um termo para "peixe", e uma das figuras de um vaso sacro órfico do século III ou IV a.C. mostra Orfeu, pescador de homens, com um peixe e uma vara aos pés. O deus celta Nodon era um deus-pescador, e o deus galês Bran, o Bendito, era chamado de "pescador de homens". Sua contraparte é o rei do Graal que Parsifal encontrou enquanto pescava e esperava seu libertador. Segundo Santo Agostinho, na exortação de Cristo: "Segui-me, e farei de vós pescadores de homens", entende-se o conceito do mundo como um mar de peixes que devem ser convertidos. Para o místico sufi do século X, Niffari, o mar de experiência espiritual que o místico atravessa em sua jornada para Deus está repleto de peixes estranhos e aterrorizantes.

Muitas formas de vida marinha personificam símbolos religiosos específicos. O golfinho era considerado um intermediário divino entre os mundos inferior e superior; foi retratado nos vasos gregos como um guia para as almas mortas, enquanto conduzia os guerreiros para as Ilhas dos Bem-Aventurados. Também na arte cristã o golfinho é representado como um psicopompo, ou guia das almas dos mortos. O polvo era um dos temas preferidos na arte cerâmica da antiga Creta, ligado à esfera espiritual, pois simboliza o centro místico e a revelação da criação. Na lenda celta de Finn, o herói come o Salmão da Sabedoria que lhe dá a presciência dos deuses. Na Europa, a *Stella maris,* ou estrela do mar, é o símbolo da Virgem Maria e do Espírito Santo.

Bibliografia

BAUM, J. Symbolic representations of the Eucharist. In: CAMPBELL, J. (org.). *Papers from the Eranos Yearbooks.* Vol. II: *The mysteries.* Nova York, 1956. Esta é uma análise cuidadosa dos atos simbólicos de Cristo no rito da Eucaristia, baseada na iconografia dos peixes representados nos sarcófagos e nas capelas destinadas à celebração dos sacramentos.

CAMPBELL, J. *The masks of God.* Vol. IV, *Creative mythology.* Nova York, 1968. Uma abordagem sobre o simbolismo do pescador místico nos artefatos órficos, babilônicos e cristãos que estabelece uma correlação os símbolos do mistagogo, do Orfeu o Pescador e do Rei Pescador da lenda do Graal.

LENGYEL, L. *Le secret des Celtes*. Paris, 1969. O peixe como símbolo de sabedoria na lenda celta do herói Finn e a aquisição do conhecimento sobrenatural por esse herói ao comer do Salmão da Sabedoria.

NEUMANN, E. *The origins and history of consciousness*. Nova York, 1954. Estuda a predominância das divindades femininas nos antigos cultos do peixe e dos heróis culturais, metade peixes e metade homens, que emergem das águas para trazer revelação e sabedoria à humanidade.

ZIMMER, H. *Philosophies of India*. Princeton, 1951 [1969]. Recapitulando a vasta Ciência da Riqueza, o autor examina a doutrina indiana do Matsya Nyaya, ou lei dos peixes, na qual o peixe simboliza a força generativa do mar, signo da vida abundante que se mantém por si mesma e se autoconsuma.

Ann Dunnigan

PEREGRINAÇÃO

Toda pessoa religiosa, seja qual for a cultura ou o credo ao qual pertença, pode às vezes olhar para além dos monumentos e lugares de culto que lhe são familiares e sentir o chamado de algum lugar mais distante e conhecido pela fama taumatúrgica ou porque ali se renova a fé: pode então decidir empreender uma viagem. O destino da viagem pode ser Benares para os hindus, Jerusalém para judeus, cristãos e muçulmanos, Meca para os muçulmanos, Meiron para os judeus, Ise (no Japão) para os xintoístas ou Saikoku (também no Japão) para os budistas, como milhares de outros lugares. Além das diferenças de cultura e religião, em todas as peregrinações existem algumas estruturas semelhantes: por isso a crônica de uma determinada peregrinação pode servir para delinear as características fundamentais de todas as demais. O processo subjacente à peregrinação pode ser resumido da seguinte forma.

Em primeiro lugar, aparece um santo em um determinado lugar, ocorre um milagre e uma grande multidão de devotos aflui ao lugar do ocorrido; mais tarde os devotos erguem um monumento memorial. Ainda hoje muitos doentes fazem uma promessa desse tipo ao santo no fundo do coração: "Se me ajudares, irei ao teu santuário e lá rezarei". A viagem terá de ser árdua, cheia de inconvenientes, mas o destino é uma fonte de atração que, com a promessa de curar corpo e espírito, proporcionará o esquecimento de todas as provações passadas.

O peregrino parte com entusiasmo e, durante a viagem, junta-se a outros que vão na mesma direção que ele; estabelece-se também laços de amizade. Na viagem, para-se em várias estações para recuperar forças; quando finalmente se começa a avistar ao longe a meta, a alegria é grande. O peregrino entra na área sagrada consciente de ver com seus próprios olhos o lugar onde ocorreram eventos milagrosos e de tocar um solo sagrado; o senso de sacralidade acaba por permeá-lo completamente, infundindo-lhe um sentimento de admiração. Ao fim, quando toca com as mãos o monumento principal do lugar sagrado, fica ao lado dele por muito tempo, em oração e meditação.

Finalmente, depois de fazer oferendas e passear pelos monumentos menores do lugar, ele se alimenta de alguma comida sagrada, compra algumas lembranças e volta para casa feliz porque sua aflição se foi. Ao chegar à sua casa, ele é recebido por familiares e amigos, que compartilham as bênçãos que ele recebeu.

A experiência da peregrinação

A peregrinação tem a clássica estrutura tripartida, típica do rito de passagem. Inclui: 1) a fase de separação (início da viagem); 2) fase liminar (durante a viagem e depois na chegada ao lugar santo até o momento do contato com o "sagrado"); 3) fase de reagregação (o retorno). A peregrinação deve distinguir-se da iniciação porque a viagem do peregrino se dirige a um centro situado "além", sem passar por um limiar que marca uma mudança na condição social do indivíduo (exceto a peregrinação árabe a Meca). A fase intermediária da peregrinação é caracterizada pela percepção do afrouxamento temporário das relações sociais normais e por um sentimento de profunda *communitas*, de solidariedade com os outros, bem como pela preferência dada a roupas simples, pela percepção do teste a ser superado e pela reflexão geral sobre sua própria religiosidade. O movimento é o elemento característico do peregrino, atraído por uma forma de magnetismo espiritual que emana de cada centro de peregrinação.

Liberdade das estruturas sociais

O afrouxamento temporário dos laços sociais que caracteriza a jornada de um peregrino é um fato compartilhado por outros tipos de personagens também: turistas e místicos. Afinal, os primeiros podem ser peregrinos, em certo sentido, pelo menos os mais motivados entre eles, pois, talvez em contraste com seu ambiente de origem, elegem um lugar periférico à sua sociedade como centro preferencial. Assim como os peregrinos, os turistas também visitam lugares distantes e podem viver experiências transcendentes naquela situação particular de liminaridade que os torna livres de qualquer vínculo social específico. Portanto, sua jornada para lugares distantes pode ser assimilada a uma espécie de misticismo externo. Os místicos, por sua vez, fazem uma viagem íntima e sagrada, uma peregrinação interior. No entanto, o que essas três categorias de viajantes têm em comum é a libertação temporária dos vínculos de qualquer estrutura social.

Communitas

Eis o sentimento vivenciado pelos peregrinos durante sua vida em grupo: é uma forma de solidariedade humana que os leva a falar de seu grupo como a única forma possível de sociedade sem classes. De qualquer forma, tal *communitas* é determinada com base na partilha de valores, crenças e regras pertencentes a uma religião histórica muito específica (são precisamente certas normas e costumes que se desenvolvem na alma do peregrino esse sentido particular de absorção total na situação que ele está vivendo). A peregrinação, portanto, em sua forma mais sincera, é algo que estabelece uma lacuna entre as diferentes religiões e estimula a atitude exclusivista que nos faz dizer que "a nossa (religião) é a única".

Isso talvez explique por que os peregrinos costumam ser conservadores no campo social, enquanto seus críticos costumam ser liberais. Muitas vezes, finalmente, a peregrinação acaba por ser uma forma de religiosidade popular em que os participantes tendem a guardar zelosamente os seus costumes e as suas regras tradicionais. Surge, portanto, o paradoxo de que muitas vezes os apelos para a obtenção da independência nacional foram realizados sob a bandeira de um centro de peregrinação específico (é o caso de Nossa Senhora de Guadalupe no México e da Nossa Senhora Negra de Częstochowa na Polônia).

A peregrinação sempre foi um fenômeno que produziu preocupações na hierarquia oficial, pois é uma forma de religiosidade que se desenvolveu espontaneamente fora dos centros organizados ou em lugares consagrados, muitas vezes sem respeitar, consequentemente, as mais rígidas regras impostas pela estrutura religiosa. Isso explica o caráter democrático subjacente à concepção e à razão pela qual a peregrinação pode ser considerada, com seu espírito de *communitas*, potencialmente subversiva.

Magnetismo espiritual dos centros de peregrinação

Vários fatores se combinam para formar o magnetismo particular que emana dos centros de peregrinação: pode ser uma imagem de época muito antiga ou de origem divina. Essas imagens podem então ser muito diferentes: vão desde a pintura da Virgem de Częstochowa, até a imagem vestida como uma boneca em Tlaxcala (México), até a colossal estátua de Buda no Sri Lanka. No entanto, todas essas imagens têm um apelo religioso que tem o poder de despertar espíritos e consciências. Às vezes é a mesma ambivalência característica das imagens, ligada ao dilema de serem ou não divinas em si mesmas, que intensifica seu fascínio. A fama das curas milagrosas também pode ser um apelo muito intenso. Parece que tais milagres podem ocorrer quando um forte senso do sobrenatural e um profundo senso de solidariedade e camaradagem com aqueles que compartilham a mesma experiência se desenvolvem juntos. Embora ainda sejam incipientes os estudos neurológicos sobre esses efeitos da experiência religiosa, o fator de recuperação da saúde parece ter um peso considerável na experiência comum. As histórias de curas milagrosas transmitidas e repetidas podem, portanto, constituir material digno de estudo mais aprofundado.

Muitos centros de peregrinação são marcados por aparições de seres sobrenaturais: neste caso, o magnetismo exercido pelo lugar é forte e completamente independente de o lugar em questão ter ou não alguma atração ou reputação. Os peregrinos se preocupam em tocar as coisas que fizeram parte do episódio da aparição, porque, por meio da experiência concreta do toque, eles também se sentem parte desse evento originário.

Até mesmo o lugar de nascimento, ou de atividade, ou o túmulo de um santo podem estar igualmente cheios de apelos para peregrinos. Neste caso, também a conformação natural do lugar ou algumas das suas características (rios, grutas, montanhas, ilhas ou certa natureza bizarra) têm um peso em exercer uma influência magnética sobre os devotos (é o caso, p. ex., da Caverna de Amarnath, na Índia, onde se acredita que uma formação de gelo excepcional seja uma encarnação de Shiva). A natureza, beirando o mundano, pode representar o ponto de entrada no domínio do espiritual.

De qualquer forma, a numinosidade de um lugar de peregrinação é palpável. Desde a sua criação, ele assume um caráter de durabilidade que se desdobra gradualmente ao longo da história.

Classificação histórica das peregrinações

As peregrinações surgiram em diferentes períodos históricos, com características diversas. De acordo com uma tipologia essencialmente baseada na história ocidental, mas também extensível a outras esferas culturais, é possível classificar as peregrinações como arcaicas, prototípicas, apogeanas, modernas.

Peregrinação arcaica

Algumas tradições de peregrinação remontam a tempos antigos e quase nada se sabe sobre a sua instituição. Algumas dessas tradições arcaicas, como a do povo Huichol, originário do México, mantêm vivo um complexo código de símbolos. Outras tradições foram sufocadas pela sobreposição de religiões posteriores, embora em muitos casos os costumes mais antigos ainda sejam reconhecíveis. Até mesmo a própria *communitas* que caracterizava certos antigos lugares de devoção pode ser um incentivo para uma nova instituição. Casos de tal sincretismo podem ser encontrados em lugares como Meca e Jerusalém, Izamal e Chalma no México, Cantuária na Inglaterra. Em relação a este último, a sanção dele como lugar escolhido é conhecida por causa da mensagem enviada pelo Papa Gregório Magno a Agostinho de Cantuária sobre o convite para "batizar" os costumes dos anglo-saxões, trazendo-os para dentro da nova religião.

Peregrinação prototípica

As peregrinações inauguradas pelos fundadores de alguma religião ou por seus primeiros discípulos ou por importantes divulgadores da mensagem religiosa podem ser definidas como "prototípicas". Como em todas as novas fundações, esses tradicionais destinos de peregrinação são marcados por episódios de aparições e milagres que atraem multidões de peregrinos que realizam os atos de devoção necessários, rezam, tocam nos objetos locais, deixam esculturas nas árvores e assim por diante. À medida que cresce o impulso da *communitas*, desenvolve-se um movimento de oposição que muitas vezes aumenta a popularidade do centro em questão. Logo uma tradição narrativa particular também se desenvolve, acompanhada de textos sagrados relacionados ao fundador. Um monumento é erguido e uma estrutura eclesiástica é organizada. Peregrinações prototípicas do cristianismo são Roma e Jerusalém; para o judaísmo, há Jerusalém; para o islamismo, Meca; para o hinduísmo, Benares e Monte Kailāśa; para o budismo, Bodh Gaya e Sarnath (na Índia); e, finalmente, Ise para o xintoísmo. Muitas vezes, nesses lugares, os peregrinos reproduzem os acontecimentos relativos aos tempos da fundação dos próprios centros.

As peregrinações do período de máximo florescimento

No auge de uma tradição de peregrinação, constrói-se um memorial elaborado. Ele é carregado de símbolos, enquanto ao redor se erguem monumentos menores, um mercado e albergues e peregrinos "profissionais" aparecem. Na Idade Média, quando o aumento do poder islâmico impediu as peregrinações à Terra Santa, outros centros de devoção foram criados na Europa para compensar esse impedimento. Uma relíquia sagrada era frequentemente o foco de devoção (como o véu de Nossa Senhora em Chartres, França). As romarias do Novo Mundo estão ligadas aos seus antecedentes medievais, ainda que neste caso haja uma escassez de relíquias, compensada pela prevalência de imagens sacras nessas regiões.

Enquanto isso, em muitos centros europeus, a peregrinação começava seu declínio e as construções comemorativas estavam tão repletas de objetos simbólicos que seu significado original havia sido esquecido. Foi assim que, na época da Reforma e do puritanismo, muitos desses centros se tornaram alvos dos iconoclastas e foram suprimidos (é o caso de Walsingham, na Inglaterra).

Erasmo de Roterdã, William Langland, John Wycliffe, Hugh Latimer e Calvino se opuseram zelosamente à ênfase excessiva dada às imagens nessas formas de devoção. Hoje, porém, alguma oposição a certas formas de devoção que têm surgido em alguns centros (como em Joazeiro, na Bahia, e em Necedah, em Wisconsin) vem do Vaticano, que é muito prudente em ratificar a atual miraculosidade de certas aparições. Em Israel, também, os rabinos vigiam as alegadas irregularidades de várias peregrinações populares aos túmulos dos "santos" (*tsadics*).

A peregrinação moderna

Em todo o mundo, os últimos dois séculos presenciaram um novo tipo de peregrinação, com seguidores entusiasmados e muito devotos. É uma peregrinação cada vez mais "tecnológica", que ocorre de avião ou de carro e até os centros de peregrinação se adaptaram aos tempos produzindo, por exemplo, a sua própria imprensa especializada e distribuindo brochuras. As áreas de encontro da peregrinação moderna são as grandes cidades industriais. Em todo caso, a mensagem de recordação vinda dos lugares de devoção ainda é tradicional, embora adequada aos valores atuais. Muitas peregrinações católicas têm como elemento impulsionador a fama da aparição da Virgem a personagens humildes, com uma mensagem convidando à penitência, ou a atribuição de uma prerrogativa especial de cura à localidade (pense-se em Lourdes). Outros centros surgiram das cinzas de locais de peregrinação que agora estão em declínio. Normalmente, um devoto recebe uma mensagem comunicando novos milagres e um novo destino de peregrinação (Aylesford, Inglaterra) é inaugurado. Todos os tipos de peregrinação, tanto centros de santidade como lugares de aparição, também são difundidos em outras partes do mundo, do Japão a Israel (onde é feita uma peregrinação ao túmulo do santo Rabi Uri de Beersheva).

Conclusões

A peregrinação é um processo e um fenômeno espontâneo em evolução contínua, sem estruturas básicas precisas, fora dos limites da religiosidade ortodoxa. É essencialmente uma tentativa de uma experiência diferente, em vez de uma passagem para um estado superior. Sua resistência, sua elasticidade, sua capacidade de renovação ao longo do tempo e a difusão mundial do fenômeno testemunham o quão profunda é essa experiência para alguns homens, muitas vezes superior ao poder das palavras.

Bibliografia

ARADI, Z. *Shrines to Our Lady around the World*. Nova York, 1954 (uma longa enumeração de santuários marianos).

BHARDWAJ, S.M. Hindu places of pilgrimage. *In*: *India*: a study in cultural geography. Berkeley, 1973.

KITAGAWA, J.M. Three types of pilgrimage in Japan. *In*: URBACH, E.E.; ZWI WERBLOWSKY, R.J.; WIRSZBUSKY, C. (org.). *Studies in mysticism and religion presented to G. Scholem*. Jerusalém, 1967. p. 155-164 (uma análise das peregrinações às montanhas sagradas, aos templos e aos monumentos comemorativos além dos lugares tornados sagrados pela presença de um santo: trata-se de um estudo pioneiro).

KRISS-RETTENBECK, L. (org.). *Wallfahrt kennt keine Grenzen*. Munique, 1984 (estudo sobre os novos aspectos da peregrinação cristã).

MORINIS, E.A. (org.). *Sacred journeys*: the anthropology of pilgrimage. Londres, 1992 (referências essenciais aos vários tipos e aspectos da peregrinação em todas as partes do mundo a partir dos instrumentos científicos mais atuais).

Palestine Pilgrim Text Society. Os volumes I, III e X (1891-1897) são fontes de importância excepcional porque contêm as relações de viagem dos primeiros peregrinos na Terra Santa.

PRESTON, J.J. Methodological issues in the study of pilgrimage. *In*: MORINIS, E.A. (org.). *Sacred journeys*: the anthropology of pilgrimage. Londres, 1992 (um estudo cuidadoso e iluminador para introdução aos vários aspectos da peregrinação).

TURNER, V. Pilgrimage as social process. *In*: *Dramas, fields and metaphors*. Ithaca, 1974. p. 167-230 (trata-se do primeiro estudo antropológico sobre peregrinação que recolhe oportunamente o surgimento da *communitas* e a presença de um senso de humanidade).

TURNER, V.; TURNER, E. *Image and pilgrimage in Christian culture*. Nova York, 1978 (estudo antropológico sobre os aspectos culturais, simbólicos e teológicos da peregrinação com referência particular ao México, à Irlanda, à época medieval e à devoção mariana).

Edith Turner

PÉROLA

A existência da pérola natural começa quando um grão de areia do mar ou do leito do rio entra no corpo de um molusco. Para se proteger desse corpo estranho, o molusco secreta uma substância, o nácar, que cobre lentamente o grão até que este perca seus contornos abrasivos e se torne liso e esférico. Com base em sua origem singular, a pérola simboliza o poder sagrado desde os tempos antigos.

Em muitas culturas arcaicas, a concha do mar, devido à sua forma, está associada aos órgãos genitais femininos, e a pérola representa tanto o produto sagrado quanto o emblema do poder generativo feminino. A pérola, portanto, simboliza tanto a vida que é criada quanto a força misteriosa que a gera.

Um exemplo desse simbolismo reprodutivo é encontrado em *Pei-ya*, um texto chinês do século XI d.C. que compara a pérola a um feto em desenvolvimento e chama a ostra de "o ventre da pérola". A imagem antropomórfica desse poder sagrado é a deusa do amor. No antigo mundo mediterrâneo, conchas e pérolas eram frequentemente símbolos das grandes deusas. De maneira análoga à origem da pérola em uma ostra, Afrodite nasceu de uma concha do mar, e a deusa siríaca era conhecida como a Dama das Pérolas.

Pela conexão com o poder generativo feminino, a pérola também se tornou o símbolo da regeneração e do renascimento. Como uma força regenerativa, acreditava-se que a pérola tinha o poder de curar ou proteger contra o mal. Ao longo da Idade Média e até o século XVII, os médicos europeus debateram durante muito tempo sobre a melhor forma de preparar uma pérola para fins curativos: deve ser moída ou dissolvida? Em ambos os casos, era costume prescrever um elixir contendo uma pérola para inúmeras doenças físicas. Um exemplo oriental da crença na pérola como capaz de proteger a vida é encontrado na iconografia do *bodhisattva* Kṣitigarbha, especialmente reverenciado no budismo japonês por mulheres grávidas e crianças pequenas como o protetor de toda a humanidade fraca e sofredora: estátuas e imagens retratam Kṣitigarbha segurando uma pérola, seu emblema, na mão esquerda. Devido à conexão com renascimento e ressurreição, as pérolas também são encontradas nos túmulos de governantes em muitas terras distantes umas das outras, do Egito às Américas. No Laos, uma pérola é inserida em cada orifício do corpo para garantir que o falecido tenha uma viagem segura para a vida após a morte.

Achar e conseguir a pérola natural é um trabalho árduo e um empreendimento arriscado. Sabe-se que os pescadores de pérolas trabalham em dupla: enquanto um mergulha nas profundezas do mar, o outro permanece na superfície e segura a outra ponta da corda à qual o companheiro está amarrado; após um tempo predeterminado, a corda é puxada para trazer o pescador de volta à superfície. A dificuldade de localizar e coletar a pérola natural dá origem a um segundo nível de simbolismo: a pérola representa a árdua meta dos esforços espirituais. Na parábola do comerciante que encontra uma pérola de valor especial e vende tudo o que possui para obtê-la, Jesus compara o Reino de Deus justamente a uma pérola. Na alquimia medieval, um dos muitos nomes para a pedra filosofal é *margarita pretiosa*, ou "pérola preciosa". Em *The pearl*, um conto medieval inglês de autor desconhecido, o herói lamenta o desaparecimento de sua pérola em um campo de grama. Ao buscá-la, ele cai em outro mundo, onde experimenta uma profunda renovação espiritual e recupera o equilíbrio de sua natureza interior. Zhuangzi, o lendário místico taoista, conta como o Imperador Amarelo perdeu sua "pérola da noite" enquanto caminhava pela borda do mundo. Ele a buscou com todos os meios à sua disposição: com ciência, com análise, com lógica. Mas somente quando o imperador desesperado se voltou para o "vazio" (*hsü*), que é a base de todas as coisas, a pérola foi devolvida a ele.

A busca da pérola é também o tema do *Hino gnóstico da pérola*. O hino fala de um príncipe que deixa seu lar celestial para recuperar uma pérola que está enterrada no Egito, sob a posse de uma cobra gigante. O príncipe é enviado por seu pai, sua mãe e seu irmão, que vigiam sua viagem de uma forma que lembra o segundo pescador que fica responsável por segurar a corda na superfície do mar. Inevitavelmente o príncipe sucumbe ao feitiço que possui todo o Egito (símbolo gnóstico da ilusão da existência cósmica). Ele perde a memória de suas origens e da pérola, ou seja, torna-se espiritualmente ignorante ou inconsciente. Mas seus pais, que o vigiam, enviam-lhe uma mensagem para despertá-lo e lembrá-lo de sua identidade e missão.

Especialmente no Oriente, da Índia ao Japão, a pérola é frequentemente representada sob a posse de um dragão ou de um monstro marinho. Esses seres mitológicos, como a serpente no *Hino da pérola*, são os símbolos comuns do caos, o conjunto de forças cósmicas e espirituais que se opõem ao estabelecimento de uma ordem que tenha sentido e seja habitável. Para isso, a busca da pérola muitas vezes implica um confronto heroico com o demoníaco.

Onde a cura ou a libertação da alma é considerada o fim dos trabalhos espirituais, a pérola pode simbolizar a própria alma. Essa crença provavelmente tem suas raízes históricas no pensamento mitológico do mundo helenístico, do qual temos a fórmula *soma/semo* ("o corpo é a sepultura"). Nessa visão, o assunto da vida espiritual e eterna é a alma imortal que existe dentro de um corpo estranho e mortal. De acordo com os Mandeus, a casa temporária da pérola dentro da ostra fornece uma alegoria da morada temporária da alma dentro do corpo. Uma variação dessa metáfora pode ser encontrada no texto maniqueísta copta da *Kephalaia*, em que a alma é comparada a uma gota de chuva que cai no mar e entra no corpo de uma ostra para se transformar em uma pérola. Da mesma forma, a alma adquire definição e individualidade permanentes ao tolerar a vida no corpo. A pérola como símbolo da alma tomando forma no corpo encontrou expressão na poesia do místico sufi Farid ud-Din Attar:

> Fora do oceano como nuvens de chuva
> que vêm e vagueiam –
> Porque sem vagar jamais te tornarás uma
> pérola!

Bibliografia

BAUSANI, A. *Persia religiosa* – Da Zaratustra a Baha'-ullah. Milão, 1959.

BAUSANI, A. *Storia della letteratura persiana.* Milão, 1959.

CIRLOT, J.E. *A Dictionary of symbols.* Nova York, 1971.

ELIADE, M. *Images et symboles*: essais sur le symbolisme magico-religieux. Paris, 1952. Contém vasta bibliografia.

JONAS, H. *The gnostic religion*: the message of the alien God and the beginnings of Christianity. Boston, 1963.

Beverly Moon

PONTE

Em todo o mundo, dentro de diferentes culturas e religiões, abundam descrições vívidas de um caminho perigoso que o sonhador, o visionário em êxtase ou o falecido devem seguir em sua jornada para a vida após a morte. Um dos perigos pode ser representado por uma ponte lançada sobre um abismo, por uma corrente voraz ou pelo vazio. A possibilidade de cruzar a ponte com sucesso pode depender do comportamento do viajante durante sua vida terrena, ou dos sacrifícios que ele ou seus parentes vivos fizeram. As qualificações éticas nem sempre são exigidas.

Paralelamente a essas ideias escatológicas, a própria construção de pontes nesta terra tem sido muitas vezes associada a sacrifícios e conceitos religiosos, típicos das tradições populares e mágicas. Às vezes, a construção de uma ponte real e tangível – para uso diário ou ritual – tem sido referida à passagem da alma para a vida após a morte. Finalmente, a ponte em si tem sido muitas vezes um símbolo eficaz para significar a transcendência da fronteira que separa dois reinos, ou a ascensão de um reino inferior para um superior.

Uma das características simbólicas mais marcantes da ponte é sua universalidade nas tradições de todo o mundo.

Na linguagem metafórica cristã, a vida é comparada a uma peregrinação. Não devemos nos fascinar pelo prazer de viajar, tanto de carro quanto de navio, a ponto de esquecer o destino. Trata-se de usar o mundo em vez de apreciá-lo. Santo Agostinho trata desse tema em sua obra *A doutrina cristã* (1,4), enquanto em seu *Comentário ao Evangelho segundo João* (40,10) fala do mundo como uma hospedaria usada para uma parada temporária durante a viagem.

Essa metáfora pode ser facilmente reformulada usando o símbolo da ponte. Podemos considerar um dito de Jesus ausente do Novo Testamento, um assim-chamado *agraphon,* que foi preservado pela tradição islâmica. É mais conhecido pela inscrição pedida em 1601 pelo Imperador Akbar na entrada principal da mesquita de Fatehpur Sikri, no norte da Índia: "Jesus, a paz esteja com ele, disse: 'O mundo é uma ponte; ande sobre ela, mas não se sente sobre ela'". O ditado remonta ao mundo islâmico anterior século VII (Jeremias, 1955).

Entre os pontos de vista extremos destacados pelas interpretações psicanalíticas sobre a ponte, encontramos a teoria de inspiração freudiana segundo a qual esse objeto constitui um símbolo fálico, repleto de sugestões relacionadas a fantasias sexuais, complexos de castração e incesto (Friedman, 1968). Uma análise diferente pode ser encontrada nos escritos de Hedwig von Beit, inspirado por C.G. Jung para fazer uso de suas categorias de pesquisa no campo dos contos de fadas. A ponte, que divide duas áreas do território, refletiria uma situação psíquica em que ocorre um hiato na consciência, ou em que nos deparamos com uma transição para uma área diferente. Este é precisamente o ponto que os "demônios" do inconsciente escolhem para se manifestar (Reimbold, 1972, p. 66s., 71s.).

Mircea Eliade, também influenciado por Jung, oferece uma interpretação fenomenológica do símbolo da ponte na iniciação dos xamãs entre os mongóis Buriate do sul da Sibéria. Entra em cena uma cerimônia de escalada, com o candidato escalando nove varas de bétula amarradas com uma corda e chamadas de "ponte". Segundo Eliade, as fitas vermelhas e azuis que ligam ainda mais esse objeto à iurta constituem um símbolo do arco-íris. Esse elemento pareceria confortar a interpretação global da cerimônia, na opinião do nosso autor: seria a visualização da viagem celeste do xamã, do seu rito de ascensão. Portanto, a iniciação do xamã mongol pode estar ligada à travessia da ponte Chinvat na antiga escatologia iraniana, que, por sua vez, constitui um teste ou uma iniciação. Ambos os casos se enquadram num modelo mais geral: a restauração da antiguidade paradisíaca, quando homens e deuses podiam conversar sem dificuldade, graças à ponte que os unia (Eliade, 1968, p. 106ss.; cf. Berner, 1982). Eliade tratou desse tema em uma obra narrativa, um conto intitulado *A Ponte* (1963), incluído em sua coleção *Phantastische Geschichten* (traduzido do romeno por Edith Silberman, Frankfurt am Main, 1978), como observou Berner. Os críticos de Eliade, por sua vez, consideram essa hermenêutica uma espécie de devaneio; outros especialistas (p. ex., Blacker, 1975) julgaram confirmada essa hipótese por seu campo de trabalho.

Bibliografia

BERNER, U. Erforschung und Anwendung religiöser Symbole in Doppelwerk Mircea Eliades. *Symbolon*, vol. 6, p. 27-35, 1982.

BLACKER, C. Other world journeys in Japan. *In*: DAVIDSON, H.R.E. (org.). *The journey to the other world*. Totowa, 1975. p. 42-72.

BOYCE, M. *Zoroastrians*: their religious beliefs and practices. Boston, 1979.

BOYER, M.N. Bridgebuilding. *New Catholic Encyclopedia*. Washington, 1967. vol. II, p. 798.

DUCHESNE-GUILLEMIN, J. *La religion de l'Iran ancien*. Paris, 1962.

EDSMAN, C.-M. *Le baptême de feu*. Leipzig, 1940.

ELIADE, M. Bauopfer. *Die Religion in Geschichte und Gegenwart*. Tübingen, 1957. vol. I, p. 935.

ELIADE, M. *Le Chamanisme et les techniques de l'extase*. Paris, 1968.

FRIEDMAN, P. On the universality of symbols. *In*: NEUSNER, J. (org.). *Religions in Antiquity*: essays in memory of Erwin Ramsdell Goodenough. Leiden, 1968. p. 609-618.

GARDET, L. *L'Islam*: religion et communauté. Paris, 1967.

JEREMIAS, J. Zur Ueberlieferungsgeschichte des Agraphon: Die Welt ist eine Brücke. Zugleich ein Beitrag zu den Anfängen des Christentums in Indien. *Nachrichten der Akademie der Wissenschaften in Göttingen*, vol. 4, p. 95-103, 1955.

KNIGHT, G.A.F. Bridge. *In*: HASTINGS, J. (org.). *Encyclopaedia of religion and ethics*. Edimburgo, 1911. vol. II.

NYBERG, H.S. *Irans forntida religioner*. Estocolmo, 1937.

PATCH, H.R. *The other world according to descriptions in medieval literature*. Nova York, 1950. Cf. o índice s.v. "Bridge".

REIMBOLD, E.T. Die Brücke als Symbol. *Symbolon*, vol. 1, p. 55-78, 1972.

SILVERSTEIN, T. Dante and the legend of the Miraj: the problem of islamic influence on the Christian literature of the otherworld. *Journal of Near Eastern Studies*, vol. 11, p. 89-110, 187-197, 1952.

SZEMLER, G.J. Pontifex. *In*: PAULY; WISSOWA (orgs.). *Real-Encyclopädie der klassischen Altertumswissenschaft*. Munique, 1978. Supl. XV, col. 331-396.

Carl-Martin Edsman

PORTAL

Um portal é qualquer porta ou entrada que provoque ações rituais ou que se torne o lugar onde converge um determinado simbolismo arquitetônico. É um espaço cuja estrutura chama a atenção para a transição espacial; por isso tem as características de caminho e de lugar. Como um portal geralmente separa uma zona sagrada de uma profana, ou uma zona regulamentada de outra não regulamentada, ele representa um fim e um começo. É um lugar que tem em si características marcantes de ambivalência, pois é uma estrutura localizada ao mesmo tempo dentro e fora de um determinado espaço, e que ao mesmo tempo atrai forças perigosas e benéficas.

As formas mais rudimentares do portal são a entrada da gruta, o monte de pedra, o poste vertical e os dois postes que sustentam uma arquitrave. Os mais elaborados contêm não só elementos familiares como soleira, portas, maçanetas e dobradiças, mas também estátuas, inscrições, arcadas, abóbadas, cúpulas, nichos para estátuas e arcos. Em alguns períodos, os portais assumiram uma posição tão importante que se tornaram monumentos por direito próprio, portanto separados por edifícios, pontes ou muralhas da cidade. Deixando de indicar apenas uma estrada, eles, assim, tornam-se lugares de direito.

Três exemplos famosos dessa evolução são a Grande Entrada (1630-1653 d.C.) no Taj Mahal, na Índia, o *pai-lou* ("Entrada") que leva ao Templo do Buda Adormecido (século XVIII) perto de Pequim e os Portões do Paraíso (1403-1424 d.C.) por Lorenzo Ghiberti para o Batistério de Florença (século XIV d.C.). Onde uma estrada começa ou termina em um portal – por exemplo, o Portão de Ishtar na Babilônia (por volta de 575 a.C.) e sua grande estrada processional, ou o Portão do Leão (reconstruído pelo Sultão Suleyman em 1538-1539 d.C.) que leva à Via Dolorosa em Jerusalém – parece que é o portal que santifica o caminho e não o contrário. Uma experiência comum para um peregrino é ter de passar por várias portas ao longo de uma estrada que leva a um grande portal. [Cf. o verbete Peregrinação.]

Funções

A ampla e multicultural diversidade, a elaboração e a multiplicação do portal sugerem que sua importância supera, na verdade, suas duas funções mais óbvias, a saber, regular o movimento e prover a defesa militar. Ao portal podem ser atribuídas outras funções: comemorar eventos marcantes, lembrar heróis ou soberanos culturais, educar os fiéis, fornecer informações a estrangeiros e estranhos, sinalizar a natureza ou uso de um edifício e destacar a condição social dos habitantes.

As portas de bronze (1015 d.C.) da catedral em Hildesheim, Alemanha, por exemplo, ensinam os crentes cristãos a verem a crucifixão e a ressurreição de Jesus como um paralelo e uma reversão da desobediência de Adão e Eva, apresentando as duas narrativas nas folhas de portas opostas como uma *concordância* visual entre o Antigo e o Novo testamentos. Os exemplos mais conhecidos de arcos triunfais romanos, como os Arcos de Tito (82 d.C.), de Trajano (114 d.C.) e Constantino (312 d.C.), comemoram as vitórias e conquistas de generais e imperadores. Os monumentos de Stonehenge, Wiltshire, Inglaterra, e os Portões do Sol (cerca de 1000-1200 d.C.) de Tiahuanaco, Peru, provavelmente tiveram usos astrológicos e iniciáticos.

Tanto no Oriente como no Ocidente, os portais têm sido objeto de intenso sincretismo. Consequentemente, os historiadores da arte e das religiões podem descobrir uma notável continuidade de estilo e uma coerência de simbolismo que unem o *toraṇa* indiano com o *pai-lou* chinês e o *torii* japonês (dos quais existem 20 estilos diferentes). Os pilares e pavilhões *heb-sed egípcios* (sob os quais um faraó aparecia como o deus Hórus ou Rá durante o jubileu) estão historicamente ligados à *propylaia* grega, arcos triunfais romanos, entradas para sinagogas e cúpulas de mesquitas e igrejas.

Simbolismo

Na maioria dos casos, os portais têm claramente um simbolismo celestial. Além disso, estrelas decorativas, rosetas, discos solares, pássaros e asas aparecem com considerável frequência acima dos portais; os caracteres japoneses para *torii* significam "pássaro" e "ser".

Entre os antigos hititas e egípcios, um disco solar alado formava a arquitrave, sustentada por dois pilares muitas vezes personificados como espíritos guardiões. A identificação de uma arquitrave com uma divindade ou um soberano e das colunas com os espíritos protetores ou intermediários é algo bastante difundido.

Nas sociedades teocráticas, as moradas reais eram sagradas, assim como os governantes divinos que as habitavam. Os portais, por serem uma das características arquitetônicas mais evidentes para os cidadãos, representavam todo o palácio, que por sua vez representava o rei, ou seja, a personificação da divindade. A corte otomana em Istambul, por exemplo, era chamada de "divino portal". Como resultado dessa tendência, um único pilar ou perfil de uma fachada em uma moeda poderia representar (especialmente na Trácia do século VI) a totalidade do poder soberano e divino. A capacidade da imagem do portal de evocar tal autoridade provavelmente foi aprimorada pela prática de administrar a justiça nos portões da cidade. Apenas o trono rivaliza com o portal em personificar a convergência da autoridade celestial e imperial. A afirmação de Jesus de ser a "porta das ovelhas" (Jo 10,7) remete a uma sensibilidade mesopotâmica simbolicamente representada por um hino ao Rei Ur-Nammu (2113-2096 a.C.), chamado "a tua porta, o teu deus". O próprio nome "Babilônia" significa "portão dos deuses". As colunas de fogo e nuvem (Ex 13,21) que conduzem os israelitas ao deserto podem ser interpretadas em relação às colunas personificadas do vestíbulo, Boaz e Jaquim (1Rs 7,21), que ladeiam o Templo de Salomão. As colunas, isoladas ou inseridas numa arquitetura, têm frequentemente a forma estilizada de árvores ou montanhas, funcionando assim como um elo simbólico entre o céu e a terra.

Ritos

A evidência que atesta a importância e o significado dos portais tem um caráter não apenas arquitetônico, mas também ritual. No Ocidente, os ritos de grande escala que incluem portais sempre têm uma referência à soberania. Exemplos disso são as procissões do Ano-novo babilônico, a Epifania helenística (um ato ritual dos mistérios em Elêusis), o Advento romano e a Grande Entrada (do rito bizantino) – todas, cerimônias de homenagem à divindade ou governante. As intenções dos participantes eram tanto purificação e proteção quanto celebração e exaltação. O controle e a mortificação nas entradas também são uma prática ritual, desde os julgamentos de Ishtar em cada um dos sete portões do Submundo até as modernas passagens de fronteira.

As práticas rituais em pequena escala nos portais ainda são uma parte ativa do folclore. É comum fazer oferendas, ungir os umbrais com sangue, enterrar os mortos abaixo da soleira, tirar os sapatos, tocar as colunas, pular, rastejar ou ser carregado pela soleira.

As lustrações e banhos são ritos preparatórios muito comuns para poder cruzar os portais. Os judeus tocam o *mezuzot* nos umbrais de suas casas; os católicos mergulham os dedos na água-benta e fazem o sinal da cruz ao entrarem na igreja.

Desde a tradição de carregar a noiva pela soleira até as portas estreitas em *Alice no país das maravilhas*, e das antigas expressões populares como "portas do inferno" às mais recentes como "portas dos sonhos", religião popular, folclore e contos de fadas estão cheios de costumes que envolvem soleiras perigosas de portas que milagrosamente se abrem ou não devem ser cruzadas (mesmo que você deseje).

Temas

Não apenas os portais se tornam estruturas autônomas e objetos de culto, mas o portal como motivo se estende metaforicamente além de sua forma monumental. As lápides são esculpidas em forma de portais, as portas são gravadas nos ossários, associando assim os mortos ao divino. Os altares incorporam características arquitetônicas dos portais; por analogia, tanto o altar quanto a arquitrave são "cadeiras" (do grego *kathedrai,* "assentos divinos"). Praticamente qualquer recipiente de transição, como o corpo da mãe, torna-se um portal. A própria Igreja na época carolíngia (do século VIII ao século X de nossa era) foi considerada a *porta coeli* ("A porta do céu"). E nos tempos modernos o limiar (*limen*) forneceu a metáfora-chave para a teoria ritual amplamente utilizada desenvolvida por Arnold van Gennep em *Os ritos de passagem* (Paris, 1909).

Finalmente, há evidências sugestivas de que a experiência do xamã de uma passagem difícil por uma ponte ou gargalo pode ser uma variação do tema de portas batendo violentamente e rochas batendo

(p. ex., os Simplegades através dos quais eles tiveram que passar Jasão e seus Argonautas). A imagem da *vagina dentada* também pode constituir uma variante das imagens acima. Mas o portal, ao contrário da ponte e da vagina simbólica, enfatiza a segurança soberanamente autorizada em vez do risco causado pelo xamã. [Cf. tb. os verbetes Caverna e Torre.]

Bibliografia

GOLDMAN, B. *The sacred portal* – a primary symbol in ancient Judaic art. Detroit, 1966. Uma atenta análise histórico-artística do simbolismo do portal da sinagoga de Beth Alpha, do século V. O livro é, provavelmente, o melhor texto sobre o simbolismo de portas e portais do antigo Oriente Próximo.

SMITH, E.B. *Architectural symbolism of imperial Rome and the Middle Ages*. 1956. Trata-se de um estudo bem documentado sobre o conceito da porta da cidade imperial e sobre seu uso por parte do cristianismo e do islamismo.

SUMMERSON, J. *Heavenly Mansions*. Nova York, 1963. Especialmente o capítulo "An interpretation of gothic" traça o desenvolvimento da *aedicula* (casa pequena) desde o seu papel cerimonial como templo em miniatura dentro do templo até a sua função inspiradora pela forma dos arcos góticos e, enfim, chega à sua transformação em mera decoração nos complexos das portas georgianas.

MACCULLOUGH, J.A. Doors. *In*: HASTINGS, J. (org.). *Encyclopaedia of religion and ethics*. Edimburgo, 1911. vol. IV. Este é um trabalho já superado, mas notavelmente útil. A obra clássica da qual dependem tanto o artigo quanto a obra de Van Gennep é TRUMBULL, H.C. *The threshold covenant*: or the beginning of religious rites. 2. ed. Nova York, 1906. LEVY, G.R. *The gate of horn* – a study of the religious conceptions of the Stone Age. Londres, 1948. Esta obra contém informações preciosas sobre as portas primitivas, especialmente aquelas guarnecidas de chifres, nos sítios megalíticos de Malta e nas grutas paleolíticas do sudoeste da França.

LEISINGER, H. *Romanesque bronzes*: church portals in medieval Europe. Londres, 1958. Esta obra destaca a riqueza do mito e da arte nos portais das igrejas.

FLETCHER, B. *A history of architecture*. 18. ed. Nova York, 1975. É um confiável compêndio de fotografias e desenhos e uma ampla fonte de material comparativo sobre os portais.

Sobre a relação entre o portal, a passagem estreita do xamã e a vagina dentada, cf. ELIADE, M. *Mythes, rêves et mystères*. Paris, 1957. LARSEN, S. *The shaman's doorway*. Nova York, 1976. RAITT, J. The "vagina dentata" and the "immaculatus uterus divini fontis". *Journal of the American Academy of Religion*, vol. 48, p. 415, 431, 1980.

Ronald L. Grimes

R

RÃS E SAPOS

A rã e o sapo são animais lunares por excelência. A forma e o comportamento os aproximam da lua: dilatam-se e se encolhem, mergulham na água e depois ressurgem, escondem-se sob a terra no inverno para reaparecer na primavera. O sapo vive seguindo os ritmos lunares e, na realidade, muitos mitos falam de um sapo contido no orbe selene. De acordo com os chineses, a lua contém não apenas uma cássia perene e uma lebre, mas também um sapo. Assim, a seção *T'ien wen* do *Ch'u-tzu* (século IV ou III a.C.) pergunta: "Qual é a virtude peculiar da lua, o brilho da noite, que a faz crescer novamente após a morte? O que ela ganha para manter uma rã em sua barriga?" A rã está, portanto, naturalmente associada a todos os tipos de elementos aquáticos, nomeadamente a própria água, a chuva, o oceano e o dilúvio. Diz-se que as rãs não se cansam de coaxar incessantemente diante de uma tempestade, para anunciar ou trazer chuva com seu grito. Costumam ser mencionadas em inúmeros ritos para propiciar a chuva.

Os povos originários da América do Norte veem o sapo primordial na lua, que continha todas as águas e causou o dilúvio ao descarregá-las na terra. De acordo com os Kurnai do sudeste da Austrália, todas as águas já foram engolidas por um enorme sapo; os outros animais tentaram em vão fazê-la rir, até que a enguia começou a dançar ao seu redor, produzindo uma série ridícula de contorções, conseguindo finalmente fazê-la cair na gargalhada, o que fez com que as águas saíssem de sua boca causando o dilúvio. Às vezes, o sapo desempenha um papel no período pré-cosmogônico, quando nada existe além da água. Um mito huron conta como vários animais desceram em vão às águas primordiais, até que o sapo conseguiu retornar com sucesso, levando um pouco de terra com ele na boca; este último foi colocado nas costas de uma tartaruga e assim se iniciou o crescimento milagroso da terra.

É significativo que a rã também esteja associada aos princípios do mal e da morte. De acordo com as crenças altaicas, a criação do homem e da mulher pelo deus Ülgen foi desfigurada pelo demônio Erlik. Como resultado, o deus decidiu destruir os dois seres, mas mudou de ideia após a proposta de uma rã de deixar a humanidade existir sob a maldição da mortalidade.

Na mitologia iraniana, a rã aparece como símbolo ou encarnação do espírito maligno, ou da mais importante de suas criaturas. Nos mitos cosmogônicos da Ásia Central – aparentemente por influência iraniana – as rãs fazem parte daqueles animais que, como lagartos, vermes e camundongos, emergiram do buraco feito no solo por uma figura demoníaca. Na África, a rã às vezes é uma mensageira da morte. Nas origens, dizem os Ekoi nigerianos, o pato foi comissionado por Deus para trazer aos humanos uma mensagem de imortalidade, enquanto a rã era a portadora da morte. A rã chegou primeiro à terra, transmitiu a mensagem e, assim, trouxe a morte aos homens.

Bibliografia

Uma quantidade considerável de material útil pode ser encontrada em BRIFFAULT, R. *The mothers*: a study of the origins of sentiments and institutions. 3 vols. Londres, 1927 [Reeditado em Nova York, 1969]. O simbolismo das rãs foi discutido em ELIADE, M. *Traité d'histoire des religions*. Paris, 1948. p. 143ss. Vale a pena conferir ainda RÖHRICH, L. Hund, Pferd, Kröte und Schlange als symbolische Leitgestalten in Volksglauben und Sage. *Zeitschrift für Religionsund Geistesgeschichte*, vol. 3, p. 69-76, 1951.

Manabu Waida

REDES E VÉUS

Na simbologia geral, o ato de tecer costuma representar os processos de criação e crescimento. Os símbolos afins, como a rede, o véu, a corda, o tecido e outros semelhantes são frequentemente usados para sugerir o desdobramento de histórias humanas individuais e do universo como um todo. Esses símbolos também contêm algumas conotações negativas: podem ser as ferramentas para amarrar ou prender. No simbolismo da rede, as forças negativas interagem com as positivas, para tornar a vida a realidade ambígua que é, uma condição composta de prazer e sofrimento, saúde e doença, vida e morte.

Na Grécia antiga, a teia da vida e da morte é moldada pelas Moiras, personificações do conceito abstrato de *moira* ("destino, sina"). Essas três mulheres severas e de rosto sinistro tecem a teia do destino para cada pessoa no momento do nascimento. Em Homero, são os deuses que fiam (*Ilíada* 24,525s.), às vezes é Zeus (*Odisseia* 4,207s.), mas também a própria *moira* pode ser quem fia a história da pessoa (*Ilíada* 24,209s.). Ulisses declara a seu psicopompo cego Tirésias: "Minha vida passa como os deuses a fiaram" (*Odisseia* 11,104). Em Platão (*Banquete* 196b), a arte de tecer praticada pela deusa Atena é atribuída a Eros, o deus do amor. Na literatura do hinduísmo antigo, imagens da capacidade de tecer, trançar e amarrar fios para formar redes, véus, peneiras e tecidos aparecem com frequência.

Em um hino da criação do *Ṛgveda,* o agente cosmogônico é descrito como "esticando a urdidura e puxando a trama... espalha [o tecido do céu] na abóbada do céu" (*Ṛgveda* 10,90,15). Em outra passagem (1,164,5), as "pegadas ocultas dos deuses" são imaginadas como análogas às leis sacrificiais, que são "tecidas" cada vez que os deuses, em sua função de sacerdotes divinos, realizam o sacrifício tecendo algumas palavras.

No *Mahābhārata,* o *kāla* ("tempo, destino") é representado como um tecelão cósmico, que compõe o tecido da vida de cada indivíduo e de todo o universo, tecendo os fios brancos da luz, da vida e da prosperidade com os fios escuros das trevas, da morte e da tristeza. Ecoando as imagens antigas de *Indrajāla* ("rede de Indra") e *brahmājāla* ("teia de Brahmā"), os textos do Vedānta às vezes comparam os fundamentos últimos do universo a uma aranha cósmica, que a princípio tece as inúmeras características que formam o tecido do mundo e, eventualmente, as retira de volta ao seu corpo.

O budismo indiano usa esses símbolos de maneira semelhante, como atestam um epíteto do *bodhisattva* Mañjuśrī – Māyàjāla ("rede de ilusão") – e o título de um texto canônico, o *Sandhinirmocana* (Desatando os nós). Tomando o termo *bhavajāla* ("Teia da existência") contido no *Mañjuśrīnāmasaṃgīti,* Śāntideva, um poeta filósofo Mahāyāna do século VII d.C., usa a imagem de uma rede de pescador para descrever a condição desesperadora dos seres vivos: "caçados por pescadores, as profanações emocionais, na rede de nascimento... ("kleśavāgurikāghrātaḥ praviṣṭo janmavāgurām": *Bodhicaryāvatāra* 7,4).

Ao definir os elementos essenciais do processo de iluminação, o *Mahāyāna-sūtrālamkāra-kārikā* (9,35) compara a criação do vazio (*śūnyatā*) e a valorização dos instrumentos adequados (*upāya-kauśalya*) respectivamente à urdidura e à trama de um tecido: "Assim como os detalhes de seus nós [*paṃśu*] determinam se um tecido [*vastra*] é colorido ou não, então a gnose libertadora é caracterizada pela cor [isto é, dotada de qualidade positiva] ou pela ausência de cor por meio do poder da motivação".

Bibliografia

ELIADE, M. Le "dieu lieur" et le symbolisme des noeuds. *In*: *Images et symboles:* essais sur le symbolisme magico-religieux. Paris, 1952. p. 120-163.

GREENE, W.C. *Moira, fate, good and evil in Greek thought*. Cambridge, 1944.

REYNOLDS, F.E.; EARLE, H.W. (orgs.). *Religious encounters with death*. University Park/Pa., 1977.

J. Bruce Long

S

SAL

O sal é um aditivo necessário à dieta humana. Seu uso remonta ao tempo em que o ser humano começou a cozinhar alimentos. O uso do sal como conservante e tempero passou a ter tamanha importância que logo ganhou uma surpreendente variedade de significados simbólicos.

Os egípcios e os gregos usavam o sal em alguns sacrifícios, mas não está clara a intenção desse uso. Nos sacrifícios bramânicos, nos rituais hititas e durante as festas da lua nova praticadas entre os semitas e os gregos, o sal era lançado no fogo para produzir um crepitar de significado simbólico. Esse interessante hábito multicultural, no entanto, não parece se relacionar com a enigmática frase do Evangelho de Marcos: "cada um será salgado com fogo" (Mc 9,49).

Os hebreus estabeleceram uma "aliança de sal" com Javé ("aliança inviolável", Nm 18,19; 2Cr 13,5) e aspergiram seus sacrifícios com o "sal da aliança" (Lv 2,13). Provavelmente o significado desse simbolismo deriva sua origem do uso do sal como conservante. Mas, para os semitas, o sal significava sobretudo a companhia da mesa e o alimento compartilhado, assim como para os gregos e os romanos. A associação do sal (que era servido em um prato separado) com a comida comum também é mencionada em Esd 4,14. Os samaritanos invocavam a partilha do sal com o rei da Pérsia como prova de sua amizade. Na Europa medieval era considerado errado prejudicar alguém com quem se dividia sal. Ainda hoje os árabes oferecem sal aos seus visitantes como sinal de hospitalidade.

Nos Atos dos Apóstolos (1,4), a palavra grega *synalizomenos*, geralmente traduzida como "comer juntos", significa literalmente "pegar juntos o sal". Essa palavra foi adotada nas *Homiliae Clementinae* (*Patrologia Grega*, II, col. 332, 345) e seu significado era compreendido da mesma forma tanto por gregos quanto por romanos.

Um uso ritualístico muito antigo do sal é encontrado em exorcismos. Alguns exegetas interpretam o gesto de Eliseu que joga sal em águas ruins como uma forma de exorcismo (2Rs 2,20-22). Esse conceito foi retomado pelos Padres da Igreja, e o sal foi usado na liturgia católica por suas qualidades apotropaicas. O sal expulsa o diabo, segundo inúmeras orações para os catecúmenos e de acordo com a fórmula da bênção da água encontrada no Sacramentário Gelasiano (século VI). Esse uso simbólico do sal decorre de sua capacidade de preservar a carne da corrupção.

Por razões semelhantes, era costume esfregar os bebês recém-nascidos com sal, um costume em uso entre os semitas, persas e gregos antigos e ainda praticado hoje por algumas populações, como os Toda do sul da Índia e os Lao do sudeste da Ásia. Embora o sal fosse usado principalmente para fins medicinais, seu uso geralmente incluía rituais para afastar o mal. A qualidade apotropaica do sal, de fato, é encontrada no folclore das sociedades de todo o mundo. O sal tem poder sobre os demônios no Sudeste Asiático, sobre as bruxas nas tradições germânicas e sobre o mau-olhado nos países árabes.

O uso prático do sal para realçar o sabor dos alimentos tem despertado uma grande variedade de simbolismos relacionados ao paladar. As palavras "sem gosto" ou "insípido" em hebraico, grego e latim também significam "tolo".

O sal, portanto, confere sabedoria, segundo o rito dos catecúmenos na liturgia católica. Esse jogo de palavras também é evidente na frase de Jesus: "Se o sal perde o sabor, com que pode ser salgado?" (Mt 5,13). Esse tema foi desenvolvido pelos Padres da Igreja, que viam no sal o símbolo da Palavra de Deus, do discurso espiritual e da pregação. São Paulo exorta os cristãos a temperar com sal a sua língua (Cl 4,6). Para os atenienses e os romanos, a palavra "sal" também significa engenhosidade.

Na liturgia católica, em particular, o sal simbolizava a saúde espiritual, indiscutivelmente porque o sal era um ingrediente usado em muitas medicações (cf. Plínio, *Naturalis historia* 31,102). O papel delicado mas vital que o sal tem no metabolismo humano é implicitamente reconhecido desde a Antiguidade, quando os legionários romanos recebiam a ração de sal e, mais tarde, um *salarium* com o qual comprariam o sal.

Mas, como a maioria dos símbolos, o sal também tem um significado negativo.

No Livro dos Juízes (9,45) os vencedores conspargiriam sal sobre a cidade destruída para significar esterilidade. A mesma prática era seguida pelos assírios e pelos hititas e mais tarde adotada por Átila em Pádua e por Federico Barba-ruiva em Milão. Uma maldição poderia produzir um pântano salgado (Sl 107,34), uma ravina salgada (Sf 2,9), ou terra de enxofre e sal (Dt 29,23).

O sal tem muitos outros significados que aparecem, por exemplo, na antiga literatura bramânica e hindu. Nos Upanixades, um grão de sal dissolvido em água é o símbolo da reabsorção do ego no "eu universal".

Em outros textos bramânicos, sal se refere ao gado, à semeadura e à essência propiciatória do céu e da terra.

Entre os povos originários do continente americano, as referências ao sal são raras: aparecem apenas no contexto do jejum ritual e do fogo sagrado. Havia, no entanto, uma deusa asteca do sal, Huixtocihuatl.

A virtude purificadora e protetora do sal é evocada nas cerimônias xintoístas japonesas. Izanagi, durante a criação, constituiu a primeira ilha central de Onogorojima com a ajuda do sal extraído das águas primordiais.

Na alquimia, o sal significava antes um princípio fundamental e não a substância real. No simbolismo hermético, o sal é o produto e o equilíbrio das propriedades de seus componentes, enxofre e mercúrio.

Bibliografia

LATHAM, J.E. *The religious symbolism of salt*. Paris, 1982. Um estudo do simbolismo do sal desde os tempos mais antigos até o fim do século VI d.C. O texto dá uma atenção especial à Bíblia, aos elementos da liturgia católica e aos escritos dos primeiros Padres da Igreja.

TRUMBULL, H.C. *The covenant of salt as based on the significance and symbolism of salt in primitive thought*. Nova York, 1899. Trata-se de uma tese discutível que compreende o sal e o sangue como intercambiáveis em sua natureza, na suas qualidades e em seus usos simbólicos.

James E. Latham

SERPENTE

Graças à sua forma e à sua relação particular com o ambiente, a serpente desempenha um papel importante nas crenças de muitas populações. Algumas características particulares sempre lhe conferiram um lugar à parte no mundo animal: a velocidade e o tipo peculiar de movimento, a mudança periódica da pele, a beleza brilhante e o veneno de algumas espécies... As serpentes despertam medo porque se supõe que seu caráter seja fatal e também por causa de sua periculosidade. A natureza enigmática e ambivalente das serpentes tem levado os seres humanos a julgamentos contraditórios em relação a elas: por um lado, são consideradas más e capazes de causar a morte; por outro lado, acredita-

-se que incorporam poderes benevolentes e até divinos. O resultado dessa consideração ambivalente é evidente em algumas religiões, nas quais as serpentes são, ao mesmo tempo, amaldiçoadas e adoradas. A serpente Apophis era considerada pelos antigos egípcios como a pior inimiga de Rá, deus do sol; mas Rá, em sua jornada pelo submundo, é protegido por uma serpente, Mehen. Na Bíblia, a serpente é símbolo tanto da morte (a queda do homem, Gn 3) quanto da vida (a serpente de bronze, Nm 21,6-8). Na mitologia indiana, Kāliya, o príncipe das serpentes, é a personificação do mal e é dominado por Krishna; mas a serpente Śeṣa é a companheira e amparo de Viṣṇu.

A serpente e suas origens

Na mitologia de muitos povos a serpente está ligada à origem do mundo e à criação; é a matéria primordial ou o ser primordial.

De acordo com uma antiga tradição dos druidas (os sacerdotes dos celtas), o mundo se originou de um ovo que saiu da boca de uma serpente. Numerosos deuses egípcios eram descritos como serpentes: por exemplo, Atum, antes de surgir do oceano primordial, e Amon de Tebas, também chamado Kematef ("aquele que completou seu tempo"). Nas especulações filosóficas do antigo Oriente Próximo sobre a criação, serpentes e dragões simbolizavam aquilo que ainda não havia se manifestado: a unidade indivisa que prevalecia antes da criação do mundo. Somente depois de derrotar Tiamat, o monstro parecido com um dragão, o deus babilônico Marduk foi capaz de criar o céu e a terra a partir do corpo deste último. No Antigo Testamento, é frequente o tema da luta de Deus contra o monstro do caos, semelhante a uma serpente ou a um dragão, que vive na água; é com a vitória sobre Raab que se secam por completo as poderosas águas do abismo primordial (Is 51,9s.). A vitória de Indra sobre o monstro Vṛtrá, desprovido de pés e mãos, é um ato cosmogônico que liberta a água e a luz do abraço das forças do caos. Entre as sagas indianas sobre a criação, há a história de Vāsuki, a serpente do mundo, que os deuses e demônios (*asuras*) agarram e puxam de uma ponta a outra, pondo em movimento Mandara, a montanha do mundo no oceano de leite. De acordo com um mito náuatle (do México antigo), originalmente havia uma massa disforme de água na qual vivia um grande monstro feminino; os deuses Quetzalcoatl e Tezcatlipoca se transformaram em serpentes, rasgaram o monstro em duas partes e destas formaram o céu e a terra. Algumas cerimônias realizadas no inverno, ou seja, no período de pouca luz solar, pelos povos indígenas da costa noroeste do continente americano (Kwakiutl, Haida) comemoram o tempo primordial em que o sol era prisioneiro dos poderes das trevas e da água, simbolizado pela serpente Sisiul. Para os habitantes da Ilha Rossel (arquipélago de Louisiade, na Melanésia), Wonajö, que tinha a forma de uma serpente, criou suas ilhas e estrelas. Nos mitos dos Ungarinyin (povos originários do noroeste da Austrália), a serpente primordial Ungud estava ligada à origem da terra: de seus ovos nasceram os Wandjina, os ancestrais do ser humano.

A serpente, os antepassados e as almas

As representações de serpentes nos monólitos neolíticos da França provavelmente estavam relacionadas à veneração dos ancestrais. De acordo com uma crença generalizada no mundo mediterrâneo, de fato, uma serpente que vive na casa encarna a alma do primeiro ancestral da família; entre os antigos romanos, a serpente personificava o *pater familias*. Na *Eneida* (5,83ss.), Virgílio narra a visita de Eneias ao túmulo de seu pai Anquises; os alimentos sacrificiais oferecidos a Anquises são aceitos por uma serpente malhada. Numerosos afrescos em Pompeia retratam víboras guardando um altar como símbolos do *genius loci*, ou divindades tutelares do lugar.

Na Grécia, Cécrope e Erecteu, ancestrais que mais tarde se tornaram heróis, eram adorados na forma de serpentes. Nas lápides da Grécia antiga, a serpente e o vaso simbolizam a libação aos mortos. Os antigos citas que viviam ao norte do Mar Negro se consideravam descendentes de Targitaus, filho do deus do céu e filha de Dnieper, divindade do rio, metade mulher e metade serpente. Segundo alguns escritos gnósticos do período helenístico, os primeiros seres humanos rastejavam pelo chão como serpentes. Uma lenda da Nova Guiné e das Ilhas do Almirantado conta que os primeiros seres humanos nasceram de uma serpente. Para os povos originários da Austrália, a lua é o ancestral do povo e seu totem é uma serpente. Entre os Paiwan, habitantes da costa leste de Taiwan, muitos chefes acreditam que descendem da "serpente de 30 metros". Para os Zulu (sul da África) algumas serpentes são ancestrais divinizados que têm o poder de retornar à terra nesta forma. Em alguns mitos difundidos no sudoeste da Ásia, uma princesa-serpente é a fundadora de algumas dinastias.

Na África, na Ásia e na Oceania, a serpente é frequentemente associada à alma. De acordo com as crenças dos Maasai (África Oriental), as almas dos chefes e *medicine men* são transformadas após a morte em serpentes, continuando assim a viver dessa forma. Os habitantes da Melanésia identificam seus ancestrais com esse réptil, e na Nova Bretanha e na Nova Irlanda, por exemplo, é frequentemente encontrado como totem. Nos contos de fadas chineses, os mortos podem reaparecer como serpentes. Também na Europa é difundida a ideia de que a alma pode deixar o corpo em forma de serpente, não só após a morte, mas também em sonho (cf. a saga de Guntram, o rei franco). Vários povos eslavos acreditam que as almas dos ancestrais falecidos habitam em serpentes, que assim guardam as casas de seus descendentes humanos.

Guardiã da casa e portadora da felicidade

Segundo uma crença popular muito difundida, as serpentes não devem ser mortas, pois protegem a casa e trazem boa sorte; quando alimentadas com leite, trazem saúde e prosperidade. Nos contos de fadas, às vezes o sapo substitui a serpente nesse papel: ambos os animais, na verdade, têm origem ctônica e representam os poderes capazes de dar vida, poderes que contribuem para o bem-estar daqueles que permanecem em contato com a terra e com sua força. [Cf. o verbete Rãs e sapos.]

Nas regiões alpinas, por exemplo, conta-se a história da serpente com a coroa de ouro: se bem tratada, traz felicidade ao lar e aos seus habitantes. Os finlandeses consideram a serpente um animal sagrado e doméstico e a alimentam; eles acreditam que, se fosse morta, resultaria na morte da melhor vaca da fazenda ou até mesmo do próprio fazendeiro. Na Suécia, a serpente branca é tratada como uma protetora benéfica do lar e com admiração. Entre os antigos prussianos (um povo báltico), em certa época do ano era costume expor comida para as serpentes que moravam na casa; o fato de as serpentes não comerem o alimento oferecido a elas era considerado um mau presságio. Na Índia, até serpentes venenosas eram alimentadas, porque eram consideradas espíritos protetores; mesmo nos tempos modernos, em algumas localidades, cada casa tem uma serpente protetora (*vāstusarpa*). Entre os Souk e Bari da África Oriental, povos pastoris e nômades, a serpente é chamada de "filha de Deus", alimentada com leite e considerada um bom presságio. Muito difundida é a crença de que serpentes, dragões e sapos sejam os guardiões e guardiães de tesouros e riquezas. Na Europa Central, alguns nomes de localidades (p. ex., Drachenfels, "rocha do dragão") aludem a sagas locais que têm como tema principal um lindwurm (do nórdico antigo *linn-ormr,* "serpente-dragão") protegendo um tesouro; também Fáfnir, que guardava o tesouro dos Nibelungos, pertencia a este tipo de dragão. No contexto cultural da Índia, os *nāga* são os guardiões e portadores das forças vitais presentes nas fontes e nascentes e dos corais e pérolas depositados no fundo do mar. Os contos budistas Jātaka narram a história de um príncipe Nāga, que possuía uma pérola capaz de realizar todos os seus desejos. Diz-se que o benevolente dragão chinês que traz boa sorte tem cabeça de cavalo ou camelo e corpo de serpente; uma pérola é muitas vezes escondida em sua barba. Nos cultos e costumes da Costa do Marfim (África Ocidental), a serpente pode dar riqueza e fama; no Benin, a píton em particular é um símbolo de felicidade e prosperidade. Na Melanésia, a serpente representa o herói cultural: em muitas sagas, dá aos humanos plantas comestíveis, fogo e, frequentemente, ferramentas simples como a faca feita de conchas e o machado de pedra.

Sabedoria e poder

A serpente conhece todos os mistérios; se o homem come sua carne (ou o coração de um dragão, como fez o herói germânico Siegfried), então muitas coisas lhe são reveladas; em particular, ele pode entender a linguagem dos pássaros. Nos mitos gregos, se uma serpente lambe as orelhas de um homem, confere-lhe o poder de entender as línguas dos animais (cf., p. ex., a história de Melampus e os filhos de Laocoonte). Os filhos de Hécuba, rainha de Troia, foram lambidos por uma serpente e receberam o dom da profecia. As serpentes eram associadas a Atena, a deusa grega da sabedoria, e na Idade Média com Prudentia, a personificação da prudência e da sabedoria prática. No Evangelho há uma frase de Jesus: "Sede astutos como as serpentes" (Mt 10,16). A serpente representada nas pastorais dos bispos coptas e bizantinos simboliza a prudência com que o pastor deve guiar seus fiéis. O deus asteca Quetzalcoatl ("serpente emplumada") foi o fundador do *corpus* da sabedoria sacerdotal; os sumos sacerdotes eram chamados de "Príncipes das Serpentes". Animais capazes de superar os seres humanos em algumas habilidades tornaram-se símbolos de poder: o Profeta Isaías (Is 27,1) representa as grandes potências que ameaçavam o povo de Deus como um leviatã (Babilônia?) e um dragão (Egito?). A representação de uma áspide, conhecida como ureu, que os faraós usavam na cabeça, era o símbolo de sua soberania; Hórus, o deus real, também tinha o símbolo do dourado; a serpente na testa de Rá, o deus do sol, tinha o poder de aniquilar todos os inimigos. A serpente com chifres nos selos de pergaminho da antiga Mesopotâmia é provavelmente um sinal de poder divino; era sagrada para o deus Ningishzida, o guardião do portão do céu. Para muitos povos primitivos, a serpente é o símbolo de poder e soberania; por isso faz parte da decoração dos trajes festivos dos chefes paiwan em Taiwan. Do ponto de vista iconográfico, o dragão também se relaciona com a serpente: na China, o dragão simbolizava o imperador, enquanto os anglo-saxões o pintavam nas bandeiras reais. O poder da serpente era também apotropaico; por isso ela protegia os templos (Egito), os túmulos (Antiguidade clássica) e as soleiras das casas (Suécia).

A serpente, símbolo dos poderes cósmicos

Na Antiguidade clássica, a serpente Uroboros, engolindo a própria cauda, abraça todo o universo. Numerosas pinturas e esculturas indianas retratam o deus dançante Shiva dentro de um anel cósmico, claramente reconhecível como o corpo de uma serpente com uma cabeça em cada extremidade. Na mitologia germânica, o Miðgarðsormr ("serpente do mundo"), com o qual Þórr (Thor) luta, é enrolado como um cinto ao redor do mundo. Em algumas mitologias, a luta entre o deus da tempestade e uma serpente simboliza o antagonismo entre os poderes urânicos e os poderes ctônicos, como, por exemplo, a batalha entre o deus hitita da tempestade e Illuyanka. No conflito entre os dois princípios do ser (entre o bem e o mal, no plano ético), a divindade pode ser representada pela águia. A hostilidade entre o pássaro divino e a serpente é um tema presente na mitologia e na arte de muitos povos: é encontrada nos selos da antiga Mesopotâmia, na *Ilíada* de Homero, na Índia, onde o pássaro Garuḍa é conhecido como "o matador de serpentes" (*nāgāntaka*), e em alguns contextos cristãos, onde a águia é o símbolo de Cristo, enquanto a serpente, dragão e basilisco são animais demoníacos.

A serpente não pertence apenas à água e à terra; também pode ser associada ao céu. Nas mitologias finlandesa, asteca e melanésia, as serpentes representam o relâmpago; entre os babilônios, na Índia e no México antigo, a Via Láctea era associada à serpente. Na Oceania e na África tropical, o arco-íris é representado como uma serpente; os Dogon da África Ocidental, por exemplo, pensam que o arco-íris é a serpente de Nommo, o deus da água. Para algumas tribos australianas, a serpente do arco-íris, Yulunggul, é o deus criador e herói cultural. Mas, acima de tudo, a serpente tem um significado lunar; de acordo com Mircea Eliade é "uma epifania da lua" (*Traité d'histoire des religiões*. Paris, 1949, p. 147). Como a lua que gradualmente diminui e depois gradualmente se renova, assim a serpente perde e renova sua pele e se torna um símbolo de morte e ressurreição. De acordo com a crença dos Ngala (centro do Congo), a lua já foi uma píton e viveu na terra. Mesmo a serpente chifruda da cultura pré-colombiana Nasca (Peru) pode ser interpretada de acordo com a mitologia lunar; os chifres são um símbolo difundido de poder. A serpente dupla, com uma cabeça em cada extremidade, pode simbolizar simultaneamente o sol e a lua, como entre os Kwakiutl, povo originário da América do Norte. Além de Quetzalcoatl, a serpente do céu noturno, os astecas acreditavam na serpente turquesa do céu diurno, associada ao deus sol Huitzilopochtli. O ureu dos egípcios, como a serpente comparada a Hélio nos papiros mágicos gregos, certamente tinha características semelhantes às do Sol. [Cf. os verbetes Lua e Sol.]

A morte e o submundo [ou o inferno]

As serpentes frequentemente desempenham um papel importante nas ideias religiosas sobre as origens do pecado. A história do Gênesis sobre a queda de Adão e Eva também pode surpreendentemente ser encontrada em um mito dos Basari (norte do Togo): aqui a serpente engana os primeiros seres humanos, induzindo-os a comer alguns frutos que até então só Deus (Unumbotte) comera. De acordo com uma história dos Dusun (norte de Bornéu), Kenharingen, o criador, havia dito que aqueles que mudassem de pele não morreriam; no entanto, os seres humanos não prestaram atenção às suas palavras e, portanto, são levados pela morte, enquanto as serpentes permanecem vivas para sempre porque ouviram a Deus e mudaram de pele. O herói babilônico Gilgamesh finalmente encontrou a planta da imortalidade, mas foi roubado por uma serpente enquanto tomava banho, perdendo assim a vida eterna para a serpente. A tradição persa fala de uma planta chamada *haoma* que concedia a imortalidade; mas o oponente de Ahura Mazdā, Ahriman, criou uma serpente para danificar a planta milagrosa.

A figura da serpente também representa as forças ameaçadoras que trazem a morte. Na representação finlandesa da vida após a morte, o viajante do reino dos mortos é ameaçado por uma serpente, sempre alerta. A *Edda* norueguesa fala de uma sala no reino dos mortos que tem paredes feitas de corpos de serpentes; de cujo telhado pinga veneno. Na iconografia etrusca, os numerosos demônios do submundo são acompanhados por serpentes. As estatuetas da Idade do Bronze encontradas em Creta mostram uma figura feminina com as mãos levantadas: cada mão segura uma serpente, enquanto duas serpentes sobem até o peito; essas estatuetas provavelmente estão ligadas ao culto ctônico da deusa da terra e dos mortos.

As Erínias (Fúrias) da mitologia grega são as deusas subterrâneas da vingança: com suas cabeças cobertas de serpentes retorcidas, elas perseguem todos os ímpios. A deusa hindu Kālī, a grande "devoradora" que destrói a vida, tem como atributos crânios e serpentes. Na tradição asteca, a deusa da terra Coatlicue, a "Senhora com Pele de Serpente", também é a deusa da morte; em Mictlen (o reino dos mortos), a comida é feita de serpentes venenosas. Os egípcios acreditavam que os infernos eram habitados, entre outras coisas, por serpentes que emitiam fogo, armadas com facas; algumas fórmulas contidas no livro *Que meu nome floresça* protegem contra esse tipo de serpente (7,33-35). No cristianismo, a serpente é frequentemente associada ao pecado, à morte e ao Príncipe das Trevas que domina os condenados.

Vida e imortalidade

A serpente possui a planta da imortalidade (*Epopeia de Gilgamesh*); em numerosos contos de fadas e em algumas sagas gregas (Glauco, Tilão) as serpentes devolvem a vida aos mortos por meio de uma planta que só elas conhecem. Na Melanésia e nas tradições da América do Sul a serpente dá aos seres humanos o conhecimento das plantas comestíveis; no antigo Egito, Renenutet, a "Senhora da terra fértil" (a deusa da agricultura), era adorada na forma de uma serpente. A serpente está intimamente associada ao fruto da vida e à água da vida; no sudoeste da Ásia e na China é considerada a doadora da chuva. Entre os Hopi (povo originário do Arizona), o festival das serpentes para obter chuva é comemorado em agosto; nessa celebração, durante a dança, os participantes rangem cascavéis vivas entre os dentes. Na Índia, os *nāga* são os distribuidores de fertilidade; os sacrifícios associados com *nāgakal* (um ídolo de pedra representando uma serpente) erguido nas aldeias são súplicas pedindo o nascimento de filhos.

Nas mais diferentes culturas, as serpentes têm um significado fálico: na Antiguidade clássica, no antigo Oriente Próximo, na Índia, na Melanésia; algumas culturas indígenas americanas empregam o duplo símbolo da serpente (falo) e do losango (vulva); de acordo com uma associação presente no México antigo (*Codex Borgia*) o pênis é controlado por uma serpente-demônio. No culto da deusa grega Deméter, a serpente lançada na caverna também tinha um significado fálico: aumentava o poder de crescimento presente na terra.

Muitos povos acreditaram que a serpente, pela troca de pele, era capaz de viver muito ou mesmo de ser imortal; consequentemente a serpente tornou-se um atributo de Shadrapa (antiga Síria) e Asclépio (Grécia), que eram os deuses da cura; este último foi mais tarde retomado pelos romanos e chamado Esculápio; o cajado de Esculápio com serpentes enroladas em volta ainda é o símbolo da profissão médica (o caduceu). No livro egípcio *Que meu nome floresça*, a transformação em serpente dará nova vida ao falecido (cap. 87). A serpente, que nos mistérios do deus trácio-frígio Sabácio, passava sobre o peito do iniciado representava a esperança de alcançar a imortalidade. A serpente de bronze que Moisés colocou numa haste tornou-se a prefiguração da morte do Salvador na cruz e da redenção (Gn 3,14s.; cf. Nm 21,4-9).

O demoníaco e o divino

Devido à ambivalência com que são consideradas, as serpentes podem ser associadas tanto a demônios quanto a deuses. Nos selos cilíndricos da antiga Mesopotâmia, as serpentes de muitas cabeças encarnavam forças hostis aos deuses. Apolo, o deus grego da luz, quando ainda criança, matou a píton de Delfos que perseguia sua mãe, Leto. De maneira semelhante, a serpente apocalíptica ameaça a Virgem celestial (Ap 12,1-5). Entre as serpentes demoníacas mais conhecidas estão Apophis (Egito), o Miðgarðsormr (Alemanha), Kulshedra (Albânia) e os numerosos *kaia* (Melanésia).

Nas crenças dos antigos gregos, o Agathos Daimon, muitas vezes descrito como uma serpente alada, desempenhava o papel de um bom espírito.

Como salvadora e doadora da vida, a serpente tornou-se um animal divino; era associada a Anat, a deusa da guerra cultuada em Ugarit (atual Shamra, na Síria) e, em forma de dragão, a Marduk, o principal deus babilônico. A figura pintada pelos adoradores de Mitra com a cabeça de um leão e o corpo envolto por serpentes é geralmente interpretada como uma representação de Aion, o deus do tempo.

A cobra era sagrada para Uto, a deusa regional do Baixo Egito. Manasā, a deusa serpente hindu, ainda hoje é invocada contra picadas de serpente. Uma das divindades aterrorizantes do budismo é Bhutadamara, que luta contra os demônios: seu ornamento é composto por oito serpentes. Entre os Kalderash (povo cigano da França) ainda existem vestígios de um culto à serpente que remonta à antiga Índia: na primavera o povo celebra o dia da serpente divina.

Os longobardos (século V na Itália) e os lituanos também praticavam um culto explícito de serpentes; mas nesse contexto devemos mencionar as numerosas seitas gnósticas da Antiguidade Tardia geralmente agrupadas sob o nome de ofitas, que adoravam a divindade na forma de uma serpente. O culto à serpente, originário da África Ocidental (especialmente Daomé), veio para a América com escravizados e assumiu uma nova forma no vodu mágico e religioso do Haiti. [Cf. tb. o verbete Dragão.]

Bibliografia

Os estudos antigos mais importantes sobre o significado religioso das serpentes se referem majoritariamente a culturas específicas:

KÜSTER, E. *Die Schlange in der griechischen Kunst und Religion*. Giessen, 1933.

VOGEL, J.P. *Indian serpent lore or the nagas in hindu legend and art*. Londres, 1926.

LOCHER, G.W. *The serpent in Kwakiutl religion*: s study in primitive culture. Leiden, 1932.

RITTER, H. *Die Schlange in der Religion der Melanesier*. Basileia, 1945.

Duas publicações tratam especificamente do contexto africano:

SNOOK, J. *African snake stories*. Nova York, 1973.

HAUENSTEIN, A. Le serpent dans les rites, cultes et coutumes de certaines ethnies de Còte d'Ivoire. *Anthropos*, vol. 73, p. 525-560, 1978.

BUCHLER, I.R.; MADDOCK, K. (orgs.). *The rainbow serpent*: a chromatic piece. Haia, 1978. Esta obra examina o material australiano.

JOINES, K.R. *Serpent symbolism in the Old Testament*: a linguistic, archaeological, and literriy study. Haddonfield, 1974. Esta obra é uma análise das referências bíblicas sobre o tema e a sua influência no cristianismo.

OLDHAM, C.F. *The sun and the serpent*: a contribution to the history of serpent-worship. Londres, 1905. Uma análise do significado astral da serpente, muito embora algumas interpretações careçam de correção.

A importância da serpente nos cultos mistéricos gregos e sua influência no mundo cristão são o assunto do estudo a seguir:

LEISEGANG, H. Das Mysterium der Schlange. *Eranos-Jahrbuch*, vol. 7, p. 151-250, 1939.

Igualmente importantes são:

MUNDKUR, B. *The cult of the serpent*: an interdisciplinary survey of its manifestations and origins. Albany, 1983.

LURKER, M. *Adler und Schlange*: Tiersymbolik im Glauben und Weltbild der Völker. Tübingen, 1983.

Manfred Lurker

SINAIS E ALTERAÇÕES CORPORAIS

O corpo humano está sujeito a incessantes processos de alteração natural ou cultural. Essas alterações deixam vestígios visíveis que, em muitas culturas, estão associados a ideias, crenças e forças religiosas. O próprio crescimento biológico deixa suas marcas no corpo. A adolescência traz alterações na estrutura física de indivíduos de ambos os sexos. A idade altera a cor e a densidade dos fios e cabelos; a carne, já firme, enruga-se; os dentes caem. Além disso, acidentes ocorridos em brincadeiras ou jogos, no trabalho etc. podem causar danos, desfigurações, mutilações e deformidades ao nosso corpo. Tais mudanças biológicas ou acidentais podem representar, em muitas culturas, a manifestação do trabalho de seres ou poderes invisíveis, como divindades, ancestrais ou magia. Ou pode-se de alguma forma compensar os coxos, os deformados, os cegos, os albinos, atribuindo-lhes poderes sobrenaturais. Assim como certos videntes são capazes de ler significados misteriosos em fenômenos naturais, como o voo de pássaros ou as pegadas de raposas na areia, também é possível ler a vontade de entidades invisíveis nos sinais naturais deixados no corpo humano pelo crescimento, pelas doenças, pelos traumas violentos.

Mas a natureza está muito atrasada em relação à cultura no uso do corpo como uma "tela", como um material que pode ser manipulado para expressar significados. Vestuário, chapelaria, ornamentos e decorações são, indubitavelmente, fatores importantes para comunicar a identidade pessoal ou social, os valores religiosos ou civis e o estatuto social. A máscara também tem função semelhante. Esses ornamentos externos indicam transformações culturais, particularmente aquelas de natureza transitória e repetível. No entanto, deve-se sublinhar que, para muitas culturas, na *performance* de um ritual, os mesmos conceitos e crenças podem ser expressos tanto por meio dos sinais particulares do corpo como por meio do seu vestuário e máscara. O ritual recorre a vários códigos sensoriais, tanto verbais quanto não verbais, e os orquestra para transmitir mensagens complexas sobre o significado da condição humana.

Os sinais físicos reais podem ser principalmente de dois tipos. O primeiro tipo, sinais permanentes, inclui operações cirúrgicas ou similares na superfície do corpo, utilizando instrumentos perfurantes ou cortantes, como facas, agulhas ou navalhas. O objetivo, neste caso, é geralmente deixar marcas indeléveis no corpo, mensagens silenciosas de uma mudança irreversível de estado, de identidade cultural permanente ou de filiação corporativa. A segunda categoria, a dos sinais temporários, diz respeito à aplicação de ornamentos no corpo com gesso, carvão, tinta ou outras substâncias facilmente laváveis ou elimináveis de outra forma. Sinais, em certo sentido, mais lábeis do que as roupas, mas capazes de transmitir de forma mais eficaz aspectos relevantes da ordem cosmológica, se utilizados em contexto ritual.

Muitos especialistas acreditam que, de um modo geral, a tatuagem prospera especialmente entre os povos de pele relativamente clara, e que a escarificação e a cura são mais utilizadas entre os povos de pele escura, uma vez que, nestes últimos, as cicatrizes e queloides causados por essas práticas são mais visíveis, como elementos decorativos, do que pigmentos mais escuros. Ao contrário da prática de pintar o corpo, porém, toda forma de picada, corte ou cauterização do corpo implica contato com as terminações nervosas e, portanto, sofrimento: daí a sua associação não rara com testes iniciáticos, em relação aos quais podem ser combinados com práticas como mutilação genital, flagelação e extração dentária. Talvez um dia a ciência neurológica descubra exatamente quais efeitos são produzidos no sistema nervoso central (e nas funções psicológicas relacionadas, como a memória e a sexualidade) por operações desse tipo, muitas vezes prolongadas, realizadas na rede neuronal subcutânea.

Com a difusão da cultura ocidental, muitas sociedades que antes marcavam o corpo de maneira cirúrgica num contexto religioso abandonaram essa prática. É claro, as três principais religiões do "livro" – judaísmo, cristianismo e islamismo – proibiram a tatuagem desde muito cedo. A marcação do corpo foi proibida por Deus aos judeus na Torá (Lv 19,28; Dt 14,1). Em 787, o Concílio de Niceia proibiu a tatuagem. Muhammad também o fez. No entanto, esse uso tem sido frequentemente praticado por razões terapêuticas ou decorativas por indivíduos que nominalmente aderem a essas três religiões: p. ex., por católicos bósnios, para quem pode ser a sobrevivência de um antigo rito de puberdade (relatado por Durham, 1928, p. 104-106), pelos muçulmanos no Oriente Médio (um tema exaustivamente discutido por Field, 1958) e, embora muito raramente, entre os judeus do Oriente Médio e do norte da África.

Tatuagens

A partir do século XVIII, os exploradores europeus ficaram maravilhados com os sinais que encontravam nos corpos dos habitantes de terras até então desconhecidas. O Capitão John Smith, na Virgínia, e o Capitão James Cook, na Polinésia (que nos deu o termo inglês *tatuagem*, do taitiano *tattau*, "marcar") ficaram impressionados com essa forma de marcar o corpo "injetando o pigmento preto que havia surgido na pele para que permanecesse indelével" (WHARTON, W.J.L. *Captain Cook's Journal during his First Voyage Round the World in H.M. Bark "Endeavour" 1768-1771*. Londres, 1893. p. 93). Os exploradores europeus descobriram que a tatuagem era uma prática comum entre os Maori da Nova Zelândia e muitas outras ilhas da Polinésia. O uso também era comum em toda a Nova Guiné, Melanésia, Micronésia, Arquipélago Malaio e Península Malaia. No continente asiático, costumavam tatuar-se certos povos da Índia, da Birmânia, atual Myanmar, e das fronteiras do Tibete. Isso também acontecia com algumas populações africanas, incluindo os Nama Khoi. A tatuagem era relativamente comum entre os povos originários da Américas do Norte e do Sul. A tatuagem é um pouco como a pintura, com o rosto e o corpo servindo de tela, enquanto a escarificação corresponderia à escultura e à talha. As duas práticas podem ser dolorosas: a primeira, obviamente, menos do que a segunda, embora uma tatuagem completa possa demorar mais. Talvez a relativa rapidez da escarificação e da cura seja uma das razões pelas quais aparecem com tanta frequência em ritos de passagem e outros rituais religiosos e terapêuticos, uma vez que marcam literalmente um forte contraste entre a condição anterior do iniciado e a sua condição subsequente. Se esses ritos exigirem um período de isolamento bastante longo, a operação da tatuagem, que é mais lenta e complexa, pode, no entanto, prosseguir mais facilmente.

Uma tatuagem de corpo inteiro pode levar anos e ser concluída em várias fases ritualmente significativas. Wilfred D. Hambly (1925) relata, por exemplo, que entre os Motu Koita da Nova Guiné, a tatuagem desempenhava um papel notável nos rituais que celebravam o desenvolvimento físico do corpo feminino. Por volta dos cinco anos de idade, suas mãos e antebraços eram tatuados. Entre os 5 e os 10 anos, tatuavam o queixo, o nariz, a parte inferior do abdômen e as partes íntimas, numa época em que as coxas perdiam o aspecto infantil e ficavam mais firmes. Na puberdade, foi a vez do peito, das costas e das nádegas, que adquiriram aspecto adulto. Por fim, na cerimônia de casamento e na cerimônia de maternidade, foram praticados os desenhos finais. Cada estágio de maturação tinha um desenho particular: na verdade, os Motu acreditavam que a tatuagem não apenas representava o crescimento, mas até o promovia (Hambly, 1925, p. 32).

Num contexto religioso, independentemente do meramente ornamental, os sinais da tatuagem são claramente simbólicos. Hambly, por exemplo, mostra como, entre os Omaha da América do Norte, a tatuagem de meninas púberes, em rituais iniciáticos, era originalmente associada a ritos dedicados ao sol, o poder dominante do seu universo. Os Omaha divinizavam o dia e a noite como poderes cósmicos masculinos e femininos, à semelhança do contraste entre *yang* e *yin* na China. No auge do ritual solar, uma menina solteira está no centro da dança, da pintura corporal e da tatuagem. Um disco representando o sol e uma estrela representando a noite estão tatuados nela. As quatro pontas da estrela significam os quatro ventos vivificantes. Juntos, os dois signos expressam a mensagem de que a noite dá lugar ao sol, prenúncio do casamento da menina. Segundo a crença, as tatuagens conferem energia e fertilidade potencial no desenvolvimento da mulher durante esta fase liminar. Se as feridas feitas não cicatrizam rapidamente, acredita-se que isso se deva à desaprovação dos espíritos, porque a menina não permaneceu casta (Hambly, 1925, p. 83s.). Um exemplo que ilustra o quanto a tatuagem ritual diz respeito – ou, poderíamos também dizer, incorpora – ideias e forças cosmológicas, deixando uma marca subjetiva e objetivamente duradoura.

Há evidências arqueológicas de tatuagens de perfurações no Oriente Próximo que remontam pelo menos ao primeiro milênio a.C. Em algumas tumbas núbias dessa época, marcas de perfurações foram encontradas na pele de múmias, com duplicatas semelhantes pintadas em estatuetas. Tal como acontece com as sociedades pré-literárias, as culturas politeístas do mundo mediterrânico oriental viam a tatuagem como um meio eficaz de comunicação entre as esferas do invisível e do visível, consideradas como o divino e o humano. Por exemplo, o Faraó Aquenáton (Amenófis IV) é representado em baixos-relevos com o nome *Aton* no corpo. Embora educado numa tradição politeísta, Aquenáton procurou desenvolver um monoteísmo solar, encorajando a arte naturalista em detrimento do simbolismo. Então a tatuagem dele era um nome, não um símbolo. As grandes religiões monoteístas foram ainda mais longe ao proibir a representação de símbolos de divindades no corpo. Henry Field (1958, p. 4) dá outros testemunhos da relação entre homens e divindades obtidos por meio da tatuagem. O símbolo da deusa Neit, por exemplo, foi tatuado nos braços e pernas dos prisioneiros líbios retratados nas paredes do túmulo de Seti I (1318-1304 a.C.). Ainda hoje, no norte da África, um tipo de tatuagem chamada "Triângulo Tanit" foi identificada como um símbolo da deusa cartaginesa Tanit, talvez a mesma deusa líbia Ta-Neit tirada dos cartagineses. Field também relata que os devotos de Dionísio traziam impresso no corpo, como o símbolo do deus, uma folha de hera. Na Síria e na Palestina, os adoradores da deusa da lua Mylitta eram tatuados com sua figura ou símbolo nas mãos ou atrás do pescoço.

Mais tarde, apesar das interdições religiosas, tanto cristãos como muçulmanos começaram a usar tatuagens como sinal de peregrinações feitas a lugares sagrados: uma prática que evidentemente remontava aos tempos das Cruzadas. Os peregrinos coptas tatuavam-se com a palavra *Jerusalém* e, abaixo, a data da visita, ou com um símbolo religioso genérico. Moisés Maimônides, comentando a proibição de tatuagens no Levítico, reiterou, como razão primária, o argumento fundamental do judaísmo contra a idolatria, enquanto outros estudiosos de sua própria tradição insistiam, como justificativa para a própria proibição, na integridade do corpo humano, feito à imagem e semelhança de Deus.

Na história cultural da tatuagem, algumas tendências principais podem ser observadas. Nos tempos antigos e em muitos relatos de viajantes do início da Era Moderna, essa prática nas sociedades pré-industriais atribui principalmente aqueles que são tatuados a categorias ou grupos sociais específicos (clãs totêmicos, sociedades secretas, associações militares, categorias de idade ou sexo, casado ou solteiro, viúvo etc.). Às vezes faz parte de um processo ritual geral. Em outros casos, como vimos, a tatuagem cumulativa pode funcionar independentemente dos ritos de passagem, destacando o desenvolvimento individual em vez da filiação coletiva. Quando as sociedades progridem, tornam-se mais complexas; e a divisão do trabalho econômico e social, mais refinada, então a tatuagem torna-se antes uma questão de escolha individual, uma forma de autoexpressão, com ênfase na função ornamental, em vez de na função religiosa ou corporativa. Assume assim um carácter antinomiano: em vez de classificar um conjunto de indivíduos, assimilando-os simbolicamente, diferencia-os. E, quando a tecnologia avança (com a invenção, p. ex., da agulha elétrica de tatuagem), os desenhos e as cores se multiplicam, permitindo possibilidades consideráveis de autoexpressão e autoafirmação, não só para com os outros, mas também para consigo mesmo, imprimindo no próprio corpo uma imagem complexa e indelével da própria identidade.

Nas sociedades em que a tatuagem é estritamente proibida ou desaprovada, por razões religiosas ou políticas, acaba por marcar e identificar não apenas indivíduos rebeldes, mas também grupos marginalizados que de outra forma têm poucos meios de demonstrar a sua identidade nas correntes dominantes da sociedade. Há considerável literatura sobre tatuagens praticadas pelas mais diversas categorias, como os alistados da Primeira e Segunda Guerras Mundiais, criminosos, prostitutas, homossexuais, delinquentes juvenis, gangues de motociclistas (como os Hell's Angels).

No Japão, onde a arte da tatuagem (*irezumi*) estava há muito enraizada e talvez tivesse, como na Polinésia, ligações rituais, essa prática foi banida no fim do período Tokugawa, mas teve um forte renascimento depois de 1881, quando deixou de ser tratada como crime. Segundo Robert Brain (1979), os japoneses – que "bordam" o corpo inteiro com desenhos artísticos, o equivalente a um vestido completo numa cultura que nunca permitiu a nudez – "praticam a tatuagem para dar personalidade ao corpo nu... A própria pele nua, no contexto do desenho global, adquire a aparência de artifício" (p. 64). São desenhos tradicionais que incluem o dragão, "doador de força e sagacidade", o cavalo e a carpa (mutações do dragão), heróis épicos como Yoshitsune, sábios chineses e os deuses cujos feitos são celebrados no *Kojiki* e no *Nihonshoki*. No Japão sempre foi difícil distinguir, segundo o modelo ocidental, o religioso do estético e do social. Hoje em dia, homens e mulheres que se tatuam trazem no corpo expressões esplêndidas e refinadas de uma tradição constante que une divindade, natureza e humanidade.

Ao afastar-se dos primeiros contextos religiosos, a tatuagem foi aparecendo gradativamente associada à proteção mágica dos indivíduos e aos ritos terapêuticos realizados em caso de adoecimento individual. Field (1958) nos oferece inúmeros exemplos de tatuagem em lugares como Síria, Iraque, Irã, Kuwait, Arábia Saudita, Palestina, Baluquistão e Paquistão Ocidental, praticada como profilaxia, terapia e prevenção de uma variedade de doenças e distúrbios, principalmente devido a crenças locais, a causas sobrenaturais, como mau-olhado, bruxaria, demônios. A tatuagem terapêutica é encontrada em várias culturas: por exemplo, de acordo com o Sarawak Kaya de Bornéu, a malária é causada pelo abandono do corpo pela alma. Um terapeuta ritual, o *dayong*, é chamado para fazer o ritual, que inclui danças e encantamentos, para trazer a alma do paciente ao seu corpo. Assim que tiver certeza de que a alma retornou, o *dayong* tatua um símbolo no corpo do paciente para protegê-lo de outro distanciamento. Esses usos são encontrados em abundância em várias culturas.

Deve-se mencionar o recente aumento dessa prática nos Estados Unidos, particularmente na Califórnia, durante o fim da década de 1970. Após o declínio registado após a Segunda Guerra Mundial, a influência da "contracultura" do fim da década de 1960, o papel dos meios de comunicação eletrônicos na introdução de práticas de outras culturas nos lares americanos, a difusão do turismo, a amplificação geral do individualismo (no vestuário, nos costumes sexuais, na arte, na religião) e finalmente o progresso das técnicas profissionais de tatuagem favoreceram uma recuperação notável. A antiga ligação religiosa também não foi esquecida: no Quinto Congresso Mundial de Tatuadores e Simpatizantes, em Sacramento em 1980, a tatuagem premiada foi "uma grande pintura dorsal, que representava a Virgem de Guadalupe, colocada sobre um leito de rosas vibrantes e emoldurado, nos cantos inferiores, por uma caveira e um rosto humano e, acima, por uma revoada de anjos" (GOBENAR, A.B. Culture in transition: the recent growth of tattooing in America. *Anthropos*, vol. 76, p. 216, 1981).

Pinturas corporais

Várias formas de adorno pessoal podem coexistir na mesma cultura. Terence S. Turner (1977), por exemplo, observa que os Xikrin, um grupo Jê do Brasil central, usam pinturas corporais elaboradas, adornam as orelhas e os lábios com cotonetes, usam estojos penianos e, em contextos rituais, envolvem suas pernas e braços com bandagens de algodão. Segundo Turner, é uma espécie de linguagem simbólica. Tingir a pele corresponde a um código que expressa uma ampla gama de informações sobre posição social, sexo, idade; além disso, escreve Turner (1977, p. 98), "estabelece um canal de comunicação no próprio indivíduo, entre os aspectos sociais e biológicos de sua personalidade".

O simbolismo da cor é muito importante aqui, especialmente o vermelho, o preto e o branco usados de determinadas maneiras. O vermelho é sempre aplicado nas extremidades, antebraços, mãos, pernas abaixo dos joelhos, pés e também no rosto. O preto é usado no tronco e na parte superior dos membros, para pintar manchas quadradas nas bochechas e no contorno dos cabelos. A tinta preta é aplicada no rosto com grande precisão e muitas vezes imediatamente coberta por uma espessa camada de vermelho que o esconde quase totalmente: uma prática que só pode ser explicada pelo valor simbólico das cores. O vermelho, segundo Turner, representa energia, saúde, "prontidão", nos dois sentidos de velocidade e sensibilidade aguda. O preto, vice-versa, está associado à transição entre estados ou categorias claramente definidos, com condições liminares, ou regiões em que a estrutura normal e bem-definida de ideias e regras de comportamento é "obscurecida". O preto também significa "morto": na verdade, é usado para descrever uma área de terreno que separa a aldeia da floresta não cultivada e serve de cemitério e campo de isolamento para grupos em ritos de passagem.

Os Xikrin veem a própria morte como uma fase liminar entre a vida e o esquecimento completo. Os fantasmas sobrevivem por uma geração na aldeia dos mortos antes de "morrer" mais uma vez e, desta vez, para sempre. O branco representa o estado puro e final que transcende completamente a normalidade do mundo social, pois é a cor dos fantasmas e o branco é o barro de que se alimentam. Ao passar desenhos vermelhos sobre pretos, os Xikrin estabelecem um simbolismo claramente não influenciado por considerações estéticas. Para Turner, de fato, os desenhos pretos representam a socialização da parte inteligente da pessoa, depois revigorada pela força vital biológica e física, simbolizada pela espessa camada de vermelho sobreposto.

A conclusão de Turner (1977, p. 100) de que pintar o corpo, neste nível de significado, "equivale efetivamente à imposição de uma segunda "pele" social à pele biológica nua do indivíduo" tem uma vasta gama de aplicações amplamente comparativas. A conexão etimológica entre os termos *kosmos* e *cosmesi* tem sido frequentemente observada: ambos derivam do termo grego que significa "ordem, ornamento, universo". Com o rosto e o corpo adornados com desenhos e cores, a pessoa se torna o elo vivo entre sua individualidade e a ordem sociocultural com a qual está temporariamente identificada. Além disso, como acontece com as tatuagens, em sociedades industriais complexas pintar-se pode assumir uma função antinômica: desenhos extravagantes e bizarros podem sugerir rebelião contra os valores mais estimados pela sociedade. Ou pode tornar-se uma mera expressão de vaidade pessoal e amor pelos ornamentos.

Sinais de eleição sobrenatural

Há literatura abundante sobre certas características físicas consideradas um sinal de eleição para um estado religioso elevado e que devem ser distinguidas de certas manchas ou marcas de nascença interpretadas como indicações de reencarnação. Em muitas sociedades subsaarianas, por exemplo, os recém-nascidos são cuidadosamente examinados em busca de sinais que correspondam às cicatrizes visíveis ou aos sinais encontrados no corpo de algum parente morto. Entre os Ndembu da Zâmbia, uma criança chamava-se Lupinda porque certas marcas semelhantes a arranhões na sua coxa lembravam a cicatriz de uma ferida infligida por um leopardo ao irmão da sua mãe, o grande caçador Lupinda. Naturalmente, esperava-se que o bebê, o novo Lupinda, se tornasse igualmente excelente na caça. Crenças semelhantes também são relatadas em relação aos Haida e Tlingit das regiões noroeste da América do Norte.

Nas grandes religiões históricas, os fundadores, profetas, santos e grandes doutores da fé são por vezes associados a características físicas de origem sobrenatural. Diz-se que, quando Siddharta Gautama, o futuro Buda, nasceu, ele tinha em seu corpo, além de alguns sinais secundários (*anuvyañjanāti*), 32 sinais auspiciosos (*mahāpuruṣa lakṣaṇani*) que indicavam sua futura grandeza. O poeta indiano Aṣvaghoṣa, que escreveu o seu *Buddhacarita* (Vida do Buda) no século II d.C., menciona algumas dessas características: a marca de uma roda num pé, uma membrana entre os dedos das mãos e dos pés, um círculo de cabelo entre as sobrancelhas. Mesmo no Islã, o valor da eleição divina é tradicionalmente atribuído aos sinais. O genro de Muhammad, 'Alī, previu que o Mahdi, "aquele que tem orientação divina", viria para restaurar a justiça e a retidão no mundo e seria reconhecido por certas características físicas, incluindo uma fronte calva e um grande nariz em forma de gancho, e também uma marca de nascença na bochecha direita, um grande vão entre os incisivos e uma barba bem escura. Dizia-se que Muhammad Ahmad, que no século XIX era considerado o Mahdi por muitos sudaneses, tinha precisamente todos esses atributos previstos.

O cristianismo também tem a sua tradição de sinais corporais de origem divina. O termo *estigmas*, para os cristãos, refere-se às feridas que alguns apresentam nas mãos e nos pés e, às vezes, nas laterais, nos ombros ou nas costas, e que são consideradas sinais visíveis de participação na Paixão de Cristo. Francisco de Assis (falecido em 1226) é considerado o primeiro portador de estigmas,

mas a partir daí o número de pessoas nessas condições se multiplicou. Historicamente, os estigmas assumiram formas e posições muito diferentes no corpo, nas mãos e nos pés. Por exemplo, Francisco tinha a ferida no lado direito, enquanto Padre Pio da Pietrelcina, o mais famoso portador de estigmas modernos, tinha-a na esquerda. Para a Igreja Católica, os estigmas não são necessariamente um sinal de santidade. Das várias centenas de portadores de estigmas registados desde o século XIII, apenas 62 foram canonizados ou beatificados. O padre jesuíta Herbert Thurston, uma autoridade nesses fenômenos, mostrou-se extremamente relutante em atribuir a presença dos estigmas a um milagre (The problem of stigmatization. *Studies*, vol. 22, p. 223, 1933). Outros teólogos aguardam o veredito da pesquisa neurocientífica para definir o problema. Além disso, C. Bernard Ruffin, um pastor luterano, destacou que "para cada autêntico portador de estigmas, religioso ou histérico, santo ou satânico, há pelo menos dois autoagressores" (Ruffin, 1982, p. 145).

Resumo

Em muitas sociedades, marcas de nascença, manchas, deformidades e outras características naturais sempre foram consideradas indicações visíveis da presença permanente ou transitória do invisível, de forças e influências sobrenaturais, mágicas ou religiosas. Eles remontam à noção de reencarnação, de doença causada por espíritos ou bruxas, de eleição para o papel de sacerdote ou xamã, ou de distinção da identidade de um grupo básico. No entanto, a elaboração artificial do corpo com meios culturais é a forma mais praticada de distinguir a identidade dos grupos, o que, nas sociedades mais simples, é também identidade religiosa. Nesse caso, o corpo torna-se um símbolo de identidade expressamente construído. As mudanças, tanto permanentes quanto temporárias, são provocadas para esse fim. Além dos meios descritos acima, podemos citar lixar os dentes, furar ou alterar de outra forma as orelhas, nariz, língua, lábios e até alterar as extremidades, cabelos, pés, dedos, unhas. Embora a discussão sobre o vestuário, um meio de identificação para todos os tipos de religião em todas as culturas, ultrapasse o âmbito deste verbete, tal como a discussão detalhada da relação entre a marcação estética e a marcação ritual, é claro que o corpo, vestido ou despido, pintado ou não, liso ou marcado por cicatrizes, nunca é religiosamente neutro: é sempre e em toda parte uma expressão complexa do espírito, da sociedade, de si mesmo e do cosmos.

Bibliografia

BRAIN, R. *The decorated body*. Londres, 1979. Descrição interessante e amplamente comparativa da ornamentação do corpo humano, feita por um antropólogo, num tom bastante polêmico em relação ao fenômeno ocidental da moda.

DURHAM, M.E. *Some tribal origins and customs of the Balkans*. Londres, 1928. Contém um relato breve, mas interessante, da sobrevivência da tatuagem entre os bósnios católicos.

FIELD, H. Body-marking in Southwestern Asia. *In*: *Papers of the Peabody Museum of Archaeology and Ethnology*. Harvard University, Cambridge/Mass., 1958. vol. vl, n. 1. Resultados de pesquisas de campo no Sudoeste Asiático realizadas por numerosos pesquisadores associados às expedições realizadas pelo Peabody Museum, pelo Field Museum e pela Universidade de Oxford entre 1925 e 1955. Trata-se de um estudo rico em informações etnográficas, mas bastante limitado pelo ponto de vista teórico.

HAMBLY, W.D. *The history of tattooing and its significance, with some account of other forms of corporal marking* Detroit, 1975 [orig. de 1925]. Ainda é o estudo clássico sobre tatuagem.

POLHEMUS, I. (org.). *The body reader* – Social aspects of the human body. Nova York, 1978. Uma série de artigos contemporâneos significativos sobre a imagem, alteração e ornamentação do corpo, tratando de uma ampla gama de teorias sobre signos físicos.

RUFFIN, C.B. *Padre Pio*: the true story. Huntingdon, 1982. Tratamento crítico, sóbrio e essencialmente não hagiográfico da vida do mais notório portador de estigmas do século XX. Relato abrangente dos depoimentos médicos sobre seus estigmas.

STRATHERN, A.; STRATHERN, M. *Self-decoration in Mount Hagen*. Toronto, 1971. O tratamento mais completo da ornamentação corporal e seu significado em uma única sociedade, a de Mount Hagen, na Nova Guiné.

TURNER, T.S. Cosmetics: the language of bodily adornment. *In*: SPRADLEY, J.P.; MCCURDY, D.W. (orgs.). *Conformity and conflict*. Boston, 1977. p. 91-108. Artigo instigante sobre adornos corporais entre os Xikrin. O autor decifra o complexo código implícito nos vários tipos de ornamento, revela o seu significado e levanta a hipótese de que têm funções semelhantes em todas as sociedades.

Victor Turner

SOL

Seria difícil encontrar alguém na terra que não tenha sido profundamente afetado pelo caminho aparente do sol no céu e que não tenha se relacionado com ele, seja pessoalmente ou percebendo o sol como uma força numinosa. O nascer e o pôr do sol propõem uma das dicotomias primordiais, paralela àquela entre dia e noite, luz e escuridão, calor e frio, vida e morte, *yang* e *yin*. A noite é misteriosa, perigosa, semelhante à escuridão do ventre da mãe. A luz do dia simboliza a renovação da vida, verdade, lógica. No pensamento moderno, o sol muitas vezes representa a consciência individual e a lua (noite) o inconsciente, o oceano ou o princípio feminino. Nos desenhos das crianças, uma cena feliz inclui um grande sol redondo com raios semelhantes a cabelos, enquanto crianças infelizes ou frustradas desenham céus completamente negros. Pacientes com transtornos mentais costumam desenhar seus corpos como discos solares com braços e pernas como raios.

Na poesia clássica, o nascimento é descrito como "pouso nas margens da luz". Na *Eumênides* de Ésquilo, explica-se o conflito entre as terríveis Fúrias, vingadoras do sangue da mãe, que invocam constantemente a "mãe negra" e o esplêndido Apolo, revelador da verdade e da justiça (que simboliza a predominância paterna). Em muitos ritos, o Oeste, onde o sol se põe, representa a morte, enquanto o Leste, onde o sol nasce, representa a vida e o nascimento. Os enterros dos neandertais também foram orientados de acordo com essas duas direções do espaço. Quando o sacerdote grego se voltava para o Norte durante o sacrifício, sua mão direita, estendida para o Leste, representava o lado auspicioso, enquanto a esquerda representava o "sinistro" [note-se que na língua original deste dicionário, o italiano, sinistro equivale a esquerdo, por isso cf. o verbete Direita e esquerda].

Em muitas mitologias de vários povos originários, o sol é um objeto jogado para cima ou pendurado no céu por mortais ou *trapaceiros*. Os Hopi afirmam ter produzido o sol lançando um escudo, feito de camurça, para o céu, junto com uma pele de raposa e uma cauda de papagaio para produzir as cores do nascer e do pôr do sol. Os San da África acreditam que o sol já foi um mortal que irradiava luz de suas axilas. Para tornar essa luz mais intensa, as crianças a lançaram para o céu e, desde então, tendo se tornado esférica, brilha para todos os homens. O herói cultural dos tártaros, o Porco-espinho, pegou fogo com sua espada e atirou-a para o céu para fazer o sol; para fazer a lua, ele afundou a espada na água e, portanto, o sol está quente e a lua está fria. O famoso *trickster* dos indígenas americanos, o Coiote, segundo a tradição, mandou o lobo pegar o fogo para fazer o sol. Em um dos mitos da Oceania que descrevem como a vida começou dentro de uma concha, a divindade da criação, a Mulher Aranha, abre a concha e depois joga dois caracóis para fazer o sol e a lua. Na mitologia nórdica, o sol e a lua são faíscas de Muspelheim, o reino do fogo. As divindades, no entanto, os tornaram antropomórficos e os incumbiram de dirigir carruagens pelo céu.

Em sociedades mais complexas, as duas estrelas foram colocadas no céu pela divindade elevada, da qual, às vezes, representam os olhos. De fato, no antigo Egito o sol às vezes era chamado de olho de Rá, no norte da Europa o olho de Odin e na Oceania o olho de Átea.

O mito mesopotâmico da criação, o *Enuma elish,* conta como o deus conquistador Marduk, que em si tinha características solares, "fixou as posições das divindades no céu, determinando o ano com o arranjo das zonas". Segundo o Gênesis, "Deus fez os dois grandes luzeiros, o luzeiro maior para regular o dia e o luzeiro menor para regular a noite... Deus os colocou no firmamento do céu para iluminar a terra e regular o dia e a noite e para separar a luz das trevas" (1,16-18). No grande mito de Platão, no *Timeu,* "... a divindade acendeu uma luz no segundo dos círculos a partir da terra, uma luz que agora chamamos de sol, para que iluminasse o máximo possível todo o universo, para que todos os animais pudessem participar do número que foram chamados a participar, aprendendo-o a partir do giro do mesmo e semelhante. Assim, nasceram a noite e o dia, por tais razões, do giro do círculo único e supremamente sábio" (39c). Assim, o Demiurgo, tendo organizado todos os corpos celestes, imprimiu neles o movimento e deu origem ao tempo.

Mais frequentemente, o sol é concebido em termos antropomórficos, às vezes como uma figura feminina, mas mais frequentemente como uma figura masculina. Ele cruza o céu com o meio de transporte adequado; para os antigos sumérios, ele caminhava; no antigo Egito navegava num barco idêntico aos que navegavam no Nilo, na companhia de algumas divindades e do faraó. Desde que o cavalo foi domesticado, no início do segundo milênio a.C., o sol passou a conduzir uma carruagem puxada por cavalos brancos ou flamejantes. O cavalo, animal sagrado dos indo-europeus, era um dos animais mais intimamente associados ao sol, ao qual era frequentemente sacrificado. Outro animal associado ao sol era o pássaro, o falcão, o corvo ou a águia ou, claro, a mítica fênix, que morre e renasce do fogo a cada 5 mil anos. As asas dos pássaros são de fato adicionadas ao orbe solar para produzir o disco alado tão comum na iconografia solar. Na África e na Índia, o tigre e especialmente o leão são animais solares; nas Américas, a águia e a onça. O leão é o signo do zodíaco do mês mais quente do verão do Hemisfério Norte, e é o animal da realeza em toda a arquitetura real do antigo Oriente Próximo. As numerosas representações de um leão atacando um touro poderiam simbolizar, segundo as suposições de alguns, o calor do verão que põe em fuga a primavera, representado no Zodíaco pelo touro, ou o culto paterno que ataca a lua, fêmea e chifres. [Cf. tb. Os verbetes Águias e falcões, Jaguar (ou onça-pintada), Leão e Lua.]

Os eclipses solares e lunares eram causa de grande terror. Os tártaros acreditavam que o eclipse era um sinal de que o sol havia sido atacado por um vampiro que vivia em uma estrela. No mito escandinavo, o sol era perseguido por um lobo sobrenatural que o devoraria no fim do mundo. Os antigos egípcios acreditavam que um demônio – segundo os chineses um dragão – estivesse atacando o sol. Alguns povos indígenas norte-americanos, por outro lado, acreditavam que o sol e a lua desapareciam quando seguravam seus bebês nos braços. No Taiti, acreditava-se que os eclipses ocorriam quando o sol e a lua se acasalavam.

Vários métodos foram usados para "curar" os eclipses, como tocar tambores, fazer outros sons altos ou atirar flechas no sol. "Aprisionar o sol" é um dos mitos mais difundidos na Oceania e na América do Norte. Aparece, por exemplo, entre as façanhas de Maui, o herói cultural polinésio, que capturou o sol e o golpeou para que não corresse muito rápido. Supõe-se que contos desse tipo tentam explicar o solstício, quando o sol é percebido como imóvel por vários dias. As culturas superiores dos incas e dos povos da Mesoamérica estavam familiarizadas com as posições do sol, e os Pueblo mediam os pontos onde o sol nascia no horizonte leste para dividir o ano. Os Zuni usavam como gnômon uma placa vertical com uma efígie do sol e o templo do sol em Cuzco era, como os templos da Grécia antiga, orientado de tal forma que a luz do sol, no solstício, entrava no santuário.

Agora parece certo que o imponente monumento de Stonehenge, na Inglaterra, foi erguido para marcar os solstícios e equinócios, bem como as posições da lua. As datas recentes do carbono 14 indicam para este sítio uma antiguidade igual à das primeiras pirâmides, excluindo, quanto à sua construção, uma influência oriental. Tendo em conta que se tratou da deslocação e plantação dos megálitos, obra que decorreu em três fases, com vários séculos de diferença, é indubitável que a motivação para essa construção tenha sido de caráter religioso. Diodoro Sículo, que escreveu no século I a.C., descreveu um "templo esférico dedicado a Apolo entre os hiperbóreos", talvez referindo-se a Stonehenge como um grande templo do sol. Pesquisas recentes descobriram outros observatórios na Escócia, nas Ilhas Orkney e também em Carnac, na Bretanha. Discos de ouro e bronze gravados com cruzes e espirais, espadas e arreios de cavalos com os mesmos desenhos e discos de âmbar montados em ouro foram encontrados nas Ilhas Britânicas e na Escandinávia, todos achados contemporâneos à última fase de Stonehenge. É tentador imaginar uma multidão de pessoas, cada uma com seu próprio amuleto solar, esperando o sol de verão nascer em Stonehenge.

Um objeto de considerável interesse que confirma o culto solar ao Norte é o famoso disco encontrado em Trundholm, no norte da Zelândia, banhado a ouro e decorado com círculos e espirais, montado sobre rodas e puxado por um cavalo de bronze, provavelmente o sobrevivente de um casal. Em todos os países escandinavos, foram descobertos objetos e esculturas rupestres com representações de discos, barcos e pessoas com os braços levantados em direção a um disco. Às vezes há representações de homens armados com corpos em forma de disco, interpretados como divindades solares ou homens usando o emblema do sol. A roda, o barco, a cruz inscrita em um círculo e a suástica (que é uma roda em movimento) podem ser considerados símbolos do sol.

No norte da Europa, o solstício de verão é saudado hoje com fogueiras acesas e rodas flamejantes rolando rio abaixo, como, sem dúvida, foi há milhares de anos. O solstício de inverno é o momento em que o sol é encorajado a nascer novamente, simbolizado pela fogueira de Yule, a luz do Hanukkah e as velas acesas para Santa Lúcia na Suécia. A cabeça do javali, no banquete de Natal, representa o ano velho ou o velho sol, e a porchetta com a maçã da imortalidade na boca representa o novo sol. [Cf. o verbete Luz e escuridão.]

Egito antigo

Muito cedo em sua história, por volta do IV milênio a.C., os egípcios abandonaram o calendário lunar e organizaram o tempo com base no nascimento helíaco da estrela Sirius, que ocorre por volta de 19 de julho. Essa data coincidia com a cheia anual do Nilo, o acontecimento mais importante na vida agrícola de um país árido e sem as estações tão definidas. Desde então, o ano foi dividido em 12 meses de 30 dias cada, com um período intercalado de cinco dias. Independentemente de essa solução ter influenciado ou não, como alguns argumentam, a vida religiosa dos egípcios, o sol, em vários aspectos, tornou-se a figura dominante da religião egípcia, tanto em associação com outras divindades quanto, em alguns casos, substituindo a eles.

Uma das primeiras manifestações do sol foi o deus-falcão, Hórus, que aparece na famosa estela de Narmer, o personagem que unificou as duas terras que se tornaram o Egito. Hórus era provavelmente uma antiga divindade do céu, vista como um pássaro que voa a grandes alturas e se manifesta no próprio sol; ele era conhecido como Rá-Harakhte, o deus do horizonte ou do sol nascente. Ele era a princípio filho da deusa celestial Hathor (note-se que no Egito o céu é feminino e a terra masculina), mas depois, quando a tendência de agrupar as principais divindades em famílias, ele ficou conhecido como filho de Osíris, o deus da fertilidade e do submundo. A irmã e esposa de Osíris, Ísis, lamenta seu falecido marido e secretamente cria seu filho Hórus para lutar contra o assassino de Osíris, seu irmão Seth. Nessa família, o deus do sol, Rá, fundiu-se com um deus criador mais antigo, Atum. Em Heliópolis, um complexo de templos atualmente localizado ao norte do Cairo, perto da antiga capital Mênfis, uma poderosa classe sacerdotal estabeleceu o culto de Rá-Atum pelo menos a partir da quarta dinastia (2600 a.C.). Esse é o período em que foram construídas as primeiras grandes pirâmides que apontavam para o sol. Na mitologia desenvolvida em Heliópolis, o criador Rá-Atum gerou a terra das águas circundantes. Um monte localizado no templo, que levava o nome de Benben, representava o esperma de Rá. A partir de si mesmo, o deus criador fez o céu e a terra, o ar e a água e, ao fim, as quatro divindades: Osíris, Seth e suas esposas Ísis e Néftis.

A poderosa classe sacerdotal de Heliópolis proclamou o faraó como filho do sol. Parece provável que os primeiros faraós representassem o sol e que perdessem o poder sob a crescente influência da classe sacerdotal, que também era capaz de controlar a escolha do sucessor divino do faraó entre seus filhos. A história do antigo Egito é claramente dividida nos períodos do Antigo, Médio e Novo Império, intercalados com duas épocas de anarquia. Após o primeiro desses dois períodos intermediários, no Sul, em Tebas, surgiu uma nova família real. Lá, Rá se fundiu com uma divindade local, Atum, "o oculto", que provavelmente representava o ar. Essa divindade se espalhou com sucesso por todo o Novo Reino, em uma época em que o poder egípcio era desenfreado na Ásia. Os grandes templos de Karnak e Luxor testemunham o poder e a enorme riqueza do culto ao sol.

O sol era geralmente retratado navegando pelo céu em um barco, acompanhado por vários atendentes e, às vezes, pelo próprio faraó. Em outras ocasiões, o sol subia em seu barco pelas pernas e barriga da deusa do céu, que se inclinava sobre a terra ou a montava em forma de vaca. Ou o sol era engolido todas as noites pelo céu-mãe e renasceu todas as manhãs entre suas coxas.

Um símbolo do sol era o falcão, mas, mais precisamente, a fênix mítica que queimava nas chamas de Benben a cada quinhentos anos, consumindo-se no fogo e depois ressurgindo. Outro símbolo importante do sol era o escaravelho Khepri, que supostamente se criou envolvendo seus próprios ovos em balas de esterco. Os obeliscos, como as pirâmides com pontas de ouro, apontam para o sol. Nos primeiros obeliscos agachados da V dinastia, o sol é retratado como o criador da vida e o senhor das estações.

Durante o reinado de Amenófis III (1439-1417 a.C.), o disco do sol, chamado Aton, começou a aparecer como um símbolo numinoso. No entanto, foi o filho desse faraó, Amenófis IV (1379-1362 a.C.), quem tentou, com um empreendimento contado entre as grandes revoluções religiosas da história, converter toda a nação ao culto monoteísta de Aton como o único deus. Seja por motivos religiosos ou por querer acabar com o poder da classe sacerdotal que acumulara enormes riquezas, tentou abolir qualquer outro culto em favor do de Aton, o disco solar. Ele mudou seu nome para Aquenáton ("Aton está satisfeito") e construiu uma nova capital em Amarna. Nessa cidade incentivou uma nova escola de artistas que retrataram, em estilo naturalista, o faraó na companhia de sua encantadora esposa Nefertiti e suas cinco filhas, sob os brilhantes raios do sol que chegavam à terra terminando com mãos humanas. Aquenáton deixou-nos um famoso hino a Aton, criador de todas as manifestações de beleza do mundo: "Quão variadas são as tuas obras! Misterioso aos olhos do homem, ó Deus único e incomparável, onipotente. Criaste a terra na solidão, de acordo com o desejo do teu coração. Criaste os homens e o gado e tudo o que há na terra". A revolução de Aquenáton falhou e, após a misteriosa morte do faraó, o clero reivindicou seus poderes e um jovem – provavelmente o genro – restabeleceu o culto de Amon, adotando o nome de Tut-Ankh-Amon (Tutancâmon).

A Mesopotâmia

No território entre os rios Tigre e Eufrates, onde foram descobertos os vestígios mais antigos da civilização urbana, caracterizada pelo uso da escrita, o estabelecimento da monarquia e de uma classe sacerdotal organizada, o sol foi primeiro subordinado à lua. Para os primeiros habitantes desta região dos quais temos registros, os sumérios, a principal divindade era An, um deus do céu que se retirara, deixando o controle e o senhorio do universo para seu filho Enlil, o ar. Um dos filhos de Enlil era o proeminente deus da lua, Nanna, cujos filhos eram o sol, Utu, e a estrela vespertina, Inanna. Na época dos sumérios, o território era dividido em uma série de cidades independentes, cada uma dedicada ao culto de um patrono divino. Entre estas, apenas duas cidades menores, Larsa e Sippar, adoravam Utu, o sol.

Os povos de língua semítica que seguiram os sumérios adotaram sua própria organização religiosa, chamando a lua Sin e o sol Shamash. Naquelas regiões implacavelmente tórridas, o sol era considerado uma divindade ameaçadora e, ao viajar continuamente no céu, também um espião, um emissário das divindades exaltadas e um severo juiz da humanidade. Viajantes rezavam ao sol antes de embarcar em uma jornada e exércitos antes de uma expedição militar: ele era assim um deus guerreiro e um senhor dos exércitos. Foi o sol que guiou o herói Gilgamesh em suas viagens em busca do segredo da imortalidade. Originalmente o sol atravessava o céu, depois dirigiu uma carroça puxada por onagros, os jumentos selvagens do deserto. Em um período posterior, eram os cavalos que puxaram a carruagem do sol. De manhã ele aparecia, na carruagem, no portão leste, na Montanha do Amanhecer; à noite ele chegava à Montanha do Ocaso e depois passava pelo submundo. Devido à sua aparição no submundo, o sol às vezes era representado junto com Tamuz, o deus mesopotâmico que morre e renasce. Havia pouco interesse no julgamento dos mortos na Mesopotâmia e o papel de Shamash como juiz era limitado ao mundo superior. Em Ur foi o sol que puniu um juiz corrupto que aceitou suborno e oprimiu o povo.

Shamash era o deus dos oráculos e pensava-se que ele encontrasse nas vísceras das ovelhas aqueles sinais que eram lidos e interpretados pelos adivinhos. Os adivinhos especializados em prever o futuro afirmavam ser descendentes de um rei de Sippar que viveu antes do dilúvio e, de fato, naquela cidade consagrada ao sol, entre todos os sacerdotes, os adivinhos gozavam de maior prestígio. Desde o tempo dos assírios temos uma série de perguntas ao sol sobre o Estado e a família real. O adivinho lia as respostas nas entranhas de uma ovelha dissecada. Provavelmente um dos resultados dessa atividade foi o poder do sol para controlar bruxas e demônios.

Shamash também era invocado para curar os doentes, libertar prisioneiros e ajudar mulheres em trabalho de parto. Uma oração dirigida a ele soa assim: "Ó Shamash, ó juiz supremo... que o nó que impede o parto se desfaça... possa ela suportar. Que ela permaneça viva e caminhe com saúde diante do deus". O sol, em outras palavras, traz à luz o nascituro. Pedia-se também ao sol que libertasse as vítimas de feitiços, maldições e fantasmas: "Ó Shamash, que eu seja forte e enfrente aqueles que me encantaram!"

O deus do sol é representado como um ancião com uma longa barba e de cujas omoplatas se espalham os raios do sol. Ele se senta em um trono e às vezes anda a cavalo. Seus símbolos característicos são uma estrela de quatro pontas, de onde partem as chamas, inscritas em um círculo e, claro, o disco alado que foi disposto acima das representações da realeza.

A observação dos corpos celestes, realizada na Mesopotâmia pelo menos a partir de 2000 a.C., levou a crer na existência de um universo ordenado e na importância do sol em relação aos demais planetas: assim, com o surgimento de um império centralizado na Assíria e Babilônia, o sol ganhou destaque como símbolo do poder real. O legislador Hamurabi (cerca de 1750 a.C.) chama Shamash de "grande juiz do céu e da terra" e afirma ter recebido as leis do próprio Shamash. O deus do sol é representado sentado em um trono, dando a Hamurabi um anel e um cetro. O templo do sol na Babilônia era conhecido como "a morada do juiz do mundo".

Os guerreiros assírios reivindicaram Shamash como um grande deus das batalhas, quase idêntico ao seu Ashur. Os reis assírios receberam o título de "sol do mundo". Marduk, o herói do festival de Ano-novo na Babilônia, um descendente das divindades elevadas, é retratado como um deus barbudo de cujos ombros emana a luz do sol.

Assim, na Mesopotâmia, o sol, primeiro percebido como juiz, legislador e senhor da magia, da doença e da profecia, desenvolveu-se na figura do Sol Real.

Os indo-europeus

No início do segundo milênio antes de Cristo, povos que falam línguas relacionadas se espalharam pela Ásia Ocidental e Europa, trazendo consigo *panteões semelhantes* na Índia, Irã, Ásia Menor e grande parte da Europa. Sua excelsa divindade era o deus do céu – Dyaus Pitar, Zeus ou Júpiter – mas, em muitos casos, essa divindade tendia a desaparecer do *panteão*, deixando o universo para seus descendentes, às vezes para o deus sol. Esse processo, conhecido como solarização, colocou o sol em primeiro plano como criador e senhor dos deuses.

O animal mais amado pelos indo-europeus era o cavalo e talvez eles tenham introduzido a carruagem no mundo ocidental; desde então, o sol foi representado dirigindo uma carruagem que cruza o céu, e o cavalo tornou-se um dos animais do sol, ao qual muitas vezes era oferecido em sacrifício.

Nos antigos textos indianos e iranianos aparecem os nomes de Varuṇa e Mitra, que parecem significar "o céu" e "a luz do dia", respectivamente. Na Índia, Mitra gradualmente perdeu importância, enquanto no Irã, como Mitra, foi tema de numerosos hinos nos textos sagrados do Avesta. Diz-se que Mitra representa a luz celestial que aparece antes do nascer do sol sobre as montanhas, de onde ele cruza o céu na carruagem. Diz-se que ele não é nem o sol, nem a lua, nem uma estrela, mas que, com seus 100 olhos, vigia constantemente o mundo. Ninguém pode enganá-lo e, portanto, ele é considerado um deus da verdade e da justiça. Ele faz cumprir contratos e juramentos e também é chamado de "senhor de pastos amplos que concede abundância de gado". Ele luta contra as forças do mal, espia os movimentos de seus inimigos, os derrota e os conquista e, na guerra, é o aliado de seus fiéis. Assim, Mitra, embora não identificado com o sol, compartilha todas as características do Shamash da Mesopotâmia. Quando os persas conquistaram a Babilônia, o nome *Mitra* foi usado como o de *Shamash*. Muitos nomes aristocráticos persas eram compostos por *Mitra*.

O historiador grego Heródoto nos conta que os persas ofereciam sacrifícios tanto ao sol como à terra, ao fogo e à água e consideravam a lepra o castigo de um pecado contra o sol (*Historiae* 1,138). Quando Xerxes liderou seu enorme exército através da Ásia Menor para atacar a Grécia, ele esperou na costa asiática o nascer do sol e ofereceu uma libação de uma taça de ouro que ele então jogou ao mar junto com uma espada do mesmo metal (7,54). O exército de Xerxes foi acompanhado por uma carruagem sem cavaleiro puxada por oito cavalos brancos, que Heródoto diz ser sagrada a Zeus, o deus do céu. Isso foi seguido por uma carruagem solar, também puxada por cavalos brancos. Além disso, Heródoto nos conta que os cavalos eram conduzidos ao longo do caminho para oferecê-los como sacrifício ao sol. Sacrifícios de cavalos são atestados da Índia à Irlanda e normalmente acompanhavam a coroação dos reis.

Um verdadeiro hino ao sol aparece no Avesta: "Que o sol imortal seja propiciado e glorificado pelos cavalos velozes... Quando o sol nasce, a terra feita por Ahura torna-se pura... demônios destruiriam tudo". Todo leigo na antiga Pérsia era obrigado a fazer uma oração ao sol, ao amanhecer, ao meio-dia e às três da tarde. As divindades persas foram introduzidas por oficiais persas na Lídia, Capadócia e Armênia e foi provavelmente por influência persa que a divindade do sol adquiriu importância central em lugares como Emesa, Baalbek e Palmira, na Síria.

Na Índia, as mesmas divindades – Varuṇa e Mitra – são chamadas no *Ṛgveda* "Reis dos deuses e dos homens". Eles dirigem carruagens pelo céu e vivem em palácios celestiais com 1.000 colunas de ouro e 1.000 portas. Dez hinos do *Ṛgveda* são dedicados ao sol como Sūrya, que parece representar o verdadeiro disco solar. Sūrya tinha o poder de expulsar a escuridão, as bruxas e os sonhos desfavoráveis; também curava doenças, especialmente icterícia. Ele é o noivo do Amanhecer e dirige uma carruagem às vezes puxada por um, às vezes por sete cavalos. Outro nome para o sol é *Savitṛ*. Às vezes é dito que o sol é Savitṛ antes de se elevar e Sūrya depois de ter surgido. Savitṛ "leva todos os homens e animais a descansar, os homens abandonam seu trabalho e os pássaros retornam aos seus ninhos". Entre os outros nomes atribuídos ao sol em poemas antigos está o de *Viṣṇu*, pois ele "viajou pelo céu em três passos gigantescos" para expulsar os demônios dos homens. Viṣṇu, é claro, tornou-se uma das três grandes divindades do hinduísmo, aquela particularmente benevolente para com os seres humanos.

Grécia antiga

Na *Teogonia* de Hesíodo (cerca de 750 a.C.), Hélio é filho de Hipérion, também uma figura solar, e irmão da lua (Selene) e da aurora (Eos). Ele não faz parte da família dos olímpicos que adquiriu importância depois de Homero e Hesíodo, a partir de 800 a.C., mas pertence a um grupo de divindades mais antigas e menos definidas, intimamente ligadas aos fenômenos naturais. Em Homero (cerca de 800 a.C.), Hélio revela a Hefesto que sua esposa Afrodite cometeu adultério; no mito de Deméter, ele relata que Hades sequestrou Perséfone, filha de Deméter, levando-a para o Mundo Inferior. A carruagem do sol não é mencionada em Homero, mas nos chamados *Hinos homéricos* (cerca de 700 a.C.).

Deméter está na frente desta carruagem enquanto ela implora por ajuda. Segundo o *Hino homérico a Hélio*, "ao correr na carruagem, brilha sobre todos os homens e sobre os deuses imortais e lança olhares penetrantes através do elmo dourado. Ele repousa no ponto mais alto do céu até que, de uma maneira maravilhosa, ele desce do céu para o oceano." O poeta Mimnermo (cerca de 630 a.C.) descreve o sol nascendo no oceano subterrâneo navegando em uma taça de ouro forjada para ele pelo divino ferreiro Hefesto. Essas descrições são a base para as centenas de representações do sol em sua carruagem que encontramos na arte grega até a época romana.

Como na Mesopotâmia, o sol também preside os juramentos na Grécia e é uma divindade da vingança. Em Ésquilo, Prometeu, acorrentado ao penhasco, invoca "o orbe solar que tudo vê" como testemunha de seus sofrimentos. Em *Édipo em Colono*, de Sófocles, Creonte expulsa seu cunhado de casa para que "o sol não olhe para tal desgraçado", enquanto Cassandra, em *Agamêmnon*, de Ésquilo, invoca o deus sol para se vingar de seus assassinos. Medeia, na tragédia homônima de Eurípides, faz Egeu jurar pela terra e pelo sol que a protegerá e, nas *Argonáuticas* de Apolônio de Rodes (século III a.C.), ela mesma jura pelo sol e por Hécate. Na *Ilíada* 19,196, para sancionar um juramento, um javali é oferecido como sacrifício a Zeus e ao sol.

Na Grécia antiga, embora existam vestígios nos ritos mais arcaicos, o culto direto ao sol era pouco praticado. Platão relata que na Antiguidade se prestava homenagem ao sol nascente e poente, enquanto Pausânias (século II d.C.), em seu guia para a Grécia, menciona vários templos dedicados ao sol em lugares remotos. Por exemplo, para os habitantes de uma cidade ao norte de Corinto, atingida por uma epidemia de peste, o oráculo de Delfos sugeriu que sacrificassem um carneiro ao sol. Quando, após o sacrifício, a epidemia foi extinta, enviaram ao oráculo, como sinal de gratidão, um carneiro de bronze que – diz Pausânias – muitos confundiram com o próprio sol. De acordo com Pausânias, a própria Corinto era originalmente consagrada ao sol e tinha o nome de Heliópolis ou "a cidade do sol". Mais tarde o sol deixou a cidade para Afrodite.

Na Ilha de Rodes, por outro lado, houve um culto ao sol propriamente dito, que talvez tenha sido influenciado pelos cultos solares orientais. Segundo a lenda, a ilha emergiu do mar e foi atribuída a Hélio em compensação por sua exclusão da loteria celestial. Foi em Rodes que Hélio amou a ninfa Rode, que deu à luz os sete sábios do mundo antigo. Em Rodes, festas solenes em homenagem ao sol eram realizadas a cada quatro anos, com jogos atléticos e uma corrida de bigas, e todos os anos os habitantes da ilha jogavam uma carruagem puxada por quatro cavalos ao mar. O famoso Colosso de Rodes, uma das sete maravilhas do mundo, construído em 284 a.C., retratava o deus sol. Plínio conta que tinha 105 pés de altura e que um único dedo do colosso era maior do que qualquer outra estátua. A imponente estrutura desabou, após um terremoto, 66 anos depois de sua construção.

Além de ser um olho que tudo vê e um deus da vingança, o sol na Grécia estava relacionado à magia. Entre seus filhos estavam Aete, o rei da Cólquida, Circe, a feiticeira da *Odisseia,* e Pasífae, "a que brilhava" (talvez em referência à lua), que enfeitiçou seu marido, Minos de Creta. A personagem mais famosa, na linhagem do sol, é a filha de Aete, Medeia, cujos feitiços dão vida à tragédia homônima de Eurípides.

A *Odisseia* conta a história do rebanho do sol, que era tabu para os mortais: sete rebanhos de 50 cabeças cada, guardados por duas filhas do sol, pastavam na Ilha de Trinacria. Ulisses foi avisado para não tocar naquele gado, mas seus marinheiros, encalhados na ilha e levados pela fome, mataram e comeram alguns dos animais. A carne se contorcia nos espetos, berrando. O sol recorreu a Zeus para se vingar, ameaçando que desceria para brilhar no submundo se não fosse satisfeito.

Zeus, portanto, lançou um raio que destruiu o navio e deixou apenas Ulisses vivo na água. O rebanho do sol tem sido objeto de várias interpretações: alguns dizem que são as nuvens que se formam ao nascer e ao pôr do sol e Aristóteles pensava que representava os dias do ano lunar.

Na Grécia antiga, Apolo era o deus da profecia, da doença, da cura e da morte. O historiador Heródoto o relaciona com os hiperbóreos, um povo do Norte ou do Leste que enviou misteriosas oferendas ao Apolo de Delfos. A partir do século V a.C., há indícios que nos permitem ligar Apolo ao sol. O mito do sol mais conhecido na Grécia antiga é a história de Faetonte, que pediu para poder conduzir a carruagem do sol mas, tendo obtido permissão para conduzi-la, perdeu o controle e teria queimado a terra se ele não fosse imediatamente eletrocutado. Em um fragmento de Eurípides, a mãe de Faetonte afirma que o verdadeiro nome do sol é "Apolo", que significa "o destruidor", já que ele destruiu seu filho. Os autores dos hinos órficos, bem como o filósofo cínico Crates (cerca de 300 a.C.), chamaram o sol de Apolo. Lúcio Aneu Cornuto, que escreveu sobre a mitologia grega no século I a.C., argumenta que o sol é Apolo e a lua é sua irmã Ártemis. Na época romana, uma vez que os nomes dos deuses gregos chegaram à Península Italiana, a identificação era tida como certa. O primeiro imperador romano, Augusto, favoreceu o culto de Apolo, para quem construiu um templo no Palatino, enquanto Horácio, o poeta amigo do imperador, no *Carmen saeculare*, falava do sol como Apolo e da lua como Diana, muitas vezes identificada com a deusa grega Ártemis.

À medida que o debate filosófico se desenvolveu, os deuses do Olimpo foram perdendo seu encanto e os filósofos os substituíram por "deuses visíveis", os corpos celestes fixos. Nas *Leis* de Platão (10.3), Sócrates reza ao sol nascente. A ciência estelar da Mesopotâmia combinou-se com a matemática grega para produzir a astrologia, que por sua vez encorajou a tendência de acreditar que o céu tinha relacionamentos significativos com os humanos.

Enquanto muitos filósofos se opunham à astrologia, os estoicos a abraçaram como um exemplo do panteísmo que defendiam. O sol era obviamente a estrela mais importante e, no contexto do crescente misticismo típico da época romana, tornou-se o destino final das almas libertas da roda do destino.

Roma antiga

Assim como na Grécia, também na Roma antiga as festas dedicadas ao sol eram raras, porém há vestígios do antigo culto ao *Sol Indiges*, uma divindade original e autóctone. No dia 9 de agosto, era oferecido um sacrifício a essa divindade no Quirinal. Varrão, em seu tratado sobre a agricultura (século I a.C.), diz que não mencionará os deuses da cidade, mas aqueles que são os melhores guias para o camponês, o sol e a lua, "cujas estações são celebradas no semear e recolher". Varrão acreditava que o rei sabino Tito Tácio, contemporâneo do fundador da cidade, Rômulo, havia trazido consigo o culto do sol e da lua para Roma. Ele também afirmava que a antiga família dos Aurelii, cujos descendentes estabeleceram o culto do Sol Invictus, tinha vindo para Roma de Sabina e que seu nome era originalmente Ausel, o termo sabino para "sol".

O sol e a lua eram os deuses das corridas de bigas e é possível que o famoso rito do "cavalo de outubro", que acontecia nos idos de outubro, fosse originalmente um sacrifício ao sol. Esse rito envolvia o sacrifício do cavalo externo ao da carroça vencedora e um rito semelhante acontecia em março, marcando assim um para a semeadura e outro para a colheita. O sol tinha um templo no Aventino, perto do Circo Máximo, onde os espectadores assistiam às corridas. A imagem do sol, esculpida em ouro, estava no telhado do templo, pois não era apropriado expor o sol no interior. Foi a este templo que as oferendas foram trazidas quando uma conspiração contra Nero foi descoberta, pois o sol havia revelado suas tramas (Tácito, *Annales* 15,74). Augusto, voltando da expedição para conquistar o Egito, levou consigo dois obeliscos, inscreveu neles dedicatórias ao sol e os instalou no Campo de Marte e no Circo Máximo. Hoje eles estão localizados na Piazza di Montecitorio e na Piazza del Popolo.

Durante o período imperial, várias formas de culto solar foram importadas do Oriente para Roma por pessoas escravizadas ou pelas próprias legiões romanas. Entre essas formas, o culto e os mistérios de Mitra tiveram grande difusão, provavelmente adotados pelos soldados de Pompeu, que o conheceram dos piratas da Cilícia. Esse culto, é claro, derivou do antigo culto iraniano, por mais que saibamos tão pouco sobre a figura de Mitra nos dois séculos que separam o antigo culto do novo, e que, no entanto, se espalhou por todo o Império. Esse culto envolvia a iniciação em uma caverna artificial e, ao iniciado, era prometida a imortalidade como recompensa por qualidades guerreiras, como coragem e disciplina. Com o tempo, o culto assumiu conotações astrais e os graus de iniciação foram indicados pelos nomes dos planetas. Mitra, concebido como um camarada especial ou como um filho do sol, nasceu de uma rocha e sacrificou um touro do qual toda a criação emergiu. Uma vez realizados seus feitos na terra, ele participava de um banquete especial com o deus sol e então era levado ao céu em uma carruagem de fogo. Os iniciados imitavam o banquete na *mithraea*, os templos subterrâneos ainda existentes nos lugares por onde as legiões passaram. Na hora da morte, eles seriam carregados no sol na carruagem de Mitra. Nas estelas imperiais prevalecia a tradição de retratar essa viagem ao céu na carruagem do sol.

Um dos incidentes mais sensacionais do fim do Império Romano é o breve reinado de um jovem que se chamava, em homenagem ao seu deus, Heliogábalo. Esse personagem, um parente de Septímio Severo (imperador entre 193 e 211 d.C.) por parte de sua esposa siríaca, era o sacerdote hereditário de um deus sol que recebia adoração em Emesa, na Síria, na forma de um meteorito negro. Após a morte de Septímio Severo e de seu filho Caracala, as damas da corte fizeram com que o jovem, embora ainda com 14 anos, fosse aclamado imperador. Ele trouxe sua pedra negra para Roma e mandou construir um magnífico templo no Monte Palatino para abrigá-la, diante do qual, todos os dias, queimava incenso, servia vinho, oferecia sacrifícios sangrentos e – o que era extremamente difícil para os romanos aceitarem – dançava danças orientais. Heliogábalo encontrou o destino habitual de imperadores inadequados e, após quatro anos de reinado, foi assassinado.

A vitória final do deus sol em Roma deve-se ao Imperador Aureliano, que, em 270 d.C., propôs reconquistar as províncias do império que se tornaram independentes. Parece que a mãe de Aureliano tinha sido sacerdotisa do sol na aldeia onde nasceu, no seio da antiga família Sabina Aurelii; além disso, o tempo estava maduro para o advento de uma nova divindade suprema, que representaria o poder imperial, a pessoa do imperador e a nova religião astral. Aureliano encontrou divindade semelhante em Palmira, a cidade-oásis do deserto siríaco, e investiu uma fortuna em ouro, prata e joias acumuladas no saque, para restaurar o templo do sol. Em 274 d.C., Aureliano instituiu o culto ao Sol Invictus, o "sol invencível", como religião oficial do Império Romano e foi o primeiro imperador a usar roupas orientais e a usar o *diadema*, símbolo do sol. O Sol Invictus continuou a ser a divindade suprema e padroeiro dos imperadores até Constantino, que abriu seu reino como adorador do sol e depois se converteu ao cristianismo. As moedas de Aureliano e imperadores subsequentes retratam o sol oferecendo ao soberano, como o Protetor do Mundo, um globo. As representações do sol nessas moedas não têm características orientais, mas lembram o Apolo grego, aqui equipado com uma coroa raiada e às vezes conduzindo uma carruagem puxada por quatro cavalos. Nas moedas lemos: "Ao Sol Invencível companheiro de Augusto".

Juliano conhecido como o Apóstata, durante seu curto reinado (359-362), tentou restaurar o culto ao sol. "Os raios do sol despertaram em mim, desde a infância, um desejo irreprimível", escreve no *Hino em prosa ao sol* (*Hino a Hélio rei* 130c). Os filósofos neoplatônicos, que formaram a principal escola do fim do Império, seguidos por Juliano, acreditavam em uma divindade suprema e inefável, mas estavam dispostos a aceitar o sol como símbolo e "progênie do primeiro deus". Segundo Juliano, "O que é bom no mundo inteligível com respeito ao intelecto pensante e ao objeto pensado, este é Hélio no mundo visível com respeito à visão e às coisas vistas" (*Hino a Hélio rei* 133a). Juliano reconheceu três aspectos no deus sol: o sol do mundo inteligível, o do mundo intelectual e o do mundo das percepções, que ele finalmente identificou com Mitra.

O aniversário de Sol Invictus e de Mitra era comemorado em 25 de dezembro, próximo ao solstício de inverno. Em 353 ou 354 d.C., o Papa Libério marcou a Festa do Natal nessa data e, alguns anos depois, fundou a Igreja de Santa Maria da Neve em Roma, hoje conhecida como Santa Maria Maior, que se tornou o centro das celebrações do Natal. O Natal gradualmente absorveu ou substituiu todos os outros ritos de solstício; imagens solares foram usadas com frequência crescente para representar o Cristo ressuscitado (que também era chamado de Sol Invictus) e o antigo disco solar que uma vez apareceu atrás da cabeça dos governantes da Ásia tornou-se o halo dos santos cristãos. As escavações sob a Basílica de São Pedro, realizadas com o objetivo de encontrar o túmulo do santo, trouxeram à luz um mosaico cristão muito antigo representando Cristo, da cabeça emanando raios do sol, conduzindo uma carruagem.

Japão

A religião nacional do Japão, o xintoísmo, é uma combinação impressionante de mitologia, sentimento patriótico, culto aos ancestrais e misticismo refinado. Estudiosos japoneses afirmam que a análise teórica de estilo ocidental não se presta ao estudo do xintoísmo: é antes um conjunto de rituais, sentimentos e um gosto intenso pela poesia. Não há dúvida de que, ao longo dos séculos, a celebração dos ritos gerou nos japoneses uma certa confiança em si mesmos e em seu lugar na sociedade e no universo. Hoje o sol se destaca na bandeira do Japão, embora o epíteto de "Terra do Sol Nascente" tenha sido provavelmente cunhado pelos chineses.

A cosmogonia japonesa, cujos primeiros documentos datam do século VII d.C., conta como as ilhas foram formadas a partir das águas primordiais por um casal celeste que deu origem a muitos outros elementos da natureza. Quando a esposa foi queimada e morreu, dando à luz ao fogo, o marido, escapando da visão de seu corpo agora em decomposição, parou para se purificar e, ao fazê-lo, produziu o sol (feminino) de seu olho direito e a luna (masculino) do olho esquerdo. A lua desempenha um papel limitado na mitologia, mas Susano-o-no-Mikoto nasceu do nariz de seu marido primitivo, representando violência, qualidades terrenas e morte, enquanto a deusa do sol, Amaterasu, representa luz e pureza. Susano-o-no-Mikoto, percebendo que a terra só poderia ser criada e povoada por meio da cooperação dos dois poderes, tentou invadir a morada de Amaterasu, mas ela se escondeu em uma caverna, deixando o mundo envolto em escuridão. No Japão de hoje existem inúmeras cavernas identificadas com aquela em que a deusa se escondeu. Eventualmente, as outras divindades persuadiram Amaterasu a sair da caverna: entre as regalias reais que os deuses empregavam para garantir sua saída estava um espelho – o mesmo espelho que é empregado em uma função ritual no famoso Templo de Ise.

O xintoísmo ensina que Amaterasu e Susano-o-no-Mikoto representam não o bem e o mal, mas as qualidades complementares necessárias para produzir a vida na Terra. Eventualmente, o mundo como o vemos foi concluído e Amaterasu se tornou o ancestral do primeiro imperador do Japão. No xintoísmo, a deusa do sol forma o centro de um culto que visa unir os indivíduos em reverência ao representante terreno da deusa. O objetivo do xintoísmo é manter a harmonia entre os homens, a natureza e as divindades. O maior fenômeno celestial torna-se o símbolo da entidade mais conhecida e honrada na terra.

Os primeiros documentos do xintoísmo datam do século VII a.C., quando o uso da escrita foi introduzido no Japão, mas as raízes do sistema podem ser rastreadas até a antiguidade mais remota. Na Idade Média, sofreu muito com a influência do budismo, mas os dois sistemas se distinguiram no século XVIII. Em 1946, as forças americanas que ocupavam o Japão, com a intenção de abolir a religião estatal, exigiram que o imperador renunciasse ao seu *status* divino. É evidente que a renúncia formal teve pouco efeito sobre o vínculo simbólico, consolidado ao longo dos séculos, entre a deusa do sol e a família imperial. Por outro lado, o recuo do xintoísmo de Estado, que tinha uma intensa cor política e formava a base do militarismo fanático, em certo sentido restituiu a religião ao povo. Os sacerdotes, sem o apoio do governo, voltaram-se para a população: quando chegou a hora de reconstruir o grande Templo de Ise, como está previsto para acontecer a cada 20 anos, houve uma afluência sem precedentes de doações de toda a população. Mais de 50 milhões de pessoas contribuíram para a reconstrução do templo em 1953 e ainda mais em 1973. Os ritos continuaram e o imperador continuou a participar da natureza divina de seus ancestrais rezando pelo bem-estar de seu povo. Em grandes cerimônias no fim de junho e dezembro (os solstícios), membros da família imperial e ministros de Estado oram pela purificação do pecado para toda a nação.

As Américas

Muitos povos originários norte-americanos consideravam o sol como sua divindade suprema. Nas Pradarias, os Crow se consideravam descendentes do sol e juravam em seu nome. Ao longo do curso inferior do Mississippi, os Natchez observavam uma teocracia absoluta: seu sumo sacerdote era o substituto terrestre de seu Ser Supremo, o sol. Para os Pueblo, o sol é uma divindade poderosa, mas subordinada a outras, como a deusa do milho. No solstício de verão, eles celebram ritos para retardar o curso do sol e no solstício de inverno celebram outros para acelerar seu caminho em direção à primavera. Tais ritos são considerados uma projeção da mesma religião que fundamenta os cultos do sol nas culturas superiores do Peru e do México.

Mesoamérica

Os maias da Mesoamérica desenvolveram uma civilização complexa que ainda não foi totalmente divulgada aos pesquisadores modernos. De fato, muitas descobertas ainda precisam ser feitas nas estruturas conspícuas que agora estão em ruínas, que não constituíam cidades propriamente ditas, mas instituições religiosas dentro das quais uma casta sacerdotal investiu considerável energia na elaboração de cálculos matemáticos e na observação astronômica. Nesse contexto, um signo foi inventado para indicar o zero e foram elaborados dois calendários complexos que concordavam a cada 52 anos. O lugar de um desses complexos religiosos era em si um enorme calendário, graças ao qual os solstícios e equinócios eram determinados. Como os hieróglifos dos maias ainda não foram totalmente decifrados e como seus textos sagrados foram destruídos pelos espanhóis, não podemos ter uma ideia completa de seu complexo panteão religioso, que incluía quatro aspectos para cada divindade (correspondendo aos quatro pontos cardeais), nem das características das divindades individuais, que mudavam de uma área para outra. Parece que a divindade suprema era um deus do céu, retratado como um velho com nariz adunco, que muitas vezes desempenhava as funções do deus sol e celebrava o casamento com a lua. Divindades da chuva e da fertilidade também faziam parte do *panteão.* A razão pela qual a civilização maia desapareceu ainda é desconhecida, embora inúmeras hipóteses tenham sido levantadas, como uma mudança no clima, uma conquista ou uma revolta camponesa.

No século X d.C., os conquistadores toltecas avançaram de Tula, no centro do México, para o território maia, tomaram a cidade de Chichén Itzá e coletaram grande parte da herança maia. Os toltecas trouxeram consigo seu herói cultural, a Serpente Emplumada, e também a crença de que o deus do sol morria todas as noites e que ele deveria ressuscitar todas as manhãs com sangue humano. Eles estabeleceram dois grupos de sacerdotes guerreiros: as Águias, que representavam o sol durante o dia, e os Jaguares, que representavam o sol no Mundo Inferior. Um friso do período tolteca, de Chichén Itzá, mostra os membros dos dois grupos no ato de oferecer um coração humano ao sol. O sacrifício era muitas vezes seguido por um banquete canibal, no qual as várias partes da vítima, no caso de um bravo guerreiro, eram destinadas à *elite.* Um sacerdote, vestindo a pele da vítima previamente esfolada, dançava na frente do povo.

Talvez os toltecas tenham sido expulsos do Vale do México pelos astecas, que se estabeleceram nas ilhas do Lago Texcoco e fundaram a complexa cidade de Tenochtitlán, onde hoje se encontra a Cidade do México. Herdaram de seus antecessores a arquitetura religiosa, o calendário de 52 anos e o sacrifício ao sol, o que levou a extremos ainda mais horríveis. Em algumas ocasiões, até 20 mil vítimas foram sacrificadas na pirâmide do sol. Os astecas acreditavam que, em sua jornada para o Norte, o deus do sol, Huitzilopochtli, que assumiu a forma de um beija-flor, os guiava para o dia e que o terrível Tezcatlipoca, o sol do submundo, os conduzia para a noite. Uma terceira forma do sol era constituída pelo disco solar propriamente dito, que atendia pelo nome de Tonatiuh. Ele aparece no enorme calendário de pedra com um diâmetro de 13 pés que é mantido no Museu Nacional de Antropologia. A estela representa os quatro sóis que, segundo os astecas, os precederam e o quinto sol, sob o qual viviam. Os sóis anteriores foram destruídos por tempestades, inundações e escuridão, enquanto o sol atual, representado por Tonatiuh, teria desaparecido devido a um terremoto. O calendário em sua totalidade estava embutido em um círculo de serpentes de fogo que serviam ao sol para combater seus inimigos à noite. Toda a religião asteca era permeada pela batalha entre a luz e as trevas e entre a vida e a morte. Eles acreditavam que o universo estaria arruinado se não alimentassem o "esqueleto" que era o sol todos os dias ao nascer.

Parece que foi a classe sacerdotal, provavelmente sob a ação de drogas psicodélicas, que incitou os exércitos a um número cada vez maior de guerras de conquista, a fim de dispor dos prisioneiros para sacrifícios. Segundo a tradição, Huitzilopochtli teria proclamado: "A guerra é o principal objetivo para o qual venho e meu chamado". Entre os astecas, todos os jovens foram educados para a guerra e para suportar a dor. Conta-se uma história sobre a batalha de gladiadores que se seguiu ao sacrifício matinal, uma batalha em que um prisioneiro foi amarrado a uma pedra e, armado com quatro paus, teve que se defender dos ataques de dois cavaleiros da águia e dois cavaleiros da onça. Em certa ocasião, um prisioneiro milagrosamente venceu a batalha e, portanto, foi libertado, mas depois voltou a morrer na pedra para não perder o privilégio de acompanhar o sol no céu todas as manhãs. À tarde, porém, o sol era seguido pelas mulheres que morreram no parto, pois elas também morreram "fazendo prisioneiro um homem".

Peru

Se no México o sol se tornou uma das divindades mais sanguinárias, o deus sol dos incas, no atual Peru, era uma divindade autocrática, mas paternalista, que planejava o bem-estar de seu povo e, ao mesmo tempo, controlava todos os seus movimentos. Mesmo na civilização peruana, o sol era o símbolo do poder real e as imagens do sol eram decoradas com tal profusão do precioso metal do sol como nunca antes visto. Na sociedade inca não havia comércio de metal, como era o caso entre os astecas, nem era usado exceto para os ornamentos extravagantes de deuses e personagens da realeza. Várias crônicas espanholas descreveram o Estado inca como um dos mais ordenados e regulamentados do mundo. A terra era propriedade do Estado e foi dividida entre ele próprio, o clero e as propriedades camponesas. O território dos incas era organizado em quatro províncias, administradas por governadores que dependiam do imperador ou do filho do sol. Ele também controlava a classe sacerdotal, geralmente nomeando seu irmão como sumo sacerdote.

Os principais povos que compunham o Império Inca provavelmente chegaram a Cuzco das regiões ao redor do Lago Titicaca. Segundo a lenda, o fundador do Império e sua irmã, filhos do sol, foram depositados por este último numa ilha desse lago. O primeiro imperador fora enviado pelo sol, seu pai, para fundar uma cidade onde a clava dourada do sol batia no chão. O lugar era Cuzco, 3.300 metros acima do nível do mar.

Aparentemente, cada novo imperador tinha seu próprio palácio reconstruído, de modo que o lugar acabou se tornando um labirinto de edifícios ricamente decorados, templos e palácios em ouro. Durante as festas, o próprio imperador sentava-se no trono na praça principal, de onde podiam ser vistas as colunas do sol que marcavam os solstícios nas colinas localizadas a leste e oeste. Ao redor do templo do sol estavam as múmias dos imperadores do passado, em roupas cerimoniais douradas, ladeadas pelas múmias de suas esposas. Esse templo era chamado de Lugar de Ouro e orientado de forma que a luz da aurora caísse sobre um disco solar revestido de ouro que a refletia dentro de todo o edifício. Durante as festividades, as múmias eram transportadas em procissão pelas ruas da cidade, precedidas pelo imperador, carregadas num palanque e homenageadas como um deus. A tradição dizia que o imperador se casaria com sua irmã, que representava a lua, mas também tinha um grande número de "virgens do sol" à sua disposição, para que pudesse ter uma prole numerosa. Os filhos do imperador tinham o nome de "filhos do sol", eram os chefes da burocracia e não pagavam impostos. Outras virgens eram destinadas aos sacrifícios ou viviam isoladas lidando com a tecelagem e fermentação de bebidas.

O templo também abrigava as divindades dos povos súditos, que podiam visitá-los e cultuá-los, embora estivessem sujeitos a fortes pressões para se converterem ao culto do deus sol. Graças à eficiência e à disciplina de seu exército, os incas criaram um império que se estendia do Equador ao norte do Chile e que atingiu seu auge na época da conquista espanhola.

No último século do Império, um inca chamado Pachacuti introduziu uma nova alta divindade, Viracocha, o criador. Reza a lenda que Pachacuti teve uma visão, que desencadeou a revolução religiosa: ele se convenceu de que o sol estava cansado demais em sua jornada diária para ter criado o universo. Viracocha pode ter sido uma divindade local de outra tribo, mas, segundo outra hipótese, o novo deus teria sido mais bem-aceito por alguns dos povos súditos, como os Chimu da costa, que adoravam a lua e o mar. Segundo os documentos, este último reclamou, dizendo: "O sol é perigoso para nós". Uma estátua de ouro da nova divindade foi colocada no templo do sol, além de outras decorações resplandecentes.

Os grandes festivais incas incluíam danças, procissões, orações e sacrifícios em que lhamas e porquinhos-da-índia eram geralmente oferecidos, mas, às vezes, também seres humanos. Os quatro festivais principais caíam nos equinócios e solstícios e o mais importante deles ocorria durante o solstício de inverno. Nessa ocasião, considerada o Ano-novo, todas as fogueiras eram reacendidas com um pedaço de algodão que era incendiado por meio dos raios do sol. O fogo reacendido era usado para sacrifícios e depois confiado às Virgens do Sol para que o guardassem até o ano seguinte. Se o dia estivesse nublado, o fogo tinha que ser aceso por fricção, pois a ansiedade se espalhava entre as pessoas. Durante o solstício de verão, as pessoas usavam vestes douradas e decoradas com penas e se reuniam na praça central para assistir ao imperador oferecer uma libação ao sol de um vaso de ouro.

A classe sacerdotal, como todos os segmentos da sociedade inca, se organizava de acordo com uma hierarquia rígida. Muitos sacerdotes se dedicavam à adivinhação lendo as vísceras das lhamas e o voo dos pássaros; também tratavam os doentes empregando ritos de tipo exorcista. As confissões públicas constituíam uma parte importante da vida religiosa; de fato, acreditava-se que aqueles que nasceram malformados ou que perderam seus filhos pecaram contra o sol ou desobedeceram ao imperador. Portanto, era necessário que o pecador confessasse seus pecados, para que o sacerdote lhe desse uma penitência e o purificasse em água corrente. Aqueles que não confessassem afundariam nas entranhas da terra, em um lugar onde o único alimento eram pedras. Aqueles que confessavam e aqueles que levavam vidas inocentes recebiam a promessa de uma vida após a morte feliz no paraíso do sol. Os Filhos do Sol e o próprio imperador estavam, é claro, destinados a viver no sol para sempre. [Cf. tb. o verbete Luz e escuridão.]

Bibliografia

Uma vez que são poucos os estudos dedicados à temática do sol do ponto de vista religioso e mitológico, a maior parte das informações sobre esse assunto pode ser extraída de textos religiosos, de enciclopédias e da história das religiões de diversas áreas geográficas. Uma fonte respeitável sobre a antiga Roma é ALTHEIM, F. *History of Roman religion*. Nova York, 1938. Entre as numerosas obras sobre a religião egípcia, pode-se encontrar uma exposição concisa em DAVID, A.R. *The ancient Egyptians*. Londres, 1982. Uma descrição detalhada do culto do sol entre os gregos e os romanos se encontra em CUMONT, F. Sol. *In*: DAREMBERG, C.; SAGLIO, E. (orgs.). *Dictionnaire des antiquités grecques et romaines*. 5 vols. Paris, 1873-1919, o verbete de Cumont está no volume 4. Um panorama completo das religiões da Grã-Bretanha e da Irlanda é oferecido por VRIES, J. *Keltische Religion*. Stuttgart, 1961. A obra ELIADE, M. Le soleil et les cultes solaires. *In*: ELIADE, M. *Traité d'histoire des religions*. Paris, 1949. p. 115-138, apresenta vários aprofundamentos sobre diversos aspectos da temática do sol. No que se refere às teorias sobre as origens das festividades do solstício, cf. LAKE,

K. Christmas. *In*: HASTINGS, J. et al. (orgs.). *The Encyclopaedia of religion and ethics*. Vols. I-XIII. Edimburgo, 1908-1926. vol. III. Um longo capítulo sobre o sol, rico de dados sobre as fontes primitivas que apresenta uma crítica ao pansolismo do século XIX encontra-se em FRAZER, J.G. *The worship of nature*. Londres, 1926. vol. I. No que se refere ao culto do sol na Europa setentrional durante a Idade do Bronze, cf. GELLING, P.; DAVIDSON, H.R.E. *The chariot of the sun*. Nova York, 1969. Um estudo acurado e sensível sobre o culto do sol na Antiguidade e nas Américas que, infelizmente, carece de bibliografia e notas, é HAWKES, J. *Man and the sun*. Nova York, 1962. HERBERT, J. *Shinto*. Londres, 1967, representa uma tentativa válida de apresentar o culto japonês ao Ocidente: contém numerosas traduções de textos antigos e de comentários japoneses mais recentes.

Para uma exposição concisa, porém completam das crenças dos povos originários das Américas do Norte e Central, cf. HULTKRANTZ, Å. *The religions of the American indians*. Berkeley, 1979. Em KRUPP, E.C. (org.). *In search of ancient astronomies*. Garden City, 1978, há informações relativas ao trabalho de Atkinson, Hawkins e Thom sobre os megálitos das Ilhas Britânicas. A obra mais recente e exaustiva sobre as religiões do antigo Oriente Próximo é JACOBSEN, T. *The treasures of darkness*: a history of Mesopotamian religion. New Haven, 1976. GRAY, L.H. (org.). *Mythology of all races*. Boston, 1916-1932. vols. I-XIII publicado sob os auspícios do Institute of America, contém uma rica coleta de material relativo a todo o mundo antigo e aos povos autóctones de diversas partes do mundo. Uma riquíssima coleta de informações sobre a arqueologia e as religiões comparadas encontra-se em NILSSON, M.P. *Geschichte der griechischen Religion*. Munique, 1941-1950. 3. ed. 1967-1974. vols. I-II. Contudo, a coleção mais completa de material mitológico continua sendo ROSCHER, W.H. (org.). *Ausführliches Lexikon der griechischen und römischen Mythologie*. 1879-1910. vols. I-VII, Hildesheim, 1965, s.v. Helios, Sole Sonnenkulten. No que se refere aos textos sagrados da Índia e da Pérsia, cf. MÜLLER, M. (org.). *The sacred books of the East*. Oxford, 1879-1910 (tb. Delhi, 1965). Enfim, VERMASEREN, M.J. *Mithras, the Secret god*. Nova York, 1963, apresenta com riqueza de detalhes o culto de Mitra no mundo romano.

Jean Rhys Bram

SONO (DORMIR)

O sono, justamente por ser uma condição periódica e recorrente de inatividade, caracterizada também por uma alteração da consciência, representa uma linha de demarcação na experiência humana. Independentemente da avaliação e interpretação que as diversas culturas dão a essa realidade, o sono apresenta-se como um estado completamente diferente do da vida cotidiana, ou seja, o estado de vigília. Portanto, precisamente em virtude dessas qualidades, tornou-se universalmente objeto de interesse e representação dentro da religião. As diversas tradições religiosas, simbolismos e ritos relativos ao sono colocam-se em estreita relação com a interpretação que a religião oferece sobre a noite e o papel dos sonhos, com a avaliação da morte e, por fim, com os temas ligados àqueles que parecem ser seus opostos: o amanhecer e o despertar.

Mitologias do sono

Figuras e conceitos associados ao sono aparecem em inúmeras mitologias e tradições populares.

Personificações do sono

Embora figuras personificadas do sono apareçam na mitologia, na poesia e nas representações artísticas, elas raramente são o centro da atividade cultural. Essas personificações, ao contrário, muitas vezes destacam as avaliações ambíguas que o sono recebe: se por um lado, de fato, é considerado pacífico e restaurador, por outro é considerado semelhante à morte. Por exemplo: embora o antigo texto iraniano do *Vispe Ratavo* (7,4) recomende o culto ao sono, normalmente, dentro dessa mesma tradição, acredita-se que o sono seja uma força negativa controlada pelo demônio Būšāsp; além disso, na Índia, as divindades ambíguas Rudra (*Kaivalya Upaniṣad* 6-9) e Shiva (*Uṇādi-Sūtra* 1.153) receberam voluntariamente o apelido de senhores do sono.

Mas a personificação do sono que apresenta maior nível de desenvolvimento encontra-se dentro da tradição greco-romana e diz respeito à figura arcaica de Hypnos (latim: Somnus). O poeta Hesíodo (século VIII a.C.) colocou esquematicamente Hypnos e seu irmão Thanatos (Morte) junto com a raça dos Sonhos, filhos da Noite gerados por meios não sexuais. O Sono é amigo do homem; a Morte, por outro lado, é seu adversário implacável (*Teogonia* 211ss., 756-766). Em outros documentos artísticos e poéticos, os laços fraternos entre o Sono e a Morte são ainda mais desenvolvidos, pois os dois são representados como irmãos gêmeos (*Ilíada* 14,231).

Hypnos, ou Somnus, aparece personificado num pequeno pássaro alado, numa criança ou num jovem guerreiro. Em algumas tradições, o Sono carrega consigo um chifre ou caule de papoula, de onde pinga um líquido que causa sonolência. O único exemplo atestado de um culto sacrificial regular dirigido a Hypnos é encontrado em Trezene (Pausânias, II,31,3); embora geralmente seja Hermes, em seu papel de guia dos sonhos, aquele a quem se dirigem as libações noturnas e as súplicas por um sono tranquilo.

Divindades adormecidas

Numa elaboração mais complexa, a noção de divindades adormecidas está ligada a modelos baseados nos ciclos do universo e que consistem na dissolução periódica e subsequente nova criação do mundo. De acordo com esses padrões, no fim de cada um dos ciclos mundiais, Viṣṇu adormece nas costas da serpente cósmica (Śeṣa ou Ananta). Em textos purânicos posteriores, Nidrā, a deusa personificada do sono, é apresentada entrando no corpo de Viṣṇu. Viṣṇu dorme até que Brahmā ordene que Nidra saia, para que Viṣṇu possa finalmente acordar e dar à luz uma nova criação do cosmos (*Mārkaṇḍeya Purāṇa* 81,53-70). Segundo a tradição, todos os anos Viṣṇu também estaria sujeito a um período de sono. Durante os meses das monções, que começam entre junho e julho, de fato, Viṣṇu – e, portanto, o mundo – dorme (*Padma Purāṇa* 63,125). Nas tradições tardias pensa-se que durante esse período foi Indra quem assumiu as funções de Viṣṇu (*Harivaṃśa* 50,26).

A noção de uma divindade sujeita a períodos recorrentes de sono não é incomum e pode ser encontrada expressa tanto em rituais quanto em mitos. Há notícias, por exemplo, de um rito anual praticado na Síria, denominado "despertar" de Melqart-Herakles (Flávio Josefo, *Antiguidades judaicas* 8,146); enquanto no Egito, desde tempos muito antigos e até o período romano, o serviço diário no Templo começava com um hino para despertar o sol (*Textos da pirâmide* 573).

As divindades, no entanto, são mais comumente objetos de adoração precisamente porque não dormem e, portanto, são capazes de ver tudo. Javé (Sl 121,3ss.), os Adityas (*Ṛgveda* 2,27,9), Mitra (*Ṛgveda* 3,59,1), Ahura Mazdā (*Vidēvdāt* 19,20), Sraosha (*Yasht* 11,10ss.) e outros personagens divinos são elogiados justamente porque nunca dormem. Um tema particular, então, é o da divindade dotada de muitos olhos, alguns dos quais estão sempre abertos, enquanto outros dormem, garantindo assim a sua onisciência (p. ex., Argos e El-Cronos na história de Filo de Biblos).

O tema oposto, o de uma divindade adormecida e, portanto, impotente, é representado nos insultos dirigidos por Elias aos sacerdotes de Baal (1Rs 18,27ss.) e em certos mitos dualistas relativos à criação que se espalharam no cristianismo primitivo. Nessas narrativas, de fato, afirma-se que no sábado seguinte à criação o diabo começou a trabalhar enquanto Deus dormia.

O sono em contos heroicos e folclore

Um dos temas folclóricos mais recorrentes é o do sono prolongado, tema em que o sono surge como uma espécie de suspensão da animação que dura um determinado período de anos. Embora ocasionalmente a ênfase seja colocada no sono perpétuo, considerado como um castigo ou, alternativamente, como um presente (ambos os conceitos se encontram em diferentes versões do mito do herói grego Endimião), mais frequentemente um termo é definido. Muito famosa é a história, misturada com conotações escatológicas e amplamente difundida, do Imperador Adormecido, que caiu no sono dentro de uma caverna ou montanha. Acredita-se que Frederico Barbarossa tenha adormecido no Kyffhäuser, sentado a uma mesa de mármore em torno da qual se sentaram seus cavaleiros, dispostos a esperar eternamente pelo seu despertar. Na verdade, quando ao acordar, ele haveria de liderar a Alemanha numa batalha gloriosa e inauguraria uma nova era de ouro. O mesmo tipo de afirmação diz respeito a Carlos Magno, que adormeceu numa colina perto de Paderborn, a Wittekind, na Vestfália, a Siegfried, em Geroldseck, a Henrique I, em Goslar, a Tomás de Erceldoune, nas colinas de Elidon e ainda a outros personagens. Essas crenças podem fornecer suporte adicional a movimentos apocalípticos, como no caso dos flagelantes da Turíngia liderados por Konrad Schmid durante o século XIV. Esse mesmo motivo também reaparece na hagiografia dos sábios: lembramos, por exemplo, que Epimênides dormiu durante 57 anos na caverna Dictiana perto de Cnossos, Shimon bar Yochai na Palestina durante 12, Zalmoxis na Trácia durante 3.

A famosa lenda dos Sete Adormecidos de Éfeso, escrita pela primeira vez numa língua ocidental por Gregório de Tours no século VI, também conseguiu encontrar o seu caminho no Alcorão (18,8-25). Diz a lenda que sete cristãos, firmemente hostis à idolatria, permaneceram dormindo numa caverna durante 367 anos e depois acordaram na época do reinado de Teodósio II. Então eles voltaram a dormir, para não serem acordados novamente até a ressurreição final. Semelhantes, ainda que não apresentem o tema da hibernação dentro de uma caverna, são as lendas judaicas relativas a duas figuras adormecidas durante um período da tribulação: Abimelec, o Etíope, de quem se diz que dormiu 66 anos a partir da época em que os babilônios destruíram o Templo de Jerusalém; e Honi ha-M'agel ("aquele que faz círculos"), que dormiu 70 anos, segundo uma história a partir da destruição do Templo, segundo outra, porém, do período do conflito entre Aristóbulo II e Hircano II.

Igualmente recorrente, mesmo que não tenha sido bem-organizado num esquema narrativo, é o tema do sono mágico, bem conhecido por histórias como a da Bela Adormecida, na qual uma poção, um feitiço ou um objeto provoca um sono antinatural, que em alguns casos não pode ser interrompido, enquanto em outras narrativas deve ser interrompido ora recorrendo a magia de direção oposta, ora graças a um ato de interferência incidental ou completamente inocente.

Em sagas de missões heroicas, o herói é frequentemente submetido a um teste, por exemplo, ele não consegue dormir até que a missão seja concluída. O exemplo mais famoso desse gênero tem um desfecho negativo: é o fracasso do empreendimento de Gilgamesh. Nessas sagas, o herói enfrenta muitas vezes um adversário insone, como o dragão que guarda o Velo de Ouro nas *Argonáuticas*, que é finalmente derrotado por Jasão graças à intercessão de Medeia e graças ao seu hino mágico que invoca: "Durma, o mais alto" entre os deuses" (Apolônio de Rodes 4,146).

Metáforas do sono na linguagem religiosa

No contexto do mito e da literatura religiosa, as alusões ao sono repercutem no seu significado metafórico, como estado de morte, ignorância ou iluminação.

O sono como morte

Em muitas línguas, o sono é usado metaforicamente para indicar a morte. Embora isso possa parecer apenas um eufemismo, na realidade a ligação entre ambas as realidades é muito mais profunda, como sugere o mito grego que indica Morte e Sono como gêmeos. Num primeiro nível de observação, pode-se descobrir que existe uma semelhança física entre um alguém que apenas dorme e um morto. Essa associação é intensificada pelas cerimônias fúnebres, que muitas vezes consideram o túmulo como uma cama e colocam o cadáver numa posição que lembra a de repouso (de bruços ou sentado). O paralelo torna-se mais preciso nas culturas que sustentam que a alma foge do corpo de quem dorme, assim como foge do cadáver no momento da morte. Por fim, vale a pena mencionar aquela concepção que imagina a terra dos mortos como uma terra de sono. Retornar dos mortos significa então ser despertado. Alguns mitos relativos à origem da morte enfatizam o motivo do sono. Os Selk'nam da Terra do Fogo, por exemplo, contam as repetidas tentativas de seus ancestrais, cansados da vida, para finalmente conseguirem um sono profundo. Depois de muitos fracassos, outro grupo de ancestrais os envolve em cobertores de lã e lhes ensina o caminho do "sono transformacional". Após alguns dias desse sono (ou seja, após a morte), eles renascerão na terra ou, se não desejarem retornar, renascerão em outra forma de existência ou mesmo desfrutarão de uma existência celestial.

O sono como ignorância

A representação do sono na forma de suspensão da consciência leva facilmente a que a imagem do sono seja usada como metáfora para indicar ignorância. Nas tradições gnósticas que se desenvolveram em diversas religiões, o sono e o esquecimento tornaram-se características da existência terrena. A salvação, nesses casos, consiste então no despertar e na reminiscência. De acordo com essas tradições, a linguagem arcaica das trevas e do sono da terra dos mortos foi transferida para a existência mundana e cotidiana. O mundo da vigília, da luz e da consciência foi, em vez disso, ligado à "vida após a morte".

O sono como iluminação

Embora a iluminação seja mais frequentemente expressa em termos de despertar (como na raiz *budh*, "acordar, estar desperto", o que deu origem a palavras como *Buda*, *bodhisattva* e *bodhi*, "conhecimento perfeito", todas as quais refletem a sensação de "estar acordado do sono da ignorância e da ilusão"), é igualmente verdade que pode, às vezes, ser representada simbolicamente por meio de imagens específicas da linguagem do sono. Essa circunstância ocorre especialmente em sistemas místicos em que se dá grande ênfase tanto à falta de consciência do mundo quanto ao contato com o sobrenatural. Em seus escritos, por exemplo, Teresa de Ávila costuma usar termos como *dormir*, *adormecer*, *ficar entorpecido*, *descansar*, *definhar* e *torpor* para descrever o êxtase. Nesse aspecto, ela se refere à tradição agostiniana, segundo a qual o êxtase é uma condição intermediária entre o sono e a morte, que tem elementos mais em comum com o sono e menos com a morte, e na qual a alma se encontra separada dos sentidos corporais (Agostinho, *De Genesi ad litteram* xii, 26, 53). Dentro da tradição hindu dos Upanixades, a linguagem metafórica do sono para se referir à iluminação é ainda mais desenvolvida. O curto *Māṇḍūkya Upaniṣad* apresenta uma estrutura comum que pode ser resumida em quatro pontos: 1) consciência desperta; 2) consciência onírica, ou seja, sono normal; 3) sono profundo (*suṣupti*), um sono sem consciência ou sonhos; e finalmente, o objetivo final, 4) a consciência pura. O sono profundo é o reino do "Conhecedor"; o único risco é confundir esta, que é a penúltima etapa, com a gnose autêntica, que pertence à quarta.

Bibliografia

É possível encontrar material sobre o sono em alguns estudos dedicados a temas relacionados (como o clássico estudo sobre incubação DEUBNER, L. *De incubatione*. Leipzig, 1900) e na grande coleção de obras sobre sonhos, entre as quais DE MARTINO, E. *Il sogno e le civiltà umane*. Bari, 1966. No entanto, ainda não existe um trabalho geral que desenvolva o tema do sono numa perspectiva amplamente comparativa. Digno de nota, entretanto, é VERMEULE, E.T. *Aspects of death in early Greek art and poetry*. Berkeley, 1979, em particular o capítulo dedicado às inter-relações entre sono, morte e erotismo, intitulado "On the wings of the morning: the pornography of death". Este é um estudo exemplar, que, no entanto, deve ser integrado com textos relativos a outras culturas.

Jônatas Z. Smith

T

TABU

O tabu é uma proibição ou restrição sancionada por meios extrassociais (inatos), ou uma injunção socialmente sancionada para ter força de proibição. O tabu se coloca na interseção entre as vicissitudes humanas e as forças de todo o universo. Geralmente é determinado com base em injunções divinas ou animistas. Mas também pode implicar uma "punição" ligada a determinadas eventualidades conectadas: é o caso do perigo real, mas exagerado, de dano genético para os descendentes de uniões incestuosas, que está na base do tabu do incesto, amplamente difundido em numerosas tradições.

A palavra *tabu* (do dialeto das Ilhas Tonga, variante do termo polinésio mais genérico *tapu* e o havaiano *kapu*) chegou ao Ocidente graças ao relato apresentado pelo Capitão James Cook em sua terceira viagem. Cook encontrou o termo em Tongatapu, nas Ilhas Tonga: parecia-lhe que a palavra tinha um significado muito amplo, embora indicasse genericamente uma coisa proibida (Webster, 1942, p. 5). Na verdade, segundo o uso polinésio, o que é *tapu* é proibido por sua relação com o sagrado ou por sua relação com as forças cósmicas. Daí o *tapu* conectar o cósmico às ações humanas; e o mundo do *tapu* equivale a um vasto sistema de prescrições religiosas capaz de controlar a vida individual e coletiva.

Na religião polinésia, o *tapu* tem a função de isolar, do mundo do cotidiano e das pessoas comuns, os objetos e as atividades divinas ou sagradas, ou aquelas que são corruptas ou contaminadas. Portanto, os chefes, as pessoas com algum destaque e seus descendentes são cercados pelo *tapu*. Desse modo, são *tapu* as cabeças de todos os seres humanos, especialmente as dos líderes; mas também os lugares onde as mulheres dormem durante o período menstrual, e seus indumentos são perigosos para os homens, que, por sua vez, podem se tornar *tapu* no caso de entrarem em contato com essas roupas. Um "*tapu* de alimentos" exigia que homens e mulheres (ou às vezes classes de pessoas de *status* diferente) comessem separadamente; às vezes o alimento dessas pessoas tinha de ser preparado separadamente, com utensílios diferentes.

O *tapu* também poderia se espalhar por ocasião da celebração do culto ou de alguma outra atividade realizada para os deuses ou para os templos a eles dedicados: os envolvidos nessas celebrações entravam em um estado de *tapu*, que depois precisava ser neutralizado. Todos os eventos de crise existencial (nascimento, casamento, enfermidade, morte) relacionados aos líderes, assim como as expedições de guerra e de pesca comportavam restrições para toda a comunidade que limitavam as atividades mais comuns, como a de preparar e consumir alimentos, a liberdade de movimento ou a possibilidade de acender fogueiras. O *tapu* também poderia ser invocado dirigindo-se às divindades para fazer cumprir a proibição ligada a algum objeto ou a alguma porção de terra: nas Ilhas Marquesas, por exemplo, o chefe podia isolar um território proclamando que era sua "cabeça". Um tabu meramente temporário, colocado em plantações, árvores ou áreas de pesca, era chamado de *rabui* (Handy, 1927, p. 46).

O *tapu*, como condição de interdito sacro, contrasta com a condição neutra ou comum, a de *noa* (tudo o que está livre das restrições do *tapu*). Na Polinésia, para remover e neutralizar o *tapu* e suas influências contaminantes e nocivas, usava-se a água doce ou salgada (Handy, 1927, p. 51-55). Mas também se usava ritualmente o fogo e o calor contra influências perigosas, especialmente contra espíritos. Muitas comunidades tinham uma "água sagrada" ou uma nascente sagrada, capaz de remover o *tapu*.

O princípio, ou força cósmica, por trás das restrições e proibições do *tapu* resume-se, na Polinésia, na concepção de *mana*. O mana é invisível e abstrato: embora seja universal, ele é perceptível apenas por sua eficácia e suas manifestações concretas. Como o termo árabe *barakah*, o *mana* combina o sentido de sacralidade com o sentido mais geral de "sorte" ou de "poder". Os chefes, especialmente sua gente, suas posses e suas ações e ritos envolvendo as divindades são *tapu* por estarem inundados pelo *mana*. O perigo ligado às influências contaminantes é que elas podem enfraquecer o *mana* das pessoas ou dos objetos mais dotados dessa força; pessoas comuns, por outro lado, correm o risco de serem atingidas ou sobrecarregadas por um mana mais forte do que o delas. O *tapu* pode ser visto como um "isolante" que separa graus desiguais de *mana*. A eletricidade, de fato, como afirma Handy (1927, p. 28), pode fornecer uma analogia adequada para ilustrar a natureza do conceito de *mana*, mesmo que esse seja obviamente mais um conceito religioso do que natural.

Personagens como curandeiros modernos, que recorrem à manipulação do *mana*, o consideram separado do mundo dos processos e mudanças da vida cotidiana e, portanto, distinto da interação humana. Aqueles que usam *mana* dessa maneira não podem, portanto, aceitar qualquer compensação monetária (MacKenzie, 1977). Enquanto poder universal, o *mana* se manifesta em todos os tipos de atividades: o escultor mostra o *mana* em sua habilidade técnica, suas ferramentas e as circunstâncias de seu trabalho; o canoeiro, o jardineiro, o curandeiro, o feiticeiro, todos têm seu próprio *mana*, que pode ser destruído ou espalhado se os vários *tapu* pessoais não forem observados. Entre todos esses exemplos de *mana*, o do chefe é certamente o mais concentrado e poderoso: ele constitui um grave perigo para a pessoa comum sem proteção adequada.

Enquanto concepção abstrata e generalizada de potência, o *mana* acaba por ser semelhante ao *wakan* dos Lakota, ao *orenda* dos iroqueses e a outros conceitos comuns entre os povos originários da América do Norte. No entanto, o termo está longe de ser universal entre as populações de língua austronésia, que também possuem inúmeras noções semelhantes. Provavelmente algumas confirmações podem ser encontradas no conceito islâmico de *barakah*, no indiano de *shakti*. e talvez na concepção greco-cristã do *charisma*.

A ideia da "unidade psicológica gênero humano", ou seja, de que todas as culturas devem sempre e necessariamente passar pelos mesmos estágios de desenvolvimento evolutivo, permitiu que muitos estudiosos da área etnográfica da virada do século XIX para o século XX extraíssem conspícuos exemplos de conceitos religiosos primitivos e os universalizassem. As noções polinésias de *tapu* e o *mana* se prestavam particularmente a essa busca de um caráter sumário da evolução, pois tais noções pareciam suficientemente abstratas e, além disso, nas palavras do Capitão Cook, "muito abrangentes" em seus significados. Os primeiros antropólogos atribuíam, portanto, uma importância considerável ao tabu: ele marcaria o ponto em que a ideia religiosa (*mana*) afeta as normas e a ordem da vida cotidiana. Por trás do tabu, aliás, residem as sanções divinas ou extrassociais: por isso o tabu (ou o sistema dos tabus) exalta a ordem espiritual e os limites da convivência social.

No esquema evolutivo das religiões primitivas proposto nas décadas em torno de 1900, o tabu assumia o papel de uma regra ou mandamento religioso arquetípico. Como o *mana*, ele se referia a uma força ou poder sobrenatural genérico e, como o totemismo, concernia à identificação coletiva ou individual com entidades mais ou menos sobrenaturais. Assim, para expressar sinteticamente a religião primitiva, surgiu a fórmula "totem e tabu", à qual também Freud recorreu em sua busca de equivalentes sociais para estados psicológicos.

Nos escritos de Émile Durkheim e entre os seguidores das escolas antropológicas francesa e inglesa, *tabu* assumiu o significado de restrição ou comando socialmente sancionado. Durkheim afirmou que o religioso e o sobrenatural são os meios pelos quais a sociedade avalia sua própria existência e acaba por se autocelebrar. Se, em outras palavras, todas as forças extrassociais do mundo ao nosso redor são apenas um reflexo da própria sociedade, então o tabu, seja como for considerado pelos membros da comunidade, acaba por ser um elemento de origem social. No entanto, mesmo dentro dessa interpretação, o tabu de alguma forma mantém uma conotação mais marcada do que a simples "lei" ou "regra": os tabus, de fato, constituem casos particulares, nos quais as obrigações sociais são atribuídas diretamente a uma manifestação religiosa do social, e não a uma simples autoridade secular.

O valor moderno do *tabu* adquiriu certa ambiguidade justamente pela difusão dessa interpretação centrada no social. Por isso, as sanções são consideradas alternativamente de origem divina e inata, ou de origem humana e social, conforme seja aceita a interpretação cultural ou sociológica da proibição.

Mas qualquer conclusão sobre a força que sanciona o tabu envolve apenas uma avaliação parcial do caráter específico desse tipo de proibição. O tabu se distingue da lei abstrata e codificada na medida em que o objeto ou ato proibido é identificado e desenvolvido em um símbolo, ou mesmo em um fetiche, da própria proibição. O tabu não representa um sistema de regras, mas sim um esquema de diferenciações negativas, em que a própria proibição e o ato ou objeto proibido acabam obscurecendo as razões da proibição. Desse ponto de vista, aqueles que outrora exprimiram o fundamento do "pensamento primitivo" com a expressão "totem e tabu" chamaram, com razão, a atenção para a relação expressiva que une esses dois conceitos. O tabu, de fato, define alguns elementos com o fim de proibi-los, enquanto a representação totêmica se baseia nas afinidades existentes entre unidades sociais e entidades fenomenais. A prática da exogamia (casamento fora do grupo totêmico), por exemplo, inclui os dois conceitos ao mesmo tempo, pois impõe um tabu matrimonial àqueles que compartilham a afinidade com a mesma realidade.

Desse modo, os tabus servem para controlar e canalizar as relações humanas e as atividades coletivas por meio de um sistema de diferenciação negativa: eles distinguem certas pessoas, objetos e ocasiões, especificando o que não pode ser feito a elas, com elas ou em relação a elas. Mesmo os termos usados como nomes próprios às vezes se tornam tabus quando quem os detém sofre uma mudança de *status*. Nas Ilhas Marquesas e nas Ilhas da Sociedade, por exemplo, o termo comum que normalmente era incluído no nome de um rei ou príncipe automaticamente se tornava um tabu e tinha de ser substituído até mesmo na linguagem cotidiana. Quando um rei do Taiti, por exemplo, assumiu o nome *Pomare*, o termo *po* ("noite") foi substituído na linguagem comum por *rui*, e *mare* ("tosse") foi alterado para *kare* (Webster, 1942, p. 301). Tabus análogos também podem ser encontrados entre os Zulu e Malgaxe. Entre os Tiwi do norte da Austrália, tanto o nome do falecido quanto o nome comum correspondente são proibidos em uso comum e transferidos para uma língua sagrada, assim como todos os nomes que o falecido impôs a outros, juntamente com seus equivalentes (Lévi-Strauss, 1962, p. 228s.).

Os tabus relativos ao uso do nome e aos nomes impostos aos diversos tipos de relação familiar são frequentemente encontrados nas regras que regem as relações entre consanguíneos. Na Nova Guiné esses tabus são tão comuns que o termo para "parente por matrimonio" é simplesmente *tambu* ("tabu"). O caso extremo, difundido na Austrália e na Nova Guiné, é o do tabu que obriga os homens a evitarem completamente a mãe de sua esposa (ou futura esposa). Estabelece-se entre eles uma relação baseada justamente na evitação mútua, que os obriga a se comunicar apenas por ocasião da troca nupcial. Dessa forma, a proibição, ou melhor, neste caso, a diferenciação negativa da relação, lança as bases para futuras relações que dão origem ao casamento. Outros tabus relativos ao parentesco controlam e direcionam o curso subsequente do relacionamento, restringindo a familiaridade, que de outra forma tenderia a se alargar a cada um dos indivíduos colocados em contato pelo matrimonio.

Os tabus relativos a determinados tipos, qualidades ou gêneros alimentícios e à sua preparação talvez sejam os mais comuns. No entanto, muitos povos desprovidos de termos genéricos para indicar o "tabu" detêm algum termo específico que indica o "tabu alimentar". As restrições alimentares, provavelmente universais nas culturas humanas, muitas vezes ocultam (ou instituem) preferências de gosto e muitas vezes são, por sua vez, disfarçadas de precauções higiênicas. Exemplos incluem as conhecidas proibições judaicas contra o uso dos mesmos utensílios na preparação de carnes e laticínios, as restrições judaicas e islâmicas contra a carne de animais abatidos incorretamente e contra o consumo de carne de porco e, finalmente, a distinção hindu entre alimentos *pakkā*, preparados com manteiga refinada, e alimentos *kaccā*, fervidos em água. Entre os Kaluli (Nova Guiné), opera um complicado sistema de tabus alimentares, que visa a evitar relações entre esferas culturais que não devem se misturar entre si. Homens e mulheres casados não devem comer carne fresca e só podem consumir carne defumada se a tiverem trocado com os novos parentes: dessa forma os vínculos são formados por meio dos laços conjugais e nunca os colocam em relação direta com cada um dos caçadores (Schieffelin, 1976, p. 71).

As várias restrições relativas ao luto muitas vezes assumem a forma de tabu: desde a proibição de falar sobre o falecido e de usar o seu nome, à restrição de não usar sua casa ou sua propriedade, até regras estritas de isolamento (para viúvas e viúvos). Em algumas áreas do Pacífico é proibido lavar-se e enfeitar-se, e quem está de luto deve trazer consigo algumas relíquias do falecido. Na China tradicional, previam-se diferentes graus de comportamento de luto, estabelecidos com base na relação do indivíduo com o falecido. Entre os Yi da província de Yunnan, é proibido que os visitantes entrem em locais onde há bebês ou leitõezinhos, onde alguém está doente ou onde alguém morreu. Entre os Usen Barok da Nova Irlanda, imediatamente após a morte de alguém, passa a vigorar um tabu chamado *lebe*: o jardim não pode ser cuidado, as fogueiras não podem ser acesas e as disputas não são permitidas até que o luto de uma semana seja concluído. Também é proibido proferir gritos de lamentação enquanto os enlutados não ouvirem os gritos dos porcos abatidos para a celebração.

Os tabus que cercam o ritual ou o culto são muito variados, pois envolvem a mediação com as próprias forças que se acredita distribuir as sanções. O principal ritual dos Daribi da Nova Guiné, por exemplo, visa a apaziguar o espírito negligenciado e irritado que possui os celebrantes durante a cerimônia do *habu*. Qualquer transgressão em relação à forma prescrita do ritual envolve a punição dos culpados, que são atingidos pelo terror da doença do *habu*, forma de possessão maléfica que é simplesmente a cerimônia de possessão terapêutica conduzida de maneira desajeitada (Wagner, 1972, p. 156). Os tabus alimentares que acompanham o ritual da Chihamba entre os Ndembu da África impedem os participantes de "comer Chihamba" e tudo o que está associado a esse espírito (Turner, 1975, p. 71ss.). O sentido de erro ritual como mediação malsucedida encontra expressão na crença navajo de que os espíritos induzem os seres humanos a fazer tudo o que é tabu.

Mas o tabu, ainda que formulado negativamente, sempre coloca a tônica no objeto, no ato ou na palavra proibidos. Geralmente somos levados a considerar o objeto do tabu para descobrir as razões ou a origem da proibição. Assim, por exemplo, os porcos parecem ser um potencial portador de doenças, as sogras têm potencialmente inúmeros conflitos de interesse com seus genros, e o casamento entre parentes próximos pode levar ao surgimento de genes recessivos deletérios. Mas o erro desse tipo de interpretação emerge imediatamente se considerarmos os exemplos a seguir. O tabu é geralmente indireto; seu objeto real não é o que é realmente proibido, mas as circunstâncias sociais e culturais afetadas pela proibição. Os Kaluli realmente acreditam que os líquidos que saem da carne fresca não são saudáveis para as mulheres e que seus maridos também devem evitá-los, por solidariedade. Mas a proibição de comer carne fresca na verdade tem a função de obrigar as pessoas casadas a preparar e trocar carne defumada com os sogros. Esse tabu se soma a vários outros tabus que restringem as relações interpessoais a algumas categorias culturalmente apropriadas.

Os Daribi, para dar outro exemplo, nunca fizeram a experiência de uma sogra verdadeiramente irritante, já que o homem casado jamais pode ver sua sogra, muito menos conversar com ela. O tabu, na verdade, força cada um dos dois lados a estar particularmente consciente do outro e a canalizar seus esforços para organizar melhor as trocas entre os dois lados. Por meio do princípio de "não ter nenhum relacionamento" instaura-se um autêntico relacionamento!

Por fim, o que chamamos de "tabu do incesto" constitui verdadeiramente a síntese de todas as relações de parentesco, que, em diferentes culturas, têm extensão e conteúdo diferentes. O que deve ser considerado incestuoso, um parente ou um relacionamento, varia consideravelmente de uma cultura para outra. Mas o fato de regular as relações de parentesco por meio de restrições, ou de se preferir tabus de parentesco, é comum a todas as culturas, pois constitui a essência do parentesco. Pouco importa se essas proibições são impostas pelos homens ou pela divindade: os tabus representam sempre as regras imperativas da própria cultura.

Bibliografia

BEST, E. The lore of the Whare-Kohanga. *Journal of the Polynesian Society*, vol. 15, p. 147-162, 1906. Este é um antigo, mas ainda clássico, tratado sobre o mana e sobre a contaminação entre os Maori.

HANDY, E.S.C. *Polynesian religion*. Honolulu, 1927. Uma síntese superada, mas completa, com amplas seções sobre o mana e sobre o tapu.

LÉVI-STRAUSS, C. *La pensée sauvage*. Paris, 1962. Um tratado estimulante e original do simbolismo classificatório e diferenciador.

MACKENZIE, M. Mana in Maori medicine – Rarotonga, Oceania. *In*: FOGELSON, R.D.; ADAMS, R.N. (orgs.). *The anthropology of power*. Nova York, 1977. p. 45-56. Um relato agradável e instrutivo sobre o uso do mana em uma sociedade já mecanizada.

Roy Wagner

TARTARUGAS E CÁGADOS

Segundo uma crença muito difundida, a terra repousa sobre o dorso de uma tartaruga ou de um cágado. Essa ideia arcaica é encontrada não apenas entre os povos originários da América do Norte, mas também entre aqueles da Ásia Meridional e Central. Na China, a tartaruga aparece até mesmo como símbolo de todo o universo. Além disso, a tartaruga, por vezes a encarnação do ser divino, tem um papel de destaque na cosmogonia de várias culturas, especialmente naqueles mitos de criação que incluem um pescador da terra. De acordo com o Maidu, da Califórnia, uma tartaruga mergulhou no fundo do oceano primitivo e coletou um pouco de terra sob suas garras. Quando subiu à superfície, o deus cuidadosamente raspou as unhas, pegou a terra e a transformou em uma bola semelhante a um pequeno seixo. A bola de terra então cresceu milagrosamente para se tornar tão grande quanto o próprio universo. Os Yokut narram o tempo dos inícios, quando a águia e o coiote enviam uma tartaruga para mergulhar nas águas. O tema da tartaruga que imerge com sucesso nas águas primordiais também é conhecido entre os algonquinos. Segundo os Onondaga e os Mohawk (ou seja, os iroqueses), foi uma tartaruga que levou vários animais para as profundezas do oceano: o castor e a lontra falharam, mas o rato almiscarado retornou com sucesso e trouxe de volta em suas garras e em sua boca um pouco de terra. A terra foi colocada nas costas da tartaruga e nesse momento começou a crescer milagrosamente até se tornar o mundo.

A Ásia Central também conservou narrativas semelhantes. De acordo com os Buriate, no início não havia nada, apenas água e uma tartaruga. Deus virou a tartaruga de costas e construiu o mundo em sua barriga. Em outras versões, Mandishire (o *bodhisattva* Mañjuśrī) se transforma em uma grande tartaruga e sustenta a terra que ele criou na superfície das águas.

Na Índia, a grande tartaruga é frequentemente representada como aquela que sustenta os quatro elefantes em cujas costas o mundo repousa. No *Mahābhārata*, a tartaruga, uma encarnação de Viṣṇu, sustenta a terra quando os deuses e demônios fazem ferver o oceano primordial para obter a ambrosia.

Na China, a tartaruga simboliza o universo; suas costas em forma de cúpula representam o céu, enquanto sua barriga em forma de quadrado representa a terra. Também aparece como o deus das águas e preside o Norte, um dos quatro pontos cardeais do universo. De cor preta, está simbolicamente associada ao inverno e a outros aspectos do *yin*, ou princípio feminino; como no antigo Egito e na Grécia, a tartaruga na China é um símbolo de poder erótico e fertilidade. Além disso, a suposta longevidade da tartaruga fez dela um símbolo da longevidade e imortalidade humana; na tradição mítico-iconográfica, a tartaruga é muitas vezes representada junto com a imortalidade, a lua e o paraíso. No sul da península da Coreia e no sul do Japão (Kyushu), na costa que dá para a Península Coreana, existem as "pedras" tartarugas. Remontando aos tempos pré-históricos, esses monumentos testemunham a crença da população autóctone na tartaruga capaz de dar nova vida ou imortalidade aos falecidos, escoltando-os para o outro mundo, através do mar, ou para o paraíso, sob as águas.

Bibliografia

GRANET, M. *La pensée chinoise*. Paris, 1968 [1934]. p. 173ss. O simbolismo da tartaruga na China.

LONG, C.H. *Alpha* – the myths of creation. Nova York, 1963. p. 192ss. As tartarugas nos mitos cosmológicos.

MARINGER, J. Vorgeschichtliche Grabbauten Ostasiens in Schildkrötenform und ihr mythischer Prototyp. *Antaios*, vol. 5, p. 368-374, 1963. Um estudo sobre as pedras tartarugas da Ásia Oriental.

Manabu Waida

TERRA

"Possa irrigar a Mãe Terra aquele que faz a chuva, para que ela se torne bela de se ver." Assim começa uma oração dedicada a Awitelin Tsita, deusa terra dos Zuni do Novo México. O canto continua: "Possam irrigar a Mãe Terra aqueles que fazem a chuva, para que ela se torne fecunda e dê a seus filhos e ao mundo inteiro os frutos do seu ser e o alimento em abundância. Possa o Pai Sol abraçar a nossa Mãe Terra, para que ela seja fecunda e o alimento seja generoso; que nossos filhos vivam o breve lapso da vida e não morram, mas adormeçam para acordar com os seus deuses" (STEVENSON, M.C. Ethnobotany of the Zuñi Indians. *Annual Report of the Bureau of Ethnology*. Washington, 1915. p. 37). Muitos povos da América do Norte reverenciavam a terra, que era considerada profundamente sagrada. Nos primeiros anos do século XX, um cheyenne explicou a um visitante: "É pela terra que vivemos. Sem ela não poderíamos existir. Ela nos nutre e nos sustenta. Dela crescem os frutos que comemos; a erva que alimenta os animais, com cuja carne continuamos a viver; dela nasce a água que bebemos e que escorre em sua superfície. Nós andamos sobre ela, e se a terra não fosse sólida e estável não poderíamos viver" (GRINNELL, G.B. Tennure of Land among the Indians. *American Anthropologist*, vol. 9, p. 3, 1907).

Os povos americanos não são os únicos que falam da terra com tanta intimidade e emoção. Numerosos povos compartilharam a ideia da sacralidade da terra ao longo da história e entre culturas. É necessário e importante chegar a compreender essa ideia. Primeiro, ela revela uma realidade que, de outra forma, permaneceria oculta. Além disso, o estudo das concepções sobre a terra permite compreender a condição humana tal como foi concebida pelos mais diversos povos.

Fonte da vida

O cosmos é um reservatório de forças sagradas. Do ponto de vista religioso, a terra é a epifania mais clara de um conjunto de realidades sagradas: o solo, as pedras, as árvores, a água, as sombras, a vegetação e a paisagem confusa do mundo. Essas realidades formam uma unidade cósmica viva. O solo, isto é, a terra, é todo esse emaranhado de vitalidades concretas. A terra é o fundamento e a fonte geradora de todas as expressões da existência. Desde os primeiros relatos da história religiosa, a terra, juntamente com o que ela significa, sustenta e contém todas as formas de vida que se revelam aos seres humanos. A terra é uma fonte incansável de existência. A lição que o homem cheyenne dá ao seu visitante é que o significado religioso da terra abrange toda a vida manifestada através de seu poder: montanhas, florestas, água, vegetação etc.

Mãe Terra

A crença de que os seres humanos nasceram da terra está espalhada por todo o mundo. Às vezes, acredita-se que a maternidade humana seja o resultado da inserção direta de uma criança, um habitante da terra, no útero da mulher (sob a forma de uma semente [ou sêmen], uma alma ancestral ou um feto em miniatura). Até o momento de sua translocação para o útero, o bebê viveu uma existência embrionária na terra – em cavernas, nascentes, fendas ou dentro de árvores. Na Lituânia, por exemplo, acreditava-se que as crianças provinham de nascentes, lagos ou colinas, todos lugares intimamente associados a Šemýna, a Mãe Terra, pois só ela era responsável por criar novas existências (BIEZAIS, H. *Die, Hauptgöttinnen der alten Letten*. Uppsala, 1955. p. 338-342).

Em muitas sociedades, a presença de um bebê no útero é atribuída ao contato da mãe com algum animal, uma determinada pedra ou outro objeto. Além do papel paterno e de sua união sexual com a mãe, a responsável direta pela maternidade e progênie humana é a fertilidade da terra, a mãe primordial. Nessas crenças, os humanos são, em um sentido profundo, o povo da própria terra natal.

Como os primeiros seres humanos, cada nova geração de crianças vive primeiramente nas rochas ou no abismo. Animais aquáticos, como sapos, crocodilos, peixes, cisnes ou cegonhas, os pegam e os colocam magicamente no útero de suas mães. Aqui, novamente, a terra fértil, a fertilidade da existência cósmica, é representada por formas específicas que ganham vida a partir dela (p. ex., as montanhas, as pedras da fertilidade, as águas das cavernas ou nascentes, animais). Uma mãe humana recebe os filhos como embriões. Ela é um recipiente que ajuda a vida larval da terra a conseguir uma forma especificamente humana. O útero subterrâneo é a verdadeira fonte e origem [*fons et origo*] da vida embrionária; somente depois de entender isso é que as crenças e práticas religiosas descritas abaixo fazem sentido.

Memórias da vida no útero da terra

As experiências de místicos e xamãs podem ser comparadas à existência pré-natal nas vísceras da terra. A noite escura primordial da alma representa a opacidade da vida subterrânea antes do surgimento na superfície da terra. O poder dos xamãs norte-americanos, por exemplo, às vezes depende de sua extraordinária capacidade de lembrar sua vida pré-natal. As imagens da vida intrauterina que eles conseguem evocar têm uma notável semelhança com as cavidades, sons e sensações do submundo [cf. tb. o verbete Caverna]. Os Guayaki do Paraguai costumam consultar mulheres grávidas para respostas de adivinhação, pois os filhos que carregam no ventre lhes revelam segredos e verdades. Os bebês em existência fetal possuem o poder de conhecer fatos obscuros, pois revivem a experiência primordial dos gêmeos divinos. Eles, enquanto estavam na escuridão inicial e profunda do caos, conheceram as possibilidades germinais de todas as formas de vida subsequentes e as experimentaram em primeira mão, na escuridão, antes de seguirem seus diferentes destinos históricos.

Às vezes, a comunidade cultural deseja retornar ao ventre da Mãe Terra. O povo Yaruro da Venezuela honrava a Grande Mãe, que viveu na distante região de Kuma, a leste, onde habitam os mortos. No fim da década de 1930, os Yaruro manifestaram o desejo de retornar ao reino de sua mãe, para renascer na existência celestial que antecedeu a vida e a chegada dos invasores coloniais.

O deitar-se no chão

Já vimos que a concepção e o nascimento dos indivíduos humanos representam versões menores do processo criativo realizado pela Terra no início dos tempos. As mães humanas repetem aquele primeiro ato pelo qual a vida apareceu pela primeira vez no ventre da Mãe Terra. Por isso, no momento do parto, as mulheres de muitas culturas precisam do contato direto com a terra e imitam suas ações. Dessa forma, elas participam o mais plenamente possível do poder da Mãe Terra e permanecem sob sua proteção. Em muitas sociedades, a posição assumida pela mulher durante o parto faz com que a criança se encontre imediatamente em contato com o solo assim que sai do útero; em outros casos, o recém-nascido é colocado no chão imediatamente após o nascimento. Em alguns casos, durante o parto, as mulheres deitam-se prostradas no chão ou caminham pela floresta ou pelos campos.

No antigo Egito, a expressão comum "sentar-se no chão" significava o ato de dar à luz (Nyberg, 1931, p. 133). No Paraguai, o nascimento de cada Aché repete o primeiro ato de erguer-se sobre a terra primeva. Os ritos de nascimento do Aché incluem dois momentos: *waa*, a "queda" do ventre rumo ao chão, e *upi*, o "levantar-se". Ao tocar a terra, a criança é imediatamente introduzida na condição biológica compartilhada por todas as plantas e animais. Ao levantá-lo do chão, a mãe repete a transição de uma forma biológica amorfa para a condição humana plena – assim como os ancestrais primevos emergiram da terra e depois se elevaram diretamente acima dela (CLASTRES, P. *Chronique des índios Guayaki*. Paris, 1972. p. 14-16). A terra deve ser a mãe que dá à luz a todo verdadeiro ser humano.

O ato de deitar-se no chão também era parte integrante dos ritos de cura. As pessoas doentes só eram curadas quando criadas de novo, isto é, refeitas à imagem de seres ancestrais em sua situação primordial no interior da terra. Os Huichol do México, por exemplo, durante a peregrinação a Wirikuta, o lugar de origens míticas, se detinham nas piscinas de água que se abrem para as profundezas criativas da terra. O curandeiro pedia a seus pacientes, especialmente mulheres estéreis, que se estendessem sobre o chão, o corpo poderoso da mãe primitiva. O rito de colocar um bebê recém-nascido em contato com o solo também existia na China antiga, onde até mesmo a pessoa moribunda era colocada deitada no chão. A terra representa tanto a capacidade de gerar quanto o poder de renascer para uma nova existência. Seu poder determina se as transições de nascimento e morte são válidas e bem realizadas (Granet, 1953, p. 192-198).

Morte e regeneração

Como forma de escuridão regeneradora, a terra, em sua sacralidade e fertilidade, compreende a realidade da morte. Isso já era evidente nos mitos sobre o sacrifício de uma divindade primordial associada à terra. A morte da divindade dá origem a novas formas de vida, especialmente às plantas. A vida e a morte são simplesmente duas fases no ciclo da Mãe Terra. De fato, a "vida" à luz do dia é um hiato, um breve período de separação do ventre da terra. A morte possibilita um retorno à condição primordial, ou eterna, que existia antes do início do ciclo da vida.

Muitos dos aspectos aterrorizantes pertencentes à Mãe Terra, como uma deusa da morte ou destinatária de sacrifícios violentos, remontam à concepção da terra como útero universal, fonte de toda a vida. A morte em si não é aniquilação, mas sim o estado da semente nas entranhas da terra. É por isso que em muitas culturas os corpos dos falecidos são enterrados em posição fetal. Esses "embriões" estão esperando para voltar à vida. Em alguns casos, como afirmamos anteriormente, o falecido revive a experiência da própria Mãe Terra, que foi a primeira pessoa a morrer (p. ex., Izanami na mitologia japonesa, que morreu ao dar à luz o fogo). Em tais circunstâncias, as representações negativas da Mãe Terra como a deusa da morte representam seu papel na dimensão sacrificial da existência, uma dimensão que torna possível a transição de uma forma para outra.

A dimensão sacrificial da existência simbólica garante a interminável transmissão da vida. "Rasteja até a terra, tua mãe", proclama o *Ṛgveda* (10,18,10). "Já que és terra, ponho-te na terra" é uma fórmula fúnebre do *Atharvaveda* (12,1,11; 12,1,14). O povo Krahô, do Brasil, faz todos os esforços para transportar um moribundo para o solo da aldeia materna. As inscrições de alguns túmulos romanos antigos ilustram o mesmo desejo de poder repousar em sua terra natal. A vitalidade e fecundidade da terra, seu poder sagrado de gerar vida sem fim, asseguram o reaparecimento dos mortos em uma nova forma de vida.

O rico simbolismo da terra não se esgota com as cosmogonias, as festas agrícolas ou as práticas funerárias de povos arcaicos ou das sociedades indígenas. A terra continua sendo uma imagem poderosa da possibilidade de uma nova vida e de uma existência social radicalmente nova. Nos movimentos religiosos contemporâneos mais rebeldes ou revolucionários, ditados por circunstâncias desesperadoras e opressoras, a terra torna-se a imagem central da renovação

(LINCOLN, B. The Earth becomes flat – a study of apocalyptic imagery. *Comparative Studies in Society and History*, vol. 25, p. 136-153, 1983; cf. tb. MÜLLER, W. *Geliebte Erde* – Naturfrömmigkeit und Naturhass im indianischen e europäischen Nordamerika. Bonn, 1972). Nas visões utópicas ou escatológicas de novos regimes ou reinos revolucionários, a face da terra haverá de se renovar, ou o fim do mundo intervirá para impor uma nova e justa ordem, simbolizada pelo nivelamento das montanhas e o preenchimento dos vales. Todas as formas de vida, sem distinção, terão acesso fácil e igual à plena vitalidade da terra.

Solidariedade cósmica da vida

O imaginário religioso da terra gera um parentesco entre todas as formas de vida, pois todas são geradas a partir de uma mesma matriz. A íntima relação entre a terra e as formas de vida humana, animal e vegetal pertence à percepção religiosa segundo a qual a força vital é a mesma em todos. Essas estão biologicamente unidas; consequentemente, seus destinos estão entrelaçados. A contaminação ou a esterilidade em um nível de existência realmente afeta todos os outros modos de vida. Por causa de suas origens comuns, todas as formas de vida constituem um todo. Ao contrário da sacralidade do céu, que aparece claramente nos mitos da separação do céu das formas das criaturas que dele dependem, não há ruptura entre a terra e as formas que ela gera. Além disso, a terra protege a vida em suas inúmeras formas e a defende contra abusos (p. ex., o incesto ou o assassinato) que ameaçam a boa ordem da vida reprodutiva. A união ritual entre os parceiros sexuais e as orgias celebradas nas cerimônias só podem ocorrer nos momentos decisivos do calendário agrícola. Durante o resto do tempo, a Mãe Terra é muitas vezes a fiadora da moralidade e a guardiã das normas que levam a uma existência fecunda. A terra pune certas categorias de criminosos, especialmente os adúlteros, os assassinos e aqueles que cometem desvios sexuais. Em alguns casos, como na Grécia antiga, o derramamento de sangue na terra e o incesto poderiam tornar estéril a terra, com consequências catastróficas. Assim, no prólogo do *Édipo rei*, de Sófocles, um sacerdote lamenta o destino de Tebas: as mulheres sofrem as dores do parto sem dar à luz uma descendência viva, definham os frutos da terra, morre o gado nos campos, como também a própria cidade.

Conclusão

A terra revela o significado e a sacralidade da capacidade implacável que a vida tem de gerar frutos. Esse ponto é enfatizado em todas as imagens que examinamos. As divindades agrícolas, ativas e dramáticas, muitas vezes permanecem no primeiro plano das divindades primitivas da terra. Mas em todas as grandes deusas que representam a agricultura e a fecundidade do solo arado há a presença subjacente da terra entendida como um todo, como a sacralidade do lugar físico da vida. É verdade que a terra aparece muitas vezes nos mitos cosmogônicos como uma figura vaga em segundo plano, enquanto as deusas de colheitas específicas ou ritos particulares no ciclo agrícola são delineadas com mais clareza. No entanto, o papel da terra nos primeiros estágios da história mítica atesta a constante sacralidade da própria vida, sem considerar as distintas formas que ela pode abranger. Os mitos da partenogênese, da androginia da terra, da hierogamia, do sacrifício da terra primordial e da emergência das entranhas escuras dos primeiros tempos afirmam a sacralidade do solo. Eles revelam o significado de sua criatividade incansável. A manifestação do sagrado na forma do solo, tanto como presença geral quanto como figura divina, ajuda a compreender os rituais e as formas simbólicas relacionados à terra. As descidas em cavernas e grutas, a ideia dos embriões subterrâneos, os cenários do regresso a uma existência pré-natal, os labirintos, os ritos de juramento pela terra, a deposição do recém-nascido na terra ou o enterro dos mortos em grutas no subsolo, a tradição iconográfica de representar Nossa Senhora como negra, as figuras aterrorizantes das grandes deusas, as representações das orgias sexuais nas festas agrícolas chamam a atenção da imaginação religiosa para um dos princípios mais importantes: os poderes inesgotáveis do procriador universal de vida. Poucas imagens geraram tanto poder no imaginário religioso dominando-o ao longo da história humana. É provável que a terra, no imaginário religioso, não pudesse ocupar o primeiro lugar devido ao seu casamento sagrado com o céu e com as outras divindades masculinas (p. ex., os deuses da tempestade) que são importantes na agricultura. No entanto, a terra, especialmente na imagem da Grande Mãe, nunca perdeu seu papel de princípio de vida, fonte de todas as formas, guardiã das crianças e do útero no qual os mortos aguardam seu renascimento.

Bibliografia

Sobre este assunto é possível citar numerosas obras fundamentais, tanto para um estudo mais amplo quanto pelo tipo de análise. Mesmo que superados, estes estudos permanecem importantes e notáveis:

DIETERICH, A. *Mutter Erde*. Berlim, 1905.

NÖLDEKE, T. Mutter-Erde und Verwandtes bei den Semiten. *Archiv für Religionswissenschaft*, vol. 8, p. 161-166, 1905.

SAMTER, E. *Geburt, Hochzeit und Tod*. Berlim, 1911. p. 1-20.

BAUDLSSIN, W.W. *Adonis und Esmun*. Leipzig, 1911. esp. p. 443ss. e 505ss..

FRAZER, J.G. *The worship of nature*. Londres, 1926. p. 316-440.

GRANET, M. Le dépôt de l'enfant sur le sol. *In*: GRANET, M. *Études sociologiques sur la Chine*. Paris, 1953. p. 159-202.

FISCHER, H.T. *Het heilig huwelik van hemel en aarde*. Utrecht, 1929.

NYBERG, B. *Kind und Erde*. Helsinque, 1931.

STAUDACHER, W. *Die Trennung von Himmel und Erde*. Tübingen, 1942.

PISANI, V. La donna e la terra. *Anthropos*, 37-40 (1942-1945), p. 241-253.

PESTALOZZA, U. *Religione mediterranea* – Vecchi e nuovi studi. Milão: 1951, esp. p. 191ss..

VAN DER LEEUW, G. Das sogenannte Hockerbegräbnis und der ägyptische Tjknw. *Studi e materiali di storia delle religioni*, 14 (1938), p. 151-167.

ELIADE, M. *Mythes, rêves et mystères*. Paris, 1957, p. 192-233.

ELIADE, M. *Traité d'histoire des religions*. Paris, 1949, cap. 7 e 9.

Estas duas últimas obras de Eliade analisam amplamente a terra e a agricultura, oferecendo uma ampla bibliografia.

Para uma discussão sobre a imagem da deusa em relação à sacralidade da terra, cf. FLEMING, A. The Myth of the Mother-Goddess. *World Archaeology*, 1 (1969), p. 247-261. OLSON, C. (org.). *The Book of the Goddess* – Post and Present. Nova York, 1983. Este último artigo examina o papel da deusa na pré-história, na Mesopotâmia, no Egito, na Grécia, em Roma, na cultura cananeia-hebraica, no cristianismo, no gnosticismo, no hinduísmo, no budismo, na religião japonesa, na cultura afro-americana, nas religiões ameríndias e no pensamento e na prática contemporâneos. Além disso, o volume compreende uma ampla bibliografia (p. 251-259).

PRESTON, J.J. (org.), *Mother Worship* – Theme and Variations. Chapel Hill: 1982. Esta é uma obra que apresenta numerosos casos do Novo Mundo, da Europa, da Ásia Meridional e da África.

ZWERNEMANN, J. *Die Erde in der Vorstellungswelt und Kultpraktiken der sudanischen Völker*. Berlim, 1968. Este é o exemplo de um estudo sobre o amplo escopo do simbolismo da terra em uma determinada cultura. Um exame mais completo e aprofundado sobre a terra é o desenvolvido por Ana Maria Mariscotti de Görlitz, *Pachamama Santa Tierra* (Berlim, 1978), que analisa a história das crenças e das práticas relativas à Mae Terra nos Andes.

PETTERSSON, O. *Mother earth* – An analysis of the mother eart Concepts according to Albert Dieterich. Lund, 1967. Esta obra retifica algumas das generalizaçoes apressadas de Dieterich.

Mircea Eliade
Lawrence E. Sullivan

TECIDOS

A arte de fiar e tecer apareceu pela primeira vez na cultura humana no Neolítico (entre 12.000 e 15.000 anos atrás). No entanto, até o sexto milênio a.C., os vestígios de tecidos encontrados nos sítios arqueológicos da Europa Central e do Oriente Próximo não constituem uma evidência clara de seu uso ritual ou religioso. Descobertas de túmulos e outros achados aleatórios em depósitos abandonados sugerem hipóteses, embora a documentação de práticas rituais envolvendo artefatos seja na maioria dos casos relativamente recente.

Apesar das diferenças de tempo e espaço e da existência de pouquíssimos vínculos causais entre as culturas aqui examinadas, as práticas que envolvem o uso de tecidos em ritos e cerimônias religiosas parecem ser atribuídas a três categorias distintas: 1) significados simbólicos associados aos tecidos; 2) funções rituais dos tecidos em práticas religiosas; 3) vínculos entre sagrado e profano.

Tecidos como símbolos

Em muitas sociedades, as roupas e a sua manufatura indicam uma mudança na vida. Na mitologia grega, por exemplo, as três Parcas eram representadas como deusas exercendo uma atividade conectada aos tecidos: Cloto fiava o fio da vida, Láquesis media seu comprimento e Átropos o cortava.

A moderna prática hinduísta continua a empregar fio ou corda como símbolo de renovação e cria um círculo apertado que envolve os devotos aos princípios da fé. Durante o Upanayana, uma cerimônia estruturada como um rito de passagem, uma corda sagrada é colocada no ombro de um adolescente para sinalizar que ele é digno de ser admitido à educação específica de uma tradição de casta. Para a casta dos brâmanes, o fio é o de algodão; para a casta guerreira do *kṣatriya*, o fio é cânhamo; para os *vaiśya* (casta de mercadores artesãos), o fio é de lã. Também as mulheres usam um fio sagrado nos rituais. Por exemplo, nas festas anuais em homenagem à deusa Gauri, um fio de algodão 16 vezes a altura de uma mulher é enrolado em um novelo e esticado diante das imagens da deusa; mais tarde, a meada é levada ao pescoço e depois queimada ou sepultada.

O rito nupcial recorre com frequência a tecidos. A estola do sacerdote que envolvia as mãos unidas de um casal durante o matrimônio segundo o rito cristão do Ocidente torna-se o fio que une o homem à mulher e o casal à Igreja[1], fortalecendo a sacralidade do vínculo. Em muitas sociedades muçulmanas, o vínculo ritual ocorre quando um casal é convidado a se sentar numa esteira ou num pedaço de tecido. Entre os povos Batak (ao norte da Sumatra) o momento culminante do casamento tradicional prevê o envolvimento do casal em um único tecido pelo pai da noiva: durante a cerimônia os outros parentes próximos também permanecem envoltos em xales para dar maior ênfase no vínculo celebrado no rito.

O ato de tecer fios dispostos em molduras para fazer um tecido também tem um forte valor simbólico. A fiação, seu desenrolar e o movimento do tear podem aludir às fases da concepção, gestação e nascimento: ou seja, o processo de tecelagem pode igualmente evocar as vicissitudes da vida desde a adolescência até a maturidade. O desprendimento do artefato do bastidor pode significar morte, e, mais frequentemente, renascimento e renovação devido ao fato de ter sido criado um novo objeto de uso.

Em certas áreas do sul da Ásia e do Pacífico Sul, a forma de uma peça de vestuário recém-tecida é circular ou tubular porque os fios da urdidura são contínuos e formam um círculo ininterrupto entre as duas hastes do tear. Quando a vestimenta é concluída, ape-

1. Este rito, embora praticado por vários ministros ordenados ainda hoje, não existe mais no rito reformado depois do Concílio Vaticano II [N.T.].

nas uma pequena parte dos fios da urdidura permanece desfeita e o tecido é cortado ou ajustado ao longo desta área para uso normal. O potencial metafórico dos fios contínuos em uma roupa sem cortes é claro para vários grupos do arquipélago indonésio. Entre os Sasak na Ilha de Lombok (leste da Indonésia), três vestes circulares sagradas são feitas para um bebê recém-nascido pela mulher mais anciã da família e depois reunidas em uma área sagrada da casa enquanto forem necessárias. No decorrer dos ritos da tonsura, da circuncisão, do matrimônio, as urdiduras desses tecidos são cortadas. Embora modestos na aparência, esses tecidos de algodão listrados em preto, vermelho, branco e amarelo estão ligados a uma busca geral de bem-estar por parte dos seres humanos. Na área mais ocidental, na Ilha de Bali, o elaborado *geringsing* tem um significado metafórico análogo: também tem uma urdidura circular que deve ser cortada para que dele se obtenha uma roupa. Um único manto, que pode levar até um ano de trabalho, acompanha o indivíduo em todas as cerimônias que marcam etapas cruciais de sua vida e ainda pode lhe servir de mortalha.

As ligações entre tecido e vida são muito evidentes nas sociedades não industrializadas nas quais a tessitura é tarefa das mulheres que, por estarem ligadas por sua vez às esferas da produtividade e da fertilidade, asseguram também aos fios a mesma função simbólica. Contrastando com símbolos puramente masculinos, como as ferramentas usadas na agricultura ou na mineração, a tessitura revela um caráter de polaridade e complementaridade bem-ilustrado pela pesquisa etnológica. Os túmulos do século II d.C. dos nobres Tien escavados em Shih-tsai Shan e Litsai Shan no sudoeste da China continham os modelos de bronze de teares, outros utensílios de tecelagem e caixas de costura nas sepulturas femininas, enquanto as sepulturas masculinas traziam armas de bronze e reproduções de ferramentas agrícolas: juntos, utensílios para tessitura, armas e implementos agrícolas sugeririam a ideia de uma harmonia cósmica e de completude. Há ecos desse ideal nas lendas de antigos âmbitos asiáticos e mediterrâneos que personificavam a conjunção anual de dois astros na Via Láctea como a união de uma menina com um mandrião.

Usos rituais

Ao longo da história, os tecidos transmitiram significados simbólicos e econômicos. Antes da era industrial, que reduzia os tecidos ao papel de um dos muitos bens de consumo, todos os tecidos tinham seu valor real como produto de um trabalho despendido no cultivo de fibras, fiação, tingimento e tecelagem; todos esses elementos, bem como os materiais, as técnicas e os significados rituais conferiam prestígio [à atividade têxtil].

Oferta

Centenas de cobertores, panos e outros tecidos de uso comum, bem como uma série de outros utensílios domésticos e rituais, eram recolhidos por grupos familiares em povos da costa noroeste da América do Norte para as cerimônias do *potlatch*, durante as quais todas aquelas coisas eram apresentadas aos convidados, e às vezes queimadas, numa estranha manifestação de troca. Mesmo nos *revival* dos tempos modernos assiste-se à troca de tecidos e de roupas com um valor comercial.

Da mesma forma, as echarpes de seda branca com símbolos budistas importados da China e o simples algodão branco indiano usado pelos monges budistas tibetanos para suas echarpes feitas de gaze incorporam um significado semelhante de oferenda e sacrifício. Nas regiões do planalto tibetano que produzem lã, essas importações exóticas serviam como troca entre os indivíduos e como oferenda de imagens sagradas. Os tibetanos também oferecem retângulos de algodão impressos com os textos de certas orações aos elementos como atos de devoção; esvoaçando no alto de postes ou suspensos por fios ou presos aos telhados de templos e santuários, esses tecidos são rasgados pelos ventos que ativam a intercessão divina.

Os usos funerários fornecem outra visão sobre a prática da oferta de tecidos. Apesar da incompletude de nossas informações, descobertas arqueológicas no Egito faraônico e no Peru pré-colombiano fornecem exemplos notáveis. O clima seco do deserto e o da costa peruana possibilitaram a conservação de muitos tecidos de uso funerário (o exemplo conhecido por todos é o das múmias envoltas em tonéis). Guarda-roupas completos com roupas e tecidos para uso doméstico refletiam a condição e o significado da vida de um falecido e eram enterrados com o proprietário para garantir o conforto necessário na vida *post mortem*. Ao longo da costa árida meridional do Peru, as conchas das múmias aristocráticas pré-colombianas contêm uma série de mantos finamente trabalhados e uma quantidade de outros tecidos.

Na China, onde a seda era difundida, ela era o tecido que desempenhava um papel importante na vida e na morte. O número e a qualidade das vestes fúnebres refletiam o estado de vida do falecido. O túmulo bem preservado da "Marquesa de Dai" em Mawangdui, Chang-sha, datado de 160 a.C., contém 27 peças de roupas de seda, uma dúzia de casacos, 46 rolos de seda sem cortes e várias bolsas e cobertas de seda. No fim da época imperial surgiu o costume de fazer casacos particularmente decorados com motivos alusivos à longa vida (os assim chamados *shou-fu*, casacos da "longevidade"), mas geralmente o aparato das vestes fúnebres era aquele que fazia parte do guarda-roupa oficial do indivíduo, definido de acordo com sua posição na corte. As mulheres confucionistas, não ocupando nenhum cargo oficial e, portanto, não possuindo um traje particular, eram enterradas com o traje nupcial, pois nessa sociedade patriarcal o casamento conferia um *status* mais elevado às mulheres e, na ocasião das núpcias, toda mulher era considerada uma imperatriz. A despesa imposta por esse costume funerário confuciano induziu as últimas gerações a ignorá-lo; por outro lado, no século XIX, os aristocratas de Timor (leste da Indonésia) destinavam somas consideráveis de dinheiro à acumulação de tecidos preciosos para o seu funeral.

Os sacrifícios nem sempre incluíam o uso de tecidos de grande valor estético e econômico. Em certas culturas existe uma produção específica para sudários. A tradicional veste funerária judaica é de linho simples e de formato não específico. Em Bali, as vestimentas sagradas chamadas *bebali* são na verdade panos feitos especialmente para a oferta: tecidos frouxamente, estes são muito frágeis para uso prático e de dimensões reduzidas. Na tardia era imperial na China, inclusive até os dias atuais, uma série de vestes de papel e pedaços de seda eram queimados como oferendas para os mortos na vida após a morte.

Em algumas culturas, são os próprios tecidos que recebem reverência por si mesmos. As efígies das divindades da lareira adoradas pelos mongóis eram inteiramente de feltro: tais efígies, chamadas *ongot* e identificadas uma como masculina e outra como feminina, eram colocadas dentro das típicas tendas redondas chamadas *yurts*.

No budismo, antes que se desenvolvesse uma rica iconografia no século II, as imagens tradicionais do Buda o representam com um manto e sentado em um trono sobre uma almofada recoberta com o mesmo tecido. O lendário véu de Verônica ou o Sudário preservado em Turim com uma imagem impressa que se acredita ser a de Cristo estão entre os tecidos mais reverenciados no mundo cristão. Entre os muçulmanos, a apresentação de um tecido da cobertura do túmulo de um santo era uma forma de atrair bênçãos sobre o visitante.

Entre os Toraja das Ilhas Sulawesi (ou Celebes), tecidos chamados *ma'a* e *sarita* são transmitidos por herança e usados apenas em cerimônias de grande importância; alguns são de fabricação local, mas principalmente são feitos com algodão indiano importado e depois pintados com os símbolos tradicionais toraja.

O uso de ofertas têxteis é importante em rituais em honra de divindades personificadas. No Egito faraônico, as imagens dos deuses dentro dos templos ocupavam o centro de elaborados cerimoniais que remetem à vida humana: eram despertados pela manhã, lavados, alimentados e vestidos, carregados para passear e, à noite, colocados no leito como se fossem o próprio faraó, manifestação concreta de um deus na terra. Diversos tecidos e vestes estavam entre as ofertas essenciais dos fiéis.

Talvez o tecido mais precioso que foi oferecido a uma divindade durante uma cerimônia seja o Paládio oferecido a Atena durante os Jogos Panatinaicos anuais: a cerimônia é imortalizada no friso interno do Partenon. O evento culminou com uma procissão transportando um peplos de novíssima tessitura, feito por mulheres atenienses, até a Acrópole, onde foi apresentado à imagem de Palas Atena.

Oferendas de roupas às imagens de templos também são comuns na Ásia budista, hindu, taoista e confucionista. A China imperial tardia, por exemplo, marcava o Ano-novo e outras efemérides anuais com a oferta de tecidos preciosos: nessas ocasiões os deuses da cidade eram vestidos com indumentos de corte mais amplo, muitas vezes sem costuras laterais (um fato muitas vezes lembrado pelas piedosas inscrições dos doadores).

Pelo contrário, a vestimenta que cobre a efígie do Menino Jesus e a da imagem de Nossa Senhora e outros tecidos usados nas procissões cristãs são muitas vezes caracterizadas por tecidos transformados para esse efeito por usos seculares. De fato, muitas igrejas encorajaram, como atos meritórios, que os fiéis doem tecidos prestigiados pelo uso secular, e esse acúmulo de bens tão preciosos permitia uma posterior reciclagem. Tecidos de valor particular eram usados para embrulhar relíquias e outros objetos sagrados antes de colocá-los em tecas ou vasos sagrados específicos. No mundo ocidental, a sobrevivência das sedas medievais se deve exclusivamente a esses usos.

Dentro da prática judaica, muitos tecidos rituais usados nas sinagogas são feitos a partir da reciclagem de tecidos usados há séculos. Na tradição asquenaze, a tira de tecido usada para amarrar os rolos da Torá antes de colocá-los é frequentemente feita de tecidos domésticos particularmente significativos. São as mães que costumam preparar e doar as fitas para a Torá feitas com tecidos usados, bem como faixas para a circuncisão.

No Tibete os *maṇḍala* que retratam várias entidades do panteão budista foram feitos aplicando a técnica chinesa de sobrepor a seda e usando outros tecidos exóticos doados ao mosteiro. O exemplo mais notável é o de um *maṇḍala* gigantesco, com mais de 20 metros de comprimento, exibido uma vez por ano em frente à fachada do Palácio de Potala em Lassa.

Criação de lugares sagrados

O lugar onde ocorre um ritual ou cerimônia pode ter tanto dimensões espaciais quanto temporais. A suspensão do tempo comum para criar um interlúdio temporal no qual o humano compartilha uma situação com o sobrenatural pode ser ajudada pelo emprego de tecidos particulares. Por exemplo, o uso repetido de tecidos como vestes vermelhas e alfaias empregadas na Igreja Ocidental no mesmo contexto de tempos em tempos (p. ex., nas festas dos mártires) aumenta a sensação de um ciclo ritual permanente, apesar do tempo real. O uso dos mesmos tecidos em uma variedade de circunstâncias, como com *geringsing* da Ilha de Bali, produz no participante uma sensação de suspensão da vida. Outro significado do tempo ritual pode ser encontrado no conceito de transformação: roupas ou tecidos especiais podem acentuar a transformação de um lugar na epifania de uma divindade ou de um indivíduo comum em servo ou intermediário de um deus.

Os tecidos também são importantes porque têm uma função espacial, criando um espaço delimitado dentro de um contexto profano mais amplo. Em alguns casos, eles podem até se tornar o próprio fulcro de um ritual. O ato de desdobrar um tecido, seja o simples linho que cobre o topo do altar cristão ou a seda forjada que cobre os incensos budistas, é suficiente para transformar uma simples mesa em um altar.

O *kiswah*, o tecido mais importante do Islã, cobre a Caaba em Meca, o edifício quadrado de granito que contém a Pedra Negra, a relíquia mais preciosa e o centro das peregrinações muçulmanas à cidade santa. O *kiswah* é de seda preta com inscrições corânicas gravadas ou bordadas em ouro. Por cobrir uma estrutura cúbica de aproximadamente 12 metros de altura, o *kiswah* enfatiza a clausura de um lugar sagrado; é substituído anualmente, e o *kiswah* em desuso é cortado em pedaços que são vendidos como relíquias.

Os tecidos suspensos acima de uma área ritual sinalizam a sacralidade da área coberta, oferecendo proteção real ou simbólica. Alguns desses artefatos são portáteis, como os dosséis de casamento comuns a muitos costumes religiosos: sua finalidade é, na verdade, transformar o espaço abaixo em uma área ritual e são usados sempre que há necessidade. Outros dosséis incluem um significado cosmológico; aqueles colocados sobre imagens ou altares em edifícios cristãos e budistas, por exemplo, servem como expressões metafóricas do céu, contrastando a porção do universo e do firmamento visível com um céu percebido como mais vasto, embora invisível, que está além.

O dossel, chamado com um termo chinês *yünchien* ("colar de nuvens"), colocado no topo das iurtas de feltro da Mongólia, é de origem centro-asiática ou sul-siberiana. Seus quatro elementos pendulares indicam uma orientação espacial adequada à dos pontos cardeais; a parte superior da tenda é considerada a porta do céu (ou seja, a entrada do paraíso), através da qual passa o eixo terrestre.

Os tecidos também podem cobrir a área sobre a qual ocorre um determinado ritual. Esteiras e tapetes indicam lugares destinados para orações e meditações em várias culturas asiáticas que não desenvolveram elaboradas estruturas para que os fiéis se sentem, mas que geralmente viviam em contato com o solo. Por exemplo, tapetes de lã decorados com símbolos budistas eram comumente usados por monges tibetanos; no entanto, os sacerdotes de grau mais elevado na hierarquia costumavam sentar-se em almofadas cobertas de seda.

Alguns revestimentos de pisos lembram a ideia de uma orientação espacial. Em muitos poderosos reinos agrícolas, o arranjo preciso de revestimentos de piso e outras cortinas dentro de um ritual garante o sucesso da cerimônia. Um texto chinês do século IV a.C., o *Livro da história* (*Shujing*), descreve o procedimento correto para organizar oferendas para o funeral de um príncipe, adicionando instruções complexas para escolher o tapete, a mesa de oferendas e descrevendo o sacrifício apropriado para cada um dos pontos cardeais dentro da tumba. Em outros exemplos, tecidos individuais servem como indicadores espaciais: a organização dos temas em certos tapetes mongóis, turcos e chineses dentro de bordas retilíneas do tecido requer um alinhamento adequado.

O mais famoso revestimento de piso, o chamado tapete de oração muçulmano, é tradicionalmente decorado com um arco em cada extremidade que lembra o nicho do *mihrab* na mesquita que aponta o orante para Meca. No entanto, a função desses tapetes independe da decoração, pois proporciona aos fiéis um espaço que substitui o interior da mesquita, dispensando-os da obrigação de rezar cinco vezes por dia. Nenhum tapete especial é prescrito para a mesquita. Se pensarmos em algo como o primeiro piso religioso, pode-se recorrer à simples esteira de folha de palmeira usada pelos nômades árabes. Mas, uma vez que o Islã entrou em contato com culturas artisticamente mais refinadas, como aquelas mais ocidentais da Ásia, foram a tradição e o gosto que determinaram o desenho de suas criações. Historicamente, muitos tapetes tinham apenas uma função decorativa, porém alguns eram inquestionavelmente usados para orações dentro de casa.

Os tecidos serviram como construções portáteis para os povos nômades, e alguns desses envoltórios têxteis sobrevivem entre as populações assentadas: as tendas *mahmal* usadas durante as peregrinações muçulmanas a Meca são um exemplo.

As cortinas de tecido servem como telas protetoras de áreas sagradas ao rito e preservam o acesso a ele. Com sua função de separação, essas cortinas permitem que o celebrante obtenha efeitos dramáticos quando as cortinas em questão são subitamente removidas para revelar um mistério. O *parokhet* hebraico é o tecido ritual mais usado na prática judaica: os precedentes são encontrados no tabernáculo descrito em Ex 26, cuja memória deve ter influenciado profundamente a insígnia ritual da prática cristã e tardo-judaica. Entre os asquenazes, o *parokhet* geralmente consiste em um tecido precioso emoldurado entre dois pilares e uma arquitrave, um expediente que parece remontar à prática do século XVI de reproduzir as páginas de rosto de livros impressos, mas a forma pode ter precedentes ainda mais antigos referentes aos tempos em que a prática exigia o uso de cortinas penduradas entre diferentes espaços arquitetônicos para delimitar as áreas de culto: por exemplo, as escavações arqueológicas realizadas na sinagoga de Dura Europos (na Síria), do século III d.C., revelam que uma grande cortina dividia a área em frente do recipiente da Torá da área ocupada pela congregação. Esse costume de usar cortinas para separar os espaços da arquitetura secular e religiosa já era difundido na época clássica em toda a área do Mediterrâneo e do Oriente Próximo.

E também deve ter influenciado a devoção cristã; de fato sabemos que nos primeiros séculos do cristianismo eram utilizadas grandes cortinas para articular o espaço interior das igrejas ou salas de reuniões destinadas a encontros de vários grupos. Parte do edifício também era acessível a não crentes, outras partes destinavam-se a catequistas ainda não batizados. Os fiéis foram divididos em grupos, e homens e mulheres ocuparam áreas diferentes; e outra área ainda diferente, a do altar, foi reservada para o clero. No Ocidente, o uso dessas cortinas desapareceu por volta do ano 1000: hoje uma reminiscência muito pobre dessas cortinas (que outrora decoravam generosamente o interior das igrejas) é representada pelos conopeus, véus que cobrem os tabernáculos nas igrejas católicas romanas.

Já entre as Igrejas da ortodoxia, grandes cortinas permaneceram em uso por algum tempo, até que o desenvolvimento da iconóstase – biombo em que as imagens sagradas são exibidas – substituiu gradualmente as cortinas que separavam o sacrário da nave. O *anfitrión*, uma cortina que pende da porta central da iconóstase, é tudo o que resta do antigo e elaborado sistema de cortinas, que permanece em vigor hoje apenas na Igreja etíope de rito copta.

A noção de ocultação também está presente em outros níveis, especialmente nas práticas que preservam os apetrechos sagrados do olhar dos não iniciados ou do contato direto com mãos profanas. No catolicismo, a hóstia e o cálice e outros objetos usados no decorrer do rito são revelados apenas no momento apropriado; em outras épocas eram até velados. As cortinas da Torá, feitas com a seda mais preciosa e enriquecidas com ouro, as simples cortinas de seda coloridas dos *maṇḍala* de budistas tibetanos, penduradas diante das imagens pintadas, e o *epitaphios syndon* ricamente bordado que cobre os cálices e as patenas no rito ortodoxo grego têm funções idênticas.

Ligações têxteis entre o sagrado e o profano

A maioria dos tecidos usados nas cerimônias religiosas não tem funções rituais nem símbolos religiosos; seu propósito é normalmente decorativo. Tanto em seu uso permanente quanto temporário, eles aprimoram a sugestão ritual por meio de uma exibição de magnificência.

O painel superior representa o céu. É um cenário centrado na contemplação de um ser superior, o Dragão Tocha que se destaca em vermelho, ladeado pelos dois dragões *yin* e *yang* enquanto cavaleiros e animais – representações de seres celestiais – giram em torno de um sino e um incensário.

No espaço intermediário, uma espécie de antecâmara da sala de estar do céu, vê-se a nobre falecida com comitiva, ricamente vestida, apoiada numa bengala, peregrina entre a terra e o céu.

Mais abaixo estão dois ancestrais da humanidade, com cabeça humana e corpo de pássaro e, entre eles, um disco de jade, símbolo do Céu.

Descendo ainda mais: os convidados de um banquete fúnebre, sob o qual se destaca um personagem despido, de condição servil, que sustenta a base. Finalmente: monstros, gênios e animais evocam o submundo.

Bandeiras e estandartes esvoaçantes geralmente indicam o caráter particular de um espaço ritual. Muitos desses artefatos podem ser usados na decoração de interiores ou em procissões; geralmente são atraentes e feitos de materiais brilhantes. Alguns desses objetos, como as flâmulas usadas nos templos budistas, têm longas listras que realçam seu movimento e adicionam notas de cor ao espaço ritual. Faixas com imagens de divindades influenciam a iconografia popular e podem ter sua função educativa, ainda que seja difícil distinguir esse tipo de iconografia da secular.

Os tecidos que adornam o interior dos espaços de devoção, como os murais que os substituíram em quase todos os lugares, costumam ter uma função didática. As cortinas de algodão esvoaçantes usadas no norte da Índia, muitas vezes pintadas com histórias da mitologia hindu, são um exemplo. Na Europa medieval, muitas séries de revestimentos de murais destinados a diversas instituições religiosas tinham como tema a vida dos santos ou descrições inspiradas na literatura apocalíptica visionária. No Ocidente, a sorte desses tecidos se desvaneceu com o advento do estilo gótico na arquitetura; no entanto, o revestimento de parede do artista britânico contemporâneo Graham Sutherland para a Catedral de Coventry pode ser visto como um *revival* desse antigo uso na Igreja Ocidental.

Os tapetes podem cobrir pisos, proteger pés descalços como no uso islâmico, mobiliar o espaço em frente ao altar como na prática cristã, envolver pilares como nos usos tibetano e chinês. Na maioria dos casos, no entanto, tais manifestações de luxo são mais o resultado de doações de bens seculares por devotos do que a produção expressa para necessidades rituais.

Uma grande série de coberturas para atris, livros, manuscritos, almofadas, genuflexórios e móveis utiliza tecidos, pois o esplendor dos preciosos tecidos também realça a beleza das obras arquitetônicas. O propiciatório (também conhecido como *kapporet*) colocada sobre a cortina que protege a Torá transforma o próprio edifício que preserva o texto sagrado hebraico em sede da piedade da Arca do Tabernáculo. Na Ásia Oriental, em muitos contextos religiosos, tecidos elaborados de fabricação complexa eram colocados em nichos que continham imagens sagradas: às vezes eram doações feitas ao templo. Um famoso tecido de valor na China budista consistia em um trabalho composto feito por membros da congregação que usavam tecidos pessoais ou pertencentes ao santuário para doações de devotos.

Da mesma forma que muitas vestimentas usadas pelos ministros de diferentes religiões são a evolução das vestimentas seculares, muitos tecidos decorativos ligados ao ritual têm origem secular. Em particular, uma série de tecidos permaneceu inalterada ao longo dos séculos: o complexo de trajes de paradas, coberturas de tronos, sombrinhas, banquetas e baldaquinos, enfim, todo aquele complexo de objetos ligados ao poder político secular. Esses designam, de fato, mesmo dentro do clero, um grau e uma posição que tem objetivos relacionados não tanto ao ritual, mas sim ao controle e ao prestígio.

Bibliografia

Na falta de um estudo mais amplo sobre os usos de todas as culturas, é necessário recorrer às monografias sobre os âmbitos específicos. Para a Igreja cristã e a forma como emprega os tecidos em usos rituais, cf.:

LEGG, J.W. *Notes on the history of the liturgical colours* – Transactions of the St. Paul's Ecdesiological Society. Londres, 1882.

LEGG, J.W. *Church ornaments and their civil antecedents*. Cambridge, 1917.

Para as origens e os usos judaicos, cf.

KIRSHENBLATT-GIMBLETT, B. *Fabric of Jewish life*. Nova York, 1977.

Este é um catálogo muito bem-ilustrado que se inclui na coleção de tecidos judaicos do Jewish Museum.

Em relação aos estudos sobre os contextos religiosos ocidentais, cf. os artigos de Grace Crowfoot, Veronika Gervers e D. King incluídos na obra:

GERVERS, V. (org.). *Studies in textile history* – In memory of Harold B. Bumham. Toronto, 1977.

Nessa mesma miscelânea, cf. os artigos de J.E. Volliner e Rita Bolland em relação aos âmbitos não ocidentais.

Em relação ao islamismo, cf.:

SERGEANT, R.B. *Islamic Textiles* – Material for a history up to the Mongol conquest. Beirute, 1972 [publicado originalmente em: *Ars Islamica*, vol. 9-14, 1942-1951].

Para o estudo mais genérico sobre os tapetes islâmicos e orientais, cf.:

DIMAND, M.S. *Oriental Rugs in the Metropolitan Museum of Art with a Chapter and Catalogue of Rugs of China and Chinese Turkestan by Jean Mailey*. Nova York, 1973.

Este volume inclui, além do catálogo da coleção do Metropolitan Museum, artigos sobre o uso dos tapetes em âmbito asiático e sobre as primeiras ocorrências no Ocidente.

Para os usos chineses, cf.:

DE GROOT, J.J.M. *The religious system of China*. Leiden, 1892-1910.

Este estudo em seis volumes é um dos melhores textos de referência sobre as práticas religiosas tradicionais na China.

Para o significado dos vários materiais entre os mongóis, cf.:

OLSCHKI, L. *The myth of the felt*. Berkeley, 1949.

Para os usos difundidos na Indonésia, cf. os vários estudos incluídos em:

GITTINGER, M. (org.). *Indonesian textiles* – Irene emery roundtable on museum textiles. 1979. Proceedings. Wahington, 1980.

Sobre os usos tibetanos, cf. o catálogo em cinco volumes:

OLSON, E. (org.). *Catalogue of the Tibetan collections and other Lamaist articles in the Newark Museum*. Newark, 1950-1971.

John E. Vollmer

TORRE

Os zigurates da Mesopotâmia, as pirâmides do antigo Egito e da América Central, o *stūpa* do Extremo Oriente (assim como os modernos arranha-céus do mundo ocidental) podem ser considerados modelos da montanha cósmica, o centro sagrado do mundo que une céu e terra. Essas construções, no entanto, também podem ser relacionadas à colina primordial que surgiu do abismo no início da criação e que é a fonte de toda a existência. A cosmogonia, de fato, é muitas vezes entendida como um processo de subdivisão e separação, respectivamente, do céu da terra ou do divino do humano. A construção de torres representa, portanto, a necessidade humana universal de religar céu e terra, para reproduzir a situação que existia no início dos tempos. As torres são uma manifestação do nosso desejo de escapar ao mundo da geografia temporal e profana, que continuamente nos lembra nossa natureza mortal, para nos reunir novamente com o eterno, o infinito e o sagrado. [Cf. tb. Árvore, *Axis Mundi*, Centro do mundo e Montanha.]

Por esse motivo, as montanhas desempenham um papel tão importante nas mitologias de muitas religiões. Moisés subiu ao Monte Sinai para se encontrar com o divino e receber a Lei sagrada, a norma que estabeleceria o vínculo entre o povo hebreu e o seu Deus.

Os antigos gregos acreditavam que os deuses viviam no Monte Olimpo, de cujo topo, sempre envolto em nuvens, Zeus lançava raios e comunicava seus desejos aos mortais. Budistas e hindus veneram o mítico Monte Meru, com mais de 135.000km de altura, que consideram o eixo vertical do cosmos e que colocam ao norte do Himalaia. Os xintoístas do Japão veneram o Monte Fuji, que consideram o centro do mundo, o guardião da nação e a sede terrena do Deus supremo. As montanhas são tão importantes para a visão do universo do homem que algumas montanhas artificiais às vezes foram especialmente construídas para reproduzir e afirmar a ligação entre o mundo sagrado e o mundo profano.

A representação de montanhas celestiais por torres é demonstrada pelos nomes dados aos vários zigurates (torres escalonadas construídas de tijolos de barro) da antiga Mesopotâmia. Por exemplo, o zigurate de Tell Barsip era chamado de "a casa das sete direções do céu e da terra" e era composto de sete partes, cada uma representando um planeta. A torre feita em degraus da Babilônia era conhecida como "a casa da fundação do céu e da terra". Segundo Heródoto, no topo desse zigurate havia um templo que continha uma cama na qual se consumava a união entre o deus e sua sacerdotisa: esse casamento sagrado indicava a união entre o mundo dos deuses e o dos homens. O zigurate de Ur, orientado segundo os pontos cardeais, foi construído em três níveis que representavam as subdivisões do universo; no topo havia um altar, que era a sede dos sacrifícios e da observação do céu. Mas o zigurate mais famoso é certamente a Torre de Babel, que seria usada pelos seres humanos, segundo o Gênesis, para subirem ao céu. O uso do zigurate como uma escada que leva ao céu ecoa no relato bíblico do sonho de Jacó, no qual o patriarca viu uma escada ligando o céu e a terra, e "os anjos de Deus subiam e desciam por ela" (Gn 28,12).

O hinduísmo produziu muitas e elaboradas versões da montanha primitiva, o Monte Meru, da qual Shiva reinava como o deus supremo. Em Ellora é possível ver o Kailas (o paraíso de Shiva), uma montanha artificial obtida de uma montanha real: trata-se de uma reprodução exata do Monte Kailāśa, a sede de Shiva no Himalaia. O local é coberto por muitas estátuas e baixos-relevos: levou 200 anos para ser concluído. Mas a montanha mais ricamente decorada é certamente o extraordinário templo-túmulo de Suriavarmã II, um rei cambojano do século XII, que foi usado tanto como túmulo quanto como símbolo da divindade do soberano.

O *stūpa* budista é considerado uma reprodução da abóbada do céu que circunda a montanha celestial. Recomendados pelo próprio Buda, esses monumentos foram erguidos como santuários destinados a abrigar as relíquias do próprio Buda e de seus santos. O complexo do Templo de Borobudur, em Java, está distribuído por três terraços e é composto por 72 *stūpa*, cada um dos quais contendo uma imagem de Buda. Subir ao topo dessa montanha artificial significa fazer uma viagem extasiante ao centro do mundo. Na China, a *t'a*, uma torre escalonada originalmente construída como um santuário budista, mais tarde assumiu uma importância considerável na geomancia (Feng Shui).

Também nas pirâmides do antigo Egito é evidente a relação entre o sepultamento dos mortos e a tentativa de reencontro com o sagrado. As pirâmides tinham como modelo o outeiro primordial a partir do qual, segundo o mito, o deus Rá-Atum chamou o mundo à existência. As pirâmides mais antigas eram torres escalonadas construídas em torno de um núcleo central; eram frequentemente dotadas de uma escada para o céu, ao longo da qual o faraó ascendia ao nível celestial. Em momentos históricos particulares, quando a veneração do deus solar Rá era predominante, a pirâmide também poderia funcionar como um símbolo solar, representando, como o obelisco, os raios criativos do sol. Essa mesma função solar da forma piramidal pode ser observada claramente na Pirâmide do Sol de Teotihuacán, local onde, segundo a tradição, o sol foi criado.

Assim como a árvore cósmica, também localizada no centro do universo e ligando o mundo terreno ao celestial, a montanha primitiva, que se manifesta em todas essas construções artificiais em forma de torre, permite ao homem atravessar a existência e colocar-se no centro do cosmos. Graças a essas reproduções da montanha cósmica, garantimos a nós mesmos um meio de comunicação e união com o sagrado.

Bibliografia

ELIADE, M. *Images et symboles:* essais sur le symbolisme magico-religiuex. Paris, 1952.

FRANKFORT, H. *Ancient Egyptian religion.* 2. ed. Nova York, 1949.

TOMPKINS, P. *The magic of obelisks.* Nova York, 1981.

Tamara M. Green

TOTEM

O totemismo é a representação simbólica sistemática de realidades sociais (indivíduos ou grupos) por meio de imagens reais e concretas, muitas vezes relacionadas a espécies animais, e o desenvolvimento desses símbolos em relações de identidade, poder e origens comuns. O termo *totem* deriva de *dotem*, palavra usada pelos Ojibwa, algonquinos originários da América do Norte, para indicar a pertença a um clã específico. A ciência antropológica tratou o totemismo em dois sentidos ou fases distintas. No primeiro sentido, evolucionista, o totemismo era considerado uma instituição típica do pensamento primitivo, uma etapa necessária da conceituação religiosa pela qual todos os povos deveriam passar no curso de sua evolução cultural. Essa concepção foi elaborada por teóricos como James G. Frazer e Émile Durkheim, mas foi depois submetida a críticas decisivas por Alexander A. Goldenweiser. O segundo sentido mais moderno do termo poderia ser chamado de sentido "sistemático"; leva em conta a ampla gama de variantes presentes nos esquemas culturais específicos de simbolização e classificação, e aborda o significado do totemismo analisando sua relação com esses esquemas. Claude Lévi-Strauss é inspirado por esse significado moderno do termo na impostação crítica de seu *Le totémisme aujourd'hui* (1962), sentido que constitui o fundamento de sua teoria de uma "ciência do concreto" (*La pensée sauvage*, 1962).

O primeiro significado atribuído ao termo "totemismo" tende a exagerar seus componentes unitários e o torna uma espécie de instituição primitiva universal; o segundo sentido, por outro lado, tende a dissolver o fenômeno em valores genéricos de denominação e simbolismo e subestimar a distinção entre o termo e os usos a que ele se refere.

O fenômeno pelo qual os clãs recebem nomes de espécies naturais particulares era bem conhecido entre os povos originários da América do Norte muito antes de a prática ser chamada de totemismo. Enquanto a origem, o significado e a definição do totemismo se tornavam um tópico de interesse primário na controvérsia entre os teóricos das religiões tribais, a área da documentação etnográfica se deslocava da América para a Austrália Central. Essa mudança deveu-se em parte ao excelente trabalho etnográfico de Baldwin Spencer e Francis James Gillen, mas também coincidiu com a ampla adoção da visão evolucionista da "unidade psicológica da humanidade". Segundo essa teoria, a cultura humana é essencialmente unitária e universal, tendo passado em toda parte pelas mesmas etapas: por isso, se pudéssemos identificar um povo "cristalizado" em um estágio primitivo, observaríamos as modalidades de pensamento e ação das quais descendem as nossas modalidades de pensamento e ação. A Austrália, um continente originalmente povoado apenas por comunidades de caçadores e coletores, parecia oferecer exemplos dos estádios mais primitivos acessíveis a nós.

Juntamente ao conceito de *tabu*, e em parte também ao de *mana*, o totemismo se tornou, para os evolucionistas culturais posteriores, o emblema (ou melhor, o *totem*) do pensamento e da religião primitivos, sua marca distintiva e, portanto, também a chave para resolver a dúvida sobre sua presumida irracionalidade [cf. o verbete Tabu]. A origem e o significado do totemismo foram, assim, nos primeiros 20 anos do século XX, objeto de uma grande reflexão teórica. No início, a teorização se desenvolveu em grande parte na esteira da concepção de animismo de E.B. Tylor (que compreendia as espécies totêmicas como representações ou receptáculos da alma); ou voltou-se para a interpretação literal dos nomes (como na hipótese de Herbert Spencer: os totens derivariam da degeneração dos apelidos).

A controvérsia sobre o totemismo atingiu seu ápice após a publicação da obra de Frazer, *Totemism and exogamy* (1910), em que o autor distinguia o totemismo, que implicava uma relação de igualdade ou afinidade com o totem, da religião, considerada como uma relação com poderes superiores. Frazer enfatizou a função solidária do totemismo, que une os indivíduos em grupos sociais, contribuindo para a "causa da civilização". Sua especulação sobre as origens do totemismo, no entanto, refletia cada vez mais detalhes derivados dos modelos australianos. De uma teoria inicial que via no totem o receptáculo de uma alma em busca de proteção, Frazer passou, de fato, a uma interpretação baseada nos ritos Intichiuma dos aborígenes do Deserto Central, em que cada grupo é responsável pela oferta ritual oferecida a algumas espécies naturais (economicamente significativas). A hipótese do fundamento econômico do totemismo foi posteriormente retomada, de forma simplificada, por Bronislaw Malinowski. Enfim, Frazer desenvolveu a teoria da concepção para o totemismo, com base em materiais do povo Aranda da Austrália Central: o totem pessoal de cada recém-nascido é determinado pela mãe com base em suas experiências ou encontros que ocorrem no momento em que ela se dá conta de que está grávida. O totem da criança será, portanto, um ser, animado ou inanimado, "pré-escolhido" dessa forma.

Em 1910, A. Goldenweiser, que havia estudado sob a orientação de F. Boas, publicou "Totemism - An analytical study", um ensaio que veio a constituir a crítica decisiva ao totemismo "evolucionista". Goldenweiser levantou objeções à natureza unitária do fenômeno, apontando que não havia conexão necessária entre a existência de clãs, o uso de designações totêmicas relacionadas a eles e a ideia de uma relação entre humanos e seres totêmicos. Seria possível demonstrar – afirmava – que cada um desses fenômenos muitas vezes existe independentemente dos outros: portanto, o totemismo não constitui uma religião ou uma instituição, mas, mais simplesmente, uma combinação artificial de costumes amplamente difundidos.

Não obstante a perspicácia e a força dos argumentos de Goldenweiser, as teorias "evolucionistas" recuperaram vigor nos anos que se seguiram à publicação de sua obra. Como a teoria de Frazer, a concepção de totemismo de Durkheim encontrava essencialmente seus exemplos no material etnográfico australiano. Durkheim considerava o totemismo dependente do que chamou de princípio quase divino (Durkheim, 1912), que acabou por ser nada mais do que a representação do grupo social ou do próprio clã, oferecido ao imaginário coletivo na forma simbólica do ser que funcionava como totem. O totemismo, dessa forma, constituiu simplesmente um caso particular da tese de fundo de *Formas elementares da vida religiosa*, na qual se afirmava que a religião é a forma pela qual a sociedade reconhece (reverencia, venera ou teme) sua força coletiva.

Em sua revisão psicodinâmica das formas culturais e religiosas, Sigmund Freud incluiu o totem (juntamente com o *tabu*) entre as concepções exemplares do pensamento primitivo. Em seu *Totem e tabu* (1913), Freud considerava a cultura humana como o resultado de uma culpa edipiana primordial. O totem era escolhido e venerado como substituto do pai morto e a exogamia totêmica representava a renúncia expiatória dos filhos de reivindicar as mulheres libertadas pela morte do pai.

A última teoria "evolucionista" importante sobre o totemismo foi a de Arnold van Gennep, que afirmava, em oposição a Goldenweiser, que a combinação particular dos três elementos não comprometia a integridade do totemismo como fenômeno. Van Gennep, no entanto, rejeitava as teorias de Durkheim e outros sociólogos deterministas, cuja categorização totêmica se baseava em interesses sociais. Antecipando Lévi-Strauss, que se inspira em parte nessa concepção (*Il pensiero selvaggio*, p. 180s.), Van Gennep considerava o totemismo como um caso particular do fenômeno cultural mais genérico da classificação, ainda que não tenha desenvolvido as implicações dessa teoria tanto quanto posteriormente faria Lévi-Strauss.

A crítica moderna de Claude Lévi-Strauss completa o ataque ao totemismo evolucionista iniciado por Goldenweiser, ainda que essa crítica se refira sobretudo ao próprio termo *totemismo*. Em *Totemismo hoje*, Lévi-Strauss reconsidera a história dos estudos de um ponto de vista crítico e chega à conclusão de que o totemismo é o produto ilusório de uma fase inicial de especulação antropológica. Avaliando as mais recentes descobertas etnográficas de autores como Meyer Fortes e Raymond Firth, chega a afirmar que são apenas as diferenças, dentro de uma série de seres totêmicos, que servem para distinguir as correspondentes unidades sociais constituídas pelos homens. Em outras palavras, Lévi-Strauss rejeita qualquer tipo de relação analógica (de essência, origem, identidade ou interesse) entre um totem e sua contraparte humana: dessa forma ele reduz o totemismo a um caso particular de denominação ou designação. Mas talvez essa interpretação não explique (ou reduza a mero detalhe) a maior parte do material etnográfico relativo ao totemismo, que, aliás, é particularmente atento às conexões e relações entre totem e grupo humano. Para responder a essa questão, Lévi-Strauss elaborou, em *La penséé sauvage*, sua noção de "ciência do concreto", segundo a qual as "classificações totêmicas" nada mais seriam do que um exemplo particular de uma tradição mais difundida de lógica qualitativa. Dessa forma, Lévi-Strauss substitui as tendências sistemáticas de um esquema de classificação abstrato pelas relações específicas que existem entre um totem e sua contraparte social.

Mas, afinal, qual é o lugar ocupado pelo totemismo na vida de uma comunidade? Consideremos os Walbiri, um povo aborígene da Austrália Central. Os homens são divididos em cerca de 40 linhas de descendência paterna, cada uma ligada a um centro totêmico consagrado às tradições e à comunicação ritual com um totem ancestral do Sonho (o canguru, o *wallabi*, a chuva etc.). Acredita-se que os homens, ao realizarem os rituais do Sonho, entram em uma fase "numênica" da existência (Meggitt, 1972, p. 72) e se identificam com os ancestrais totêmicos. Nessa ocasião, as analogias entre seres humanos e seres totêmicos são sacramentalmente transformadas em identidades, ritualmente convertidas em autênticas relações de origem e criação comum, de modo que as pessoas dos diferentes centros pertencem realmente a diferentes espécies totêmicas. Concluído o rito, porém, os homens voltam à existência cotidiana "fenomênica" e recuperam as características humanas, de modo que as designações totêmicas se convertem em nomes simples, ligados às respectivas seções e subseções e aos demais elementos da complexa estrutura social dos Walbiri.

Assim, a fase "numênica" da existência do walbiri, ou seja, a condição ritual, se baseia nas analogias existentes entre os seres humanos e seus totens, enquanto na fase "fenomênica", essas analogias caem na categoria de rótulos arbitrários. Mas é apenas na fase "fenomênica" que é válida a afirmação de Lévi-Strauss, segundo a qual "as diferenças sozinhas" formam a base para a codificação dos grupos humanos, uma vez que os membros dessas seções e subseções podem se casar com as filhas e irmãs uns dos outros, o que não pode acontecer entre membros de espécies diferentes. Em outras palavras, dentro de uma mesma cultura, as distinções totêmicas podem funcionar como "etiquetas", para codificar as diferenças ou distinções entre grupos humanos; ou, desenvolvendo-se em analogias metafóricas, podem provocar a diferenciação religiosa dos homens em "espécies" diferentes.

Em muitas culturas, a simbolização totêmica dos grupos sociais é integrada a um esquema mais amplo ou abrangente, de tipo categórico ou cosmológico; para isso os próprios seres totêmicos podem ser organizados em categorias mais amplas. Entre os Ojibwa da América do Norte, por exemplo, os totens são agrupados de acordo com seu *habitat* (terra, ar ou água). Os aborígenes australianos levam ao extremo essa tendência à "filiação totêmica", por meio da qual todos os fenômenos da experiência, incluindo cores, ferramentas e características humanas, condições atmosféricas, bem como plantas e animais, são designados e agrupados como totens (Brandenstein, 1982, p. 87). Esses sistemas universais são geralmente organizados com base em uma dualidade de princípios que domina o todo. Brandenstein identifica três dessas dualidades (rápido/lento, quente/frio, redondo/plano ou grande/pequeno), que dão origem, em suas diversas permutações e combinações, a todos os sistemas totêmicos de classificação da Austrália aborígene (Brandenstein, 1982, p. 148s.). Um sistema igualmente abrangente é o dos Zuni do continente americano, segundo o qual os clãs totêmicos se agrupam associando-se às sete direções diferentes de orientação (os quatro pontos cardeais, mais o zênite, o nadir e o centro), que também estão conectadas às cores, às funções sociais e às vezes às estações do ano.

No extremo oposto se coloca um totemismo individualizante ou particularizador; de fato, até o indivíduo constitui uma unidade social. Entre os Sauk e os Osage da América do Norte, por exemplo, as características, as qualidades e os atributos do totem são atribuídos aos membros do clã na forma de nomes pessoais, de modo que os membros do clã do Urso Negro são imediatamente reconhecíveis porque levam o nome das pegadas, ou dos olhos, ou das fêmeas desse animal, e assim por diante (Lévi-Strauss, *Il pensiero selvaggio*, p. 191). Por outro lado, entre os Kujamaat Diola do Senegal, os indivíduos estão secretamente ligados aos seus totens por meio de relações com fantoches de animais personificados (mas que realmente vivem na mata perto de suas casas), fabricados com seus excrementos (Sapir, 1977). Entre os Usen Barok da Nova Irlanda, os nomes pessoais derivam das manifestações vegetais ou animais do *masalai*, o espírito guardião do clã, que por sua natureza não teria forma. Quando os nomes pessoais são concebidos com base em qualquer relação entre o portador e alguma realidade fenomênica, podemos então considerar a própria atribuição de nomes como uma forma de totemismo.

Uma individuação totêmica desse tipo, em que o caráter do nome tem um significado relacional particular, também é frequentemente encontrada em nomes de equipes esportivas modernas e em emblemas nacionais, oficiais ou convencionais. Muitas vezes se pensou que o totemismo fosse o antecedente da antiga religião egípcia e que poderia ter tido alguma conexão indireta com o panteão greco-romano. O Egito pré-dinástico era subdividido em um grande número de unidades territoriais, chamadas *nomos*, cada uma caracterizada pelo culto de uma divindade teriomórfica específica. Assim como a unificação do Egito envolveu a união política de todos esses *nomos*, a evolução da religião egípcia teria levado à combinação dos diferentes seres totêmicos em figuras divinas compostas, como Amon-Rá ("carneiro-sol") ou Rá-Harakhte ("falcão-sol"). Alguma conexão também poderia existir entre essas divindades teriomórficas e as divindades homéricas: por exemplo, entre a vaca Hathor e Hera "com aparência bovina". Mas é claro que essas divindades também podem ter adquirido essas características herdando-as de um totemismo autóctone.

O totemismo, como já foi dito, não pode constituir a chave para a compreensão do "pensamento primitivo", como pensavam Frazer, Durkheim e Freud. No entanto, o uso de imagens fenomênicas concretas como meio de diferenciação não pode ser explicado simplesmente com base em uma modalidade diferente de denominação ou designação. Quando unidades sociais (de qualquer tipo: indivíduos, grupos, clãs, famílias, corporações, equipes esportivas ou unidades militares) são colocadas em pé de igualdade e em oposição "simétrica" umas com as outras, surge a possibilidade de atribuir, por meio do uso de imagens concretas, a uma diversidade puramente quantitativa um significado também qualitativo. A diversidade, neste caso, não é simplesmente codificada, mas penetra na dimensão do sentido e da identidade, como qualidade concreta e positiva.

Sempre que nos referimos a uma equipe esportiva como touros ou zebras, ou falamos sobre a águia romana, americana ou alemã, ou mesmo consideramos os clãs do corvo ou da água, fazemos das diferenças entre as respectivas unidades algo mais do que simples diferenças e atribuímos a cada unidade seu próprio núcleo de significado. Quando isso ocorre, surge a possibilidade de desenvolver esse significado, em níveis mais ou menos elevados, numa profunda relação de conexões, semelhanças, poderes ou origens míticas. Vistos sob essa luz, os "totens" de qualquer entidade social tornam-se seus signos distintivos e os portadores de sua identidade e de seu significado; danificar ou destruir o totem pode, assim, tornar-se, em certas situações culturais, uma poderosa metáfora para a negação de significados qualitativos.

Quando os estudiosos totêmicos tentam explicar o fenômeno exclusivamente em termos de busca de alimentos, restrições ao casamento, codificação ou classificação, eles sacrificam a força dos significados culturais a considerações que encontrariam maior credibilidade em uma sociedade orientada exclusivamente no sentido materialista e pragmático, em uma sociedade que "destrói" significados por meio de suas próprias características distintivas e estruturais.

O caráter aparentemente "primitivo" do totemismo é uma ilusão, fundada na tendência das tradições dotadas de escrita de superestimar a abstração e de reduzir o rico e variado espectro de significados às exigências mais elementares da codificação do conhecimento. Na realidade, referências abstratas e imagens concretas estão inextricavelmente ligadas umas às outras; implicam-se reciprocamente e uma não pode existir sem a outra. É fato que populações carentes, do ponto de vista da organização social, de hierarquias e diferenças funcionais (sem, p. ex., classes sociais ou divisão do trabalho) tendem a desenvolver e dramatizar uma diferenciação qualitativa justamente por meio de imagens de espécies naturais. Por outro lado, populações cujas unidades sociais apresentam diversidade funcional não precisam recorrer à diferenciação simbólica. A escolha, no entanto, não pode ser posta como uma questão de primitivismo ou desenvolvimento, mas sim como a complementaridade entre a estrutura social e uma das duas alternativas simbólicas, que são de fato igualmente sofisticadas e interdependentes.

Bibliografia

BRANDENSTEIN, C.-G. *Names and substance of the Australian subsection system*. Chicago, 1982. Esta obra é uma rica análise comparativa das categorias totêmicas na organização social australiana.

DURKHEIM, É. *Les formes élémentaires de la vie religieuse*. Paris, 1912. Uma obra clássica sobre a origem social da religião, na qual o totemismo ocupa um lugar de grande relevo.

FRAZER, J.G. *Totemism and exogamy*. Londres, 1910. vols. 1-4. Esta é a obra que fez do toremismo um tema fundamental da pesquisa antropológica; a leitura é agradável, mas as teses já foram superadas por conta de suas interpretações e especulações.

FREUD, S. *Totem und tabu*. Leipzig/Viena, 1913. O "mito das origens" da sociedade segundo a psicanálise, com as suas neuroses e os seus tabus. A especulação teorética sobre o totemismo chega ao ápice da popularidade também fora dos círculos antropológicos.

GOLDENWEISER, A.A. Totemism – an analytical study. *Journal of American Folk-Lore*, vol. 23, p. 179-293, 1910. A crítica clássica à concepção "evolucionista" do totemismo, que mantém sua validade inclusive à luz de trabalhos publicados sucessivamente.

LÉVI-STRAUSS, C. *Le totémisme aujourd'hui*. Paris, 1962. A crítica moderna do totemismo, elaborada a partir de um ponto de vista simbólico; este é um clássico da abordagem estruturalista.

LÉVI-STRAUSS, C. *La pensée sauvage*. Paris, 1962. Um desenvolvimento da ideia do totemismo como sabedoria denominativa, no interior da teoria de uma "ciência do concreto".

MEGGITT, M.J. Understanding australian aboriginal socioly. Kinskip systems of cultural categories. *In*: REINING, P. (org.). *Kinskip studies in the Morgan Centennial Year*. Washington, 1972. p. 64-87. O relato de um famoso etnógrafo sobre as complexidades da conceitualização social entre os aborígenes australianos.

SAPIR, J.D. Fecal Animals – An example of complementary totemism. *Man*, vol. 12, p. 1-21, 1977. Um estudo sobre uma forma singular de totemismo individual e sobre suas implicações filosóficas.

Roy Wagner

V

VEGETAÇÃO

A mitologia e o folclore oferecem numerosos exemplos de plantas sagradas, selvagens ou domesticadas, e de histórias sobre a origem divina das plantas, sobre suas propriedades mágicas ou medicinais e sobre as peripécias dos heróis que tentaram consegui-las. Essas histórias refletem uma dupla tendência, comum a nossos ancestrais históricos e aos nossos contemporâneos das assim chamadas sociedades não letradas: de um lado existe a tendência a humanizar a natureza na narrativa religiosa, cujo objetivo é explicar como o mundo e o ser humano se tornaram o que são; de outro, sempre se buscou analogias no mundo físico – neste caso, as plantas ou, talvez, os instrumentos usados para cultivá-las – para exprimir o que jamais se consegue exprimir plenamente da vida humana, especialmente as angústias de sempre, as esperanças mais fervorosas e as nostalgias que mostram de modo mais imediato os limites da nossa situação existencial. Por exemplo, os Warao, do Delta do Orinoco, na América do Sul, conferiram um significado explicitamente religioso à fabricação de cestos, derivado essencialmente da experiência desse povo com uma certa planta. Além de cuias e recipientes improvisados com folhas sobradas e estípolas de palmeira, os Warao usam apenas cestos para guardar ou transportar suas coisas. A matéria-prima utilizada nesses cestos é casca do caule da planta chamada *itiriti*, que cresce em quase toda a região do Delta. Os Warao afirmam que a existência dessa planta se deve ao generoso sacrifício de um ancestral primordial. Esse, ao se dar conta da necessidade desses recipientes para seu povo, transformou-se no primeiro *itiriti* e ordenou aos descendentes que utilizassem seu corpo para conseguir muitas coisas úteis.

A própria planta tem propriedades mágico-religiosas, das quais a mais notável é o efeito nas mãos do artesão. Um cesteiro warao nota que, durante sua carreira, a palma da mão clareia por conta do contato com o miolo do *itiriti*. Além disso, ele está convencido de que no fim em cada palma aparecerá um pequeno buraco visível somente para ele. Muitas vezes, ao abrir um caule de *itiriti* para chegar ao miolo, o artesão descobre que uma serpente cavou um túnel ao longo de todo o caule, subindo desde as raízes da planta, e então entende, por analogia, o que o Espírito está operando em seu *itiriti*, assimilado à serpente: ou seja, está cavando um túnel a partir do peito, onde residem os espíritos tutelares, e, atravessando os braços, sairá das mãos. Quando o homem finalmente percebe os orifícios de saída nas palmas das mãos, ele sabe que deixou de ser um homem comum para se tornar um artesão xamânico, com os mesmos poderes taumatúrgicos e o mesmo *status* social dos outros especialistas religiosos da tribo.

Ao menos dois pontos merecem atenção. O primeiro: quando um artesão warao fabrica os cestos, ele satisfaz a intenção original do ancestral divino de obter uma série de coisas úteis de seu corpo serpentino. Com a habilidade e a prática de sua arte, ele valida o sacrifício do Espírito e, ao passar continuamente o corpo do deus entre suas mãos, efetivamente reconstitui a sacralidade das origens. Em outras palavras, o artesão personifica a natureza, não tanto narrando o que aconteceu, mas representando-o. Em segundo lugar, graças às analogias extraídas da planta, da serpente e do efeito físico resultante do contato com a fibra sagrada, o cesteiro tem uma linguagem adequada para expressar – e a técnica para adquirir – sua passagem do estado comum ao estado de artesão xamânico, por meio do qual, após a morte, ele terá garantido um lugar perto do Pássaro Criador do Amanhecer. Esse é justamente o objetivo espiritual ao qual ele dedica a melhor parte de sua vida. Do mesmo modo, como é mestre em sua arte, entendendo a natureza do material que utiliza e a técnica de processamento, também, por analogia, se torna mestre de si mesmo e do mundo. Esse exemplo dos Warao ilustra a relevante função dos símbolos religiosos em geral: ao possibilitar a transposição da situação humana em termos cósmicos, e vice-versa, os símbolos religiosos revelam uma unidade fundamental entre a vida humana e a estrutura do universo, possibilitando que o ser humano saia do isolamento do subjetivismo e se posicione em relação à própria vida e ao mundo, o que, sem dúvida, poderia ser entendido como uma forma de transcendência.

A fabricação de cestos entre os Warao descreve apenas uma das várias maneiras pelas quais a vegetação passou a plasmar a vida religiosa. A eficácia das plantas medicinais, por exemplo, é frequentemente atribuída ao espírito ou ao poder que elas incorporam. Os Apinagé do Alto Tocantins acreditam que toda espécie de animal comestível corresponde a uma planta silvestre, a ser utilizada se, infelizmente, a alma do animal for ingerida.

Do mesmo modo, também os venenos desempenharam um papel notável nos assuntos humanos, especialmente nas mãos de feiticeiros e curandeiros encarregados de descobrir como curar seus efeitos tóxicos e prontos para usar veneno contra um inimigo pessoal. Segundo os Quichua Canelos e os Jivaro do Equador, os demônios da floresta residem nas plantas das quais se obtém o curare, e são esses demônios que matam a vítima atingida por uma flecha envenenada.

A cerveja, que os indígenas do Chaco preparam com alfarroba e outras frutas, deriva os poderes inebriantes dos espíritos presentes na árvore e, em particular, em seus frutos. À medida que a cerveja fermenta, o espírito que ali reside chega ao máximo de seus poderes. O misterioso processo de fermentação pode ser acelerado por meio de várias cerimônias, como tocar tambores ou chocalhos.

Qualquer planta que contenha a força vital operante no mundo, ou manifeste crescimento ou regeneração espontânea, demonstra poderes divinos ou mágicos; o contato com essa planta geralmente transfere tais poderes para o benefício daqueles que penetrem seus segredos. Uma incrível variedade de rituais e crenças rurais resultou da identificação de uma força que se manifesta na colheita. Os indochineses têm um espírito do arroz, que faz a colheita crescer e dar frutos. Eles tratam o arroz florido como tratam uma grávida, procurando capturar o espírito com uma cesta e colocá-lo cuidadosamente no celeiro onde é armazenado. Quando a cevada começa a germinar, os Ewe da África Ocidental asseguram a fertilidade dos campos consagrando um certo número de moças ao deus píton. Como representantes do deus, os sacerdotes realizam um casamento sagrado e as moças ou mulheres assim consagradas se dedicam à prostituição ritual no santuário por certo período. Em outros lugares, a presença da árvore sagrada na cerimônia de iniciação ganha menos valor do que a relação entre vegetação/sexualidade humana. Em Java, era costume que os cônjuges acasalassem no campo durante a floração do arroz.

Todos esses exemplos expressam não apenas uma certa solidariedade entre a vegetação e o homem, mas também uma vulnerabilidade ou suscetibilidade das plantas, que impelem os seres humanos a coordenarem sua atividade com os ritmos misteriosos e com as energias presentes na vegetação.

Além disso, deve-se esclarecer que a sacralidade da vegetação difere muito do sagrado revelado, por exemplo, pelo céu e por seus símbolos. Enquanto este sugere distância, soberania absoluta e "espiritualidade" – entendida como elevação – onde matéria e tempo perdem significado, as relações humanas com o mundo vegetal são tipicamente íntimas, físicas e temporais (sobretudo por causa da natureza cíclica da vida vegetal).

É muito difícil explicar a distância entre o nosso mundo e um mundo propriamente religioso, no qual os poderes espirituais da vegetação são uma verdade evidente, sem diminuir a inteligência dos povos religiosos, repetindo argumentos semelhantes às polêmicas gregas contra a religião egípcia ou as críticas israelitas contra a idolatria. Plutarco, por exemplo, afirmou que os egípcios adoravam plantas e, acrescentou, eles o fizeram por causa de um equívoco verbal. Os povos primitivos, segundo ele, originalmente acreditavam que o alimento obtido das plantas era um dom dos deuses; mas, com o tempo, o costume de associar o nome dos deuses às diversas plantas fez com que as gerações seguintes acabassem confundindo a planta com a divindade que a criou. A contribuição dos estudiosos do nosso século foi muito pequena, pois, influenciados por Darwin, inverteram a ordem da "devolução" hipotética de Plutarco, transformando a religião em superstição. A teoria desses estudiosos era de que o teísmo veio tarde na história humana e que os povos não letrados que conhecemos, assim como os povos primitivos de que temos notícias, seriam incapazes de pensamento religioso complexo e coerente e de autoconsciência.

Por outro lado, um historiador das religiões diria que até mesmo uma expressão como "culto vegetal" é equivocada, porque geralmente não é a planta que é cultuada, mas sim o poder divino que nela se encarna ou que é simbolizado por ela; e que, onde quer que se revele, tanto na vegetação como na vida animal, nas pedras ou no céu, o sagrado envolve toda a pessoa humana numa relação vital – isto é, todas as suas faculdades emocionais, imaginativas e intelectuais. Não temos motivos para supor que nossos antepassados fossem menos inteligentes do que nós. Na realidade, se compararmos o pensamento mitopoético dos povos não letrados ou "primitivos" com o pensamento moderno, vemos que as diferenças – e nisso a maioria dos estudiosos hoje concordaria – dependem de atitudes e intenções emocionais, e não da disparidade de intelecto.

A seguir, procura-se apresentar o tema da forma mais simples possível, reduzindo o tema da vegetação a seus dois elementos essenciais e indicativos: o simbolismo da árvore e as ideias e práticas que surgiram com o advento da agricultura. Esses são, no entanto, os dois modelos sem os quais seria realmente difícil qualquer discussão sobre a vegetação como fenômeno religioso.

Simbolismo da árvore

Nos mitos e nos rituais, as árvores representam símbolos de orientação, de conhecimento e de vida.

A árvore cósmica

Um dos temas mais difundidos na mitologia e na iconografia religiosa é a árvore sagrada, seja como *imago mundi* seja como *axis mundi*. Não parece possível reconstruir com certeza o processo pelo qual a árvore chegou a representar o cosmos como um todo, com o seu eixo cardeal, ligando os três reinos (céu, terra e infernos) e tornando possível a comunicação entre eles.

Sabemos com segurança que os mais antigos lugares sagrados eram uma reprodução em miniatura do cosmos como um todo, feita por meio da montagem de uma paisagem de pedras, água e árvores. Na Austrália, os totens eram frequentemente colocados em lugares cercados por árvores e pedras sagradas, e o tema do altar-pedra-árvore caracterizava lugares sagrados em toda a Índia e no leste da Ásia. Com frequência, acrescentava-se um pau ou pilastra vertical, presumivelmente uma estilização de uma árvore, destinada a aumentar o poder divino já presente no microcosmo daquela paisagem. Enfim, parece que, com o passar do tempo, os elementos da paisagem foram reduzidos ao único essencial: a árvore ou a pilastra sagrada. [Cf. os verbetes *Axis mundi* e Centro do mundo.]

Não é preciso recuar muito na história para encontrar exemplos da árvore cósmica como imagem do mundo. Os antigos babilônios tinham a história da árvore Kiskanu, que cresce em Eridu, o centro do mundo. Ela resplende como lápis-lazúli – isto é, como o céu noturno – e estende seus ramos em direção ao oceano cósmico que envolve e sustenta o mundo. Os Upanixades falam do universo como uma árvore derrubada, que afunda suas raízes no céu e espalha seus galhos por toda a terra. Uma história escandinava sobre a criação, contida no *Völuspá*, conta a história de uma árvore cósmica, chamada Yggdrasill, cujos galhos alcançam o céu e cobrem o mundo inteiro, e cujas raízes passam por baixo da terra, sustentando-a. Na base da árvore está a serpente cósmica Nidhogg, que rói as raízes, e, no topo, uma águia que luta diariamente contra a serpente. Yggdrasill reflete o destino precário do cosmos; ainda que mutilada e abalada, no fim a árvore se renovará, marcando o início de uma nova era e de uma nova terra. A árvore cósmica expressa também uma das mais agudas nostalgias dos povos religiosos, a saber, o desejo de se orientar para o centro do universo. Como outros símbolos do centro, a imagem da árvore lembra o plano vertical do universo e, portanto, também do submundo. A mitologia chinesa fala de uma árvore milagrosa que cresce no centro do universo e une as Nove Fontes e os Nove Céus. Em outras palavras, marca o ponto onde os vários níveis cósmicos se cruzam. Os tártaros de Abakan descrevem uma montanha de ferro na qual cresce uma bétula com sete ramos, simbolizando os sete níveis do céu. Dizem que o xamã sobe nessa árvore durante sua ascensão extática. O Alcorão menciona repetidamente Zacum, a árvore cujas raízes chegam às profundezas do inferno. Tem folhas pequenas e frutos amargos, e é a imagem espelhada da Tuba, árvore que se encontra na Caaba celestial diretamente acima da Caaba terrena, conectando-as.

A árvore do conhecimento

Talvez por seu papel no cosmos como eixo cardeal, ou em parte por suas conexões com algumas divindades, a árvore sagrada tem funções oraculares, tornando-se uma árvore do conhecimento. Duas raízes de Yggdrasill chegam às fontes do conhecimento divino: uma, à Fonte de Mímir ("meditação" ou "memória"); outra, à Fonte de Urr ("destino"). Da mesma forma, poderes oraculares foram atribuídos ao Carvalho de Zeus em Dodona, por conta da profundidade incrível de suas raízes. Ainda hoje se discute se, no relato da criação do Livro do Gênesis, a árvore da vida e a árvore do conhecimento seriam duas árvores distintas ou apenas uma, mas alguns argumentam habilmente que somente depois de comer da árvore do conhecimento do bem e do mal teria sido encontrada a árvore oculta que doava a imortalidade.

A árvore da vida

Quando os historiadores falam da árvore cósmica, eles consideram os significados expressos pelo simbolismo da árvore que se referem especificamente à estrutura e à organização do cosmos. Mas a árvore, graças às suas qualidades vegetativas – as relativas ao ciclo de crescimento e ao seu potencial regenerativo –, sugere aos povos religiosos um outro âmbito de ideias, expressão da inesgotável fertilidade do mundo. A maior parte dos estudiosos, quando se interessam pelos símbolos das árvores, atentos ao último tipo de ideias, referem-se à árvore da vida em contraposição à árvore cósmica; e é verdade que, em casos específicos, há uma tendência a expressar mais plenamente uma do que a outra. No entanto, em alguns mitos, é a mesma árvore, ou, pelo menos, estão localizadas uma ao lado da outra no centro do mundo. Por exemplo, o segundo capítulo do Livro do Gênesis afirma que, imediatamente após soprar nas narinas de Adão, "o Senhor Deus plantou um jardim no Éden, ao Oriente, e ali pôs o ser humano que havia formado. E o Senhor Deus fez brotar da terra toda sorte de árvores de aspecto atraente e saborosas ao paladar, a árvore da vida no meio do jardim e a árvore do conhecimento do bem e do mal" (Gn 2,8-10). O jardim está, portanto, no centro do universo, e a árvore é o centro de ambos.

Vários mitos e temas iconográficos conectam a Árvore da Vida (ou seu equivalente) com a Grande Deusa e com a água, reconfirmando assim o significado básico expresso por meio dos símbolos, ou seja, uma preocupação comum, e talvez uma profunda ansiedade, pelos ciclos de transformação da vida: fertilidade e decadência, juventude e vetustez, pobreza e abundância, enfermidade e saúde.

Um dos temas mais comuns associados à árvore da vida descreve como o próprio cosmos e as várias divindades se originaram. De acordo com os *Textos das pirâmides*, Atum surgiu de uma flor de lótus que flutuava no abismo das águas primitivas, mas os outros deuses se originaram de árvores, incluindo Hathor, a Grande Mãe, nascida de um sicômoro.

Escavações arqueológicas no Vale do Indo trouxeram à luz artefatos com a representação de deusas do tipo yakṣiṇī, com uma *ficus europea* (ou outra planta) emergindo dos órgãos genitais da deusa. Em um tema pictórico encontrado em uma vasta área da África e da Ásia, a deusa se ergue entre dois galhos de árvores no centro de um círculo.

O lótus, embora não seja uma árvore, está igualmente relacionado à Grande Deusa e à fertilidade cósmica. O lótus já é flor sagrada no Brāhmaṇa, onde representa o órgão reprodutor feminino, e este continua sendo seu significado original, seja representando a divindade feminina, ou o lótus cósmico, do umbigo de Viṣṇu e, portanto, o ventre de toda a criação, ou a sede da divindade e do poder espiritual. Isso conta a história do ser que emerge puro e radiante das possibilidades sombrias do caos das águas. Até a lendária planta do *soma* se reconecta à água, pois o *Ṛgveda* a descreve tanto como fonte de um riacho quanto como planta paradisíaca que promete vida, fertilidade e regeneração. O Apocalipse também torna mais claro o significado cosmológico e redentor da água e da árvore juntas: "Mostrou-me, então, um rio de água viva pura como cristal, que saía do trono de Deus e do Cordeiro. O meio da praça, de um lado e de outro do rio, está a árvore da vida que produz doze frutos, cada um em seu mês. As folhas da árvore servem para curar as nações" (Ap 22,1-2).

Um último tema a ser recordado aqui é o do herói que muitas vezes sai em busca da árvore da vida (ou de alguma outra planta sagrada de que a árvore é o modelo) e da imortalidade que ela pode conceder. A busca geralmente envolve grandes perigos e provações, pois a árvore está escondida (como a árvore da vida no Jardim do Éden), ou protegida por monstros, como eram as maçãs de ouro do Jardim das Hespérides, e, portanto, é difícil, senão impossível, alcançá-la. Por exemplo, na variante babilônica desse tema, Gilgamesh procura uma erva espinhosa da vida que o sábio Utanapishtim lhe diz estar no fundo do mar. Uma serpente atrapalha suas tentativas e acaba conquistando a imortalidade no lugar dele.

Analogamente, a tradição iraniana tem uma árvore da vida terrestre, com uma contraparte celeste. Como o *soma*, acredita-se que o *haoma* terrestre às vezes seja uma planta; às vezes, uma fonte. A variedade celeste, que confere imortalidade a quem a ingere, ainda cresce onde Ahura Mazdā a plantou originalmente, entre milhares de outras ervas medicinais, na nascente das águas de Ardvisura, em uma ilha no grande Mar Vourukaša. Angra Mainyu contrasta a criação de Ahura Mazdā com a sua própria, na forma de um lagarto, que nada pelas águas a fim de atacar a milagrosa árvore *haoma*. [Cf. tb. o verbete Árvore.]

A descoberta da agricultura

A expressão "Revolução Neolítica", apesar do primeiro termo, refere-se a um período de progressivas inovações técnicas, econômicas e religiosas, ocorridas entre os anos de 9000 e 7000 a.C., durante o qual muitas sociedades passaram da caça e da coleta de alimentos para uma economia baseada na domesticação de animais e plantas. Essa domesticação culminou no advento da agricultura, como forma especial de produção de animais e plantas, que colocou os seres humanos em condições de se tornarem, em certo sentido, os criadores de seu próprio alimento. Essa nova atividade trouxe consigo muitas outras mudanças. Em primeiro lugar, a agricultura alterou a divisão do trabalho, pois as mulheres passaram a assumir a parte preponderante da responsabilidade pela subsistência. Também significou, para os primeiros produtores, o estudo diligente das técnicas para calcular o tempo e planejar com meses de antecedência todas as atividades complexas em que estavam empenhados, e coordená-las tanto com o ciclo anual quanto com os ciclos de vida das diversas plantas. A agricultura também enriqueceu o significado do trabalho. Se por um lado trata-se certamente de uma atividade profana, por outro, para os religiosos, ela foi sempre e sobretudo um ritual. De fato, essa atividade comporta o contato com as misteriosas forças de crescimento que atuam na semente e nos sulcos da terra; é exercida no próprio corpo da Mãe Terra; exige que o agricultor ajuste suas ações com os períodos, benéficos ou prejudiciais, das estações do ano; e obriga-o a pelejar com os espíritos da vegetação, em particular contra aqueles das árvores e florestas, que se enfurecem quando a terra é desmatada; requer ação cerimonial para auxiliar no desenvolvimento da colheita e renovar as energias vitais da terra; e, finalmente, coloca o agricultor em contato com os mortos, já que é na terra que eles jazem.

A agricultura oferecia, sobretudo, uma ampla gama de analogias, que possibilitavam ao homem enxergar os vínculos fundamentais que unem em uma visão única e integral da vida: a vida vegetal, a mulher e a sexualidade, a terra, a lua, a morte, a iniciação e a ressurreição. De fato, essa atividade permitiu perceber o mundo inteiro como um organismo vivo, regido por ciclos rítmicos, em que a morte e a vida necessariamente pertencem uma à outra, e em que o renascimento é ainda mais milagroso pelo consequente aumento admirável da vida. As longas e estreitas relações com a terra e suas estações despertaram a esperança de que, como a semente escondida no chão, até mesmo os mortos poderiam voltar a viver de uma forma diferente: ou seja, de que a morte não passasse de uma transformação momentânea no modo humano de existir. Por outro lado, também indicava a transitoriedade e a fragilidade inerentes à vida.

Em suma, a descoberta da agricultura deu à mente humana a oportunidade de compreender certas verdades que antes eram muito mais difíceis de apreender. Um caçador primitivo, por exemplo, entendia perfeitamente o ritmo das estações; mas, para um agricultor, esse ritmo era a base de uma construção teórica que dava sentido à vida, e ele experimentava essa qualidade rítmica ampliando-a muitas vezes em relação à cadência de atividade e descanso, fome e abundância; em rituais destinados a afugentar a estação morta; nas épocas de semeadura e de colheita; e até em orgias, cuja finalidade era reproduzir em nível humano o que acontecia no solo e o que havia acontecido no início – assim como as sementes perdem a forma, se desintegram e se tornam algo diferente, os humanos perdem sua identidade, tentando entrar em um estado amorfo e caótico, análogo ao estado disforme anterior à criação do universo.

A agricultura também tem implicações trágicas. Produtores de seus próprios alimentos, nossos ancestrais aprenderam a assumir a responsabilidade pelo reino vegetal e pela sua continuidade, mesmo que isso significasse, como no caso do sacrifício humano e do canibalismo, matar seus semelhantes para que a vida pudesse ser renovada. Por exemplo, um importante feriado asteca dedicado à deusa do milho Chicomecoatl começava todos os anos exatamente quando a planta de milho atingia seu máximo desenvolvimento. Durante a festa, uma menina, escrava ou prisioneira, pintada de vermelho e amarelo, as cores da planta, realizava uma dança ritual noturna. Na última noite, todas as mulheres da comunidade dançavam com ela, cantando os feitos de Chicomecoatl. Ao amanhecer, os homens se juntavam a elas em uma solene dança da morte que levava a vítima exausta ao topo da pirâmide de sacrifício, onde ela finalmente era oferecida à deusa em um rito horripilante. Dessa forma, acreditava-se que a deusa do milho, também exausta após o cansaço da estação, se revigorasse. Exatamente pelas mesmas razões, os Khond, um povo dravidiano de Bengala, praticavam sacrifícios humanos até pelo menos meados do século XIX, consagrando suas vítimas à deusa da terra, Tari Pennu ou Bera Pennu.

Esses exemplos sugerem a ambivalência essencial e implícita em relação à agricultura e à vida vegetal, que encontrou expressão em quase todos os mitos que conhecemos, referentes às origens da agricultura e à introdução de plantas comestíveis. O estudioso alemão Adolf E. Jensen divide esses mitos em duas categorias. O primeiro grupo diz respeito aos produtores de plantas tuberosas. Talvez a história mais famosa venha da Ilha de Ceram, na Indonésia. Trata-se da história de como a menina chamada Hainuwele foi morta e enterrada na nona noite do Festival Maro. O pai desenterrou seu corpo e o cortou em pedaços, que enterrou ao redor da área de dança sagrada. Mais tarde, plantas comestíveis nasceram de várias partes do corpo. Esse assassinato primordial levou a uma mudança radical na condição humana. Foi uma morte criativa que permitiu que a deusa ficasse continuamente presente na vida dos descendentes, pois, sempre que um deles comesse da planta que brotou de seu corpo divino, participaria da verdadeira substância da deusa. Além disso, a história revela como a morte e a sexualidade entraram no mundo e atribui todas as instituições sociais e religiosas a um ato criminoso no início dos tempos.

Os mitos incluídos na segunda categoria de Jensen se referem aos produtores de cereais e lembram o furto primordial de tal planta roubada do céu. Os Dogon, por exemplo, falam de um ferreiro primordial que teria roubado as sementes de um cereal de um deus e as trouxe para a terra escondidas no martelo. Os Gula e Kulfa, do Sudão Central, dizem que um espírito feminino cobriu as solas de seus pés com cera de abelha, para que os grãos espalhados pelo deus do céu pudessem grudar neles. Os Chané do Chaco Ocidental acreditam que o deus raposa escondeu as pequenas sementes de alfarroba em um dente cariado. Embora haja diferenças entre os dois tipos de mitos, seria difícil manter uma distinção rígida entre eles, em parte porque a origem dos cereais também é frequentemente atribuída ao homicídio primordial, mas também porque desviaria nossa atenção da ampla variedade de mitos das origens e dos diversos temas que pretendem evidenciar.

Seria possível, por exemplo, distinguir outra categoria de mitos, baseados em uma mulher benéfica que secretamente fornece alimento para os seres humanos, até ser descoberta no ato de produzir assexuadamente plantas de seu próprio corpo. De acordo com uma variante dessa história, as plantas comestíveis (tuberosas e cereais) originaram-se do suor e do excremento da deusa. Nessa narração, os membros do povo, tendo descoberto quão repugnante era a fonte de sua alimentação, matam a deusa; mas, seguindo o conselho que ela deu pouco antes de morrer, eles enterram seu corpo desmembrado, do qual germinarão plantas comestíveis e outros elementos de cultivo (como, p. ex., ferramentas agrícolas).

Todos os mitos aqui relatados têm um elemento em comum: apresentam a introdução da agricultura como um evento ambíguo, produto de um crime ou de um erro ocorrido em tempos primordiais e consequência de dificuldades e sofrimentos. Parece, de fato, que os mitos que explicam as origens da agricultura também tinham algo a dizer sobre as conquistas profundamente ambíguas da civilização e que, enquanto *civilizado* significar *humano*, eles voltaram sua atenção para essas ambiguidades que definem nossa condição. Muitas dessas ambiguidades são claramente visíveis no mito de Prometeu e nos profundos efeitos que essa história produziu na vida religiosa dos antigos gregos. A narrativa é mais do que apenas sobre a origem da agricultura. De acordo com a versão desse mito que nos foi transmitida por Hesíodo, deuses e homens viviam e se alimentavam juntos na Idade de Ouro primordial. No dia em que dividiu as porções do primeiro animal sacrificado, Prometeu estabeleceu a dieta que passou a diferenciar os homens dos deuses. Sob o engano de Prometeu, os humanos receberam as partes comestíveis e os deuses ficaram com os ossos e a gordura. Zeus se vingou, escondendo o fogo para que os homens não pudessem cozinhar a carne. Então Prometeu roubou a semente do fogo e, escondendo-a na cavidade de um talo de funcho, deu-a aos homens. Vendo-se enganado, Zeus escondeu a semente do trigo, enterrando-a na terra e, portanto, a partir daquele momento, os homens precisaram trabalhar arduamente nos campos para conseguir comida. Ao mesmo tempo, ele criou a primeira mulher, que Hefesto modelou com argila: assim também entrou no mundo a sexualidade.

Na Grécia antiga, o mito de Prometeu era transmitido como a passagem da Idade de Ouro para o tempo do homem. Para os gregos, Prometeu havia cumprido a vontade de Zeus, que condenava os homens à experiência da fome e da morte, ao mesmo tempo em que os supria de alimentos para sobreviver. Além disso, não deixando para deuses nada além de fumaças e cheiros do sacrifício – algo bastante significativo, Prometeu reafirma a supremacia dos deuses, pois, em certo sentido, a necessidade de alimento é inversamente proporcional à energia vital, o primeiro elemento distintivo entre deuses e homens.

O sacrifício do Estado, embora básico na religião grega urbana, refletia a ambivalência do mito que lhe servia de modelo e estatuto: por um lado, unia homens e deuses em comemoração ao início da vida humana como a conhecemos, e, por outro, encurtava a distância entre os seres humanos e os deuses que aqueles adoravam. Vários grupos religiosos se opunham a esse tipo de sacrifício por desejarem uma experiência religiosa diferente da forma oficial, que prometia ao crente um contato mais próximo com o divino. O mais importante desses grupos era constituído pelos seguidores de Pitágoras, que adotaram o vegetarianismo como forma de rejeição ao tipo de comunhão com os deuses estabelecido como norma pelo sacrifício animal. A comida favorita desse grupo era composta de cereais, como trigo e cevada, e plantas como malva e asfódelo, porque se dizia que na Idade de Ouro essas plantas – mesmo que as duas primeiras fossem cultivadas – brotavam espontaneamente da terra e eram alimentos compartilhados por deuses e homens. Em outras palavras, redescobrindo a forma convivial perdida, os pitagóricos esperavam preparar-se para o retorno da Idade de Ouro. Como outras formas de vegetarianismo, também a variante pitagórica é um exemplo de prática ascética, tendendo a purificar e transformar a vida humana e, em certo sentido, anular os efeitos da civilização. Relembrando a equivalência dos termos *civilizado* e *humano*, poderíamos interpretar o vegetarianismo pitagórico como exemplo de uma das várias maneiras pelas quais os povos de um mundo moldado pelas ideias e valores da vida agrícola expressaram suas vidas e imaginaram como transcender a nossa situação, demasiadamente humana.

Bibliografia

A mais importante fonte de estudo sobre a vegetaçao e o significado religioso da agricultura é: ELIADE, M. *Traité d'histoire des religions*. Paris, 1949. Especialmente os capítulos 8 e 9. Esses dois capítulos incluem amplas bibliografias.

Outra fonte muito útil é: FRAZER, J.G. *The golden bough* – A study in magic and religion. Londres, 1911-1915. vols. I-XIII.

Um estudo válido sobre a árvore sagrada encontra-se em: JAMES, E.O. *The tree of life* – An archaeological study. Leiden, 1966.

Vale a pena conferir também a análise aguda de: VAN DER LEEUW, G. *Phänomenologie der Religion*. Tübingen, 1956.

Sobre as origens da agricultura no Período Neolítico, cf. ELIADE, M. *Histoire des croyances et des idée religieuses*. Paris, 1976-1983. vols. I-III.

Para o culto pré-histórico das deusas da vegetação, cf. GIMBUTAS, M. *The goddesses and gods of old Europe, 6500 to 3500 B.C.* – Myths and Cult Images. Berkeley, 1982.

Outro estudo importante sobre a vida religiosa dos primeiros cultivadores é LANTERNARI, V. *La grande festa* – Storia del Capodanno nelle civiltà primitive. Milão, 1959.

A.E. Jensen escreveu muitas obras sobre os mitos do tipo Hainuwele e sobre os mitos sobre a origem da agricultura. Cf. *Mythos und Kult bei Naturvölker*, de 1951, publicado em Wiesbaden, 1960.

Ileana Chirassi Colombo individuou temas do tipo Hainuwele na mitologia grega. O seu *Elementi di culture precereali nei miti e riti greci*. Roma, 1968, contém uma bibliografia preciosa.

Peter C. Chemery

VOO

A imagem de um ser humano que escapa das armadilhas da vida terrena para alçar voo livre e sem peso ao céu aparece em mitos religiosos, em tratados místicos, em dramas rituais e em expressões imaginativas de todo o mundo, desde as mais arcaicas até a mais contemporânea das culturas. Embora variem as circunstâncias e motivações históricas específicas, percebe-se, contudo, que, de alguma forma, a imaginação do habitante das cavernas paleolíticas que pintou a figura de um homem com cabeça de pássaro nas paredes das cavernas de Lascaux não é diferente daquela que criou a antiga história grega de Ícaro que aspirava a voar para o sol ou da dos poetas da Índia védica que cantavam os louvores do asceta de cabelos compridos que "voa através do ar observando todas as coisas abaixo dele, amigo de todos os deuses" (*Ṛgveda* 10,136,4). E talvez essa imaginação nem seja tão diferente daquela que levou os irmãos Wright a se alçarem no ar sobre Kitty Hawk.

Os estudiosos propuseram uma série de teorias sobre a origem e o significado do fascínio que desde sempre o voo mágico exerceu na humanidade. Alguns, como o antropólogo Arthur Maurice Hocart, reconhecem nesse tema os traços de um culto arcaico ao sol e da reverência ao rei, percebido como o sol ou filho do sol, e sempre carregado em procissão nos ombros de seus súditos, para que ele "voasse" para onde fosse. Outros, como Geo Widengren, estudioso das religiões do Oriente Próximo, veem nos mitos e rituais que implicam o voo elementos distintivos das ideologias religiosas fundadas na realeza divina. O personagem que exemplifica tais ideologias – originalmente o rei, mas depois também um profeta ou um salvador – é elevado ao reino do sumo deus para receber o mandato de reinar sobre a comunidade terrena. Alguns teóricos acreditam que o tema em questão represente elementos de iniciação e ritos de passagem: o voo simboliza a condição em que o iniciado se encontra, a meio-caminho entre o antigo e o novo modo de existência. Alguns psicólogos, especialmente aqueles influenciados pelas teorias de Sigmund Freud, argumentam que o desejo de voar é na verdade um desejo subliminar de potência sexual e que as sensações que acompanham essa experiência são aspectos reprimidos do instinto sexual. Estudiosos de outras disciplinas, no campo das ciências sociais, pensam que o voo mágico expressa a busca pessoal de uma legitimação da própria autoridade sobre os demais, ou o desejo de se libertar de limitações pessoais. Não há dúvida de que voar significa ter poder, e alguns teóricos argumentam que a busca pelo poder é a motivação central comum a todas as experiências e expressões religiosas.

No entanto, resta aberta ao debate a questão de tudo de isso indicar ou não que o tema da fuga mágica nos mitos e ritos religiosos deriva de modos específicos de poder (como autoridade real, influência profética, gratificação pessoal ou autonomia existencial). A situação torna-se mais complexa pelo fato de que a tipologia das pessoas que dizem ter tentado a experiência da levitação – soberanos, santos, visionários, magos, sacerdotes, ascetas, místicos, amantes, filósofos – é muito variada. Já na década de 1950, Eliade argumentava que seria um erro concluir que o tema mítico do voo mágico deriva de uma única fonte ou que reflete uma única etapa do desenvolvimento humano, cultural ou individual. Segundo Eliade, o voo mágico e o simbolismo a ele relacionado (aprender a linguagem dos pássaros, o cultivo do êxtase, imagens de abdução mística etc.) refletem a experiência da abolição das modalidades cotidianas segundo as quais conhecemos o mundo; e o desejo por essa experiência se expressa com imagens de transcendência e liberdade. Por fim, Eliade argumenta que esse desejo é, de fato, constitutivo da própria humanidade. Se essa interpretação estiver correta, o simbolismo do voo mágico não deriva apenas de um momento da história da humanidade, mas também revela uma estrutura da consciência humana, uma dimensão existencial da imaginação humana que "deve ser colocada entre as notas específicas do ser humano" (ELIADE, M. *Mythes, rêves et mystères*. Paris, 1957. p. 135).

O ponto é claro. Estudos da história das religiões têm enfatizado repetidamente que o *homo sapiens* é o *homo symbolicus*, que se define em parte pela capacidade de criar e de reagir a símbolos, especialmente aqueles relacionados aos vários modos extraordinários de existência. Há cerca de um século, James G. Frazer e Julius von Negelein, entre outros, evidenciaram que a imagem do pássaro era usada em todas as religiões do mundo para indicar a alma humana, sugerindo que símbolos celestes e aéreos muitas vezes representam emoções sublimes e ideais espirituais. Esses temas podem ser reconhecidos no relato que Santo Agostinho faz em suas *Confissões* da experiência vivida em Óstia, quando ele e sua mãe, ambos iluminados de amor espiritual, subiram aos céus de onde os corpos celestes irradiam seu esplendor na Terra. Temas semelhantes podem ser encontrados na tradição islâmica dos contos sobre o Mi'rāj de Muhammad, quando o Profeta ascendeu pelos sete céus do cosmos vertical para aprender os ensinamentos sagrados de seus predecessores na genealogia profética, os quais viviam em cada um dos céus e se aproximavam do trono de Alá. Essa ascensão tornou-se um paradigma mítico e poético para as práticas e ideais do misticismo sufi. As narrativas sobre o voo de um indivíduo pelos céus muitas vezes implicam um tom emocional de ansiedade pela libertação dos laços que unem a humanidade aos caminhos do mundo. Talvez tenha sido uma ansiedade desse tipo que despertou a imaginação do salmista judeu que cantou: "Quem me dera ter asas como de pomba! Voaria e acharia pouso" (Sl 55,7).

Personagens que voam pelos céus o fazem por motivos que vão muito além dos emocionais e místicos. Eles podem afirmar sua capacidade de se elevar acima das leis do mundo físico e, assim, obter controle sobre o que pode ser experimentado como um universo opressivo. Isso pode ser inferido do uso, no sul da Ásia, de termos sânscritos como *kaivalya* ("autonomia") para descrever uma das finalidades da prática do *yoga*, marcada por atos autônomos como voar no ar (cf. Patañjali, *Yoga Sūtra*, cap. 4 e comentários relacionados). Da mesma forma, a tradição budista theravāda ensina que um noviço pode voar de pernas cruzadas pela atmosfera "como um pássaro em voo" (cf. *Majjhima Nikāya* 1,33 etc.).

Em outros casos, acredita-se que o mundo reflita a beleza e a sabedoria do plano divino; então voar através dele significa ver mais do que normalmente é possível. Isso talvez seja parte do que o místico sufi persa Farid ud-Din Attar estava ansioso por fazer quando, em seu épico *A linguagem dos pássaros*, expressou o desejo de voar no ar para todas as regiões da terra para "desfrutar de todas as suas belezas".

Outras vezes, uma pessoa pode querer voar para perscrutar o futuro (o movimento através do espaço vertical é frequentemente associado ao movimento através do tempo); para escoltar os mortos para uma nova vida em mundos desconhecidos; para obter valiosos conhecimentos médicos ou culturais de vários seres espirituais ou para identificar almas perdidas nas diferentes camadas do universo. E mesmo que o especialista no sagrado mais familiarizado com esse tipo de adivinhação seja o xamã do centro-norte da Ásia, a experiência extática caracterizada pelo voo pode ser encontrada em todo o mundo.

Bibliografia

Para uma bibliografia inicial sobre o voo e sobre o simbolismo do voo, o melhor ponto de partida é:

ELIADE, M. *Mythes, rêves et mystères*. Paris, 1957. p. 126-154.

ELIADE, M. *Traité d'histoire des religions*. Paris, 1949. p. 94-99.

ELIADE, M. *Le Chamanisme et les techniques de l'extase*. Paris, 1951. p. 115-20, 372-378.

Além dessas obras e outras possíveis sobre a temática, as obras de Eliade são úteis pela perspicácia tipológica e pela rica bibliografia.

William K. Mahony

VOTO E JURAMENTO

O voto de concluir alguma coisa exige de quem o emite a dedicação completa à tarefa a que se propôs. O juramento obriga aquele que o pronuncia a se tornar o garante, desde que se tenha nomeado a si mesmo ou a um de seus parentes como penhor de sua obrigação: está, portanto, obrigado em sua própria vida, em sua honra, em seu patrimônio.

O voto e o juramento se referem à pessoa inteira: eles colocam sua própria existência como penhor. Há uma clara diferença, entretanto, entre juramento e voto: o voto é simplesmente uma promessa pessoal, enquanto o juramento é uma promessa feita perante alguma autoridade institucionalizada. Quando um juramento é feito, não se trata somente de um compromisso, mas também potenciais objetos de processos judiciais; o Estado e a sociedade podem se interessar por esse ato. O juramento funciona como uma garantia objetiva do que é prometido. Ao jurar dizer a verdade, a pessoa tem certeza de que o que está dizendo é verdade. O juramento, portanto, constitui uma fórmula de autoaprovação.

O costume de jurar colocando em risco a própria vida é extremamente antigo. É uma forma de coerção, "a mais poderosa coerção conhecida pelo ser humano primitivo" (Thurnwald, 1925, p. 39). O juramento pode ser encontrado entre todos os povos e todas as culturas. É um símbolo primitivo da religião.

Mesmo que, por sua natureza, estritamente vinculante, o juramento se presta ao uso indevido ou ao abuso. Por isso, é tratado com certa suspeita no mundo da ética, da política e da jurisprudência. Deve ser julgado em si mesmo, em relação ao conteúdo particular da promessa e à natureza da garantia, pois ambos tendem a variar consideravelmente, dependendo do nível cultural e das convenções do código jurídico aplicado nesse contexto.

Dar e receber: uma instituição para a vida

No esquema arcaico das coisas, os objetos de troca, as coisas que devem ser dadas em pagamento, não são simplesmente mercadorias, mas representam dons ou dádivas. Eles estabelecem um vínculo substancial entre o doador e o destinatário, pois este é obrigado a dar algo a mais em troca do presente recebido. Esse tipo de troca afeta a posição social de quem dela participa: transforma o doador em receptor e o receptor em doador. [Cf. o verbete Dádiva.]

Nesse tipo de economia de oferta recíproca, os objetos trocados têm um significado objetivo e subjetivo: eles não apenas produzem a sociedade, mas também fornecem uma forma de garantia. Estão sujeitos à restituição e produzem direitos e obrigações: são, portanto, penhores.

O voto e o juramento têm a mesma estrutura arcaica. Eles criam e fortalecem uma sociedade baseada na oferta mútua. As pessoas juram sobre itens específicos e na troca penhores se tornam extremamente importantes. Eles garantem a paz, tanto subjetiva quanto objetivamente. A nova ordem e os novos vínculos que o voto e o juramento estabelecem são afirmados no próprio juramento, de modo que este (assim como os objetos sobre os quais se jura) constitui em parte uma bênção e em parte uma maldição: um obriga mediante um vínculo; o outro, mediante uma obrigação.

Em muitas línguas, o termo "juramento" está de alguma forma associado ao destino. O assírio *mamuti*, por exemplo, se traduz como "juramento", mas também significa "obsessão", "maldição". Outro termo assírio *tamitu* é usado tanto para indicar o "juramento" quanto para se referir a um oráculo divino ou à pergunta feita à divindade (Pedersen, 1914, p. 2). Evidentemente, cada um é possuído pelo que possui: o patrimônio inclui às vezes um poder fatal.

A palavra árabe *bai'* significa tanto "compra" quanto "venda", mas também "acordo". A troca de objetos acompanhada de certos gestos rituais indicativos de conexão, como toques mútuos e apertos de mãos, confere certos direitos e obrigações a ambas as partes. Quem vende um objeto próprio também vende a si mesmo de alguma forma. O vínculo entre o comprador e o vendedor é um juramento. O termo *bai'* implica tanto a ratificação do pacto quanto a troca de juramentos (Pedersen, 1914, p. 52-58). A ratificação assegura a relação, enquanto a troca constitui de maneira apropriada a "religião" (de *religare*, "ligar estreitamente"), ou seja, a conexão com o dom da vida. O verbo anglo-saxão *swerian* ("jurar") sugere a presença de algo mágico nesse vínculo, uma vez que esse vocábulo também indicava o ato de recitar fórmulas mágicas e encantamentos com um tipo particular de cantilena salmodiada. Além disso, o antigo *swera* frísio atualmente significa simplesmente "cantar", em um contexto litúrgico ou, em todo caso, religioso.

Entre os antigos germânicos, o juramento não era apenas um rito religioso, mas constituía a própria religião. O juramento era um *actus religiosissimus*, no sentido mais profundo dessa expressão (Lex, 1967, p. 24). O termo do alto alemão médio para "juramento" contém a raiz indo-europeia **it* ou **lig*, indicando o vínculo. O juramento é uma confirmação adicional, uma garantia absoluta da palavra dada e da vontade de quem jura: é uma corrente que o prende à verdade. A palavra latina para "juramento" é *ius iurandum* ("lei jurada"). O juramento era perfeitamente reconhecido como instrumento jurídico com força de lei: "O juramento é uma garantia endossada pela santidade religiosa; e toda promessa solene feita diante da divindade tomada como testemunha deve ser considerada de modo sagrado" (Cícero, *De officiis* 3,104). O juramento de fidelidade era chamado de *sacramentum*.

Os objetos sobre os quais se jura são os penhores; as promessas às quais se vincula ao jurar sobre tais objetos são juramentos. Com os objetos particulares aos quais se apela, cada um garante o que está comprometido. Eventualmente, esses objetos lhe podem ser solicitados: tornam-se, portanto, objetos de uma disputa. De fato, a mitologia grega (em Hesíodo) fala do juramento como uma "fonte de controvérsias". Estas podem surgir de qualquer conflito sobre os objetos a que cada um está obrigado, que podem ser céu e terra, vida e morte, deuses e homens. A obrigação para com eles é vinculativa e o vínculo com eles implica compromisso. A própria terra se vinga do perjúrio que com seu juramento a colocou como penhor. Os gregos falavam da necessidade de "ultrapassar as portas do juramento", pois *horkos*, termo helênico para "juramento", indicava justamente um espaço separado diante do qual se experimenta um sentimento de medo (*aidos*), uma área de fronteira. O juramento mais forte era aquele que fosse proferido às margens do Estige, o rio dos infernos cujas águas desmascaram os culpados e libertam os inocentes de falsas acusações.

O juramento é um julgamento divino. O bem e o mal entre os quais esse decide equivalem à boa e à má sorte. Por esse motivo, pode-se usar a expressão "comer, ou beber, um juramento". Este pode melhorar ou ameaçar a própria existência de uma pessoa.

Às vezes, a celebração do juramento exige uma prova: a do fogo, a do duelo, ou a destruição simbólica de algum objeto específico, ou mesmo uma forma de autocondenação preventiva. Os Maasai da África Oriental mordem algumas folhas de alguma erva e dizem: "Se menti diante da divindade, que esta erva se torne venenosa para mim!" (Lasch, 1908, p. 80).

Na economia do escambo, a troca recíproca é uma realidade que serve para consolidar a sociedade, pois quem dá também tem o direito de receber. Os presentes são, portanto, desafios: ao vincular o destinatário ao doador, eles estabelecem o acordo entre os dois. Os dons são, por isso, uma cerimônia de abertura. Eles garantem o cumprimento do juramento, uma vez que antecipam o cumprimento do voto, que, na verdade não é penhor do passado, mas do futuro. O voto pressupõe um pacto que ainda não foi cumprido. As ofertas votivas são simplesmente pagamentos antecipados de pactos futuros. Elas servem como símbolos, no *hic et nunc*, do cumprimento que ocorrerá no futuro e têm um significado pessoal. Atribuem a realidade objetiva à religiosidade subjetiva.

As oferendas votivas, portanto, como os ritos mágicos e os sacrifícios (animais e humanos), são exemplos típicos de tal objetivação do subjetivo. Revestem-se de análoga função as invocações solenes para a chuva (no Arizona, Novo México e no sul da Europa), a prostituição sagrada do antigo Oriente Próximo, a castidade religiosa entre os romanos, a continência durante o período de preparação para tarefas especiais (como votos de guerra) e, finalmente, o costume de colocar roupas ou reproduções de membros como ofertas votivas nos altares e paredes dos santuários. A fé popular é repleta de costumes desse tipo. Nesses casos, a promessa toma a forma de dom; e, vice-versa, o dom atua como promessa, como expressão concreta da religiosidade pessoal.

O voto e a religiosidade pessoal

A dádiva põe em movimento a reciprocidade de dar e receber: desde os tempos antigos, é usada com essa finalidade. Ela tem uma relevância pessoal, pois as promessas que ela implica devem ser mantidas apenas se a dádiva for considerada aceitável.

O voto representa uma promessa do mesmo tipo. O cumprimento ou não dessa promessa não é uma questão de jurisprudência, mas depende da pessoa que regula o dar e o receber. Nada do que é dado pode ser considerado inaceitável e, além disso, não é aceito nada que não possa ser também dado. Por isso, o voto involuntário nunca é válido. O voto voluntário é válido desde que satisfaça a autoridade de controle, ou seja, a religião dentro da qual esse voto é proferido. A mesma autoridade detém o poder de anular votos.

O uso de votos é cuidadosamente limitado tanto pelo Antigo Testamento quanto pelo judaísmo, pelo cristianismo, pelo islamismo e pelo budismo. Todas essas religiões têm regras aplicáveis tanto aos votos e às promessas individuais quanto às coletivas, de grupos, de classe ou seitas particulares.

Na Bíblia, os termos para "voto" são o hebraico *nazir* e o grego *euché* ("oração"). No primeiro caso, o voto é uma promessa incondicional de submissão especial a Javé. O nazireu, isto é, o homem que pronunciou tal voto, deve abster-se de beber vinho (Nm 6,3), de cortar o cabelo (Nm 6,5) e de entrar em contato com um outro corpo (Nm 6,6). O guerreiro carismático Sansão é um exemplo desse tipo de homem (Jz 13ss.). O que distingue aqueles que fizeram esse voto não é o ascetismo, mas a força simbólica, o completo compromisso com o avanço da causa de Javé. Esse mesmo voto também é encontrado no Novo Testamento: Paulo, por exemplo, se submeteu voluntariamente a um desses votos (At 18,18) antes mesmo que a comunidade de Jerusalém o ordenasse (At 21,23s.). Um voto desse tipo pode durar por toda a vida ou por um período específico.

O Talmude e a Mishná tratam dos diferentes tipos de votos, ou seja, concomitantemente os votos de abstinência e de consagração, sob o único título de *nedarim*, "votos" (*Nedarim* 3,4). A recomendação é de que os compromissos sejam limitados, na medida do possível, às práticas religiosas básicas. Embora admitindo a utilidade dessas práticas como garantia do cumprimento das obrigações sagradas, esses textos advertem contra a leviandade dos votos e acrescentam que eles têm valor limitado quando pronunciados por menores. O voto cristão consiste essencialmente na promessa de obedecer aos chamados conselhos evangélicos: pobreza, castidade e obediência. Esse tipo de voto caracteriza muitas ordens monásticas, como está previsto em suas regras. A profissão solene dos conselhos evangélicos é um sinal do chamado cristão à Igreja, para entregar-se a Deus, pregar o Evangelho e personificar o Reino do Senhor. Essa profissão representa uma antecipação da existência celestial. Referindo-me ao chamado e, portanto, enfatizando acima de tudo os aspectos voluntários e carismáticos da vida monástica, omito deliberadamente o tema da autoindulgência ascética e da vantagem pessoal, que são rejeitados por Lutero em seu tratado *De votis monasticis* [Sobre os votos monásticos]. Um ato como o juramento incondicional é necessariamente apenas temporal e, portanto, não é obrigatório por toda a eternidade. O Alcorão e as obras canônicas da *sunnah* advertem contra o excessivo recurso aos votos (*nudhur*; singular *nadhr*) e explicam com bastante clareza qual deve ser a natureza dessas promessas. De acordo com o pensamento mais antigo, o voto deveria referir-se principalmente aos deveres e às devoções religiosas fundamentais e deveria tender a aumentar sua intensidade. Pode-se, portanto, fazer o voto de rezar em determinados lugares ou em determinados momentos, de jejuar em ocasiões insólitas, de fazer uma peregrinação a outros santuários além de Meca, ou – e este é o voto mais importante de todos – de intensificar voluntariamente a caridade. Além disso, são aceitáveis os votos de libertar os escravos, de estar particularmente atento aos irmãos muçulmanos, de visitar os enfermos, de assistir a funerais e de aceitar convites de casamento. Por outro lado, os votos restritivos, que implicam abstinência de certos alimentos, ou o celibato, a penitência extrema ou mesmo a profissão de arrependimento sincero não são considerados obrigatórios. Esse tipo de voto é rejeitado porque aquele que se permite declarar proibido o que geralmente é permitido não é diferente daquele que permite o que de fato é proibido. Por essa mesma razão o Alcorão (57,27) explica que o monaquismo é uma inovação "que não foi instituída por Deus, mas apenas inventada por gerações antes de ti".

Em seu sentido mais amplo, o voto é uma promessa incondicional de fazer algo específico, indiferentemente bom ou ruim. No seu sentido mais específico, porém, o voto é a promessa incondicional de fazer o bem, não o mal, e como tal é dirigido unicamente a Deus com a condição de que isto ou aquilo aconteça" (Gottschalk, 1919, p. 30). Conta-se que Muhammad disse ter dito que um voto não pode adiantar e nem impedir coisa alguma. O voto, no entanto, torna o "avarento" melhor, porque na realidade ele diz a Deus: "Dá-me para que eu possa dar – *da ut dem*" (Gottschalk, 1919, p. 4). O voto favorece a realização dos compromissos e o cumprimento dos deveres. O voto de guerra e o voto de vingança são exemplos claros: eles utilizam o autossacrifício e a privação para obter a justa recompensa. O voto de *bodhisattva* no budismo Mahāyāna é a promessa de não desejar entrar no nirvana até que todas as criaturas tenham sido liberadas do ciclo de renascimentos e tenham alcançado a perfeição. Esse voto aparece pela primeira vez no século II a.C., na lenda do Buda Amitābha, e continua a caracterizar as aspirações das principais escolas e seitas da China e do Japão. É a chave para entender a doutrina da salvação do amidismo budista. Como cada um dá o que recebe, igualmente cada um recebe o que dá. Na promessa de procrastinar a própria salvação, cada um encontra a salvação na espera. O significado desse voto, na realidade, é cósmico: constitui um sacrifício e uma renúncia.

O juramento e suas formas institucionais

O juramento tem uma força essencial e uma força instrumental. Ele comunica a verdade de uma afirmação, mas também serve como instrumento para determinar se uma afirmação é verdadeira ou falsa. O juramento confirma uma promessa e ao mesmo tempo fornece, por sua própria forma, uma prova positiva da exatidão de seu conteúdo.

A natureza instrumental do juramento fica particularmente evidente quando um sistema judiciário se distancia muito da vida da comunidade, quando Estado e cultura não constituem mais uma realidade única. Nesses casos, o juramento não demonstra mais sua força essencial. No sistema processual do Estado, o juramento atua como prova juridicamente vinculativa; é uma forma de chegar à verdade em processos judiciais e por isso assume uma importância que se tende a regulamentar.

O ritual de juramento pode assumir as mais variadas formas. Em todo caso, existem regras precisas que estabelecem o comportamento de todos os participantes, os direitos e deveres de quem profere o juramento e a forma particular em que ele pronuncia e confirma sua promessa. Especialmente no mundo cultural indo-europeu, associava-se com frequência ao juramento uma fórmula mística especial. Como cada papel é cuidadosamente estabelecido, resulta como típica desse tipo de rito uma espécie de obsessão pelas fórmulas: o juramento seria completamente ineficaz se por algum motivo não fosse possível observar as normas rígidas que o regulam.

Essas regras se aplicam não apenas à pessoa que profere diretamente o juramento, mas também a quem a auxilia nesse ato. O uso das testemunhas é característico (quase exclusivamente) do mundo cultural germânico. A testemunha poderia ser um membro da família daquele que jurou, ou um homem com o qual este jurou irmandade. A testemunha não era obrigada a confirmar a substância da alegação, mas apenas a atestar sua credibilidade. Uma vez feito o juramento, as testemunhas por sua vez (em número de duas, três, seis ou doze) eram chamadas a jurar que o ato era "puro e não perjúrio". Juramentos de purificação como esses às vezes podiam perder toda a sua força, como no caso do chamado *eidschelte* (do norueguês antigo: "desafio do juramento"). Se o acusado abaixasse à força a mão erguida de quem estava fazendo um juramento, neste caso o assunto poderia ser decidido apenas num duelo.

O lugar onde era proferido o juramento, bem como as palavras e gestos que o acompanhavam, eram rigorosamente regulamentados. O lugar era chamado de *malstat* ("lugar da justiça"), *dingstat* ("lugar da prova") ou *richtstat* ("lugar do julgamento"). Era o lugar onde a comunidade regularmente jurava pelo seu *ping*, ou assembleia legislativa, e onde se ofereciam sacrifícios aos deuses e se realizavam julgamentos. No chão, desenhava-se o círculo do juramento dentro do qual se colocava a pessoa que proferia o juramento. Enquanto não terminasse o ritual, quem jurava não poderia sair do círculo em nenhuma hipótese, nem mesmo colocar um pé fora de seu perímetro.

As fórmulas do juramento variavam consideravelmente, dependendo da autoridade perante a qual fosse pronunciado e das pessoas ou objetos que eram usados como penhores. Era possível jurar pela espada, pela soleira da porta, pelo convés do navio, pela esposa ou pelos filhos, pela vida ou por alguma das divindades. Quem jurasse tinha de ficar de pé e recitar o *argumentum iuramenti*, chamado *eidstab* ("estrofe do juramento"), em voz alta e clara e sem qualquer ajuda. Às vezes, as fórmulas eram pronunciadas primeiro pelo juiz ou pelo acusador e depois repetidas palavra por palavra pelo acusado. Esse tipo de juramento era conhecido como *gestabter eid* ("juramento direto").

Ao pronunciar a fórmula, a pessoa que prestava o juramento tinha de tocar o seu penhor com a mão livre. Era esse contato físico "que estabelecia o vínculo sobrenatural do juramento, o *mysterium iuramenti*, e lhe conferia sua força mágica" (Brunner, 1906-1928, vol. I, p. 257). Se o juramento fosse feito por uma divindade, esse contato físico com o juramento ocorria por substituição: um animal era sacrificado à divindade escolhida e o chamado *eidring* ("anel de juramento") era imerso no sangue da vítima. Neste caso, a pessoa que jurava segurava o anel em uma mão enquanto levantava a outra. O costume local ditava quantos dedos da mão levantada deveriam ser estendidos: dois, três ou cinco.

Todos os que participavam do rito precisavam desempenhar seu papel de acordo com as regras estabelecidas. Não havia qualquer distinção entre o fracasso do ritual de juramento e o perjúrio total. A forma e o conteúdo coincidiam perfeitamente. Se uma das testemunhas ultrapassasse o limite do círculo do juramento, a pessoa se esquecesse de parte da fórmula ou usasse uma palavra errada, se abaixasse a mão muito rapidamente ou se errasse ao tocar os penhores, em todos esses casos, o juramento seria considerado inútil e seria reconhecida culpa do acusado. Evidentemente, essa situação se caracterizaria como perjúrio: a pessoa seria forçada a abandonar a comunidade com desonra, seria arrancada de todos os seus laços familiares e sociais. Posteriormente, espalhou-se o costume de punir quem cometesse perjúrio decepando os dedos usados no juramento ou mesmo a mão inteira.

No direito germânico, portanto, a própria vida do homem podia depender de seu juramento. Sua salvação ou sua condenação eram decididas pela força de seu juramento no momento do julgamento. No período medieval, essa mesma importância fundamental poderia ser encontrada nos juramentos de lealdade e vassalagem, bem como no juramento do cidadão. A *Eidgenossenschaft* suíça ("confederação juramentada") extrai sua força do peso fundamental do juramento do cidadão, e o Código Civil suíço também se baseia nesse tipo especial de juramento. Em um bom número de outras tradições culturais, no entanto, o juramento tem apenas uma importância instrumental. É o caso da retórica grega, do direito romano, do direito islâmico e dos vários sistemas judiciários modernos. Nessas tradições, o juramento não é uma prova em si mesma, mas apenas um meio de prova. Pode ajudar a determinar a verdade, mas nunca é considerado como a verdade em si.

No processo civil romano o juramento "ocupa uma posição menos importante do que no germânico, porque enquanto no segundo é um direito legal do acusado, que regularmente tem precedência sobre todas as outras provas, no primeiro aparece apenas no pedido do acusador ou do juiz, quando não houver outros meios para levar à verdade" (Bethmann-Hollweg, 1864-1874, vol. II, p. 573). O juramento serve, portanto, como uma espécie de confirmação, reforçada pelo fato de que Deus é invocado como testemunha. Neste caso, a forma e o conteúdo do juramento estão claramente separados, como também seu significado religioso e jurídico, seus aspectos éticos e políticos.

Os autores antigos produziram numerosos tratados lógicos, retóricos, filológicos, filosóficos e teológicos sobre o problema da finalidade (*restrictio mentalis*), sobre as conotações do juramento, sobre o significado dos termos, sobre os limites do vínculo do juramento (se dependem da importância da divindade pela qual se jura) e do problema dos juramentos repetidos ou frequentemente solicitados. Esses tratados versavam sobre juramentos sofísticos, nos quais o significado e as formulação diferem, sobre juramentos involuntários (ao contrário de Platão e Aristóteles, Demócrito considerava válidos todos os juramentos, mesmo os involuntários) e, finalmente, sobre a forma correta de nomear os penhores. Há, por exemplo, a história de Radamanto, que lutou contra o uso indevido dos juramentos e de seus esforços para aboli-los completamente. O juramento de Hipócrates, por outro lado, aquele proferido pelos médicos, tem uma tradição muito respeitável, que perdura até nossos dias. Sempre houve discussões, no entanto, sobre o que pode ser objeto de juramento (como no juramento de fidelidade ou de lealdade) e sobre o limite do compromisso (juramento de ofício, juramento de vassalagem, juramento ao Führer).

Na Bíblia, os juramentos são considerados tanto no sentido essencial quanto no instrumental. O Senhor faz um juramento sobre si mesmo (Dt 29,9ss.) E esse juramento é o fundamento da aliança com Israel: pela qual o próprio Senhor está vinculado e obrigado. Se não fosse por esse juramento, o Senhor não teria cuidado de seu povo escolhido e não o teria libertado da escravidão. Esse juramento divino tem uma força fundamental até para o próprio Deus. É permitido aos seres humanos jurar apenas com a condição de chamarem Deus como testemunha, mas nem sempre aderiram a essa limitação. Daí a advertência de Jesus de não jurar de forma alguma (Mt 5,34-37).

Os juramentos devem ser pronunciados perante o Senhor Deus; eles não servem para reforçar uma intenção que não seja referida a Ele (Mt 23,16-22). Jesus rejeita o uso instrumental do juramento. No entanto, Ele o admite quando serve para reforçar a promessa implícita em nome do Senhor (Mt 5,33), assim como admite a afirmação na forma "sim, sim; não, não" (Mt 5,37). Essa regra foi aplicada na Igreja cristã primitiva tanto positivamente (Hb 6,13-19) como negativamente (Tg 5,12). Jurar é permitido, mesmo que o juramento ainda seja rejeitado. Ao mesmo tempo, o juramento é usado em sentido instrumental como uma confirmação da fé. Em 251 d.C., o antipapa Novaciano exigiu de seus seguidores um juramento de fidelidade; ele foi o primeiro pontífice a fazê-lo. Mais tarde, tornou-se costume que bispos e mestres prestassem juramento de ofício; os dedos estendidos no juramento receberam um significado cristão; o juramento era realizado sobre o Evangelho ou as relíquias dos santos.

Em várias ocasiões, surgiu o questionamento se o sacerdote poderia ser obrigado a jurar à autoridade secular, como no caso do juramento ao imperador na Antiguidade, à República durante a Revolução Francesa ou ao Führer sob o nacional-socialismo. A Reforma Protestante rejeitou os juramentos papais. Numerosas seitas cristãs – como anabatistas, testemunhas de Jeová e menonitas – se recusam a pronunciar juramentos em todas as situações.

Bibliografia

BRUNNER, H. *Deutsche Rechtsgeschichte*. 2. ed. Leipzig, 1906-1928. vols. I-II.

GOLD, I. *Das Gelübde nach Bibel und Talmud*. Berlim, 1926.

GOTTSCHALK, W. *Das Gelübde nach älterer arabischer Auffassung*. Göttingen, 1919.

HIRZEL, R. *Der Eid* – Ein Beitrag zu seiner Geschichte. Leipzig, 1902.

LASCH, R. *Der Eid* – Seine Entstehung und Beziehung zu Glaube und Brauch der Naturvölker – Eine ethnologische Studie. Stuttgart, 1908.

LEX, P. *Die Versicherung an Eides statt und ihr Verhältnis zum Geloben und zum feierlichen Eid* – Eine rechtshistorische Untersuchung. Zurique, 1967.

LICHTENRHAELER, C. Der Eid des Hippokrates – Ursprung und Bedeutung. *Hippokratische Studien*, vol. 12, 1984.

MAUSS, M. *Essai sur le don* – Forme et raison d'échange dans les sociétés archaïques. Paris, 1925.

PEDERSEN, J. *Der Eid bei den Semiten in seinem Verhältnis zu verwandten Erscheinungen sowie die Stellung des Eides im Islam*. Estrasburgo, 1914.

PLESCIA, J. *The Oath and Perjury in Ancient Greece*. Tallahassee, 1970.

SCHIMMEL, A. Das Gelübde im türkischen Volksglauben. *Die Welt des Islam*, vol. 6, p. 71-90, 1959-1961.

SHIRLEY, F.A. *Swearing and perjury in Shakespeare's plays*. Londres, 1979.

THUDICHUM, F. *Geschichte des Eides*. Aalen, 1968.

THURNWALD, R. Eid – Aligemein. *In*: Ebert, M. (org.). *Reallexikon der Vorgeschichte*. Berlim, 1925. vol. II.

VON BETHMANN-HOLLWEG, M.A. *Der Civilprozess des gemeinen Rechts in geschichtlicher Entwicklung*. Bonn, 1864-1874. vols. I-IV.

WENDEL, A. *Das israelitisch-jüdische Gelübe*. Berlim, 1931.

Elmar Klinger

OS ORGANIZADORES

Mircea Eliade (1907-1986) foi historiador das religiões, filósofo e romancista romeno. Formou-se na Universidade de Bucareste, onde estudou filosofia e completou seu doutorado com uma tese sobre a filosofia indiana. Eliade é amplamente reconhecido por suas contribuições à história das religiões e ao estudo do simbolismo religioso. Lecionou em várias universidades europeias e americanas, incluindo a Universidade de Chicago, onde passou a maior parte de sua carreira acadêmica. Entre suas principais obras estão *O mito do eterno retorno*, *Tratado de história das religiões* e *O sagrado e o profano*. Seus estudos e publicações influenciaram profundamente o campo da história das religiões, fazendo com que seu nome se tornasse relevante no estudo das Ciências da Religião e seu legado continuasse a ser uma referência essencial para estudiosos e leitores interessados na compreensão do fenômeno religioso.

Ioan Petru Couliano (1950-1991) foi destacado historiador das religiões, filósofo e escritor romeno. Estudou na Universidade de Bucareste antes de imigrar para a Itália em 1972, onde continuou sua formação na Universidade Católica de Milão. Couliano é conhecido por seu trabalho inovador no campo da história das religiões, com foco em gnose, magia renascentista e misticismo. Em 1986, ele ingressou na Universidade de Chicago, onde colaborou estreitamente com Mircea Eliade, aprofundando suas pesquisas sobre a interseção entre religião, cultura e sociedade. Entre suas principais obras estão *Eros and magic in the Renaissance* [Eros e magia no Renascimento], *Out of this world: Otherworldly journeys from Gilgamesh to Albert Einstein* [Fora deste mundo: Viagens a outros mundos de Gilgamesh a Albert Einstein] e *The tree of gnosis: Gnostic mythology from early christianity to modern nihilism* [A árvore da gnose: Mitologia gnóstica do cristianismo primitivo no niilismo moderno]. Couliano também contribuiu para diversas publicações acadêmicas e foi um defensor da liberdade acadêmica e dos direitos humanos.

EDITORA VOZES LTDA.
Rua Frei Luís, 100 – Centro – Cep 25689-900 – Petrópolis, RJ
Tel.: (24) 2233-9000 – E-mail: vendas@vozes.com.br